职业教育汽车制造与装配技术专业“十二五”规划教材

汽　车　构　造

主　编　杨立平　刘凤良
副主编　刘长清
参　编　于　辉　曾乐平　王　彪　王淑芳
　　　　肖晓玲　段大伟　钮长青　张德海
　　　　魏满茹　付立军　唐　猛
主　审　李　晓

机械工业出版社

本书根据当前职业院校课程改革的形势，采用了项目、任务的编写模式，以任务为载体，按结构类型、组成、工作原理和拆装等要求进行编写。包括发动机构造与底盘构造两篇，内容涵盖了汽车发动机总论、曲柄连杆机构、配气机构、汽油机燃料供给系统、柴油机燃料供给系统、润滑系统、冷却系统、点火系统、起动系统、传动系统、行驶系统、转向系统和制动系统。

本书可作为职业院校汽车制造与装配技术及相关专业的教材，也可作为成人高等教育相关课程的教材，还可供汽车修理工、驾驶员、汽车行业工程技术人员阅读参考。

为方便教学，凡选用本书作为授课教材的教师均可登录 www.cmpedu.com，以教师身份免费注册下载电子课件。

图书在版编目（CIP）数据

汽车构造/杨立平，刘凤良主编. —北京：机械工业出版社，2012.10(2018.9 重印)
职业教育汽车制造与装配技术专业“十二五”规划教材
ISBN 978-7-111-39930-8

Ⅰ.①汽… Ⅱ.①杨…②刘… Ⅲ.①汽车-构造-职业教育-教材
Ⅳ.①U463

中国版本图书馆 CIP 数据核字（2012）第 232070 号

机械工业出版社（北京市百万庄大街 22 号 邮政编码 100037）
策划编辑：曹新宇 责任编辑：曹新宇 王莉娜 版式设计：姜 婷
责任校对：肖 琳 封面设计：马精明 责任印制：孙 炜
北京中兴印刷有限公司印刷
2018 年 9 月第 1 版第 3 次印刷
184mm×260mm · 20.75 印张 · 1 插页 · 504 千字
标准书号：ISBN 978-7-111-39930-8
定价：49.80 元

凡购本书，如有缺页、倒页、脱页，由本社发行部调换
电话服务 网络服务
社服务中心：(010)88361066 教 材 网：http://www.cmpedu.com
销 售 一 部：(010)68326294 机工官网：http://www.cmpbook.com
销 售 二 部：(010)88379649 机工官博：http://weibo.com/cmp1952
读者购书热线：(010)88379203 **封面无防伪标均为盗版**

名车标志

BENZ 奔驰（德）	BMW 宝马（德）	ROLLS-ROYCE 劳斯莱斯 （德，原英）	PORSCHE 保时捷（德）	OPEL 欧宝（德）	VOLKSWAGEN 大众（德）	AUDI 奥迪（德）

CADILLAC 凯迪拉克 （美）	CHRYSLE 克莱斯勒 （美）	BUICK 别克（美）	FORD 福特（美）	CHEVROLET 雪佛兰（美）	HUMMER 悍马（美）	DODGE 道奇（美）

BENTLEY 宾利（英）	JAGUAR 捷豹（英）	LANDROVER 路虎（英）	ASTON MARTIN 阿斯顿·马丁 （英）	LOTUS 路特斯（英）	ROVER 罗孚（英）	MINI 迷你（英）

TOYOTAL 丰田（日）	HONDA 本田（日）	MAZDA 马自达（日）	NISSAN 日产（日）	SUBARU 斯巴鲁（日）	LEXUS 雷克萨斯 （日）	INFINITI 英菲尼迪 （日）

PEUGEOT 标致(法)	CITROEN 雪铁龙(法)	LOUIS RENAULT 雷诺(法)	BUGATTI 布加迪(法)	KIA 起亚（韩）	HYUNDAI 现代（韩）	SSANG YONG 双龙（韩）

FERRARI 法拉利（意）	LAMBORGHINI 兰博基尼 （意）	FIAT 菲亚特（意）	MASERATI 玛莎拉蒂 （意）	ALHA ROMEO 阿尔法· 罗密欧（意）	SAAB 萨博(瑞典)	VOLVO 沃尔沃 （中，原瑞典）

一汽（中）	广汽（中）	奇瑞（中）	比亚迪（中）	长城（中）	红旗（中）	中华（中）

彩图1 汽油发动机

彩图2 柴油发动机

前　言

为适应当今职业院校培养目标的要求和课程改革的需要，教材的内容和形式都必须进行相应的调整。本教材根据汽车制造与装配技术专业人才培养方案和岗位的要求编写，采用了项目、任务编写模式，较好地将理论学习与实践操作结合在一起，根据职业岗位工作过程所需的职业能力确定教学内容，围绕职业岗位能力组织实施教学，实现专业教育与行业教育、岗位教育的有机结合，学生与行业、岗位、社会“零距离”接触，切实培养“懂原理、精技能、善管理”的高技能专业人才。在项目后安排了与课题紧密相关的操作项目，力求达到理实一体化教学的课程目标。

本教材的特点：

1. 根据目前职业教育改革形势组织编写的项目引领式教材。以项目为引领，以任务为载体，按结构类型、组成、工作原理和拆装等要求进行编写。

2. 选用车型以大众车系和广州本田轿车为主，内容反映了目前汽车的新技术和新工艺，使学生能学到更多的知识。

3. 图文并茂，通俗易懂。

4. 兼顾技术等级考核。教材的深度和广度与相应的技术等级考核相结合，涵盖汽车中级维修工应知、应会等考核标准内容。

本书由杨立平、刘凤良任主编，刘长清任副主编，参与编写的还有于辉、曾乐平、王彪、王淑芳、肖晓玲、段大伟、钮长青、张德海、魏满茹、付立军、唐猛。全书由李晓主审。

本书编写过程中参阅了许多国内外公开出版与发表的文献，在此对这些文献的作者表示感谢。限于编者经历及水平，本书的内容难以覆盖全国各地的实际情况，也难免有不妥和错误之处，恳请读者提出宝贵意见。

编　者

目 录

发动机构造篇

底盘构造篇

总　　论

汽车是一种现代交通工具。它是由自身的动力装置驱动，具有四个或四个以上车轮的非轨道承载车辆，其主要用途是载运人员和（或）货物、牵引载运人员和（或）货物。

一、汽车整车构造

汽车由发动机、底盘、电气设备和车身及附属设备四大部分组成，包括若干个系统，如图 0-1 所示。

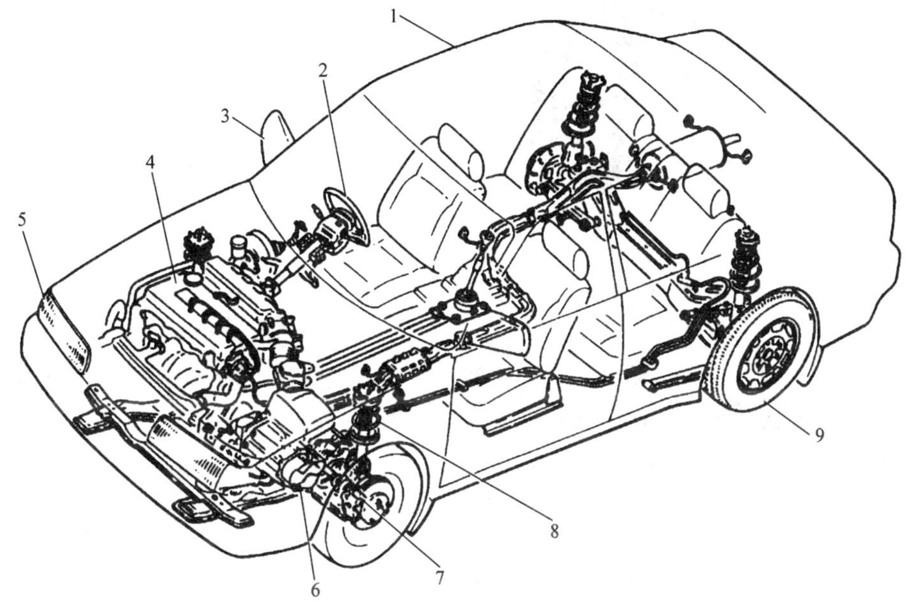

图 0-1　汽车总体构造

1—车身　2—转向盘　3—反光镜　4—发动机　5—前照灯　6—前桥　7—变速器　8—悬架　9—车轮

1. 发动机

发动机是汽车的动力装置，作用是使供入其中的燃料燃烧而发出动力，即将热能转变为机械能，然后通过底盘的传动系统驱动车轮，使汽车行驶。大多数汽车都采用往复活塞式内燃机。现代汽车使用的燃料主要是汽油和柴油，因此，发动机按使用的燃料分类，有汽油发动机（见彩图 1）和柴油发动机（见彩图 2）两种。发动机一般由机体、曲柄连杆机构、配气机构、燃油供给系统、冷却系统、润滑系统、点火系统（汽油发动机采用）和起动系统等部分组成。

2. 底盘

汽车底盘主要用于传递发动机发出的动力，使汽车产生运动和停止运动，并支承车辆，保证汽车按照驾驶人的操纵正常行驶。底盘由传动系统、行驶系统、转向系统和制动系统组成，如图 0-2 所示。

（1）传动系统　传动系统的作用是将发动机发出的动力传给驱动车轮而驱动汽车行驶。

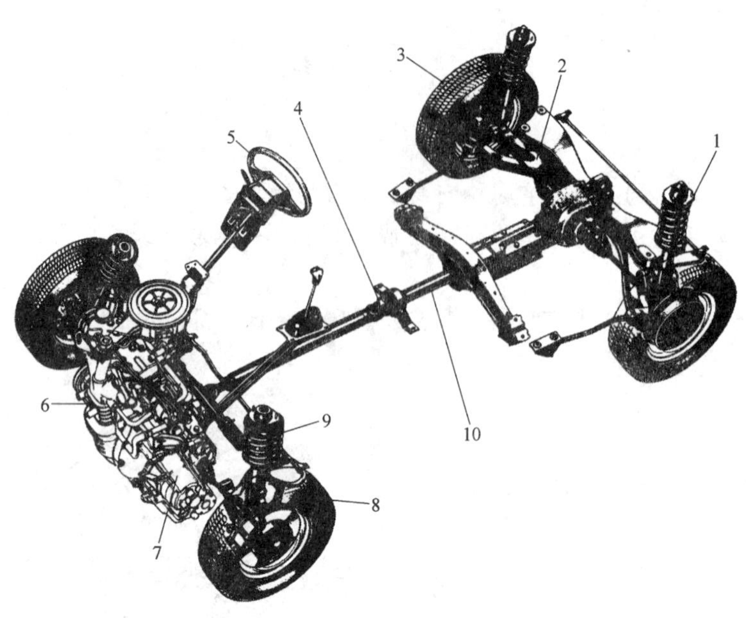

图 0-2　汽车底盘的组成

1—后悬架　2—后桥　3—后轮　4—万向节　5—转向盘　6—发动机
7—变速器　8—前轮　9—前悬架　10—传动轴

目前汽车上广泛应用机械式传动系统，它由离合器、变速器、万向节、传动轴和驱动桥等总成构成。发动机发出的动力依次经过离合器、变速器、万向传动装置、主减速器、差速器和半轴传给驱动轮。

（2）行驶系统　行驶系统的作用是将汽车各总成及部件连成一个整体并对全车起支撑作用，以保证汽车正常行驶。行驶系统包括车架、前轴、驱动桥的壳体、车轮（转向车轮和驱动车轮）和轮胎、悬架（前悬架和后悬架）等部件。

（3）转向系统　转向系统的作用是保证汽车能按照驾驶人选择的方向行驶。它由转向器及转向传动机构组成，转向器由转向盘、转向轴、啮合传动副、转向臂轴和壳体等组成；转向传动机构由转向垂臂、纵拉杆、转向节臂、横拉杆和左右梯形臂等组成。图 0-3 所示为典型汽车动力转向系统示意图。

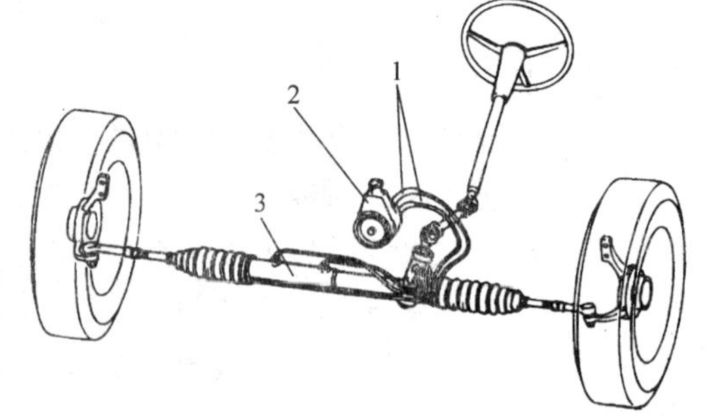

图 0-3　典型汽车动力转向系统示意图

1—动力转向油管　2—油泵　3—齿轮齿条转向器

（4）制动系统　制动系统的作用是根据需要使汽车减速或在最短距离内停车，并保证驾驶人离去后汽车能可靠地停驻。每辆汽车的制动装备都包括若干个（至少两套）相互独立的制动系统，每套制动系统都由产生制动作用的制动器和制动传动机构两部分组成，如图 0-4 所示。

3. 电气设备

汽车的电气设备主要由蓄电池、发电机、调节器、起动机、点火系统、仪表、照明装

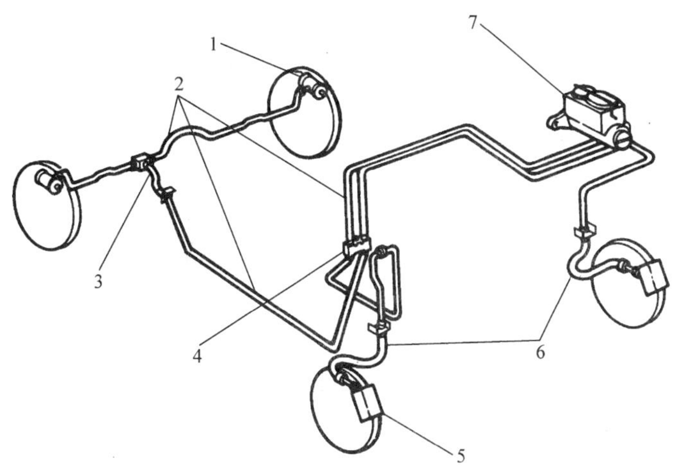

图 0-4　典型汽车制动系统示意图

1—后鼓式制动器　2—制动管路　3—后制动管路　4—组合阀
5—前盘式制动器　6—前制动管路　7—制动主缸

置、音响设备和刮水器等组成，其中蓄电池和发电机为电源设备，其他为用电设备。

此外，在现代汽车上越来越多地装用各种电子设备，如微处理机、中央计算机系统及各种人工智能装置等，显著地提高了汽车的性能。

汽车电气设备分布于全车各个部位，综合起来有以下三个共同特点。

1）两个电源——蓄电池和发电机这两个电源协调供电。

2）低压直流——电源电压采用 6V、12V、24V 三种，其中以 12V、24V 居多，且都采用直流供电。

3）并联单线、负极搭铁——汽车电气设备采用并联连接。车架及与其相通的金属基件为各种电器的公共端，与电源负极相连，即负极搭铁；另一端用导线连接成单线制。

4. 车身

车身包括驾驶室和各种形式的车厢，用以容纳驾驶人、乘客和装载货物。车身应为全体乘员提供安全、舒适的乘坐环境，因此车身应具有隔声、减振、保温、安全的功能。车身应具有合理的外部形状，应考虑空气动力学的要求，在汽车行驶时能有效地引导周围的气流，以减少空气阻力和燃料消耗。

车身的造型和色彩应能起到美化生活和环境的作用。车身是一件精致的综合艺术品，应以其明晰的雕塑形体、优雅的装饰件和内部覆饰材料以及赏心悦目的色彩使人获得美的感受。汽车车身主要由车身壳体、车门、车窗、车前板制件、车身内外装饰件、车身附件、座椅和通风装置以及冷、暖风，空调装置等组成，在货车和专用汽车上还包括有车厢和其他装备。

二、汽车类型

汽车的类型较多，分类方法也很多，通常可按其用途、动力装置类型、行驶道路条件、行驶机构的特征、发动机位置及驱动形式、乘客座位数及汽车总质量等进行分类。

根据国家标准（GB/T 3730.1—2001）《汽车和挂车类型的术语和定义》，汽车分类归纳如图 0-5 所示。

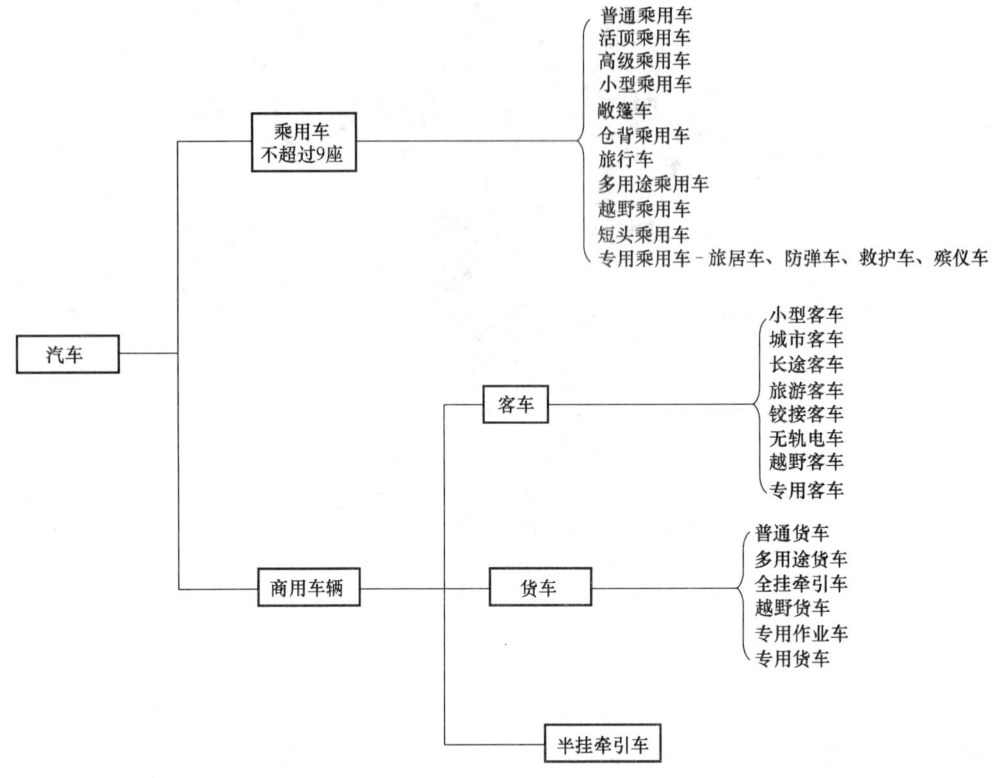

图 0-5　汽车分类

三、汽车代号

国家标准《汽车产品型号编制规则》规定了编制各类汽车产品型号的术语。

汽车的产品型号是为了识别车辆而给某一种车辆指定的一组汉语拼音字母和阿拉伯数字组成的编号，为了避免与数字混淆，不应采用汉语拼音字母中的“I”和“O”。汽车的产品型号由企业名称代号、车辆类别代号、主参数代号和产品序号组成，必要时附加企业自定代号（见图 0-6）。对于专用汽车及专用半挂车，还应在企业自定代号前增加专用汽车分类代号（见图 0-7）。

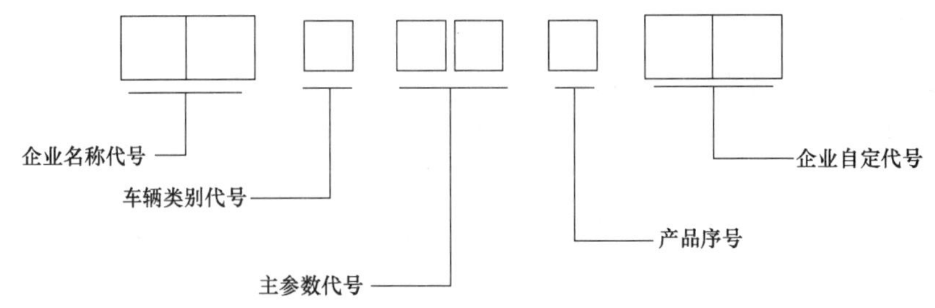

图 0-6　汽车代号（1）

1. 企业名称代号

企业名称代号是识别车辆制造企业的代号，位于产品型号的第一部分，用代表企业名称

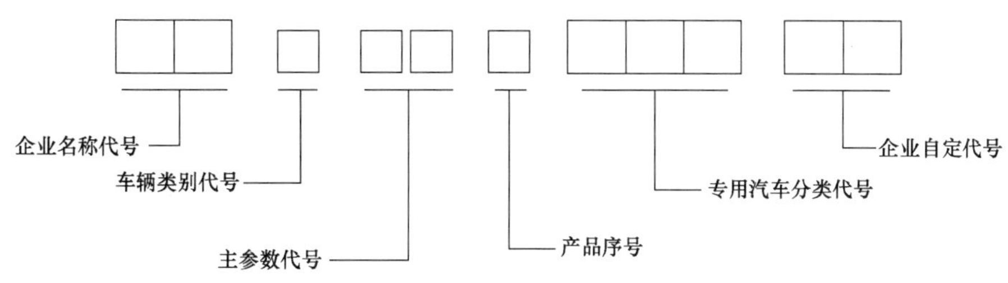

图 0-7　汽车代号（2）

的两个或三个汉语拼音字母表示。

2. 车辆类别代号

车辆类别代号是表明车辆所属分类的代号，位于产品型号的第二部分，用表 0-1 中规定的一位阿拉伯数字表示。

表 0-1　车辆类别代号

车辆类别代号	车辆种类	车辆类别代号	车辆种类	车辆类别代号	车辆种类
1	载货汽车	4	牵引汽车	7	轿车
2	越野汽车	5	专用汽车	8	
3	自卸汽车	6	客车	9	半挂车及专用半挂车

3. 主参数代号

主参数代号是表明车辆主要特性的代号，位于产品型号的第三部分，用两位阿拉伯数字表示。载货汽车、越野汽车、自卸汽车、牵引汽车、专用汽车与半挂车的主参数代号为车辆的总质量（t），牵引汽车的总质量包括牵引座上的最大质量，当总质量在 100t 以上时，允许用三位数字表示；客车及半挂客车的主参数代号为车辆长度（m），当车辆长度小于 10m 时，应精确到小数点后一位，并以长度（m）值的 10 倍数值表示；轿车的主参数代号为发动机排量（L），应精确到小数点后一位，并以其值的 10 倍数值表示；专用汽车及专用半挂车的主参数代号，当采用定型汽车底盘或定型半挂车底盘改装时，若其主参数与定型底盘原车的主参数之差不大于原车的 10%，则应沿用原车的主参数代号；主参数不足规定位数时，在参数前以“0”占位。

4. 产品序号

产品序号是表示一个企业的类别代号和主参数代号相同的车辆的投产顺序号，位于产品型号的第四部分，用阿拉伯数字 0、1、2、3……依次表示。

5. 专用汽车分类代号

专用汽车分类代号是识别专用汽车的结构类别和用途的代号，位于产品型号的第五部分，用反映车辆结构和用途特征的三个汉语拼音字母表示，结构特征代号按表 0-2 的规定，用途特征代号按 GB/T 17350—2009 的规定。

表 0-2　车辆结构特征代号

厢式汽车	罐式汽车	专用自卸汽车	特种结构汽车	起重举升汽车	仓栅式汽车
X	G	Z	T	J	C

6. 企业自定代号

企业自定代号是企业自行规定的补充代号，位于产品型号的最后部分，同一种汽车结构略有变化而需要区别时（例如汽油、柴油发动机，长、短轴距，单、双排座驾驶室，平、凸头驾驶室，左、右置转向盘等），可用汉语拼音字母和阿拉伯数字表示，位数也由企业自定，供用户选装的零部件（如暖风装置、收音机、地毯、绞盘等）不属结构特征变化，应不给予企业自定代号。

四、汽车常用缩略语

在阅读汽车资料的时候，常会遇到一些国际上通用的专业英文缩写。作为专业的汽车维修人员，了解它们的含义是必要的。表0-3～表0-6分别为车型类别、发动机部分、底盘部分和电气设备部分英文缩写的含义。

表0-3 车型类别英文缩写

英文及缩写	车　型	英文及缩写	车　型
2D(door)	二门轿车	W(Wagon)	旅行车
3D(door)	三门轿车	C(Coupe)	双门跑车
4D(door)	四门轿车	S(Sedan)	四门轿车
5D(door)	五门轿车	C(Convertible)	敞篷车
HB(hatchback)	仓背式轿车	Limousine	超豪华轿车

表0-4 发动机部分英文缩写

<table>
<tr><th>英文及缩写</th><th colspan="2">代 表 含 义</th></tr>
<tr><td>CC</td><td>发动机排量，单位 ml</td><td></td></tr>
<tr><td>L、L4、V6、V8、V12</td><td>都代表气缸排列方式</td><td>L代表直列，L4代表直列四缸
V代表气缸排列成“V”字形，“6、8、12”表示气缸数量。其中V6表示“V形6缸发动机”，该发动机的优点是发动机布置紧凑，占用空间小</td></tr>
<tr><td>DOHC</td><td colspan="2">双顶置凸轮轴</td></tr>
<tr><td>EFI</td><td colspan="2">电子燃油喷射式，简称电喷式</td></tr>
<tr><td>VTEC</td><td colspan="2">VTEC系统的作用是将空气进行处理，气体分子排列有序后再进入气缸，以提高燃烧的充分性，这对提高功率、降低排放及减少机件磨损等都有着很重要的作用</td></tr>
</table>

表0-5 底盘部分英文缩写

<table>
<tr><th colspan="2">英文及缩写</th><th colspan="2">代 表 含 义</th></tr>
<tr><td colspan="2">ABS</td><td colspan="2">防抱死制动系统，其原理是当车辆遇险需紧急制动时，它可以通过微机控制制动系统进入最佳制动状态，使车辆不会出现侧滑、急转弯等危险情况，目前ABS系统在国外已被列为必备安全设备。</td></tr>
<tr><td colspan="2" rowspan="2">RB、RP</td><td rowspan="2">均代表转向器的传动结构</td><td>RB代表循环球式转向器</td></tr>
<tr><td>RP代表齿轮齿条式转向器</td></tr>
<tr><td rowspan="3">自动变速器挡位</td><td>P挡</td><td colspan="2">驻车挡，在汽车停放或完全静止时采用</td></tr>
<tr><td>R挡</td><td colspan="2">倒车挡，使用该挡时必须将车完全停住才能挂入。严禁在运动中由前进挡换入倒车挡，以防损坏齿轮</td></tr>
<tr><td>N挡</td><td colspan="2">空挡，车辆暂停时使用</td></tr>
</table>

（续）

英文及缩写		代表含义
自动变速器挡位	D 位	前进位
	2 挡	中速挡，在湿滑、冰雪路面或市区等车速不高的情况下使用
	L 挡	低速挡，用于爬陡坡或易打滑路面
普通变速器挡位	O/D 挡	超速挡，用于高速行驶状态
SENSONIC		此为瑞典 SAAB 公司首先研制出来的一种变速器的标记，其特点是集自动变速器与手动变速器的优点为一身，自动变速挡位与手动变速挡位一样，但变速时不需踩离合器。该标志只限于在 SAAB 车型中使用
SIPS		意为“车辆碰撞防护系统”，其原理是把来自一面的撞击力尽可能地分散到车体的其他部分，从而避免对乘车人的直撞伤害。欧洲车多用此设备
EDC		电子减振器控制系统。此系统能随着道路负载以及行车方式的不同而在瞬间高速控制减振器单元，达到最佳减振效果。如制动及转向时，EDC 会调整为较硬的减振方式；而匀速行驶时，则调整为较软的减振方式
AIRBAG		安全气囊，其作用是当高速行驶的汽车发生碰撞时，会在极短的时间内形成一个气袋，缓冲人与车体的碰撞，起到安全保护的作用，根据容量大小可划分为大气囊和欧洲气囊。大气囊即容量最大的一种，驾驶人及前座乘客气囊的容量分别为 67L 和 140L。
4WS		四轮转向系统。当车辆转弯时，普通车辆只有前轮转向，而具备 4WS 系统的车辆，4 个轮子都转向，故其可在高速状态下急转弯，或在极狭窄的位置平移进入车位停泊
4WD		四轮驱动装置，此装置主要适合在路况差、野外无路状态下或雨、雪天气使用
ELR		紧急锁紧式伸缩装置，用于安全带。在正常时，它不会发生作用；遇到险情（如撞车）时，它会在极短的时间内将乘客固定在座椅上，避免驾驶人和乘客因惯性而撞伤

表 0-6 电气设备部分英文缩写

英文及缩写	代表含义
ECC	电子恒温控制系统。用户只需选择理想温度，该系统便会自动保持在此设定的温度，不需人工调整。该系统是众多豪华轿车的必备设备
AAR	自动控制室内空气循环系统，在车内标记为“A”。当车辆周围气体遭受污染，如出现一定浓度的 CO、氮氧化合物以及燃烧不完全的碳氢化合物时，此系统有识别这些污染气体出现的功能，并自动关闭进风口，自动控制车内空气循环运转一段时间；待警报解除，又会自动打开进风口，自动转入空调系统的运作状态
PDC	汽车入车位警告系统，俗称“电眼”。当驾车进入车位时，往往前后障碍物不在视线内，该系统就能根据车辆距离障碍物的远近而发出不同频率的警示声响，使驾驶人通过听觉判断出汽车与四周障碍物的距离

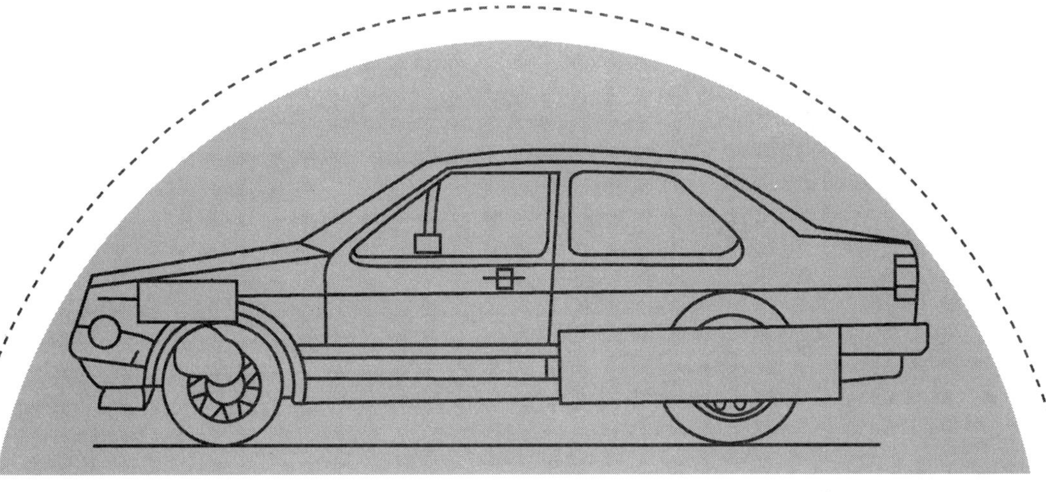

发动机构造篇

项目一　发动机总体的认知

【学习目标】

1. 知识目标

1）能说出发动机的工作原理。

2）能复述发动机的总体构造与部件间的关系。

3）根据编号说出发动机的内涵与参数。

4）能够说出发动机的基本术语。

2. 能力目标

1）能够分析二冲程发动机与四冲程发动机的结构与工作原理。

2）具有识别发动机编号的能力。

【学时安排】

2 学时。

【理论知识】

发动机是将其他形式的能量转化为机械能的机器。现代汽车发动机主要采用的是内燃机，它是将燃料在气缸内部燃烧产生的热能直接转化为机械能的动力机械。

一、发动机的总体构造

汽油机通常是由两大机构、五大系统组成的，柴油机则由两大机构、四大系统组成，即曲柄连杆机构、配气机构、燃料供给系统、润滑系统、冷却系统、点火系统（柴油机无此系统）和起动系统。图 1-1 所示为汽油发动机总体构造。

1. 曲柄连杆机构

曲柄连杆机构的作用是将燃料燃烧产生的热能转变为活塞往复运动的机械能，再通过连杆将活塞的往复运动转变为曲轴的旋转运动而对外输出动力。曲柄连杆机构由机体组、活塞连杆组和曲轴飞轮组三部分组成。

2. 配气机构

配气机构的作用是使可燃混合气及时充入气缸并及时将废气从气缸中排出。配气机构由气门组和气门传动组构成。

气门组包括进气门、排气门、气门导管、气门弹簧、气门弹簧座和锁片等；气门传动组包括凸轮轴、挺柱、推杆、摇臂和正时齿轮等，其零件的多少取决于配气机构的形式。

3. 燃料供给系统

燃料供给系统的作用是将一定浓度和数量的可燃混合气（或空气）供入气缸以供燃烧，并将燃烧生成的废气排出。

汽油机和柴油机由于使用的燃料和燃烧过程不同，其燃料供给系统在结构上有很大差

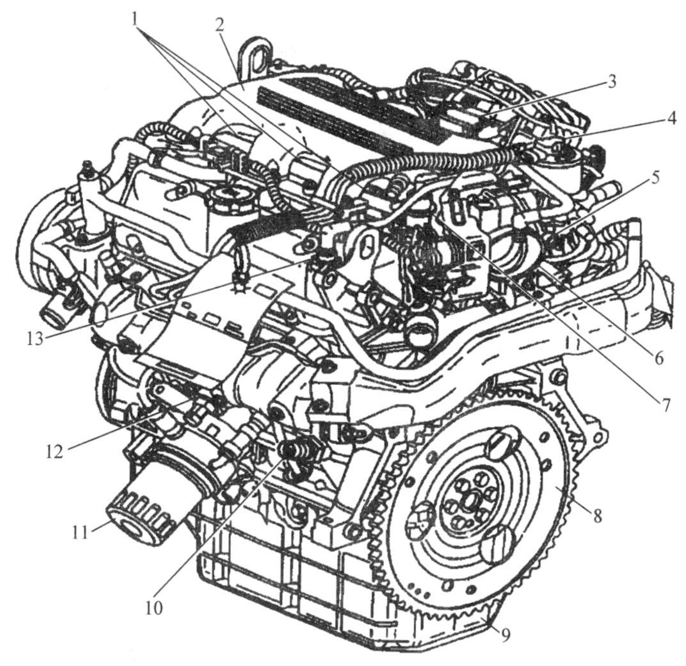

图 1-1　汽油发动机总体构造

1—燃油管　2—气缸盖罩　3—MAP 传感器　4—EGR 阀　5—节气门位置传感器　6—节气门体　7—燃油压力调节器　8—飞轮　9—油底壳　10—机油压力开关　11—机油滤清器　12—爆燃传感器　13—PCV 阀

别。汽油机燃料供给系统根据混合气的形成方式不同，可分为传统化油器式和电控直喷式两种类型。

传统化油器式汽油供给系统包括汽油箱、汽油泵、汽油滤清器、化油器、空气滤清器、进排气管和排气消声器等，如图 1-2 所示。

电控直喷式汽油机燃料供给系统在传统供给系统的基础上取消了化油器，取而代之的是电子控制单元、各种传感器和执行器，能精确控制空燃比，使发动机性能得到了提高，如图 1-3 所示。

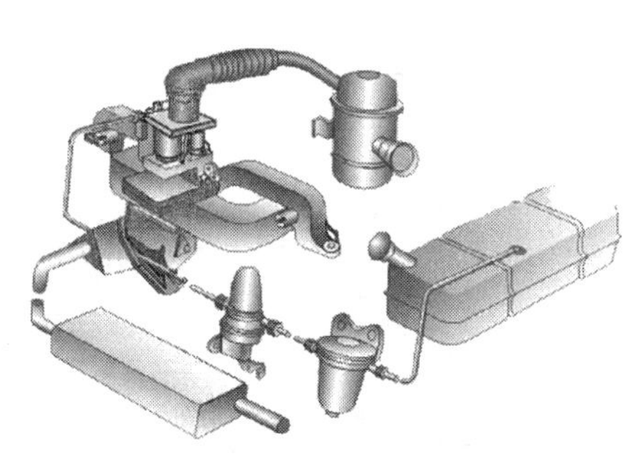

图 1-2　化油器式汽油机燃料供给系统

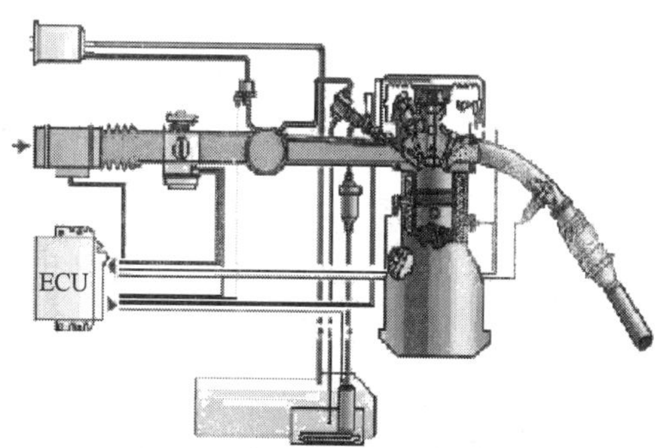

图 1-3　电控直喷式汽油机燃料供给系统

柴油机燃料供给系统包括燃油箱、输油泵、柴油滤清器、喷油泵、喷油器、进排气管和排气消声器等，如图 1-4 所示。

4. 润滑系统

润滑系统的作用是将机油送至各个摩擦表面，以减轻机件的磨损，并清洗、冷却摩擦表面，延长发动机的使用寿命。

润滑系统包括机油泵、机油滤清器、润滑油道、限压阀和油底壳等，如图 1-5 所示。

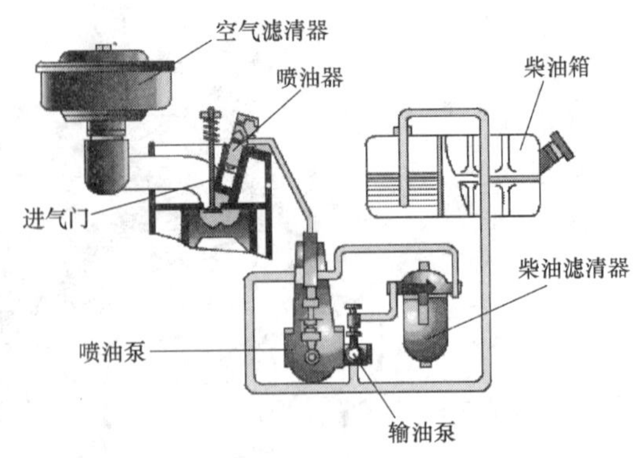

图 1-4　柴油机燃料供给系统

5. 冷却系统

冷却系统的作用是将受热机件的热量散到大气中去，从而保证发动机正常工作。冷却系统有水冷却系统（冷却液冷却）和风冷却系统（空气冷却）两种，现代汽车一般都采用水冷却系统。水冷却系统包括水泵、散热器、风扇、节温器和水套等，如图 1-6 所示。

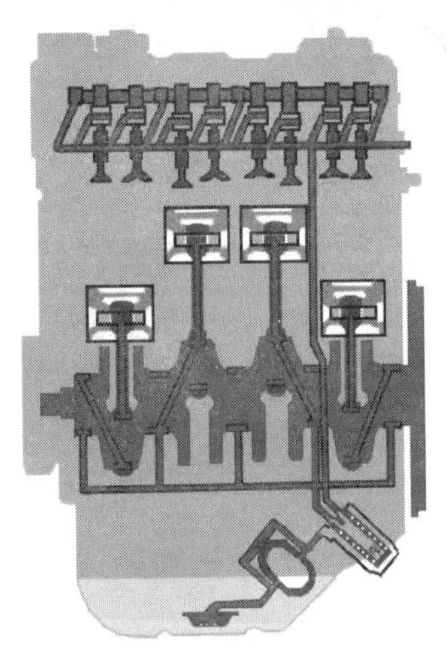

图 1-5　润滑系统

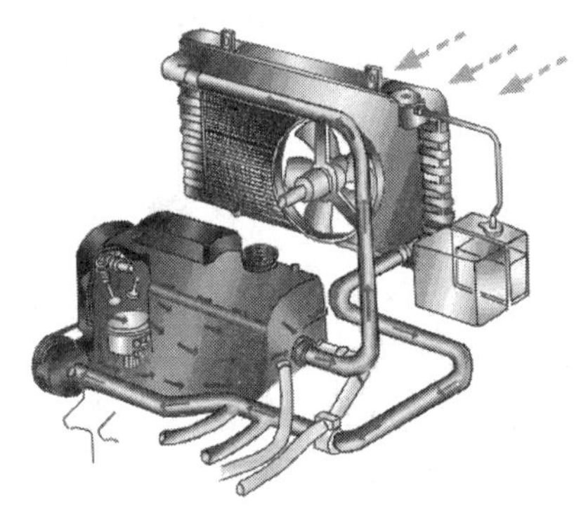

图 1-6　冷却系统

6. 点火系统

点火系统的作用是按规定时刻向气缸内提供电火花以点燃气缸中的可燃混合气。柴油发动机由于其混合气是自行着火燃烧（压燃式）的，故没有点火系统。

点火系统按控制方式不同可分为传统点火系统、电子点火系统和电控点火系统，图 1-7 所示为传统点火系统。

7. 起动系统

起动系统的作用是起动静止的发动机并使其转入自行运转。起动系统包括起动机及其附属装置等，如图 1-8 所示。

二、发动机的分类

发动机的分类方法很多，依据不同的分类方法，可以把发动机分成不同的类型。

1. 按所用燃料分类

发动机按所使用的燃料不同可分为汽油机、柴油机和气体燃料发动机。

2. 按冲程分类

发动机按照一个工作循环中活塞往复运动的冲程数进行分类，可分为四冲程发动机和二

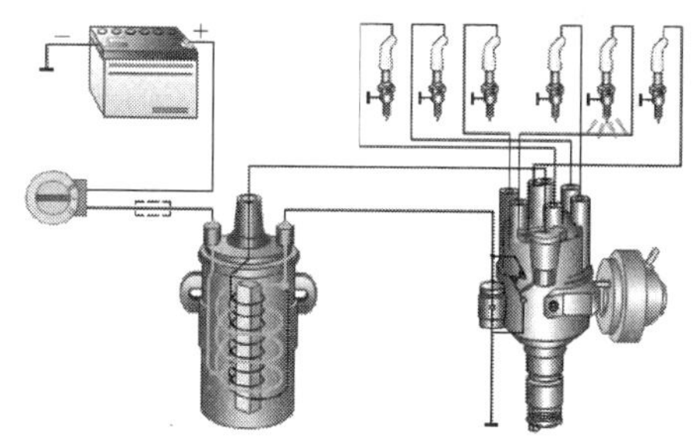

图 1-7　点火系统

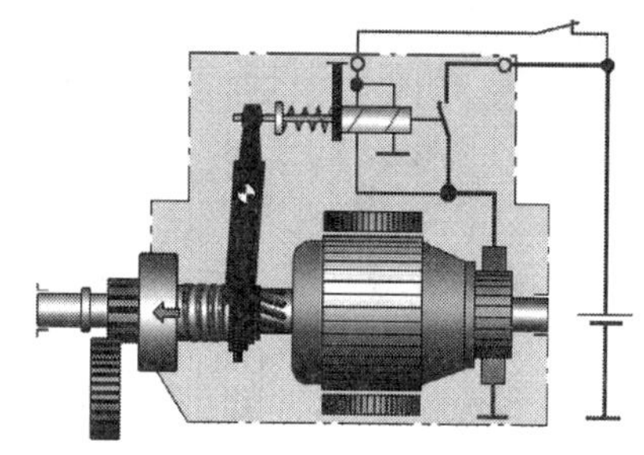

图 1-8　起动系统

冲程发动机。

3. 按冷却方式分类

发动机按照冷却方式不同可分为水冷发动机和风冷发动机。

4. 按气缸数目分类

发动机按照气缸数目不同可分为单缸发动机和多缸发动机。

5. 按气缸排列方式分类

发动机按气缸排列方式不同可分为直列式发动机、V 型发动机、W 型发动机和水平对置式发动机。

6. 按进气系统是否采用增压方式分类

发动机按进气系统是否采用增压方式可分为自然吸气（非增压式）发动机和强制进气（增压式）发动机。

7. 按活塞的工作方式分类

发动机按活塞工作方式不同可分为往复式发动机和转子发动机。

三、发动机型号编制规则

为了便于发动机的生产管理和使用，我国对发动机的名称和型号编制方法进行审定并颁布了国家标准 GB/T 725—2008。标准规定：发动机名称按所采用的主要燃料来命名，发动机型号由阿拉伯数字、汉语拼音字母或国际通用的英文缩略字母组成，其排列顺序和意义规定如图 1-9 所示。

举例：CA6102，表示第一汽车工业公司生产的、六缸、四冲程、直列、缸径 102mm、冷却液冷却、通用型发动机；1E65F 表示单缸、二冲程、缸径 65mm、风冷、通用型发动机；12V135ZG 表示 12 缸、V 形、四冲程、缸径 135mm、冷却液冷却、增压、工程机械用柴油机。

四、发动机基本术语

发动机原理与各部分名称如图 1-10 所示。

1. 上、下止点

上止点是指活塞顶面位于离曲轴中心线最远时的位置，即活塞的最高位置。

下止点是指活塞顶面位于离曲轴中心线最近时的位置，即活塞的最低位置。

2. 活塞行程与冲程

活塞行程是指上、下止点间的距离，用 S 表示，单位是 mm。

冲程是指活塞由一个止点运动到另一个止点的过程，称为一个冲程。

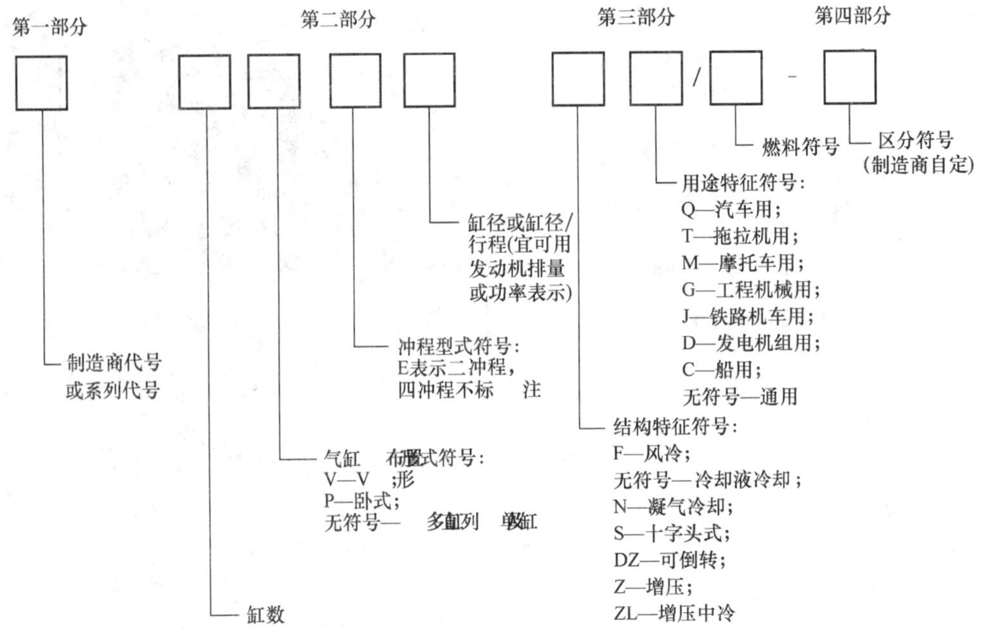

图 1-9　发动机型号编制规则

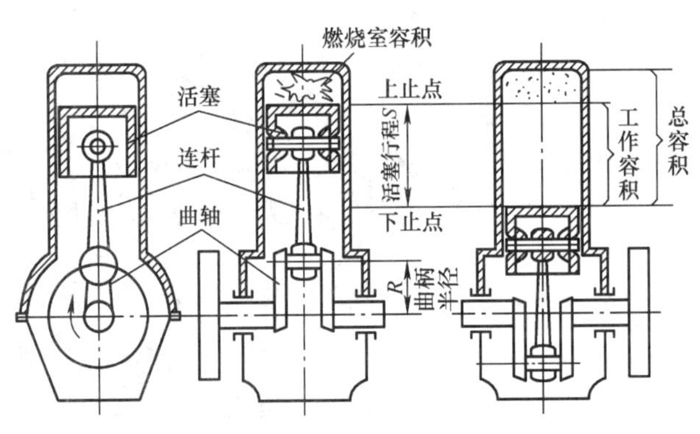

图 1-10　发动机原理

3. 曲柄半径

曲柄半径是指与连杆大头相连接的曲柄销的中心线到曲轴回转中心线的距离，用 R 表示，单位是 mm。显然，曲轴每转一周，活塞移动两个冲程，即

$$S = 2R$$

4. 气缸工作容积

气缸工作容积是指活塞从一个止点移动到另一个止点所扫过的容积，用 V_h 表示，单位是 L。显然，有

$$V_h = \frac{\pi D^2}{4 \times 10^6} S$$

式中　V_h——气缸工作容积，单位为 L；

D——气缸直径，单位为 mm；

S——活塞行程，单位为 mm。

5. 燃烧室容积与气缸总容积

燃烧室容积是指活塞位于上止点时，活塞顶部上方的气缸容积，用 V_c 表示，单位是 L。

气缸总容积是指活塞位于下止点时，活塞顶部上方的气缸容积，用 V_a 表示，单位是 L。显然，有

$$V_a = V_c + V_h$$

6. 发动机排量

发动机排量是指发动机所有气缸工作容积之和，用 V_L 表示，单位是 L。对于多缸发动机，显然，有

$$V_L = V_h i$$

式中　i—发动机气缸数。

发动机排量是一个非常重要的特征参数，轿车就是以发动机排量大小来进行分级的，即微型轿车：$V_L \leqslant 1.0$；普通级轿车：$V_L > 1.0 \sim 1.6$；中级轿车：$V_L > 1.6 \sim 2.5$；中、高级轿车：$V_L > 2.5 \sim 4.0$；高级轿车：$V_L > 4.0$。

7. 压缩比与工作循环

压缩比是指气缸总容积与燃烧室容积之比，用 ε 表示。

$$\varepsilon = \frac{V_a}{V_c} = \frac{V_h + V_c}{V_c} = 1 + \frac{V_h}{V_c}$$

压缩比用来衡量空气或混合气被压缩的程度，影响发动机的热效率。一般汽油发动机压缩比为 6～10，柴油发动机压缩比较高，为 16～22。

工作循环是指发动机完成进气、压缩、做功、排气四个过程，为一个工作循环。

五、发动机工作原理

1. 四冲程汽油发动机工作原理

四冲程发动机是指曲轴转两周（720°），活塞往复运动四次，完成一个工作循环的发动机。四冲程汽油机的工作循环如图 1-11 所示。

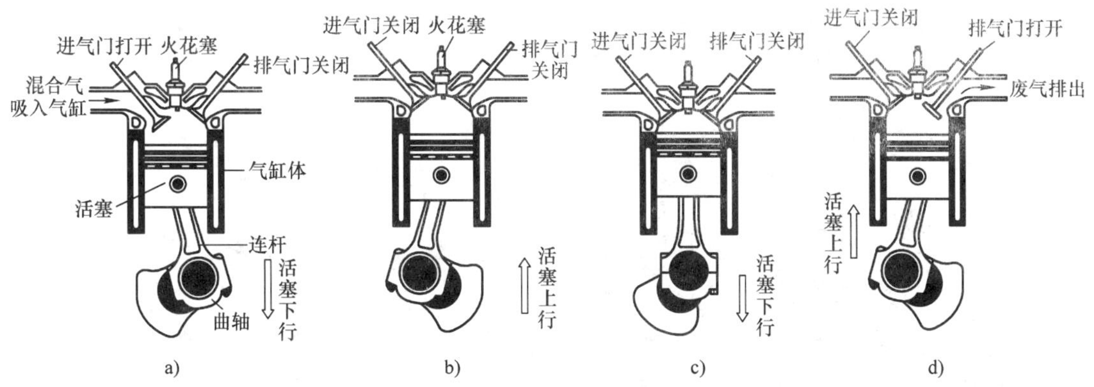

图 1-11　四冲程汽油机的工作循环示意图

a）进气行程　b）压缩行程　c）做功行程　d）排气行程

（1）进气行程　活塞由曲轴带动由上止点向下止点运动，此时进气门开启，排气门关闭。在活塞向下移动的过程中，气缸内容积逐渐增大，形成一定的真空度，于是空气和燃油

的可燃混合气通过进气门被吸入气缸，直至活塞到达下止点时，进气门关闭，停止进气。

进气终了时，由于进气系统存在阻力，气缸内气体的压力低于大气压力，约为 0.075～0.09MPa，且由于气缸壁、活塞等高温件及上一循环留下的高温残余废气的加热，气体温度升高到 370～400K。

（2）压缩行程　为使可燃混合气迅速燃烧，达到改善发动机动力性和经济性的目的，必须在燃烧前对可燃混合气进行压缩，以提高可燃混合气的温度和压力。因此，在进气行程结束时立即进入压缩行程，活塞在曲轴的带动下，由下止点向上止点运动，由于进、排气门均关闭，气缸内容积逐渐减小，可燃混合气的压力和温度不断升高。压缩终了时，气缸内的压力约为 0.6～1.2MPa，温度约为 600～700K。

（3）做功行程　在压缩行程末，火花塞产生电火花点燃混合气并迅速燃烧，使气体的温度、压力迅速升高而膨胀，从而推动活塞从上止点向下止点运动。通过连杆使曲轴旋转做功，至活塞到达下止点时做功结束。

在做功行程中，开始阶段气缸内气体的压力和温度急剧上升，瞬时压力可达 3～5MPa，瞬时温度可达 2200～2800K。随着活塞下行，气缸容积增大，气缸内的压力和温度逐渐下降。做功终了时，压力约为 0.3～0.5MPa，温度约为 1300～1600K。

（4）排气行程　为使工作循环能够连续进行，需将燃烧产生的废气排出。在做功行程终了时，排气门打开，进气门关闭，曲轴通过连杆推动活塞由下止点向上止点运动，废气在自身剩余压力和活塞的推动下，被排出气缸，至活塞到达上止点时，排气门关闭，排气过程结束。

排气行程终了时，由于燃烧室容积的存在，气缸内还存有少量废气，气体压力也因排气系统存在排气阻力而略高于大气压力。此时，压力约为 0.105～0.115MPa，温度约为 900～1200K。

2. 四冲程柴油机的工作原理

四冲程柴油机的工作循环如图 1-12 所示。

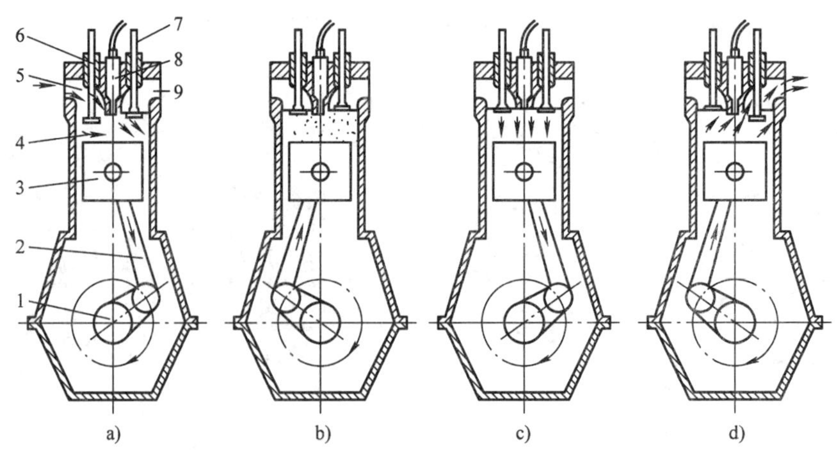

图 1-12　四冲程柴油机的工作循环示意图

a）进气行程　b）压缩行程　c）做功行程　d）排气行程

1—曲轴　2—连杆　3—活塞　4—气缸　5—进气管

6—进气门　7—排气门　8—喷油器　9—排气管

(1) 进气行程　柴油机进气行程不同于汽油机的是进入气缸的不是可燃混合气，而是纯空气。由于柴油机进气阻力比汽油机小，上一行程残留的废气温度也比汽油机低，进气行程终了的压力约为0.075～0.095MPa，温度约为320～350K。

(2) 压缩行程　与汽油机相比，柴油机压缩行程压缩的是纯空气。由于柴油机的压缩比大，压缩终了的温度和压力都比汽油机高，压力可达3.5～4.5MPa，温度可达750～1000K。

(3) 做功行程　柴油机此行程与汽油机有很大差异。压缩行程末，喷油泵将高压柴油经喷油器呈雾状喷入气缸内的高温高压空气中，被迅速汽化并与空气形成混合气。由于此时气缸内的温度远高于柴油的自燃温度（约500K左右），柴油与空气的混合气便立即自行着火燃烧，且此后一段时间内边喷油边燃烧，气缸内的压力和温度急剧升高，推动活塞下行做功。

做功行程中，瞬时压力可达6～9MPa，瞬时温度可达2000～2500K。做功行程终了时，压力约为0.2～0.4MPa，温度约为1200～1500K。

(4) 排气行程　柴油机此行程与汽油机基本相同，排气行程终了时的气缸内压力约为0.105～0.125MPa，温度约为800～1000K。

3. 汽油机和柴油机的比较

汽油机和柴油机各项指标的比较见表1-1。

表1-1　汽油机和柴油机指标的比较

比较项目	汽油机	柴油机
燃料	汽油	柴油
混合气形成	多为缸外	缸内
着火方式	点燃式	压燃式
热效率	30%左右	40%左右
燃油消耗率	高	低
升功率	大	小
转速	高	低
工作平稳性	柔和	粗暴
起动性	易	难
排放	CO、HC多，NO_x、黑烟少	CO、HC少，NO_x、黑烟多
结构	紧凑	欠紧凑
制造成本	低	高
使用寿命	短	长

六、发动机性能指标

发动机性能指标是评价发动机性能优劣的依据。发动机最重要的有效指标包括动力性指标和经济性指标。

1. 动力性指标

(1) 有效功率　发动机曲轴上输出的功率称为有效功率，用P_e表示，该值由发动机台架试验得出。

（2）有效转矩　发动机曲轴输出的平均转矩称为有效转矩，用 M_e 表示，它可由测功器测得。根据所测得的有效转矩 M_e（N · m）和发动机转速 n（r/min），可以得出有效功率 P_e（kW），即

$$P_e = 2\pi M_e \frac{n}{60} \times 10^{-3} = \frac{M_e n}{9550}$$

或

$$M_e = \frac{9550 P_e}{n}$$

（3）平均有效压力　发动机单位气缸工作容积输出的有效功，称为平均有效压力，用 p_e（kPa）表示，其表达式为

$$p_e = \frac{W_e}{V_h}$$

式中　V_h——气缸工作容积，单位为 L；

W_e——发动机的有效功，单位为 kJ。

发动机的有效功率、有效转矩、平均有效压力越大，动力性越好。

2. 经济性指标

（1）有效燃料消耗率　有效燃料消耗率是单位有效功的耗油量，用 g_e 表示，通常以每千瓦小时有效功的耗油量表示，以［g/(kW · h)］为单位。有效燃料消耗率按下式计算

$$g_e = \frac{G_T}{P_e} \times 10^3$$

式中　G_T——发动机的每小时耗油量，单位为 kg/h。

（2）有效热效率　有效热效率是发动机实际循环的有效功与所消耗燃料的热量之比，用 η_e表示。

$$\eta_e = \frac{W_e}{Q_1}$$

式中　Q_1——得到有效功所消耗的热量，单位为 kJ；

W_e——发动机的有效功，单位为 kJ。

发动机的有效燃料消耗率越小、有效热效率越高，经济性越好。

【项目实施】

任务　发动机总体构造认知

一、任务目标

通过观察汽车上的发动机，能够说出其安装位置和安装方法，并知道发动机的作用；通过观察被解剖的发动机，能够说出其结构组成、各配件的连接关系；说出五大系统两大机构。

二、任务准备

工具准备：桑塔纳 2000 轿车发动机拆装工具一套。

物品准备：桑塔纳 2000 轿车一台，被解剖的发动机一台。

场地准备：汽车发动机实训车间。

分组：10 人一组。

三、任务实施

1. 观察发动机各组成部分。
2. 说出各构成、各配件的连接关系。
3. 在图 1-13 中填写各部分名称

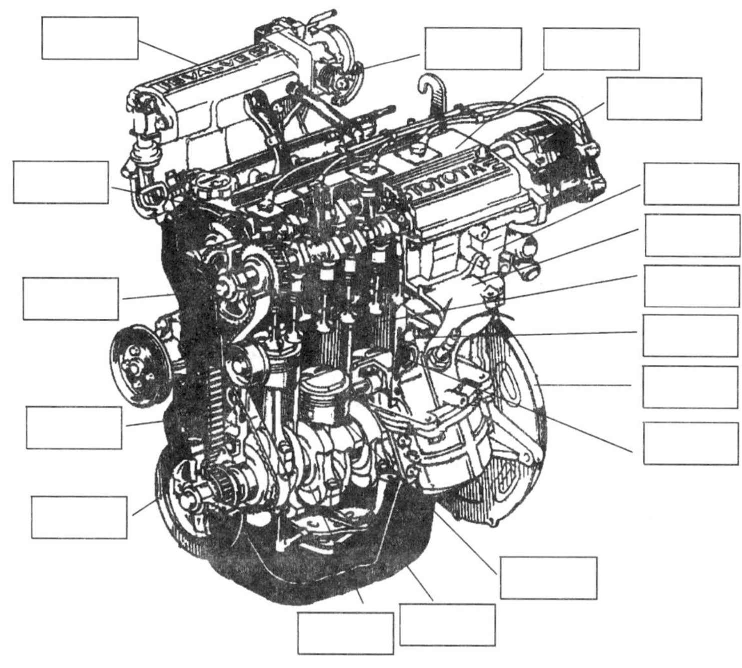

图 1-13　发动机结构

4. 简答

（1）请说出 EQ6100-1、12VE230ZC_z 和 462Q 各是什么含义？

（2）说说冷却系统、润滑系统和起动系统的作用。

（3）说说配气机构和曲柄连杆机构的作用与组成。

项目二　曲柄连杆机构的认知

【学习目标】

1. 知识目标

1）能够说出曲柄连杆机构的功用。

2）能够说出曲柄连杆机构的组成。

3）能够分析曲柄连杆机构的受力情况。

2. 能力目标

1）具有识别曲柄连杆机构各组成部件结构的能力。

2）具有分析各组成部件的连接关系的能力。

3）具有拆装曲柄连杆机构总成的能力。

【学时安排】

10 学时。

【理论知识】

曲柄连杆机构是通过机体组支撑并进行工作的，其主要构成包括机体组、活塞连杆组和曲轴飞轮组，结构如图 2-1 所示。

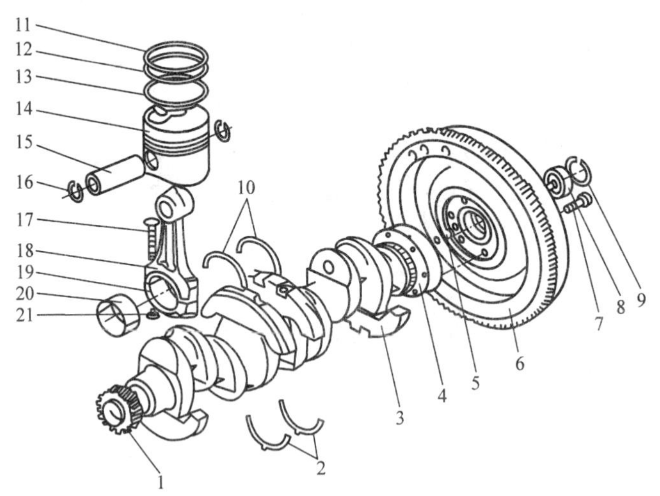

图 2-1　曲柄连杆机构

1—曲轴正时齿轮　2—下止推片　3—平衡重　4—曲轴　5—定位销　6—飞轮
7—飞轮螺栓　8—变速器第一轴承　9、16—挡圈　10—上止推片
11—上气环　12—下气环　13—油环　14—活塞　15—活塞销
17—连杆螺栓　18—连杆体　19—连杆盖　20—连杆轴承　21—连杆螺母

一、机体组

机体组主要由气缸盖、气缸垫、气缸体、气缸套、曲轴箱和油底壳等组成。它是发动机安装各附件的基础总成，如图 2-2 所示。

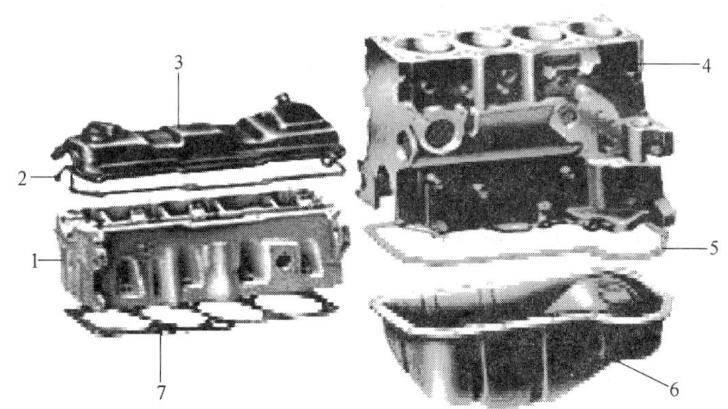

图 2-2　机体组构成图

1—气缸盖　2—气缸盖密封垫　3—气门室罩　4—气缸体　5—密封垫　6—油底壳　7—气缸垫

1. 气缸体和曲轴箱

（1）基本构造　通常将气缸体与曲轴箱铸为一体，称为气缸体—曲轴箱，简称为气缸体。气缸体内镶缸套，上端装配气缸盖，下部装配油底壳。气缸体内部铸有水套，用于散热，同时还铸有机油孔道，其作用是提供机油通路。气缸体还加工有缸盖螺栓安装螺孔，以便固定气缸盖。曲轴箱上有主轴承座孔道。其结构如图 2-3 所示。

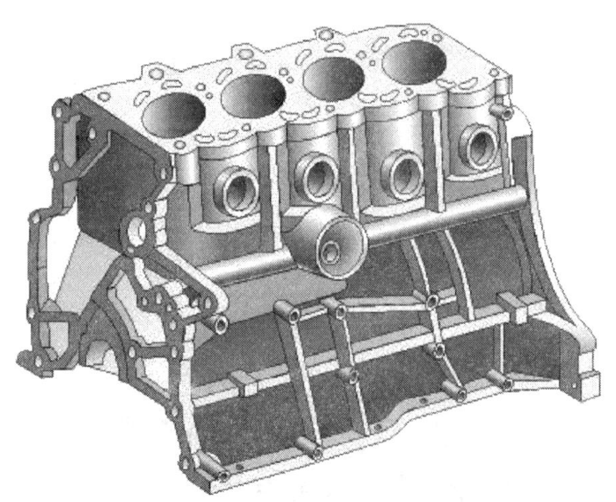

图 2-3　气缸体与曲轴箱总成

（2）气缸体的类型　目前，常用的气缸体分类方法有两种。

其一，是按曲轴箱结构的不同，分为一般式、龙门式和隧道式三种，其结构如图 2-4 所示。一般式气缸体主轴承座孔中心线位于曲轴箱分箱面上，其刚度小，结构简单，多用于中、小型发动机；龙门式气缸体主轴承座孔中心线高于曲轴箱分箱面，其刚度较大，密封简单可靠，多用于大、中型发动机；隧道式气缸体主轴承座孔不分开，其刚度最大，主轴承用滚动轴承而不是轴瓦，多用于负荷较大的柴油机。

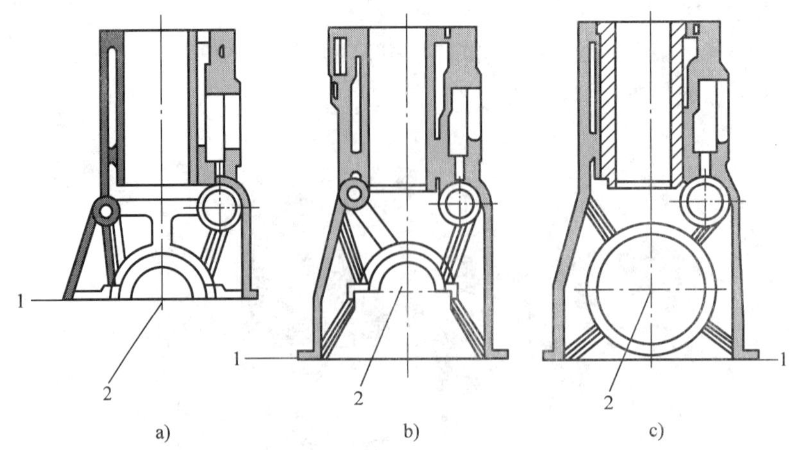

图 2-4　气缸体的结构形式

a）一般式　b）龙门式　c）隧道式

1—曲轴箱分界面　2—主轴承座孔中心

其二，是按气缸的排列形式不同，分为直列式、V 形和水平对置三种，如图 2-5 所示。

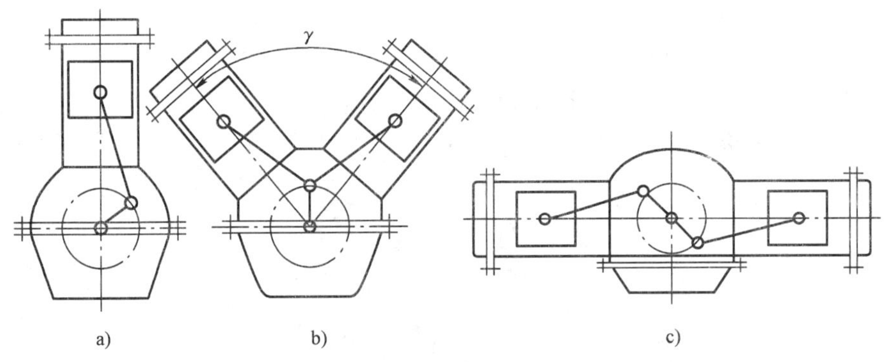

图 2-5　气缸的排列形式

a）直列式　b）V 形布置　c）水平对置

2. 气缸套

（1）气缸套的类型　气缸套的主要作用是引导活塞作往复直线运动。缸体一般用价廉的普通铸铁或质量轻的铝合金制成，内镶有耐磨的高级铸铁材料制成的气缸套，既延长了使用寿命，又节约了成本。

通常，缸套分为干式缸套和湿式缸套两种形式，如图 2-6 所示。其中，干式缸套的外表面不直接与冷却液接触，套壁较薄，与缸体的结合为过盈配合，不易漏水漏气；而湿式缸套的外表面直接与冷却液接触，套壁较厚，散热效果好但易漏水漏气，且容易出现穴蚀。

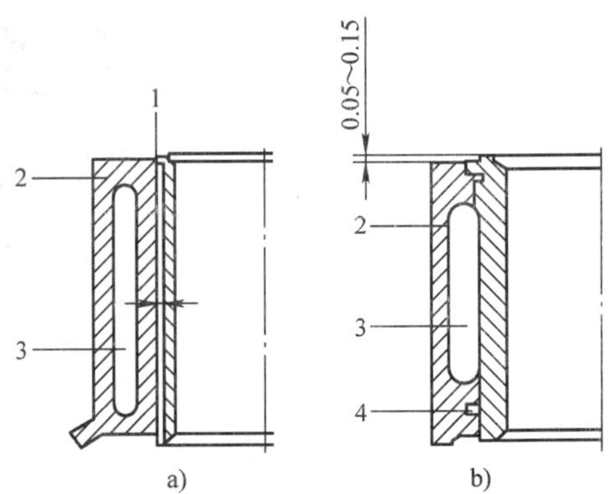

图 2-6　气缸套的类型

a）干式缸套　b）湿式缸套

1—气缸套　2—气缸体　3—缸体水套　4—密封圈

（2）气缸套与气缸体的密封　湿式气缸套的顶面须高出缸体 0.05～0.15mm，以便当气缸盖螺栓按照规定力矩拧紧后，气缸套与气缸体接合处、气缸套与气缸垫接合处承受较大的压紧力，防止水套漏水、气缸漏气和保证气缸套的定位。气缸套下部有 1～3 个耐热、耐油的橡胶密封圈，其作用是防止冷却液泄漏到油底壳，保证发动机的正常工作。

3. 气缸盖

（1）气缸盖的构成　气缸盖上方装有气门室罩，下平面与气缸体工作面配合，并铸有燃烧室腔。气缸盖上有冷却水套，机油道，进、排气门道，气门导管孔和进、排气门座孔和火花塞孔等，如图 2-7 所示。

（2）气缸盖的作用　气缸盖下部和气缸垫、气缸体组成燃烧室；上部用于安装配气机构，缸盖中的水道用于气缸盖的冷却；油道用于配气机构的润滑；螺栓孔通过缸盖螺栓将气缸盖、气缸体和气缸垫紧密地连接成一体。

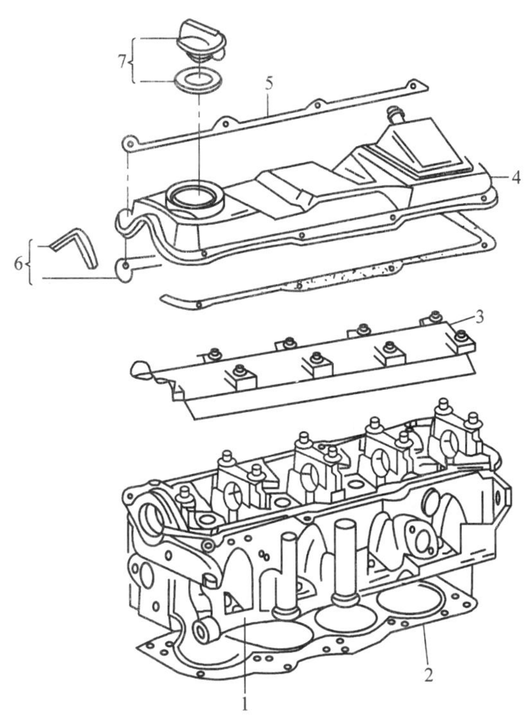

图 2-7　气缸盖总成

1—气缸盖　2—气缸垫　3—机油反射罩　4—气缸盖罩盖　5—压条　6—气门罩垫　7—加油盖

（3）燃烧室　汽油机燃烧室通常分为 5 种形式，即楔形燃烧室、盆形燃烧室、半球形燃烧室、多球形燃烧室及篷形燃烧室，其结构如图 2-8 所示。

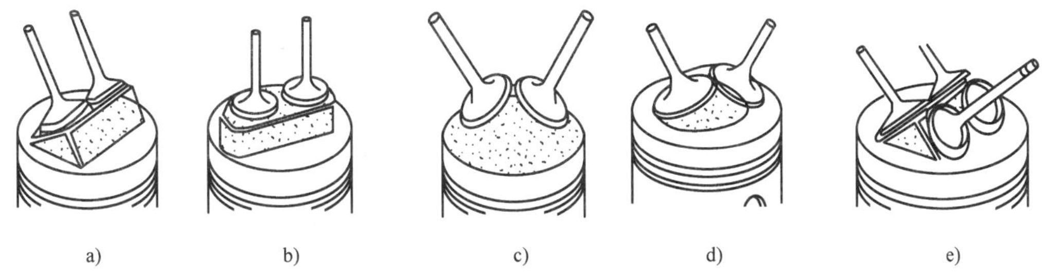

图 2-8　燃烧室的类型

a）楔形燃烧室　b）盆形燃烧室　c）半球形燃烧室　d）多球形燃烧室　e）篷形燃烧室

4. 气缸垫

气缸垫安装于气缸盖和气缸体工作平面间，主要作用是保证气缸体与气缸盖间的密封，防止发生漏水、漏气、漏油现象，其结构如图 2-9 所示。气缸垫上加工有机油孔道和冷却液孔道。

根据所用材料的不同，气缸垫一般有三种类型。

(1) 金属—石棉垫　其外面包有铜皮和钢片，在缸口、水孔、油孔周围用卷边加强，内填石棉。

(2) 金属骨架—石棉垫　用编织的钢丝网或有孔钢板为骨架，外覆石棉，只在缸口、水孔、油孔处用金属片包边。

(3) 纯金属垫　由单层或多层金属片制成。汽车发动机一般很少使用该种类型的气缸垫。

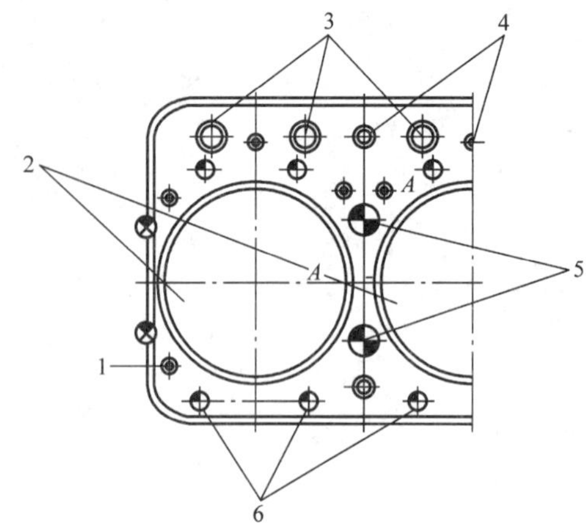

图 2-9　气缸垫

1—机油孔　2—气缸　3—推杆孔
4—水孔　5—油孔　6—缸盖螺栓孔

5. 油底壳

油底壳安装在气缸体下面，两者间有密封衬垫，安装时表面还要涂抹密封胶，螺栓用规定的力矩紧固。油底壳的主要作用是贮存和冷却机油，并且密封曲轴箱。油底壳用薄钢板冲压而成，内设有稳油挡板，最低处设有放油螺塞，如图 2-10 所示。

二、活塞连杆组

活塞连杆组主要由活塞、活塞环、活塞销和连杆等组成，如图 2-11 所示。

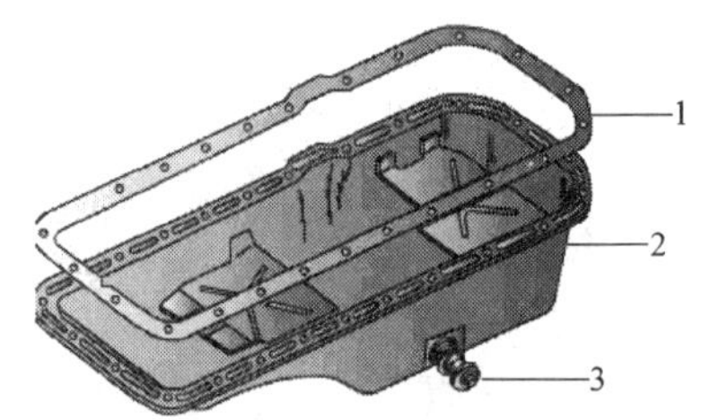

图 2-10　油底壳总成图

1—密封垫　2—油底壳　3—放油螺塞

1. 活塞

汽车发动机活塞广泛采用铝合金材料。活塞在气缸套中作往复直线运动，和气缸盖、气缸壁等共同组成燃烧室，工作时其承受燃烧气体的压力，并将此力传给连杆，推动曲轴旋转。活塞可分为顶部、头部和裙部三部分，如图 2-12 所示。

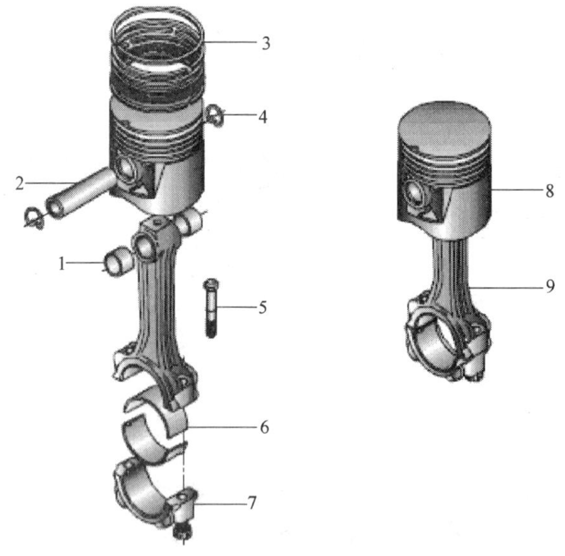

图 2-11　活塞连杆组的总成

1—衬套　2—活塞销　3—活塞环　4—卡环　5—螺栓　6—连杆轴瓦　7—连杆盖　8—活塞　9—连杆

（1）活塞顶部　顶部是燃烧室的重要组成部分，用来承受燃烧时气体产生的压力。活塞的顶部分为平顶、凹顶和凸顶三种形式，如图 2-13 所示。

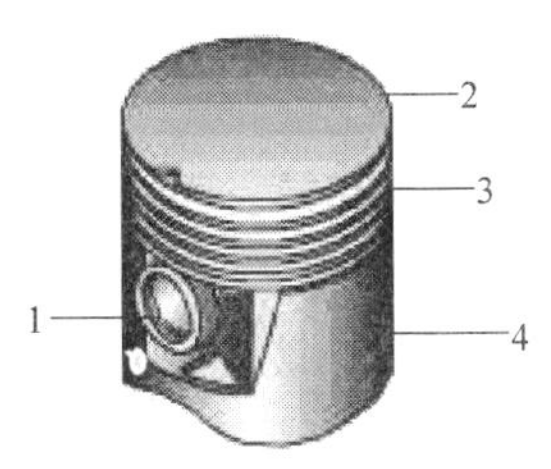

图 2-12　活塞外观图

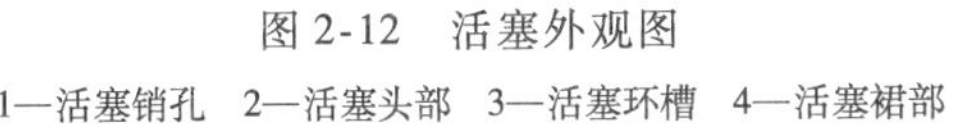

1—活塞销孔　2—活塞头部　3—活塞环槽　4—活塞裙部

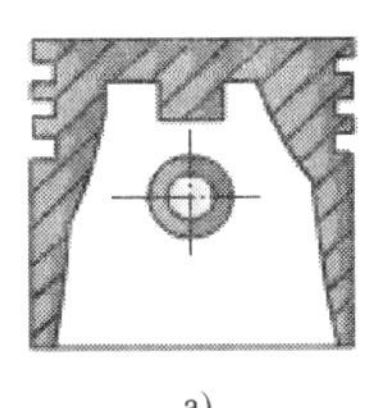
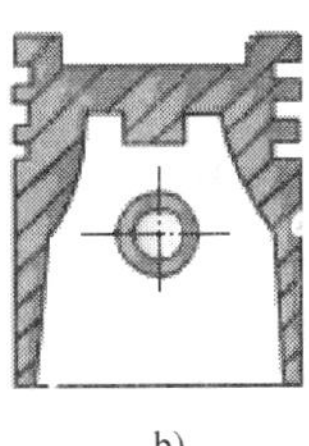
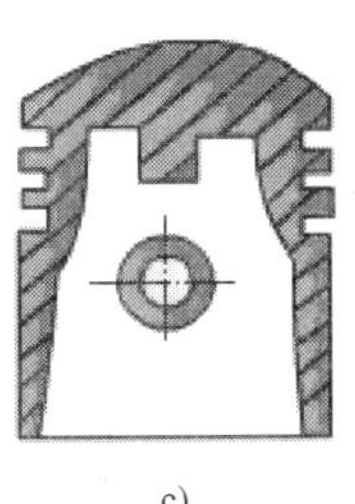

a)　b)　c)

图 2-13　活塞顶部的形状

a）平顶活塞　b）凹顶活塞　c）凸顶活塞

（2）活塞头部（环槽部）　环槽部的作用是安装活塞环，一般第一、第二道环槽安装气环，第三道环槽安装油环。

（3）活塞裙部　裙部为活塞的上、下运动提供导向作用，并且承受侧压力，一般分为全裙式和拖板式两种，其结构如图 2-14 所示。

活塞在工作中受热易膨胀变形，且其变形、受热和壁厚有很大关系。工作时活塞的温度上高下低，故自上而下膨胀量由大变小，壁厚处变形量大，壁薄处变形量小。为保证活塞在工作中的圆柱度，故活塞裙部一般设计成上小下大的锥形，如图 2-15 所示；而活塞裙部的横断面则制成椭圆形，长轴垂直于销座孔轴线方向，即侧压力方向，如图 2-16 所示。所以测量活塞时要沿其裙部与活塞销垂直的方向测量，而不是沿头部或与活塞销平行的方向测量。活塞裙部开有绝热—膨胀槽，其中横槽叫绝热槽，竖槽叫膨胀槽，如图 2-17 所示。

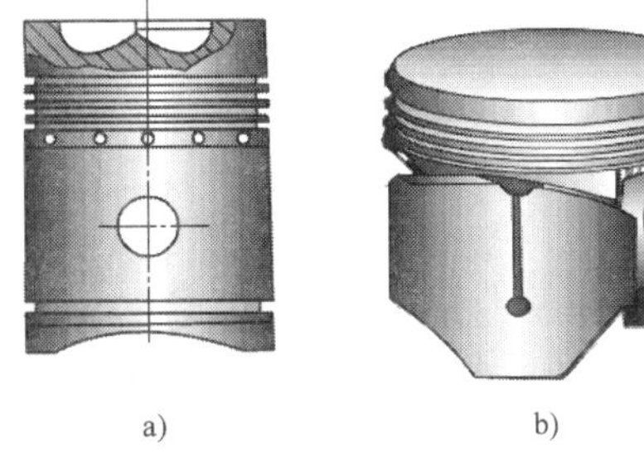

a)　b)

图 2-14　活塞裙部的构成

a）全裙式活塞　b）拖板式活塞

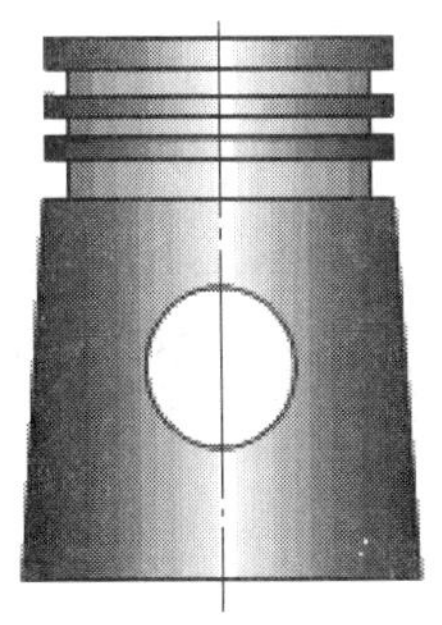

图 2-15　活塞形状图

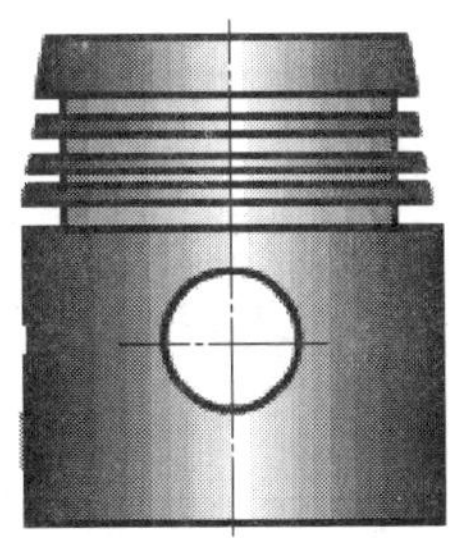
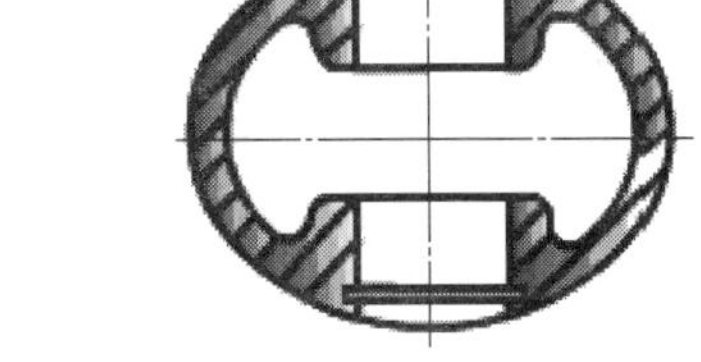

图 2-16　椭圆活塞图

（4）活塞销座　该部位用于安装活塞销。在销座孔两端加工有卡环槽，用于安装卡环，卡环的作用是对活塞销进行定位。

2. 活塞环

活塞环分为气环和油环。气环的主要作用是密封，防止气缸内的燃气窜入曲轴箱中；油环的作用是将活塞头部的热量传递给气缸壁并辅助刮油、布油。其结构分别如图 2-18、图 2-19 所示。

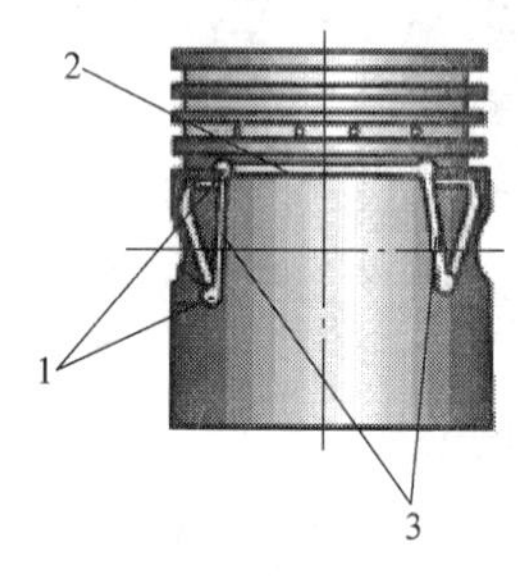

图 2-17　活塞裙部的绝热—膨胀槽

1—止裂孔　2—隔热槽　3—膨胀槽

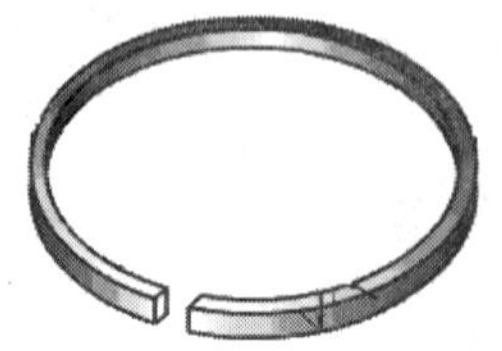

图 2-18　气环

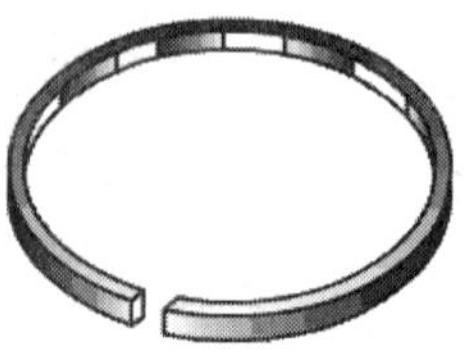

图 2-19　油环

(1) 气环　气环安装后有三个间隙，分别是端隙、侧隙和背隙，如图 2-20 所示。

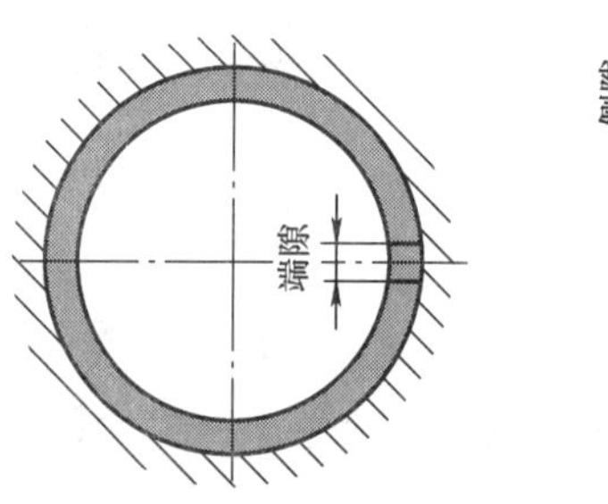

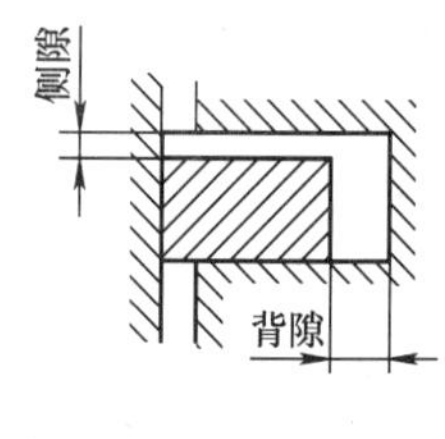

图 2-20　气环的三个间隙

将活塞环压入气缸后，开口处的间隙称为端隙，一般为 0.25 ~ 0.50mm；活塞环上、下表面与环槽之间的间隙，称为侧隙，第一道气环为 0.04 ~ 0.10mm，其余气环一般为 0.03 ~ 0.07mm，油环侧隙一般为 0.025 ~ 0.07mm；活塞环装入气缸后，活塞环里侧与环槽底部的间隙称为背隙，一般为 0.5 ~ 1mm。

气环的截面形状较多，常见的形状如图 2-21 所示。

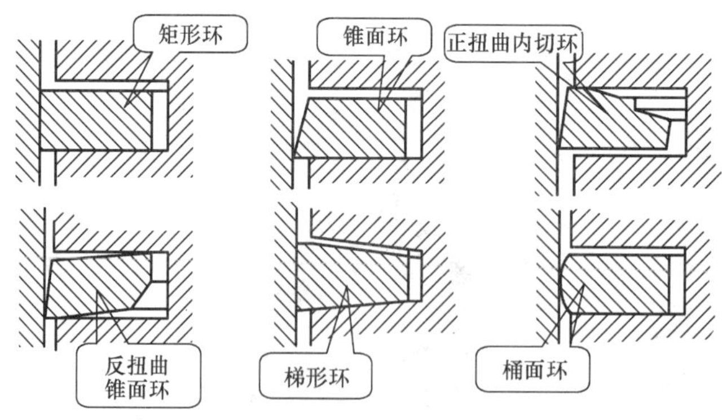

图 2-21　活塞环的种类

矩形环的工艺性和导热效果较好，但会产生泵油现象，造成燃烧的恶化。

扭曲环分为正扭曲环和反扭曲环，其中正扭曲环是将内圆面的上边缘或外圆面的下边缘切去一部分，使整个气环扭曲成碟子形；反扭曲环是将气环的内圆面的下边缘切去一部分，使整个气环扭曲成盖子形。

锥面环的外圆面为锥面，理论上为线接触，有利于密封和磨合。活塞下行时起到刮油的作用；而活塞上行时由于锥面油楔的布油作用，可以改善润滑条件，减少磨损。此环散热差，不宜用在第一道环。

梯形环的断面为梯形，其特点是工作过程中能将沉积在环槽中的结焦挤出，可避免由于粘结而折断。

桶面环的外圆面为外凸圆弧形，上、下运动时均能形成楔形油膜，将环浮起，减轻环与气缸壁的磨损，且密封性、磨合性、对气缸表面的适应性都比较好。

（2）油环　油环的主要任务是将气缸壁上多余的机油刮除，一般分为整体式油环和组合式油环两种。

整体式油环外圆上切有环形槽，槽底开有回油小孔或窄槽。组合式油环由上、下刮油片和衬簧组成，如图 2-22 所示。

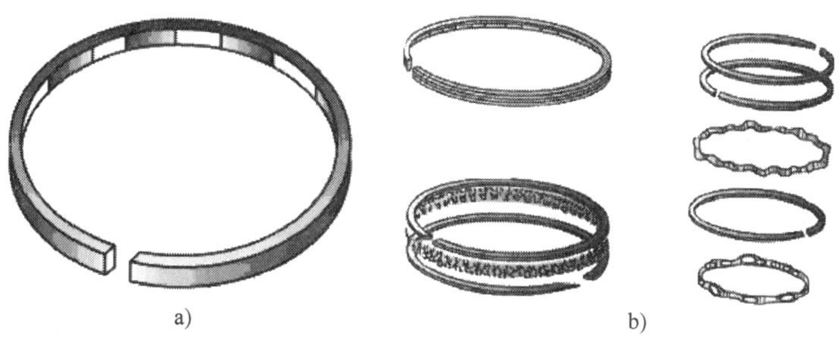

图 2-22　油环结构

a）整体式油环　b）组合式油环

3. 活塞销

活塞销的作用是连接活塞和连杆小头，并且传递活塞和连杆间的作用力。活塞销的连接方式有全浮式和半浮式两种。

（1）全浮式活塞销　全浮式活塞销指在发动机正常工作温度下，活塞销在连杆小头孔中和活塞销座孔中都能转动。这种方式必须配有卡环，装配时应采用热装配，即将活塞放入热水或热油中加热后，迅速将活塞销装入销孔中。全浮式活塞销装配图如图 2-23 所示。

（2）半浮式活塞销　半浮式活塞销的结构特点是活塞销与销座孔和连杆小头安装时，固定在连杆小头上，装配时需加热连杆小头后将活塞销装入，冷态时为过盈配合。

4. 连杆

连杆通过连杆大头装配在曲轴连杆轴颈上，连杆小头通过活塞销与活塞连接，其结构如图 2-24 所示。连杆的作用是将活塞的力传

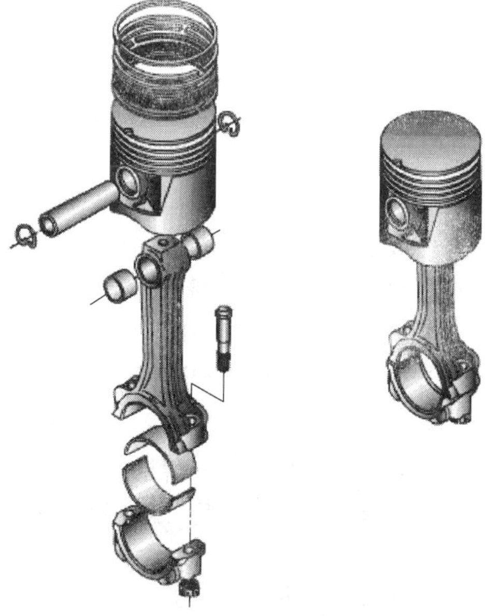

图 2-23　全浮式活塞销装配图

给曲轴，变活塞的往复直线运动为曲轴的旋转运动。

连杆一般采用中碳钢或合金钢材料经锻造、机加工和热处理而成。因为连杆工作时受到压缩、拉伸和弯曲的周期性变化的力，所以要求它的质量尽可能小，但应有足够的刚度和强度。如果刚度不够会造成连杆大头孔失圆，轴瓦润滑不良而烧损；杆身弯曲会造成气缸漏气、窜油等现象。

连杆组由连杆体、连杆盖、连杆螺栓和连杆轴瓦等组成。连杆轴瓦的作用是保护连杆轴颈和连杆大头，主要由钢背和减磨层组成。

连杆大头一般都制成两个半圆（剖分式），其中连杆大头的下端为一个半圆，另一半圆称为连杆盖，两者用连杆螺栓联接成为整体，如图2-25所示。连杆大头孔的表面具有很小的表面粗糙度值，以便和轴瓦形成紧密的配合，其表面还铣出定位轴瓦的凹槽和小的油孔。

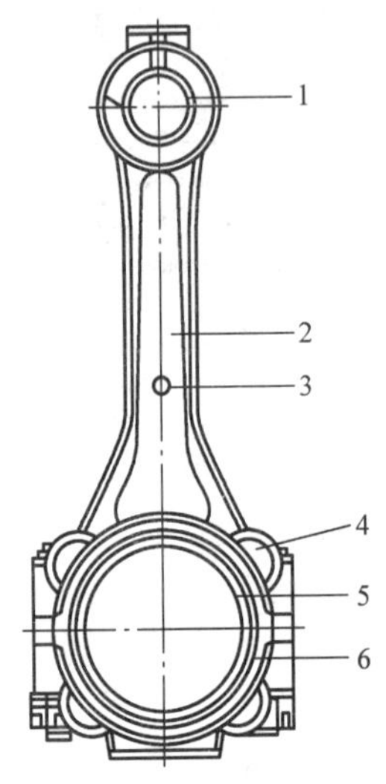

图2-24　连杆的构造

1—连杆小头　2—杆身　3—向前标记

4—连杆大头　5—连杆轴瓦　6—连杆盖

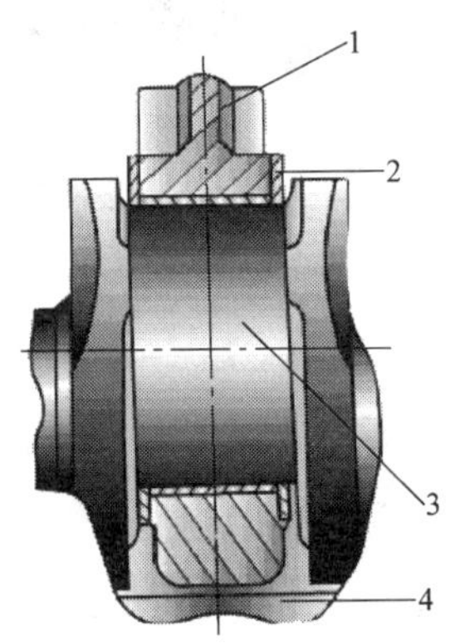

图2-25　连杆大头的构造

1—连杆大头　2—连杆轴瓦

3—连杆轴颈　4—连杆盖

连杆螺栓的工作条件也比较恶劣，因此一般采用优质合金钢或优质碳素钢材料经锻造或冷镦而成。安装连杆大头时，必须按规定的拧紧力矩旋紧连杆螺栓，并应采取防松措施。

与连杆大头一样，连杆轴瓦也被制成两个半圆。轴瓦的基体是薄钢板，内表面浇铸有巴氏合金等减摩合金层。减摩合金具有减少摩擦、加速磨合、保持油膜的作用。

连杆轴瓦与连杆大头和连杆盖相配合的表面要求有极高的表面质量。连杆轴瓦在未装配前，半个轴瓦并不是半圆形的，当装配后，因压力（过盈）而使轴瓦能紧贴在大头孔壁上。为防止连杆轴瓦工作中转动或轴向位移，在轴瓦上冲压有定位凸台，分别嵌入连杆大头和连杆盖的凹槽内。连杆轴瓦内表面还有油槽，以保证良好的润滑。

安装时要注意连杆杆身与连杆盖的装配方向，不能装反。在连杆杆身和连杆盖上均有向前的标记，连杆大头侧面还有缸号标记，一定按照原有的配对装配，千万不可随意装配。

三、曲轴飞轮组

曲轴飞轮组主要由曲轴、飞轮、带轮和正时齿轮（或链轮）等组成，其结构如图2-26所示。

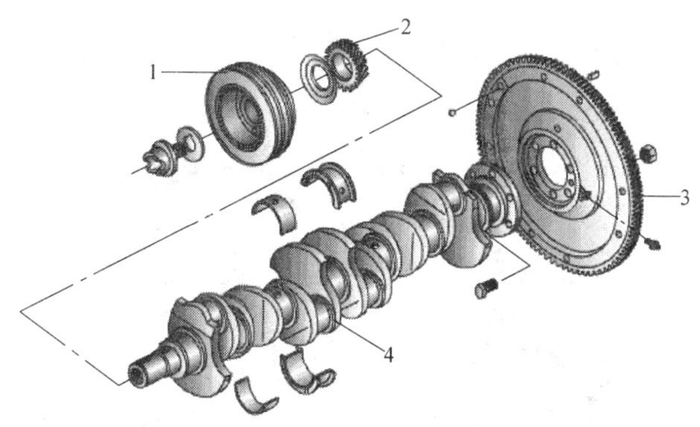

图 2-26　曲轴飞轮组
1—带轮　2—曲轴正时齿轮　3—飞轮　4—曲轴

1. 曲轴

(1) 曲轴的构造与作用　曲轴多采用优质中碳钢或中碳合金钢制成，有的采用球墨铸铁制成，主要作用是将活塞的往复直线运动力矩变为旋转的转矩。曲轴由前端轴、主轴颈、连杆轴颈、曲柄、平衡重和飞轮凸缘盘等部分构成。一个连杆轴颈和它两端的曲柄及主轴颈构成一个曲拐。曲柄是用来连接主轴颈和连杆轴颈的。平衡重的作用是平衡各机件产生的离心惯性力及力矩。曲轴的结构如图 2-27 所示。

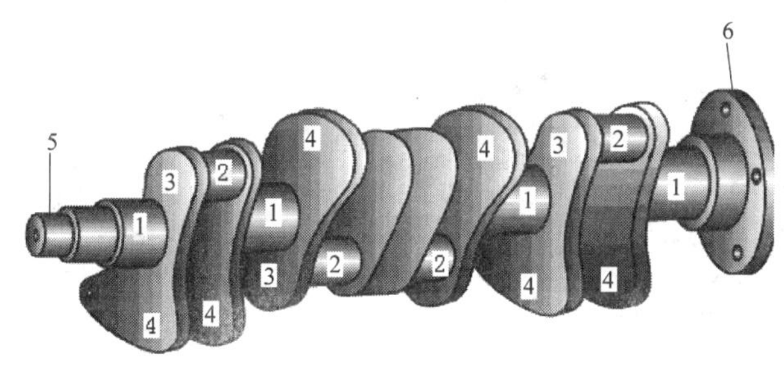

图 2-27　整体式曲轴
1—主轴颈　2—连杆轴颈　3—曲柄　4—平衡重　5—前端轴　6—飞轮凸缘盘

主轴颈是曲轴的支承部分。曲轴上有贯穿主轴颈、曲柄和连杆轴颈的油道，以便润滑主轴颈和连杆轴颈。前端轴用来安装正时齿轮、带轮及起动爪等（见图 2-28）；后端轴有凸缘盘，用来安装飞轮。曲轴前、后端都伸出曲轴箱，为了防止机油沿轴颈流出，在曲轴前、后端都设有密封装置。常用的密封装置有挡油盘、填料油封、自紧油封和回油螺纹等（图 2-29）。

(2) 曲轴的轴向定位　通常采用止推片进行曲轴的轴向定位，即在某一道主轴承的两侧装止推片。止推片由低碳钢背和减磨层组成，安装时要注意止推片有减摩层的一面朝向转动件。当曲轴向前窜动时，后止推片承受轴向推力；向后窜动时，前止推片承受轴向推力。通过改变止推片的厚度可以对曲轴的轴向间隙进行调整。

(3) 曲拐的分布原则　各曲拐的相对位置或曲拐布置取决于气缸数目、气缸排列形式和发动机工作顺序。当气缸数目和气缸排列形式确定之后，曲拐的布置就取决于发动机的工作顺序。在选择发动机的工作顺序时，应注意以下几点：

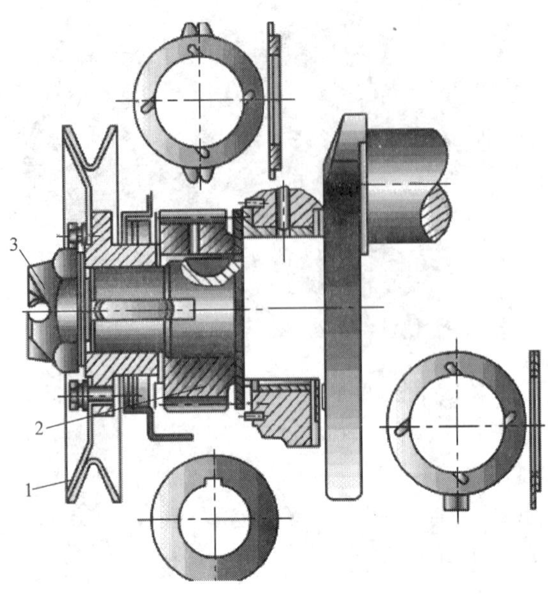

图 2-28 曲轴的前端轴

1—带轮 2—正时齿轮 3—起动爪

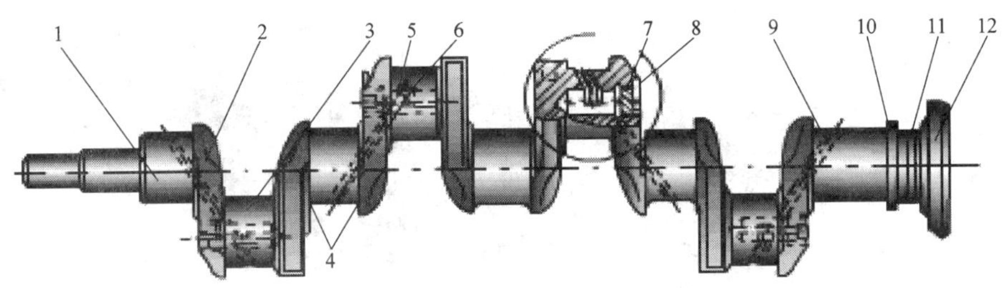

图 2-29 曲轴油道图

1—主轴颈 2—曲柄 3—连杆轴颈 4—圆角 5—积污腔 6—油管 7—开口销 8—螺塞 9—油道 10—挡油盘 11—回油螺纹 12—飞轮凸缘盘

1）相邻做功的两个气缸相距尽可能远，以减轻主轴承载荷和避免在进气行程中发生干扰现象。

2）各缸发火的间隔时间应该相同。

3）V 形发动机左右两列气缸应交替发火。直列四冲程四缸发动机的曲拐对称布置于同一平面内，相邻做功气缸的曲拐夹角为 720°/4 = 180°，如图 2-30 所示，发动机工作顺序有 1—3—4—2 和 1—2—4—3 两种；直列四冲程六缸发动机的曲拐对称布置于三个平面内，相邻做功气缸的曲拐夹角为 720°/6 = 120°，如图 2-31 所示，发动机工作顺序有 1—5—3—6—2—4 和 1—4—2—6—3—5 两种。

2. 飞轮

（1）飞轮的构造与功用 飞轮为一铸铁圆盘，外缘压有齿圈，用来与起动电动机的驱动齿轮啮合，供起动发动机用；汽车离合器也装在飞轮上，利用飞轮后端面作为驱动件的摩

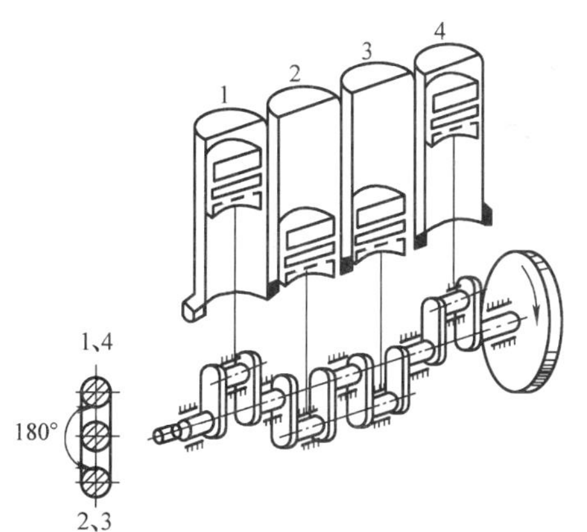

图 2-30　直列四缸发动机曲拐的分布

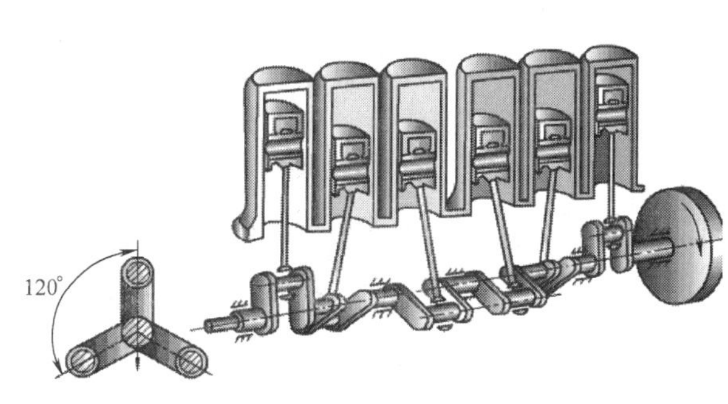

图 2-31　直列六缸发动机曲拐的布置

擦面，用来对外传递动力。另外，飞轮还有储存能量和克服发动机短时超载的功用，其结构如图 2-32 所示。

（2）飞轮的标记　有些飞轮上有第 1 缸上止点记号和点火提前角刻度线（汽油机）或供油提前角刻度线（柴油机），以便调整和检验点火正时、供油提前角和气门间隙。当飞轮上的记号与外壳上的记号对正时，正好是压缩上止点，而且对于四缸发动机，为第 1 缸或第 4 缸压缩上止点；对于六缸发动机，为第 1 缸或第 6 缸压缩上止点。例如：奥迪 100 轿车发动机飞轮上有“0”标记，在飞轮轮缘上用刻线或销孔作为记号。

（3）飞轮的动平衡　飞轮是高速旋转的部件，因此要进行精确的平衡校准，其平衡性能要高，静平衡与动平衡都应达到设计标准。飞轮用铸铁材料制造而成，用螺栓固定在曲轴后端的接盘上，具有很大的转动惯量，可用于储存能量。飞轮轮缘上镶有齿圈，齿圈与飞轮是过盈配合。

（4）飞轮的安装　飞轮与曲轴安装后应进行动平衡实验，在拆装时为不破坏它们之间的平衡关系，飞轮与曲轴之间应有严格不变的相对位置。通常用定位销和不对称布置的螺栓来对其进行定位。曲轴和飞轮的装配关系如图 2-33 所示。

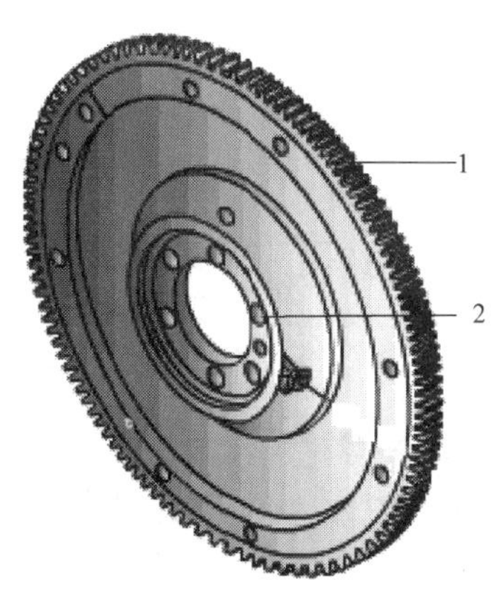

图 2-32　飞轮的结构

1—齿圈　2—安装螺栓孔

图 2-33　曲轴和飞轮的装配图示

3. 曲轴扭转减振器

曲轴扭转减振器安装在曲轴前端。在发动机工作过程中，经连杆传给连杆轴颈的作用力的大小和方向都是周期性变化的，所以曲轴各个曲拐的旋转速度也是忽快忽慢呈周期性变化的，而安装在曲轴后端的飞轮的转动惯量最大，可以认为是匀速旋转，当两者连为一体运动时，会造成曲轴各曲拐处于一种反复被扭曲的状态中，这种现象称为曲轴的扭转振动，振动强烈时甚至会扭断曲轴。扭转减振器的功用就是吸收曲轴扭转振动的能量，消减扭转振动，避免发生强烈的共振及其引起的严重后果。气缸数目较多且转速高的发动机一般通过加装扭转减振器来解决这个问题。

【项目实施】

任务一　气缸盖的拆装

一、任务目标

能够正确选用气缸盖拆装工具，并正确进行气缸盖的拆、装操作。

二、任务准备

工具准备：桑塔纳 2000 汽车发动机拆装工具一套；扭力扳手、大众汽车气缸盖螺栓专用拆装工具。

物品准备：桑塔纳 2000（或 3000）发动机 4 台；桑塔纳 2000 轿车维修手册 2 本；棉纱。

场地准备：汽车发动机实训车间，工作台 4 个。

分组：每个小组 4 人。

三、实践操作

1. 气缸盖的拆卸操作步骤

1）排放发动机中的冷却液，拆除发动机上所有的附件。

2）按照由外向内的原则，旋松并拆下所有的螺栓。

3）清洁气缸盖外表面。

4）拆下气缸盖并进行清洁检查。

2. 气缸盖的安装操作步骤

1）将第一缸活塞旋转到上止点位置。

2）在气缸缸体上准确放好气缸垫。

3）将气缸盖按照定位要求放在气缸垫上。

4）安装上所有的缸盖螺栓。

5）按照由内向外的次序拧紧螺栓。桑塔纳 2000 汽车缸盖螺栓的拧紧次序是：使用扭力扳手，第一次拧紧力矩为 40N · m，第二次为 60N · m，第三次为 75N · m，最后旋转 90°。

四、操作注意事项

在实操过程中，必须注意操作安全，工作过程中严禁打闹，严格按照各项操作规范进行实训练习。

五、任务评价

以小组为单位进行评价，根据分值的情况评出优秀、良好、一般等品质，评价标准见表2-1。

表2-1　任务评价标准

项次	项目任务	评价标准	分值	项目得分
1	认识气缸盖	能准确指认气缸盖的所有水套，油道、安装孔	5	
2	拆装前工作准备	放发动机中的冷却液。拆除发动机上所有的附件	4	
3	拆卸气缸盖	按照从外向内的原则，旋松并拆下所有的螺栓。清洁气缸盖，气缸垫摆放好	6	
4	安装气缸盖前准备工作	将第一缸活塞旋转到上止点位置。在气缸缸体上准确放好气缸垫	4	
5	安装气缸盖	安装上所有的缸盖螺栓。按照从内向外的次序，按规定力矩拧紧螺栓	6	
6	5S现场管理	常组织、常整顿、常清洁、常规范、常自律	5	

任务二　活塞连杆组的拆装

一、任务目标

能够正确选用活塞连杆组的拆装工具，使用工具按照正确顺序解体活塞连杆组并能进行组装。

二、任务准备

工具准备：桑塔纳2000汽车发动机拆装工具一套；活塞环拆装钳、扭力扳手。

物品准备：桑塔纳2000（或3000）汽车发动机4台；桑塔纳2000轿车维修手册2本；机油壶4个。

场地准备：汽车发动机实训车间，工作台4个。

分组：每个小组4人。

三、实践操作

发动机活塞连杆组的解体顺序如图2-34所示（1→9），组装顺序与之相反（9→1）。

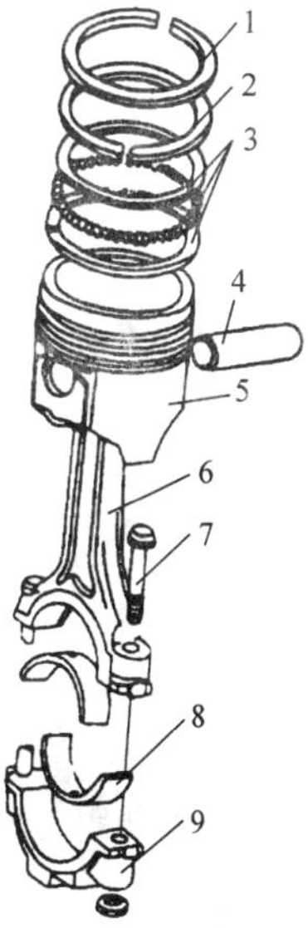

四、操作注意事项

活塞做标记时，应从发动机前端向后打上气缸号，并打上指向发动机前端的箭头。拆卸连杆和连杆轴承盖时，应打上所属气缸号，拧紧连杆螺栓时用30N·m的力矩，同时应在接触面涂机油。拆装活塞环时应使用专用工具，如图2-35所示；安装活塞环时应使活塞环开口错开120°，有“TOP”记号的一面朝向活塞顶部。装配活塞销时，应将活塞加热至60℃以上，用拇指使用较小的力应能将涂有机油的活塞销压入活塞销座孔中，如图2-36所示，而且在垂直状态时，活塞销不能在自重作用下从销座孔中自行滑出，用手晃动活塞销时应无间隙感，这表明活塞销与销座孔配合合适。拆装活塞销卡簧时需用专用工具。

图2-34　活塞连杆组的解体顺序

图 2-35　拆装活塞环

图 2-36　装配活塞销

五、任务评价

以小组为单位进行评价，根据分值的情况评出优秀、良好、一般等品质，评价标准见表 2-2。

表 2-2　任务评价标准

项次	项目任务	评价标准	分值	项目得分
1	认识活塞连杆组	能准确说出活塞连杆组零部件名称及作用	5	
2	拆卸前准备工作	检查活塞朝前标记，连杆与轴承盖标记各缸标记，如果没有，要用专用工具打标记	4	
3	拆卸活塞环活塞销	正确使用活塞环、活塞销拆卸专用工具	6	
4	安装活塞销	活塞销不能在自重作用下从销座孔中自行滑出，用手晃动活塞销时应无间隙感	4	
5	安装活塞环	安装活塞环时应使活塞环开口错开 120°，有“TOP”记号的一面朝向活塞顶部	6	
6	5S 现场管理	常组织、常整顿、常清洁、常规范、常自律	5	

任务三　曲轴飞轮组的拆装

一、任务目标

能够正确选用曲轴飞轮组的拆装工具，使用工具按照正确顺序解体曲轴飞轮组并能进行组装。

二、任务准备

工具准备：桑塔纳 2000 汽车发动机拆装工具一套；扭力扳手等专用工具。

物品准备：桑塔纳 2000（或 3000）汽车发动机 4 台；桑塔纳 2000 轿车维修手册 2 本；棉纱。

场地准备：汽车发动机实训车间，工作台 4 个。

分组：每个小组分为 4 人。

三、实践操作

1）用专用工具固定飞轮，以旋松和旋紧飞轮固定螺栓，如图 2-37 所示。

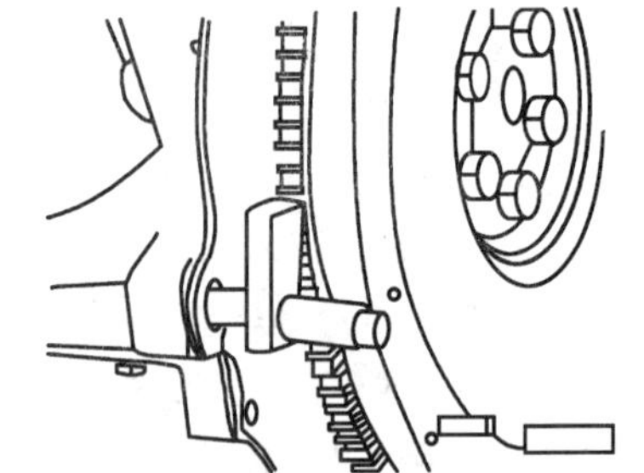
图 2-37　拆卸与安装飞轮

2）飞轮与曲轴凸缘盘有 6 个不对称布置的紧固螺栓，其拧紧力矩为 75N · m。安装飞轮时，螺栓上应涂 D6 防松胶（对于非此形式的飞轮应做好飞轮与发动机的位置标记）。

3）拆卸后更换所有固定螺栓。

4）安装飞轮时，飞轮与曲轴固定螺栓的拧紧力矩为60N·m+90°。

四、任务评价

以小组为单位进行评价，根据分值的情况评出优秀、良好、一般等品质，评价标准见表2-3。

表2-3　任务评价标准

项次	项目任务	评　价　标　准	分值	项目得分
1	认识曲轴飞轮组	能准确指认曲轴飞轮组零部件并说出作用	5	
2	拆装前工作准备	用专用工具固定飞轮,以旋松和旋紧飞轮固定螺栓	4	
3	拆卸曲轴飞轮	正确拧松固定螺栓,检查标记	6	
4	安装曲轴飞轮	对标记,螺栓上应涂D6防松胶	4	
5	拧紧固定螺栓	按规定力矩,正确方法拧紧	6	
6	5S现场管理	常组织、常整顿、常清洁、常规范、常自律	5	

项目三　配气机构的认知

【学习目标】

1. 知识目标

1）能够说出配气机构的功用、基本组成和形式。

2）能够说出顶置式气门的结构和特点。

3）知道配气相位的原理和典型特点。

4）能够分析配气机构主要部件的工作原理及其相互连接关系。

2. 能力目标

1）具有识读发动机配气机构装配图和零件结构图的能力。

2）能够识别发动机配气机构各个零件的结构。

3）正确使用相关专用工具，完成配气机构的拆装任务。

【学时安排】

8 学时。

【理论知识】

四冲程汽车发动机普遍采用气门式配气机构。配气机构在发动机中所起的作用是：按照其工作顺序和工作循环的要求，定时开启和关闭各气缸的进、排气门，使新鲜气体进入气缸、燃烧后的废气排出气缸。

进入气缸内的新鲜气体数量（进气量）对发动机性能有很大的影响。进气量越多，发动机的有效功率和转矩就越大。因此，配气机构首先要保证进气充分，进气量尽可能多，同时废气应排除干净（因气缸内残留的废气越多，进气量将会越少）；其次，配气机构的运动件应该具有较小的质量和较大的刚度，以使配气机构具有良好的动力性。

一、配气机构的组成与结构形式

气门式配气机构由气门组和气门传动组两部分构成。每一组零件的组成与气门的位置、凸轮轴的位置和气门驱动形式等因素有关。

现代汽车发动机均采用顶置气门，即进、排气门置于气缸盖内，倒挂在气缸顶上。

凸轮轴的位置有下置式、中置式和上置式三种形式。

气门的驱动形式有摇臂驱动、摆臂驱动和直接驱动三种。

1. 凸轮轴下置式配气机构

凸轮轴置于曲轴箱内的配气机构称为凸轮轴下置式配气机构，如图 3-1 所示。其中气门组零件包括气门、气门座圈、气门导管、气门弹簧、气门弹簧座和气门锁夹等；气门传动组零件则包括凸轮轴、挺柱、推杆、摇臂、摇臂轴、摇臂轴座和气门间隙调整螺钉等。

下置凸轮轴由曲轴正时齿轮驱动。发动机工作时，曲轴通过正时齿轮驱动凸轮轴旋转。

当凸轮的上升段顶起挺柱时，经推杆和气门间隙调整螺钉推动摇臂绕摇臂轴摆动，压缩气门弹簧使气门开启；当凸轮的下降段与挺柱接触时，气门在气门弹簧力的作用下逐渐关闭。

2. 凸轮轴中置式配气机构

凸轮轴置于机体上部的配气机构称为凸轮轴中置式配气机构，如图 3-2 所示。

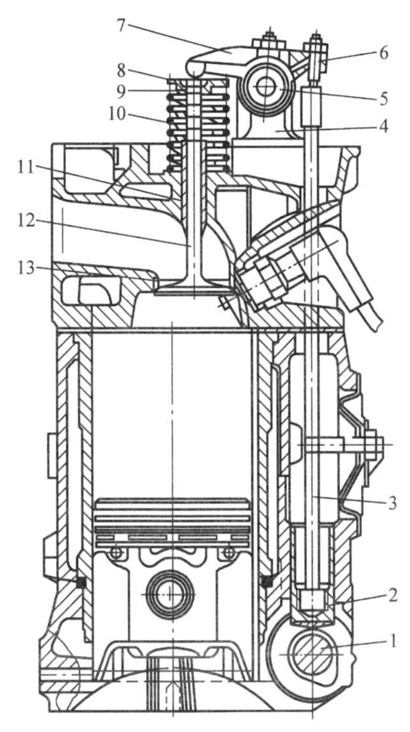

图 3-1　凸轮轴下置式配气机构

1—凸轮轴　2—挺柱　3—推杆　4—摇臂轴座　5—摇臂轴　6—气门间隙调整螺钉　7—摇臂　8—气门弹簧座　9—气门锁夹　10—气门弹簧　11—气门导管　12—气门　13—气门座圈

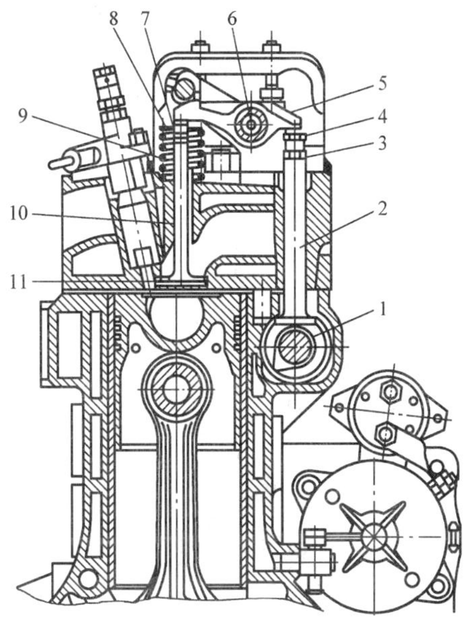

图 3-2　凸轮轴中置式配气机构

1—凸轮轴　2—挺柱　3—锁紧螺母　4—气门间隙调整螺钉　5—摇臂　6—摇臂轴　7—气门锁夹　8—气门弹簧座　9—气门弹簧　10—气门　11—气门座圈

与凸轮轴下置式配气机构的组成相比，凸轮轴中置式配气机构减少了推杆，从而减轻了配气机构的往复运动质量，增大了机构的刚度，更适用于较高转速的发动机。

有些凸轮轴中置式配气机构的组成与凸轮轴下置式配气机构没有什么区别，只是推杆较短而已，如福特 2.5ID 发动机就是这种机构。

3. 凸轮轴上置式配气机构

凸轮轴置于气缸盖上的配气机构称为凸轮轴上置式配气机构（OHC），其主要优点是运动件少，传动链短，整个机构的刚度大，适合于高速发动机。

由于气门排列和气门驱动形式的不同，凸轮轴上置式配气机构有多种多样的结构形式。

如图 3-3 所示为摇臂驱动、单凸轮轴上置式配气机构。凸轮轴推动液力挺柱，液力挺柱推动摇臂，摇臂再驱动气门（见图 3-3a）；或凸轮轴直接驱动摇臂，摇臂再驱动气门（见图 3-3b）。

如图 3-4 所示为摆臂驱动、凸轮轴上置式配气机构。由于摆臂驱动气门的配气机构比摇

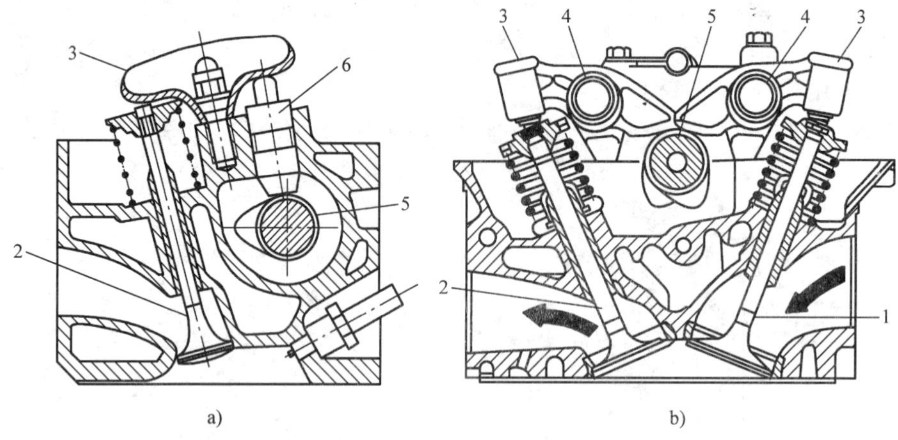

图 3-3　摇臂驱动、单凸轮轴上置式配气机构

1—进气门　2—排气门　3—摇臂　4—摇臂轴　5—凸轮轴　6—液力挺柱

臂驱动式刚度更好，更有利于高速发动机，因此在轿车发动机上的应用比较广泛。如克莱斯勒 A452、奔驰 QM615、奔驰 M115 等发动机均采用单上置凸轮轴（SOHC）摆臂驱动式配气机构（见图 3-4a）；而本田 B20A、尼桑 VH45DE、三菱 3G81、富士 EJ20 等发动机都采用双上置凸轮轴（DOHC）摆臂驱动式配气机构（见图 3-4b）。

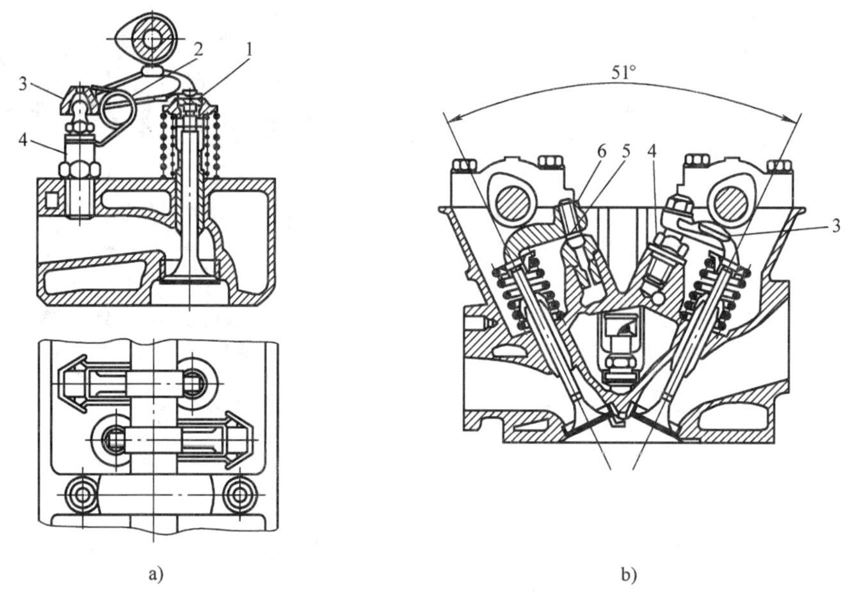

图 3-4　摆臂驱动、凸轮轴上置式配气机构

a）单上置凸轮轴（SOHC）　b）双上置凸轮轴（DOHC）

1—气门间隙调整块　2—弹簧扣　3—摆臂　4—摆臂支座　5—气门间隙调整螺钉　6—锁紧螺母

图 3-5 所示为直接驱动、凸轮轴上置式配气机构。在这种形式的配气机构中，凸轮通过吊杯形机械挺柱驱动气门，或通过吊杯形液力挺柱驱动气门。与上述各种形式的配气机构相比，直接驱动式配气机构的刚度最大，驱动气门的能量损失最小，因此在高度强化的轿车发动机上得到广泛的应用。如奥迪、捷达、桑塔纳、马自达 6、欧宝 V6、奔驰 320E 等发动机

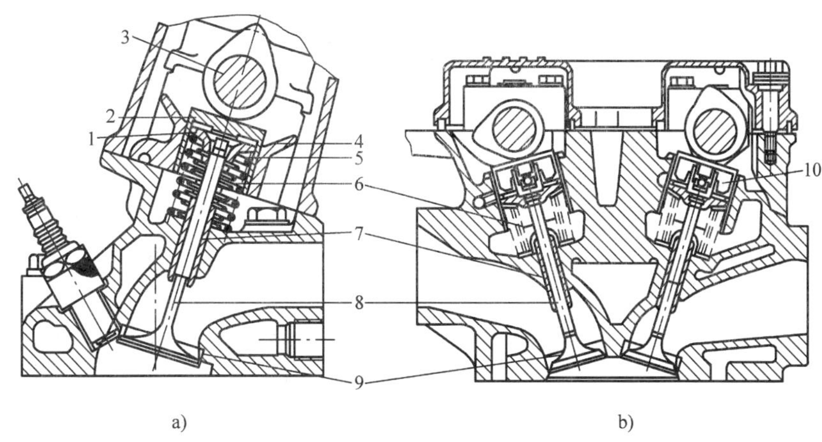

图 3-5　直接驱动、凸轮轴上置式配气机构

a）单上置凸轮轴（SOHC）　b）双上置凸轮轴（DOHC）

1—气门间隙调整垫片　2—吊杯形机械挺柱　3—凸轮轴　4—气门弹簧座　5—气门锁夹　6—气门弹簧　7—气门导管　8—气门　9—气门座圈　10—吊杯形液力挺柱

均为直接驱动式配气机构。

二、配气相位与气门间隙

以曲轴转角表示的进、排气门开闭时刻及其开启的持续时间称为配气相位或配气定时，用图 3-6 所示的配气相位图表示。

1. 进气提前角与进气迟后角

进气门在进气行程上止点之前开启称为早开。从进气门打开到排气行程上止点曲轴所转过的角度称为进气提前角，记作“α”。进气门在进气行程下止点之后关闭称为晚关。从进气行程下止点到进气门关闭曲轴转过的角度称为进气迟后角，记作“β”。整个进气过程持续的时间或进气持续角为 $180° + \alpha + \beta$ 曲轴转角。一般 $\alpha = 10° \sim 30°$，$\beta = 40° \sim 80°$曲轴转角。

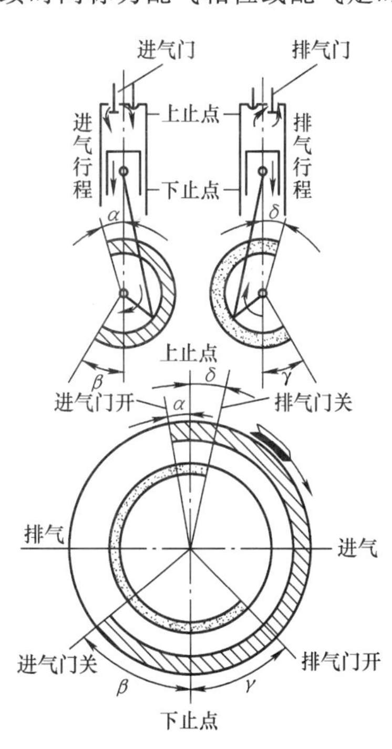

图 3-6　配气相位图

进气门早开的目的是为在进气开始时进气门能有较大的开度或较大的进气通过截面，以减小进气阻力，使进气顺畅；进气门晚关是为充分利用气流的惯性，在进气迟后角内继续进气，以增加进气量。进气阻力减小不仅可以增加进气量，还可以减少进气过程消耗的功率。

2. 排气提前角与排气迟后角

排气门在做功行程结束之前，即在做功行程下止点之前开启，称为排气门早开。从排气门开启到做功行程下止点曲轴转过的角度称为排气提前角，记作“γ”。排气门在排气行程结束之后，即在排气行程上止点之后关闭，称为排气门晚关。从排气行程上止点到排气门关闭曲轴转过的角度称为排气迟后角，记作 δ。整个排气过程持续时间或排气持续角为 $180° + \gamma + \delta$ 曲轴转角。一般 $\gamma = 40° \sim 80°$，

$\delta=10°\sim30°$曲轴转角。

排气门早开的目的是为在排气门开启时气缸内有较高的压力，使废气能以很高的速度自由排除，并在极短的时间内排除大量废气。排气门晚关是为利用废气流动的惯性，在排气迟后角内继续排气，以减少气缸内的残余废气量。

3. 气门重叠角

由于进气门早开和排气门晚关，致使活塞在排气行程上止点附近出现进、排气门同时开启的现象，称为气门重叠。气门重叠期间的曲轴转角称为气门重叠角，它等于进气提前角与排气迟后角之和，即 $\alpha+\delta$。

虽然进、排气门在一段时间内同时开启，但是由于新气和废气都有较大的流动惯性，它们仍然各行其道，并不互相掺混。因此，只要气门重叠角选得适当，可以使进气更充分、排气更干净。气门重叠角如果选得太大，则会引起不良后果。如进气提前角过大，废气可能流入进气歧管，导致进气量减少；如排气迟后角过大，则新气可能随同废气一起排除。

不同的发动机，由于结构和转速的不同，其配气相位也不相同。即使是同一台发动机，其配气相位也应随发动机转速的变化而变化。要使配气相位随发动机转速而变化，需采用可变配气相位机构。目前多数发动机采用不变的配气相位，只适用于发动机某一常用的转速。最有利的配气相位需通过反复试验确定。

三、气门组

气门组的基本构成以及各零件间的装配关系如图 3-7 所示。

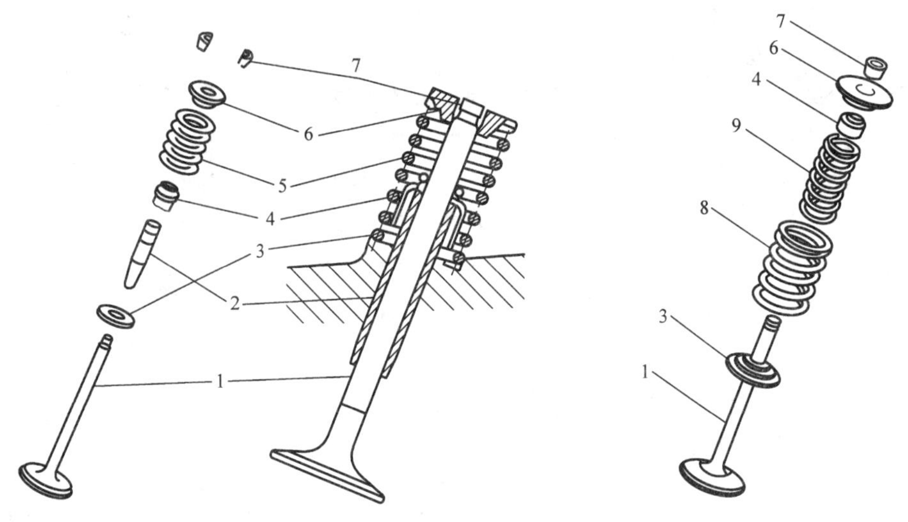

图 3-7　气门组的基本构成

1—气门　2—气门导管　3—下气门弹簧座　4—气门油封　5—气门弹簧
6—上气门弹簧座　7—气门锁夹　8—外气门弹簧　9—内气门弹簧

1. 气门

气门的工作条件非常恶劣，因此要求气门具有以下特性：

耐腐蚀、耐磨损、耐热、耐冲击；具有良好的导热性；在高温下仍能保持足够的硬度和强度。进气门一般用中碳合金钢制造，如铬钢、铬钼钢和镍铬钢等；排气门则采用耐热合金钢制造，如硅铬钢、硅铬钼钢、硅铬锰钢等。

发动机的进、排气门的形状均为蘑菇（菌）形，主要由头部和气门杆部构成，其形状如图 3-8 所示。

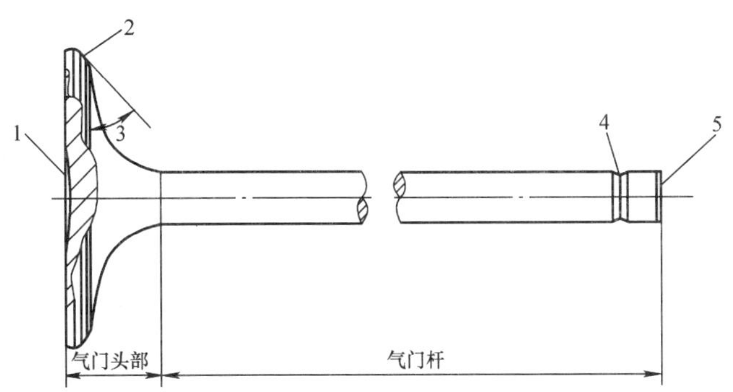

图 3-8　气门的结构

1—气门顶面　2—气门锥面　3—气门锥角　4—气门锁夹槽　5—气门尾端面

气门与气门座或气门座圈之间靠锥面密封。气门锥面与气门顶面之间的夹角称为气门锥角。进、排气门的气门锥角一般均为 45°，只有少数发动机的进气门锥角为 30°。在气门升程 H 和气门头部直径相同的情况下，气门通过断面的大小取决于 h，如图 3-9 所示。

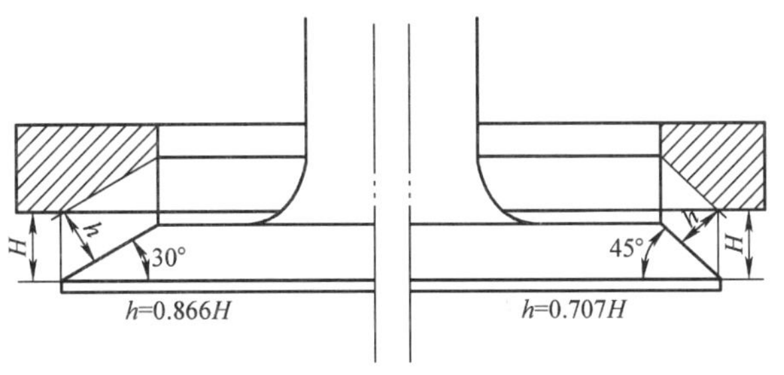

图 3-9　气门锥角及其对气门通过断面的影响

气门杆应有较高的加工精度和较低的表面粗糙度值，与气门导管保持较小的配合间隙，以减小磨损，并起到良好的导向和散热作用。

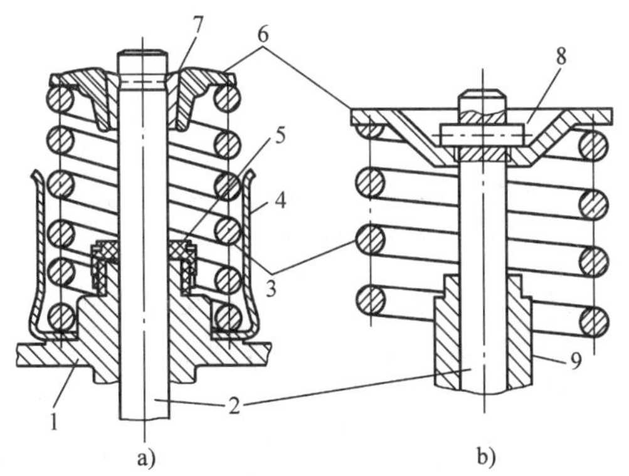

图 3-10　上气门弹簧座的固定方式

a）气门锁夹固定　b）圆柱销固定

1—气缸盖　2—气门杆　3—气门弹簧　4—气门弹簧振动阻尼器　5—气门油封　6—气门弹簧座　7—气门锁夹　8—圆柱销　9—气门导管

气门尾端的形状决定于上气门弹簧座的固定方式。可采用剖分成两半且外表面为锥面的气门锁夹来固定上气门弹簧座（见图 3-10a），其结构简单，工作可靠，拆装方便，因此得到了广泛的应用。气门锁夹内表面有多种形状，相应地气门尾端也有各种不同形状的气门锁夹槽，如图 3-11 所示。也可采用圆柱销固定上气门弹簧座的方法（见图 3-10b）。

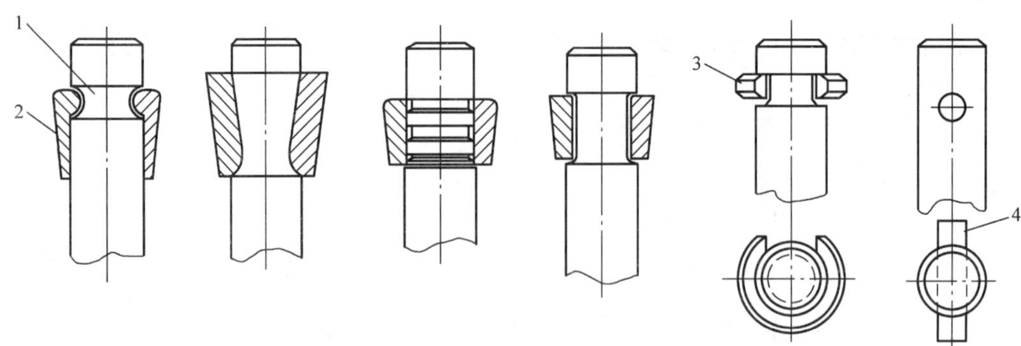

图 3-11　气门尾端形状

1—气门尾端　2—气门锁夹　3—卡块　4—圆柱销

在某些高度强化的发动机上采用中空气门杆的气门，旨在减轻气门质量和减小气门运动的惯性力。为了降低排气门的温度，增强排气门的散热能力，在许多汽车发动机上采用钠冷却气门，如图 3-12 所示。这种气门是在中空的气门杆中填入一半金属钠。在气门工作时，钠变成液体，在气门杆内上下激烈地晃动，不断地从气门头部吸收热量并传给气门杆，再经气门导管传给气缸盖，使气门头部得到冷却。

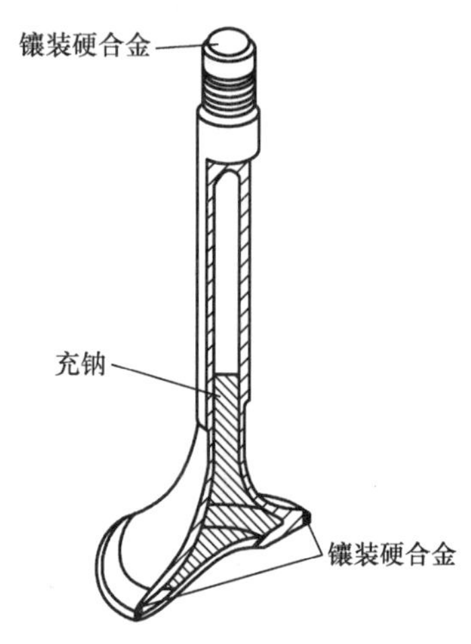

图 3-12　充钠排气门

2. 气门座与气门座圈

气缸盖上与气门锥面相贴合的部位称为气门座。气门座的温度很高，又承受频率极高的冲击载荷，容易磨损。因此，铝合金气缸盖和大多数铸铁气缸盖均镶嵌由合金铸铁或粉末冶金制成的气门座圈。在气缸盖上镶嵌气门座圈可以延长气缸盖的使用寿命。也有一些铸铁气缸盖不镶气门座圈，直接在气缸盖上加工出气门座。

气门座圈是单独制成的零件，以一定的过盈压入气缸盖上的座孔中，其结构如图 3-13 所示。气门座圈的外圆面可以是圆柱面，如图 3-13a 所示；也可以是锥角不超过 12°的圆锥面，如图 3-13b 所示。在气门座圈的外圆面上加工有环形槽，当气门座圈压入座孔后，气缸盖材料由于塑性变形而嵌入环形槽内，可以防止气门座圈脱落。还有一种气门座圈装入座孔后，将气门座圈周围的气缸盖材料压入气门座圈与气缸盖间的缝隙中使气门座圈固定。气门座圈也可以和气缸盖一起铸造。

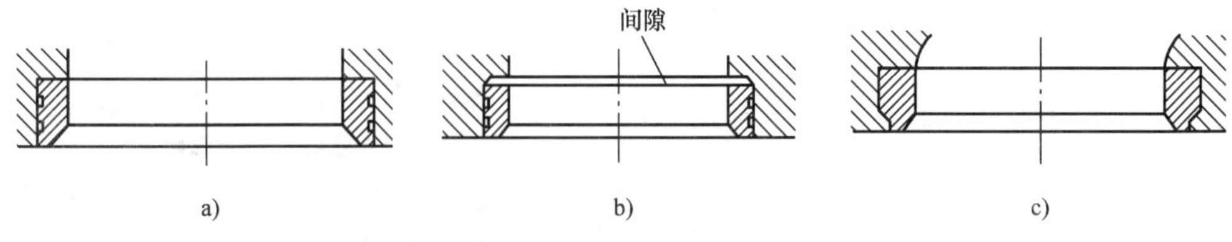

图 3-13　气门座圈

3. 气门导管

气门导管的功用是对气门的运动进行导向，保证气门作直线往复运动，使气门与气门座或气门座圈能正确贴合。此外，气门导管还将气门杆接受的热量部分地传给气缸盖。

气门导管的工作温度较高，而且润滑条件较差，靠配气机构工作时飞溅起来的机油来润滑气门杆和气门导管孔。气门导管由灰铸铁、球墨铸铁或铁基粉末冶金制造，再以一定的过盈将气门导管压入气缸盖上的气门导管座孔之后，再精铰气门导管孔，以保证气门导管与气门杆的正确配合间隙。

通常情况下，气门导管上端孔口不倒角，如图 3-14a 所示，以减少进入导管孔内的机油量。排气导管下端孔口加工有排渣槽，如图 3-14b 所示，以便刮除排气门杆上的沉积物和积炭。有些气门导管在外圆面上加工有卡环槽，嵌入卡环，防止气门导管工作时脱落，如图 3-14a 所示。

气门杆与气门导管孔需要润滑，但进入气门导管孔内的机油又不能太多，否则将使机油消耗量增加。为控制和减少机油消耗量，现代的汽车发动机采用气门油封，气门油封组件的构造如图 3-15 所示。

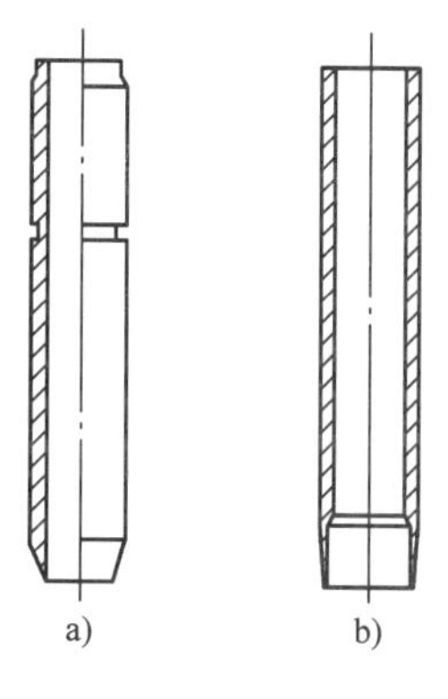

图 3-14　气门导管

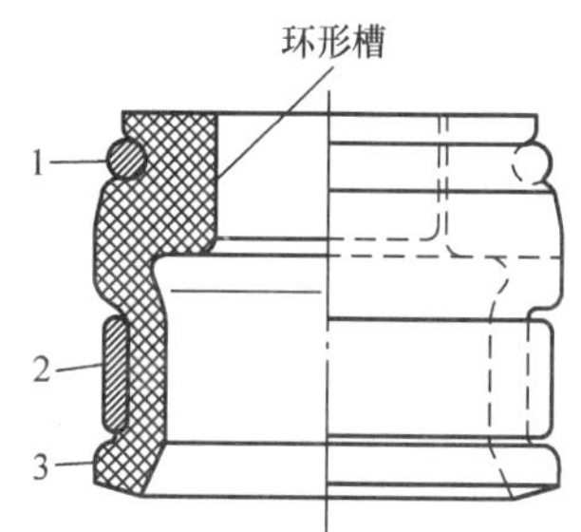

图 3-15　气门油封

1—卡环　2—卡箍　3—氟橡胶油封

4. 气门弹簧

气门弹簧的功用是保证气门关闭时能紧密地与气门座或气门座圈贴合，并克服在气门开启时配气机构产生的惯性力，使传动件始终受凸轮控制而不相互脱离。

气门弹簧一般为等螺距圆柱形螺旋弹簧，如图 3-16a 所示。当气门弹簧的工作频率与其固有的振动频率相等或为整数倍时，气门弹簧就会发生共振。共振时将使配气定时遭到破坏，使气门发生反跳和冲击，甚至使弹簧折断。为防止共振的发生，可采用双气门弹簧、变螺距气门弹簧（见图 3-16b）、锥形气门弹簧（见图 3-16c）及气门弹簧振动阻尼器。

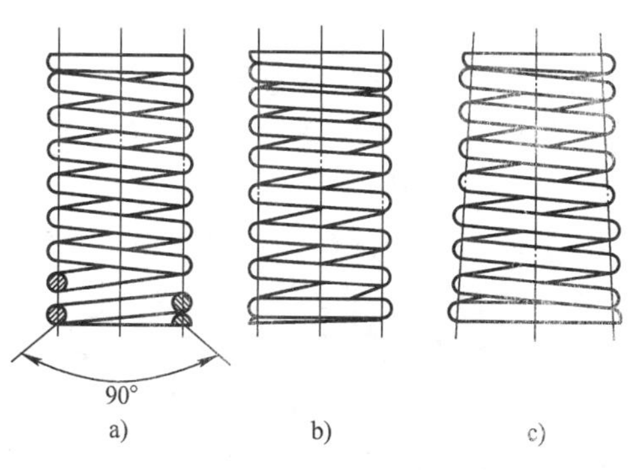

图 3-16　气门弹簧

四、气门传动组

由于气门的驱动形式和凸轮轴位置的不

同，气门传动组的零件组成差别很大。

1. 凸轮轴

凸轮轴承受周期性的冲击载荷。凸轮与挺柱之间的接触应力很大，相对滑动速度也很高，因此凸轮工作表面的磨损比较严重。

凸轮轴常用优质碳钢或合金钢锻造，也可用合金铸铁或球墨铸铁制造，其轴颈和凸轮工作表面经热处理后磨光。

凸轮轴是通过凸轮轴轴颈支承在凸轮轴轴承孔内的，因此凸轮轴轴颈数目的多少是影响凸轮轴支承刚度的重要因素。如果凸轮轴刚度不足，工作时将发生弯曲变形，这会影响配气定时。凸轮轴的结构如图 3-17 所示。

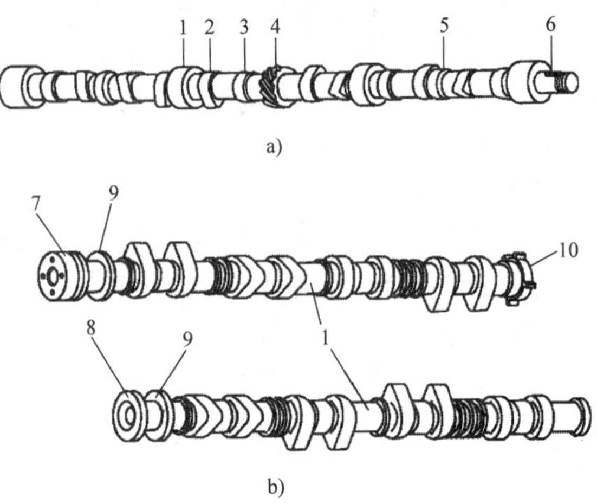

图 3-17 凸轮轴的结构

a）直列六缸发动机凸轮轴 b）四气门直列四缸双上置凸轮轴
1—凸轮轴轴颈 2—进气凸轮 3—排气凸轮 4—分电器驱动齿轮 5—偏心轮 6—键槽 7—进气凸轮轴 8—排气凸轮轴 9—轴向定位凸轮 10—凸轮轴位置传感器传感元件

凸轮轴上各同名凸轮（各进气凸轮或各排气凸轮）的相对角位置与凸轮轴旋转方向、发动机工作顺序及气缸数或做功间隔角有关。

（1）凸轮轴的传动机构 凸轮轴由曲轴驱动，其传动机构有齿轮式、链条式及同步带式。

齿轮传动机构用于下置式和中置式凸轮轴的传动。汽油机一般只用一对正时齿轮，即曲轴正时齿轮和凸轮轴正时齿轮。柴油机需要同时驱动喷油泵，所以增加一个中间齿轮，如图 3-18 所示。为了保证齿轮啮合平顺，噪声低，磨损小，正时齿轮都是圆柱螺旋齿轮并用不同的材料制造。曲轴正时齿轮用中碳钢制造，凸轮轴正时齿轮则采用铸铁或夹布胶木。为了保证正确的配气正时和喷油正时，在传动齿轮上刻有正时记号，装配时必须对正记号。

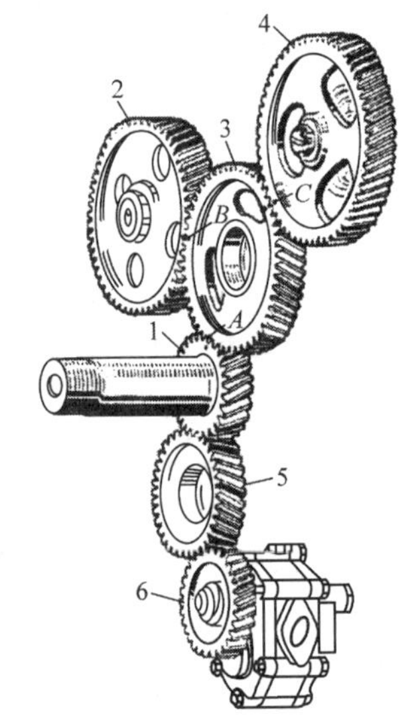

图 3-18 齿轮传动机构

1—曲轴正时齿轮 2—凸轮轴正时齿轮 3、5—中间齿轮 4—喷油泵正时齿轮 6—机油泵传动齿轮
A、B、C—正时记号

链传动机构用于中置式和上置式凸轮轴的传动，尤其是上置式凸轮轴的高速汽油机采用链传动机构的很多。链条一般为滚子链，工作时应保持一定的张紧度，不使其产生振动和噪声。为此在链传动机构中装有导链板，并在链条的松边装置张紧器。

同步带传动机构用于上置式凸轮轴的传动，如图 3-19 所示。与齿轮和链传动机构相比，同步带传动机构具有噪声小、质量轻、成本低、工作可靠和不需要润滑等优点。另外，同步带伸长量小，适合有精确正时要求的传动，因此被越来越多的汽车发动机特别是轿车发动机所采用。同步带由氯丁橡胶制成，中间夹有玻璃纤维，齿面粘附尼龙编织物，如图 3-20 所示。在使用中不能使同步带与水或机油接触，否则容易引起跳齿。同步带轮由钢或铁基粉末冶金制造。为了确保传动可靠，同步带需保持一定的张紧力，为此在同步带传动机构中也设置由张紧轮与张紧弹簧组成的张紧器。

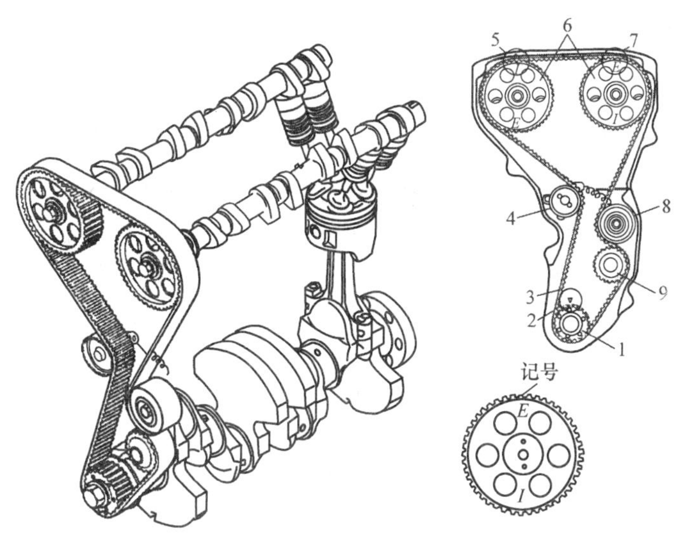

图 3-19　同步带传动机构

1—曲轴正时同步带轮　2—正时记号　3—同步带　4—张紧轮　5—进气凸轮轴正时记号　6—凸轮轴正时同步带轮　7—进气凸轮轴正时记号　8—中间轮　9—水泵传动同步带轮

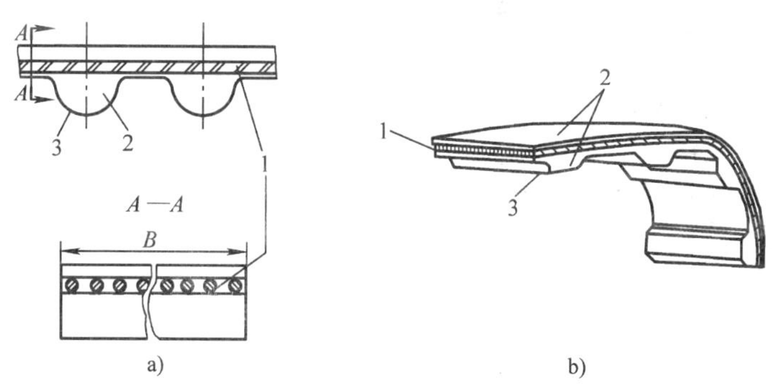

图 3-20　同步带的结构

a）圆弧齿同步带　b）梯形齿同步带

1—玻璃纤维　2—氯丁橡胶　3—尼龙编织物

（2）凸轮轴的轴向定位　为了限制凸轮轴在工作中产生的轴向移动并承受螺旋齿轮在传动时产生的轴向力，凸轮轴需要轴向定位。由螺旋齿轮传动的凸轮轴，轴向移动量过大会影响配气正时。

上置式凸轮轴通常利用凸轮轴承盖的两个端面和凸轮轴轴颈两侧的凸肩进行轴向定位，如图 3-21a 所示，其间隙 Δ = 0. 10 ~ 0. 20mm。

中置式、下置式凸轮轴的轴向定位通常采用止推板，如图 3-21b 所示，其间隙 Δ = 0. 08 ~ 0. 20mm。止推板用螺栓固定在机体前端面上。

另外一种轴向定位的方法是止推螺钉定位，如图 3-21c 所示，其间隙 Δ =

0.10 ~ 0.20mm。

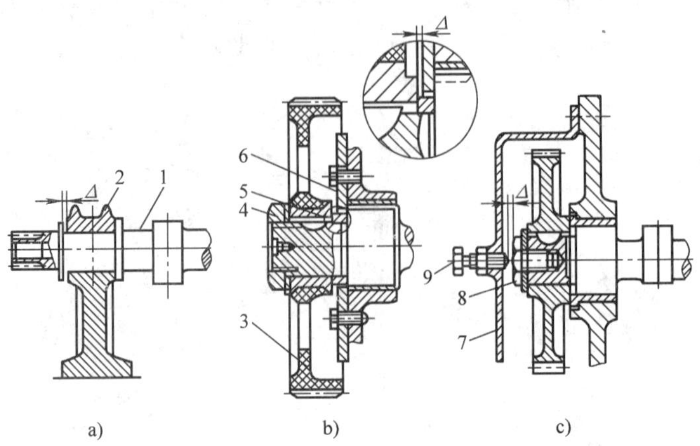

图 3-21　凸轮轴的轴向定位方式

1—凸轮轴　2—凸轮轴承盖　3—凸轮轴正时齿轮　4—螺母
5—调整环　6—止推板　7—正时传动室盖　8—螺栓　9—止推螺钉

2. 挺柱

挺柱是凸轮的从动件，其功用是将来自凸轮的运动和作用力传给推杆或气门，同时还承受凸轮所施加的侧向力，并将其传给机体或气缸盖。制造挺柱的材料有碳钢、合金钢、镍铬合金铸铁和冷激合金铸铁等。

挺柱可分为机械挺柱和液力挺柱两大类，每一类中又有平面挺柱和滚子挺柱等多种结构形式。

（1）机械挺柱　机械挺柱结构简单、质量轻，其中杯形平面挺柱（见图 3-22a）在中、小型发动机中应用比较广泛。挺柱上的推杆球面支座的半径比推杆球头的半径略大，以便在两者中间形成楔形油膜来润滑推杆球头和挺柱上的球面支座。挺柱及头部所有形式如图 3-22 所示。

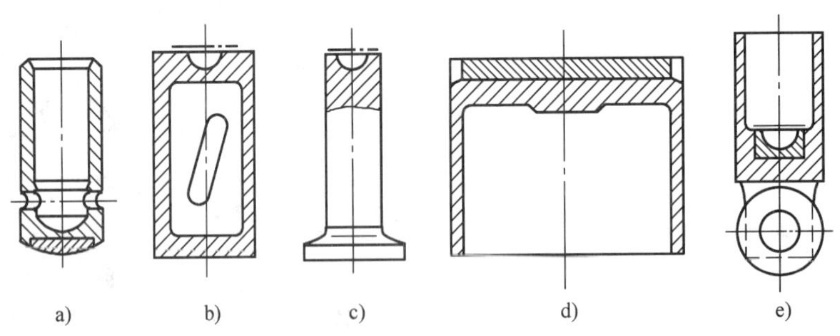

图 3-22　机械挺柱

a）杯形平面挺柱　b）听子形平面挺柱　c）菌形平面挺柱　d）吊杯形平面挺柱　e）滚子挺柱

为减轻平面挺柱工作面的磨损，可采取各种措施，比如可采用挺柱轴线偏离凸轮的对称轴线，偏心距 $e=1\sim3$mm，如图 3-23a 所示；也可将挺柱底面作成半径为 500 ~ 1000mm 的球面，同时将凸轮制成锥角很小的锥面，或挺柱底面镶嵌耐磨金属块，上述两种结构如图 3-23b 所示；还可以采用滚子挺柱机构，如图 3-22e 所示。

（2）液力挺柱　在配气机构中预留气门间隙将使发动机工作时配气机构产生撞击和噪声。为了消除这一弊端，有些发动机尤其是轿车发动机采用液力挺柱，借以实现零气门间隙。同时，气门及其传动件因温度升高而膨胀或因磨损而缩短，都会由液力作用来自行调整或补偿。

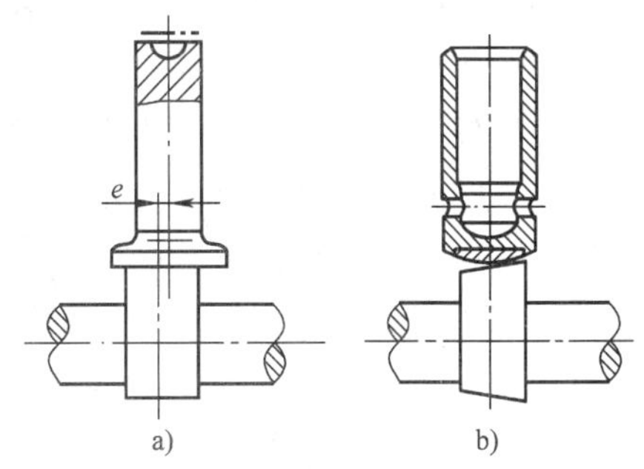

图 3-23　减轻挺柱底面磨损的机构形式

液力挺柱分为平面式和吊杯形两种类型。

1）平面式液力挺柱。其构造如图 3-24a 所示，在挺柱体中装有柱塞，在柱塞上端压入推杆支座。柱塞被柱塞弹簧向上推压，其极限位置由卡环限定。柱塞下端的单向阀保持架内装有单向阀弹簧和单向阀。发动机润滑系统中的机油经进油孔进入内油腔，并在机油压力的作用下推开单向阀，充满高压腔，使液力挺柱内始终充满着机油。

当气门关闭时，在柱塞弹簧的作用下，柱塞与推杆支座一起上移使气门及其传动件相互接触而无间隙。当凸轮顶起挺柱时，挺柱体上移，高压腔内的机油压力升高，使单向阀关闭，机油被封闭在高压腔内。由于机油不能被压缩，因此液力挺柱如同机械挺柱一样向上移动。为减少挺柱头部的磨损，也可在其头部加装滚轮，如图 3-24b 所示。

2）吊杯形液力挺柱。其结构如图 3-25 所示，工作原理与平面液力挺柱类似。液力挺柱结构复杂，加工精度要求高，磨损后无法调整，只能更换。

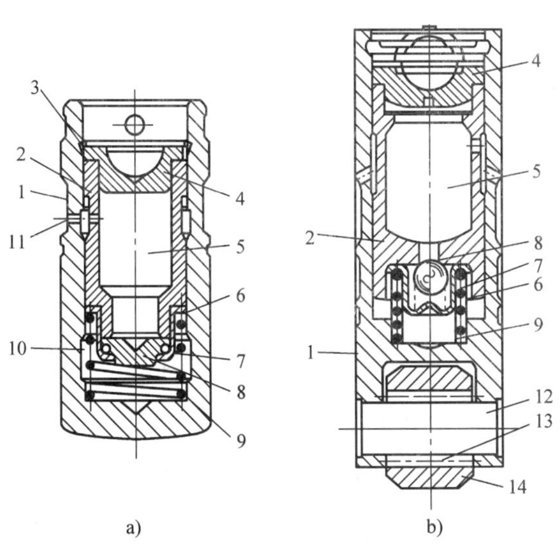

图 3-24　液力挺柱

1—挺柱体　2—柱塞　3—卡环　4—推杆支座　5—内油腔　6—单向阀保持架　7—单向阀弹簧　8—单向阀　9—柱塞弹簧　10—高压腔　11—进油孔　12—滚轮销　13—滚针轴承　14—滚轮

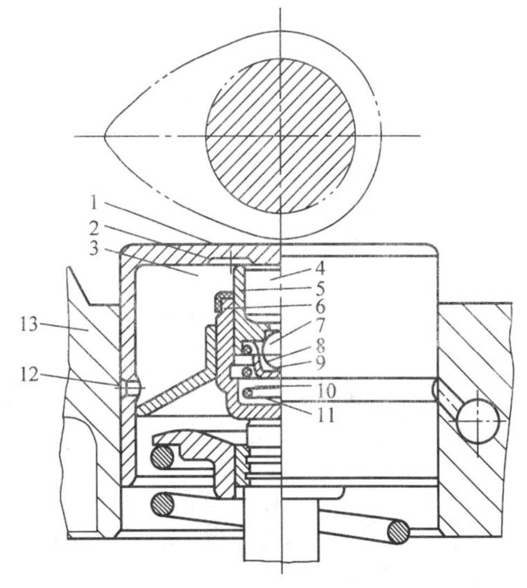

图 3-25　吊杯形液力挺柱

1—挺柱体　2—连通槽　3—外油腔　4—内油腔　5—柱塞　6—柱塞套　7—单向阀　8—单向阀保持架　9—单向阀弹簧　10—高压腔　11—柱塞弹簧　12—进油孔　13—气缸盖

3. 推杆

推杆处于挺柱和摇臂之间，其功用是将挺柱传来的运动和作用力传给摇臂。

在凸轮轴下置式的配气机构中，推杆是细长杆件，加上传递的力很大，所以极易弯曲。因此，要求推杆有较好的纵向稳定性和较大的刚度。

推杆一般用冷拔无缝钢管制造，两端焊上球头和球座，其结构如图 3-26c 所示；也可以用中碳钢制成实心推杆，如图 3-26a 所示，这时两端的球头或球座与推杆锻成一个整体。

对于气缸体和气缸盖都是用铝合金制造的发动机，宜采用锻铝或硬铝制造推杆，并在其两端压入钢制球头和球座，如图 3-26b 所示。其目的是当发动机温度变化时，不至因为材料线胀系数的不同而引起气门间隙的改变。

4. 摇臂

摇臂的功用是将推杆和凸轮传来的运动和作用力改变方向后传给气门，使其开启。

摇臂在摆动过程中承受很大的弯矩，因此应有足够的强度和刚度以及较小的质量。摇臂由锻钢、可锻铸铁、球墨铸铁或铝合金制造。

摇臂是一个双臂杠杆，以摇臂轴为支点，两臂不等长，如图 3-27a 所示，短臂端加工有螺纹孔，用来拧入气门间隙调整螺钉；长臂端加工成圆弧面，是推动气门的工作面。为使摇臂在尽可能小的质量下有较大强度和刚度，将摇臂制成 T 字形或工字形断面。摇臂也可采用薄板冲压而成，如图 3-27b 所示，它与液力挺柱联用，所以摇臂上不安装气门间隙调整螺钉。

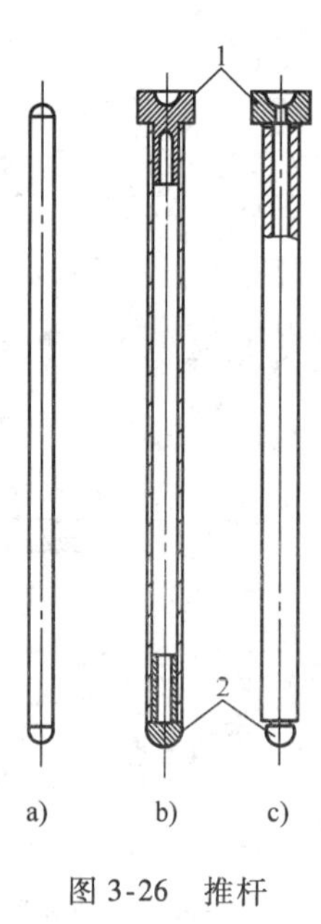

图 3-26　推杆

1—球座　2—球头

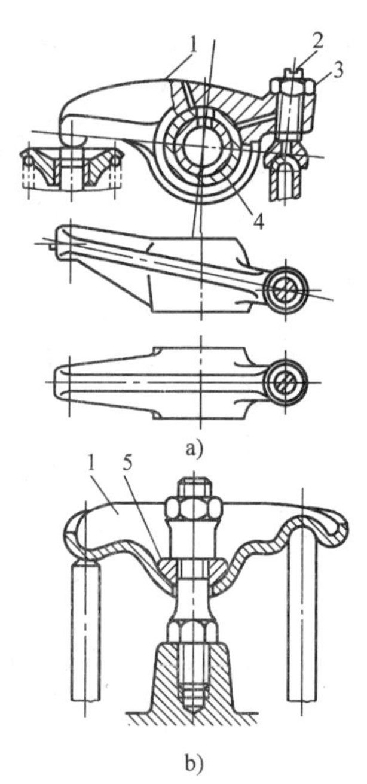

图 3-27　摇臂

1—摇臂　2—气门间隙调整螺钉　3—锁紧螺母

4—摇臂衬套　5—摇臂支点球座

摇臂孔内镶有衬套并通过空心的摇臂轴支承在摇臂轴座上，后者固定在气缸盖上。摇臂在摇臂轴上的位置由限位弹簧或挡圈限定。

摇臂衬套与摇臂轴、摇臂工作面与气门杆尾端面及气门间隙调整螺钉的球头或球座与推杆的球座或球头均需要润滑，因此将机油从气缸体经气缸盖和摇臂轴座中的油道引入摇臂轴，再从摇臂轴、摇臂衬套和摇臂上的油孔流向摇臂两端。

5. 摆臂与气门间隙自动补偿

摆臂的功用与摇臂相同，两者的区别只在于摆臂是单臂杠杆，其支点在摆臂的一端，如图 3-28 所示。为减轻摩擦和磨损，可将凸轮与摆臂的接触方式由滑动改为滚动。

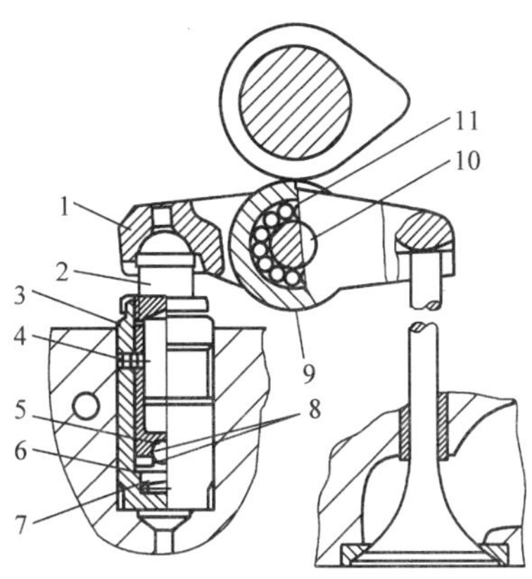

图 3-28　摆臂与气门间隙自动补偿器

1—摆臂　2—柱塞　3—壳体　4—进油孔　5—单向阀　6—柱塞弹簧　7—高压腔
8—单向阀保持架及单向阀弹簧　9—滚轮　10—销轴　11—滚针

在许多轿车发动机上用气门间隙自动补偿器代替摆臂支座实现零气门间隙，如图 3-28 所示。气门间隙自动补偿器无论是结构或是工作原理都与液力挺柱相同，之所以不称其为液力挺柱，是因为它不是凸轮的从动件，仅仅是摆臂的一个支承而已。因此，它既是摆臂的支座又是补偿气门间隙变化的装置。

【拓展与提高】

可变配气正时机构

采用可变配气正时机构可以改善发动机的性能。发动机转速不同，要求配气正时不同。这是因为，当发动机转速改变时，由于进气流速和强制排气时期的废气流速也随之改变，因此在气门迟关期间利用气流惯性增加进气和促进排气的效果将会不同。四冲程发动机的配气正时应该是进气迟后角和气门重叠角随发动机转速的升高而加大。如果气门升程也能随发动机转速的升高而加大，则将更有利于获得良好的发动机高速性能。

可变配气定时机构的类型主要为在进气凸轮轴上装置可变配气定时器，该机构能随着发动机的情况变化连续不断地调整进气凸轮轴与曲轴间的相位，以实现最佳配气正时。另外，还有一种被称为可变配气正时电子控制（VTEC）的机构，该机构可以同时改变进、排气门的配气正时，而且在改变配气正时的同时也改变气门升程。下面重点介绍 VTEC 可变配气机构的原理与构造。

1. VTEC 可变配气正时机构的组成

如图 3-29 所示，该机构的进、排气凸轮轴上均设置高速凸轮和低速凸轮。两个低速凸

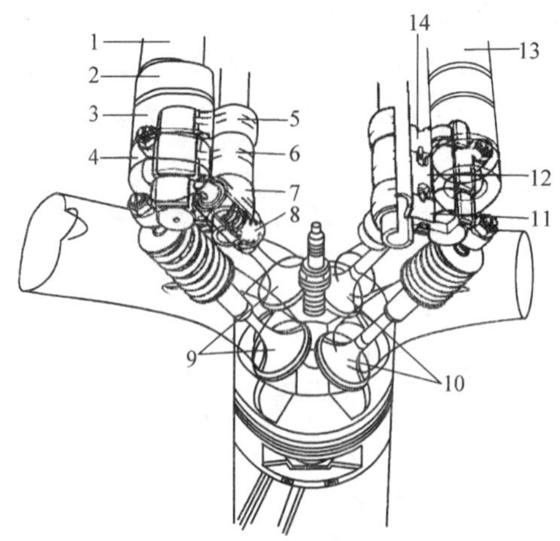

图 3-29　VTEC 可变配气正时机构的组成

1—进气凸轮轴　2—第一低速凸轮　3—高速凸轮　4—第二低速凸轮　5—第一摇臂
6—中间摇臂　7—第二摇臂　8—空动弹簧　9—进气门　10—排气门
11—液压活塞 A　12—液压活塞 B　13—排气凸轮　14—限位活塞

轮分别驱动第一摇臂和第二摇臂，高速凸轮则驱动中间摇臂。在摇臂上装有可移动的液压活塞和一个限位活塞。VTEC 可变配气正时机构能根据发动机转速的高低，自动转换不同的凸轮来驱动气门的开闭。由于高、低速凸轮的轮廓不同，在改变配气正时的同时，也就改变了气门升程。

2. VTEC 可变配气正时机构的工作原理

当发动机在中、低速工作时，没有油压作用于液压活塞上，第一、第二摇臂与中间摇臂分离，分别由第一、第二低速凸轮驱动第一、第二摇臂，再由第一、第二摇臂驱动两个气门的开闭。这时，中间摇臂则随高速凸轮的转动而摆动，但与气门的开闭无关，如图 3-30a 所示。当发动机在高速工作时，在油压的作用下，液压活塞 A、B 向图 3-30b 所示的箭头方向移动，使第一、第二摇臂与中间摇臂结合成一个摇臂，三个摇臂一起在高速凸轮的作用下驱动气门开闭。这时，低速凸轮不起作用。

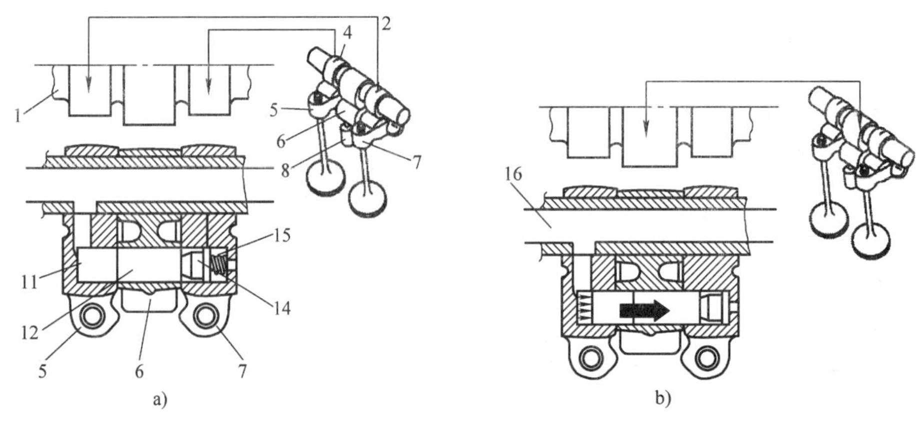

图 3-30　VTEC 可变配气定时机构的工作原理

15—复位弹簧　16—油道（其余图注同图 3-29）

此机构的油压作用与否由电控单元根据发动机转速的变化自动控制。

【项目实施】

任务　配气机构的拆装

一、任务目标

能够正确选用配气机构的拆装工具，并能够用工具按照正确顺序拆下并组装顶置式配气机构，并能进行调整。

二、任务准备

工具准备：桑塔纳 2000 汽车发动拆装工具一套；扭力扳手、活扳手、撬棍、轴承拉拔器各 1。

物品准备：桑塔纳 2000 汽车发动机 4 台；桑塔纳 2000 轿车维修手册 2 本；机油和棉纱。

场地准备：汽车发动机实训车间，工作台 4 个。

分组：每个小组 4 人。

三、实践操作

以顶置式配气机构（桑塔纳发动机）为例，进行拆装训练。

1. 配气机构的拆卸

桑塔纳发动机配气机构的解体应在专用的拆装架上进行。解体时，应使用专用工具先拆除发动机各附件，然后按照由外到内的顺序进行分解，具体步骤如下：

1）拆下曲轴传动带轮。

2）如图 3-31 所示，拆除同步带上、下护罩。

3）松开同步带张紧轮，取下同步带，拆下张紧轮。

4）拧下曲轴同步带轮紧固螺栓，拆下曲轴同步带轮。

5）拧下中间轴齿轮紧固螺栓，拆下中间轴齿轮。

6）拧下气门罩盖的紧固螺母，取下加强条、气门罩盖、挡油罩及密封衬垫。

7）按顺序拧下缸盖紧固螺栓，取下气缸盖。

8）从气缸盖上拆下凸轮轴各道轴承的紧固螺母（先松 1、3、5 道轴承盖螺母，再松 2、4、6 道轴承盖螺母），取下轴承盖及凸轮轴，轴承盖按顺序排列或打上装配标记，不得错乱。

9）取出液压挺柱，按顺序排列或在内壁上做标记。

10）用专用工具压下气门弹簧，取出气门锁片、气门弹簧座、气门弹簧、气门油封及气门，各组件按顺序摆放好，不得错乱。

2. 配气机构的装配

配气机构的装配按与拆卸时相反的顺序操作，并应注意下列事项。

1）装配前必须对零部件进行清洗和检验。

2）气门组件、液压挺柱、凸轮轴轴承盖等部件必须按原位装入，不得装错。

3）各紧固件必须按规定顺序和拧紧力矩拧紧。

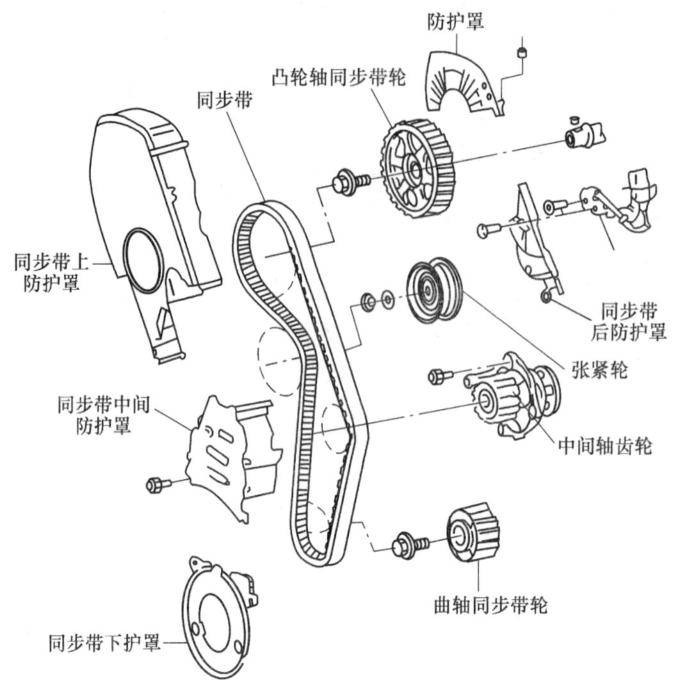

图 3-31　同步带传动分解图

4）安装同步带时，必须使凸轮轴同步带轮上的标记与气门罩盖平面平齐。

5）安装凸轮轴时，第 1 缸的凸轮必须向上，不能压迫气门。装上轴承盖后，先按对角线交替旋紧第 2、第 5 道轴承盖，拧紧力矩为 20N · m；然后再装上第 1、第 3 道轴承盖，最后装上第 4 道轴承盖，旋紧全部轴承盖螺栓，拧紧力矩为 20N · m。

6）安装气缸盖衬垫，安装气缸盖及缸盖螺栓，并稍加旋紧。按图 3-32 所示的顺序，将气缸盖螺栓分 4 次旋紧。发动机冷态时，气缸盖紧固螺栓的拧紧力矩分别是：第一次的拧紧力矩是 40N · m；第二次的拧紧力矩是 60N · m；第三次的拧紧力矩是 75N · m；第四次则再用扳手拧紧 1/4 圈。

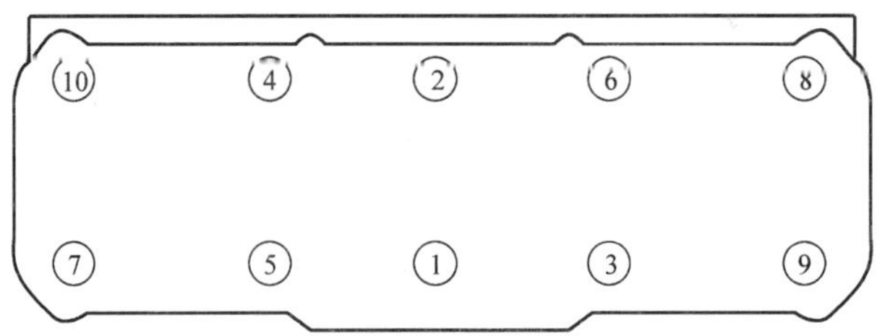

图 3-32　气缸盖螺栓的拧紧顺序

3. 正时同步带的检查与调整

1）用拇指和食指捏住在凸轮轴正时齿轮和中间轴正时齿轮之间的同步带，将其翻转 90°。

2）若不能翻转 90°，说明同步带太紧；若翻转大于 90°，说明同步带太松。

3）用扳手松开张紧轮螺母，再对张紧轮进行调整。调整好后，要转动曲轴两周，再进行检查。

四、操作注意事项

安装时按照规定的顺序和力矩来进行装配；应检查正时同步带的松紧度，并进行调整，使之符合技术要求。

五、任务评价

以小组为单位进行评价，根据分值的情况评出优秀、良好、一般等品质，评价标准见表3-1。

表3-1　任务评价标准

项次	项目任务	评　价　标　准	分值	项目得分
1	认识配气机构	要准确指认配气机构的零部件并说出其作用	5	
2	取下气缸盖	正确拆卸正时齿轮，按顺序拧下缸盖紧固螺栓，取下气缸盖	4	
3	拆卸凸轮轴	拆下凸轮轴各道轴承盖的紧固螺母（先松1,3,5道轴承盖螺母，再松2,4,6道轴承盖螺母），用专用工具压下气门弹簧	6	
4	装配凸轮轴	气门组件、液压挺柱、凸轮轴轴承盖等部件必须原位装入，不得装错	4	
5	安装气缸盖	正确调整好一缸上止点，缸盖螺栓拧紧顺序正确	6	
6	5S现场管理	常组织、常整顿、常清洁、常规范、常自律	5	

【拓展与提高】

发动机凸轮轴几何误差的检测演示

1. 操作步骤描述

清洁并校验平台→支撑凸轮轴→检验百分表→检验磁力表座→装表→压表→测量→计算，确定变形量。

2. 工具准备

桑塔纳轿车发动机凸轮轴1根；测量平台1个、百分表1块、万向磁力表座1个、V形架1对；框式水平仪1台、高度游标卡尺1把、外径千分尺2把、棉纱若干。

3. 基本操作步骤

（1）清洁并校验平台

1）用棉纱清洁平台。

2）用框式水平仪检验测量平台是否水平，若未水平应进行调整。

（2）支撑凸轮轴

1）用棉纱清洁V形架，并将V形架放在测量平台上。

2）用棉纱清洁凸轮轴各道轴颈。

3）把凸轮轴首、末端的主轴颈放在V形架上。

4）清洁高度游标卡尺，并进行校正。

5）调整凸轮轴首、末道主轴颈的中心轴线，使其处于水平位置。

(3) 校验百分表 使用前，应检查测量杆活动的灵活性。即轻轻推动测量杆时，测量杆在套筒内的移动要灵活，没有任何卡滞现象，且每次放松后，指针能回复到原来的刻度位置。

(4) 检验万向磁力表座

1) 检查磁力开关是否完好。

2) 检查表架的灵活性、稳固性。

(5) 安装百分表 将百分表装在表架前端的圆孔内，并用螺栓锁紧。

(6) 压表 将百分表压在待测部位中部的最高素线上，并与待测部位垂直，同时使百分表短针有一定的指示，再锁紧表架。

(7) 测量

1) 打开表座磁力开关，固定磁力表座。

2) 将凸轮轴慢慢旋转一周，读出百分表的最大读数和最小读数。

(8) 计算、确定变形量

1) 径向圆跳动的计算：最大读数与最小读数之差的一半。

2) 轴向圆跳动的计算：最大读数与最小读数之差。

3) 所得结果与技术标准相比较，确定变形量。

项目四　汽油机燃料供给系统的认知

【学习目标】

1. 知识目标

1）能够说出汽油机燃料供给系统的功用和基本组成。

2）能够说出汽油机混合气形成的特点。

3）能够说出化油器供油装置的构成和燃油喷射系统的构成。

2. 能力目标

1）具有识读发动机燃料供油系统装配图和连接结构图的能力。

2）能够识别发动机燃料供给系统工作原理图。

【学时安排】

6 学时。

【理论知识】

一、汽油

汽油是汽油机的燃料，是石油制品，是多种烃的混合物，其主要化学成分是碳（C）和氢（H）。

汽油使用性能的好坏对发动机的动力性、经济性、可靠性和使用寿命都有很大的影响。因此，车用汽油需要满足如下要求。

1. 具有良好的蒸发性能

该项指标可保证汽油在极短的时间内完全汽化蒸发并与空气均匀混合，确保发动机在各种条件下能够迅速起动、加速及正常运转。

2. 具有良好的抗爆性

发动机在工作时，偶尔会因自行发火燃烧而使气缸内压力急剧增高并发生强烈振荡，这种现象称为爆燃。为杜绝该现象的发生，要求燃油应具有良好的抗爆性，以提高发动机的工作稳定性。

汽油的抗暴性用辛烷值评定。辛烷值越高，抗爆性越好。汽油的辛烷值是在规定条件下在标准的试验机上测定的。

二、可燃混合气

1. 过量空气系数与空燃比

（1）过量空气系数　燃烧 1kg 燃油实际供给的空气质量与完全燃烧 1kg 燃油的化学计量空气质量之比为过量空气系数，记作 α。

$\alpha=1$ 的可燃混合气称为理论混合气；$\alpha<1$ 为浓混合气；$\alpha>1$ 为稀混合气。

（2）空燃比　可燃混合气中空气质量与燃油质量之比为空燃比，记作 R。

按照化学反应方程式的当量关系，可求出1kg汽油完全燃烧所需的空气质量即化学计量空气质量，约为14.7kg。显然，$R=14.7$ 的可燃混合气为理论混合气；$R<14.7$ 的为浓混合气；$R>14.7$ 的为稀混合气。空燃比 $R=14.7$ 称为理论空燃比或化学计量空燃比。

2. 发动机运转工况对可燃混合气的要求

汽车行驶中的速度和牵引功率是不断变化的，汽车发动机的转速和负荷也在很大范围内频繁变动。为适应发动机工况的这种变化，可燃混合气成分应该随发动机转速和负荷作相应的调整。对于一般汽车发动机而言，各种运转工况对混合气成分有如下要求。

（1）冷起动　发动机在冷起动时，因温度低，汽油不容易蒸发汽化，加之起动时转速在50～100r/min，即起动转速低，汽油雾化不良，要求供给 α 约为0.2～0.6的浓混合气，以使进入气缸的混合气在火焰传播界限之内。

（2）怠速　怠速是指发动机对外无功率输出的工况。在怠速工况，节气门接近关闭，吸入气缸内的混合气数量很少。该情况下气缸内的残余废气量相对增多，为此要求供给过量空气系数 α 为0.6～0.8的浓混合气，以补偿废气的稀释作用。

（3）小负荷　小负荷工况时，节气门开度在25%以内。随着进入气缸内的混合气数量的增多，汽油雾化和蒸发的条件有所改善，残余废气对混合气的稀释作用相对减弱。因此，应该供给过量空气系数 α 为0.7～0.9的混合气。

（4）中等负荷　中等负荷工况节气门的开度在25%～85%范围内。汽车发动机大部分时间在中等负荷下工作，因此此工况应供给过量空气系数 α 为1.05～1.15的经济混合气，以保证发动机有较好的燃油经济性。即从小负荷到中等负荷，随着负荷的增加，节气门逐渐开大，混合气逐渐变稀。

（5）大负荷和全负荷　发动机在大负荷或全负荷工作时，节气门接近或达到全开位置。这时需要发动机发出最大功率以克服较大的外界阻力或加速行驶，为此应供给过量空气系数 α 为0.85～0.95的功率混合气。从中等负荷转入大负荷时，混合气由经济混合比加浓到功率混合比。

（6）加速　汽车在行驶过程中，有时需要在短时间内迅速提高车速。为此，驾驶员要猛踩加速踏板，使节气门突然开大，以迅速提高发动机功率。这时虽然空气流量迅速增加，但是由于汽油的密度比空气密度大得多，致使汽油流量的增加比空气流量的增加滞后一段时间。另外，节气门开大，进气歧管的压力增加，不利于汽油的蒸发汽化。因此，在节气门突然开大时，将会出现混合气瞬时变稀的现象。为避免该现象，保证汽车有良好的加速性能，在节气门突然开大、空气流量迅速增加的同时，应供给过量空气系数 α 为0.85～0.95的功率混合气。

三、典型电控汽油喷射系统

汽油喷射式发动机的燃油系统是在恒定压力下，利用喷油器将一定数量的汽油直接喷入气缸或进气管道内的汽油机燃油供给装置。

与化油器相比，汽油喷射系统能根据发动机工况的变化供给最佳空燃比的混合气；供入各气缸内的混合气，其空燃比相同，数量相等；由于进气管道中没有狭窄的喉管，因此进气阻力小，充气性能好。

汽油喷射式发动机具有较高的动力性和经济性以及良好的排放性。此外，发动机的振动有所减轻，汽车的加速性也有显著改善。

电控汽油喷射系统（EFI系统）是以电控单元（ECU）为控制中心，并利用安装在发动机上的各种传感器测出发动机的各种运行参数，再按照ECU中预存的控制程序精确地控制喷油器的喷油量，使发动机在各种工况下都能获得最佳空燃比的可燃混合气。

目前，各类汽车上所采用的电控汽油喷射系统在结构上往往有较大的差别，在控制原理及工作过程方面也各具特点。

1. 博世（Bosch）D型汽油喷射系统

D型汽油喷射系统是最早应用在汽车发动机上的电控多点间歇式汽油喷射系统，其基本特点是以进气管压力和发动机转速作为基本控制参数来控制喷油器的基本喷油量。

该系统的组成如图4-1所示。汽油箱内的汽油被电动汽油泵吸出并加压至0.35MPa左右，经汽油滤清器滤除杂质后被送至燃油分配管。燃油分配管与安装在各缸进气歧管上的喷油器相通。在燃油分配管的末端装有油压调节器，用来调节油压，使其保持稳定，多余的汽油经回油管流回汽油箱。

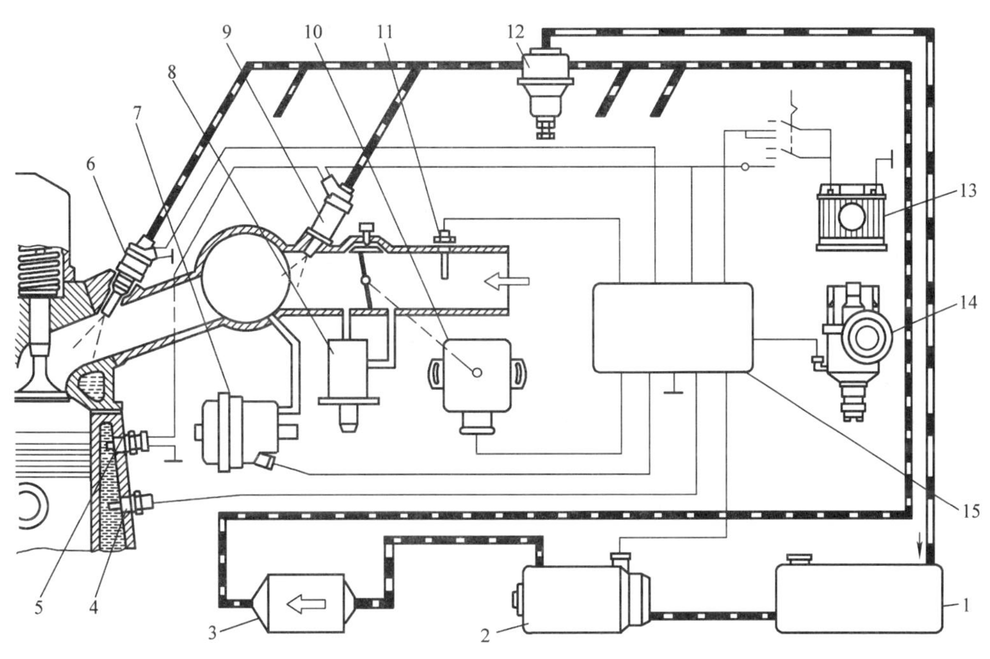

图4-1　博世D型汽油喷射系统

1—汽油箱　2—电动汽油泵　3—汽油滤清器　4—发动机温度传感器　5—热时间开关　6—喷油器　7—进气管压力传感器　8—补充空气阀　9—冷起动喷油器　10—节气门位置传感器　11—进气温度传感器　12—油压调节器　13—蓄电池　14—分电器　15—电控单元

发动机的进气量由汽车驾驶员通过加速踏板操纵节气门来控制。节气门开度越大，进气量就越多，进气管压力越大，反之结果则相反。安装在进气管上的进气管压力传感器将进气管压力转变为电信号传输给电控单元。

喷油器的喷油量和喷油时刻由电控单元控制。电控单元先根据分电器中的曲轴转角传感器信号确定发动机转速，再根据转速和进气管压力计算出相应的喷油量，并通过控制喷油持续时间来控制喷油量。电控单元还根据曲轴转角传感器发出的第1缸上止点信号控制各缸喷油器在进气行程开始之前进行喷油。由于每个喷油器在发动机一个循环中只喷油一次，每次喷油的持续时间仅为 2～10ms，即喷油是间断进行的，因此属于间歇式喷射。

电控单元根据进气管压力和发动机转速计算出的喷油量是基本喷油量，尚需根据发动机的运转状况加以修正，以满足发动机各种运行工况对混合气成分的要求。

当发动机怠速工作时，节气门接近关闭，节气门位置传感器中的怠速触点闭合，这时电控单元指令喷油器增加喷油量，供给发动机较浓的混合气，以维持怠速运转的稳定性，并将怠速的有害排放控制在最低水平。

发动机在中小负荷下运转时，电控单元根据发动机温度传感器和进气温度传感器传来的发动机温度和进气温度信号，对基本喷油量进行修正，修正后的喷油量满足向发动机供给经济混合气的要求。

发动机在全负荷下工作时，节气门全开，节气门位置传感器中的全负荷触点闭合。电控单元按照供给发动机功率混合气的要求增加喷油量，实现全负荷加浓，以使发动机发出最大功率。

发动机起动时，点火开关置于起动位置，同时输送给电控单元一个信号。电控单元根据这个信号增加每次喷油的持续时间，以增加喷油量，提供起动所需的浓混合气。在发动机起动之后，再逐渐减少喷油量。

当发动机在低温下起动时，利用装在进气管上的冷起动喷油器，向进气管喷入一定数量的汽油，以加浓混合气，使发动机在低温下能顺利起动。

2. 博世 L 型汽油喷射系统

L 型汽油喷射系统是在 D 型汽油喷射系统的基础上，在 20 世纪 70 年代发展起来的多点间歇式汽油喷射系统。其构造和工作原理与 D 型汽油喷射系统基本相同，只是 L 型汽油喷射系统采用翼片式空气流量计直接测量发动机的进气量，并以发动机的进气量和发动机转速作为基本控制参数，从而提高了喷油量的控制精度。

L 型汽油喷射系统如图 4-2 所示。在控制过程中，程序首先读入各传感器检测到的发动机运行参数，其中包括空气流量计测得的进气量，分电器内曲轴位置传感器测得的发动机转速，发动机温度传感器测得的冷却液温度，进气温度传感器测得的进气温度，氧传感器测得的混合气的空燃比以及节气门位置传感器测得的节气门位置及运动状态等。同时，程序根据进气量和发动机转速计算出基本喷油量；电控单元还根据进气温度和冷却液温度在内存的查值表中确定温度修正系数、加速和突然加速的修正系数、实际空燃比确定排气修正系数及综合修正系数。

L 型汽油喷射系统应用广泛，目前，在实际应用中都进行了若干改变，比如完善主要组件的结构和性能，扩展电控单元的控制功能等，以提高发动机的经济性、动力性和排放性等。

四、电控汽油喷射系统主要组件的构造和工作原理

目前，博世公司设计生产的几种电子控制汽油喷射系统已被广泛地用于各国生产的汽车上。此外，还有一些国家也研制开发了多种汽油喷射系统。尽管电子控制汽油喷射系统多种多样，但就其组成和工作原理而言却大同小异，主要的区别是电控单元的控制方式、控制范围和控制程序不尽相同，所用传感器和执行元件的构造也有所差异。各类电子控制汽油喷射系统均可视为由燃油供给系统、进气系统和控制系统三部分组成。

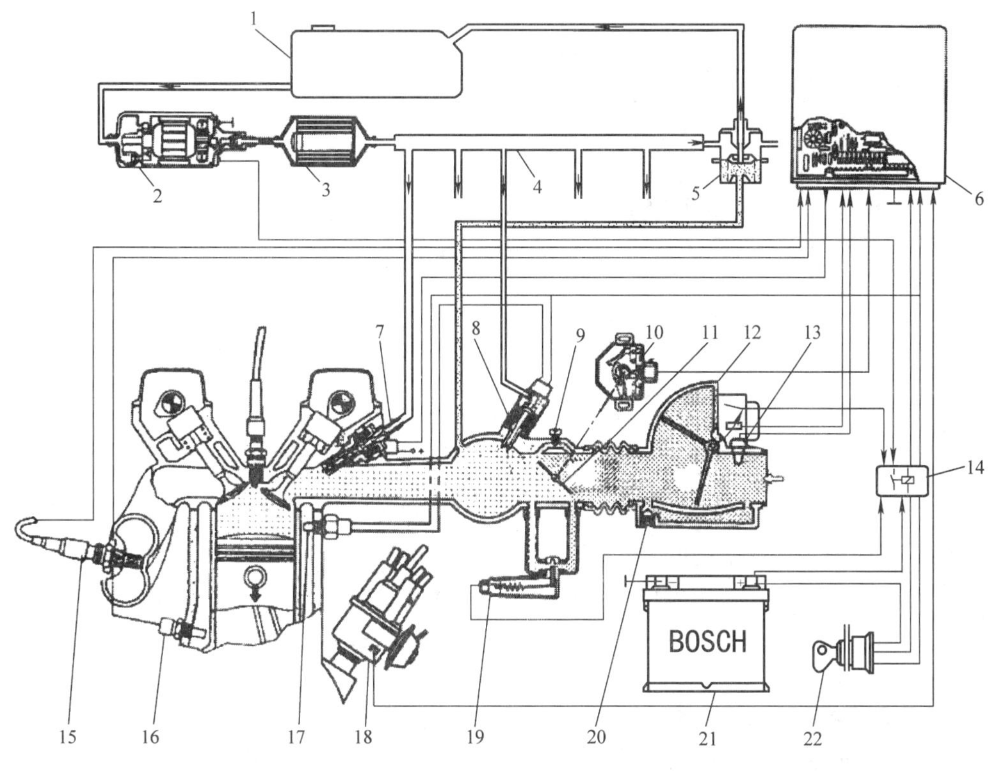

图 4-2　博世 L 型汽油喷射系统

1—汽油箱　2—电动汽油泵　3—汽油滤清器　4—燃油分配泵　5—油压调节器　6—电控单元　7—喷油器　8—冷起动喷油器　9—怠速调节螺钉　10—节气门位置传感器　11—节气门　12—空气流量计　13—进气温度传感器　14—继电器组　15—氧传感器　16—发动机温度传感器　17—热时间开关　18—分电器　19—补充空气阀　20—怠速混合气调节螺钉　21—蓄电池　22—点火开关

1. 燃油供给系统主要组件的构造与工作原理

电控汽油喷射系统的燃油供给系统由汽油箱、电动汽油泵、汽油滤清器、燃油分配管、油压调节器、喷油器、冷起动喷油器和输油管等组成，有些还设有油压脉动缓冲器。

（1）电动汽油泵　在电控汽油喷射系统中应用的电动汽油泵通常有两种类型，即滚柱式电动汽油泵和叶片式电动汽油泵。由永磁电动机驱动的滚柱式电动汽油泵的结构如图 4-3 所示，其转子偏心地安装在泵体内，滚柱装在转子的凹槽中。当转子旋转时，滚柱在离心力的作用下紧压在泵体的内表面上，同时在惯性力的作用下，滚柱总是与转子凹槽的一个侧面贴紧，从而形成若干个工作腔。在汽油泵工作过程中，进油口一侧的工作腔容积增大，成为低压吸油腔，汽油经进油口被吸入工作腔内；在出油口一侧的工作腔容积减小，成为高压油腔，高压汽油从高压油腔经出油口流出。

限压阀的作用是当油压超过 0.45MPa 时开启，使汽油回流到进油口，以防止油压过高损坏汽油泵。出油口处装设的单向阀的作用是当发动机停机时，单向阀关闭，防止管路中的汽油倒流回汽油泵，借以保持管路中有一定的油压，以保证再次起动时油路的顺畅性。

由于滚柱式电动汽油泵运转噪声大、油压脉动大，且泵体内表面和转子容易磨损，所以

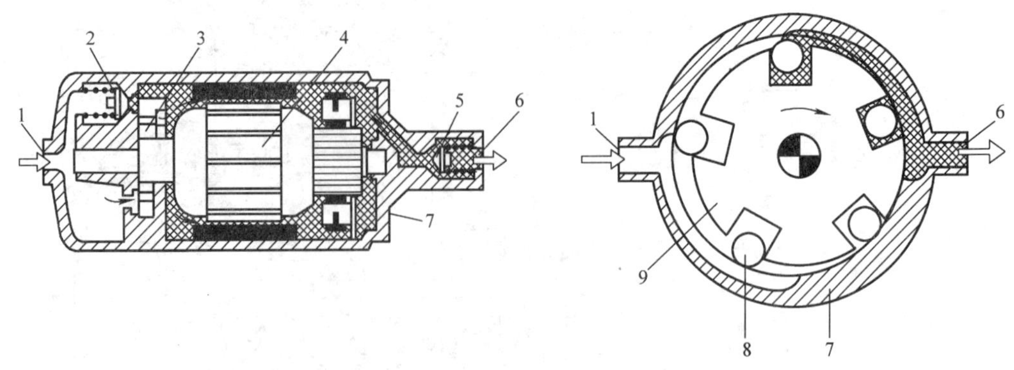

图 4-3　滚柱式电动汽油泵

1—进油口　2—限压阀　3—汽油泵　4—电动机　5—单向阀　6—出油口　7—泵体　8—滚柱　9—转子

近几年广泛采用叶片式电动汽油泵，其结构如图 4-4 所示。叶轮是一个圆形平板，在平板的圆轴上加工有小槽，形成泵油叶片。叶轮旋转时，小槽内的汽油随同叶轮一同高速旋转，由于离心力的作用，使出口处油压增高，而在进口处产生真空，从而使汽油从进口吸入、从出口排出。叶片式电动汽油泵运转噪声小，油压脉动小，泵油压力高，叶片磨损小，使用寿命长。

（2）燃油分配管　燃油分配管也被称为共轨，其功用是将汽油均匀、等压地输送给各缸喷油器。由于它的容积较大，故有储油蓄压、减缓油压脉动的作用。其结构如图 4-5 所示。

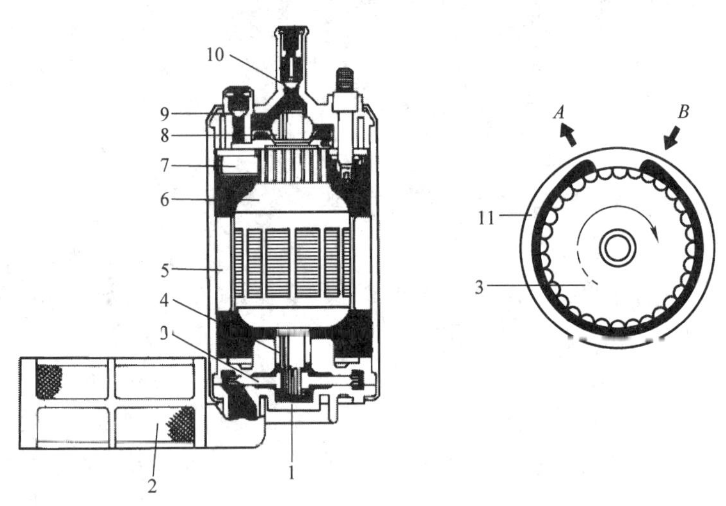

图 4-4　叶片式电动汽油泵

1—橡胶缓冲垫　2—滤网　3—叶轮及叶片　4、8—轴承　5—永久磁铁　6—电枢　7—电刷　9—限压阀　10—单向阀　11—泵体　*A*—出油口　*B*—进油口

（3）喷油器

1）喷油器的功用。喷油器的功用是按照电控单元的指令将一定数量的汽油适时地喷入进气道或进气管内，并与其中的空气混合，形成可燃混合气。

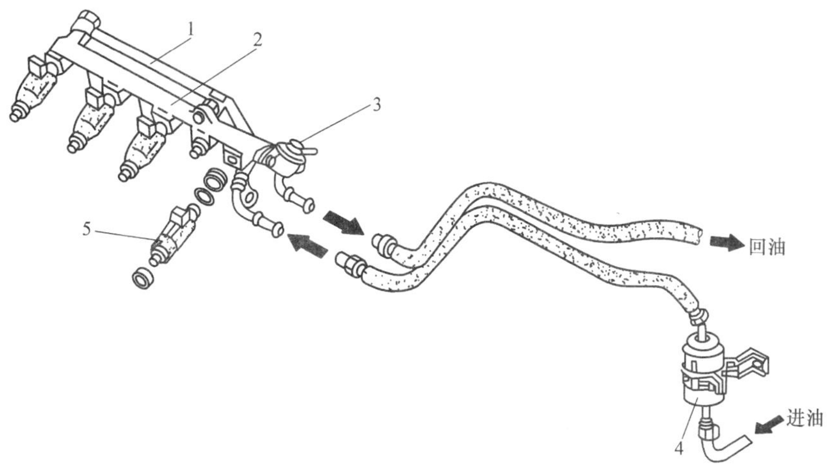

图 4-5　燃油分配管

1—进油管　2—燃油分配管　3—油压调节器　4—汽油滤清器　5—喷油器

2）喷油器的构造与工作原理。喷油器的构造如图 4-6 所示，不论是上端供油式还是侧面供油式，喷油器都是由电磁线圈、衔铁、针阀、复位弹簧及喷油器等零件构成的。

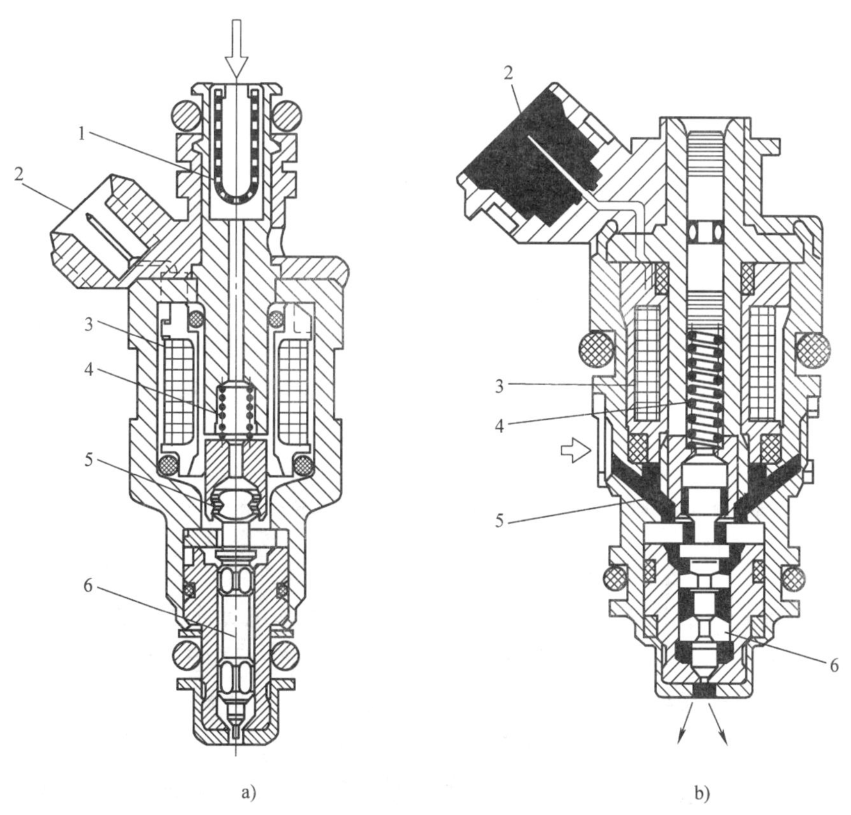

图 4-6　喷油器的构造

a）上端供油式　b）侧面供油式

1—滤网　2—电接头　3—电磁线圈　4—复位弹簧　5—衔铁　6—针阀

侧面供油式喷油器多用于节气门体汽油喷射系统。喷油器相当于电磁阀，通电时电磁线圈产生电磁力，将衔铁及针阀吸起，喷油器开启，汽油经喷孔喷入进气道或进气管。断电时电磁力消失，衔铁及针阀在复位弹簧的作用下将喷孔关闭，喷油器停止喷油。喷油器可以有1~3个喷孔，分别用在双气门、四气门和五气门发动机上。

喷油器的通电与断电由电控单元控制，其过程如图4-7所示。电控单元以电脉冲的形式向喷油器输出控制电流，当电脉冲从零升起时，喷油器因通电而开启；电脉冲回落到零时，喷油器又因断电而关闭。电脉冲从升起到回落所持续的时间称为脉冲宽度。若电控单元输出的脉冲宽度短，则喷油持续时间短，相应的喷油量也少，如图4-7b所示；若电控单元输出的脉冲宽度长，则喷油持续时间也长，喷油量就多，如图4-7c所示。通常喷油器针阀升程约为0.1mm，喷油持续时间在2~10ms范围内。

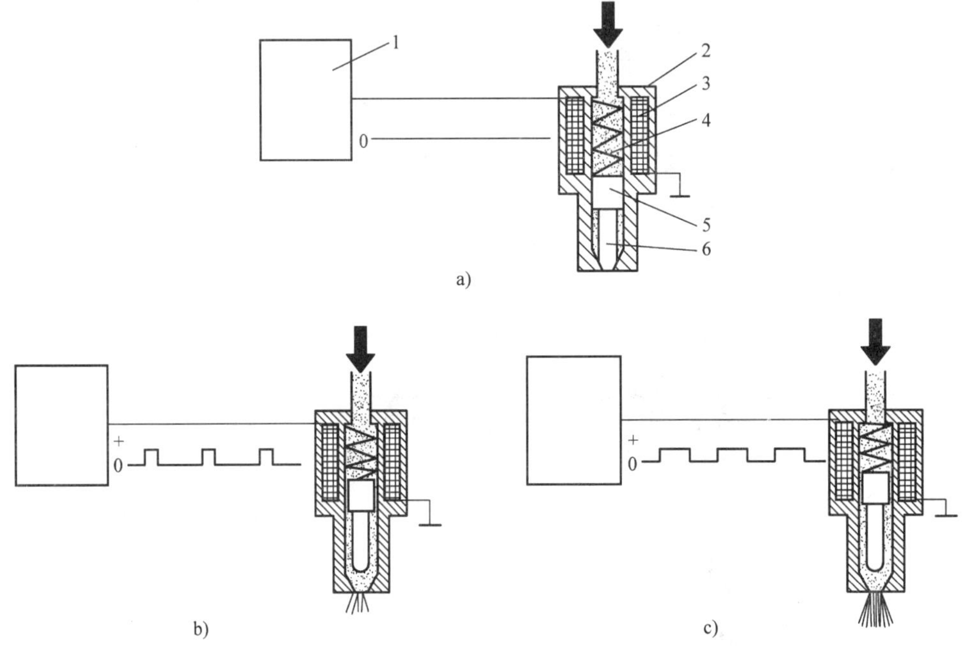

图4-7　喷油器工作原理示意图

a）发动机停机时无电脉冲输出　b）短脉冲宽度　c）长脉冲宽度

1—电控单元　2—喷油器体　3—电磁线圈　4—复位弹簧　5—衔铁　6—针阀

3）喷油器的类型。按照电磁线圈的驱动方式不同，喷油器分为电压驱动和电流驱动两种类型。电压驱动式喷油器是指电控单元驱动喷油器喷油的电脉冲的电压是恒定的。这种喷油器有低电阻型和高电阻型之分。低电阻型电压驱动式喷油器用5~6V电压驱动，不能与12V电源直接连接，否则会烧毁电磁线圈。高电阻型电压驱动式喷油器用12V电压驱动，其电磁线圈的电阻约为12~16Ω，检修时可直接与12V电源连接。电流驱动式喷油器的驱动电脉冲开始时用较大的电流，使电磁线圈产生较大的电磁力，以便将针阀迅速吸起，随后再用较小电流保持针阀的开启状态。这种喷油器为低电阻型，其电磁线圈的电阻一般为2~3Ω。

（4）油压调节器　油压调节器的功用是使燃油供给系统的压力与进气管压力之差即喷

油压力保持恒定。因为喷油器的喷油量除取决于喷油持续时间外，还与喷油压力有关。在相同的喷油持续时间内，喷油压力越大，喷油量越多。所以只有保持喷油压力恒定不变，才能使喷油量在各种负荷下都只唯一地取决于喷油持续时间或电脉冲宽度，以实现电控单元对喷油量的精确控制。

油压调节器的结构如图 4-8 所示。膜片将油压调节器分隔成上、下两个腔，上腔有进口连接燃油分配管，回油口与汽油箱连通；下腔通过真空接管与节气门后的进气管相连。

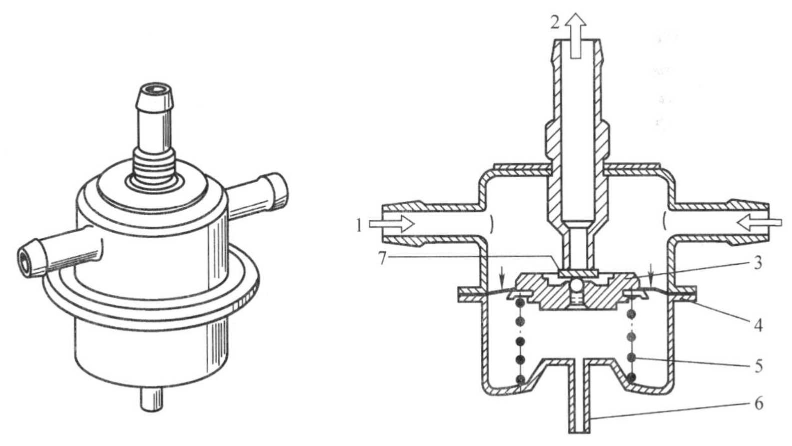

图 4-8　油压调节器

1—进油口　2—回油口　3—阀座　4—膜片　5—弹簧　6—真空接管（接进气管）　7—平面阀

当进气管压力减小时，油压调节器中的膜片克服弹簧的弹力向下弯曲，平面阀将回油管口开启，汽油经回油口流回汽油箱，使燃油供给系统的压力下降，但两者的压差保持不变。相反，当进气管压力增大时，膜片向上弯曲，平面阀将回油管口关闭，回油终止，燃油供给系统的压力增大，使两者的压差仍保持不变。

燃油供给系统的压力与进气管压力之差由油压调节器中弹簧的弹力限定，调节弹簧预紧力即可改变两者的压力差，也就是改变喷油压力。

(5) 油压脉动缓冲器　当汽油泵泵油、喷油器喷射及油压调节器的回油平面阀开闭时，都将引起燃油管路中油压的脉动和脉动噪声。而燃油压力脉动太大会使油压调节器的工作失常。

油压脉动缓冲器的作用就是减小燃油管路中油压的脉动和脉动噪声，并能在发动机停机后保持油路中有一定的压力，以利于发动机重新起动。

2. 进气系统主要组件的构造与工作原理

各类电控汽油喷射系统的进气系统主要包括空气流量计、补充空气阀、怠速控制阀、节气门及空气滤清器等。

(1) 空气流量计　空气流量计的功用是测量进入发动机的空气流量，并将测量的结果转换为电信号传输给电控单元。空气流量计有多种形式，如热线式、热膜式和涡流式等。

1) 热线式空气流量计。该种空气流量计的结构如图 4-9 所示，其测试管置于空气流道的中央，空气流道装有金属防护网，并用卡环固定在壳体上。在测试管内的支承环上固定一根直径为 70μm 的铂金属丝，在工作中铂金属丝被电流加热到 100℃ 以上，因此称之为铂热线。在支承环前端装有铂薄膜温度补偿电阻，支承环后端粘接有精密电阻，而在控制电路板上则装有高阻值电阻。铂热线、温度补偿电阻、精密电阻和高阻值电阻构成惠斯登电桥电路的 4 个臂。混合电路用来调节供给 4 个臂的电流，使电桥保持平衡。

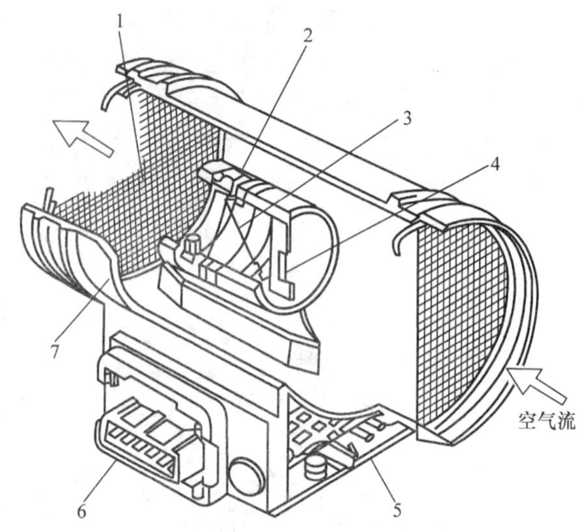

图 4-9　热线式空气流量计

1—金属防护网　2—测试管　3—铂热线　4—温度补偿电阻　5—控制电路板　6—电源插头　7—壳体

当空气流过热线式空气流量计时，铂热线向空气散热，温度降低、电阻减小，使电桥失去平衡。这时混合电路将自动增加供给铂热线的电流，以使其恢复原来的温度和电阻值，直至电桥恢复平衡。流过铂热线的空气流量越大，混合电路供给铂热线的加热电流也越大，即加热电流是空气流量的单值函数。加热电流通过精密电阻产生的电压降作为电压输出信号传输给电控单元，电压降的大小即是对空气流量的度量。

温度补偿电阻的阻值也随进气温度的变化而变化，起到一个参照标准的作用，用来消除进气温度的变化对空气流量测量结果的影响。一般将铂热线通电加热到高于温度补偿电阻温度 100℃。

2）热膜式空气流量计。该空气流量计的测量原理与热线式空气流量计相同，是利用热膜与空气之间的热传递现象来测量空气流量的。热膜是由铂金属片固定在树脂薄膜上构成的。用热膜代替热线提高了空气流量计的可靠性和寿命，并且热膜不会被空气中的灰尘粘附。

3）卡门涡流式空气流量计。该空气流量计是利用卡门涡流理论来测量空气流量的装置。在流量计进气道的正中央有一个流线形或三角形的立柱，称为涡源体。当均匀的气流流过涡源体时，在涡源体下游的气流中会产生一列不对称却十分规则的空气漩涡，即所谓卡门涡流。根据卡门涡流理论，此漩涡移动的速度与空气流速成正比，即在单位时间内流过涡源体下游某点的漩涡数量与空气流速成正比。因此，通过测量单位时间内流过的漩涡数量便可计算出空气流速和流量。测量漩涡数量的方法有超声波和光学两种。

（2）进气管压力传感器　博世 D 型汽油喷射系统不设空气流量计，而是利用进气管压力传感器测量节气门后进气管内的绝对压力，并以此作为电控单元计算喷油量的主要参数。在发动机工作时，节气门开大，进气量增多，进气管压力相应增加。因此，进气管压力的大小反映了进气量的多少。常见的进气管压力传感器有膜盒式和应变仪式两种。

1）膜盒式进气管压力传感器。在膜盒式进气管压力传感器中有一个密封的弹性金属膜盒，如图 4-10 所示，其内部保持真空，外部与进气管相通。当进气管压力发生变化时，膜盒或收缩或膨胀，并带动衔铁在感应线圈中移动，从而在感应线圈中产生感应电压，将此电压信号传输给电控单元用来控制喷油量。

2）应变仪式进气管压力传感器。物体因承受应力而变形时，由于长度发生变化，其电阻值也将随之改变。应变仪式进气管压力传感器就是根据这一原理设计的，其主要元件是一个很薄的硅片，四周较厚，中间最薄；硅片上、下两面各有一层二氧化硅薄膜，沿硅片四周有4个传感电阻；在硅片的四角各有1个金属块，通过导线与传感电阻相连。

（3）怠速控制阀　在节气门体汽油喷射系统中，节气门体上装有步进电动机式怠速控制阀，结构如图4-11所示。其功用是自动调节发动机的怠速转速，使发动机在设定的怠速转速下稳定运转。在使用空调器或转向助力器的汽车上，电控单元通过怠速控制阀自动提高怠速转速，以防止发动机因负荷加大而熄火。

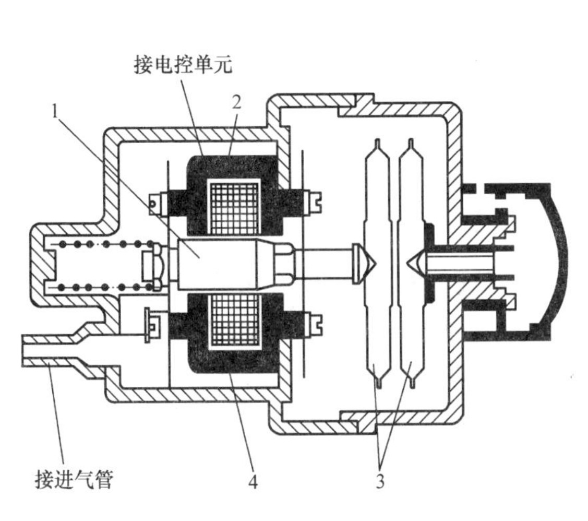

图4-10　膜盒式进气管压力传感器

1—衔铁　2—二次感应线圈　3—膜盒

4—一次感应线圈

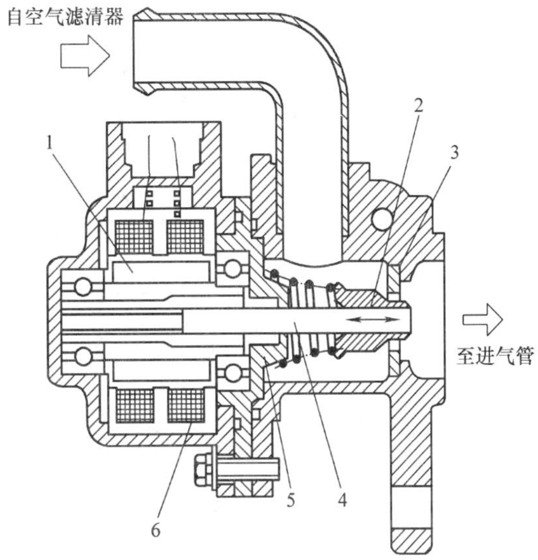

图4-11　步进电动机式怠速控制阀

1—步进电动机转子　2—锥面控制阀　3—阀座

4—螺杆　5—挡板　6—励磁线圈

步进电动机式怠速控制阀由步进电动机、螺旋机构和锥面控制阀等组成。螺旋机构中的螺母和步进电动机的转子制成一体，而螺杆和锥面控制阀制成一体。步进电动机中有几组励磁线圈，改变励磁线圈的通电顺序，可以改变电动机的旋转方向。步进电动机由电控单元控制。电控单元从发动机转速传感器获得发动机的实际转速信息，并将实际转速与预编程序中设定的转速相比较，根据两者偏差的大小向励磁线圈输出不同的控制脉冲电流。这时步进电动机正转或反转一定的角度，并驱动螺杆和锥面控制阀向前或向后移动一定距离，使旁通空气道的通过断面减小或增加，从而改变进气量，达到控制怠速转速的目的。采用本怠速控制阀的汽油喷射系统通常不再设置补充空气阀，而由怠速控制阀来实现冷车快怠速及热车后正常怠速的自动控制。

3. 控制系统主要组件的构造与工作原理

电控汽油喷射系统中的控制系统由电控单元、各种传感器、执行器以及连接它们的控制电路组成。不同类型的电控汽油喷射系统的控制功能、控制方式和控制电路的布置不完全一样，但基本原理相似。

（1）传感器

1）发动机温度传感器。由于发动机的温度用冷却液的温度表征，所以发动机温度传感器又称冷却液温度传感器。它安装在发动机气缸体或气缸盖上，与冷却液接触，用来检测发动机循环冷却液的温度，并将检测结果传输给电控单元以便修正喷油量。发动机温度传感器内部是一个半导体热敏电阻。冷却液温度越低，热敏电阻的阻值越大，反之相反。传感器的两根导线都和电控单元连接，其中一根为搭铁线。发动机温度传感器的结构如图 4-12 所示。

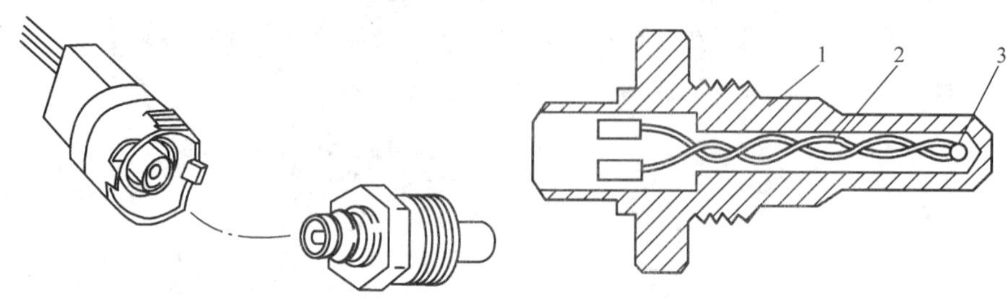

图 4-12　发动机温度传感器

1—传感器外壳　2—导线　3—热敏电阻

2）进气温度传感器。进气温度传感器通常安装在空气流量计上，用来测量进气温度，并将温度变化的信息传输给电控单元，作为修正喷油量的依据之一。进气温度传感器内部也是一个热敏电阻，其电阻的温度特性、构造、工作原理以及与电控单元的连接方式均与发动机温度传感器相同。进气温度传感器的结构如图 4-13 所示。

3）节气门位置传感器。节气门位置传感器安装在节气门轴上，与节气门联动，其功用是将节气门的位置或开度转换成电信号传输给电控单元，作为电控单元判定发动机运行工况的依据。节气门位置传感器有开关型和线性输出型两种。

开关型节气门位置传感器内有两个触点，分别为怠速触点和全负荷触点，与节气门同轴的接触凸轮控制两个触点的闭合或断开。当发动机在怠速时，节气门接近关闭，怠速触点闭合，如图 4-14 所示，这时电控单元将指令喷油器增加喷油量以加浓混合气；全负荷时，节气门全开，接触凸轮使全负荷触点闭合，这时电控单元将输出脉冲宽度最长的电脉冲，以实现全负荷加浓。

线性输出型节气门位置传感器是一个线性电位计，由节气门轴带动电位计的滑动触点。当节气门开度不同时，电位计输出的电压也不同，从而将节气门由全闭到全开的各种开度转换为大小不等的电压信号传输给电控单元，使其精确地判定发动机的运行工况。其结构如图 4-15 所示。

4）曲轴位置传感器。曲轴位置传感器通常安装在分电器内，用来检测发动机转速、曲轴转角以及作为控制点火和喷射信号源的第 1 缸和各缸压缩行程上止点信号。

① 光电式曲轴位置传感器。该种传感器由发光二极管、光敏晶体管和转盘等组成，如图 4-16 所示，它安装在分电器底板上。两对发光二极管和光敏晶体管组成信号发生器。在转盘的边缘均匀地开有 360 个小窄缝和 6 个大窄缝。当转盘随分电器轴转动时，发光二极管通过细缝射向光敏晶体管的光线使光敏晶体管导通，光线被转盘遮断时，光敏晶体管截止，由此产生脉冲信号。分电器每转一周，输出 360 个相间 1°的脉冲信号（相当于 2°曲轴转角）和 6 个相间 60°的脉冲信号（相当于 120°曲轴转角），前者作为发动机转速信号；后者为各缸活塞位于上止点的基准信号，其中较宽的一个为第 1 缸活塞位于上止点的信号。

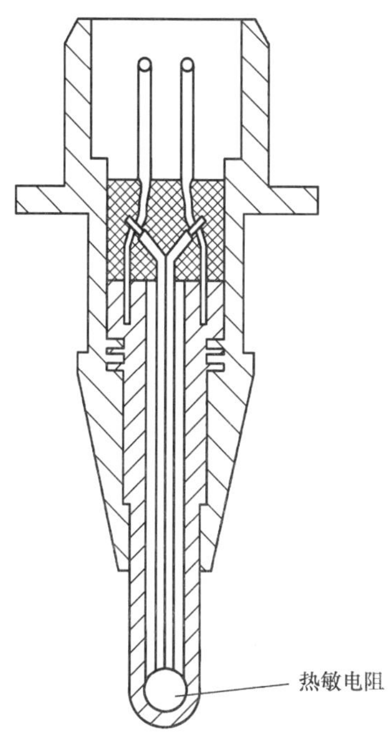

图 4-13　进气温度传感器

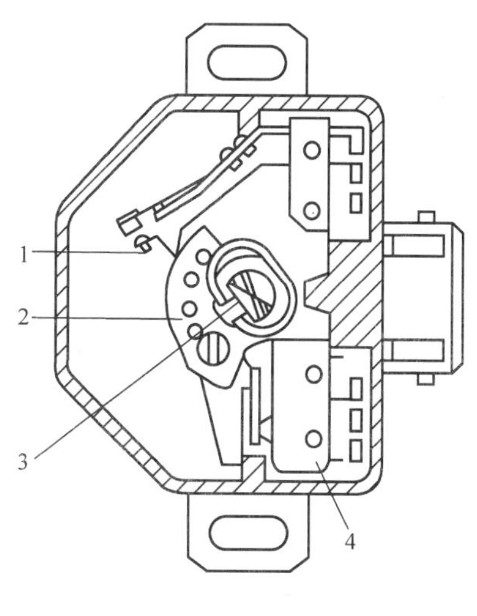

图 4-14　开关型节气门位置传感器

1—全负荷触点　2—接触凸轮　3—节气门轴　4—怠速触点

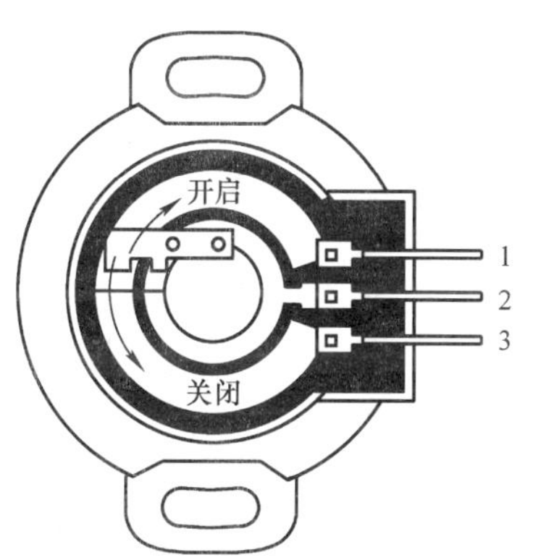

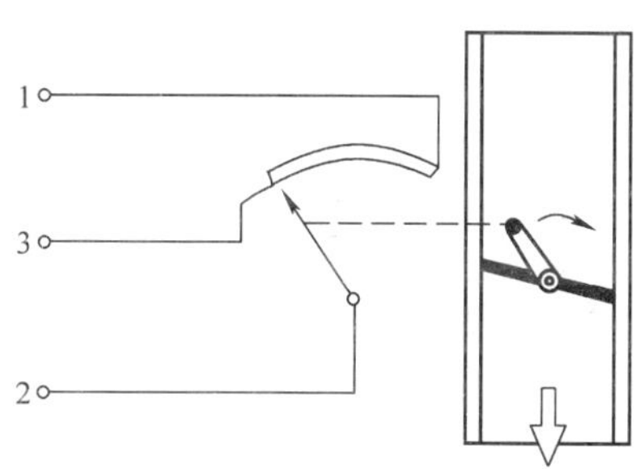

图 4-15　线性输出型节气门位置传感器

1—基准电压　2—输出电压　3—搭铁

② 磁脉冲式曲轴位置传感器。此传感器由安装在分电器轴上的两个信号转子和安装在分电器底板上的三个传感线圈组成，如图 4-17 所示。信号转子随同分电器轴一起转动，当信号转子的凸齿接近传感线圈时，由于传感线圈内磁通量增加而感应生成正电压；当凸齿离开传感线圈时，由于磁通量减少而感应生成负电压。即一个凸齿每转过传感线圈一次，便在其中产生一个交流电压信号或称电脉冲信号。

③ 霍尔效应式曲轴位置传感器。这种传感器由霍尔元件、永久磁铁和带缺口的转子组成。霍尔元件是带有集成电路的半导体基片。当把霍尔元件置于磁场中并通以电流，且使电流方向与磁场方向垂直时，霍尔元件将在垂直于电流及磁场的方向产生霍尔电压，这一现象称为霍尔效应。改变磁场强度可以改变霍尔电压的大小，磁场消失霍尔电压为零。

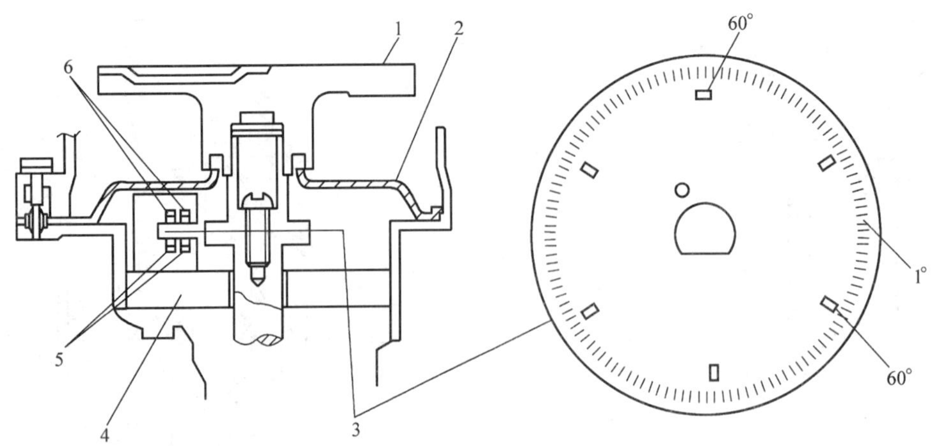

图 4-16　光电式曲轴位置传感器

1—分火头　2—防尘罩　3—转盘　4—分电器底板　5—光敏晶体管　6—发光二极管

安装在分电器内的霍尔效应式曲轴位置传感器如图 4-18 所示。在传感器的转子上设置与气缸数相同的窗口及一个缺口。分电器每转一周，传感器便产生与气缸数相同的一组各缸活塞到达上止点的脉冲信号，同时还产生一个第 1 缸活塞到达上止点的信号，前者控制点火及检测发动机转速；后者用于控制喷油顺序。霍尔效应式曲轴位置传感器输出的信号是矩形脉冲，适用于电控单元的数字系统，且其信号电压的大小与发动机转

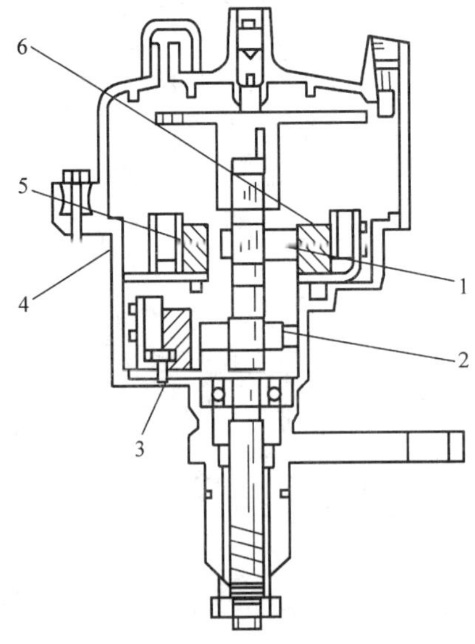

图 4-17　磁脉冲式曲轴位置传感器

1、2—信号转子　3、5、6—传感线圈

4—分电器壳

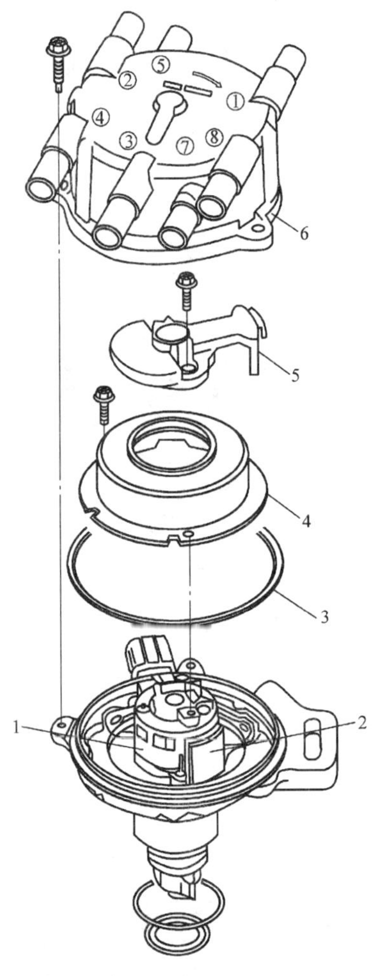

图 4-18　霍尔效应式曲轴位置传感器

1—转子　2—霍尔元件　3—密封圈　4—防尘罩

5—分火头　6—分电器盖

速无关，在发动机低速状态下仍可获得很高的检测精度。

5）氧传感器。氧传感器是电子控制汽油喷射系统进行反馈控制的传感器，安装在排气管上，反馈控制也称闭环控制。在这种控制方式中，利用氧传感器检测废气中氧分子的含量，并将其转换成电压信号输入电控单元。废气中氧分子的含量与进入发动机的混合气成分有关，当混合气太稀时，废气中氧分子的含量较高，氧传感器便产生一个低电压信号；当混合气太浓时，废气中氧分子的含量低，氧传感器将产生一个高电压信号。电控单元根据氧传感器的反馈信号，不断地修正喷油量，使混合气成分始终保持在最佳范围内。通常氧传感器和三元催化转化器同时使用，由于后者只有在混合气的空燃比接近理论空燃比的狭小范围内净化效果才最好，因此在这种情况下，电控单元必须根据氧传感器的反馈信号控制混合气的空燃比更接近于理论空燃比。目前应用最多的氧传感器是氧化锆氧传感器，其结构如图4-19所示。氧化锆是具有传导氧离子能力的固体电解质，它能在氧分子含量低时产生电动势。

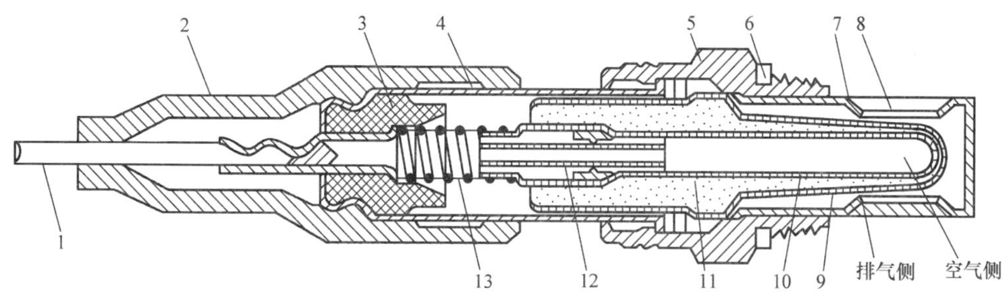

图4-19　氧化锆氧传感器

1—导线　2—护帽　3—陶瓷绝缘体　4—空气入口　5—壳体　6—衬垫　7—保护管　8—排气入口　9—外电极　10—内电极　11—锆管　12—接触套管　13—接触弹簧

在氧传感器壳体内有一个由氧化锆陶瓷体制成的一端封闭的锆管，锆管的内、外表面均覆盖一层多孔性薄铂导电层作为电极。锆管的内电极与大气相通，外电极与废气接触。在锆管外部套有带细长孔的耐热金属保护管，以保护锆管不损坏。

6）爆燃传感器。爆燃传感器作为点火正时控制的反馈元件，用来检测发动机的爆燃强度，借以实现点火正时的闭环控制，以便有效地抑制发动机爆燃的发生。

通常使用的爆燃传感器安装在发动机的气缸体上，它能将发动机因发生爆燃而引起的振动信号转换为电压信号，且当气缸体的振动频率与传感器的固有振动频率一致而发生共振时，传感器将输出最大电压信号。ECU将根据此最大电压信号判定发动机是否发生爆燃。

爆燃传感器有多种，其中应用最早的当属磁致伸缩式爆燃传感器，它主要由磁心、永久磁铁及感应线圈等组成，如图4-20所示。当气缸体振动时，磁心受振偏移，使感应线圈内的磁通量发

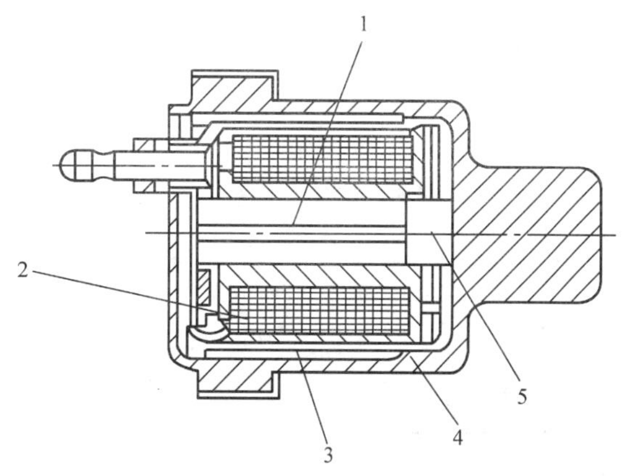

图4-20　磁致伸缩式爆燃传感器

1—磁心　2—感应线圈　3—内盖　4—外壳　5—永久磁铁

生变化，而在感应线圈内产生感应电动势。

（2）电控单元　电控单元是电子控制单元（ECU）的简称，其功用是根据其内存的程序和数据对空气流量计及各种传感器的输入信息进行运算、处理和判断，然后输出指令，向喷油器提供一定宽度的电脉冲信号以控制喷油量。

电控单元由微型计算机、输入回路、输出回路及控制电路等组成，如图 4-21 所示。

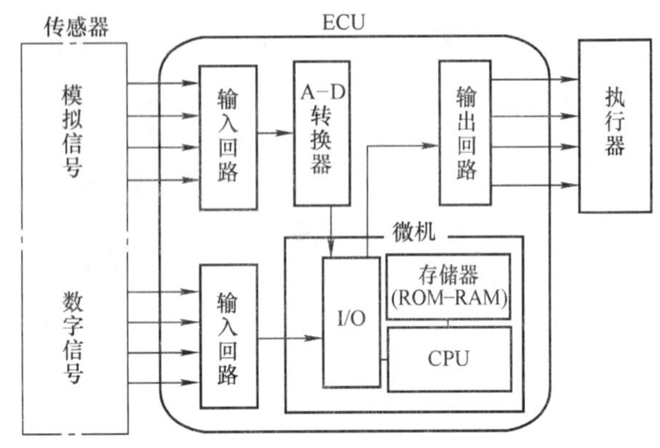

图 4-21　ECU 的基本组成框图

电子控制系统的逻辑关系如图 4-22 所示。计算机是 ECU 的核心部分，主要包括中央处理器、存储器及输入/输出接口等系统。中央处理器的功用是对输入的各种信号进行运算处理和逻辑判断，并确定最佳控制量，对执行器进行适时控制。存储器具有保存和存取数据的功能，分为随机存储器和只读存储器，其中随机存储器用于数据的暂时保存及不断变化的实时数据的存储，当电源断开时数据立即消失；只读存储器用于存储固定不变的数据，如控制程序软件等，当电源被切断后数据也不会丢失。输入接口是中央处理器与传感器、控制器进行正常通信的控制电路，是微机不能缺少的重要部分。

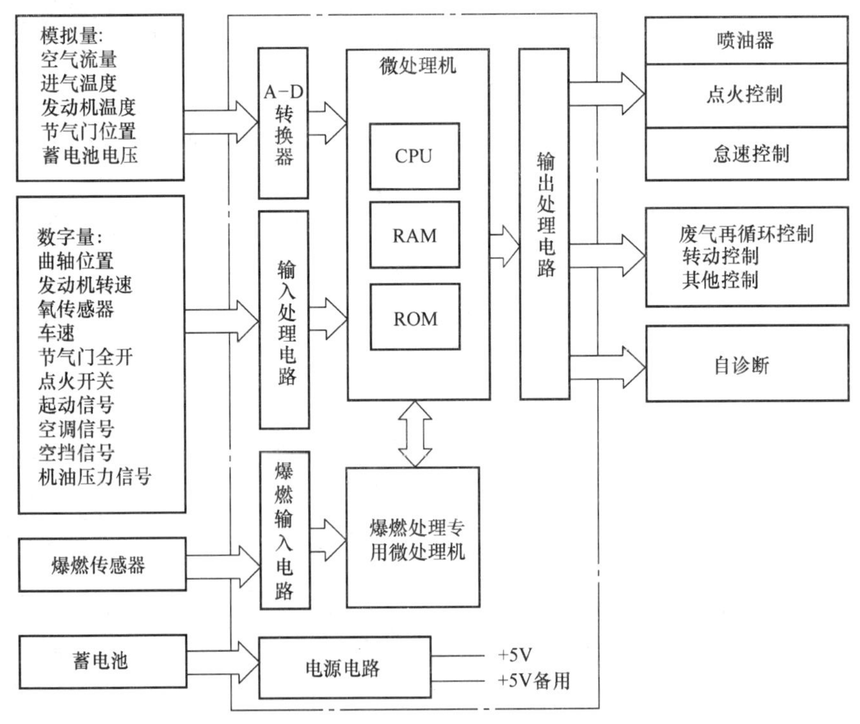

图 4-22　电子控制系统逻辑关系框图

输入电路的作用是将各传感器检测到的信号进行滤波、整形、放大等处理后经过输入接口送入中央处理器（只识别数字信号）。

输出电路的作用是将微机输出的控制指令转变为控制信号以驱动执行器（如喷油器、电动汽油泵等）工作。

【项目实施】

任务　汽油机燃料供给系统部件的拆装

一、任务目标

能够准确认识，能选用合适的拆装工具，用工具按照正确顺序拆下并组装系统部件。

二、任务准备

工具准备：桑塔纳 2000 轿车拆装工具一套。

物品准备：桑塔纳 2000 轿车发动机 4 套；桑塔纳 2000 轿车维修手册两本；机油和棉纱若干。

场地准备：汽车发动机实训车间，工作台 4 个。

分组：每个小组分为 4 人。

三、实践操作

1. 空气滤清器的拆装

1）旋下空气滤清器盖上部的固定螺栓。

2）拆下滤清器盖卡子。

3）取出空气滤清器滤芯。

4）按照与拆卸相反的顺序进行安装。

2. 空气流量传感器的拆装

1）拆下节气门联动机构的两个固定螺栓，然后把联动机构移到一边。

2）拆下空气流量计发送器的电气导线插接器。

3）松开空气流量传感器与节气门壳体间连接胶套的软管夹。

4）旋下空气流量传感器与胶套支撑的固定螺母，然后提起节气门联动机构端部螺母下的支撑件。

5）提起空气流量传感器，然后拆下怠速空气软管，并从发动机取出空气流量传感器。

6）按照与拆卸相反的顺序进行安装。

3. 喷油器的拆装

1）拆下 PVC 软管和燃油压力调节器上的真空软管。

2）卸下联接螺栓和两个垫片，然后拆下传输管上的进油软管。

3）拆下燃油压力调节器上的回油软管。

4）推压住插接器锁定弹簧，拉出喷油器上的接头，拆开喷油器插接器。

5）旋下两个螺栓、传输管和 4 个喷油器，再拆下进气歧管上的两个隔离器和喷油器上的 4 个夹子，从输出管上拔出 4 个喷油器，将喷油器上的密封圈取出。

6）喷油器的装配。

① 安装喷油器和传输管。在两个新密封圈上涂抹少许汽油，将其装到喷油器上。将传输管装到喷油器上，装配时左右转动喷油器以便装配顺利，然后将 4 个喷油器安装好。将喷油器插接器朝上放置，安装喷油器的 4 个夹子。

在进气歧管上安放两个隔振器，将 4 个喷油器和传输管组件安装到进气歧管上的相应位置；再安装两个螺栓，并将传输管固定在进气歧管上。

检查喷油器转动是否平稳。若转动不平稳，说明密封圈安装不正确，应更换并重新装配。将喷油器插接器朝上放置，旋紧进气歧管上用来固定传输管的两个螺栓，注意旋紧力矩为 15N · m。

② 连接喷油器接头。将回油软管连接到燃油压力调节器上。

③ 将进油软管连接到传输管上。用两个新垫片和联接螺栓连接进油软管。

④ 安装 PVC 软管。注意标记朝上，对着气缸顶盖一侧。

⑤ 将真空软管连接到燃油压力调节器上。

4. 电子燃油泵的拆装

1）用举升器将车抬起。

2）从电子燃油泵上拆下进、出油管和旁通管，并将管口密封。

3）拆下电气导线。

4）拆下电子燃油泵和减振垫。

5）电子燃油泵的装配。按与拆卸相反的顺序进行装配，注意在接线时应保证导线与接线柱连接正确，棕色的负极接线要接到塑料板的接线柱上，黑/红色的正极导线要接到红色塑料板的接线柱上。如果线路接反，则会因电子燃油泵旋转方向改变而无法泵油。

四、操作注意事项

在对燃油供给系统部件进行拆卸之前，一定要按要求将燃油排净，并用棉丝将滴油擦干，以免发生危险；操作时应按照操作规范进行，随时注意安全。

五、任务评价

以小组为单位进行评价，根据分值的情况评出优秀、良好、一般等品质，评价标准见表 4-1。

表 4-1　任务评价标准

项次	项目任务	评价标准	分值	项目得分
1	认识汽油机燃料供给系统	能准确指认燃料供给系统电控系统元件并说出名称	5	
2	拆装空气滤清器	正确拆装空气滤清器并清理滤芯	4	
3	拆装空气流量传感器	正确插拔电器插头，按照正确步骤拆装空气流量传感器	6	
4	拆装喷油器	能正确拆装调压器及燃油分配管	4	
5	拆装电子燃油泵	正确举升车辆，正确插拔电器插头，注意操作清洁	6	
6	5S 现场管理	常组织、常整顿、常清洁、常规范、常自律	5	

项目五　柴油机燃料供给系统的认知

【学习目标】

1. 知识目标

1）能够说出柴油机燃料供给系统的功用和基本组成。

2）能够说出柴油机混合气形成的特点。

3）能够说出柱塞式供油泵和喷油器的结构及类型以及喷射系统的构成。

4）分析柱塞式供油泵、喷油器和调速器的工作原理。

2. 能力目标

1）具有识读柴油发动机各机构装配图和零件结构图的能力。

2）能够识别柴油发动机各机构中各个零件的结构。

3）正确使用相关专用工具，完成高压油泵的拆装任务。

【学时安排】

2 学时。

【理论知识】

一、柴油机燃油供给系统的功用与组成

柴油机以柴油为燃料。由于柴油的蒸发性和流动性都比汽油差，因此柴油机不能像汽油机那样在气缸外部形成可燃混合气。柴油机的混合气只能在气缸内部形成，即在接近压缩行程终点时，通过喷油器把柴油喷入气缸内，柴油油滴在炽热的空气中受热、蒸发、扩散，并与空气混合形成可燃混合气，最终自行发火燃烧。柴油机燃油系统的功用是在适当的时刻将一定数量的洁净柴油增压后以适当的规律喷入燃烧室，其喷油压力、喷注雾化质量及其在燃烧室内的分布与燃烧室类型相适应。在每一个工作循环内，各气缸均喷油一次，喷油次序与气缸工作顺序一致。

柴油机燃油供给系统包括喷油泵、喷油器和调速器等主要部件及柴油箱、输油泵、油水分离器、柴油滤清器、喷油提前器和高、低压油管等辅助装置。

1. 直列柱塞式喷油泵柴油机燃油供给系统

直列柱塞式喷油泵柴油机燃油供给系统中的喷油泵一般由柴油机曲轴的正时齿轮驱动。固定在喷油泵体上的活塞式输油泵由喷油泵的凸轮轴驱动。当柴油机工作时，输油泵从油箱中吸出柴油，经油水分离器除去柴油中的水分，再经柴油滤清器滤除柴油中的杂质，然后将其送入喷油泵。在喷油泵内，柴油经过增压和计量后，经高压油管供入喷油器，最后通过喷油器喷入燃烧室。喷油泵前端装有喷油提前器，后端与调速器组成一体。输油泵供给的多余柴油经喷油器顶部的回油管返回柴油箱，其系统构成如图 5-1 所示。

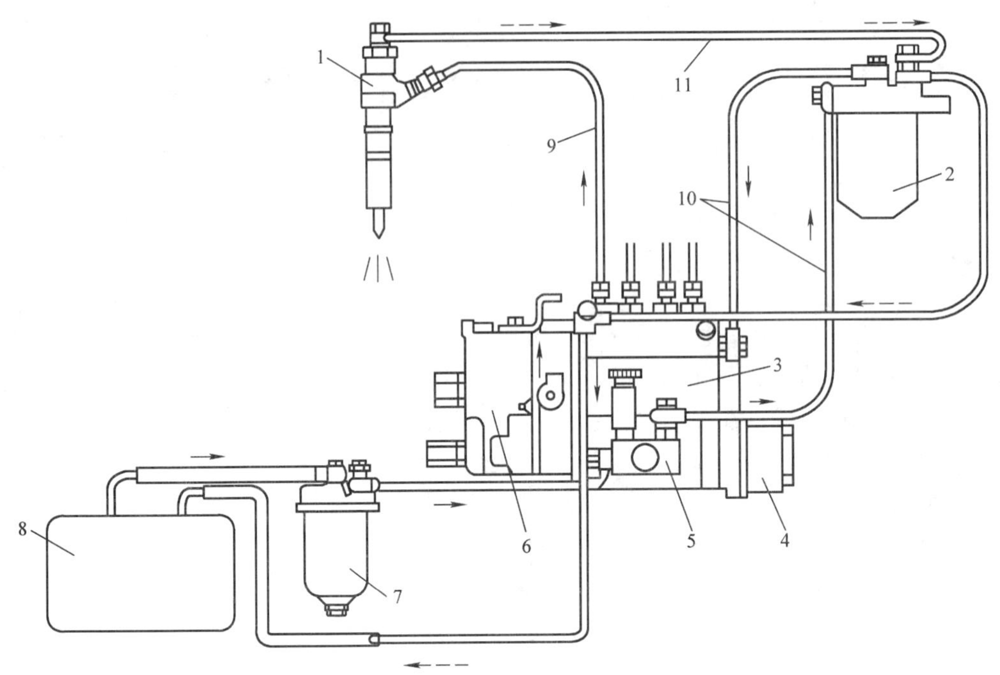

图 5-1　直列柱塞式喷油泵柴油机燃油供给系统

1—喷油器　2—滤清器　3—柱塞喷油泵　4—喷油提前器　5—输油泵　6—调速器　7—油水分离器　8—柴油箱　9—高压油管　10—低压油管　11—回油管

2. VE 型分配式喷油泵燃油供给系统

装有此系统的柴油机工作时，一级输油泵将柴油从柴油箱吸出，经油水分离器及柴油滤清器送入二级输油泵，柴油在二级输油泵中加压后充入密闭的分配式喷油泵体内，再经分配式喷油泵增压后进入喷油器。其系统构成如图 5-2 所示。

一级输油泵为膜片式泵，由配气机构的凸轮轴驱动。二级输油泵为滑片式泵，装在分配式喷油泵泵体内，并由分配式喷油泵的传动轴驱动。滑片式输油泵出口的油压随其转速而增加，为控制喷油泵体内腔油压保持稳定，在二级输油泵出口设有调压阀。当喷油泵体内腔油压超过规定值时，将有部分柴油经调压阀返回输油泵入口。喷油泵体内腔油压一般为 0.3～0.7MPa。

二、喷油器

喷油器是柴油机燃油供给系统中实现燃油喷射的重要部件，其功用是根据柴油机混合气形成的特点，将燃油雾化成细微的油滴，并将其喷射到燃烧室特定的部位。喷油器应满足不同类型的燃烧室对喷雾特性的要求。一般说来，喷注应有一定的贯穿距离和喷雾锥角以及良好的雾化质量，而且在喷油结束时不发生滴漏现象。

根据喷油器结构形式的不同，闭式喷油器可分为孔式喷油器和轴针式喷油器两种，分别用于不同类型的燃烧室。

1. 孔式喷油器

孔式喷油器用于直喷式燃烧室的柴油机，由针阀、针阀体构成的喷嘴通过锁紧螺母与喷

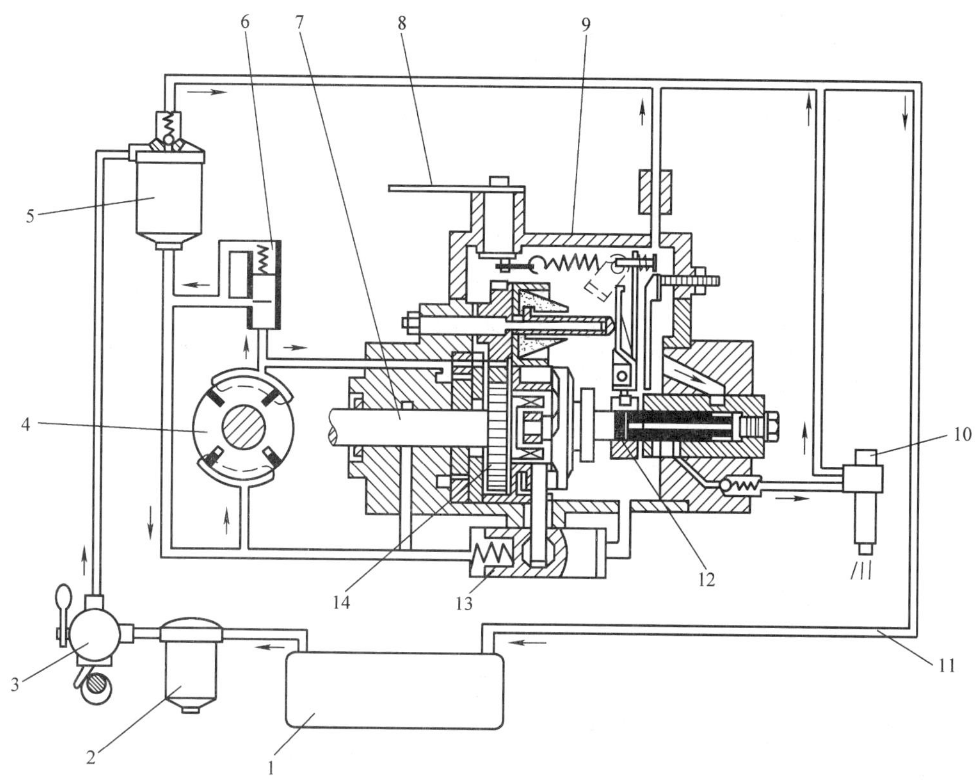

图 5-2　装有 VE 型分配式喷油泵的柴油机燃油系统

1—柴油箱　2—油水分离器　3—一级输油泵　4—二级输油泵　5—柴油滤清器　6—调压阀　7—分配式喷油泵传动轴　8—调速手柄　9—分配式喷油泵体　10—喷油器　11—回油管　12—分配式喷油泵　13—喷油提前器　14—调速器传动齿轮

油器体紧固在一起。为保证接合面的密封，针阀体的上端与喷油器体下端面都需经过精细的研磨。调压器弹簧的预紧力通过顶杆作用在针阀上，将针阀压紧在针阀体内的密封锥面上，使喷油器关闭。调压弹簧的预紧力由调压螺钉调节。

孔式喷油器的头部加工有 1 个或多个喷孔，其中有 1 个喷孔的称单孔喷油器，有两个喷孔的称双孔喷油器，有 3 个以上喷孔的称多孔喷油器。一般喷孔数目为 1～7 个，喷孔直径为 0.2～0.5mm。喷孔直径不宜过小，否则既不易加工，在使用中又容易被积炭堵塞。

2. 轴针式喷油器

轴针式喷油器与孔式喷油器的工作原理相同，结构相似，只是喷油器头部的结构不同而已。在轴针式喷油器中，针阀密封锥面以下有一段轴针，它穿过针阀体上的喷孔且稍突出于针阀体之外，使喷孔呈圆环形。因此，轴针式喷油器的喷注是空心的。轴针可以制成圆柱形或截锥形，如图 5-3 所示。圆柱形轴针喷注的喷雾锥角较小，而截锥形轴针喷注的喷雾锥角较大。因此，轴针制成不同形状，可以得到不同形状的喷注，以适应不同形状燃烧室的需要。

轴针式喷油器的总体结构如图 5-4 所示。当其工作时，轴针在喷孔内往复运动，能清除喷孔中的积炭，喷孔不易被堵塞，使其工作可靠。轴针式喷油器的喷孔直径在 1～3mm 范围内，加工方便。

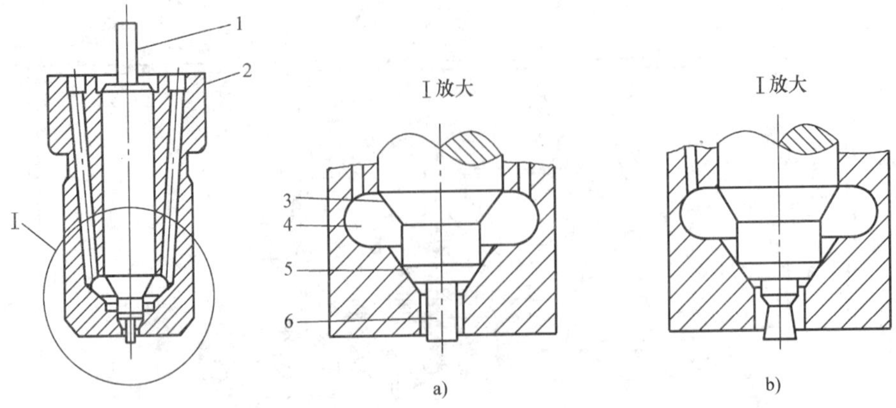

图 5-3　轴针式喷油器喷嘴的结构

a）圆柱形轴针　b）截锥形轴针

1—针阀　2—针阀体　3—承压锥面　4—压力室　5—密封锥面　6—轴针

三、柱塞式喷油泵

喷油泵的功用是按照柴油机的运行工况和气缸工作顺序，以一定的规律，定时、定量地向喷油器输送高压燃油。多缸车用柴油机的喷油泵应满足下列要求。

第一，各缸供油量相等，在标定工况下相差不超过3% ~4%。喷油泵的供油量应随柴油机工况的变化而变化，为此喷油泵必须有供油量调节机构。

第二，各缸供油提前角相同，误差应小于0.5° ~1°曲轴转角。供油提前角也应随柴油机工况的变化而变化，为此应安装喷油提前器，同时各缸供油持续角应一致。

第三，能迅速停止供油，以防止喷油器发生滴漏现象。

喷油泵种类很多，在汽车柴油机上得到广泛应用的有直列柱塞式喷油泵和转子分配式喷油泵。

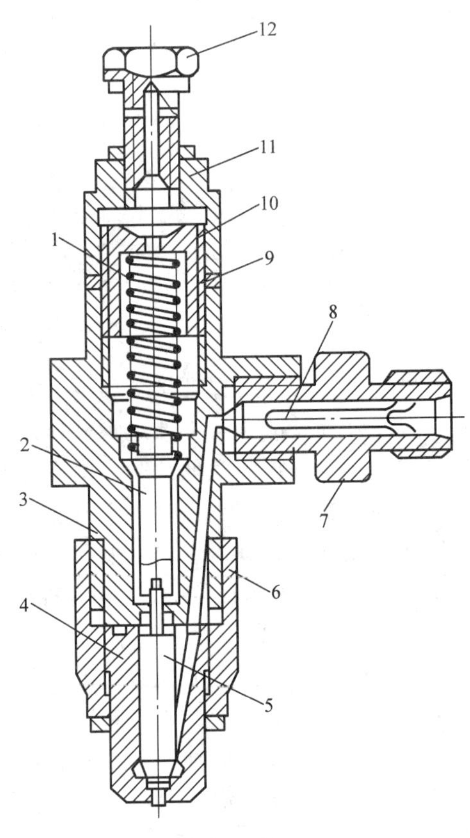

图 5-4　轴针式喷油器的结构

1—调压弹簧　2—顶杆　3—喷油器体　4—针阀体　5—针阀　6—喷嘴锁紧螺母　7—进油管接头　8—滤芯　9—垫圈　10—调压螺钉　11—保护螺母　12—回油管接头

1. 柱塞式喷油泵的结构及工作原理

柱塞式喷油泵由泵油机构、供油量调节机构、驱动机构和喷油泵体等部分组成，如图5-5所示。

（1）泵油机构　泵油机构包括柱塞套，柱塞，柱塞弹簧，上、下柱塞弹簧座，出油阀，出油阀座，出油阀弹簧和出油阀压紧座等零件。

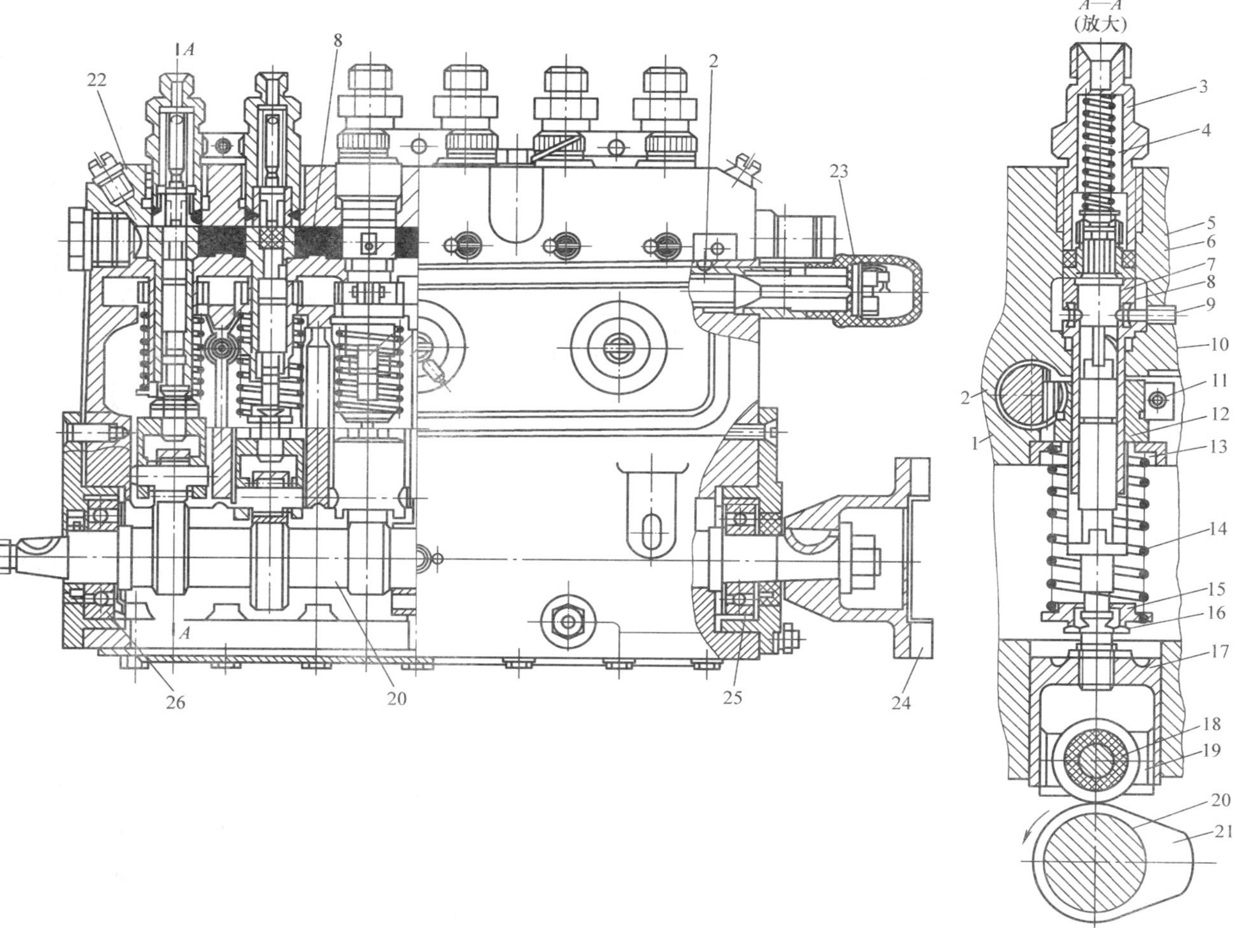

图 5-5　柱塞式喷油泵

1—齿圈　2—供油量调节齿杆　3—出油阀压紧座　4—出油阀弹簧　5—出油阀　6—出油阀座　7—柱塞套　8—低压油腔　9—定位螺钉　10—柱塞　11—齿圈夹紧螺钉　12—油量调节套筒　13、15—上、下柱塞弹簧座　14—柱塞弹簧　16—供油定时调节螺钉　17—挺柱　18—滚轮轴　19—滚轮　20—喷油泵凸轮轴　21—凸轮　22—喷油泵体　23—供油量调节齿杆护帽　24—联轴器从动盘　25、26—轴承柱塞和柱塞套构成喷油泵中最精密的偶件，称为柱塞偶件。正是由于柱塞偶件的精密配合及柱塞的高速运动，才得以实现对燃油的增压。每台喷油泵的柱塞偶件数和与其配套的柴油机气缸数相同。一般柱塞偶件用优质合金钢制造，经过精细加工和配对研磨，使其配合间隙在 0.0015 ~ 0.0025mm 范围内，间隙过大，容易漏油，导致油压下降；间隙过小，对偶件润滑不利，且容易卡死。柱塞偶件在使用中不能互换。

柱塞头部加工有螺旋槽和直槽，柱塞下部有榫舌，如图 5-6 所示。柱塞套安装在喷油泵体的座孔中，柱塞套上的油孔与喷油泵内的低压油腔相通。为防止柱塞套转动，用定位螺钉将其固定。

柱塞弹簧的上端通过上柱塞弹簧座支承在喷油泵体上，下端则通过下柱塞弹簧座支承于柱塞尾端，借助柱塞弹簧的预紧力使柱塞始终压紧在挺柱上的供油定时调节螺钉上，同时使挺柱的滚轮始终与喷油泵凸轮保持接触。

出油阀与出油阀座是喷油泵中另一对精密偶件，称为出油阀偶件，其结构如图 5-7 所示。出油阀偶件位于柱塞偶件的上方，出油阀座的下端面与柱塞套的上端面接触，通过拧紧出油阀压紧座使两者的接触面保持密合。同时，出油阀弹簧将出油阀压紧在出油阀座上。

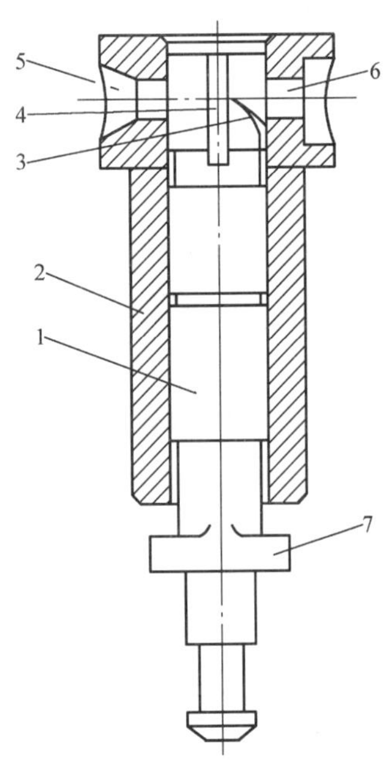

图 5-6　柱塞偶件

1—柱塞　2—柱塞套　3—螺旋槽　4—直槽　5、6—油孔　7—榫舌

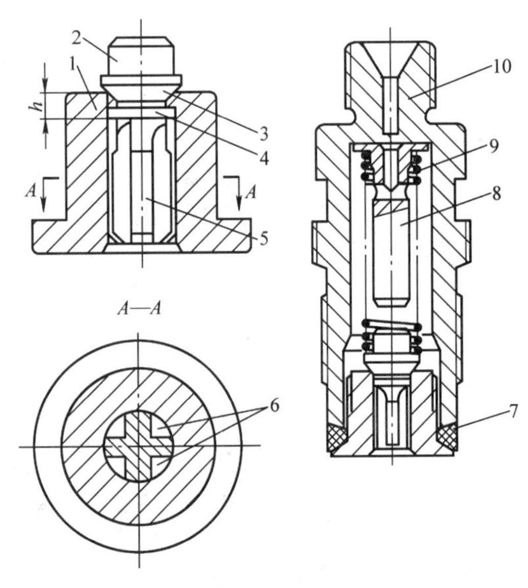

图 5-7　出油阀偶件

1—出油阀座　2—出油阀　3—密封锥面　4—减压环带　5—导向面　6—切槽　7—密封衬垫　8—减容器　9—出油阀弹簧　10—出油阀压紧座

出油阀的密封锥面与出油阀座的接触表面经过精细研磨。出油阀减压环带与出油阀座孔的配合间隙很小。减压环带以下的出油阀表面是其在出油阀座孔内往复运动的导向面，导向部分的横截面为十字形。

(2) 供油量调节机构　喷油泵供油量调节机构的功用是根据柴油机负荷的变化，通过转动柱塞来改变循环供油量。供油量调节机构由驾驶员直接操纵或由调速器自动控制。A 型喷油泵采用齿杆式供油量调节机构，其结构如图 5-8 所示，主要包括调节齿杆、调节齿圈和控制套筒等零件。喷油泵柱塞下端的榫舌嵌入控制套筒的豁口中；控制套筒松套在柱塞套上，其上端装有调节齿圈并用螺钉夹紧；调节齿圈与调节齿杆相啮合。当驾驶员或调速器拉动杠杆时，调节齿圈连同控制套筒带动柱塞相对柱塞套转动，以达到调节供油量的目的。齿杆式供油量调节机构工作可靠、传动平稳，但制造成本高，且柱塞偶件之间的中心距较大。

(3) 驱动机构　喷油泵的驱动机构包括凸轮轴和挺柱组件。凸轮轴的前、后端通过滚动轴承支承在喷油泵体上。凸轮轴上凸轮的数目与喷油泵的柱塞偶件数相同，各凸轮间的夹角与配套柴油机的气缸数有关，并与气缸工作顺序相适应。凸轮轴一般由曲轴正时齿轮驱动，四冲程柴油机喷油泵凸轮轴的转速是曲轴转速的一半，以实现在凸轮轴旋转一周之内向各气缸供油一次。

挺柱体部件安装在喷油泵体上的挺柱孔内，其结构如图 5-9 所示。加长的滚轮销的两端插入挺柱孔的定位长槽中，使挺柱在挺柱孔中只能做上下往复运动，而不能绕其自身轴线旋转，以避免滚轮与凸轮卡死。滚轮在滚轮销上转动，在滚轮与滚轮销之间镶有滚针轴承，也可镶衬套。在挺柱的顶端拧入供油正时调整螺钉和锁紧螺母。

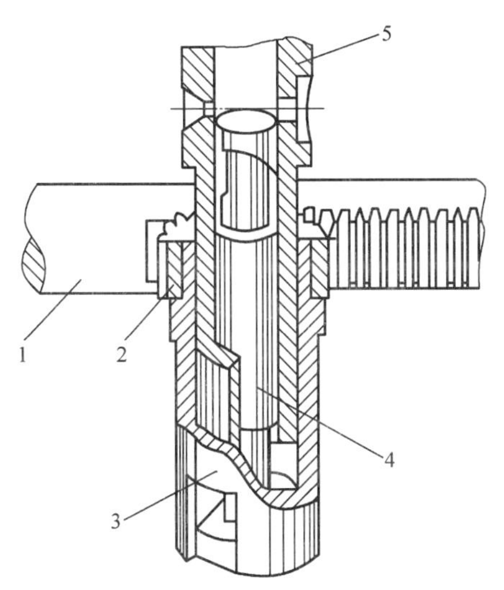

图 5-8　齿杆式供油量调节机构

1—调节齿杆　2—调节齿圈　3—控制套筒　4—柱塞　5—柱塞套

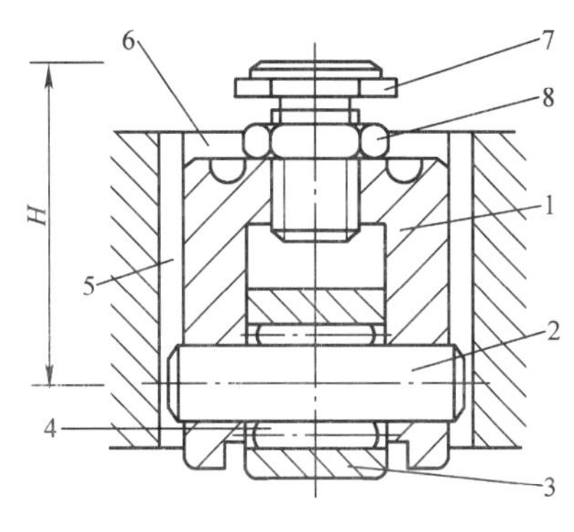

图 5-9　挺柱体部件

1—挺柱体　2—滚轮销　3—滚轮　4—滚针轴承　5—定位长槽　6—挺柱孔　7—调整螺钉　8—锁紧螺母

(4) 喷油泵泵体　泵体是喷油泵的基础零件，泵油机构、供油量调节机构和驱动机构等都安装在喷油泵泵体上，所以它在工作中承受较大的作用力。因此，泵体应有足够的强度、刚度和良好的密封性，此外，还应该便于拆装、调整和维修。

(5) 供油量的调节　当供油量调节机构的调节齿杆拉动柱塞转动时，柱塞上的螺旋槽与柱塞套油孔之间的相对位置发生变化，从而改变了柱塞的有效行程。当柱塞上的直槽对正柱塞套油孔时，柱塞有效行程为零，这时喷油泵不供油，如图 5-10a 所示；按照图示箭头所指方向拉动调节齿杆，则调节齿圈按箭头方向转动，柱塞有效行程增加，喷油泵循环供油量增多，如图 5-10b、c 所示。如果向相反方向拉动调节齿杆，则柱塞有效行程减少，循环供

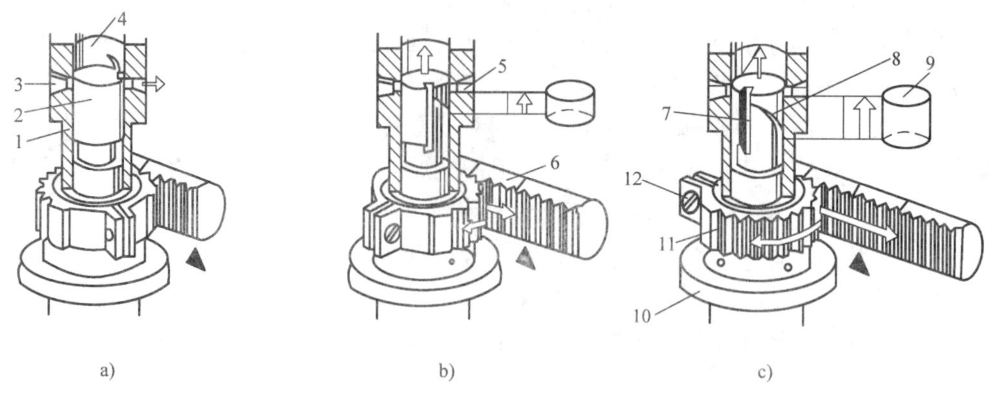

图 5-10　循环供油量的调节

1—柱塞套　2—柱塞　3、5—柱塞套油孔　4—柱塞腔　6—调节齿杆　7—直槽　8—螺旋槽　9—循环供油量容积　10—控制套筒　11—调节齿圈　12—调节齿圈紧固螺钉

油量减少。

利用供油量调节的原理，可将多缸喷油泵的各缸供油量调匀。其操作步骤为：保持调节齿杆不动，拧松调节齿圈紧固螺钉，适当地转动控制套筒，使其带动柱塞在柱塞套内转动，改变柱塞的有效行程，便可使供油量增加或减少，然后拧紧调节齿圈紧固螺钉；根据需要再拧松另一个调节齿圈的紧固螺钉，重复上述步骤，直到各缸供油量均匀一致为止。这项工作须在专门的喷油泵试验台上进行。

（6）供油定时的调节　供油定时是指喷油泵对柴油机有正确的供油时刻，而供油时刻用供油提前角表示。供油提前角是指从柱塞顶面封闭柱塞套油孔起到活塞上止点为止，曲轴所转过的角度。如上所述，多缸喷油泵各缸供油提前角或供油间隔角应该相同。各缸供油间隔角决定于喷油泵凸轮轴上各凸轮的相对位置。但由于加工和装配误差，各缸供油间隔角很难达到一致，因此必须进行调节，调节的方法是改变供油定时调节螺钉伸出挺柱体外的高度。旋出调整螺钉，挺柱体的高度 H 增加，柱塞位置升高，柱塞套油孔提前被封闭，供油提前，即供油提前角增大；拧入调整螺钉，则使供油滞后，供油提前角减小。对各缸的供油定时调整螺钉逐个调节之后，可以使各缸供油提前角或供油间隔角达到一致。应该指出，这种调节只是用来补偿加工和装配误差，调节的幅度很小。欲同时或较大幅度地改变各缸供油提前角，需借助于喷油提前器。

2. 分配式喷油泵的结构与工作原理

分配式喷油泵有转子式和单柱塞式两大类。与柱塞式喷油泵相比，分配式喷油泵结构简单、体积小、质量轻、故障少、易维修、供油均匀性好、凸轮升程小，有利于提高柴油机的转速。

VE 型分配泵由驱动机构、二级滑片式输油泵、高压分配泵头和电磁式断油阀等部件构成。另外，机械式调速器和液压式喷油提前器也安装在其泵体内，其结构如图 5-11 所示。

VE 型分配泵的驱动轴由柴油机曲轴正时齿轮驱动。驱动轴带动二级滑片式输油泵工作，并通过调速器驱动齿轮带动调速器轴旋转。在驱动轴的右端通过联轴器与平面凸轮盘连接，利用平面凸轮盘上的传动销带动分配柱塞。柱塞弹簧将分配柱塞压紧在平面凸轮盘上，

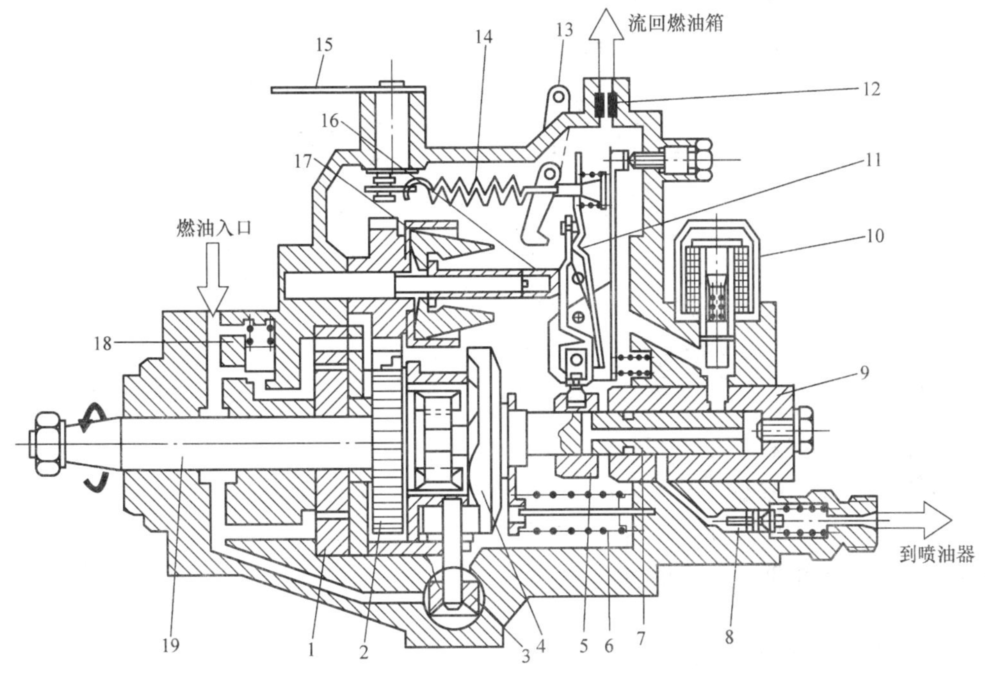

图 5-11　VE 型分配泵

1—二级滑片式分配泵　2—驱动齿轮　3—液压式喷油提前器　4—平面凸轮盘　5—油量调节套筒　6—柱塞弹簧　7—分配柱塞　8—出油阀　9—柱塞套　10—断油器　11—调速器张力杠杆　12—溢流节流孔　13—停车手柄　14—调速弹簧　15—调速手柄　16—调速套筒　17—飞锤　18—调压阀　19—驱动轴

并使平面凸轮盘压紧滚轮（上述结构参见图 5-11 和图 5-12），滚轮轴嵌入静止不动的滚轮架上。当驱动轴旋转时，平面凸轮盘与分配柱塞同步旋转，而且在滚轮、平面凸轮和柱塞弹簧的共同作用下，凸轮盘还带动分配柱塞在柱塞套内作往复运动。往复运动使柴油增压，旋转运动则进行柴油的分配。

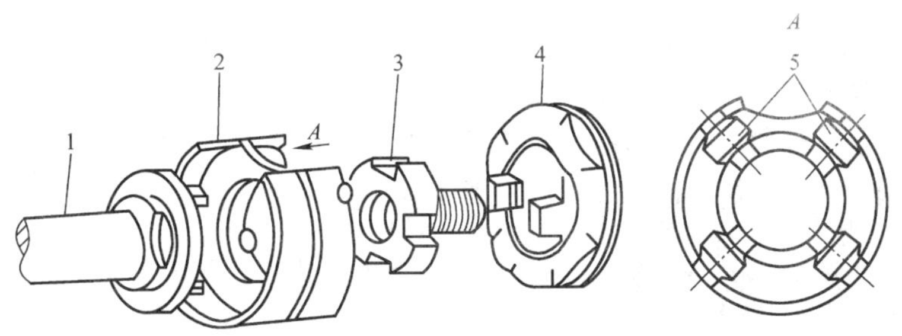

图 5-12　滚轮、联轴器与平面凸轮

1—驱动轴　2—滚轮架　3—联轴器　4—平面凸轮盘　5—滚轮

VE 型分配泵的工作过程包括进油过程、泵油过程、停油过程及压力平衡过程。

VE 型分配泵装有电磁式断油阀，其电路与结构如图 5-13 所示。起动时，将起动开关旋至“ST”位置，此时来自蓄电池的电流直接流过电磁线圈，产生的电磁力压缩回位弹簧，

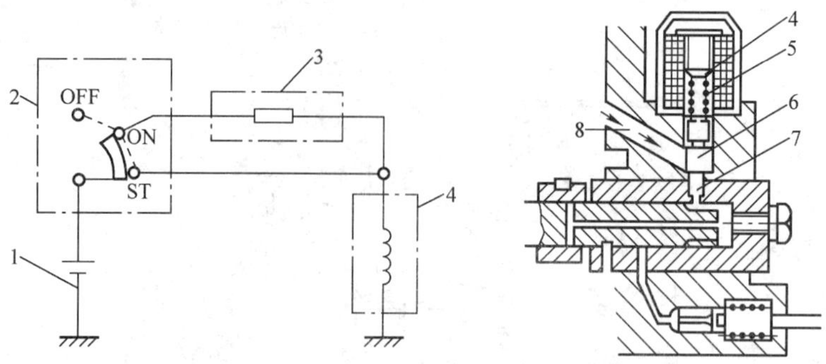

图 5-13　电磁式断油阀的电路与结构

1—蓄电池　2—起动开关　3—电阻　4—电磁线圈　5—复位弹簧　6—阀门　7—进油孔　8—进油道

将阀门吸起，进油孔开启。柴油机起动之后，将起动开关旋至“ON”位置，这时电流经电阻流过电磁线圈，电流减小，但由于有油压的作用，阀门仍然保持开启。

当柴油机停机时，将起动开关旋至“OFF”位置，这时电路断开，阀门在复位弹簧的作用下关闭，从而切断油路，停止供油。

四、调速器

调速器是一种自动调节装置，它根据柴油机负荷的变化，自动增减喷油泵的供油量，使柴油机能够以稳定的转速运行。

在柴油机上装设调速器是由柴油机的工作特性决定的。汽车柴油机的负荷经常变化，当负荷突然减小时，若不及时减少喷油泵的供油量，则柴油机的转速将迅速增高，甚至超出柴油机设计所允许的最高转速，这种现象称“超速”或“飞车”；相反，当负荷骤然增大时，若不及时增加喷油泵的供油量，则柴油机的转速将急速下降直至熄火。柴油机超速或怠速不稳，往往出于偶然的原因，汽车驾驶员难于做出响应。这时，唯有借助调速器，及时调节喷油泵的供油量，才能保持柴油机的稳定运行。

汽车柴油机调速器按其工作原理的不同，可分为机械式、气动式、液压式、机械气动复合式、机械液压复合式和电子式等多种形式，但目前应用最广的当属机械式调速器，其结构简单、工作可靠、性能良好。

按调速器起作用的转速范围不同，又可分为两极式调速器和全程式调速器。中、小型汽车柴油机多数采用两极式调速器，以起到防止超速和稳定怠速的作用。在重型汽车上则多采用全程式调速器，这种调速器除具有两极式调速器的功能外，还能对柴油机工作转速范围内的任何转速起调节作用，使柴油机在各种转速下都能稳定运转。

【项目实施】

任务　柱塞式喷油泵的拆装

一、任务目标

能够正确选用柱塞式喷油泵的拆装工具，并能够用工具按照正确顺序拆下并组装 A 型柱塞泵。

二、任务准备

工具准备：呆扳手、梅花扳手、套筒扳手及各种专用工具（出油阀座拆卸、凸轮轴承拆卸、驱动盘紧固螺母拆卸与驱动盘部件拆卸、校正器扳手等工具）。

物品准备：A 型柱塞喷油泵总成 4 台；煤油（或柴油）和棉纱。

场地准备：汽车发动机实训车间，工作台 4 个。

分组：每个小组 4 ~6 人。

三、实践操作

以 A 型柱塞喷油泵为例进行拆装训练，泵体主要零部件的分解如图 5-14 所示。

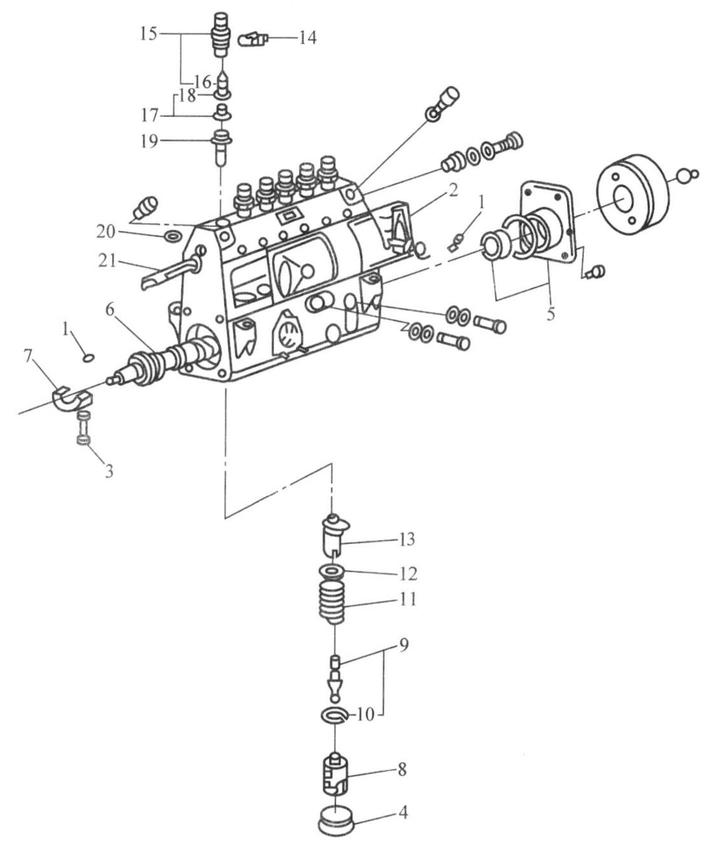

图 5-14　喷油泵分解零件图

1—凸轮轴键　2—盖板　3—螺栓　4—螺塞　5—轴承与轴承盖　6—凸轮轴　7—中心轴承　8—滚轮总成　9—柱塞　10—柱塞弹簧下座　11—柱塞弹簧　12—柱塞弹簧上座　13—控制套筒　14—销紧支架　15—出油阀压紧装置　16—出油阀弹簧　17—出油阀　18—出油阀密封垫圈　19—柱塞套筒　20—齿杆导向螺钉　21—供油控制齿杆

1. 泵体主要零部件的分解

1）将喷油泵调速器总成固定安装在万向台虎钳上，拆下放油螺塞，放出泵体内的机油。

2）拆下盖板，用挺柱夹持器把挺柱体保持在与凸轮轴分离的位置（先将挺柱体放在最高位置，插入挺柱夹持器，见图 5-15，然后转动凸轮轴）。夹持器分为片式和杆式两种，高速挺柱使用夹持杆。

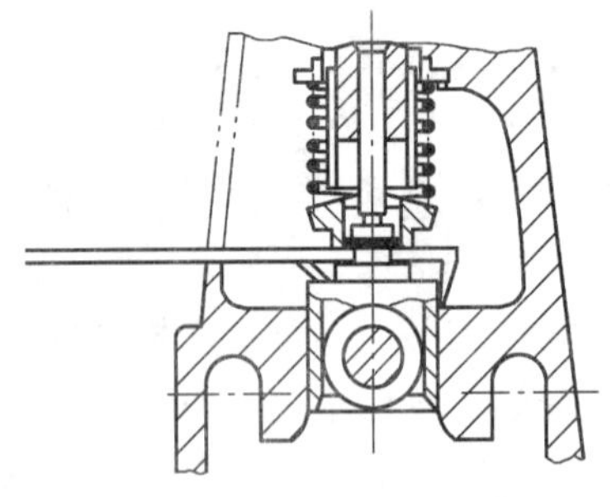
图 5-15　挺柱与挺柱夹持器

3）将调速器与喷油泵分离。

① 拆除调速器壳盖。先用扳手松开怠速调节装置，然后松开紧固调速器盖两端面上的拉力杆轴螺塞，拆下调速器后盖，接着取下怠速副弹簧调整螺栓。

② 断开弹簧板。当使调速器壳盖分开时，要注意到因连接杆和起动弹簧还分别连接于供油齿杆和弹簧的挂孔中，因而要从上面用工具压下连接处的弹簧压板，使调速器壳盖左右滑动。断开连接杆的同时，用尖嘴钳从弹簧挂孔中取下起动弹簧。

在拆除调速器壳盖时，应注意不要使调速器盖左右扭曲，以免在连接杆同供油齿杆连接的情况下使连接杆弯曲，导致调速器在装合时产生困难。

③ 拆卸调速器壳体。首先用专用工具旋进飞块支架的螺钉内，拆下飞块；然后在挺柱与挺柱间插入夹持器，断开凸轮轴与挺柱的接触；再拆除壳体的固定螺钉，用软锤轻敲取下调速器壳体，然后检查凸轮轴轴承是否良好。至此，就已经将调速器与喷油泵完全分解开。

2. 喷油泵的分解与零部件的检查

1）拆除凸轮轴中间轴承的固定螺栓，然后用 L 形扳手取下泵壳体底部的碗形螺塞。

2）旋下轴承盖前盖固定螺栓，小心撬下轴承盖，用锤子从调速器侧轻敲凸轮轴的端部，取出凸轮轴及凸轮轴中间轴承，如图 5-16 所示。在取下凸轮轴时应注意凸轮轴的安装方向，注意保护中间轴承。

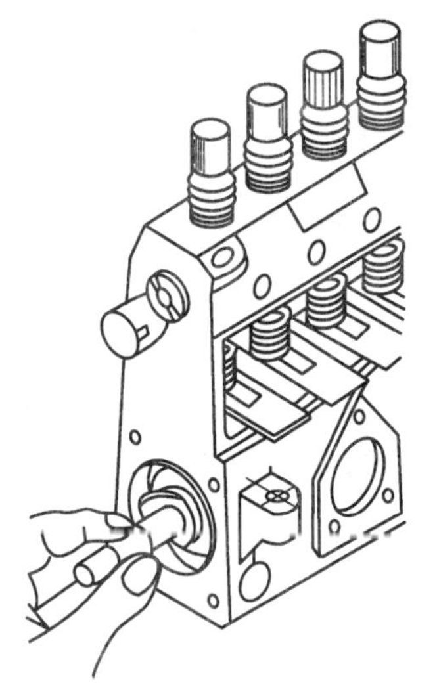
图 5-16　拆卸凸轮轴

3）从喷油泵壳体底部的螺塞孔处用挺柱顶持器逐个顶推挺柱体，利用柱塞弹簧的弹力把滚轮体总成弹出，如图 5-17 所示，然后取出挺柱夹持器，最后用尖嘴钳从碗形螺塞孔取出滚轮总成、柱塞、柱塞弹簧下座和柱塞弹簧。

4）从泵体的侧面窗口侧取出扇形齿圈及套筒。

5）拆下出油阀压紧座、出油阀弹簧及出油阀偶件，如图 5-18 所示。

6）从挺柱窗口向上推动柱塞套，然后取出柱塞套。

7）拆下喷油泵体背面的供油齿杆导向螺钉，从调速器一端拉出供油齿杆。

8）分解后清洗、检查各部零件。

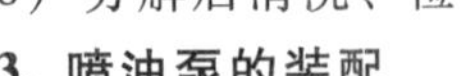
3. 喷油泵的装配

1）柱塞套的装配。安装时应使泵体内的定位销对准柱塞套外周的导向槽，然后从挺柱室内伸入手指，捏住柱塞套检查能否转动，当感到柱塞上、下能移动，左、右有微量摆动，但无移动时，则说明安装正确。

2）出油阀的装配。

① 先将出油阀垫圈正确地装在阀座体上，然后装在泵体内柱塞套的上端，但在操作时

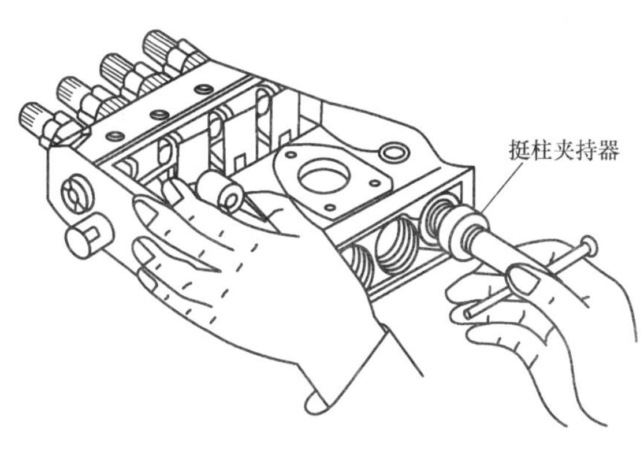

图 5-17　拆卸滚轮体总成

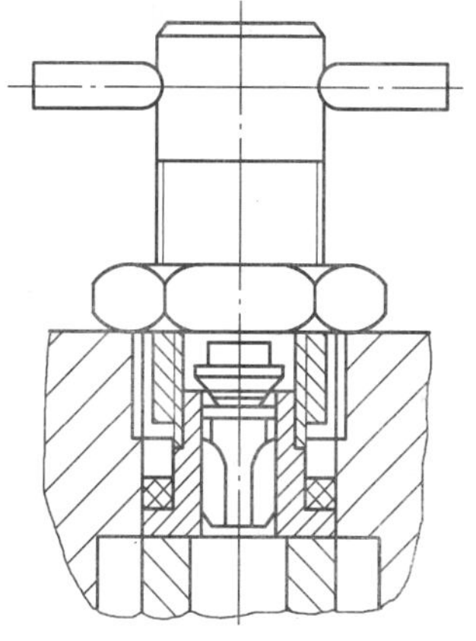

图 5-18　取出出油阀偶件

应注意高度清洁，不得有任何杂物混入。

② 在装配出油阀尼龙垫圈时，应注意将尼龙垫圈内倒角较大的一端朝下，如图 5-19 所示，然后装上出油阀弹簧及压紧座。

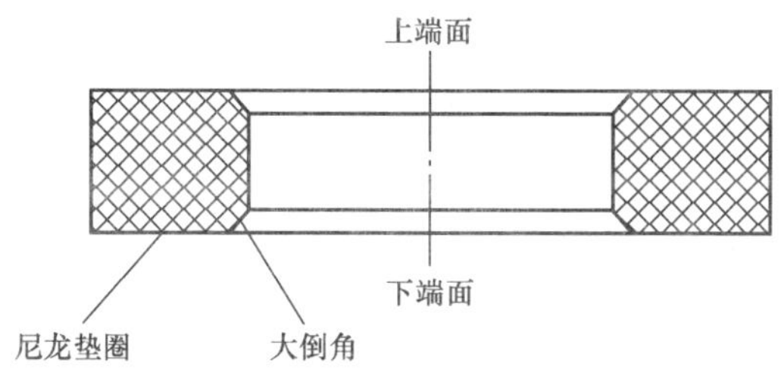

图 5-19　出油阀尼龙垫圈

3）在喷油泵安装完后，应复查前几项过程是否正确。

4）装配供油控制齿杆。

① 先将控制齿杆涂一薄层机油，再从传动侧将其装入泵体内，使供油齿杆的齿牙朝向挺柱室窗口侧，然后安装导向螺钉。

② 将控制齿杆固定在刻线和泵体外边之间均等的位置，并确认控制齿杆是否为规定尺寸（即凸出泵体外部尺寸），其尺寸是 17.5mm。

5）装配控制套筒。

① 将供油控制齿杆保持在 17.5mm 位置，并转动扇形齿圈，使切口向上、齿朝下，使齿圈和齿杆啮合。这时可暂不考虑控制套筒的开口方向。

② 测量供油控制齿杆的行程。控制齿杆行程是从泵体的前端（传动侧）到调速器的总行程。当该值不符合规定尺寸时，应重新检查供油齿杆的固定情况，即先松开供油齿杆的固定螺钉，重新装配扇形齿圈和供油齿杆的装配位置。A 型喷油泵标准尺寸为 21.0mm，不得小于 20.5mm 位置。

6）装配柱塞弹簧。在装配柱塞弹簧上座时，应注意将其平面一端朝上；弹簧下座有台阶的一面朝向弹簧侧。

7）装配柱塞。把柱塞同弹簧下座组装在一起，并将组件插入柱塞套内，但应注意把柱塞导程侧（有记号或厂标，见图 5-20）朝向泵体窗口，同时应使柱塞下部的凸缘块准确装在柱塞控制套筒裙部的导向槽内。

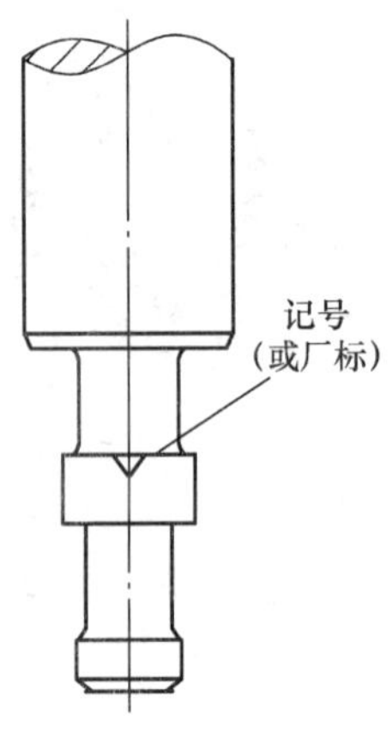

图 5-20　柱塞记号

8）装配挺柱。首先使用挺柱夹持器固定挺柱体，通过凸轮室将其放入泵体的挺柱孔中；然后使柱塞凸缘块对准控制套筒的导向槽，用手压下挺柱体，并立刻装上挺柱支撑器。

9）装配凸轮轴。

① 凸轮轴装配前，应确认凸轮轴的旋向，带标记端为驱动侧，不得装错。

② 装入凸轮轴和轴承，然后装好凸轮轴轴承壳体和油封。对密封用衬垫应加涂密封剂以防止漏油。

凸轮轴两端的油封应安装正确，泵体和凸轮室与调速器室的油封也应细心安装。当凸轮轴安装结束后，凸轮轴应转动自如，保留有规定的轴向间隙量。A 型喷油泵的轴向间隙为 0.03 ~0.05mm。

③ 测量凸轮轴轴向间隙。若凸轮轴轴向间隙大于 0.15mm，应用凸轮轴轴承和定距套之间的调整垫片来进行调整，垫片的厚度规格有 0.10mm、0.12mm、0.14mm、0.16mm、0.18mm、0.50mm 等几种；然后转动凸轮轴，依次取下挺柱体支撑器；最后应再次复检各挺柱的工作情况。

10）控制齿杆阻力的检查。使用弹簧秤检查控制齿杆的静止滑动力应在 1.47N 以下，否则应仔细检查阻力增大的原因，并及时排除。

在检查控制齿杆阻力时，应注意其阻力因油泵型号不同而各有差异。

11）将调速器装复到泵体上。按照与分解相反的顺序进行装复，即先将调速器壳体装到喷油泵上，然后将飞块总成装到凸轮轴上，最后依次装调速器壳盖和其他零件。

四、操作注意事项

1）喷油泵解体前，应用煤油或柴油对其表面进行清洗（不可用碱水清洗）。

2）解体后的零件，应按部位有秩序地排放好，以便安装时对号装配。

3）柱塞和柱塞套、出油阀和出油阀座等精密偶件，在解体、清洗和存放过程中都应非常仔细，不能碰撞，更不可互换，应成对存放在清洁的柴油中。

4）喷油泵应在专用的夹具上进行解体，以免引起壳体变形。

5）装配时，周围空气不应该有灰尘、烟雾，工作台、零件、工具、装配工的手应清洁干净。

6）装配时，各种密封垫和圈、油封等均应更换新品。

7）严格按照装配工艺顺序和技术标准进行，并利用仪器和量具逐项进行检查。

五、任务评价

以小组为单位进行评价，根据分值的情况评出优秀、良好、一般等品质，评价标准见表 5-1。

表 5-1　任务评价标准

项次	项 目 任 务	评 价 标 准	分值	项目得分
1	认识柱塞泵	要准确认知柱塞泵上主要零部件并能说出其作用	5	
2	机体分解	喷油泵与调速器正确分解,壳体与调速器分解	4	
3	喷油泵分解	正确分解柱塞泵,按部位有秩序地排放好,以便安装时对号装配	6	
4	喷油泵清洗,检查	清洗和存放过程中都应非常仔细进行,不能碰撞,更不可互换,应成对地存放在清洁的柴油中	4	
5	喷油泵装配	安装分解逆序正确装配	6	
6	5S 现场管理	常组织、常整顿、常清洁、常规范、常自律	5	

项目六　发动机冷却系统的认知

【学习目标】

1. 知识目标

1）能够说出冷却系统的零部件。

2）能够分析冷却液的工作循环过程。

3）能说出冷却系统部件之间的安装关系。

2. 能力目标

1）具有识读发动机冷却机构装配图和零件结构图的能力。

2）能够识别发动机冷却机构各个零件的结构。

3）正确使用专用工具，完成冷却系统的拆装任务。

【学时安排】

4 学时。

【理论知识】

一、冷却系统的作用

发动机在工作过程中，会达到很高的温度。为使运转中的发动机得到适度的冷却，以保持其在最适宜的温度范围内正常工作，必须设置冷却系统。不同发动机的工作温度不大相同，通常应保持的温度为 80～85℃或 90～105℃。

当发动机冷却不足时，会造成运动部件因受热膨胀而破坏正常的配合间隙，机油因受热而失效，各机件也可能因高温致使其机械强度下降。

当发动机冷却过度时，由于热量散失过多，发动机的经济性和动力性将下降，机油粘度变大，运动件摩擦阻力增加，致使磨损加剧，影响机件的使用寿命。

二、冷却系统的分类

发动机冷却系统有两种基本形式，即风冷却系统与水冷却系统。

风冷却系统是使发动机高温零件中的热量直接散发到大气中而进行冷却的一种装置。

水冷却系统是使发动机高温零件的热量先传导给冷却液，然后再散发到大气中而进行冷却的一系列装置。水冷却系统具有冷却均匀可靠，使发动机结构紧凑、制造成本低、工作噪声小等优点，因而得到广泛应用。

三、冷却系统的组成

冷却系统的基本构成如图 6-1 所示。循环水装置包括散热器、水泵、水套、分水管等部件；冷却强度调节装置包括百叶窗、节温器、风扇等部件；冷却液温度指示装置包括冷却液温度传感器、冷却液温度表或冷却液温度警告灯等部件。

四、冷却系统的工作原理

当发动机工作时，冷却液被水泵吸入并加压，经分水管流入发动机缸体水套，从气缸壁吸收热量，然后流入气缸盖水套，此过程使冷却液因受热而温度升高，高温冷却液沿水管流入散热器内。在冷却风扇的强力抽吸作用下，外部气流由前向后高速地从散热器中流过，受热后的冷却液在流经散热器的过程中，其热量不断地散到大气中去，使其得到冷却。被冷却的冷却液流入散热器的底部后，又在水泵的作用下，经水管再次流入水套。冷却液如此不断地循环，使发动机中在高温条件下工作的零件不断地被冷却。轿车上冬季采用的暖风装置也是利用冷却液带出的热量来达到取暖目的的。发动机冷却液的循环过程如图 6-2 所示。

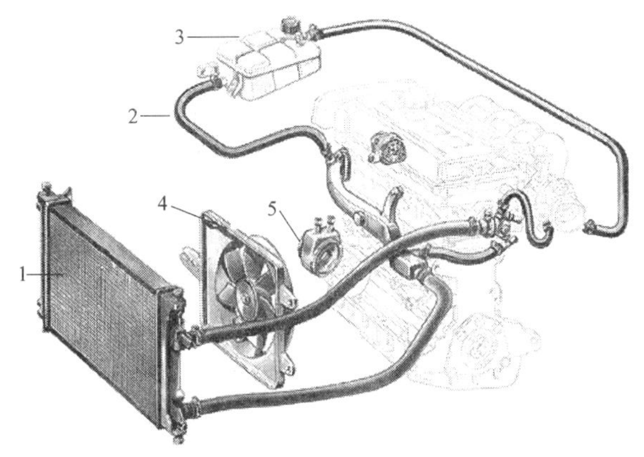

图 6-1 冷却系统的基本构成

1—散热器 2—管路 3—膨胀水箱 4—风扇 5—水泵

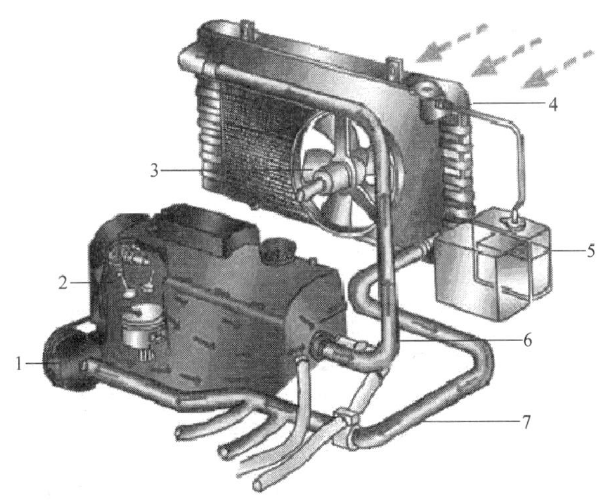

图 6-2 冷却液的循环过程

1—水泵 2—水套 3—风扇 4—散热器 5—膨胀水箱 6—上水管 7—下水管

五、水冷却系统的主要零件

1. 散热器

散热器的作用是将高温冷却液的热量散发给周围的空气，使高温冷却液迅速得到冷却，以保证发动机的正常温度。

散热器的总体构造如图 6-3 所示，主要由上水室、下水室和散热器芯组成。上水室顶部设有带密封盖的加液口，用于补充或更换冷却液。

对散热器的要求是要有足够的散热面积，而且所用材料的导热系数要高。为此，冷却管一般用黄铜或纯铜制造。

解放 CA1091 型汽车所用的 CA6102Q 型发动机的冷却系统采用了自动补偿封闭式散热器，其膨胀水箱的结构如图 6-4 所示。自动补偿封闭式散热器结构特点是在散热器的右侧增设了膨胀水箱，它用橡胶软管与散热器加液口座的出气口相连接。膨胀水箱的作用是减少冷却液冷却的流失。当冷却液受热膨胀后，散热器内多余的冷却液流入膨胀水箱；当冷却液温度降低后，散热器内产生一定的真空度，膨胀水箱中的冷却液又被吸回散热器内，因此冷却液损失很少。膨胀水箱上印有两条液面高度标记线“DI”和“GAO”，液面高度应不低于“DI”线，也不应超过“GAO”线。

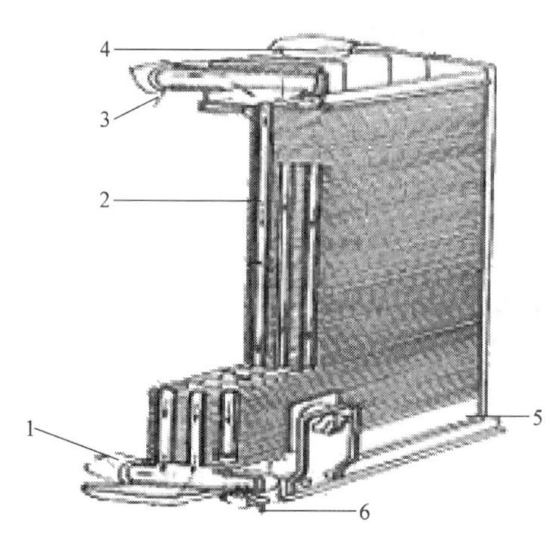

图 6-3 散热器的总体构造

1—出水管 2—散热器芯 3—进水管

4—上水室 5—下水室 6—放水开关

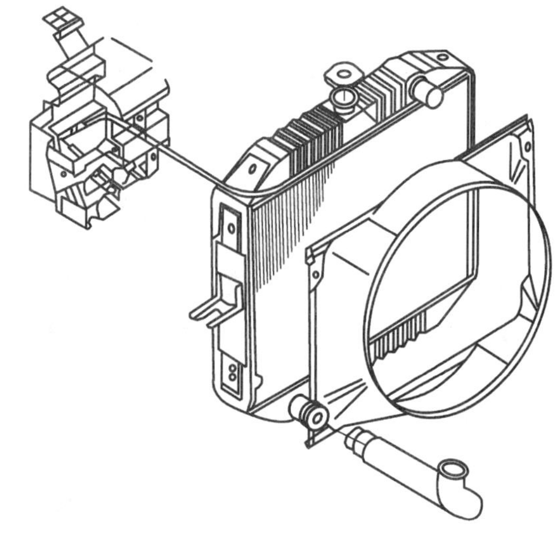

图 6-4 货车的膨胀水箱

2. 水泵

水泵的作用是对冷却液加压，使之在冷却系统中加速循环流动。目前发动机上多使用离心式水泵，主要由水泵壳体、叶轮、轴承、轴、带轮、水封总成和密封垫等组成。水泵装有密封式轴承，在正常工作条件下不需维护，轿车的节温器装在水泵壳体内。

当水泵工作时，曲轴带轮通过传动带带动水泵带轮，从而带动水泵叶轮转动，水泵中的冷却液被叶轮带动，在离心力作用下向叶轮的边缘甩出，然后经外壳上与叶轮成切线方向的出水管被送到发动机气缸体和气缸盖的水套内。同时，叶轮中心处压力降低，散热器内的冷却液便经进水管被补充进叶轮中。如此反复，形成循环水流，如图 6-5 所示为其工作原理。

3. 风扇

风扇的作用是促进散热器的通风，提高散热器的热交换能力。风扇通常安装在散热器后面，应对准散热器芯的中心。

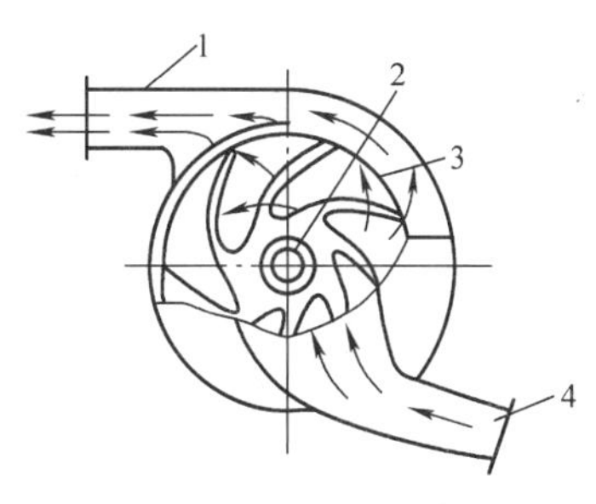

图 6-5　水泵的工作原理
1—出水管　2—水泵轴
3—水泵叶轮　4—进水管

如图 6-6 所示为轿车用风扇，由叶片和连接板组成。风扇的风量主要与风扇的直径、转速、叶片形状、叶片安装角及叶片数目有关。

汽车发动机大多采用螺旋桨式风扇，其叶片多用薄钢板冲压制成，横断面多为弧形，也可以用塑料或铝合金铸成翼形断面。风扇叶片的数量通常为 4 ~7 片，叶片之间的夹角一般不相等，以减少叶片旋转时的振动和噪声。

电动风扇由风扇电动机驱动，依靠蓄电池供电。汽车上多采用热敏开关控制的电动风扇，以便根据发动机的不同工况控制转速。图 6-7 所示为轿车电动风扇的结构。

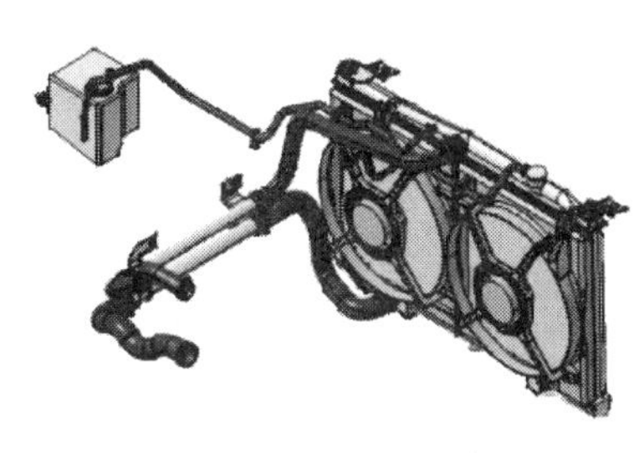
图 6-6　轿车用风扇

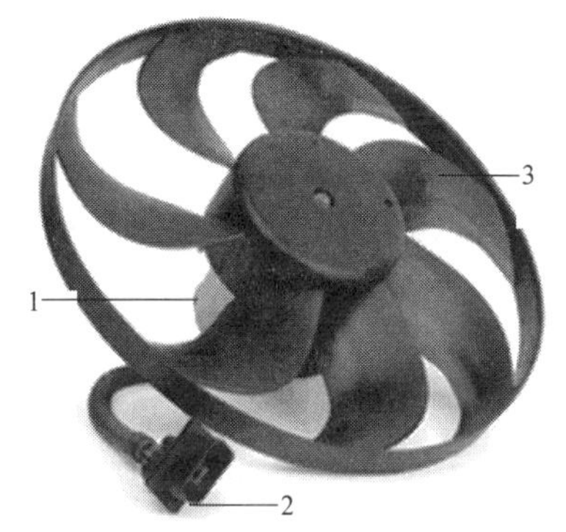

图 6-7　轿车电动风扇
1—风扇电动机　2—风扇插头　3—风扇扇叶

电动风扇由风扇温度感应塞、风扇电动机、风扇扇叶和控制开关等组成。根据冷却液的温度情况，电动风扇在高、低两挡状态下工作，以保证发动机维持在正常的工作温度。

4. 节温器

节温器的作用是根据发动机冷却系统的温度变化，自动控制通过散热器的冷却液流量，以调节冷却系统的冷却强度。

节温器一般装在气缸盖上的出水口处，轿车的节温器一般安装在水泵外壳上的进水口处，其外观如图 6-8 所示。

目前轿车上广泛采用蜡式节温器，其结构如图 6-9 所示。在蜡式节温器中，橡胶套与外壳之间充满石蜡。常温下，石蜡为固态，弹簧将阀门压在阀座上，冷却液不能流入散热器，只能进入水泵进行小循环。当冷却液的温度达到某一定值时，节温器中的石蜡受热熔化为液态，石蜡体积膨胀迫使橡胶套收缩。由于反推杆固定在外壳上不能上升，橡胶套便推动外壳克服弹力的作用而向下运动，主阀门打开，冷却系统进入大循环，但小部分冷却液仍进行小循环，此时冷却液处于大、小循环并存的状态。

(1) 冷却液小循环　汽车起动或冬季发动机需要较长时间的暖机时，发动机冷却系统采用小循环。此时，由于冷却液温度较低，节温器的主阀门处于完全关闭的状态，冷却液只

图 6-8　节温器外观

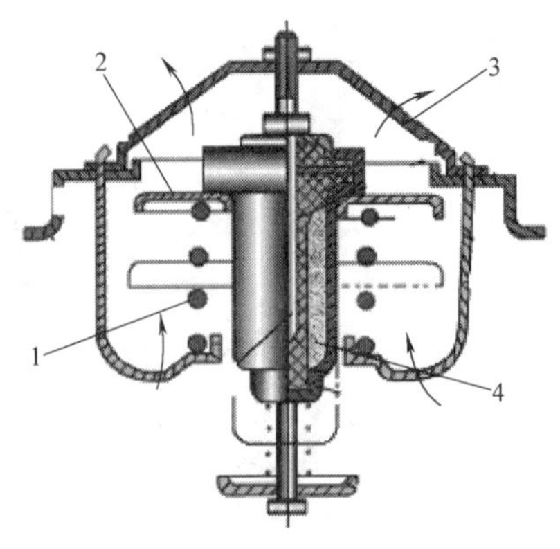

图 6-9　蜡式节温器的结构
1—弹簧　2—弹簧座　3—主阀门　4—石蜡

是在水泵和水套之间进行循环，形成小循环。小循环有利于发动机升温，以便尽快地让发动机达到正常的工作温度，此时冷却液在整个系统中的流动路线为：水泵→气缸体水套→气缸盖水套→出水管→水泵，如图 6-10a 所示。

（2）冷却液大循环　当发动机冷却液温度升高时，石蜡逐渐变成液态，其体积膨胀迫使橡胶管收缩，对推杆锥状端头产生上举力，固定不动的推杆则对橡胶管、节温器外壳产生向下的反推力。当发动机冷却液温度大约为 76℃ 时，推杆对节温器外壳的反推力可以克服弹簧的预压力，开始打开阀门；当冷却液温度超过 86℃ 时，主阀门全开，而副阀门则正好完全关闭了小循环通路，来自气缸盖出水口的冷却液沿出水管全部进入散热器进行冷却，形成大循环。此时，冷却液在整个系统中的流动路线为：水泵→气缸体水套→气缸盖水套→缸盖出水管→散热器→散热器下出水管→水泵，如图 6-10b 所示。

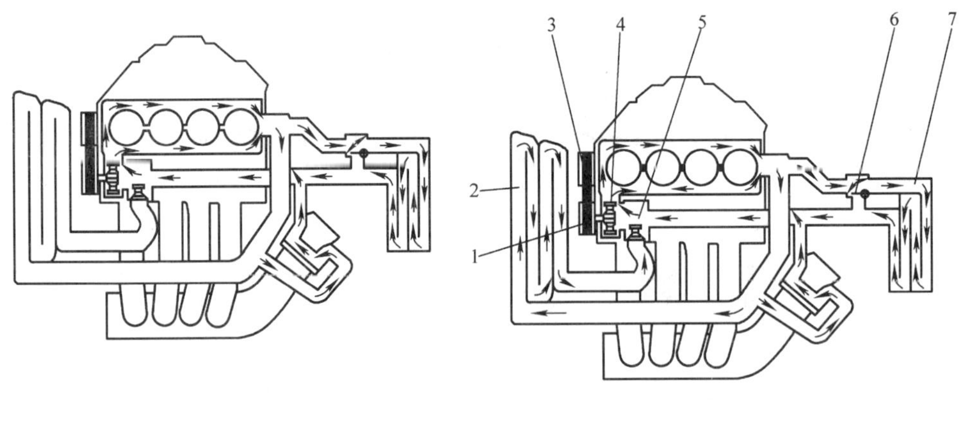

图 6-10　冷却系统的小、大循环示意图
a）小循环　b）大循环
1—水泵带轮　2—散热器　3—曲轴带轮　4—水泵　5—节温器　6—控制阀　7—暖风机

【项目实施】

任务　更换散热器与防冻液

一、任务目标

要求学生熟练使用常用工具和专用工具，按照正确的次序拆装散热器，并正确更换防冻液。

二、任务准备

工具准备：螺钉旋具4套，扭力扳手4个，常用组合工具4盒（棘轮扳手以及套头）。

物品准备：桑塔纳2000汽车4台，卡箍拆卸钳4个，防冻液4桶，冷却液收集容器4个，桑塔纳2000汽车维修手册4本，棉纱。

场地准备：汽车发动机实训车间，工作台4个。

分组：每个小组4~6人。

三、实践操作

1. 散热器的拆卸步骤

1）此发动机为电子控制燃油喷射发动机，应先拆开蓄电池负极接线柱。

2）打开汽车的暖风开关至最大位置。

3）在散热器对应处放好防冻液收集容器。

4）松开散热器上水管、下水管和连接膨胀水箱的软管卡箍，并拆下软管。

5）排空冷却液（如有必要可以短时间起动发动机，让冷却液排放得更彻底）。

6）拆开电动风扇和热敏开关的连接线。

7）拆下散热器支架的固定螺栓，并取下支架。

8）从上支座中卸下散热器连同冷却风扇与护罩。

2. 散热器的装配

散热器的安装步骤与拆卸相反。

1）安装好水管的卡箍后，加入规定标号、数量的冷却液。

2）起动汽车几分钟后，从膨胀水箱处观察冷却液的液位，位于“MAX”和“MIN”刻线之间为好，如图6-11所示，低于MIN刻线则还要加注适量冷却液。

3. 更换防冻液

首先拧下散热器盖，打开散热器放水阀，放出防冻液；其次，将一根连接于自来水管的橡胶管插入散热器加水口，打开自来水龙头，用自来水连续不断地冲洗发动机冷却系统，在进行冲洗操作时，要使发动机怠速运转，保持上述操作，直至散热器放出清水为止，这时，关上自来水龙头，待冷却系统的水放尽后，再关上散热器放水阀，冲洗膨胀水箱；然后从散热器加水口加入防冻液，使

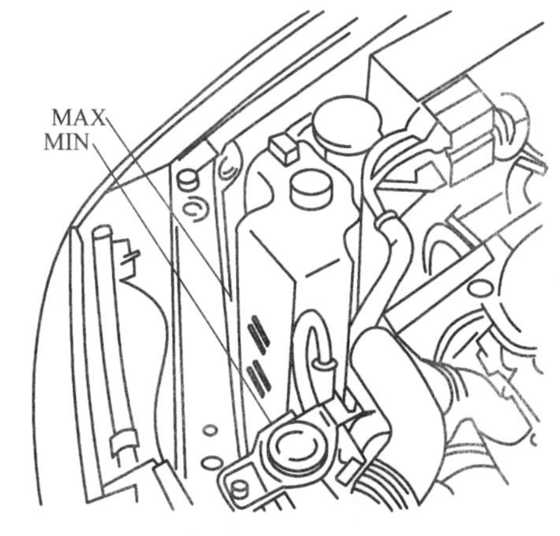

图6-11　加注防冻液的液面标准

防冻液充满散热器，再拧开膨胀水箱盖，加入防冻液，使其达到“MAX”刻度线，注意不要超过“MAX”刻度线，然后盖上散热器盖和膨胀水箱盖并拧紧；起动发动机，怠速运转2～3min，拧开散热器盖，这时冷却系统由于排除了部分空气，防冻液面将降低，此时应再补充防冻液，至散热器充满为止；最后，盖好散热器盖并将其拧紧。需要注意的是，防冻液温度很高时，不要打开散热器盖或放水阀，以免烫伤。

通过自然排放旧液后补加新液的传统加注方法排放往往不彻底，会有约1/3的旧液及部分水垢、锈垢等沉积物留在散热器和机体底部。当新液加入后，会被旧液包溶、稀释，大大降低防冻液的冰点。采取这种方法换液后，一定要检测系统中防冻液的冰点。暖风散热器在一年中的大部分时间里处于闲置状态，往往沉积了很多沉积物，在更换新的防冻液前，最好对暖风系统做一次完整、彻底的清洗。

四、操作注意事项

实操过程中注意操作安全，工作过程中严禁打闹，并严格按照各项操作规范进行实训练习。

五、任务评价

以小组为单位进行评价，根据分值的情况评出优秀、良好、一般等品质，评价标准见表6-1。

表6-1 任务评价标准

项次	项目任务	评价标准	分值	项目得分
1	认识冷却系统	要准确指认冷却系统零部件并说出其作用	5	
2	拆卸散热器	顺利将散热器从车上拆下，不损害零部件	4	
3	安装散热器	按照拆下的逆序将散热器安装车上	6	
4	排放冷却液	正确排放冷却液，并冲洗水套	4	
5	加注冷却液	加注规定冷却液，并进行冰点检测	6	
6	5S现场管理	常组织、常整顿、常清洁、常规范、常自律	5	

项目七　发动机润滑系统的认知

【学习目标】

1. 知识目标

1）能够说出润滑系统的功用。

2）能够分析轿车润滑系统的构成及特点。

3）能够说出货车润滑系统的构成特点。

4）能够画出润滑系统的循环油路图。

2. 能力目标

1）能够通过发动机实物或台架教具识别润滑系统的零部件。

2）能够根据发动机实物，正确找出润滑系统的润滑流程。

3）能够熟练拆装油底壳和机油泵。

【学时安排】

4 学时。

【理论知识】

润滑系统主要是在发动机工作时，对各个工作的机械元件起到润滑、清洗、散热和密封的作用，保证发动机能够工作在最佳状态。

一、发动机的润滑方式

在发动机润滑系统中，根据各个部位的工作特点采取了不同的润滑方式，可分为压力润滑、飞溅润滑和定期润滑三种形式。

1. 压力润滑

该润滑方式是利用机油泵通过油道将机油输送到零部件表面上。发动机上一些机械负荷大、相对运动速度高的零部件，一般都采用压力润滑方式，如曲轴主轴颈与主轴承、连杆轴颈与连杆轴承、凸轮轴轴颈与凸轮轴轴承等。压力润滑可靠性强，但必须设专门的油道输送机油。

2. 飞溅润滑

此润滑方式是依靠运动的零部件将机油飞溅到零部件的摩擦表面上或从专门的油孔中将机油喷射到零部件表面上。发动机上的一些外露部位、机械负荷较小或相对运动速度较低的零部件，一般采用飞溅润滑方式，如活塞与气缸壁、凸轮与挺柱、活塞销与衬套等。飞溅润滑方式的可靠性较差，但结构比较简单。在活塞与气缸壁间采用飞溅润滑，还可以防止因机油压力过高而进入燃烧室所导致的机油消耗异常、燃烧室积炭加剧、发动机工作恶化等现象的发生。

3. 定期润滑

采用定期加注润滑脂的方法对摩擦表面进行润滑的方式称为定期润滑。发动机上一些不太重要且比较分散的部位一般采用此种润滑方式，如水泵轴承和发电机轴承等。定期润滑不属于润滑系统的工作范畴。

二、润滑系统的基本组成

如图 7-1 所示为轿车润滑系统油路，主要由油底壳、机油泵、油道、机油滤清器和机油压力检测装置等组成。

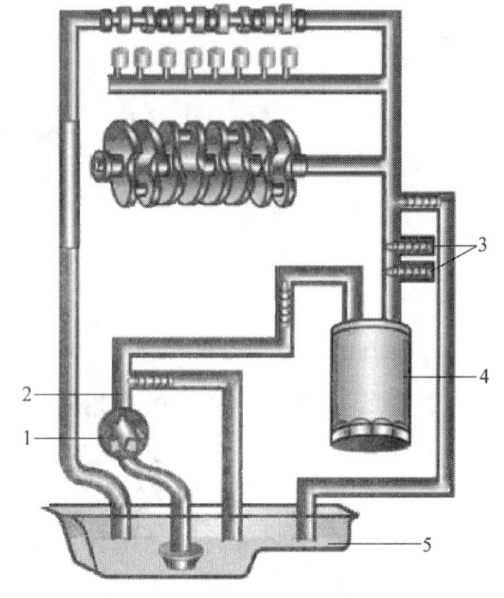

图 7-1　轿车润滑系统油路

1—机油泵　2—调节阀　3—油压开关　4—机油滤清器　5—油底壳

油底壳的主要作用是贮存机油，还可以帮助机油散热。

机油泵的主要作用是建立机油循环所必需的机油油压。

油道的主要作用是将机油泵输出的压力机油输出到各部件的摩擦面。油道在气缸体与气缸盖内部，可分为主油道和分油道，一路通向顶置式凸轮轴，另一路通向曲轴和活塞。

机油滤清器的主要功用是滤除机油中的杂质。根据能够滤除的杂质直径不同，机油滤清器可分为集滤器、粗滤器和细滤器。

机油压力检测装置包括机油压力传感器（见图 7-2）和机油压力表。机油压力表的功用是检测并通过仪表显示出机油压力，便于驾驶人判断。轿车机油压力传感器安装在机油滤清器上盖端，用线路连接到驾驶室的仪表板上。

图 7-2　机油压力传感器

三、润滑系统的主要部件

1. 机油泵

机油泵安装在曲轴箱内，由曲轴驱动。汽车发动机所用的机油泵主要有两种类型，即齿轮式机油泵和转子式机油泵。

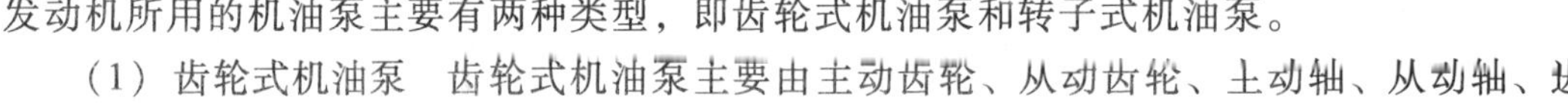

（1）齿轮式机油泵　齿轮式机油泵主要由主动齿轮、从动齿轮、主动轴、从动轴、进油口和出油口等构成，其结构如图 7-3 所示。机油泵的主动轴由曲轴驱动，并带动从动轴旋转。

机油泵的限压阀安装在机油泵出油口处。限压阀主要由阀体、球阀、弹簧和弹簧座组成，开口销用来固定弹簧座。集滤器的吸油管用螺栓固定在机油泵进油口处。

当发动机工作时，机油泵齿轮转动，进油腔的容积因齿轮向脱离啮合的方向运动而增大，产生一定的真空度，机油便从进油口被吸入进油腔；随着齿轮的旋转，齿轮间的机油被带到出油腔；出油腔轮齿进入啮合状态而使容积减小、油压升高，机油便经出油口被压送到润滑油道中。机油泵的不断工作，保证了机油在润滑系统中的循环。

齿轮式机油泵的缺点是泵油能力较差，齿轮磨损较快。

（2）转子式机油泵　转子式机油泵的构成如图 7-4 所示。机油泵通过螺栓安装在曲轴箱内，由中间轴通过传动链驱动。

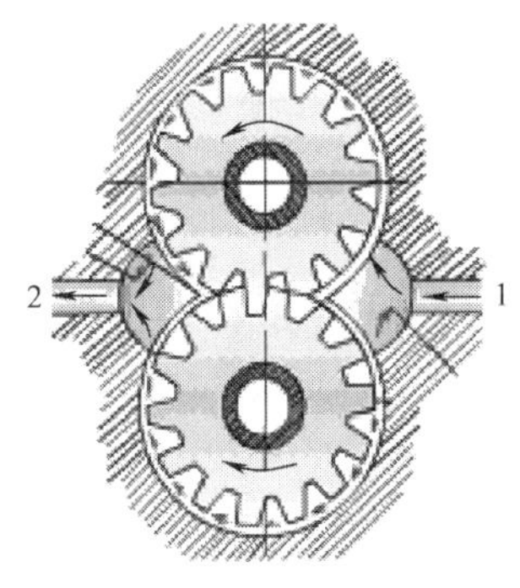

图 7-3　齿轮式机油泵的结构

1—右侧进油　2—左侧出油

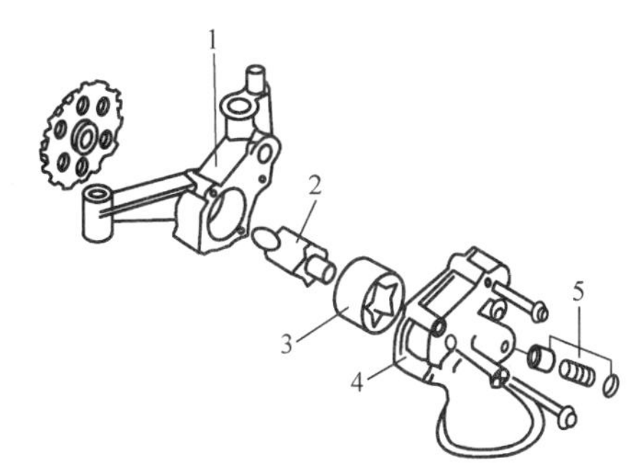

图 7-4　转子式机油泵的构成

1—泵壳　2—外转子　3—内转子　4—泵盖　5—限压阀

转子式机油泵的工作原理如图 7-5 所示。主动的内转子有四个凸形齿，从动的外转子有五个内齿，外转子在泵壳内可自由转动，内、外转子间有一定的偏心距。当内转子旋转时，带动外转子一起旋转。无论转子转到任何角度，内、外转子每个齿的齿形轮廓线上总有接触点，于是内、外转子间便形成了 4 个工作腔。由于内、外转子的速比总是大于 1，所以外转子总是慢于内转子，且由于偏心距的存在，工作腔的容积会产生较大的变化。当某一工作腔从进油腔转过时，容积增大，产生真空，机油便经进油孔被吸入；当该工作腔与出油腔相通时，腔内容积减小，油压升高，机油便从出油孔被压出去。

转子式机油泵的特点是结构紧凑，泵油效率高，磨损小，可靠性强。

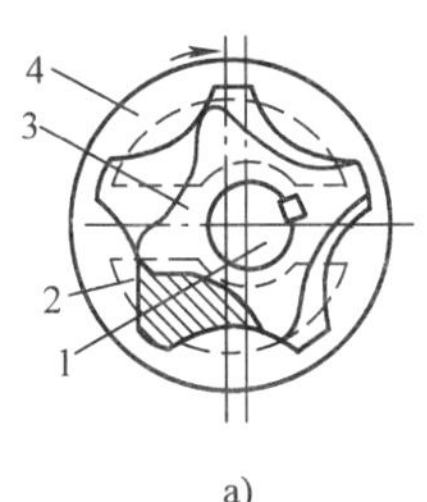

a)

b)

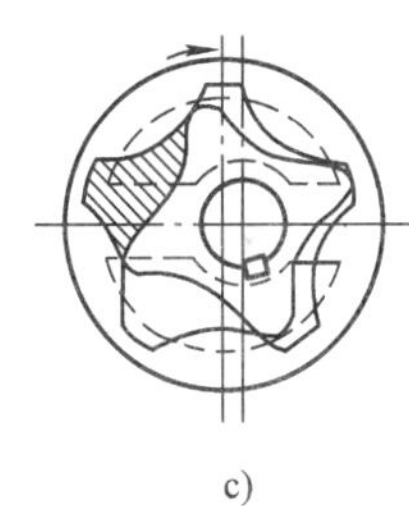

c)

图 7-5　转子式机油泵的工作原理

a）进油状态　b）压油状态　c）出油状态

1—泵轴　2—进油口　3—内转子　4—外转子

2. 机油滤清器

机油滤清器的主要作用是滤除机油中的有害杂质，以减少气缸、活塞、活塞环、气门及气门座的早期磨损。在发动机工作过程中，金属磨屑、尘土、高温下被氧化的积炭和胶状沉淀物会不断混入机油中，机油滤清器可滤掉这些机械杂质和胶质，保持机油的清洁，延长其使用期限。机油滤清器应具有滤清能力强、流通阻力小、使用寿命长等特点，其外观如图 7-6 所示。

机油滤清器按结构不同分为可换式、旋转式和离心式；按其在系统中的布置形式可分为全流式和分流式。机油滤清器所使用的过滤材料有滤纸、毛毡和金属网等。不同滤清能力的滤清器，分别并联或串联在主油道中。

机油粗滤器串联在机油泵和主油道之间，故又称之为全流式滤清器，主要用来清除机油中较大的杂质。目前国内外使用较普遍的是纸质机油滤清器，如图 7-7 所示。它主要由上盖、外壳、纸滤芯及旁通阀等组成。当发动机工作时，带有压力的机油进入滤芯周围的空腔内，油中较大的杂质被纸滤芯挡住，而干净的机油则进入滤芯的内腔，然后经出油口进入气缸体的主油道。

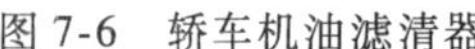

图 7-6　轿车机油滤清器

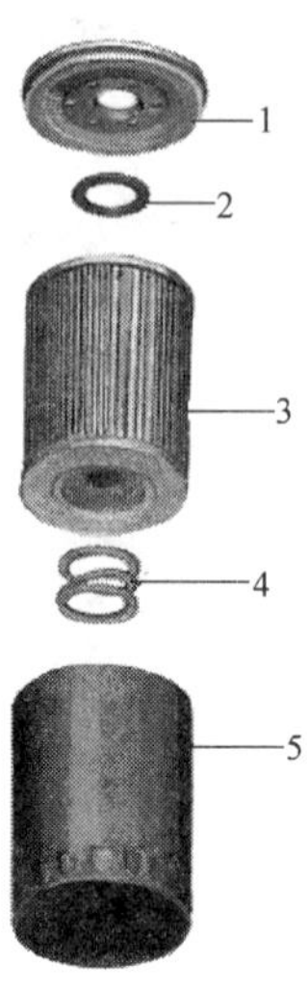

图 7-7　纸质机油滤清器

1—隔离板　2—密封圈　3—滤芯
4—弹簧　5—壳体

旁通阀安装在端盖上，其触点与仪表盘上的指示灯相连。当滤芯堵塞使其阻力增大到 147kPa 时，机油经滤清器直接进入端盖出油孔，同时旁通阀触点接通指示灯电路，指示灯闪亮以提醒驾驶人维护滤清器或更换滤芯。

机油滤清器在正常使用中，一般只需更换滤芯，旁通阀一般不允许拆卸，但若发现滤芯堵塞后，指示灯不亮，应拆下旁通阀检查触点。

货运汽车特别是重型货车一般采用粗、细双级滤清器，其中粗滤器与主油道串联，而分流式细滤器则与主油道并联，机油经过细滤器直接返回油底壳。

（1）集滤器　集滤器的作用是防止较大的机械杂质进入机油泵。它安装在机油泵之前。集滤器有固定式和浮动式两种，目前广泛采用固定式集滤器。

固定式集滤器的构造如图 7-8 所示，吸油管总成的上端有与机油泵进油孔连接的凸缘，下端与滤网支座中心固定连接；滤网夹装在支座与罩之间。靠自身的弹力紧压在罩上；罩的边缘有四个缺口，形成进油通道。当机油泵工作时，机油从罩的缺口处经滤网被吸入，被滤网滤去粗大的杂质，然后经过吸油管进入机油泵。

浮动式集滤器主要由浮子、滤网、罩管和固定管组成，浮子为中空状，可以浮在油面上；固定管与机油泵进油口连接；浮子与固定管间活动连接，使浮子能自由随油面高低而升降；浮子下面装有金属丝过滤网，滤网具有弹性，中间开有环口，并压在罩上，罩与浮子压合后，边缘有缝隙，以便进油。当机油泵工作时，机油从罩的边缘被吸入，经滤网滤除较大的杂质后被吸入机油泵。当滤网堵塞时，滤网上部产生真空，从而克服滤网弹性将滤网吸起，机油便不经过滤网而从环口直接被吸入机油泵，以保证机油连续不断的流动。

（2）机油粗滤器　机油粗滤器的结构如图 7-9 所示，由壳体、纸质滤芯、旁通阀、进油口和出油口等组成。滤芯由经过树脂处理的多孔滤纸折叠而成，其两端有环形密封圈和密封装置，内有金属网或带有网眼的薄铁皮作为骨架。

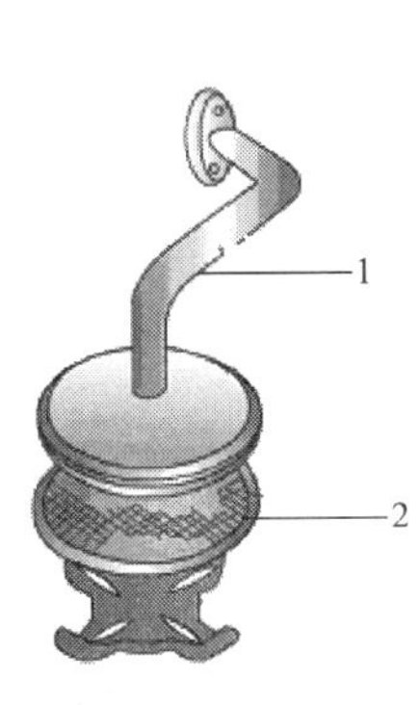

图 7-8　固定式集滤器
1—吸油管　2—滤网

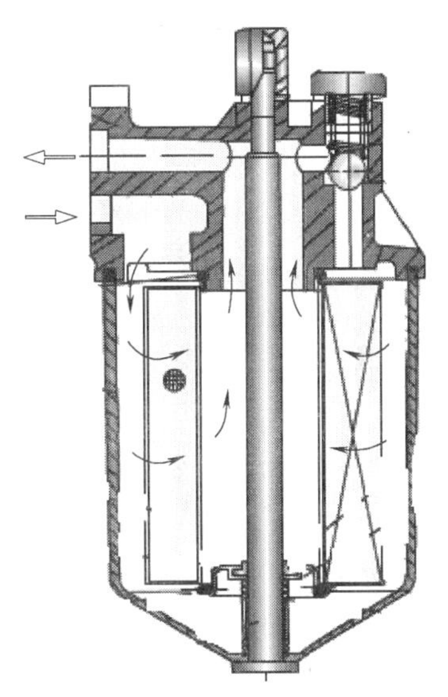

图 7-9　纸制机油粗滤器

当发动机工作时，机油经进油口进入滤芯的外表面，经滤芯后由出油口流出。当滤芯堵塞，进、出油口压差达 150～180MPa 时，旁通阀被顶开，机油不经过滤芯直接进入主油道。

纸质滤清器具有结构简单、滤清效果好、更换方便等优点，因此得到了广泛的应用。

（3）机油细滤器　机油细滤器有过滤式和离心式两种形式。离心式机油细滤器的结构如图 7-10 所示，其作用是清除微小杂质（直径在 0.001mm 以上）、胶质和水分等。

当发动机工作时，从机油泵出油口流出的机油进入细滤器进油孔。当油压低于 100kPa 时，进油限压阀不开，机油不经细滤器而全部流向主油道，保证发动机可靠润滑。当油压超过 100kPa 时，进油限压阀被顶开，机油沿转子轴的中心孔经出油孔进入转子内腔，然后经进油孔、油道从两喷嘴喷出。在油的反射力作用下，转子及其内腔的机油高速旋转，转速可高达 10000r/min 左右。在离心力的作用下，机油中的杂质被甩向转子盖内壁并沉积下来，清洁的机油从出油口流回油底壳。当油温过高时，旋松机油散热器开关，使部分机油流向散热器。当油压高于 400kPa 时，机油散热器安全阀被打开，部分机油经此流回油底壳，保护机油散热器不因油压过高而受损。转子上的喷嘴又是机油的限量孔，用以保证通过细滤器的油量为油泵出油量的 10%～15%。

3. 油底壳

油底壳的结构如图 7-11 所示，其作用是贮存机油，同时适当地为机油散热。

发动机油底壳多由薄钢板冲压而成，内部装有油挡板，以避免汽车颠簸时造成的油面振荡和激溅，有利于机油中杂质的沉淀；侧面装有油尺，用来检查油量。此外，发动机油底壳底部最低处还装有放油螺塞。

4. 机油标尺

机油标尺的结构如图 7-12 所示，其作用是检查机油的液面高度是否符合规定标准。

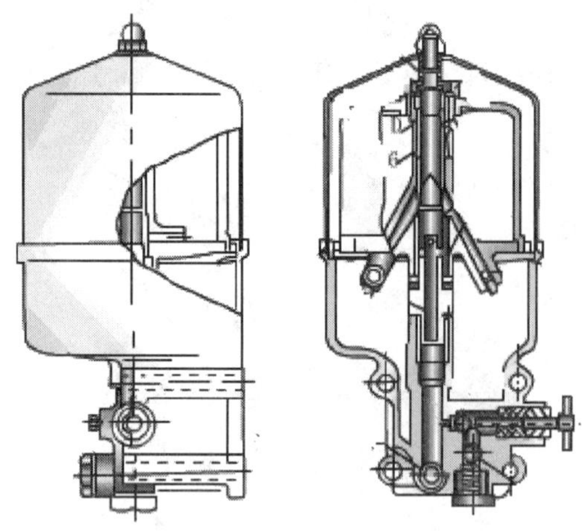

图 7-10　离心式机油细滤器的结构

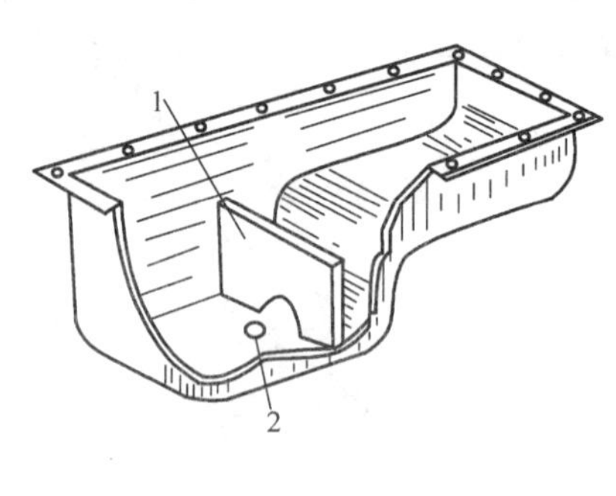

图 7-11　油底壳

1—挡油板　2—放油螺塞

检查发动机机油油量时应将汽车热车 10min，并将汽车停在平坦的路面上；然后抽出机油标尺，用清洁布擦净机油标尺上的机油；再将机油标尺重新完全插入到油底壳中，再取出机油标尺，观察机油标尺上的机油液面痕迹，应在上、下界线之间（见图 7-12）；最后，将机油标尺插回原位。

5. 机油散热器

小轿车一般没有机油散热器，大、中型货车都设有机油散热器，其结构如图 7-13 所示。

通常发动机机油的工作温度为 85℃以下。因为温度过高，机油会丧失润滑性能。

机油散热器一般安装在发动机前方，与主油道并联，利用流过机油散热器的空气带走热量，使机油得到冷却。机油的冷却也有水冷却方式，一般用在小轿车上。

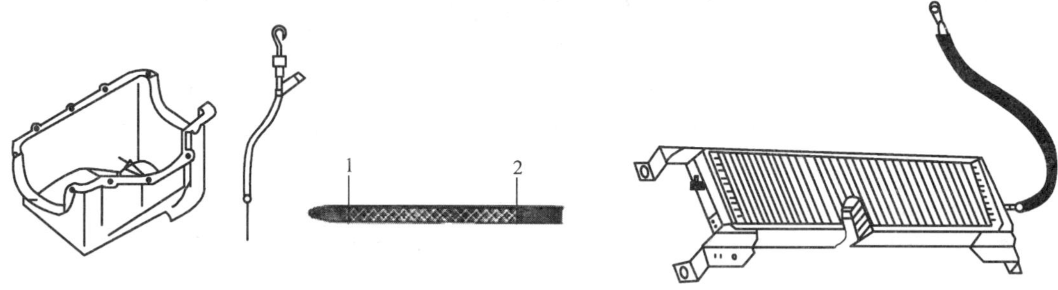

图 7-12　机油标尺

1—机油上限　2—机油下限

图 7-13　机油散热器

【项目实施】

任务　润滑系统的维护——更换发动机机油

一、任务目标

能够正确检查机油的液位高度；根据颜色判断机油质量；能够正确地更换机油。

二、任务准备

工具准备：大众专用更换机油扳手 4 个；大众专用机油 4 桶、机油盆 4 个。

物品准备：桑塔纳 2000（或 3000）发动机 4 台；桑塔纳 2000 汽车维修手册两本；棉纱；大众系列的发动机实物解剖模型 4 台、举升机 4 台。

场地准备：汽车发动机实训车间。

分组：每个小组 4 人。

三、实践操作

以桑塔纳 2000 汽车保养为例，进行机油液面高度的检查与机油的更换。

1. 检查发动机机油液位

1）检查时将汽车停放在平地上，熄火，发动机温度下降后，抽出机油标尺并擦干净，再将其插回油底壳中，后重新抽出机油标尺，检查机油标尺上机油液面的位置，即是该车的机油液面高度。

2）当油面处于机油标尺下刻度线时，从发动机顶部加注机油，直到油面到达机油标尺中上部为宜。

3）如果油面位置超过机油标尺上刻线，必须放出多余的机油。否则，发动机工作时会出现烧机油现象。

注意：添加机油时，一定要添加相同牌号的机油，以免引起机油变质。

2. 更换机油

1）排放旧机油。举升汽车到达合适的高度，在油底壳相应的位置摆放好接油盘，如图 7-14 所示。

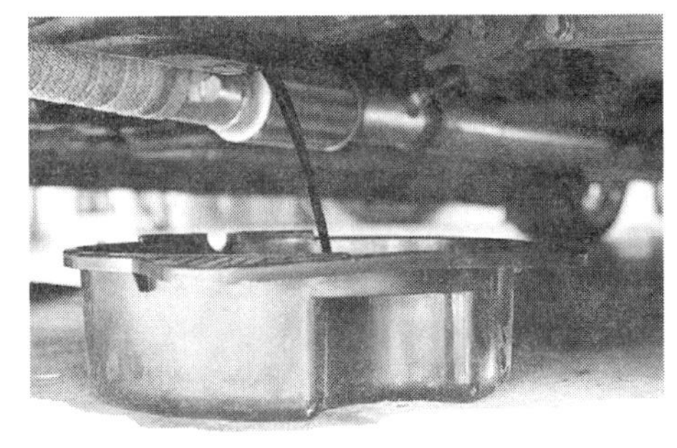

图 7-14　排放发动机机油

汽车一般每行驶 7500km 应更换一次机油。更换机油时，在发动机熄火后的热机状态下，旋下放油螺塞，放净发动机内的机油，具体步骤如下：

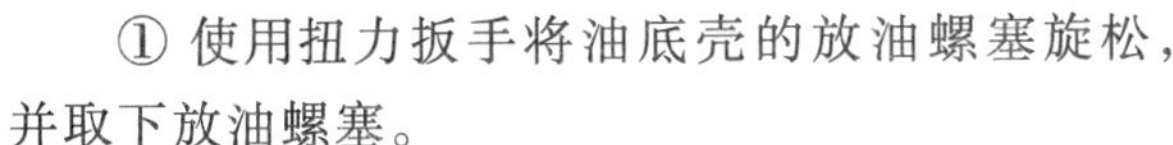

① 使用扭力扳手将油底壳的放油螺塞旋松，并取下放油螺塞。

② 放净所有的旧机油（为了排放更彻底，可以短时间起动发动机）。

③ 使用扭力扳手和机油滤清器专用扳手旋下机油滤清器。

注意：必须妥善处理废旧机油和旧的机油滤清器，并清洗油道（可以用汽油或煤油清洗），清洗后用压缩空气将其吹净，拆下主油道的螺塞，用毛刷或布条插入主油道来回拉动，保证主油道清洁畅通。

2）加注新机油，步骤如下：

① 更换放油螺塞的密封垫圈，将放油螺塞拧好，并按规定力矩（30N·m）旋紧。

② 使用扭力扳手和机油滤清器专用扳手安装机油滤清器。

③ 选择桑塔纳 2000 汽车发动机专用的标准机油。

④ 从机油口加入同一规格的机油，直到机油液面高度符合要求为止。

⑤ 起动发动机，检查机油压力和机油的液面高度。如果液面低，还要加注适量的机油。

四、任务评价

以小组为单位进行评价，根据分值的情况评出优秀、良好、一般等品质，评价标准见表 7-1。

表 7-1　任务评价标准

项次	项目任务	评 价 标 准	分值	项目得分
1	认识润滑系统	要准确指认润滑系统的零部件并说出其作用	5	
2	检查机油	能正确判断润滑油量和润滑油品质	4	
3	选择润滑油	知道各种润滑油型号及选择原则,正确选择合适润滑油	6	
4	排放润滑油	正确步骤排放旧润滑油,清洗油道	4	
5	加注润滑油	正确安装滤清器,加油量正确	6	
6	5S 现场管理	常组织、常整顿、常清洁、常规范、常自律	5	

项目八　发动机点火系统的认知

【学习目标】

1. 知识目标

1）能够分析发动机点火系统的工作原理。

2）能够说出发动机点火系统的主要部件与构成关系。

3）能够复述点火系统的使用与维护方法。

2. 能力目标

1）能够根据图形分析点火系统各构件的工作原理。

2）能够识别点火系统各个零件。

3）正确使用专用工具完成点火系统总成的拆装。

【学时安排】

8 学时。

【理论知识】

一、传统点火系统

1. 传统点火系统的组成

传统点火系统的组成如图 8-1 所示。它包括电源、点火线圈、分电器、火花塞、点火开关及附加电阻等部件。

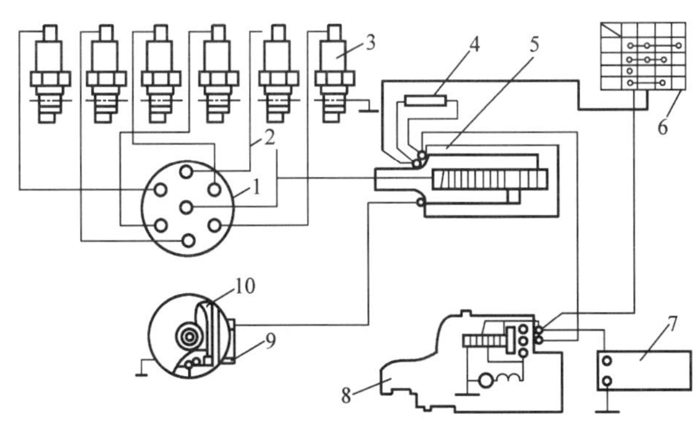

图 8-1　传统点火系统的组成

1—配电器　2—高压导线　3—火花塞　4—附加电阻　5—点火线圈　6—点火开关
7—蓄电池　8—起动机　9—电容器　10—断电器

电源的作用是供给点火系统所需的电能，车用电源通常是蓄电池和发电机。

点火线圈的作用是将电源提供的 12V 低压电变成 15 ~ 20kV 的高压电。

分电器由断电器、配电器、电容器和点火提前机构等构成，其中断电器的作用是接通与切断点火线圈一次电路；配电器的作用是将点火线圈产生的高压电按气缸的工作顺序送至各缸火花塞；电容器的作用是减小断电器触点火花，延长触点使用寿命并提高二次电压；点火提前机构的作用是随发动机转速、负荷和汽油辛烷值的变化改变点火提前角。

火花塞的作用是将高压电引入气缸燃烧室，产生电火花，点燃混合气。

点火开关的作用是控制点火系统的一次电路。

附加电阻的作用是改善点火性能和起动性能。

2. 传统点火系统的工作原理

在传统点火系统中，蓄电池或发电机供给的 12V 低压电经点火线圈和断电器转变为高压电，再经配电器分送到各缸火花塞，使其电极间产生电火花，其工作原理如图 8-2 所示。

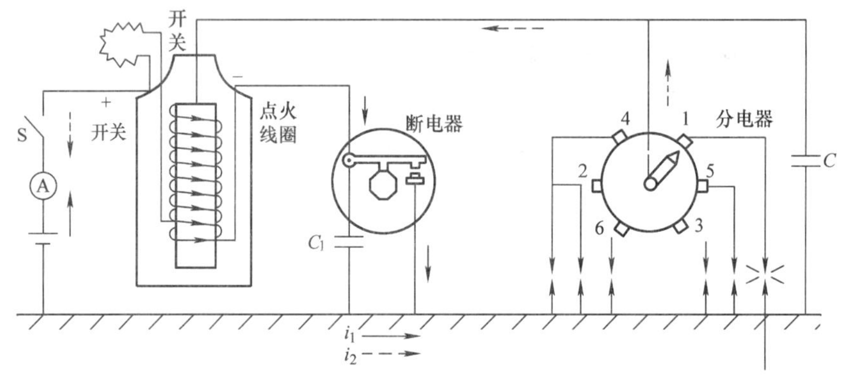

图 8-2　传统点火系统的工作原理

发动机工作时，断电器轴连同凸轮一起在发动机凸轮轴的驱动下旋转。凸轮转动时，断电器触点交替地闭合和打开。当触点闭合时，接通点火线圈一次绕组的电路；当触点分开时，切断一次绕组的电路，使点火线圈的二次绕组中产生高压电；当火花塞的电极间隙被击穿时，产生电火花，点燃混合气。其工作过程可分为如下三个阶段。

(1) 第一阶段　触点闭合，一次电流增长。

在点火开关接通的情况下，当触点闭合时，点火线圈一次绕组中有电流通过，流过一次绕组的电流称为一次电流 i_1，其电流走向为：蓄电池正极→电流表→点火开关→点火线圈“+开关”接线柱→附加电阻→“开关”接线柱→点火线圈一次绕组→“-”接线柱→断电器触点→搭铁→蓄电池负极。此时一次电流 i_1 增长，但由于一次绕组中产生了一个与一次电流 i_1 方向相反的自感电动势，阻碍了一次电流的迅速增长，使一次电流 i_1 按指数规律增长，如图 8-3a 所示。

如果触点不分开，经过一段时间（约 20ms）后，一次电流 i_1 将达到最大稳定值。

(2) 第二阶段　触点分开，二次绕组中产生高压电。

当断电器凸轮转过一定角度后，便将触点顶开，一次电路被切断，一次电流 i_1 迅速下降到零，它所形成的磁场也迅速消失，在一次绕组和二次绕组中都产生感应电动势。一次绕组匝数少，产生 200～300V 的自感电动势，由于二次绕组匝数多，产生的互感电动势高达 15～20kV。

一次绕组中产生的自感电动势在触点分开时将作用在触点之间，并击穿触点间隙形成火花，使一次电流 i_1 通过触点间的火花放电而继续形成通路。一次电流 i_1 不能迅速断流，就会造成铁心中磁场的下降速度减小而使二次绕组的互感电动势降低。此外，触点间的火花会很快烧蚀触点，使点火系统不能正常工作。为此，在断电器触点之间并联一个电容 C_1，以使触点分开瞬间，一次绕组中的自感电动势迅速向电容 C_1 充电，从而减小触点火花，提高二次绕组的互感电动势。

同时，二次绕组中产生的互感电动势将向分布在二次电路中的分布电容 C_2 充电。分布电容 C_2 是分布在高压导线与低压导线之间、高压导线与机体之间、火花塞中心电极与侧电极之间的电容，相当于在二次绕组两端并联一个电容。如果火花塞电极间隙很大，不能击穿，则二次电压将达到最大值 U_{2max}，铁心中积蓄的磁场能全部转变为 C_1、C_2 的电场能。二次电压达到最大值以后，将随一次电流的变化进行衰减振荡，如图 8-3b 中虚线所示。

(3) 第三阶段　火花塞电极间隙被击穿，产生电火花，点燃混合气。

通常，火花塞的击穿电压 U_j 总是低于 U_{2max}。这样，当增长的二次电压 U_2 达到 U_j 时，就击穿火花塞电极间隙而形成电火花，使二次电流 i_2 迅速增加，二次电压 U_2 急剧下降，如图 8-3b、c 所示。

火花塞电极间隙被击穿以后，储存在 C_1、C_2 中的电场能首先放出。这部分由电容储存的能量维持的放电称为“电容放电”，其特点是放电时间极短，放电电流很大。由于电火花是在二次电压达到最大值 U_{2max} 以前发生的，所以电容放电只消耗了磁场能的一部分。火花塞间隙被击穿以后，阻力减小，铁心中剩余的磁场能将沿着电离了的火花塞间隙缓慢放电，形成“电感放电”（又称“火花尾”），其特点是放电时间较长，放电电流较小，放电电压较低。实验证明，电感放电的持续时间越长，点火性能越好。

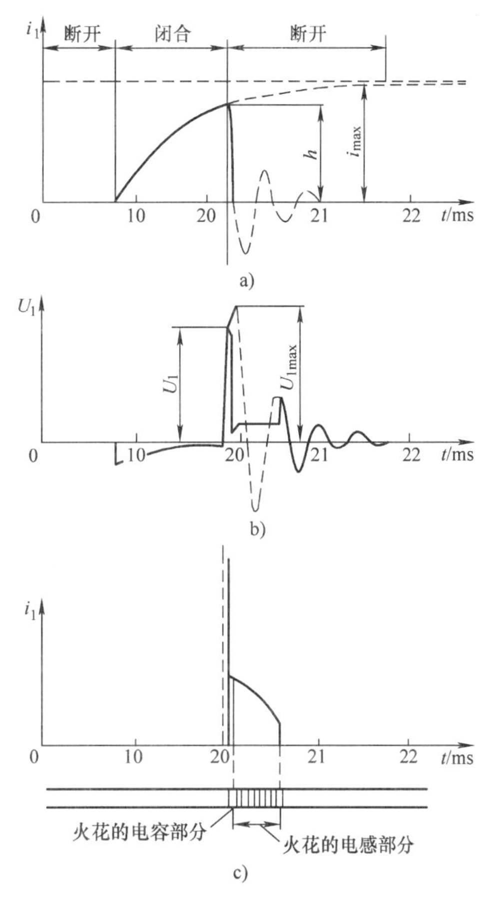

图 8-3　传统点火系统工作过程波形图

a）一次电流的变化　b）二次电压的变化　c）二次电流的变化（触点打开后，时间的坐标比例放大 10 倍）

发动机工作期间，断电器凸轮每转一周，各缸按点火顺序轮流点火一次。若要停止发动机的工作，只要断开点火开关，切断一次电路即可。

二、无触点电子点火系统

无触点电子点火系统取消了断电器的触点，用点火信号发生器产生点火信号，控制点火系统工作。它可以避免由触点引起的各种故障，减少了保养和维护工作；还可以增大一次电流，提高二次电压和点火能量；改善混合气的燃烧状况，提高发动机的动力性和经济性，并减少排气污染。

无触点电子点火系统一般由点火信号发生器、电子点火器、点火线圈、火花塞等组成，如图 8-4 所示。其基本工作原理为：转动分电器使点火信号发生器产生脉冲电压信号，此脉冲电压信号经电子点火器大功率晶体管前置电路的放大、整形等处理后，控制串联于点火线圈一次回路的大功率晶体管的导通和截止。大功率晶体管导通时，点火线圈一次回路导通，点火系统储能；当输入电子点火器的点火信号脉冲使大功率晶体管截止时，点火线圈一次回路断路，二次绕组便产生高压电。

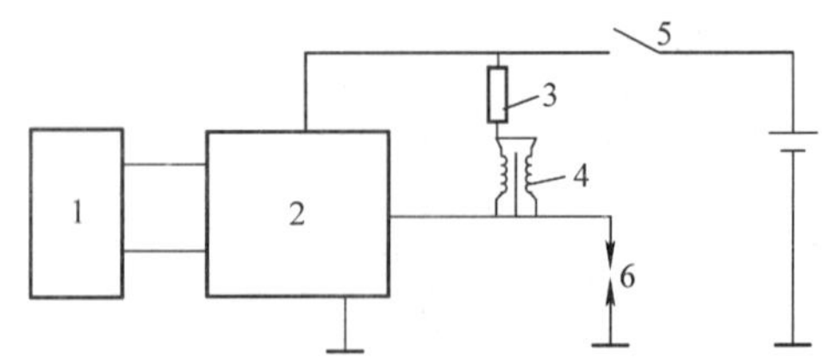

图 8-4　无触点电子点火系统的基本组成

1—点火信号发生器　2—电子点火器　3—附加电阻　4—点火线圈　5—点火开关　6—火花塞

无触点电子点火系统按信号发生器的类型不同可分为磁脉冲式、霍尔效应式等多种类型。

1. 磁脉冲式无触点电子点火装置

图 8-5 所示为汽车上常用的磁脉冲式无触点电子点火装置，由点火信号发生器、电子点火器、分电器、点火线圈和火花塞等组成。

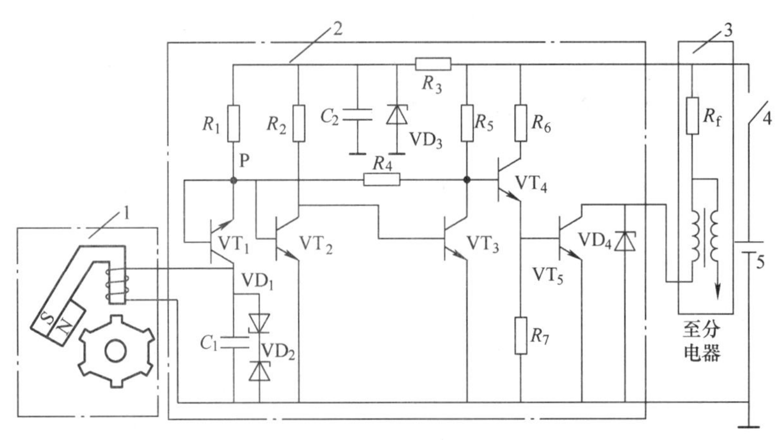

图 8-5　磁脉冲式无触点电子点火装置

1—信号发生器　2—电子点火器　3—点火线圈　4—点火开关　5—蓄电池

(1) 磁脉冲式点火信号发生器的工作原理　该点火信号发生器（或称传感器）是一个磁脉冲式信号发生器，用来产生点火信号，控制电子点火器的工作。它安装在分电器内，由分电器轴带动的信号转子、永久磁铁和绕在支架上的传感线圈等组成，如图 8-6a、b 所示。

信号转子上的凸齿数与发动机的气缸数相同。永久磁铁的磁通经信号转子凸齿、线圈铁心构成回路。当信号转子由分电器轴带动旋转时，转子凸齿与线圈铁心间的空气间隙将发生变化，磁路的磁阻随之改变，使通过传感线圈的磁通量发生变化，因而在传感线圈内感应出交变电动势，如图 8-6c 所示。

点火信号发生器具有点火信号电压的大小随发动机转速变化而变化的特点。当发动机转

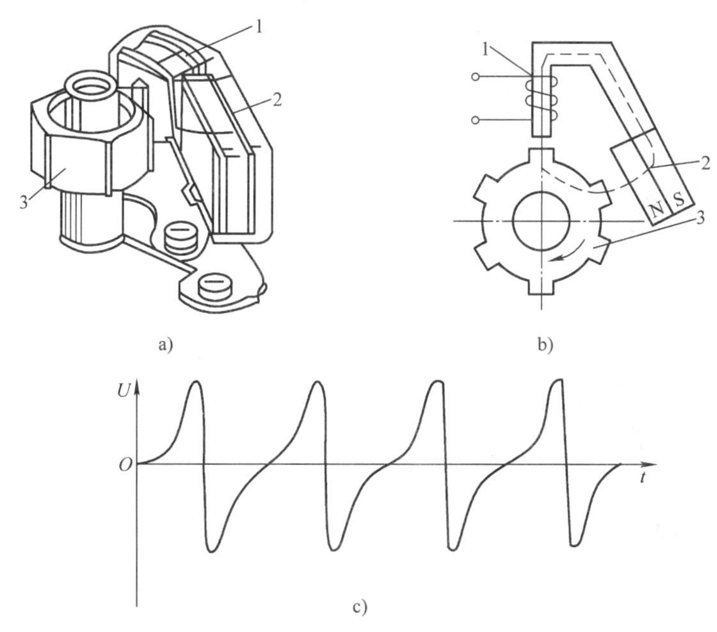

图 8-6　磁脉冲式点火信号发生器的结构和工作原理

a）点火信号发生器的结构　b）原理示意图　c）输出信号

1—传感线圈　2—永久磁铁　3—信号转子

速升高时，点火信号发生器磁路的磁阻变化速率提高，相应磁通量的变化速率也提高，传感线圈产生的信号电压也就随之增大，使点火的击穿电压提前到达，点火相应提前。利用这一特点，若点火信号发生器的结构设计合理，使得点火提前角随发动机转速的变化正好满足发动机转速变化对点火提前角的实际需要，就可以省去离心点火提前调节器。

（2）电子点火器的工作过程　电子点火器（见图 8-5）将从点火信号发生器得到的信号进行整形、放大，以控制点火线圈一次电路的通断。它由点火信号检出电路（晶体管 VT_2）、信号放大电路（晶体管 VT_3、VT_4）和功率放大电路（大功率晶体管 VT_5）等组成。其工作过程如下：VT_2 为触发管，当它导通时，其集电极的电位降低，使 VT_3 截止；VT_3 截止时，蓄电池通过 R_5 向 VT_4 提供偏流，使 VT_4 导通；VT_4 导通时，R_7 上的电压降又加在 VT_5 的发射极上，使 VT_5 导通。这样，一次绕组中便有电流通过，路线是：蓄电池正极→点火开关 4→附加电阻 R_f→点火线圈一次绕组→大功率晶体管 VT_5→搭铁→蓄电池负极。

当 VT_2 截止时，蓄电池通过 R_2 向 VT_3 提供偏流，使 VT_3 导通，VT_4 截止，VT_5 也截止。于是，点火线圈的一次电流被切断，二次绕组产生高压电，击穿火花塞间隙，点燃混合气。

电路中晶体管 VT_1 的基极和发射极相连，相当于发射极为正、集电极为负的二极管，起温度补偿作用。其原理如下：当温度升高时，VT_2 的导通电压会降低，使 VT_2 导通提前而截止滞后，从而导致点火推迟。VT_1 与 VT_2 的型号相同，具有同样的温度特性系数，故在温度升高时，VT_1 的正向导通电压也会降低，使 P 点电位下降，正好补偿了温度升高对 VT_2 工作电位的影响，从而使 VT_2 的导通和截止时间与常温时相同。

2. 霍尔效应式电子点火装置

如图 8-7a 所示为带有霍尔式点火信号发生器的分电器，霍尔信号发生器位于分电器内，其结构如图 8-7b 所示。霍尔元件实际上是一个霍尔集成块电路，内部结构如图 8-8 所示。因为在霍尔元件上得到的霍尔电压一般为 20mV，因此必须将其放大整形后再输出给点火控制器。

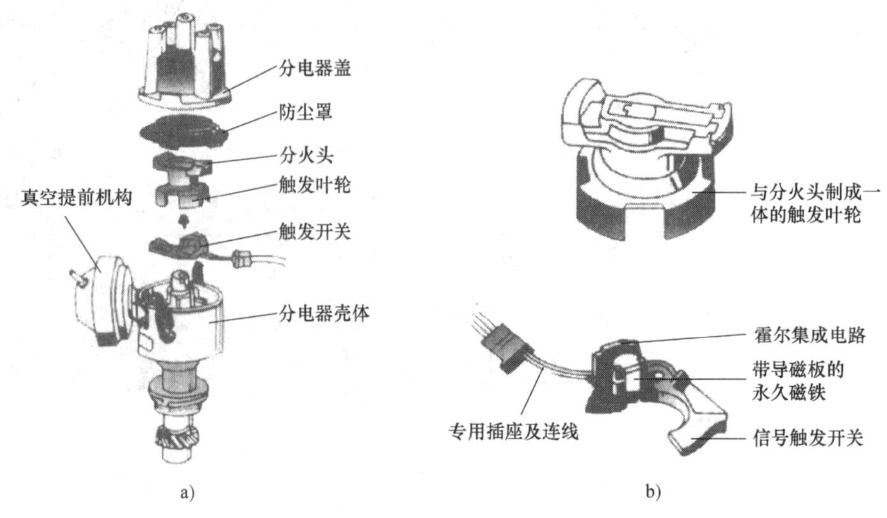

图 8-7　霍尔信号发生器

a）霍尔式分电器的结构　b）霍尔式点火信号发生器

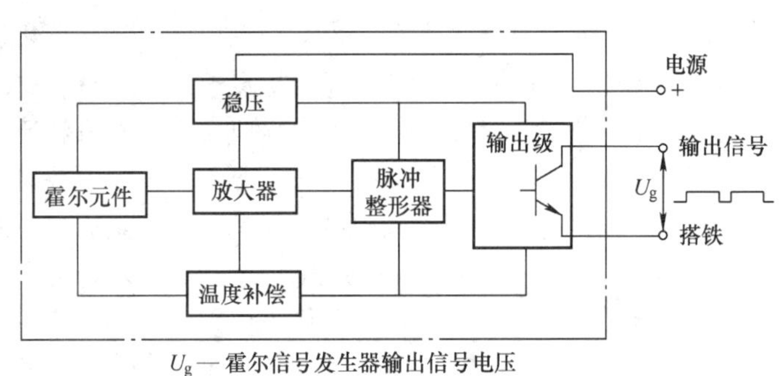

图 8-8　霍尔元件内部结构

霍尔信号发生器的工作原理如图 8-9 所示，分电器轴带动触发叶轮转动，当叶轮进入磁铁与霍尔元件之间的空气隙时，磁场被旁路，霍尔元件不产生霍尔电压，霍尔集成电路末级晶体管截止，信号发生器输出高电位；当触发叶轮离开空气隙时，永久磁铁的磁力线通过霍尔元件而产生霍尔电压，集成电路末级晶体管导通，信号发生器输出低电位。叶片不停转动，信号发生器输出一个矩形波信号，作为控制信号给点火器，由点火器控制一次电路的通断。霍尔信号发生器完成功能时的波形如图 8-10 所示。

三、微机控制点火系统

采用微机控制点火系统，可使发动机的实际点火提前角接近理想点火提前角，从而使各种运转条件下的点火提前角获得复杂而精确的控制，即在怠速时，主要目标是使运转平稳、排放污染最低、油耗最小；在部分负荷时，主要要求降低油耗和提高行驶特性；在大负荷时，重点是提高最大转矩和避免工作中产生爆燃现象。

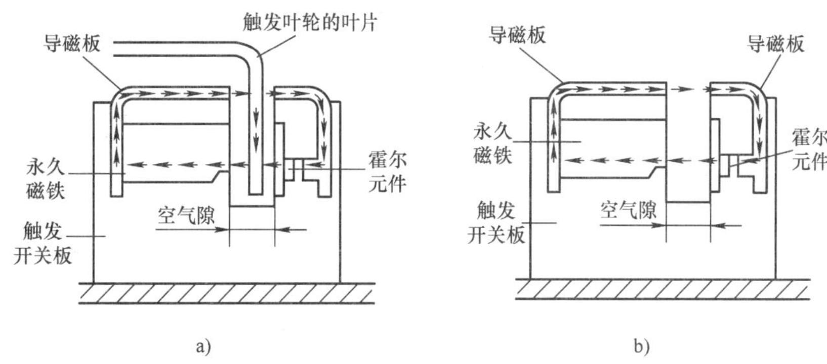

图 8-9　霍尔信号发生器的工作原理

a）触发叶轮的叶片进入空气隙　b）触发叶轮的叶片离开空气隙

1. 微机控制点火系统的组成

微机控制点火系统主要由传感器、电子控制器、点火器和点火线圈等组成，如图 8-11 所示。

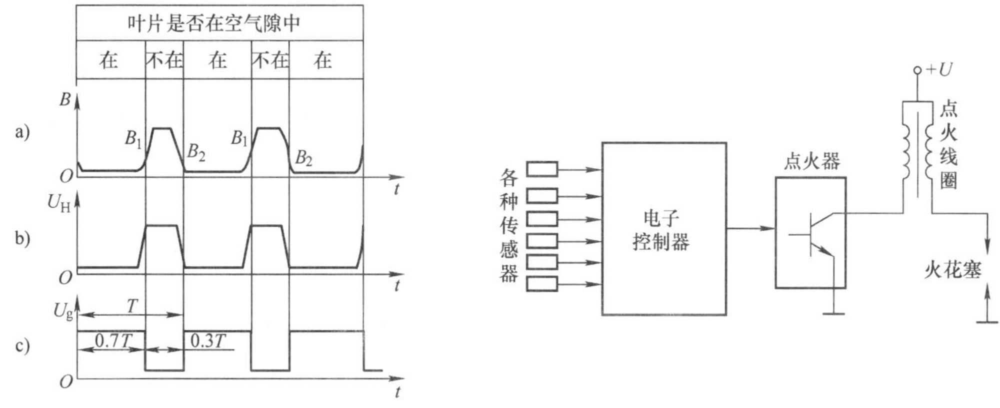

图 8-10　霍尔信号发生器波形图

a）磁感应强度 B　b）霍尔电压 U_H

c）信号发生器输出电压 U_g

图 8-11　微机控制点火系统

（1）传感器　传感器（包括各种开关）主要有曲轴位置传感器、空气流量计（或绝对压力传感器）、冷却液温度传感器、进气温度传感器、氧传感器、节气门位置传感器、车速传感器、爆燃传感器和空调开关信号等。

（2）电子控制器　电子控制器的作用是根据发动机各传感器输入的信息及内存的数据，进行运算、处理和判断，然后输出指令（信号）控制有关执行器（如点火器）动作，达到快速、准确地控制发动机工作的目的。其基本构成如图 8-12 所示，包括输入回路、输出回路、A-D 转换器、微型计算机（简称微机）、电源电路及备用电路等。

在微机的只读存储器 ROM 中，存放着各种程序和该车在各种工况下最优化的点火提前角等数据。发动机工作时，微机根据各传感器及开关信号输入的发动机信息，时刻检测曲轴位置及发动机负荷和转速，并根据发动机负荷和转速查出基本点火提前角，再根据此时的工

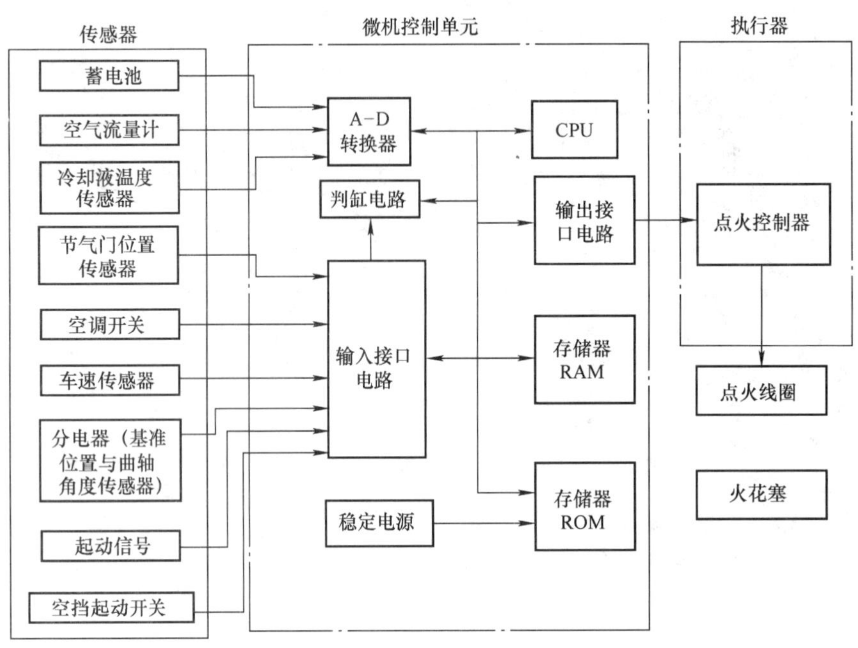

图 8-12　电子控制器的基本构成

况进行修正，计算出最佳点火提前角。微机适时按最佳点火提前角向输出回路发出指令，控制点火器切断点火线圈一次电流，产生高压电，并将其按发动机的点火顺序分配到各缸火花塞进行点火。

（3）点火器　点火器的作用是根据电子控制器输出的指令，通过内部大功率晶体管的导通和截止，控制一次电流的通断，完成点火工作。

2. 微机对点火时刻的控制方式

（1）开环控制方式　开环控制是指微机检测发动机各种工作状态的信息，并根据这些信息从内部存储器中查出相应的点火提前角，然后输出控制信号对点火时刻进行控制。这种控制方法对控制结果不予以反馈。开环控制所用的控制数据是经过大量试验优化的结果，是综合考虑到经济性、动力性、排放等要求而确定的。

（2）闭环控制方式　闭环控制是指微机以一定的点火提前角控制发动机工作时，同时还不断地检测发动机的有关工作状态，然后根据检测到的信息（反馈信号）再对点火提前角进行控制（修正）。在进行闭环控制时，反馈信号可以有多种，如爆燃信号、转速信号和气缸压力信号等。目前汽车上最实用的是使用爆燃传感器检测发动机是否有爆燃信号，实现对点火提前角的最佳控制。

3. 无分电器电子点火系统

无分电器电子点火系统有两种方式：一种为每两缸装一个点火线圈，两缸同时点火，如图 8-13 所示；另一种为每缸一个点火线圈，各缸独立进行控制，如图 8-14 所示。

四、点火系统的主要部件

1. 分电器

（1）传统分电器的组成　传统分电器由断电器、配电器、电容器和点火提前机构等组成，如图 8-15 所示。

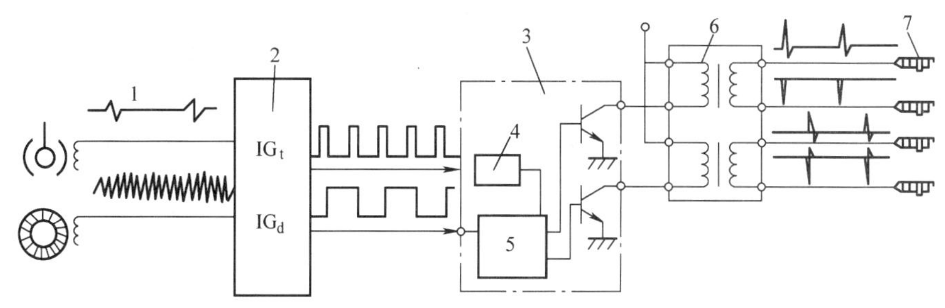

图 8-13　两缸一个点火线圈的点火系统

1—曲轴位置传感器　2—电子控制装置　3—点火器　4—点火基准判断
5—点火分配器　6—点火线圈　7—火花塞

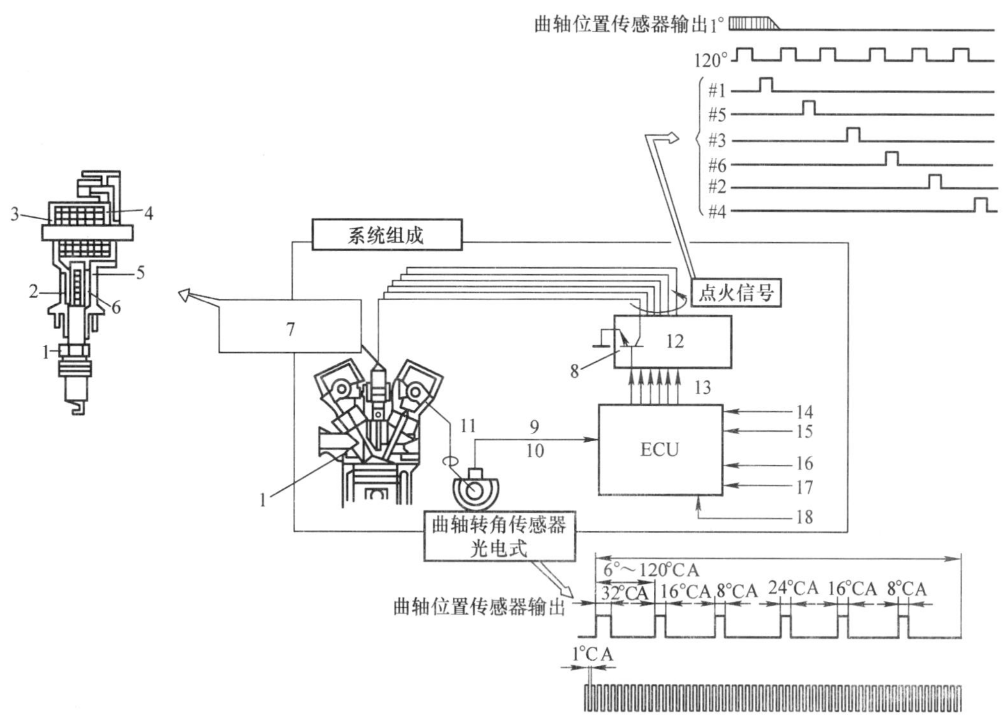

图 8-14　每缸一个点火线圈的点火系统

1—火花塞　2—护套　3—一次绕组　4—二次绕组　5—弹簧　6—高压接点　7—点火线圈　8—点火模块
9—转速信号　10—曲轴转角信号　11—直接接凸轮　12—功率管　13—点火正时控制信号
14—空气流量信号　15—冷却液温度信号　16—起动信号　17—爆燃信号　18—节气门开度信号

1）断电器　断电器由固定在断电器底板上的断电器触点和断电器凸轮组成。

2）配电器　配电器安装在断电器的上方，由胶木制的分电器盖和分火头组成。

3）点火提前调节机构　点火时刻对发动机的工作影响很大，应当在活塞到达上止点前点火，使气体压力在活塞位置相当于曲轴转到上止点后10°～15°时达到最高值。

最佳点火提前角的主要影响因素是发动机转速和混合气的燃烧速度。当发动机转速一定时，随着负荷的加大，点火提前角应适当减小；发动机负荷减小时，点火提前角应当加大。

当负荷一定时，点火提前角应随发动机转速的提高适当增大。

在分电器中，一般设有两套自动调节点火提前角的装置，一套是能随发动机转速的变化而自动调节点火提前角的离心式点火提前角调节装置；另一套是按发动机负荷不同而自动调节点火提前角的真空式点火提前角调节装置。

离心式点火提前角调节器是在发动机不同转速下自动调节点火提前角的装置，其结构如图 8-16 所示。

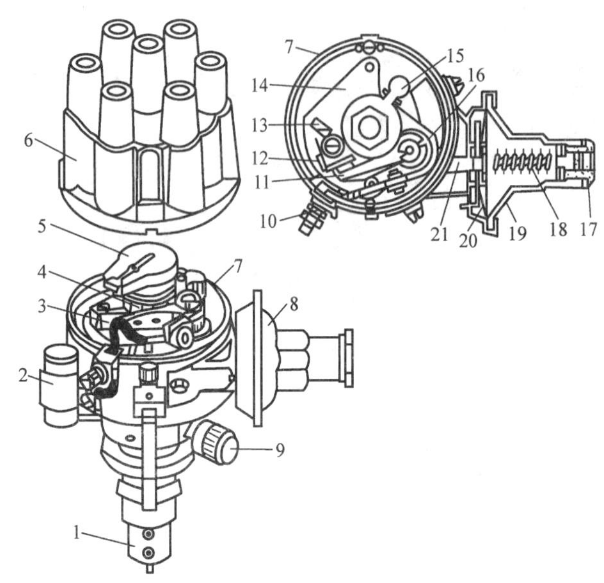

图 8-15　传统分电器的结构

1—联轴器　2—电容器　3—触点与断电器底板总成　4—凸轮　5—分火头　6—分电器盖　7—分电器壳体　8—真空提前调节器　9—油杯　10—接线柱　11—活动触点臂　12—固定触点及支架　13—偏心螺钉　14—活动底板　15—油毡及夹圈　16—触点臂弹簧片　17—螺母　18—弹簧　19—真空提前调节器外壳　20—真空提前调节器膜片　21—拉杆

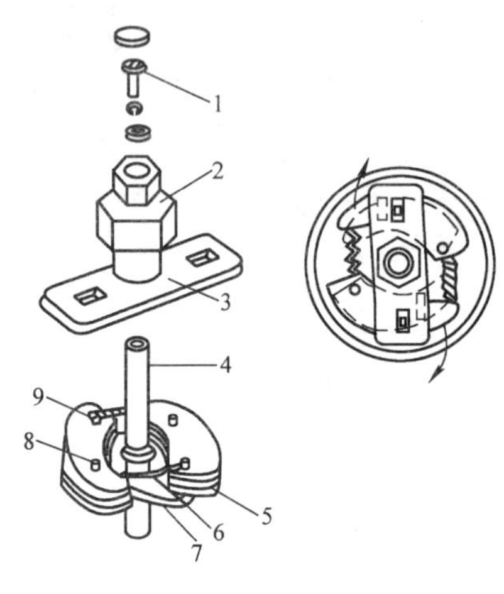

图 8-16　离心式点火提前角调节器

1—凸轮固定螺钉及垫片　2—凸轮　3—拨板　4—分电器轴　5—离心重块　6—弹簧　7—托板　8—销钉　9—柱销

真空式点火提前角调节器是根据发动机负荷的变化自动调节点火提前角的装置，装在分电器壳体的外侧，其结构原理如图 8-17 所示。

（2）无触点分电器　无触点分电器主要由点火信号发生器、配电器和点火提前调节装置组成，其配电器与离心式点火提前调节装置和传统分电器中的配电器相类似。

霍尔效应式分电器的真空点火提前调节装置拉杆拉动的是装有霍尔传感器的托盘，如图 8-18 中的 5 所示。

磁脉冲式分电器的点火提前调节装置拉杆拉动的是与固定爪极相连的托板，如图 8-19 中的 3 所示。

2. 点火线圈

点火线圈由一次绕组、二次绕组和铁心等组成。按磁路的结构形式不同，点火线圈可分为开磁路式点火线圈和闭磁路式点火线圈。

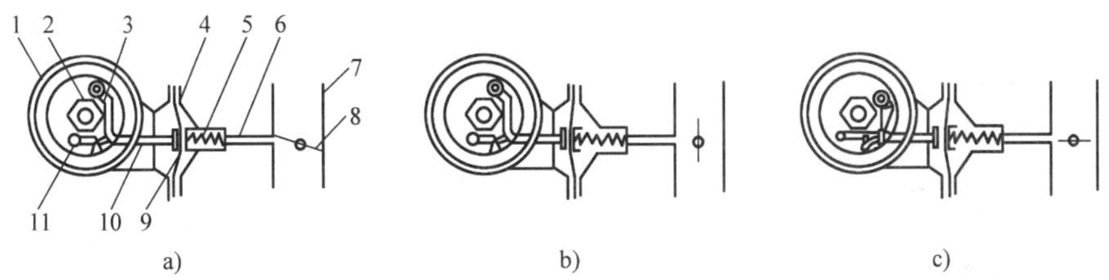

图 8-17　真空式点火提前角调节器的结构原理示意图

a）小负荷（节气门 1/4 开度）　b）大负荷　c）起动和怠速

1—分电器外壳　2—断电器凸轮　3—断电器触点　4—真空式点火提前角调节器外壳　5—弹簧　6—连接管　7—化油器　8—节气门　9—膜片　10—拉杆　11—固定销

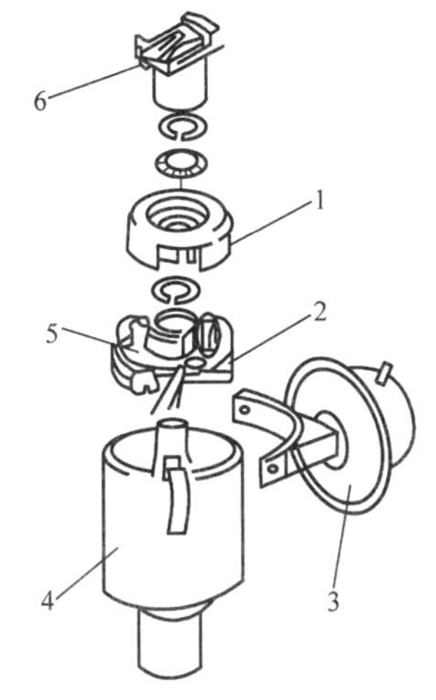

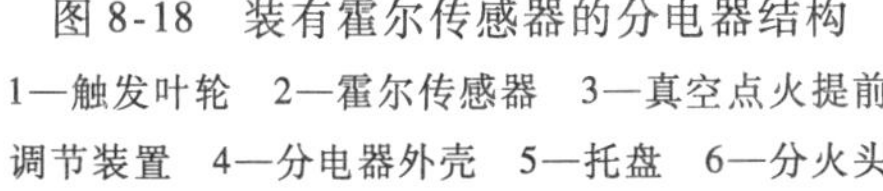

图 8-18　装有霍尔传感器的分电器结构

1—触发叶轮　2—霍尔传感器　3—真空点火提前调节装置　4—分电器外壳　5—托盘　6—分火头

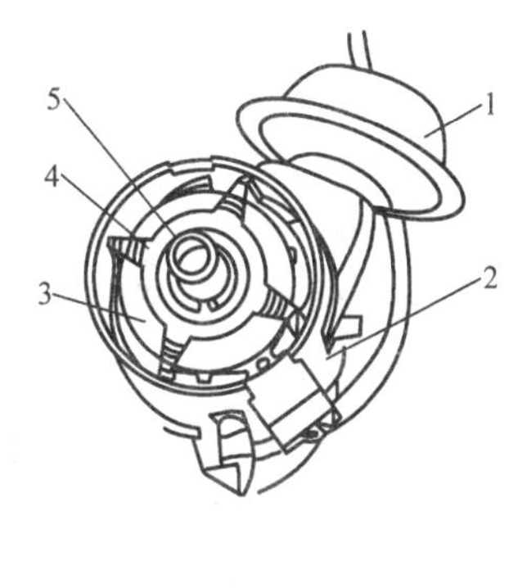

图 8-19　磁脉冲式分电器的结构

1—真空点火提前调节装置　2—分电器壳　3—托板　4—信号转子　5—转子轴

（1）开磁路式点火线圈　开磁路式点火线圈的结构如图 8-20 所示。

三接线柱式点火线圈的绝缘盖上有接线柱“－”、“开关”、“＋开关”和高压插孔，它们分别接断电器、起动机附加电阻短路接线柱、点火开关和配电器。它与两接线柱式点火线圈的主要区别是外壳上装有一个附加电阻。由于其磁路的上、下部分都是从空气中通过的，铁心未构成闭合磁路，所以称为开磁路式点火线圈。

（2）闭磁路式点火线圈　闭磁路式点火线圈的结构如图 8-21 所示。在“口”字形和“日”字形铁心内绕有一次绕组，在一次绕组外面绕有二次绕组。一次绕组在铁心中的磁通通过铁心形成闭合磁路，故称其为闭磁路式点火线圈。

与开磁路式点火线圈相比，闭磁路式点火线圈具有漏磁少、转换效率高、体积小、重量轻、铁心裸露易于散热等优点，故已在电子点火系统中广泛采用。

3. 火花塞

火花塞的工作条件极其恶劣，要受到高压、高温以及燃烧产物的强烈腐蚀。因此，它必须具有足够的机械强度，能够承受冲击性高压电的作用，同时承受剧烈的温度变化，并要求

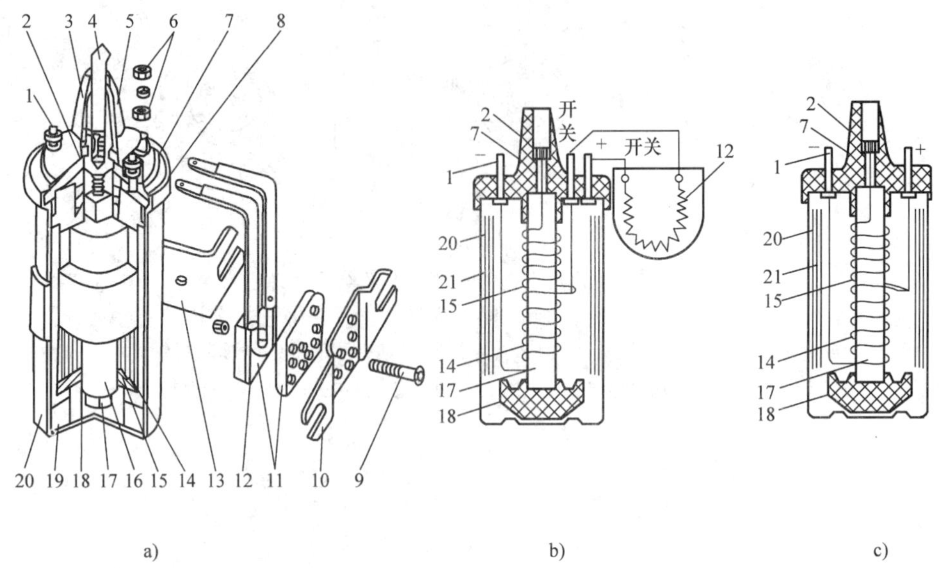

图 8-20　开磁路式点火线圈

a）结构示意图　b）三接线柱式原理图　c）二接线柱式原理图

1—“-”接线柱　2—二次绕组引出头及弹簧　3—橡胶罩　4—高压阻尼线　5—高压线插座　6—螺母及垫片　7—绝缘盖　8—橡胶密封圈　9—螺钉及螺母　10—附加电阻盖　11—附加电子瓷质绝缘体　12—附加电阻及接线片　13—固定夹　14—一次绕组　15—二次绕组　16—绝缘纸　17—铁心　18—瓷绝缘体　19—沥青材料　20—外壳　21—导磁钢套

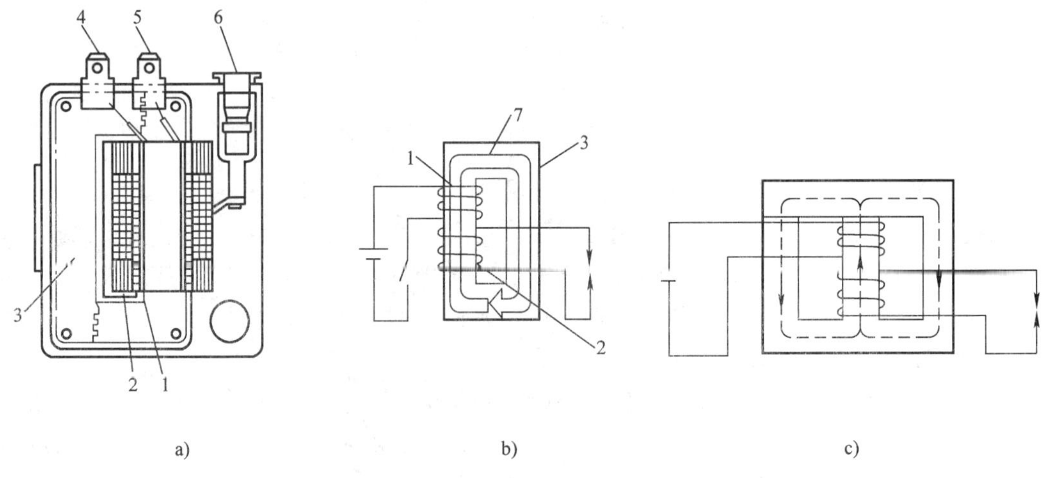

图 8-21　闭磁路式点火线圈

a）闭磁路点火线圈　b）“口”字形铁心　c）“日”字形铁心

1—一次绕组　2—二次绕组　3—铁心　4—正接线柱　5—负接线柱　6—高压接线柱　7—磁力线

具有良好的热特性，火花塞的材料必须能抵抗燃气的腐蚀。

（1）火花塞的结构　如图 8-22 所示。在钢制壳体的内部固定有高氧化铝陶瓷绝缘体，使中心电极与侧电极之间保持足够的绝缘强度。绝缘体孔的上部装有金属杆，通过接线螺母与高压导线相连，下部装有中心电极。金属杆与中心电极之间用导电玻璃密封。中心电极用镍锰合金制成，具有良好的耐高温、耐腐蚀和导电性能。火花塞借壳体下部的螺纹旋入气缸盖中，旋紧时密封垫圈受压变形保证壳体与缸盖之间密封良好。为了适应不同型号发动机的需要，火花塞因下部的形状和绝缘体裙部长度的不同有多种形式。

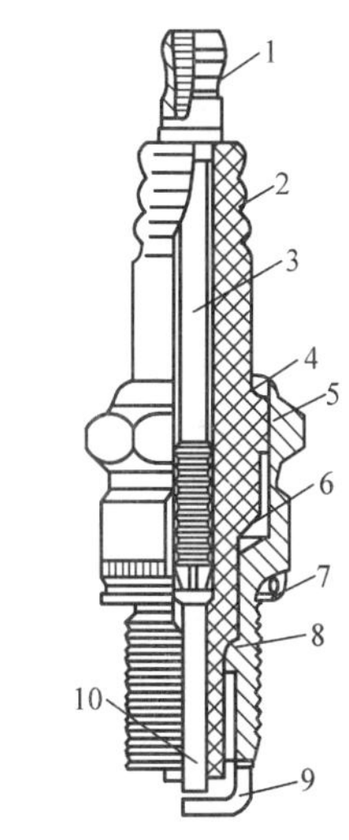

图 8-22　火花塞的结构

1—接线柱　2—绝缘体　3—金属杆　4—垫圈　5—壳体　6—导电玻璃　7—多层密封垫圈　8—内垫　9—侧电极　10—中心电极

（2）火花塞的热特性　火花塞工作时，周期性地受到高温燃气作用，使绝缘体裙部温度升高，这部分热量主要通过壳体、绝缘体、中心电极、金属杆等传至缸体或散发到空气中。当吸收和散发的热量达到平衡时，火花塞的各个部分将保持一定的温度。火花塞的发火部位吸热并向发动机冷却系统散发的性能，称为火花塞的热特性。实践证明，当火花塞绝缘体裙部的温度保持在 500 ~ 600℃时，绝缘体上的油滴能立即烧去，不形成积炭，这个温度称为火花塞的自净温度。低于这个温度，火花塞常因产生积炭而漏电，导致不点火；高于这个温度，则当混合气与炽热的绝缘体接触时，可能因早燃而引起爆燃，甚至在进气行程中燃烧，产生回火现象。

火花塞的热特性主要取决于绝缘体裙部的长度。绝缘体裙部长的火花塞，受热面积大，传热距离长，散热困难，裙部温度高，称为热型火花塞；反之，裙部短的火花塞，受热面积小，传热距离短，容易散热，裙部温度低，称为冷型火花塞。热型火花塞适用于低速、低压缩比、小功率发动机；冷型火花塞适用于高速、高压缩比、大功率发动机。

火花塞的热特性常用热值或炽热数表示。我国以绝缘体裙部长度标定的热值表示火花塞的热特性，热值代号 1、2、3 为热型火花塞；4、5、6 为中型火花塞；7、8、9、10、11 为冷型火花塞。

【项目实施】

任务　点火系统总成的拆装

一、任务目标

能够正确使用专用工具进行点火系统的拆装。

二、任务准备

工具准备：桑塔纳 2000 轿车专用点火正时灯 4 个、扭力扳手 4 个、套筒 4 套、棘轮扳手 4 个、火花塞扳手 4 个。

物品准备：桑塔纳 2000 汽车（或台架）4 台，桑塔纳 2000 维修手册两本。

场地准备：汽车发动机实训车间，举升机 4 台，尾气抽排设备 4 套，工具车 4 辆。

分组：每个小组 4 ~6 人。

三、实践操作

1. 分电器的安装与点火正时的检测

(1) 分电器的安装步骤

1) 将飞轮和正时带轮调整到第 1 缸的上止点位置。

2) 手动盘车（转动发动机），将 V 带轮调整到第 1 缸的上止点位置。

3) 将凸轮轴正时带轮上的标记与气门罩盖上的箭头对齐，如图 8-23 所示。

4) 装上分电器后，分火头的标记应与分电器壳体上的标记对齐，如图 8-24 所示。

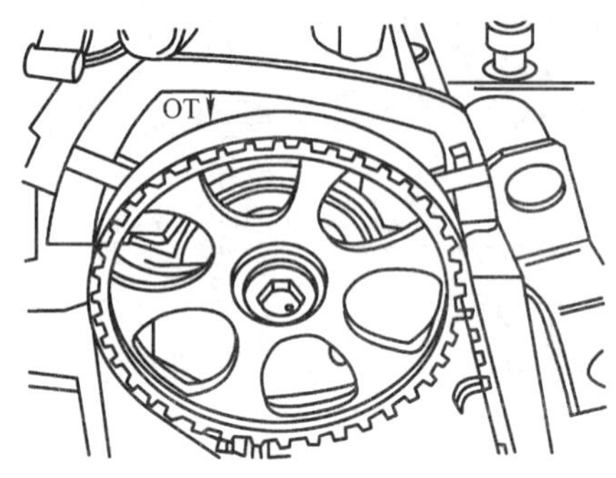
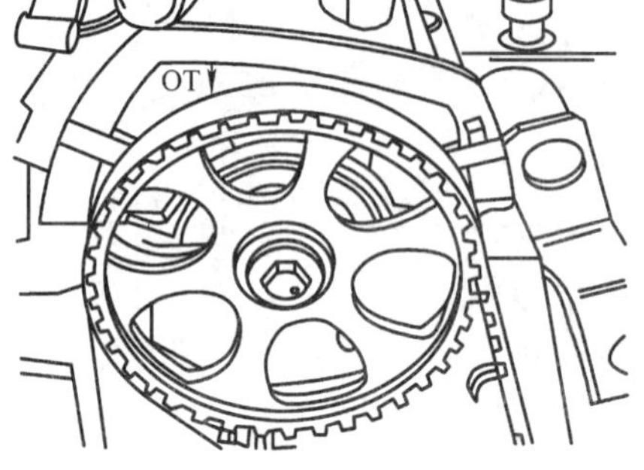

图 8-23　凸轮轴正时带轮上的标记

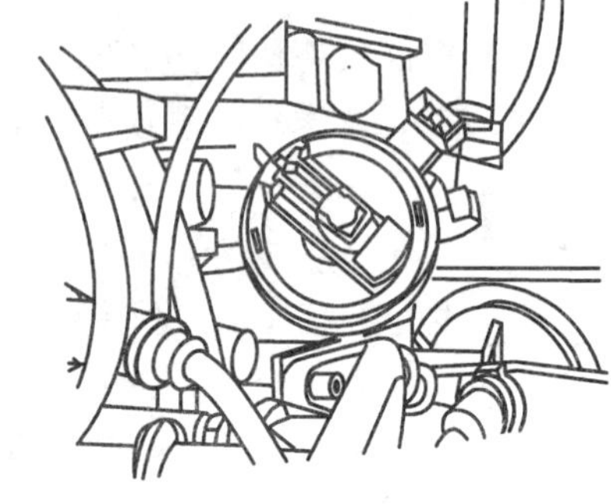

图 8-24　分火头与分电器壳体上的标记对齐

5) 安装分电器盖。分电器盖在安装前要清洗，检测有无泄漏电流造成的裂纹和痕迹，必要时更换。

(2) 点火正时的检测

1) 按照“桑塔纳 2000GLi 型轿车电子控制燃油喷射系统”的检测方法，对发动机点火正时及怠速进行检测。

2) 如果点火时刻不随发动机转速、进气歧管压力及冷却液温度、进气温度、节气门开度和爆燃而改变，应进一步进行点火系统相关组件的调试与检查。

2. 主要组件的检修

(1) 火花塞的检修　火花塞的作用是将点火线圈产生的高压电引入发动机燃烧室，并在电极之间形成电火花，点燃可燃混合气。火花塞主要由壳体、绝缘体和电极组成。

1) 拆下火花塞，检查火花塞的螺纹及绝缘体有无损坏。如有异常，应更换火花塞。

2) 检查火花塞电极间隙。如图 8-25 所示，AFE 型发动机火花塞电极间隙应为 0.7 ~ 0.8mm。对于新的火花塞，可通过弯曲负电极来调整火花塞电极间隙；使用过的火花塞电极间隙不可调整。若火花塞电极间隙不在规定的范围内，应更换火花塞。

3) 用兆欧表测量火花塞绝缘电阻。如图 8-26 所示，电阻值应为 10MΩ 或更大。

注意：若火花塞电极有湿炭痕迹，待其干燥后用火花塞清洁器以低于 588kPa 的压力、20s 左右的时间清洁火花塞电极；若有机油痕迹，在使用火花塞清洁器之前，先用汽油清除机油。

(2) 点火线圈的检修　用欧姆表测量点火线圈的电阻。一次绕组的电阻应为 1.2 ~ 1.4kΩ，二次绕组的电阻应为 6 ~ 8kΩ。若测量的电阻不符合规定，则需要更换点火线圈，同时应保证点火线圈绝缘盖板清洁、干燥，防止漏电。

(3) 高压回路部件的检修　用欧姆表测量高压回路部件的电阻，若部件的电阻不在规定范围之内，应更换新件。

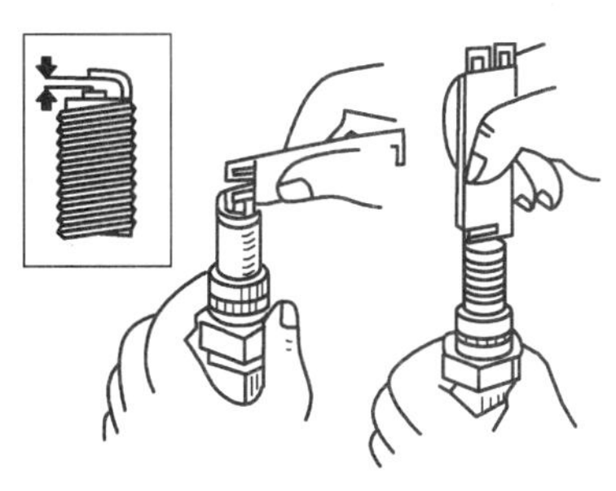
图 8-25　检查火花塞电极间隙

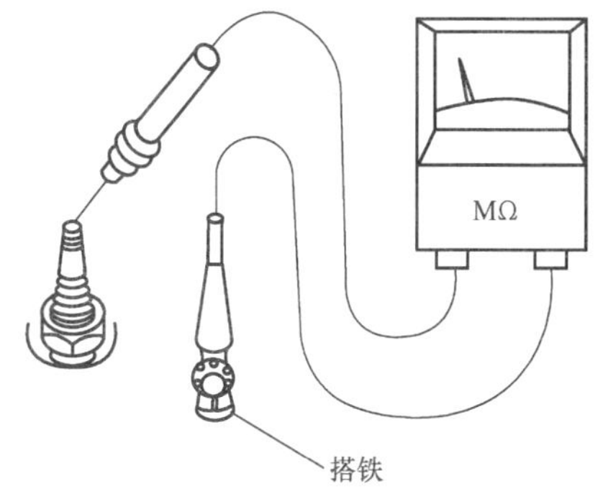

图 8-26　测量火花塞绝缘电阻

1）检查分火头电阻，如图 8-27 所示，电阻值应为 1kΩ ±0.4kΩ。

2）检查火花塞插头电阻，如图 8-28 所示，电阻值应为 1kΩ ±0.4kΩ。

3）检查防干扰接头电阻，如图 8-29 所示，电阻值应为 1kΩ ±0.4kΩ。

4）检查高压导线电阻，如图 8-30 所示，中央高压线应为 0 ~ 2.8kΩ、高压分线应为 0.6 ~ 7.4kΩ。

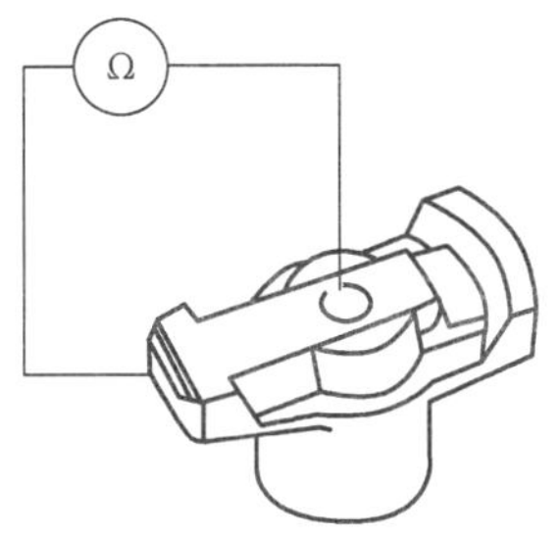

图 8-27　检查分火头电阻

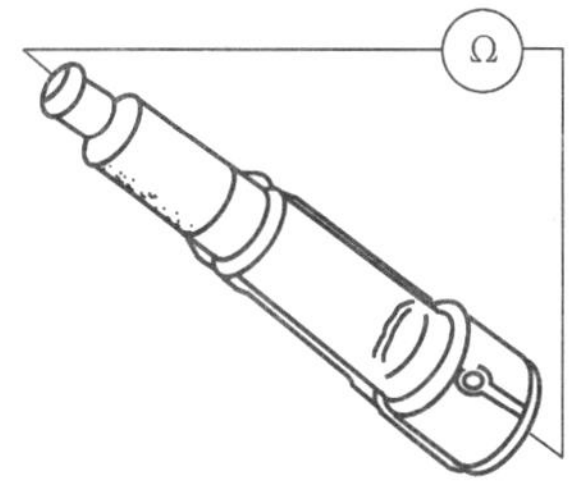

图 8-28　检查火花塞插头电阻

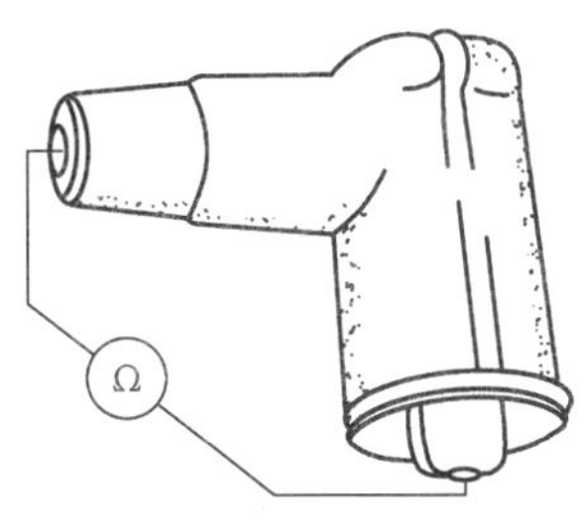

图 8-29　检查防干扰接头电阻

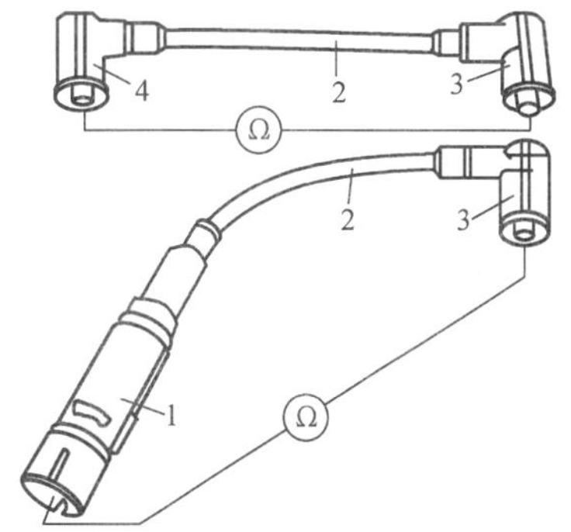

图 8-30　检查高压导线电阻

1—火花塞　2—高压导线　3—分电器　4—点火线圈

四、任务评价

以小组为单位进行评价，根据分值的情况评出优秀、良好、一般等品质，评价标准见表 8-1。

表 8-1　任务评价标准

项次	项目任务	评价标准	分值	项目得分
1	认识点火系统	要准确指认点火系统零部件并说出其作用	5	
2	分电器的安装	拆装步骤正确,检查标记	4	
3	点火正时的检测	能正确使用正时灯,观察点火提前角,做出判断	6	
4	火花塞的检修	知道火花塞型号,正确检查火花塞,做出判断	4	
5	点火线圈的检修	正确检查点火线圈,做出判断	6	
6	5S 现场管理	常组织、常整顿、常清洁、常规范、常自律	5	

项目九　发动机起动系统的认知

【学习目标】

1. 知识目标

1）能够说出发动机起动系统的功用与基本组成。

2）正确分析起动控制电路。

3）正确分析起动机的结构与工作原理。

2. 能力目标

1）具有识读起动机装配图和零件结构图的能力。

2）能够识别发动机起动系统中各个零件的结构。

3）能够正确使用相关专用工具完成起动机的拆装任务。

【学时安排】

4 学时。

【理论知识】

起动系统的作用是在正常使用条件下，通过起动机将蓄电池储存的电能转变为机械能，带动发动机以足够高的转速运转，以顺利起动发动机。

能使发动机顺利起动所必需的曲轴转速，称为起动转速。车用汽油发动机在温度为0～20℃时，最低起动转速一般为 30～40r/min。为了使发动机能在更低的温度下迅速起动，要求起动转速不低于 50～70r/min。

用电力起动机起动发动机几乎是现代汽车唯一的起动方式。电力起动机简称起动机，由直流电动机、传动机构和控制机构等组成，如图 9-1 所示。

1. 直流电动机

直流电动机在直流电压的作用下产生旋转力矩。接通起动开关起动发动机时，电动机轴旋转，并通过驱动齿轮和飞轮的齿圈驱动发动机曲轴旋转，使发动机起动。如图 9-2 所示为直流电动机的组成。

磁极是直流电动机的定子部分，用来产生电动机运转所必需的磁场。它由磁极铁心、安装在铁心上的励磁绕组及机壳组成。

电枢是直流电动机的转子部分，用来将电能转变为机械能，即在起动机通电时，与磁场相互作用而产生电磁转矩。如图 9-3 所示，电枢总成由换向器、铁心、绕组和电枢轴组成。为了在起动发动机时，起动机能够产生强大的励磁转矩，励磁绕组与电枢绕组一般采用串联方式连接，称为串励式直流电动机。串励式直流电动机具有起动转矩大、起动转速低、起动安全可靠等诸多优点，适于发动机起动。励磁绕组与电枢绕组可由不同的方式串联，如图 9-4 所示。

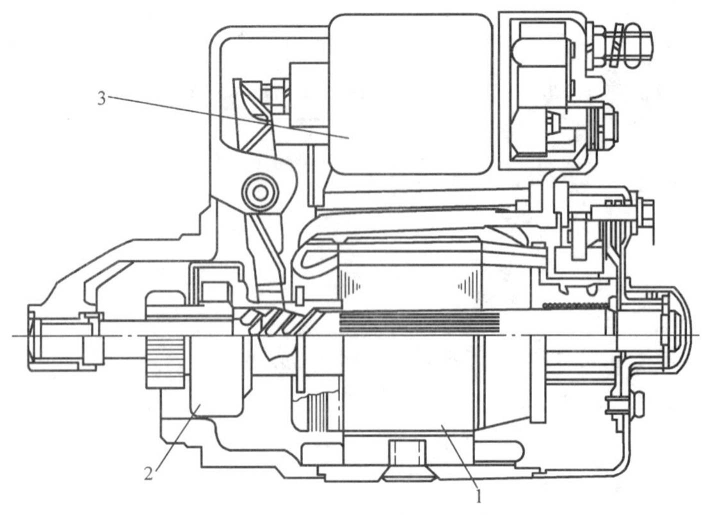

图 9-1　起动机的组成

1—直流电动机　2—传动机构　3—控制机构

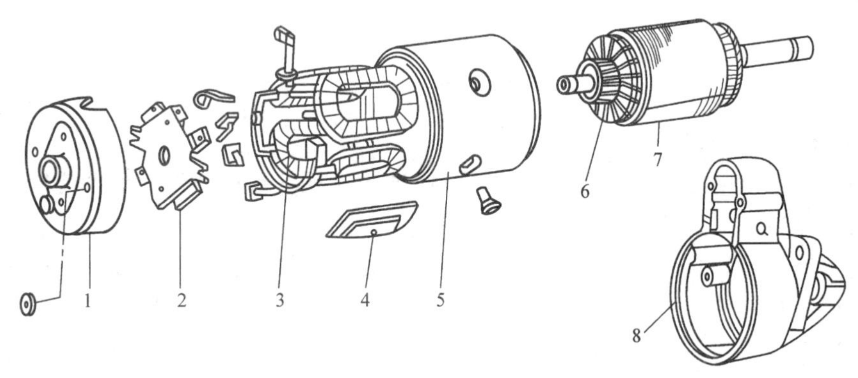

图 9-2　直流电动机的组成

1—前端盖　2—电刷和电刷架　3—励磁绕组　4—磁极铁心　5—机壳　6—换向器　7—电枢　8—后端盖

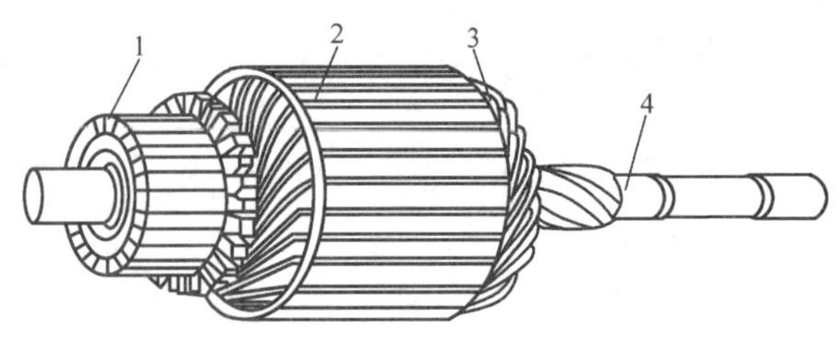

图 9-3　电枢总成

1—换向器　2—铁心　3—绕组　4—电枢轴

换向器是用来连接励磁绕组与电枢绕组的电路，并使其处于同一磁极下的电枢导体中流过的电流保持固定方向。如图 9-5 所示，它由一定数量的燕尾形铜片组成，并用轴套和压环

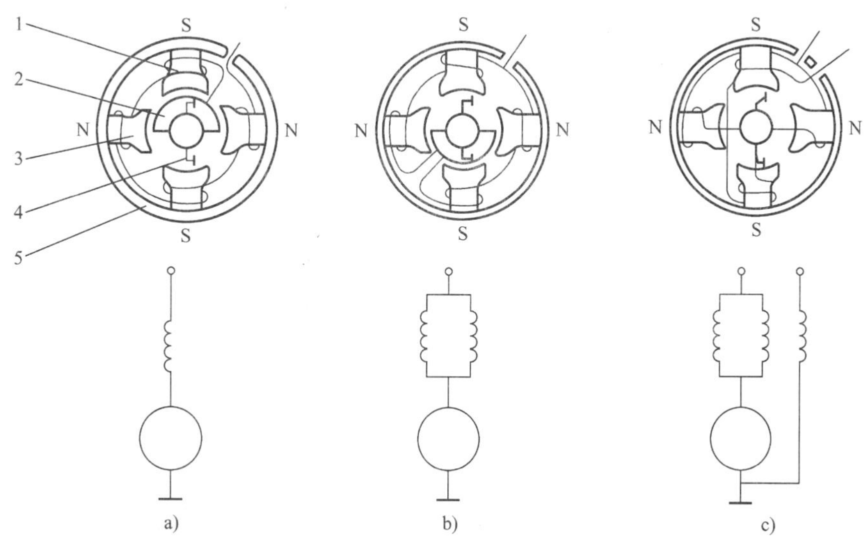

图 9-4　励磁绕组与电枢绕组的连接方式
a）各励磁绕组串联后与电枢绕组串联　b）两个串联的励磁绕组并联后与电枢绕组串联
c）主励磁绕组与电枢绕组串联，辅助励磁绕组与电枢并联
1—励磁绕组　2—换向器　3—磁极铁心　4—电刷　5—外壳

组装成一个整体，压装在电枢轴上，各铜片之间以及铜片与轴套、压环之间均用云母或硬塑料片绝缘。电枢绕组各线圈的两端焊接在相应铜片的接线凸缘上，经过绝缘电刷和搭铁电刷分别与起动机磁场绕组一端和起动机壳体连接。电枢轴除了铁心和换向器外，还制有螺旋槽或花键槽，以便安装传动装置。电枢轴两端通过轴承支承在起动机前后端盖上。

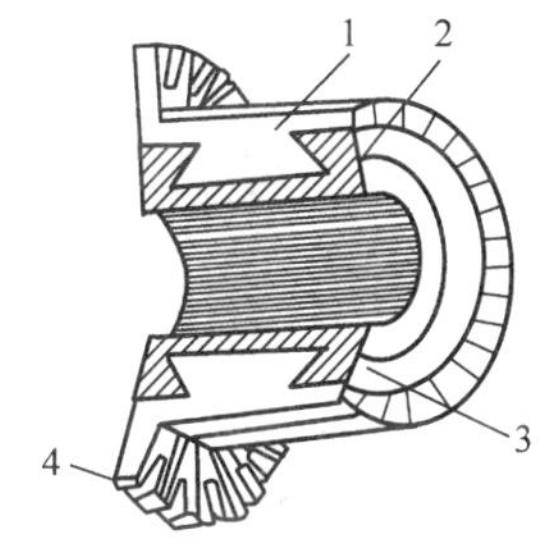

图 9-5　换向器的结构
1—铜片　2—轴套　3—压环　4—接线凸缘

电刷用铜和石墨粉压制而成，一般铜的质量分数为 80% ~ 90%，石墨的质量分数为 10% ~20%，以减小电刷电阻并增加其耐磨性。一般起动机的电刷个数等于磁极个数，也有的大功率起动机电刷个数等于磁极个数的两倍，以便减小电刷上的电流密度。有些小功率高速起动机的电刷弹簧采用螺旋弹簧，多数采用碟形弹簧。

电刷架采用箱式结构，铆装于前端盖上。电刷装于电刷架内，并用弹簧压紧在换向器的外圆表面。电刷与换向器有较大的接触面积，以尽量减小电刷与换向器之间的接触电阻，并延长电刷的使用寿命。

2. 起动机的传动机构

车用起动机的传动机构也称为啮合机构，有惯性啮合式传动机构、强制啮合式传动机构和电枢移动式啮合机构等三种基本类型。

起动机的传动机构安装在电动机电枢的延长轴上，用来在起动发动机时，将驱动齿轮与电枢轴连成一体，使发动机起动。发动机起动后，飞轮转速提高，将带着驱动齿轮高速旋转，会使电枢轴因超速旋转而损坏。因此，在发动机起动后，驱动齿轮的转速超过电枢轴的正常转速时，传动机构应使驱动齿轮与电枢轴自动脱开，防止电动机超速。为此，起动机的传动机构中必须具有超速保护装置。

超速保护装置是起动机驱动齿轮与电枢轴之间的离合机构，也称为单向离合器。常用的单向离合器有滚柱式、弹簧式、摩擦片式等多种形式。

如图 9-6 所示为汽车起动机的滚柱式单向离合器的结构与工作原理。接通起动开关起动发动机时，起动机的电枢轴连同内座圈按图 9-6b 中所示的箭头方向旋转，由于摩擦力和弹簧张力的作用，滚柱被带到内、外座圈之间楔形槽狭窄的一端，将内、外座圈连成一体，于是电枢轴上的转矩通过内座圈和楔紧的滚柱传递到外座圈和驱动齿轮，驱动齿轮与电枢轴一起旋转，使发动机起动。

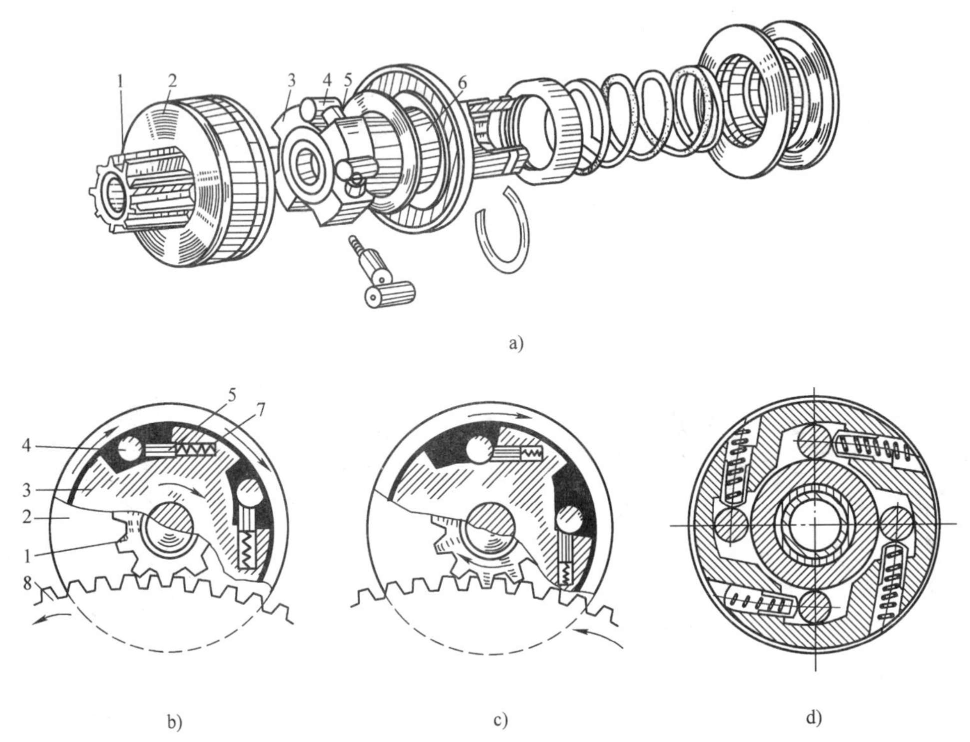

图 9-6　滚柱式单向离合器的结构与工作原理

a）零件分解图　b）起动时　c）起动后　d）楔形缺口开在外座圈上的单向离合器

1—驱动齿轮　2—外座圈　3—内座圈　4—滚柱　5—柱塞　6—花键套筒　7—弹簧　8—飞轮齿圈

发动机起动后，曲轴转速升高，飞轮齿圈将带着驱动齿轮高速旋转。虽然驱动齿轮的旋转方向没有改变，但它由主动轮变为从动轮。当驱动齿轮和外座圈的转速超过内座圈和电枢轴的转速时，在摩擦力的作用下，滚柱克服弹簧张力的作用滚向楔形槽宽的一端，使内、外座圈脱离联系而可以自由地相对运动，高速旋转的驱动齿轮与电枢轴脱开，防止电动机超速。

3. 起动机的控制机构

起动机的控制机构也称为操纵机构，其作用是控制起动机主电路的通、断和驱动齿轮的移出和退回。

起动机的控制机构分为直接操纵式和电磁操纵式两种。直接操纵式控制机构检修方便，且不消耗电能，有利于提高起动转速，但驾驶人的劳动强度大，不易远距离操纵，所以目前已很少应用。

电磁操纵式控制机构俗称电磁开关，其使用方便，工作可靠，并适合远距离操纵，所以目前应用广泛。电磁操纵式控制机构的结构如图 9-7 中点画线框内部分所示。作为操纵元件的活动铁心由驾驶人用开关通过电磁线圈进行控制。多数起动机的电磁线圈由保持线圈和吸拉线圈两部分构成。主接线柱和接线盘组成主开关。在黄铜套上绕有吸拉线圈和保持线圈，两线圈的绕向相同。吸拉线圈和电动机电枢绕组串联，保持线圈的一端搭铁，另一端与吸拉线圈接在同一接线柱上；在黄铜套内装有活动铁心和挡铁，活动铁心的后端与拨叉的上端相连接，挡铁固定不动，其中心孔内穿有推杆，推杆端部的接线盘用以接通起动机的主电路。拨叉通过销钉支承在起动机上，拨叉下端插入单向离合器的移动衬套中。

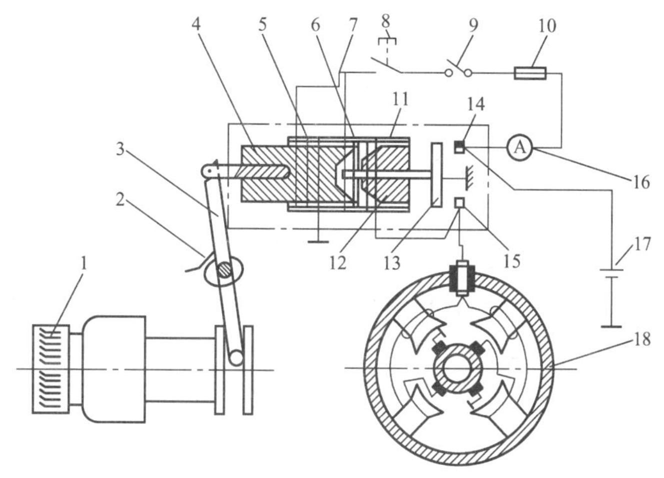

图 9-7　电磁操纵式控制机构示意图

1—单向离合器　2—复位弹簧　3—拨叉　4—活动铁心　5—保持线圈　6—吸拉线圈　7—接线柱　8—起动开关　9—总开关　10—熔断器　11—黄铜套　12—挡铁　13—接触盘　14、15—主接线柱　16—电流表　17—蓄电池　18—电动机

起动发动机时，接通总开关，按下起动按钮，吸拉线圈和保持线圈的电路被接通，其电流通路为：

蓄电池正极→主接线柱→电流表→总开关→起动按钮→接线柱→吸拉线圈→主接线柱→电动机和保持线圈→搭铁→蓄电池负极。

此时，吸拉线圈和保持线圈产生的电磁力方向相同，互相叠加，使活动铁心很容易地克服复位弹簧的弹力而右行，一方面带动拨叉将单向离合器推出，使驱动齿轮与飞轮齿圈可靠啮合；另一方面通过推杆推动接触盘与主接线柱接触，接通开关。

主开关接通后，吸拉线圈被短路，电磁开关的工作位置依靠保持线圈的吸引力来维持。同时，蓄电池经过主开关给电动机的励磁绕组和电枢绕组提供大的起动电流，使电枢轴产生足够的电磁转矩，带动曲轴旋转而起动发动机，其电流通路如下：

$$\text{蓄电池正极}\rightarrow\text{主接线柱}\rightarrow\left\{\begin{array}{l}\text{电流表等}\rightarrow\text{接线柱}\rightarrow\text{保持线圈}\\\text{接线盘}\rightarrow\text{主接线柱}\rightarrow\text{电动机}\end{array}\right\}\rightarrow\text{搭铁}\rightarrow\text{蓄电池负极}$$

发动机起动后，在松开起动按钮的瞬间，吸拉线圈和保持线圈是串联关系，两线圈所产生的磁通方向相反，互相抵消，于是活动铁心在复位弹簧的作用下迅速回位，使驱动齿轮退出啮合，接触盘在其右端小弹簧的作用下脱离接触，主开关断开，切断了起动机的主电路，起动机停止运转。

许多汽油发动机起动机的控制装置中，还装有短路点火线圈附加电阻的接触片，控制装置外壳上对应的接线柱通过导线与点火线圈一次绕组相连。主开关接通时，短路点火线圈附加电阻的接触片与蓄电池正极直接接通，将点火线圈附加电阻短路，改善起动时的点火性能。

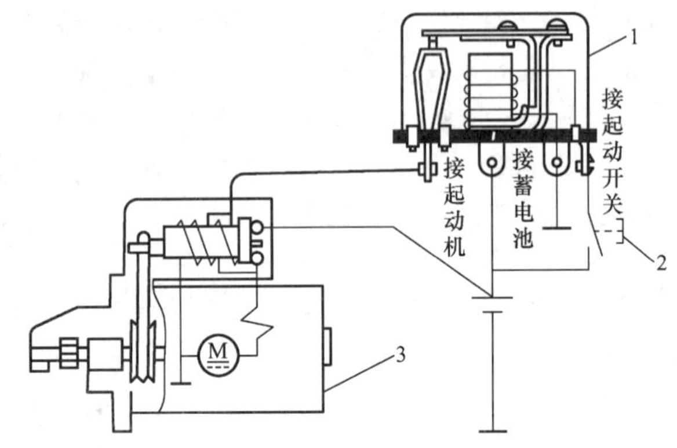

图 9-8　具有起动继电器的起动电路

1—起动继电器　2—起动开关　3—起动机

电磁操纵式控制机构的起动开关通常与点火开关制成一体，为了减小流过点火开关的电流，防止点火开关的早期损坏，有些起动机的控制电路中接有继电器。如图 9-8 所示为具有起动继电器的起动电路。

如图 9-9 所示为 CA1091 型汽车具有组合继电器的起动电路。组合继电器由起动继电器和充电继电器组成，利用发动机中性点电压，在发动机起动后尚未切断起动开关时，自动停止起动机的工作。此外，为了在起动发动机时，曲轴能获得足够的起动转矩和必要的起动转速，使发动机能迅速可靠地起动，除选用足够功率的起动机和简单可靠的控制电路外，还必须正确选择驱动齿轮和飞轮齿圈的齿数，以获得适当的传动比，该传动比一般为 10 ~ 15。

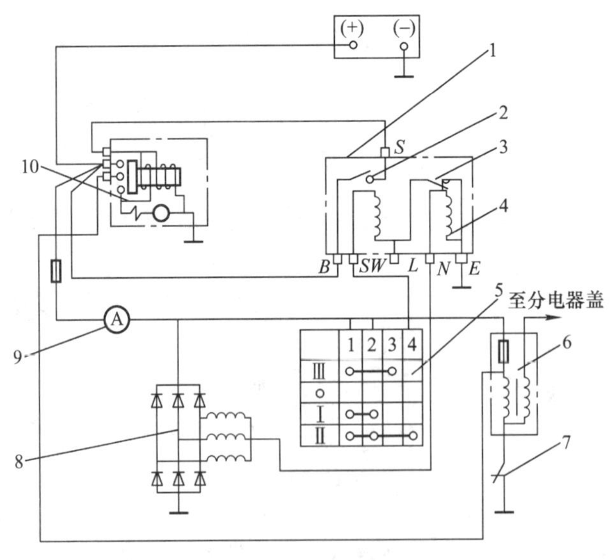

图 9-9　CA1091 型汽车发动机的起动电路

1—组合继电器　2—起动继电器　3—充电继电器　4—充电继电器线圈　5—点火开关

6—点火线圈　7—继电器触点　8—发电机　9—电流表　10—起动机

【项目实施】

任务　起动机的拆装与检查

一、任务目标

正确使用起动机拆装工具，并能够用工具按照正确顺序拆下并组装起动机。

二、任务准备

工具准备：一字及十字螺钉旋具各4把；平台、台虎钳各4；拉拔器4个；百分表、万用表、游标卡尺等各4件。

物品准备：桑塔纳2000轿车发动机4台；桑塔纳2000轿车维修手册两本；机油和棉纱适量。

场地准备：汽车发动机实训车间，工作台4个。

分组：每个小组4人。

三、实践操作

以桑塔纳AJR发动机起动机为例，进行拆装训练。

1. 操作步骤描述

起动机的分解→机件清洗→机件检查→起动机的装复。

2. 基本操作步骤

（1）步骤1　起动机的分解。

1）将起动机外部油污擦拭干净。

2）拆下磁场线圈在起动机开关接线柱上的接线，用十字螺钉旋具拆除电磁开关与起动机前端盖的联接螺钉，取下电磁开关。

3）拆下转子轴前端的卡环，取下止推环。

4）旋下衬套盖与后端盖的联接螺钉，取下衬套盖、转子轴后端的卡圈、调整垫片及密封圈。

5）拆除端盖联接螺栓，取下起动机前端盖及单向离合器总成。

6）取下后端盖，从起动电动机中取出电刷，取下电刷托架板，从起动机外壳中取出转子轴总成，用轴承拉拔器拉出轴承。

（2）步骤2　机件清洗。

1）将转子绕组、定子绕组及电刷用蘸有清洗剂的布或棉纱擦拭干净。

2）其余机件均可用清洗剂擦拭干净。

（3）步骤3　机件检查。

1）电枢轴的检查与测试。用百分表检查电枢轴是否弯曲，如图9-10所示。电枢轴上的花键齿槽严重磨损或损坏时应更换。

2）换向器的检查。检查换向器有无脏污和表面烧蚀。换向器径向圆跳动量的检测如图9-11所示。将V形架安放在平台上，将换向器放在V形架上，用百分表测量径向圆跳动量，最大允许径向圆跳动量为0.05mm。

3）检查换向器底部凹槽深度。用游标卡尺测量，如图9-12所示。标准凹槽深度为0.6mm，

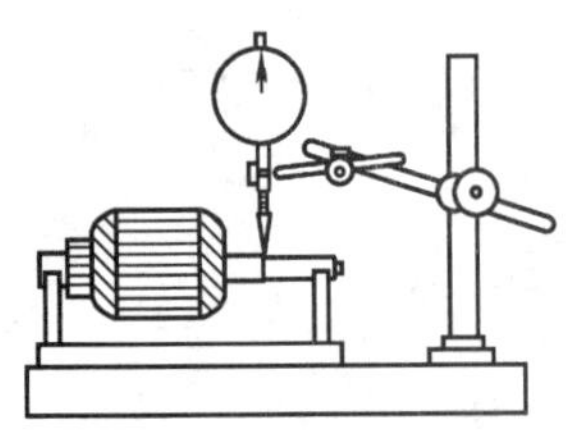

图 9-10　电枢轴弯曲度的检查

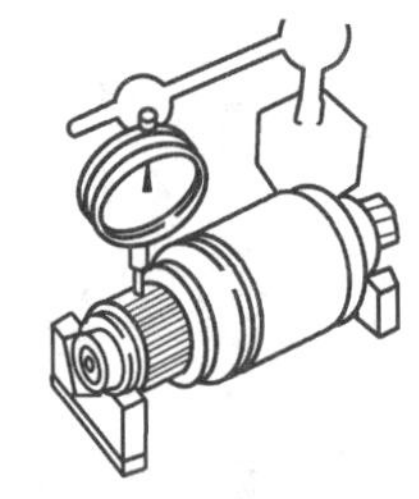

图 9-11　换向器的检测

最小凹槽深度为 0.2mm。

4）电枢绕组的检查。用万用表检查换向片之间的电阻，应导通；检查换向器是否断路，其方法如图 9-13 所示。

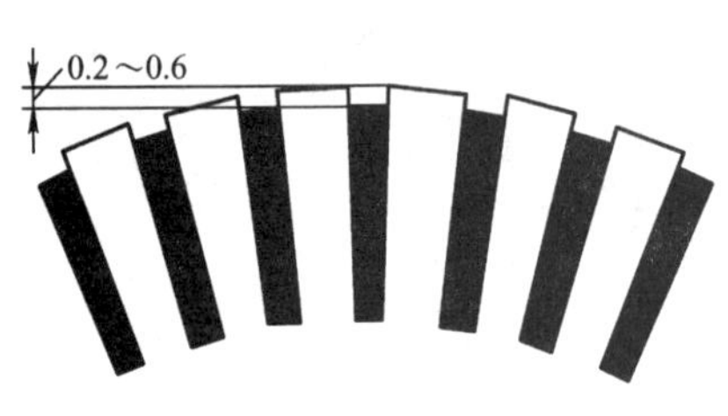

图 9-12　检查换向器底部凹槽深度

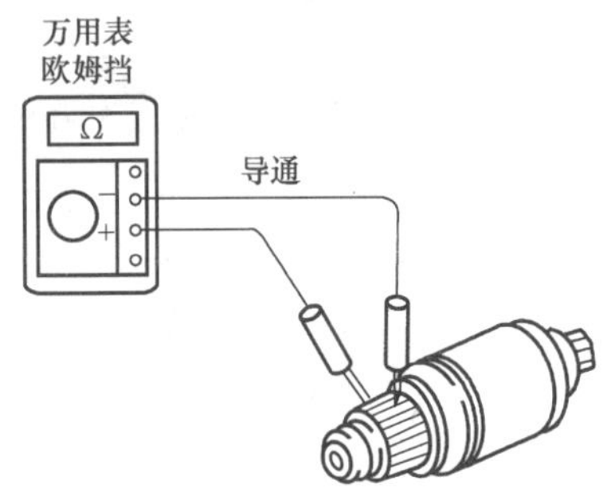

图 9-13　检查换向器是否断路

5）用万用表检查换向器与电枢绕组铁心之间应不导通，其方法如图 9-14 所示。

6）磁场绕组的检查。如图 9-15 所示，用万用表检查引线和磁场绕组电刷引线之间应导通；用万用表检查磁场绕组末端与磁极框架之间应不导通，如图 9-16 所示。

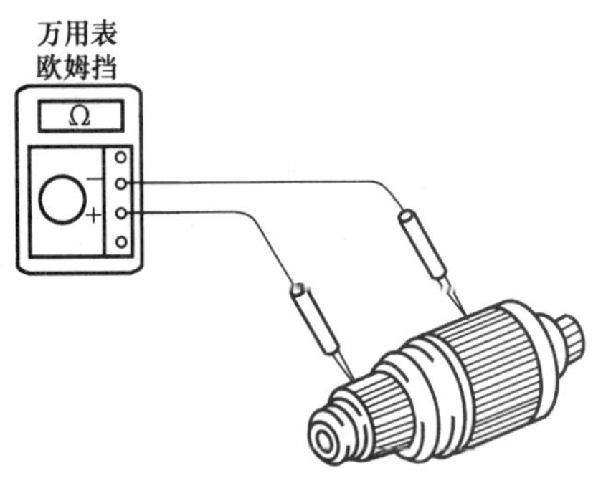

图 9-14　检查换向器是否搭铁

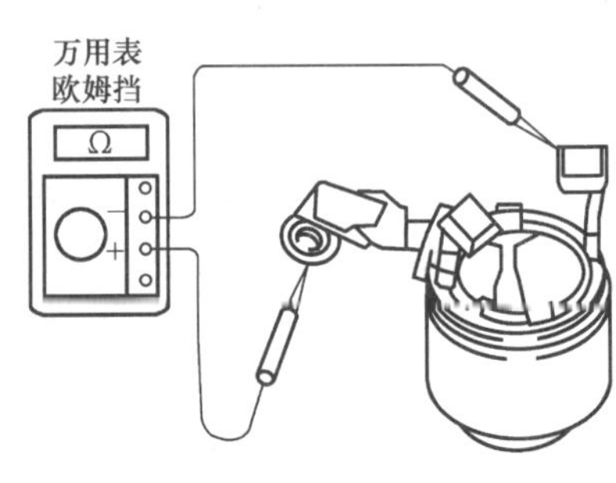

图 9-15　检查磁场绕组是否断路

7）电刷组件的检查。检查电刷弹簧，可按图 9-17 所示，用弹簧秤读取电刷弹簧在电刷分离瞬间的弹簧读数。标准弹簧安装载荷为 17～23N，最小安装载荷为 12N。电刷高度应符合技术要求。

8）离合器和驱动器的检查。检查离合器和驱动器是否严重损伤或磨损；检查起动机离合器是否打滑或卡滞，如图 9-18 所示，将离合器驱动齿轮夹在台虎钳上，在花键套筒中套入花键轴，将扳手按在花键轴上，测得力矩应大于规定值（13N · m），否则说明离合器打滑。

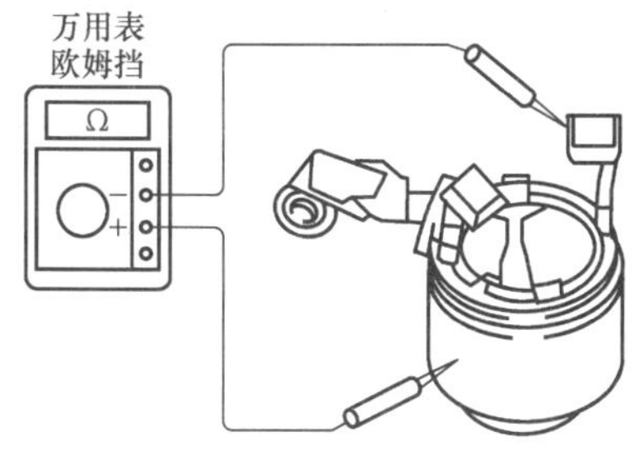

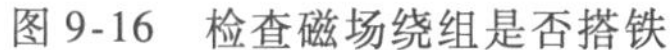

图 9-16　检查磁场绕组是否搭铁

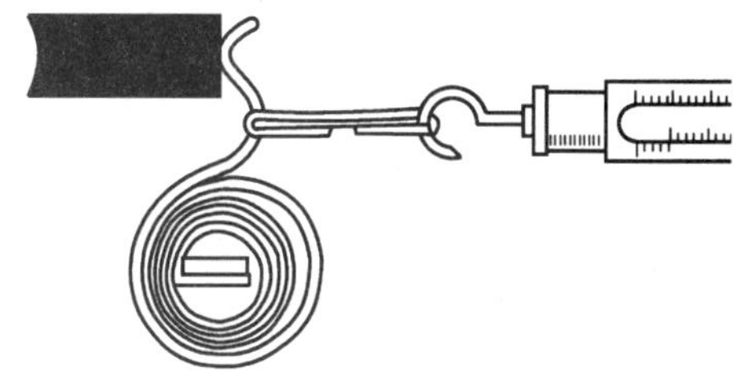

图 9-17　检查电刷弹簧

9）电磁开关的检查。检查电磁开关内部线圈的断路、短路或搭铁故障，可用万用表测量线圈电阻并通过与标准值（吸拉线圈阻值为 2.6～2.7Ω）比较来进行判别。按照图 9-19 所示连接好线路，接通开关 S 后应能听到活动铁心动作的声音，同时试灯 L 应被点亮；开关 S 断开后，试灯应立即熄灭。

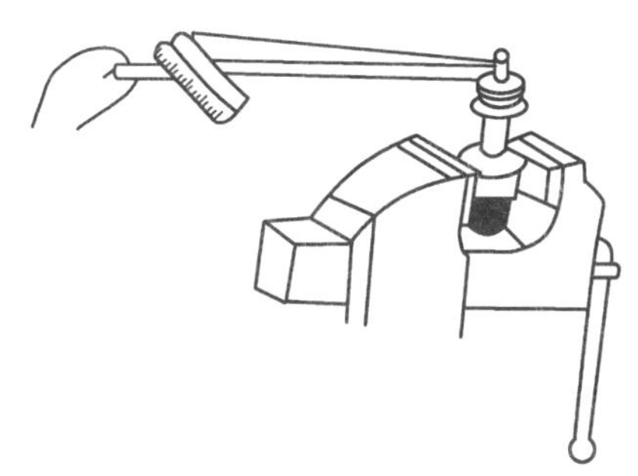

图 9-18　检查离合器工作是否正常

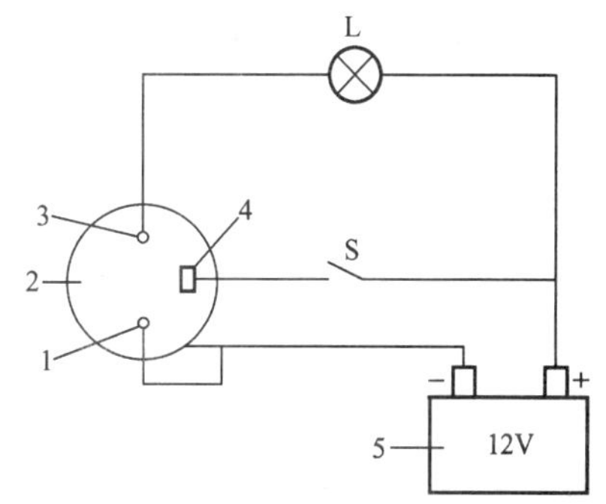

图 9-19　电磁开关检查

1—磁场线圈接线柱　2—起动开关　3—蓄电池接线柱　4—点火开关　5—蓄电池

（4）步骤 4　起动机的装复。

按照与分解相反的顺序进行装复。

四、操作注意事项

1）拆卸起动机时，应首先拆下蓄电池搭铁线，然后再拆下起动机的各连接线。

2）装复起动机时，其外壳两个螺栓应能在支架槽孔中活动，必要时可用锉刀修整。调整起动机到最佳位置后，以 20N·m 的力矩旋紧紧固螺母。

五、任务评价

以小组为单位进行评价，根据分值的情况评出优秀、良好、一般等品质，评定标准见表 9-1。

表 9-1　任务评价系统

项次	项目任务	评 价 标 准	分值	项目得分
1	认识起动系统	要准确认知起动系零部件并说出其作用	5	
2	起动机的分解	分解步骤正确，不损坏零部件	4	
3	机件清洗	蘸有清洗剂的布或棉纱擦拭干净	6	

（续）

项次	项目任务	评价标准	分值	项目得分
4	机件检查	能使用万用表检查电器元件，并做出判断；检查电刷磨损，电枢轴检查	4	
5	起动机的装复	能按照分解逆序装复起动机，并进行检查	6	
6	5S 现场管理	常组织、常整顿、常清洁、常规范、常自律	5	

项目十　认识新能源汽车

【学习目标】

1. 知识目标

1）能够说出各种汽车替代能源的名称。

2）能够讲述各种替代能源的特点。

3）能够讲述混合动力汽车的类型与特点。

2. 能力目标

1）具有分析各种替代能源前景与优缺点的能力。

2）具有分析混合动力汽车的特性与各类混合动力汽车结构的能力。

【学时安排】

2 学时。

【理论知识】

在当今能源越来越紧张的情况下，人们开始了新能源的研制与开发。在此过程中厂商意识到，目前氢动力的成本还是太高，纯电能驱动技术也很难推广，而油、电混合动力成本低，效率高，因而获得普遍关注，是当前最佳的汽车动力过渡形式。

一、混合动力汽车的基本类型与特点

目前业内专家或从业人员通常认为有三种混合动力车类型：

第一种是内燃机与蓄电池动力混合的车辆，代表混合动力电动汽车。

第二种是燃料电池与蓄电池混合的车型，称为燃料电池电动汽车。

第三种是蓄电池与电容器动力混合的车辆，称为超级电容器辅助动力电动汽车。

按照内燃机与电动机连接方式的不同，混合动力汽车又分为串联型、并联型和串-并联型三种。

串联型混合动力汽车最简单，内燃机带动发电机发电，发出的电供给电动机驱动车辆行驶。若电能有剩余，则对蓄电池充电，但目前很少采用。串联型混合动力汽车的组成如图 10-1 所示。

并联型混合动力汽车采用内燃机和电动机两套各自独立的驱动系统。内燃机可以单独驱动车辆，电动机也可以单独驱动车辆，内燃机与电动机还可以联合驱动车辆。当内燃机输出的功率大于驱动车辆所需要的功率或者再生制动时，电动机工作在发电机状态，将多余的能量转化为电能充入蓄电池。

串-并联型混合动力汽车综合了串联和并联的特点，与串联相比增加了机械动力的传递路线，与并联相比增加了电能的传输路线，但其结构复杂，成本高。随着控制技术和制造技术的发展，一些现代混合动力电动汽车更倾向于选择这种结构。

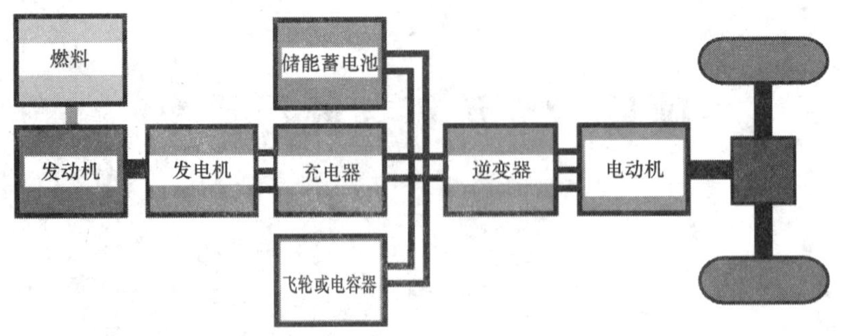

图 10-1 串联型混合动力汽车的组成

二、混合动力汽车的结构与工作原理

1. 串联型混合动力汽车

通用汽车公司研制开发的 Series-HEV（串联型混合动力汽车 Series Hybrid Electric Vehicle）汽车是一种典型的串联型混合动力汽车。该汽车的基本组成如图 10-2 所示。

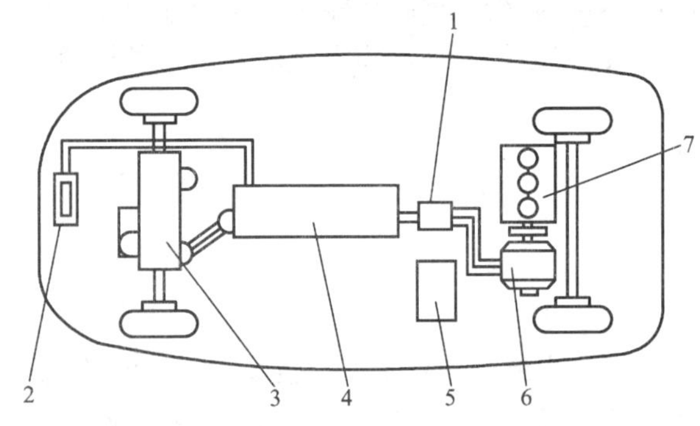

图 10-2 串联型混合动力汽车结构布置

1—电流转换器 2—充电器 3—驱动电动机 4—动力电池组 5—中央控制器 6—发电机 7—发动机

该车通过多能源动力总成管理模块对动力电池组的充、放电以及动力电池组中每个电池的状态进行监控和检查。镍-氢电池组由中央控制器中的电池管理模块控制，当动力电池组的电能下降到 40% 时，立即自动起动柴油机-发电机组进行发电，并使动力电池组恢复到 50% 的充电状态。发动机采取起动-关闭的控制方式控制柴油机-发电机组发电，使发动机保持在最佳效率范围内运转。

Series-HEV 是以通用汽车公司的电动汽车 EV-1 为基础，增加了一台先进的超节能的小型蜗轮增压直喷式柴油机，该柴油机装在行李箱的前部，是同类产品中尺寸最小、重量最轻、最省油的蜗轮增压直喷式柴油机。同时，Series-HEV 将轴距增加了很多，加大了后座的空间，车速和底盘无大的改动，电动驱动系统均采用 EV 标准设计，有很好的通用性和互换性。

2. 并联型混合动力汽车

并联型混合动力汽车的典型车型是福特汽车公司的 Prodigy LSR 轿车，它是一种“低储能（LSR）”并联型混合动力汽车，采用 4A · h 小而轻的镍-氢电池来储存电能，使整车的整备质量只有 1083kg，比同类型的家庭型轿车轻约 450kg。其结构如图 10-3 所示。

Prodigy LSR 的管理系统采用中央控制器和多个控制模块对发动机、电动/发电机和自动换挡的手动变速器进行自动控制。

（1）发动机驱动模式 Prodigy LSR 主要是以发动机驱动模式来驱动前轮行驶。发动机的起动是依靠电动/发电机来带动的，发动机不需要起动电动机。

（2）混合驱动模式 当车辆在加速或爬坡需要最大的动力时，发动机的节气门开度最大，电动/发电机转换为电动机，形成发动机-电动/发电机共同驱动的混合驱动模式。混合动力在发动机输出轴上组合后，共同通过变速器、驱动桥等带动车轮行驶。电动/发电机控制模块使动力电池组在受控状态下输出的电流比较平稳，可以保护电池组并延长电池组的寿命。采用燃料电池后，Prodigy LSR 的节能性能还将进一步提高。

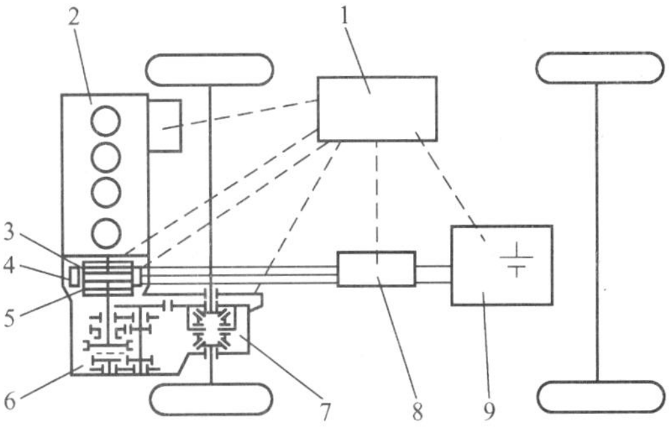

Prodigy LSR 在制动时，电动/发电机能够回收再生制动时的能量，并将其转换为电能储存到动力电池组中。在制动过程中，自动离合器会自动分离。

图 10-3 并联型混合动力汽车结构布置
1—中央控制器 2—发动机 3—自动离合器 4—电动/发电机 5—离合器 6—变速器 7—驱动桥 8—电流转换器 9—动力电池组

3. 串-并联（混联式）型混合动力汽车

串-并联（混联式）型汽车（以下简称混联式汽车）与并联型混合动力汽车的不同之处在于发电机输出轴上增加了一个电动/发电机，但仍然需要一个动力组合器保证两种驱动运动不发生干扰，并且可以高效地进行混合。混联式汽车与并联型汽车的动力组合器在原理与结构上基本相同，可以通用。

以福特 Escape PSHEV 车型为例，该车是用 Escape 轿车改装的混联式汽车，其综合油耗为 5.9L/1000km，一次加油的续驶里程可达到 800km，其动力性能基本上与装备 V6 汽油发动机的 Escape SUV 相同。该车型的基本结构如图 10-4 所示。该车型多装有一个电动/发电机，作为发动机的起动机起动。电动/发电机能在发动机全部转速范围内产生稳定的电流，并将其供给驱动电动机，有效地提高了汽车的续驶里程。

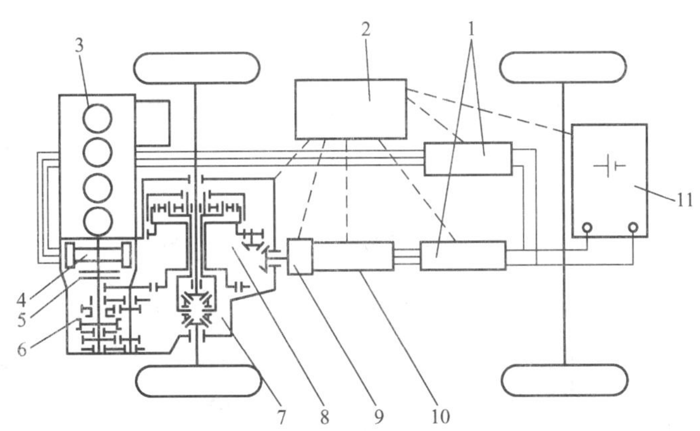

图 10-4 混联式汽车结构布置
1—电流转换器 2—中央控制器 3—发动机 4—电动/发电机 5—离合器 6—PTH 动力组合器 7—驱动桥 8—行星齿轮组 9—减速器 10—驱动电动机 11—动力电池组

发动机和驱动电动机两套驱动系统通过动力组合器来协调运动和动力的传递，相当于一个无级变速器。当采取任何一种传动模式时，发动机与驱动电动机的动力传递都不会发生运动干扰。当制动时，驱动电动机能够回收再生制动时的能量。

由于此发动机可以实现起动-关闭的控制模式，使得发动机始终保持低油耗、高效率的平稳运转，且采用电动机辅助动力帮助加速或爬坡，因此该车型的油耗很低而续驶里程相当高。

当采用混合动力驱动模式时，发动机和驱动电动机两套独立的驱动系统并存。该两套独立的驱动系统的动力是通过专门设计的“PTH”动力组合器起作用的，相当于一个无级变速器，可以满足在任何一种传动工况时，发动机与驱动电动机的动力传递不会发生运动干扰的要求。

该车选择循环发动机，一个循环包括进气、回流、压缩、膨胀和排气五个行程。循环能够减少泵气损失、优化压缩比，同时保持压缩比恒定，更加节能，排放也能达到“超低污染”的要求，这就使得循环发动机成为了理想的发动机。但该种发动机固有的缺点是低速转矩损失较大，克服该不足的措施是用电动机进行驱动。

三、电动汽车

电动汽车是指以蓄电池或燃料电池为动力、在市区街道或城间公路上行驶的用电动机驱动的汽车，不包括无轨电车及在车站、码头或厂区内使用的电动叉车和普通的电瓶车。

电动汽车的优点是：在行驶中无废气排出，不污染环境，所以电动汽车可称为“零排放汽车”；能源有效利用率高。如图 10-5 所示为按 10 种行驶方式对电动汽车与汽油机汽车能源利用总效率进行的比较。电动汽车优点是振动及噪声小，结构简单，维修使用方便。

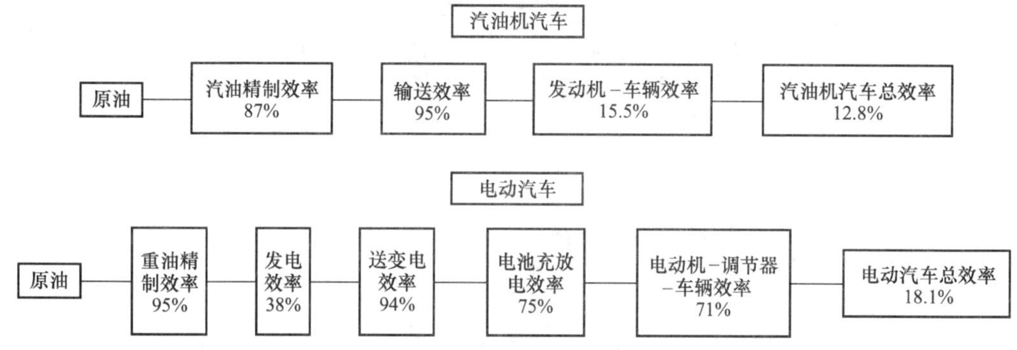

图 10-5　电动汽车与汽油机汽车能源利用率的比较

当然，电动汽车也有其缺点，如一次充电所能行驶的里程短。装载与汽油质量相同的蓄电池的电动汽车，其续驶里程仅为汽油机汽车的 1/70；蓄电池及电动机控制器价格昂贵，使电动汽车成本高；另外，蓄电池寿命短，折旧费高；充电时间长，一般需要 6～10h。

1. 电动汽车的组成及作用

电动汽车由电力驱动系统、电源系统和辅助系统三部分组成。

电力驱动系统包括电子控制器、功率转换器、电动机、机械传动装置和车轮，其功用是将存储在蓄电池中的电能高效地转化为车轮的动能，并能够在汽车减速制动时，将车轮的动能转化为电能充入蓄电池。后一种功能称为再生制动。

电源系统包括电源（电池）、能量管理系统和充电器，其功用主要是向电动机提供驱动电能、监测电源（电池）使用情况以及控制充电器向蓄电池充电。

辅助系统包括辅助动力源、动力转向系统、导航系统、空调器、照明及除霜装置、刮水器和收音机等。借助这些辅助设备来提高汽车的操纵性和乘员的舒适性。

典型电动汽车的组成如图 10-6 所示，图中双线表示机械连接，粗线表示电气连接，细线表示控制信号连接，线上的箭头表示电功率或控制信号的传输方向。

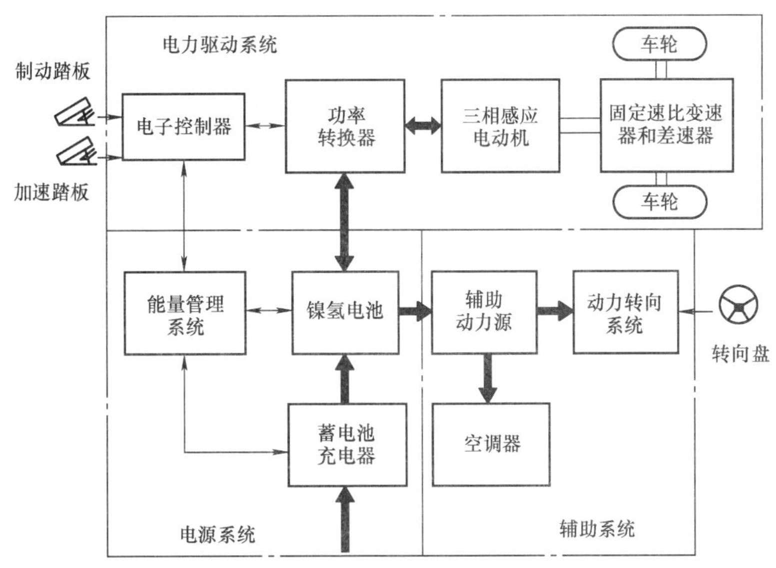

图 10-6　典型电动汽车的组成框图

各个系统在电动汽车上的布置各式各样，这是因为在电动汽车上能量是通过柔性的电线而不是通过刚性的万向节和转轴传输的。因此，电动汽车各个系统或各个部件的布置有很大的灵活性。图 10-7 所示为电动汽车的总体布置示例，该车是电动机前置、前轮驱动的，充电器经汽车前端的充电接口向置于汽车尾部的蓄电池充电。在汽车行驶时，蓄电池经控制器向电动机供电，来自加速踏板的信号输入控制器并通过控制器调节电动机输出的转矩或转速。电动机输出的转矩经汽车传动系统驱动车轮。

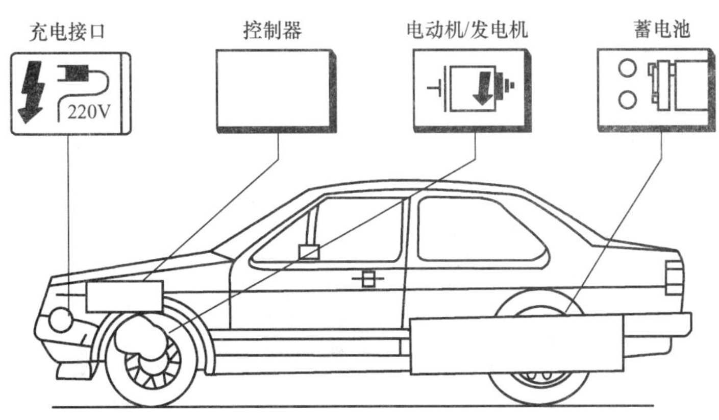

图 10-7　电动汽车的总体布置

2. 电力驱动系统

电动汽车的电力驱动方式基本上可分为电动机中央驱动和电动轮驱动两种。图 10-8a 所示为由电动机、固定速比减速器和差速器等构成的电动机中央驱动系统示意图，在这种驱动系统中，由于没有离合器和变速器，因此可以减少机械传动装置的体积和重量；另一种电动机中央驱动系统的布置形式如图 10-8b 所示，它与前轮驱动、横向前置发动机的燃油汽车的布置形式相似，将电动机、固定速比减速器和差速器集成一体，通过两根半轴连接两个驱动车轮，这种布置形式在小型电动汽车上应用最普遍。图 10-8c 所示为电动轮驱动的布置形式，其电动机和固定速比的行星齿轮减速器安装在车轮里面，没有传动轴和差速器，从而简化了传动系统。但是，电动轮驱动方式需要两个或四个电动机，其控制电路也比较复杂。这种驱动方式在重型电动汽车上有较广泛的应用。

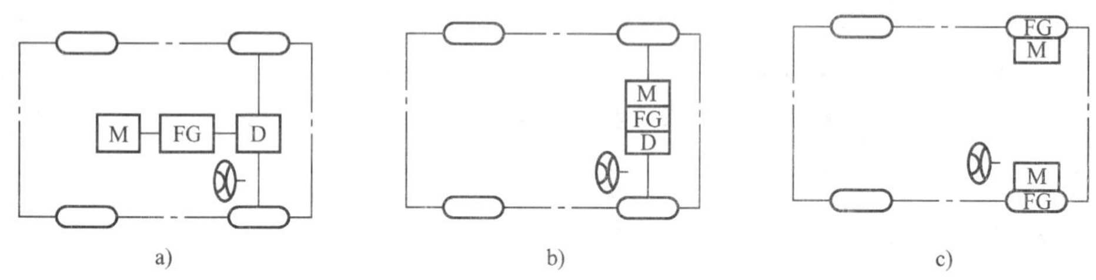

图 10-8　电力驱动方式

D—差速器　FG—固定速比的减速器　M—电动机

电力驱动系统所用的电动机最初采用的是直流电动机。它具有起动加速时驱动力大、调速控制简单、技术成熟等特点。但该电动机的电枢电流由电刷和换向器引入，换向时易产生电火花，造成换向器烧损、电刷磨损等缺陷，同时还限制了电动机的工作转速。

3. 能量管理系统

能量管理系统由电压、电流和温度等传感器以及控制单元及其输入/输出接口等组成，其功用为：检测电动汽车电池组中各单体电池的端电压和温度以及各单体电池的充、放电电流；预报电池组剩余的电量和电动汽车还能续驶的里程；电池需要充电时，及时报警，以防电池过放电而影响其使用寿命；当电池组充电时，能量管理系统根据检测到的各单体电池的相关数据，确定各单体电池的充电状态，并控制充电器的充电过程，保证各单体电池充电均衡，不产生过充电或欠充电；合理分配电池能量，以达到节能的目的，例如，当铅酸电池作为电动汽车的主电源时，在汽车起动和爬坡时，暂时关闭空调器等耗电大的电器，以使电池放电电流不致过大。

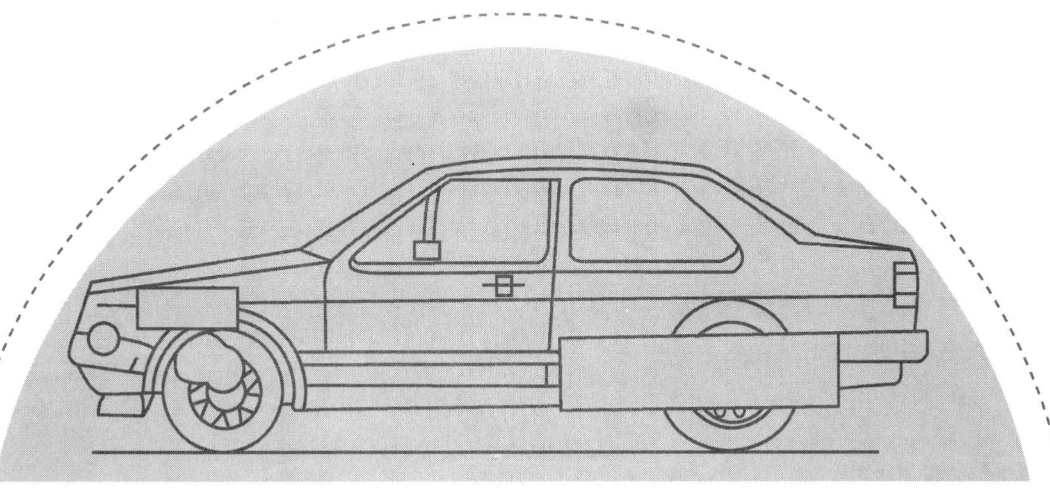

底盘构造篇

项目十一　离合器总成的认知

【学习目标】

1. 知识目标

1）知道汽车离合器的结构特点。

2）会分析汽车离合器的工作原理。

3）能说出离合器拆装专用工具的使用方法。

2. 能力目标

1）具有识读离合器零件结构图的能力。

2）能够识别汽车离合器总成中各个零件的结构特点。

3）正确使用离合器专用工具完成对离合器总成的拆装。

【学时安排】

4 学时。

【理论知识】

一、离合器的功用与类型

1. 离合器的功用与要求

汽车机械式传动系统中广泛采用摩擦式离合器，图 11-1 所示为汽车离合器示意图。离合器布置在发动机与变速器之间，其主要起保证汽车平稳起步、保证汽车传动系统换挡时工作平顺和防止传动系统零件过载的功用。

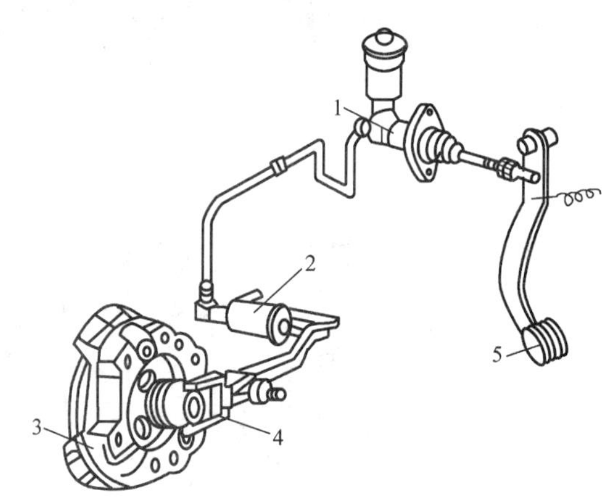

图 11-1　汽车离合器示意图
1—离合器主缸　2—离合器工作缸　3—离合器总成　4—分离叉　5—离合器踏板

当汽车紧急制动或受到很大的地面冲击力时，发动机的动力或惯性力与汽车外力之间通过离合器摩擦副，可起到一定的缓冲作用，即由摩擦副间产生一定量的滑移，从而大大减轻了传动系统的受力，以保护零件不被损坏。

2. 离合器的类型

摩擦式离合器的类型很多，主要按以下方式分类。

（1）按从动盘数目不同分类　按从动盘数目不同，摩擦式离合器可分为单片式、双片式和多片式。中型以下货车及轿车的发动机最大转矩一般不大，故采用一个从动盘；对于中型以上货车而言，需要传递的转矩较大，在压紧力、摩擦面结构尺寸及摩擦衬片材料性能受限的情况下，采用两个从动盘；多片式离合器因轴向尺寸较大，汽车上很少采用。

（2）按压紧弹簧的形式分类　汽车用离合器按压紧弹簧的结构形式分为螺旋弹簧式和膜片弹簧式；螺旋弹簧式又根据弹簧在压盘上的布置分为中央弹簧式和周布弹簧式。

（3）按操纵机构的不同分类　摩擦式离合器按操纵机构不同可分为机械式（杆式和绳式)、液压式、气压式和空气助力式等。

二、周向布置螺旋弹簧式离合器

1. 单片多簧式离合器

东风 EQ1090E 型汽车离合器即为这类离合器的典型，其构造如图 11-2 所示。

（1）主动部分　飞轮 2、离合器盖 19 和压盘 16 是离合器的主动部分。离合器盖用低碳钢板冲压而成，通过螺钉与飞轮固定，盖的侧面制有通风口，通过螺钉与飞轮固定，并用定位销 17 定位以保证两者同心及正确的周向安装位置，从而保证离合器的平衡。压盘由铸铁制成，其前端面为工作面，要求平整光洁。离合器盖与压盘之间通过四组传动片 33 传递转矩。传动片用弹簧钢片制成，每组两片，其一端用铆钉 34 铆在离合器盖上，另一端则用螺钉 32 与压盘连接，四组传动片相隔 90°沿圆周切向均匀分布。

（2）从动部分　从动部分由带有扭转减振器的从动盘组件（以下简称从动盘）和从动轴 11 组成。从动盘组件由从动盘毂 10、从动盘本体 4、摩擦衬片 5 及减振器盘 6 等组成。铆装在从动盘毂上的从动盘本体由薄钢片制成，故其转动惯量较小。从动盘本体 4 的两面各铆有一片石棉合成物制成的摩擦衬片 5。从动盘毂的花键孔套在从动轴前端的花键上，并可沿花键轴向移动。

（3）压紧装置　压紧装置由 16 个沿圆周分布于压盘和离合器盖之间的压紧弹簧 31 组成。在压紧弹簧压力的作用下，压盘压向飞轮，并将从动盘夹紧，使离合器处于结合状态。这样，在发动机工作时，发动机的转矩一部分由飞轮经与之接触的摩擦片直接传给从动盘本体，另一部分则由飞轮传给离合器盖 19，再经四组传动片 33 传给压盘 16，然后也通过摩擦片传给从动盘本体。从动盘本体则将转矩通过从动盘毂的花键传给从动轴 11。

（4）操纵机构　操纵机构中的分离杠杆 25、分离轴承 26、分离套筒 28 和分离拨叉 30 装在离合器壳 18 的内部，而分离拨叉臂 42、分离拉杆 39、踏板轴 36、踏板臂 44 和踏板 45 等则装在离合器壳的外部。

东风 EQ1090E 型汽车离合器分离杠杆的工作情况如图 11-3 所示。支承螺柱前端插入压盘相应的孔中，后端则借调整螺母支承在离合器盖上。浮动销穿过支承柱中部的方孔。分离杠杆松套在支承螺柱上，在螺旋扭转弹簧 24 的作用下，其中部紧靠在浮动销的两端，并使浮动销与方孔的支承平面 A 接触。分离杠杆连同销做以该接触点为支点的摆动。分离杠杆外端通过呈凹字形的摆动支片抵靠在压盘的钩状凸起部。当离合器处于接合状态时，分离杠杆在离心力的作用下向外甩，使浮动销处于方孔支承平面 A 的外端（见图 11-3a)。当离合器分离时，分离杠杆绕支点摆动，摆动支片推动压盘后移，此时摆动支片前端向内倾斜，迫使浮动销沿支承平面 A 向内滚过一段很小的距离（一般小于 1mm)，如图 11-3b 所示。这样，利用支点的移动和重心的摆动，消除了分离杠杆的运动干涉。

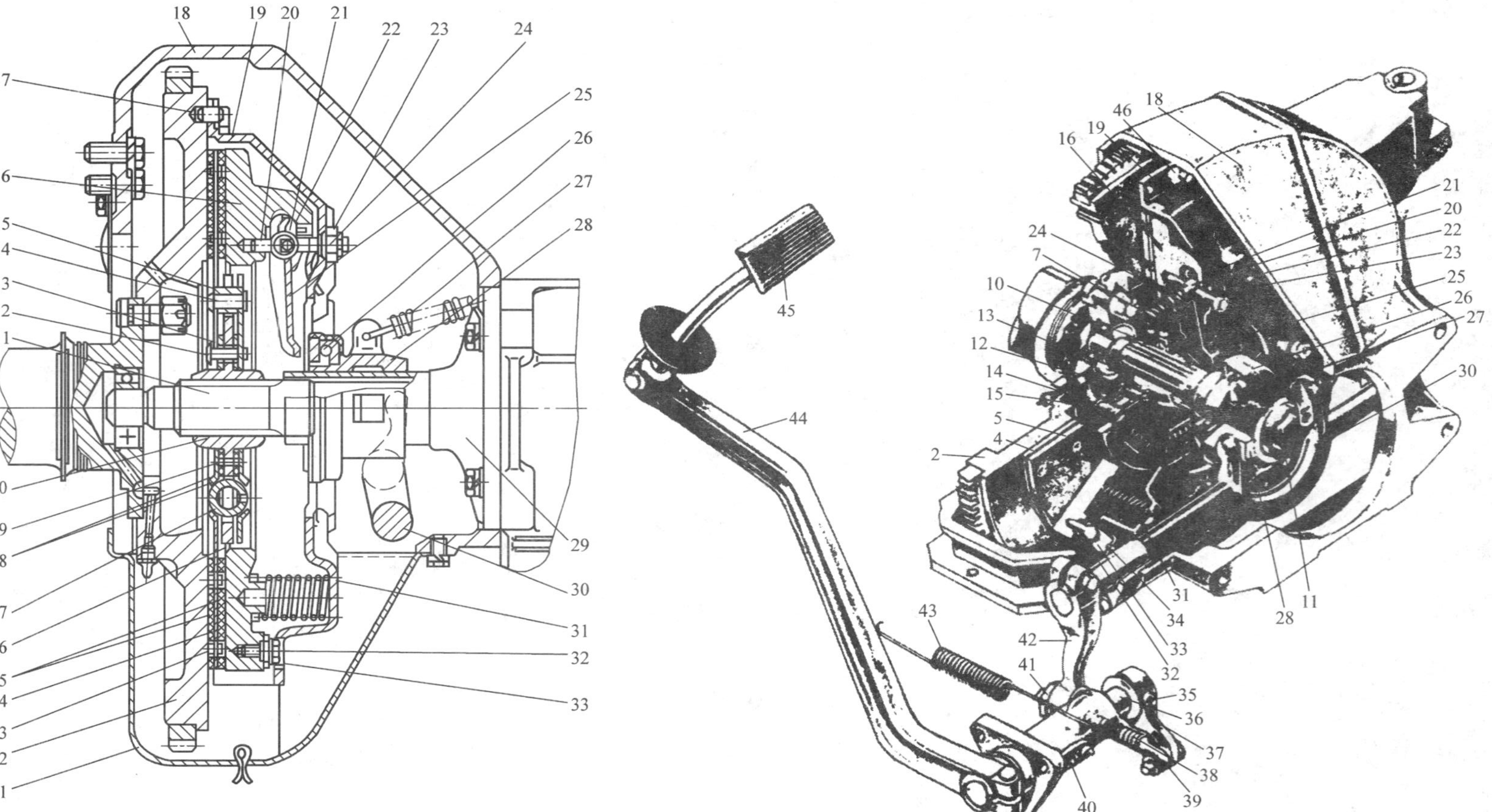

图 11-2　东风 EQ1090E 型汽车单片离合器

1—离合器壳底盖　2—飞轮　3—摩擦片铆钉　4—从动盘本体　5—摩擦衬片　6—减振器盘　7—减振器弹簧　8—减振器阻尼片　9—阻尼片铆钉　10—从动盘毂　11—从动轴　12—阻尼弹簧铆钉　13—减振器阻尼弹簧　14—从动盘铆钉　15—从动盘铆钉隔套　16—压盘　17—定位销　18—离合器壳　19—离合器盖　20—分离杠杆支承　21—摆动支片　22—浮动销　23—分离杠杆调整螺母　24—分离杠杆弹簧　25—分离杠杆　26—分离轴承　27—分离套筒回位弹簧　28—分离套筒　29—变速器第一轴（离合器从动轴）轴承盖　30—分离拨叉　31—压紧弹簧　32—传动片固定螺钉　33—传动片　34—传动片铆钉　35—滚动圆柱销　36—踏板轴　37—拉臂　38—分离拉杆弹簧　39—分离拉杆　40—踏板轴支承　41—球形调整螺母　42—分离拨叉臂　43—踏板回位弹簧　44—踏板臂　45—踏板　46—平衡片

2. 双片多簧式离合器

如图 11-4 所示为解放 CA1091 型汽车双片多簧式离合器，飞轮 3 与中间压盘 4 及压盘 5 之间采用传动销 16 传递动力。6 个传动销沿圆周轴向压入飞轮并用螺母紧固，中间压盘和压盘通过相应的孔套装在传动销上，并可沿传动销轴向移动。离合器盖用螺钉 15 固定在传动销后端。离合器盖与压盘之间无传动关系。中间压盘的分离装置采用分离弹簧 17 和限位螺钉 18 的形式。

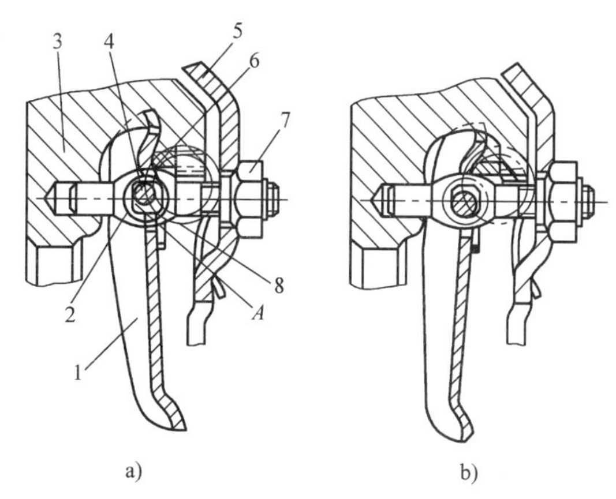

图 11-3 分离杠杆的工作情况

a）接合位置 b）分离位置

1—分离杠杆 2—支承螺柱 3—压盘 4—浮动销 5—离合器盖 6—摆动支片 7—调整螺母 8—扭转弹簧 A—支承平面

分离杠杆的工作高度通过调整螺钉 7 来调整（即重点可调）。6 个分离杠杆 8 穿过离合器盖 14 上的切口，并利用其两侧缺口支承在离合器盖上。由于缺口宽度较离合器盖厚度大，分离杠杆可作小距离的径向移动。螺钉 6 的左端以球面与压盘 5 配合，可以作一定量的摆动，从而消除了分离杠杆的运动干涉。

三、膜片式离合器

桑塔纳 2000GLi 型轿车采用单片干式膜片弹簧离合器。如图 11-5 和图 11-6 所示，它主要由离合器盖、压盘、从动盘、膜片弹簧、分离轴承、分离套筒、分离叉轴、离合器拉索等零件组成。

四、摩擦式离合器的工作原理

离合器的基本组成有离合器压盘和离合器片。如图 11-7 所示，飞轮和离合器压盘是离合器的驱动件，离合器片在飞轮与压盘之间，是离合器的从动件，飞轮与发动机曲轴相连，离合器压盘通过传动片与离合器壳连接后固定在飞轮上（图中未画出），离合器片由摩擦衬片和离合器盘毂组成，变速器输入轴插入离合器盘毂中。当驾驶人踩下离合器踏板时，离合器分离，驱动件的转动与从动件无关，发动机与变速器断开；当离合器接合时，压盘沿图中箭头方向移动，离合器片被压紧在两个旋转的主动件之间，被迫以相同的转速旋转，通过离合器盘毂带动变速器输入轴旋转，从而实现动力的传递。

五、离合器的操纵机构

离合器操纵机构分为人力式（机械式、液压式）和助力式两类。人力式是以驾驶人作用在踏板上的力作为唯一的操纵能源。助力式则是以发动机动力或其他形式的能量作为主要操纵能源，而驾驶人作用在踏板上的力只作为辅助或后备操纵能源。

1. 机械式操纵机构

机械式操纵机构又分为杆式和拉索式两种。杆式操纵机构由一组杆系组成，其特点是结构简单，工作可靠，成本低，故障少。但杆件间铰接点多，摩擦损失大，车架或车身变形会影响其工作，远距离操纵时杆系布置较困难。

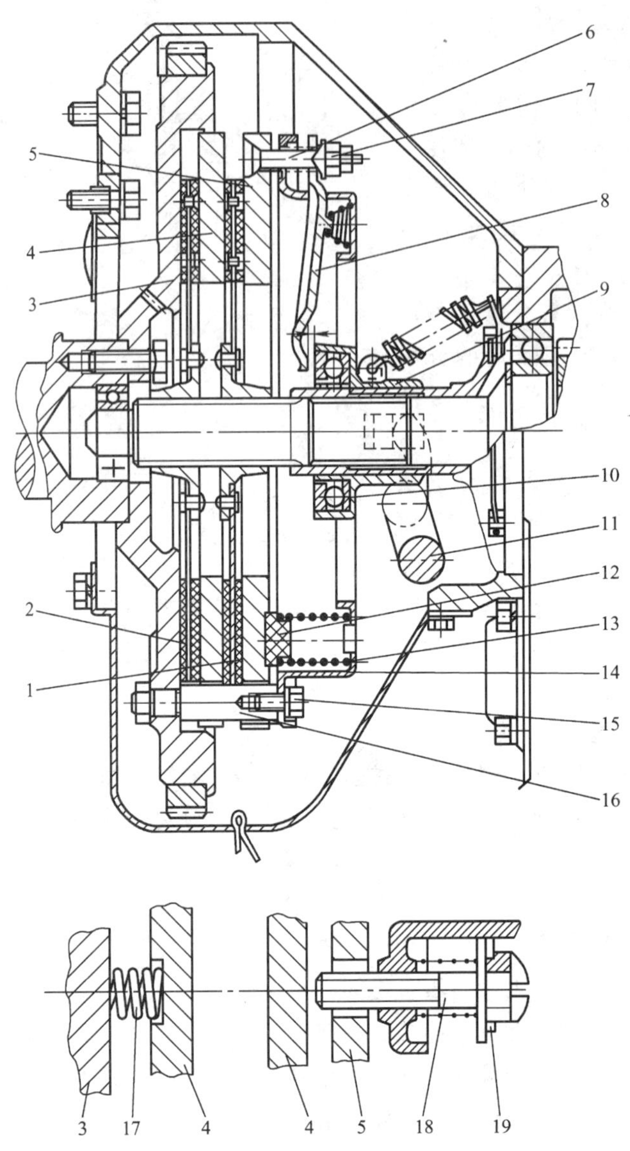

图 11-4　解放 CA1091 型汽车双片多簧式离合器

1、2—从动盘　3—飞轮　4—中间压盘　5—压盘　6—分离杠杆螺钉　7—调整螺钉　8—分离杠杆　9—分离套筒　10—分离轴承　11—分离拨叉　12—绝热垫　13—压紧弹簧　14—离合器盖　15—离合器盖螺钉　16—传动销　17—分离弹簧　18—限位螺钉　19—锁止垫圈

桑塔纳 2000GLi 型轿车的离合器操纵机构采用机械拉索式分离装置，主要由分离轴承、分离轴、分离轴传动杆、拉索踏板等零部件组成，如图 11-8 所示。当踩下离合器踏板时，踏板上端拉动离合器拉索，使分离轴承传动杆顺时针转动，同时带动分离轴顺时针转动，使分离拨叉推动分离轴承，压迫膜片弹簧，使离合器分离。拉索寿命较短，拉伸刚度较小，传动效率低，故多用于轻型和微型汽车上。

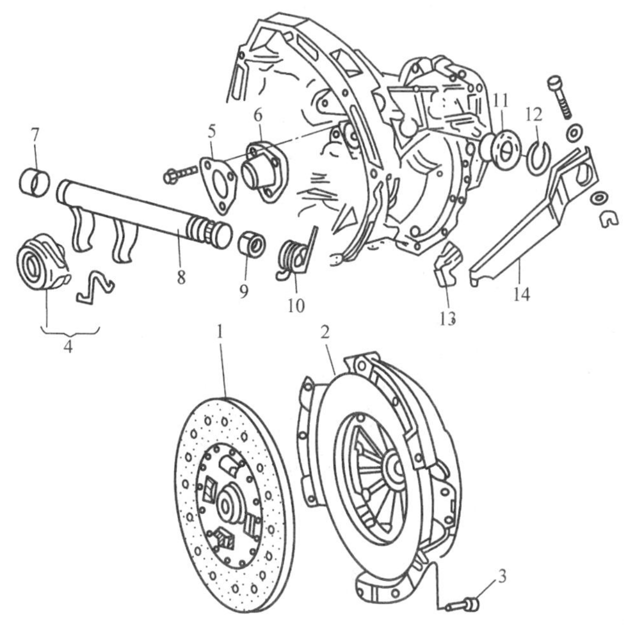

图 11-5　桑塔纳 2000GLi 轿车离合器结构图（一）

1—离合器从动盘　2—膜片弹簧与压盘　3—分离轴承　4—分离套筒　5—分离叉轴　6—离合器拉索　7—分离叉轴传动杆　8—回位弹簧　9—卡簧　10—橡胶防尘套　11—轴承衬套　12—衬套密封件　13—六角头螺栓　14—离合器传动件

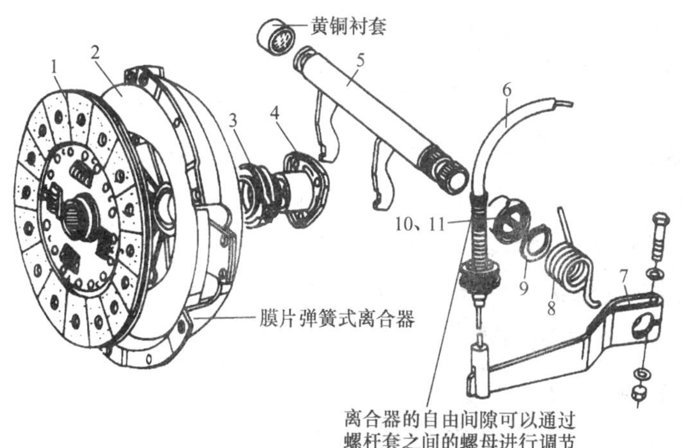

图 11-6　桑塔纳 2000GLi 轿车离合器结构图（二）

1—离合器从动盘　2—膜片弹簧与压盘　3—分离轴承　4—分离套筒　5—分离轴　6—拉索　7—传动杆　8—弹簧　9—卡簧　10、11—轴承套及密封件

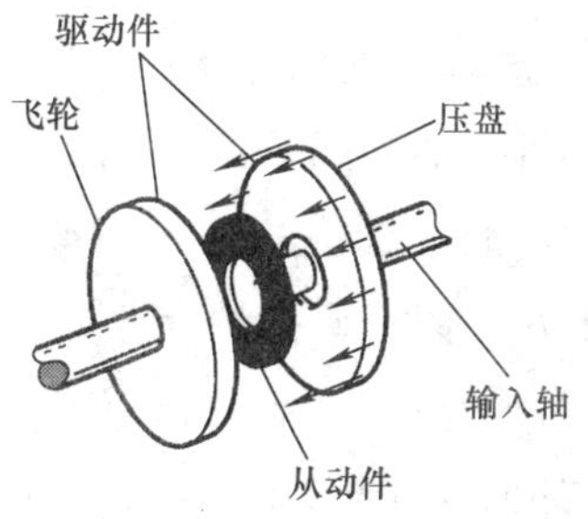

图 11-7　离合器工作过程图

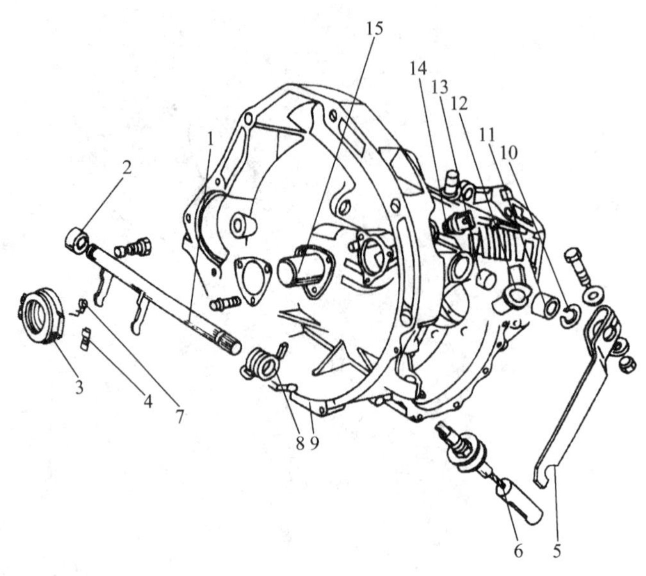

图 11-8 拉索式离合器分离装置

1—分离轴 2—轴承衬套 3—分离轴承 4—夹子 5—分离轴传动杆 6—离合器拉索 7—支承弹簧 8—回位弹簧 9—变速器罩壳 10—挡圈 11—橡胶防尘套 12—轴承衬套 13—轴承 14—上止点信号发生器测试孔塞子 15—导向套筒

2. 液压式操纵机构

液压式操纵机构以油液作为传力介质，主要由主缸、工作缸及管路组成。桑塔纳 2000GSi 型轿车离合器采用液压式操纵机构，其示意图如图 11-9 所示。液压式操纵机构具有阻力小、质量小、接合柔和等优点，且无需调整踏板自由行程。

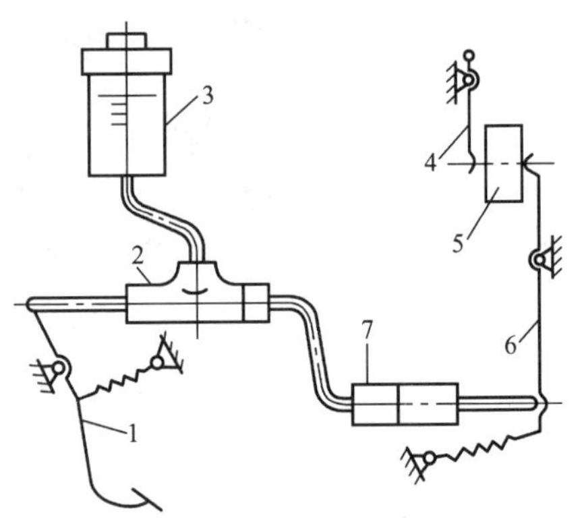

图 11-9 离合器液压式操纵机构示意图

1—踏板 2—主缸 3—储液室 4—分离杠杆 5—分离轴承 6—分离叉 7—工作缸

离合器主缸的结构如图 11-10 所示，储液罐有两个出油孔，分别把制动液供给制动主缸和离合器主缸。缸体借补偿孔 *A* 和进油孔 *B* 通过进油软管与储液罐相通。主缸内装有活塞，活塞中部较细，且为“十”字形断面，使活塞右方的主缸内腔形成油室。活塞两端装有皮碗。活塞左端中部装有单向阀，经小孔与活塞右方主缸内腔的油室相通。当离合器踏板处于初始位置时，活塞左端皮碗位于补偿孔 *A* 与进油孔 *B* 之间，两孔均开放。

离合器工作缸的结构如图 11-11 所示，工作缸内装有活塞、皮碗和推杆等，缸体上还设有放气螺塞。当管路内有空气存在而影响操纵时，可拧出放气螺塞进行放气。

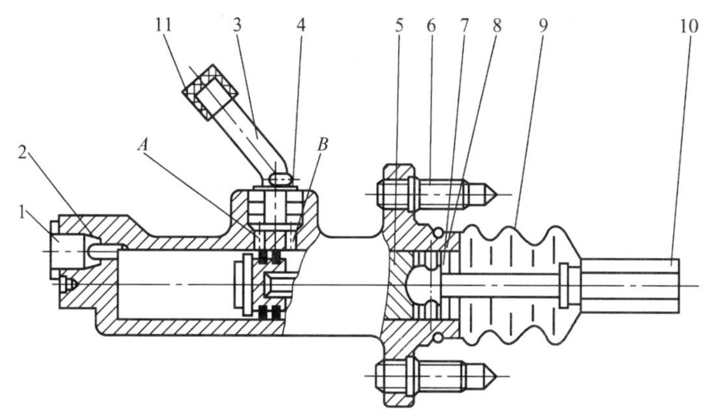

图 11-10　离合器主缸的结构

1—保护塞　2—壳体　3—管接头　4—皮碗　5—阀芯　6—固定螺栓　7—卡簧　8—挡圈　9—护套　10—推杆　11—保护套　A—补偿孔　B—进油孔

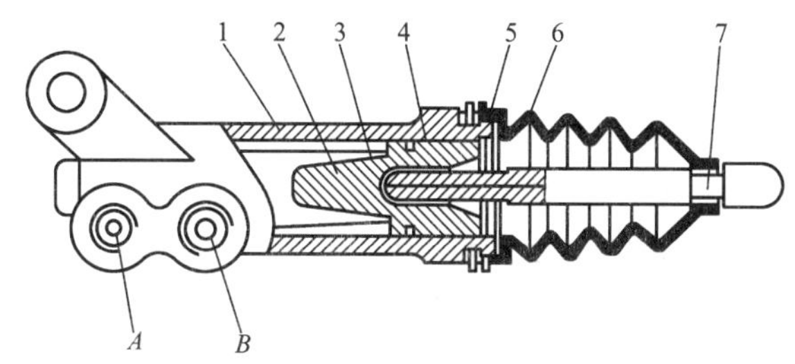

图 11-11　离合器工作缸结构

1—壳体　2—活塞　3—管接头　4—皮碗　5—挡圈　6—保护套　7—推杆　A—放气孔　B—进油孔

【项目实施】

任务一　离合器总成的拆装

一、任务目标

能够使用专用工具对离合器总成进行正确的拆装。

二、任务准备

工具准备：桑塔纳 2000 轿车专用离合器安装导向棒 4 个，120 件套筒组合汽车维修工具 4 套。

物品准备：桑塔纳 2000 型轿车离合器教学台架 4 台，桑塔纳 2000 维修手册两本。

场地准备：汽车底盘实训车间，工具车 4 辆。

分组：每个小组 4 ~6 人。

三、实践操作

拆装桑塔纳 2000GLi 型轿车离合器。

（1）步骤 1　离合器的拆卸。

1）拆下变速器。

2）用专用工具 10-201 将飞轮固定（见图 11-12），然后逐渐将离合器压盘的固定螺栓按对角方式拧松，取下离合器盖及压盘总成，并取下离合器从动盘。

3）按图 11-13 所示的顺序分解离合器踏板总成。离合器压盘和从动盘示意图如图 11-14 所示。

（2）步骤 2　离合器的安装。

1）用专用工具 10-201 将飞轮固定。

2）如图 11-15 所示，用专用工具 10-213 将离合器从动盘定位于飞轮和压盘中心。

3）装上紧固螺栓，并用 25N · m 的力矩按对角方式逐渐将其旋紧。

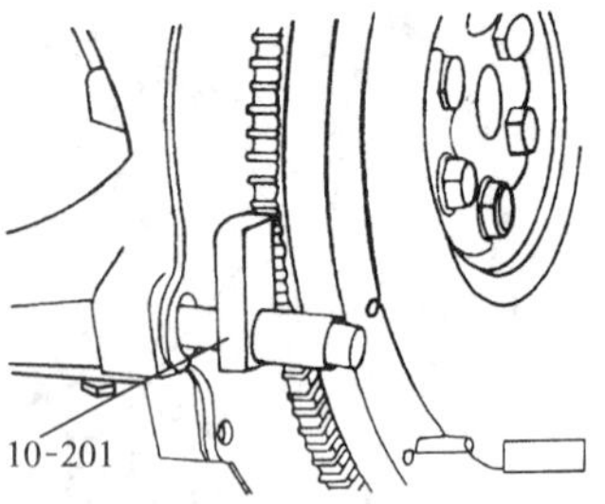

10-201

图 11-12　用专用工具固定飞轮

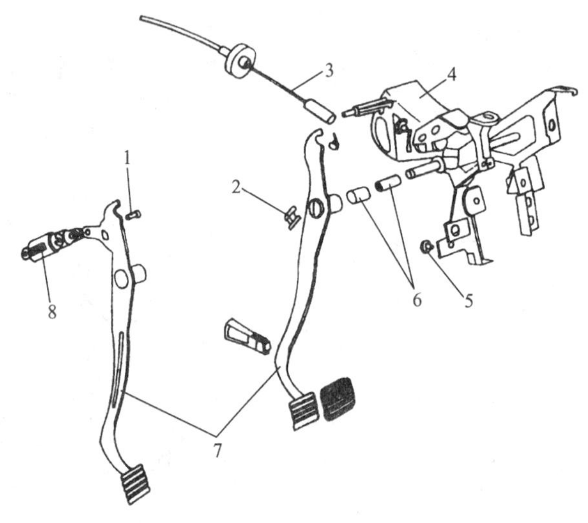

图 11-13　离合器踏板总成分解图

1—连接销　2—保险装置　3—离合器拉索　4—踏板支架　5—限位块　6—轴承衬套　7—离合器踏板　8—助力弹簧

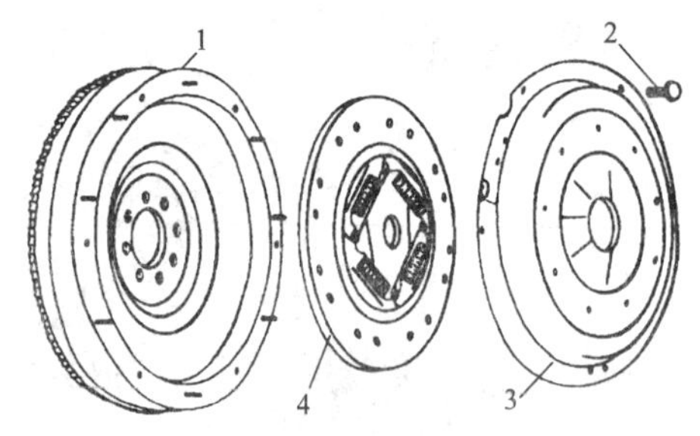

图 11-14　离合器压盘和从动盘

1—飞轮　2—六角螺栓或圆柱头螺栓（拧紧力矩 25N · m）

3—压盘　4—从动盘（弹簧保持架朝向压盘）

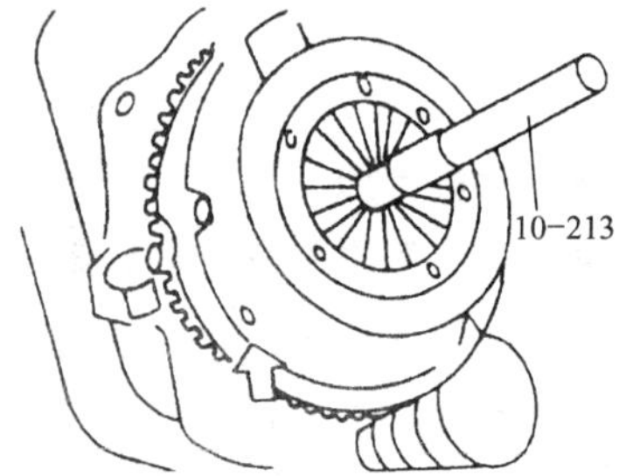

图 11-15　离合器的安装

四、操作注意事项

1）衣装穿着：工装齐备、衣扣到位。

2）言行举止：进、出场规范。

3）操作过程：要求油、水、液和工具零件四不落地，操作台整洁、有条理。操作中及时沟通，有安全防范措施。

4）作业后：清洁整理场地和工具设备。

五、任务评价

以小组为单位进行评价，根据分值的情况评出优秀、良好、一般等品质，评价标准见表11-1。

表 11-1　任务评价标准

项次	项目任务	评价标准	分值	项目得分
1	认识离合器总成	要准确指认离合器总成零部件并说出其作用	5	
2	从车上拆卸变速器	操作步骤正确,不损坏零部件	4	
3	分解离合器总成	正确使用专用工具,分解离合器	6	
4	安装离合器总成	按照分解逆序安装离合器	4	
5	安装离合器	使用专用工具安装离合器、变速器	6	
6	5S 现场管理	常组织、常整顿、常清洁、常规范、常自律	5	

任务二　离合器操纵机构的拆装

一、任务目标

能够使用工具对离合器操纵机构进行正确的拆装。

二、任务准备

工具准备：吹尘枪 4 把、螺钉旋具 4 套、呆扳手 4 套、尖嘴钳 4 把、卡环钳 4 套、离合器液收集器具 4 套。

物品准备：清洗液 4 瓶、离合器专用油 4 瓶、桑塔纳 2000 汽车 4 台、桑塔纳 2000 维修手册两本。

场地准备：汽车底盘实训车间、举升机 4 台、工具车 4 辆。

分组：每个小组 4 ~6 人。

三、实践操作

拆装桑塔纳 99 新秀轿车离合器液压操纵机构。

(1) 步骤 1　离合器主缸的拆卸与分解。

1）取下离合器踏板与主缸推杆叉的连接销轴。

2）从主缸上拧下进油管和出油管接头。

3）拧下主缸固定螺栓，拉出主缸。

在解体离合器主缸前，应排净主缸中的制动液。主缸分解的过程是：取下防尘罩，用螺钉旋具或卡环钳拆下卡环，拉出主缸推杆、压盖和活塞。

(2) 步骤 2　离合器工作缸的拆卸与分解。

1）拧下工作缸进油管接头，再拆下工作缸固定螺栓，即可拉出工作缸。

2）工作缸的分解过程是：拉出工作缸推杆，拆下防尘罩，然后用压缩空气将工作缸活塞从缸筒内压出来。

(3) 步骤 3　离合器主缸、工作缸的装配。

主缸和工作缸的装配按与拆卸分解相反的顺序进行，但装配时应注意以下事项。

1）零件在装配前要用非腐蚀性液体清洗干净，并在活塞、皮碗、皮圈、缸套等零件上涂一层制动液。装合后推杆在缸筒内运动应灵活。在放松（不工作）位置时，主缸皮碗和活塞头部应位于进油孔和补偿孔之间，两孔都开放。工作缸上带有塑料支撑环，安装时外表面要涂上一层薄薄的润滑油，工作缸推杆末端也要涂上润滑脂润滑。

2）安装离合器工作缸时，需要用一个适合的杠杆克服弹簧的弹力，将其压向变速器壳相应的孔中后，方能将固定螺栓旋入。

四、操作注意事项

1）衣装穿着：工装齐备、衣扣到位。

2）言行举止：进、出场规范。

3）操作过程：要求油、水、液和工具零件四不落地，操作台整洁、有条理。操作中及时沟通，有安全防范措施。

4）作业后：清洁整理场地和工具设备。

五、任务评价

以小组为单位进行评价，根据分值的情况评出优秀、良好、一般等品质，评价标准见表11-2。

表11-2　任务评价标准

项次	项目任务	评价标准	分值	项目得分
1	认识离合器操纵机构	要准确认知离合器操纵机构零部件并能说出其作用	5	
2	排放液压系统油液	正确拆卸离合器踏板，排放液压系统油液	4	
3	离合器主缸的拆卸与分解	按正确步骤拆装主缸，不损害零部件。认真清洗	6	
4	离合器工作缸的拆卸与分解	按正确步骤拆装工作缸，不损害零部件。认真清洗	4	
5	离合器主缸、工作缸的装配	组装离合器操纵机构。按拆卸的逆序安装。恢复原状	6	
6	5S现场管理	常组织、常整顿、常清洁、常规范、常自律	5	

【拓展与提高】

机械式操纵机构离合器踏板自由行程的调整

以EQ1092型和CA1091型汽车离合器为例，离合器踏板自由行程的检查方法为：将有刻度的直尺支在驾驶室地板上，首先测量出踏板完全放松时的高度，再用手轻轻推压踏板，当感觉阻力增大时即为分离轴承端面与分离杠杆内端面刚好接触，此时停止推压，再测出踏板高度，前后测量的高度之差即为离合器踏板的自由行程。CA1091型汽车离合器踏板的自由行程为20～30mm；EQ1092型汽车为30～40mm。自由行程的调整方法是：旋动离合器拉杆上的调整螺母，然后用止动螺母锁紧。

液压式操纵机构离合器踏板自由行程的调整

液压式操纵机构离合器踏板自由行程是由主缸活塞与推杆之间的间隙和分离杠杆内端面与分离轴承之间的间隙之和来保证的，不同结构其调整方法不同。如BJ2020型汽车主缸活塞与活塞推杆的间隙是用偏心螺栓进行调整的。日本五十铃TD50A—D型汽车离合器主缸活塞与推杆间隙的调整是靠转动活塞推杆使其与活塞相接触，然后将推杆倒转1/2圈即可达到标准值。主缸活塞与推杆的间隙调整好后，再调整离合器工作缸活塞与推杆之间的间隙。若两个间隙都调整合适，仍感到踏板行程不足，则往往是液压操纵系统中渗有空气所致，应及时将空气排除。

项目十二　手动变速器的认知

【学习目标】

1. 知识目标

1）知道汽车手动变速器的工作原理。

2）会分析不同类型手动变速器的结构特点和工作原理。

3）能说出手动变速器的拆装过程。

2. 能力目标

1）具有识读手动变速器零件结构图的能力。

2）能够利用专用工具进行手动变速器的拆装。

【学时安排】

6学时。

【理论知识】

一、变速器概述

1. 变速器的功用

汽车上普遍采用高转速、低转矩的活塞式发动机，其转矩和转速的变化范围较小，而复杂的使用条件则要求汽车的驱动力和车速在相当大的范围内变化。为此，在汽车的传动系统中装有变速器。其作用如下：

1）改变发动机传到驱动轮上的转矩和转速变化范围，以适应经常变化的行驶条件。

2）在不改变发动机旋转方向的条件下，实现汽车倒向行驶。

3）利用空挡中断发动机向驱动轮传递动力，以便发动机起动、怠速、动力对外输出或汽车滑行及暂时停车。

2. 变速器的分类

现代汽车传动系统中的变速器有多种类型，按工作原理的不同可分为有级变速器和无级变速器；按操纵方式不同可分为手动变速器和自动变速器。本项目所讲述的是手动变速器，也称机械变速器。

二、三轴机械变速器及同步器的结构

三轴机械变速器的三轴是指变速器的输入轴、轴出轴和中间轴，它们构成了变速器的主体，当然还有一根倒挡轴。手动变速器又称手动齿轮式变速器，含有可以在轴向滑动的齿轮，通过不同齿轮的啮合达到变速变矩的目的。

1. 典型三轴机械手动变速器结构与原理

如图12-1所示，输入轴也称第一轴，它的前端花键直接与离合器从动盘的花键套配合，从而传递由发动机传过来的转矩。第一轴上的齿轮与中间轴齿轮常啮合，中间轴也称副轴，轴上固连多个大小不等的齿轮。只要输入轴转动，中间轴及其上的齿轮也随之转动。输出轴又称第二轴，轴上空套有各前进挡齿轮，与中间轴上的对应各挡齿轮常啮合，可随时在操纵装置的作用下，改变本身的转速及转矩。输出轴的尾端有花键与传动轴相连，通过传动轴将转矩传送到驱动桥减速器。

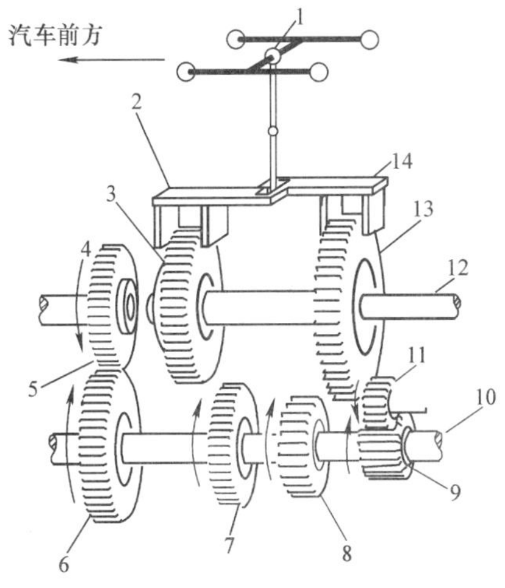

图 12-1　换挡示意图

1—变速操纵杆　2—二挡换挡拨叉　3—二挡齿轮　4—输入轴　5—输入齿轮　6—常啮合齿轮　7—中间轴二挡齿轮　8—中间轴一挡齿轮　9—中间轴倒挡齿轮　10—中间轴　11—倒挡齿轮轴　12—输出轴　13—一挡和倒挡齿轮　14—一挡拨叉

由此可知，变速器前进挡位驱动路径是：输入轴常啮合齿轮→中间轴常啮合齿轮→中间轴对应齿轮→第二轴对应齿轮。倒挡轴上的齿轮也可以由操纵装置拨动而在轴上移动，与中间轴齿轮和输出轴齿轮啮合，以相反的旋转方向输出转矩。

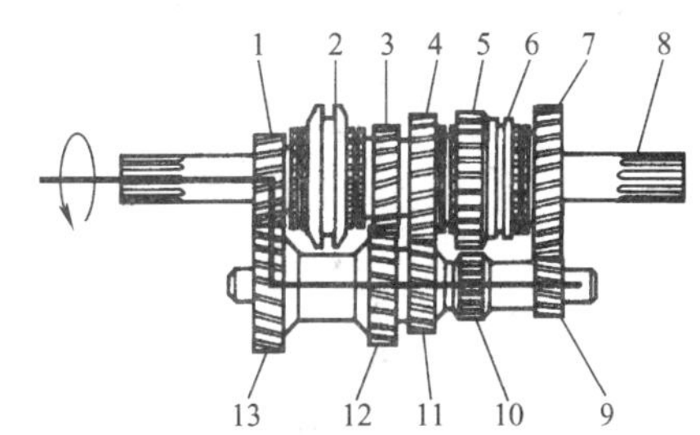

图 12-2　四挡变速器空挡的动力传递过程

1——轴主动齿轮　2—三/四挡同步器　3—三挡齿轮　4—二挡齿轮 5——/二挡同步器套　6——/二挡同步器　7——挡齿轮　8—输出轴　9—中间轴一挡齿轮　10—中间轴倒挡齿轮　11—中间轴二挡齿轮　12—中间轴三挡齿轮　13—中间轴常啮合齿轮

2. 四挡变速器的工作过程

（1）空挡　空挡时，如图 12-2 所示，离合器结合，一轴主动齿轮以发动机的转速旋转，并通过一轴齿轮与中间轴的常啮合齿轮，使中间轴旋转。中间轴上固连有各挡齿轮，也随中间轴一起旋转。空套在输出轴上的各挡齿轮与中间轴上相应齿轮啮合，但由于一挡/二挡、三挡/四挡同步器的接合套都在中间位置，所以输出轴（二轴）并不旋转，即此时没有动力输出，变速器处于空挡。

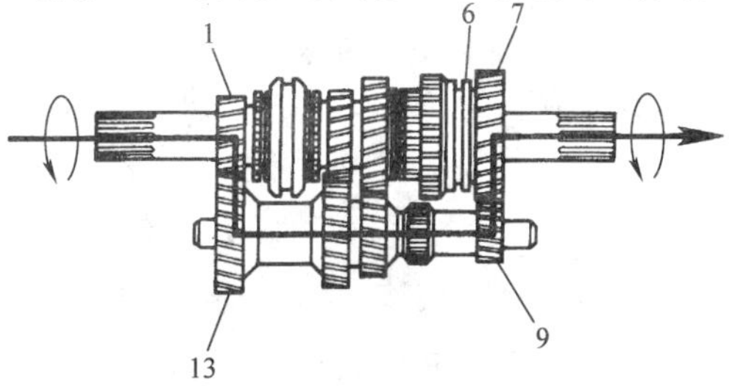

图 12-3　四挡变速器一挡动力传递过程（零件名见图 12-2）

（2）一挡　变速器挂入一挡时，即通过换挡拨叉使一挡/二挡同步器接合套向后移动，使输出轴上的一挡齿轮锁定在输出轴上，如图 12-3 所示，离合器接合，一轴主动常啮合齿轮以发动机的转速旋转，中间轴在常啮合齿轮带动下旋转，在中间轴上固连的各挡齿轮随中间轴一起旋转。空套在输出轴上的各挡齿轮与中间轴上相应齿轮啮合，但由于输出轴一挡齿轮被接合套锁定在输出轴上，所以输出轴以一挡齿轮的旋转速度旋转，即变速器以一挡传动比工作。由于一挡齿轮比其他齿轮都大，因此一挡的减速增矩效果最好。即此时汽车车速最低、输出转矩最大。

(3) 二挡　从一挡换到二挡时，换挡拨叉将一挡/二挡同步器的接合套与一挡变速齿轮分离，并移动到二挡变速齿轮上，使二挡齿轮锁定在输出轴上，如图 12-4 所示，动力传递仍然通过输入轴到中间轴齿轮，中间轴上的二挡齿轮将动力传递到被锁定在输出轴上的二挡齿轮上，输出轴以二挡齿轮的转速旋转，变速器在二挡工作。

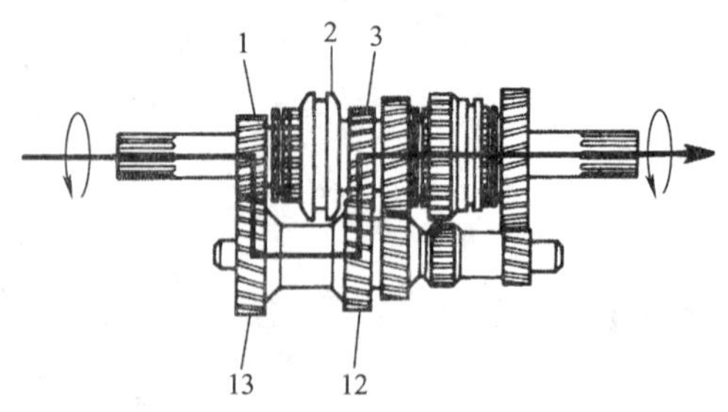

图 12-4　四挡变速器二挡动力传递过程
（零件名见图 12-2）

(4) 三挡　从二挡换到三挡时，换挡拨叉使一挡/二挡同步器接合套返回到中间（空挡）位置。变速手柄横向移动，结合三挡/四挡换挡拨叉，换挡拨叉拨动三挡/四挡同步器接合套向后移动，直到它将三挡变速齿轮锁定在输出轴上，如图 12-5 所示。这时，动力通过中间齿轮的三挡齿轮传递到三挡变速齿轮，输出轴以三挡齿轮的转速旋转，即变速器以三挡工作。

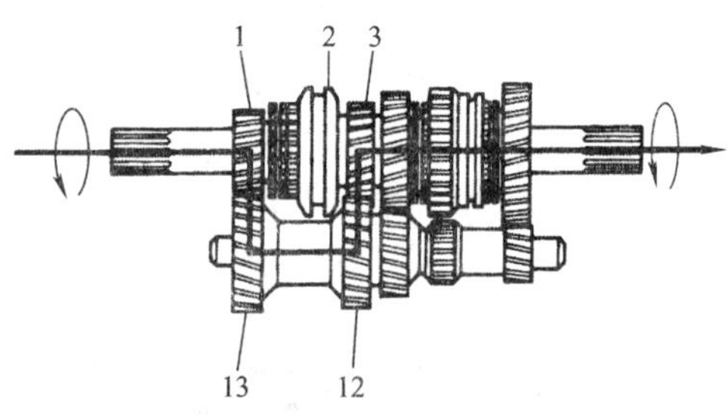

图 12-5　四挡变速器三挡动力传递过程
（零件名见图 12-2）

(5) 四挡（直接挡）　从三挡换入四挡时，换挡拨叉将三挡/四挡同步器接合套与三挡变速齿轮分离，并向前移动三挡/四挡同步器接合套，将输入轴（一轴）齿轮锁定在输出轴上，如图 12-6 所示。这意味着输入轴动力直接传递给输出轴，输出轴以输入轴的转速旋转，传动比是 1:1，没有减速增矩的效果，所以通常将四挡称为直接挡。

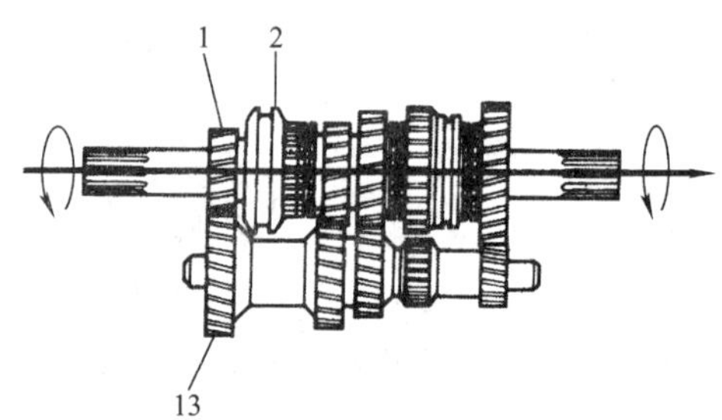

图 12-6　四挡变速器四挡动力传递过程
（零件名见图 12-2）

(6) 倒挡　倒挡时，需要输出轴的转动方向与输入轴相反，在结构上一般是通过倒挡惰轮实现的。惰轮轴在中间轴与输出轴之间，独立装在变速器壳体上。挂入倒挡时，先横向移动变速手柄，结合倒挡换挡拨叉，拨动倒挡惰轮，使其与一挡/二挡同步器接合套啮合，如图 12-7 所示。此时，动力通过输入轴常啮合齿轮传递到中间轴，在中间轴通过倒挡惰轮改变旋转方向；然后，通过惰轮与一挡/二挡同步器接合套啮合，再次改变旋转方向，使输出轴

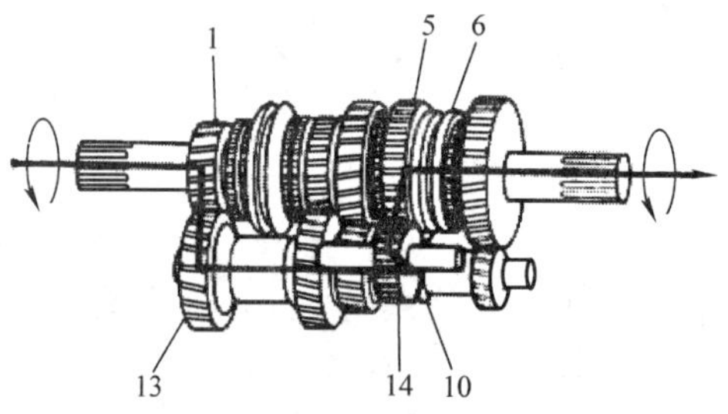

图 12-7　四挡变速器倒挡动力传递过程
14—倒挡惰轮（其他零件名见图 12-2）

的旋转方向与输入轴相反。

三、两轴机械变速器的结构

两轴式机械变速器结构紧凑、简单，容易布置，因此在发动机前置前驱动或发动机后置后驱动的汽车中，常采用此种结构的变速器，如桑塔纳、捷达轿车都采用两轴变速器。

1. 两轴变速器结构、原理及特点

两轴变速器在结构上没有中间轴，只有相平行的输入轴和输出轴。输入轴上的各挡齿轮与通过轴承空套在输出轴上相应挡位的齿轮相啮合。各挡同步器多装在输出轴上，主要是由于输入轴上的主动齿轮尺寸比较小，布置同步器有困难，但也有的两轴变速器的高挡位同步器装在输入轴上。主减速器的主动齿轮与输出轴做成一体，如果发动机是横置的，则可用圆柱齿轮，如图 12-8 所示；如果发动机纵置，则用弧齿锥齿轮。图 12-9 所示为桑塔纳轿车发动机纵置五挡变速器，倒挡用滑动齿轮。

两轴变速器的传动都是通过一对齿轮完成的，所以比三轴变速器传动效率高，但由于没有直接挡，在高速挡工作时，齿轮和轴承均承载，所以最高挡的机械效率比直接挡低。

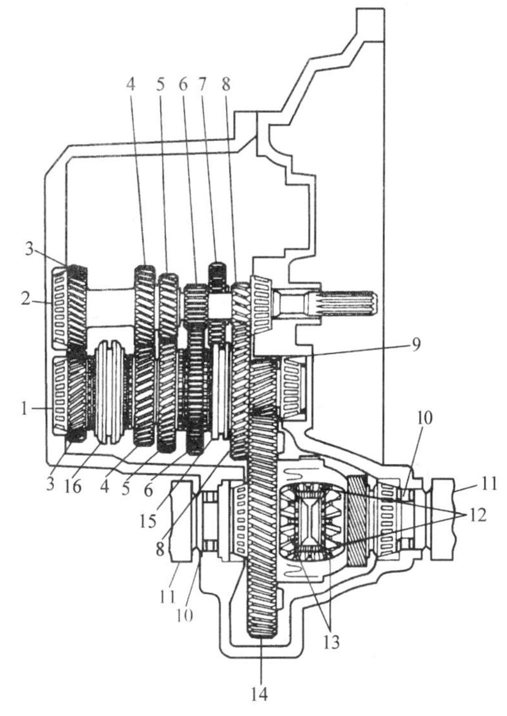

图 12-8　两轴发动机横置变速器结构图

1—输出轴　2—输入齿轮轴　3—四挡齿轮　4—三挡齿轮　5—二挡齿轮　6—倒挡齿轮　7—倒挡惰轮　8—一挡齿轮　9—输出轴小齿轮　10—差速器油封　11—等速万向节　12—差速器小齿轮　13—半轴齿轮　14—大齿圈　15—一/二挡同步器　16—三/四挡同步器

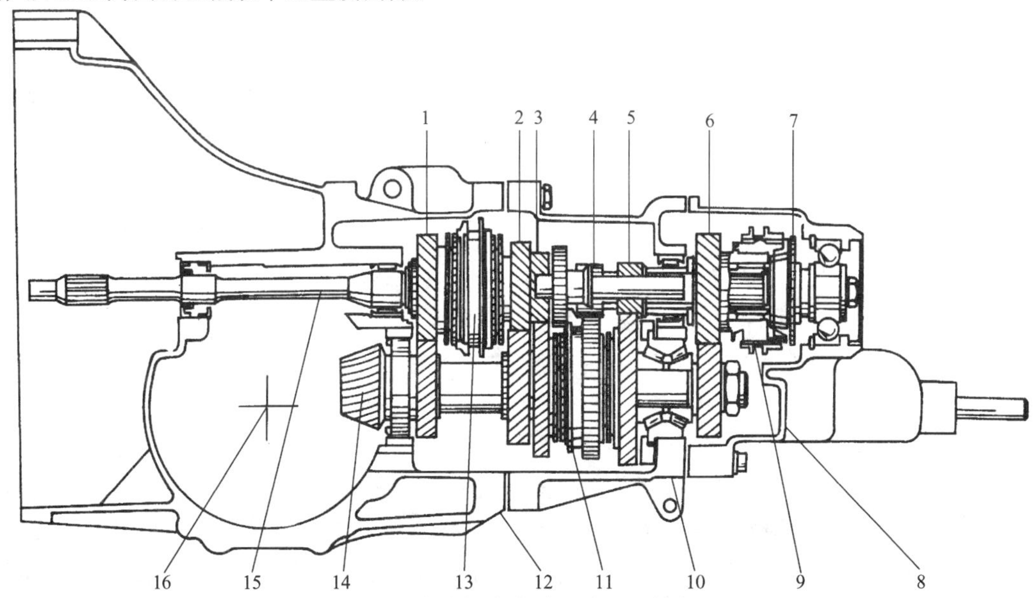

图 12-9　桑塔纳轿车发动机纵置五挡变速器

1—四挡齿轮　2—三挡齿轮　3—二挡齿轮　4—倒挡齿轮　5—一挡齿轮　6—五挡齿轮　7—五挡锁环　8—变速机构壳体　9—五挡同步器　10—齿轮箱体　11—一/二挡同步器　12—变速器壳体　13—三/四挡同步器　14—输出轴　15—输入轴　16—差速器总成

2. 两轴四挡变速器的工作过程

（1）一挡　变速器挂入一挡时，使变速手柄与一挡/二挡同步器接合，移动变速手柄使换挡拨叉拉动一挡/二挡同步器接合套，将一挡变速齿轮锁定在输出轴上，如图 12-10 所示，输入轴的一挡齿轮顺时针转动，驱动一挡变速齿轮及输出轴逆时针转动，输出轴上的主减速器主动齿轮驱动差速器齿圈、差速器齿轮装置、驱动轴和车轮顺时针转动，变速器以一挡工作。

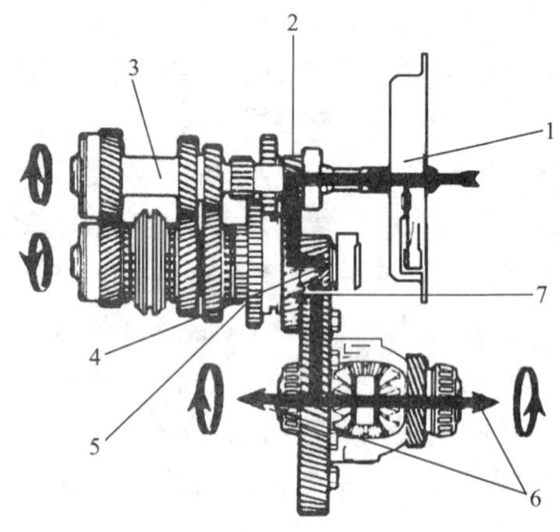

图 12-10　两轴变速器一挡动力传递图
1—离合器总成　2—一挡主动齿轮　3—输入轴　4—输出轴小齿轮　5—一/二挡同步器　6—至驱动轮　7—一挡齿轮

（2）二挡　从一挡换入二挡，一挡/二挡同步器先将输出轴上的一挡变速齿轮分离，然后接合二挡变速齿轮，使二挡变速齿轮锁定在输出轴上，动力传递除了通过二挡变速齿轮和同步器传递到输出轴上以外，其他传递过程和方向与一挡相同，如图 12-11 所示。

（3）三挡　当需要挂入三挡时，先使一挡/二挡同步器脱离输出轴上的二挡变速齿轮，返回到空挡位置，移动变速手柄到三挡/四挡同步器位置，接合三挡/四挡同步器，将三挡变速齿轮锁定在输出轴上。此时，动力通过三挡变速齿轮先后传递到三挡/四挡同步器、输出轴、差速器、驱动桥和车轮，如图 12-12 所示。

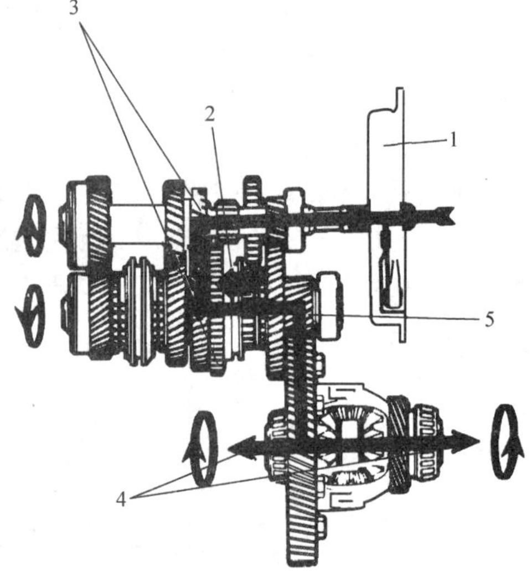

图 12-11　两轴变速器二挡动力传递图
1—离合器总成　2—二挡同步器　3—二挡齿轮　4—至驱动轮　5—输出轴小齿轮

（4）四挡　挂入四挡时，使三挡/四挡同步器先脱离三挡变速齿轮，然后将四挡变速齿轮锁定在输出轴上，动力传递通过四挡变速齿轮完成，如图 12-13 所示。

（5）倒挡　当需要挂入倒挡时，应将变速手柄处于倒挡位置，将换挡拨叉移动到倒挡惰轮，使其与输入轴倒挡齿轮和输出轴倒挡变速齿轮相啮合，如图 12-14 所示。输出轴倒挡变速齿轮实际就是一挡/二挡同步器套，即在其同步器套上带有沿其外缘加工的直齿轮。倒挡惰轮改变了输出轴的旋转方向，从而使汽车倒向行驶。

（6）空挡　变速器位于空挡时，输出轴上的一挡/二挡同步器和三挡/四挡同步器均处于中间位置，输出轴上各挡齿轮绕输出轴空转，没有动力输出，变速器在空挡工作。

四、变速器操纵机构的构造

变速器多采用机械式操纵机构，其功用是使驾驶人根据道路情况准确可靠地将变速器挂入或摘离所需的某个挡位，一般由变速杆、定位块、拨叉轴、拨叉及安全装置等组成，安装在变速器上盖或侧盖内。

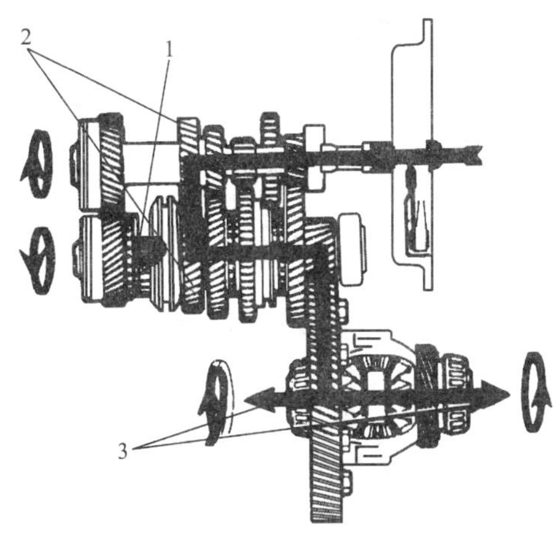

图 12-12　两轴变速器三挡动力传递图

1—三/四挡同步器　2—三挡齿轮　3—至驱动轮

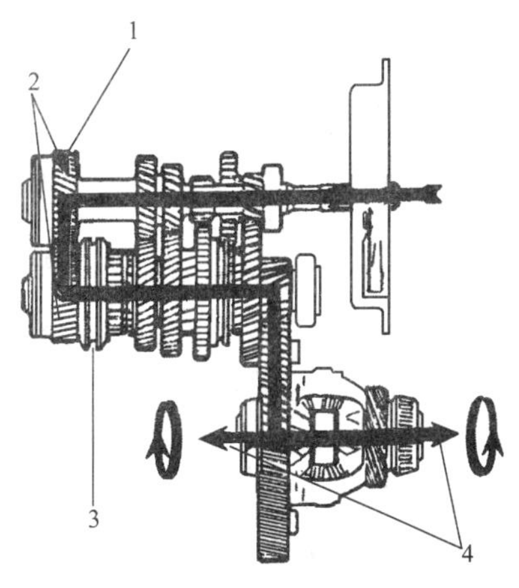

图 12-13　两轴变速器四挡动力传递图

1—四挡主动齿轮　2—四挡齿轮

3—三/四挡同步器　4—至驱动轮

常见的变速器操纵机构有三轴式和单轴式两种类型。

1. 三轴式操纵机构

(1) 结构　图 12-15 所示为三轴四挡变速器的操纵机构示意图。三轴式操纵机构有三根换挡拨叉轴，每个拨叉轴上有一个换挡拨叉。当驾驶人选择一个特定挡位时，要先选择换挡拨叉轴，即变速杆带钩的端头插入换挡定位块的缺口中，定位块和换挡拨叉用销子固定在换挡拨叉轴上。换挡时轴向移动装有换挡拨叉的拨叉轴，换挡拨叉带动同步器接合套移动，换入相应挡位。

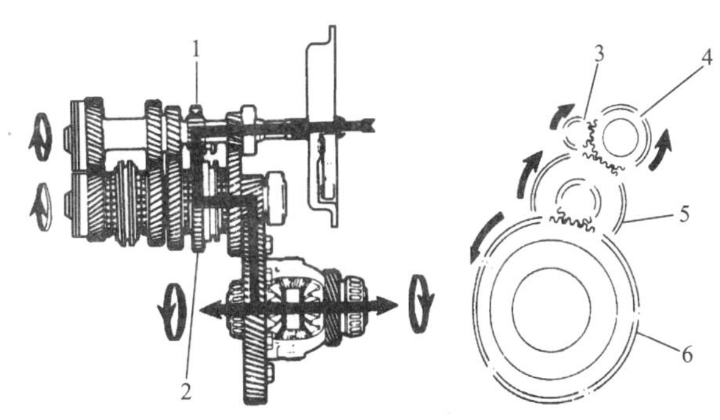

图 12-14　两轴变速器倒挡动力传递图

1、3—倒挡主动齿轮　2—一/二挡同步器　4—倒挡惰轮　5—倒挡齿轮和同步器套　6—差速器

(2) 安全装置　三轴式操纵机构的安全装置有互锁装置、自锁装置和倒挡锁装置等。

1) 互锁装置。互锁装置是为了保证换挡拨叉轴到位并防止其他拨叉轴移动而采用的锁止装置。互锁装置有多种类型，常见的有钢球式和转动钳口式两种结构。

钢球式互锁装置如图 12-16 所示，主要由互锁钢球和互锁销组成。每根拨叉轴上朝向互锁钢球的一面都有一个深度相等的凹槽，中间拨叉轴上有相对应的两个凹槽，并且是通孔，在通孔中有一个互锁销，其长度正好等于拨叉轴直径减去一个凹槽深度。凹槽深度、钢球直径和拨叉轴直径的尺寸也是经过严格计算的。当变速器处于空挡时，由于三根拨叉轴的凹槽、互锁销和钢球都在同一直线上，正好有一个凹槽深度的富余空间，所以在空挡时晃动变速手柄，感觉有一定的旷量。当需要挂挡时，任意移动一根拨叉轴，使该拨叉轴上的钢球被挤出凹槽，挤占了空挡时富余的那个凹槽空间，使得另两根拨叉轴被锁定在空挡位置。互锁销的作用是帮助钢球移出凹槽，所以挂挡时必须要先到空挡位置，然后再挂入需要的挡位。

转动钳口式互锁装置如图 12-17 所示，变速杆下端球头置于钳口中，钳口板只能绕 A 轴摆动，不能沿 A 轴轴向移动。换挡时，先通过变速杆球头拨动钳口板绕 A 轴转动，选择要挂挡位所用的拨叉轴，然后拉（推）变速杆，则变速杆球头带动所选择拨叉轴轴向移动，挂上相应挡位。另两根拨叉轴由于有钳口板挡住，所以不能移动。

2）自锁装置。自锁装置的作用是防止变速器自动脱挡，并保证齿轮（或接合齿圈）以全齿宽啮合。自锁装置由钢球和弹簧组成，如图 12-18 所示。在每根拨叉轴上沿轴向分布有三个凹槽，中间凹槽对应为空挡位置，另两个凹槽则为工作挡位。当移动任意一根拨叉轴时，必有一个凹槽对准钢球，于是钢球在弹簧的作用力下被压入凹槽，拨叉轴被轴向锁定。当需要换挡时，驾驶员必须施加一定的轴向力，克服弹簧力，将钢球从凹槽中挤出，推回孔中。凹槽之间的距离等于全齿宽啮合或完全退出啮合所需要的拨叉轴的移动距离。

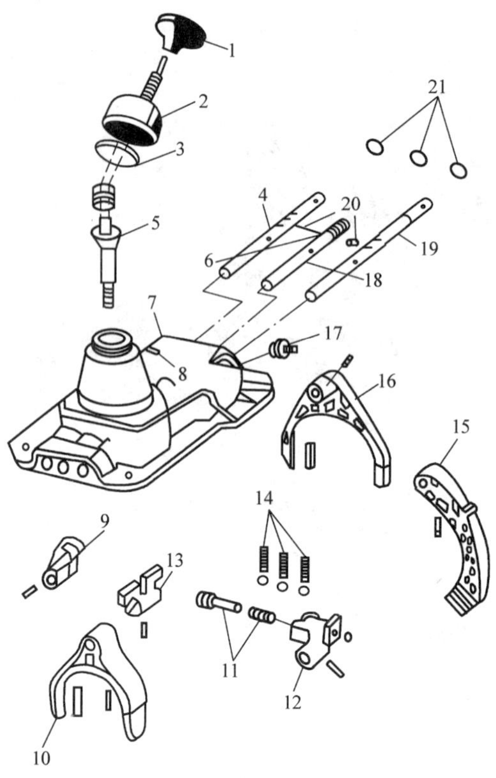

图 12-15　三轴四挡变速器的操纵机构示意图

1—变速杆球　2—盖　3—弹簧座　4—一/二挡拨叉轴　5—变速杆　6—联锁销　7—壳体组件　8—销　9—二挡定位块　10—三/四挡拨叉　11—倒挡锁　12—倒挡定位块　13—三/四挡定位块　14—自锁钢球及弹簧　15—倒挡拨叉　16—一/二挡拨叉　17—倒车灯开关　18—三/四挡拨叉轴　19—倒挡拨叉轴　20—互锁钢球　21—拨叉轴堵

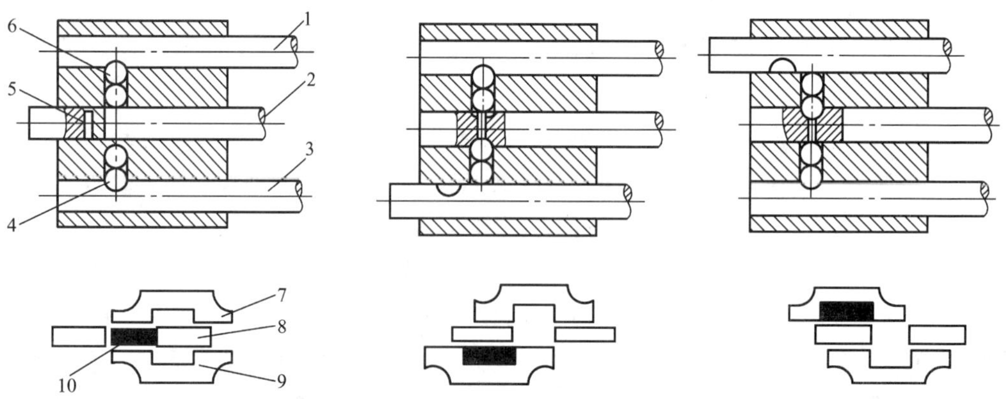

图 12-16　钢球式互锁装置的工作示意图

1、2、3—拨叉轴　4、6—互锁钢球　5—互锁销　7、8、9—拨叉　10—变速杆下端球头

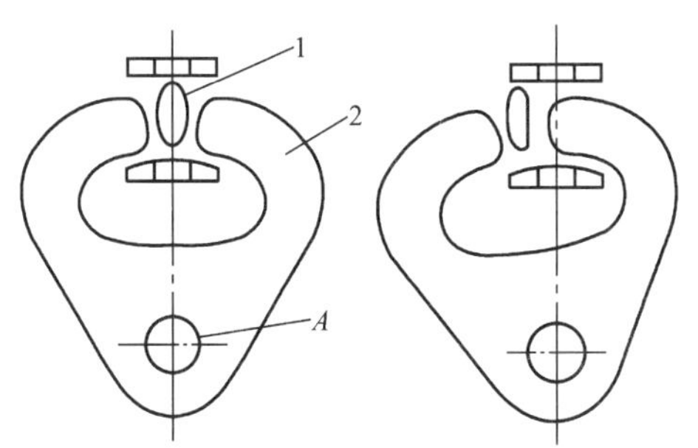

图 12-17　转动钳口式互锁装置

1—变速杆　2—钳口板

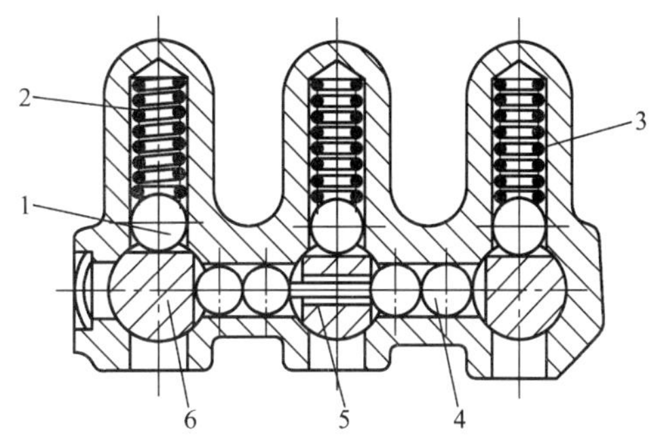

图 12-18　自锁装置示意图

1—自锁钢球　2—自锁弹簧　3—变速器盖

4—互锁钢球　5—互锁销　6—拨叉轴

3）倒挡锁装置。倒挡锁装置的作用是防止驾驶人误挂倒挡。图 12-19 所示为弹簧锁销式倒挡锁装置，从图中可以看出，当需要挂入倒挡时，必须要用较大的力，摆动变速杆，使倒挡锁销压缩弹簧后，才能挂入倒挡。

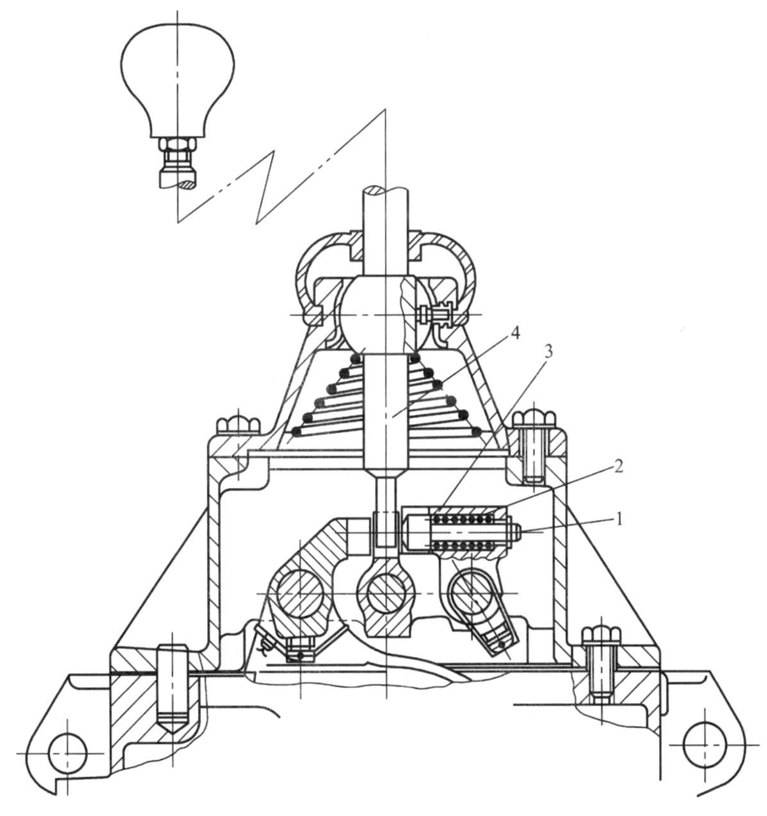

图 12-19　弹簧锁销式倒挡锁装置

1—倒挡锁销　2—倒挡锁弹簧　3—倒挡拨块　4—变速杆

2. 单轴式变速器的操纵机构

有些变速器采用单轴式的操纵机构，如图 12-20 所示。单轴式操纵机构的结构特点是所有的换挡拨叉都安装在同一根拨叉轴上。下面以捷达轿车的变速器操纵机构为例，介绍其选挡、换挡及安全锁止的工作过程。

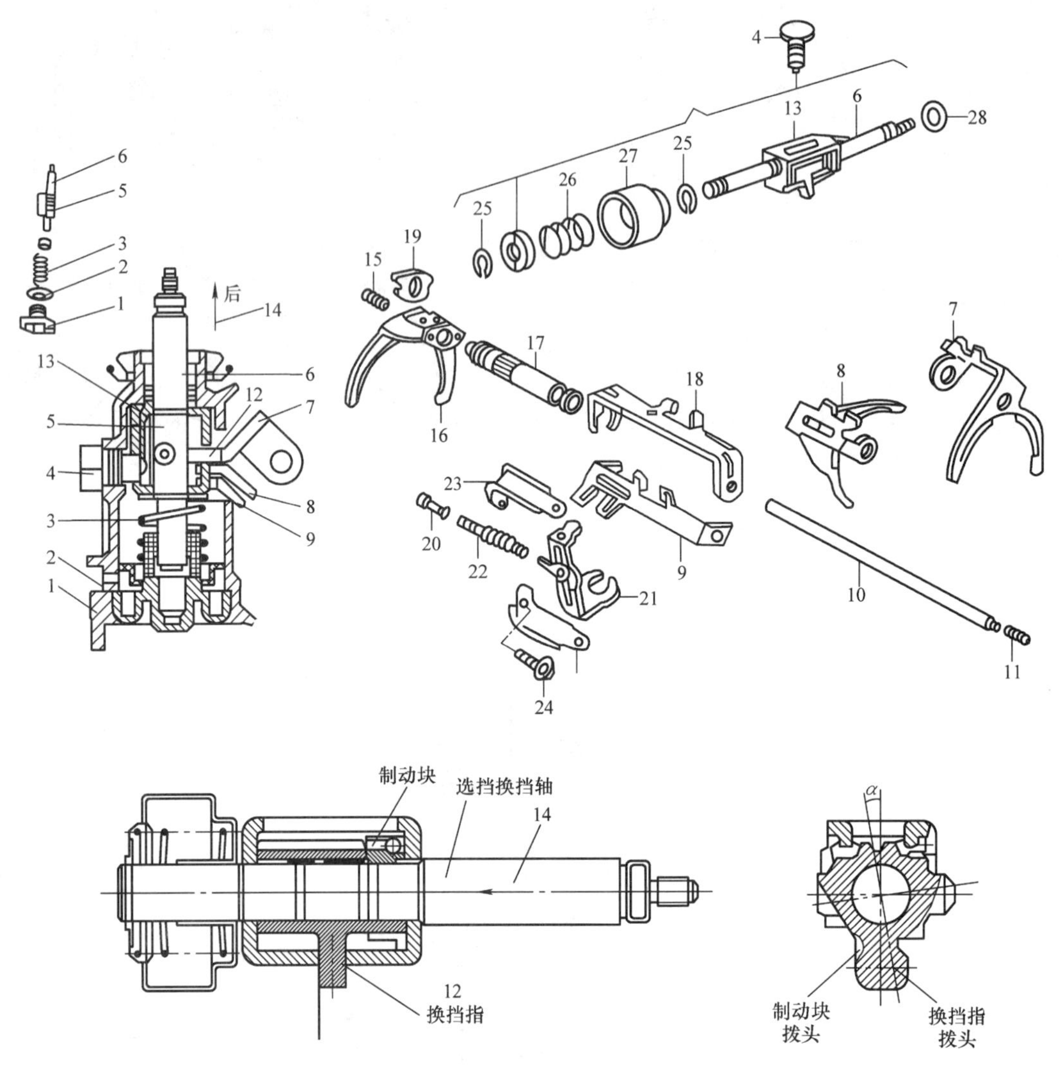

图 12-20　捷达轿车的变速器操纵机构

1—端盖　2—挡油板　3—弹簧　4—止动螺栓　5—卡槽元件　6—选挡换挡轴　7—三/四挡换挡拨叉　8——/二挡换挡拨叉　9—倒挡换挡拨叉　10—拨叉导杆　11—弹簧　12—换挡指　13—定位架　14—前后箭头　15—弹簧　16—五挡拨叉　17—五挡连接套　18—五挡拨板　19—止动垫板　20—滑块　21—继动杆　22—压簧　23—继动杆支架　24—螺栓　25—挡圈　26—弹簧　27—止动冒　28—垫圈

如图 12-20 所示，单轴式变速器操纵机构主要由换挡拨叉轴、换挡拨叉、选挡换挡轴、卡槽元件、换挡指和安全锁止装置组成。

选挡时，按图示箭头方向轴向移动选挡换挡轴 6，卡槽元件 5 上的换挡指同时移动，换挡指与哪个换挡拨叉上的凹槽啮合，就可以选哪个拨叉所能挂入的挡位。如换挡指与三挡/四挡拨叉啮合，则可以换入三挡或四挡。

换挡时，旋转选挡换挡轴 6，卡槽元件 5 上的换挡指 12 便拨动与其啮合的拨叉沿拨叉轴轴向移动。如当换挡指与三挡/四挡拨叉啮合时，向左拨动三挡/四挡拨叉为四挡，向右拨动为三挡。

选挡换挡轴 6 上的定位架 13 起互锁作用，当换挡指选定拨动某一个拨叉时，定位架 13 则同时限制另外两个拨叉移动，以避免同时挂入两个挡位。止动螺钉 4 也卡在定位架上，使换挡指稳定在已选定的挡位上，弹簧 3 的作用是将选挡换挡轴 6 及变速操纵杆压在所选定挡位的选挡平面内，以防止变速器自动脱挡。

挂倒挡时，选挡换挡轴向前移动，由于制动块锁止齿形与换挡指锁止齿形形成一个角度 α，所以当换挡指位于倒挡拨板槽口时，制动块正好偏转一个角度 α，制动块下端的拨头此时正好位于五挡拨板的槽口处，并通过五挡连接套使五挡拨叉移动一个微小距离，使五挡同步环摩擦锥面与五挡齿轮摩擦锥面接触，摩擦力使输入轴转速迅速减为零，从而实现平滑换挡。

3. 远距离操纵机构

在多数发动机前置后轮驱动的汽车上，变速器距离驾驶人座位比较近，变速杆可直接安装在变速器壳体上采用直接操纵，变速操作容易准确，如图 12-21 所示。而在发动机后置或发动机前置前轮驱动的汽车上，由于变速器远离驾驶人座位，通常在变速器与变速杆之间用连杆连接，进行远距离操纵，如图 12-22 所示。还有的轿车，为了充分利用前面座位的空间，将变速杆放在转向盘下方，也需要用连杆机构进行远距离操纵。

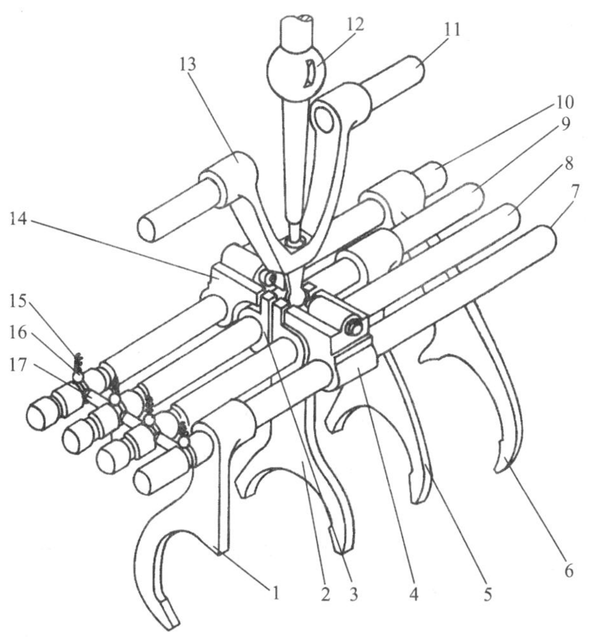

图 12-21　变速器直接操纵机构示意图

1—五/六挡拨叉　2—三/四挡拨叉　3—一/二挡拨块　4—倒挡拨块　5—一/二挡拨叉　6—倒挡拨叉　7—倒挡拨叉轴　8—一/二挡拨叉轴　9—三/四挡拨叉轴　10—五/六挡拨叉轴　11—换挡轴　12—变速杆　13—叉形拨杆　14—五/六挡拨块　15—自锁弹簧　16—自锁钢球　17—互锁销

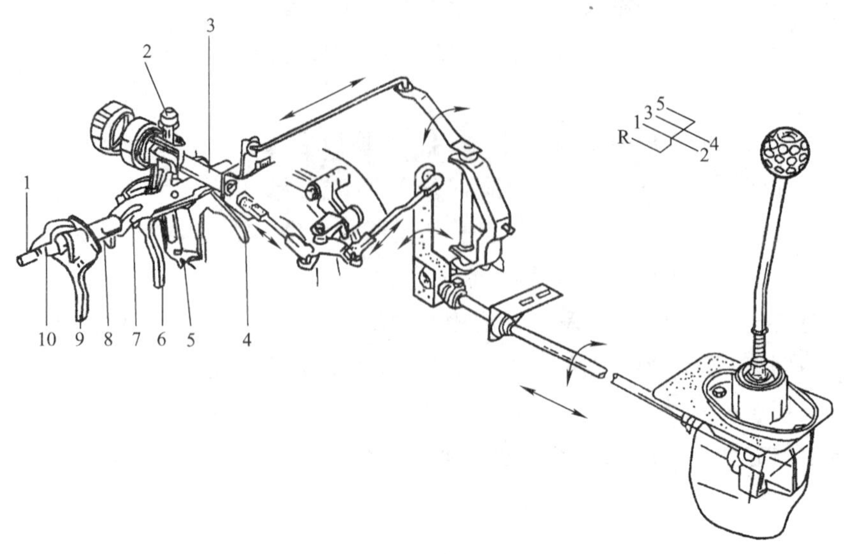

图 12-22　变速器远距离操纵机构示意图

1—压力弹簧　2—自锁销　3—选挡换挡轴　4—三挡拨叉　5—倒挡拨叉　6—三/四挡拨叉　7—五挡拨板　8—五挡连接套　9—五挡拨叉　10—拨叉轴

【项目实施】

任务　手动变速器的拆装

一、任务目标

能够正确选用变速器的拆装工具，并能够用工具按照正确顺序拆下并组装变速器。

二、任务准备

工具准备：变速器拆装专用工具 4 套，常用工具 4 套。

物品准备：捷达轿车 4 台，捷达轿车维修手册两本。

场地准备：汽车底盘实训车间，工作台 4 个。

分组：每个小组 4 人。

三、知识准备

下面以一汽捷达轿车五挡手动变速器为例，学习变速器拆装的一般方法。

如图 12-23 所示，捷达轿车五挡手动变速器为三段式，由离合器壳体、变速器壳体和后壳体组成；动力从输入轴输入，由输出轴经主传动大小齿轮和差速器输出，一/二挡同步器在输出轴上，三/四挡同步器和五挡同步器在输入轴上；离合器推杆从输入轴的中心孔穿过，倒挡由输入轴上的倒挡齿轮经惰轮传给输出轴上的一/二挡同步器接合套上的齿轮后，再经输出轴输出。

一汽捷达轿车变速器传动机构的结构特点如下：

如图 12-23 所示，该变速器由输入轴、输出轴和倒挡齿轮轴组成，输入轴在变速器壳体的一端装有滚珠轴承，在离合器壳体的一端装有滚针轴承；输出轴在变速器壳体一端装有滚针轴承；在离合器壳体一端装有大圆锥滚柱轴承和小圆锥滚柱轴承。在输入轴上，一挡和二

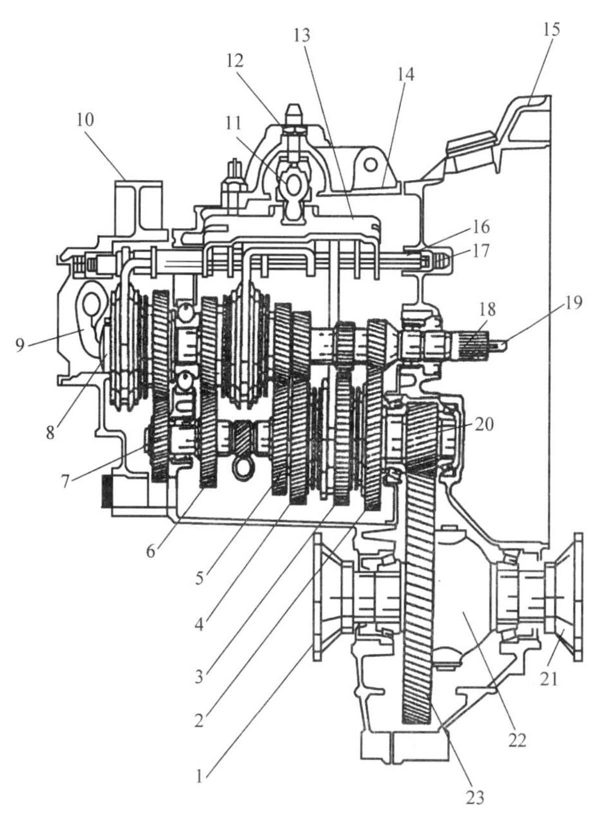

图 12-23　捷达轿车五挡手动变速器结构示意图

1、21—输出法兰　2—一挡从动齿轮　3—一/二挡齿套倒挡从动齿轮　4—二挡从动齿轮　5—三挡从动齿轮　6—四挡从动齿轮　7—五挡从动齿轮　8—分离轴承　9—分离臂　10—后壳体　11—换挡指　12—自锁螺钉　13—五挡拨板　14—变速器壳体　15—离合器壳体　16—拨叉轴　17—压力弹簧　18—输入轴　19—分离推杆　20—输出轴　22—差速器　23—主传动大齿轮

挡齿轮与轴作为一个整体，输入轴三挡齿轮和四挡齿轮与输入轴之间有滚针轴承，在输入轴三挡齿轮和四挡齿轮之间装有三/四挡同步器。输出轴二挡齿轮和一挡齿轮与输出轴之间装有滚针轴承，在输出轴二挡齿轮与一挡齿轮之间装有一/二挡同步器，输出轴四挡齿轮和三挡齿轮与输出轴均为花键配合。在输入轴上还装有五挡齿轮及五挡同步器，经输出轴上的五挡齿轮将动力传出。五挡齿轮与输出轴为紧配合，在拆卸时，要使用拉拔器才能将齿轮拉出。防偏移装置压在齿轮上，用挡圈来防止偏移装置松动。

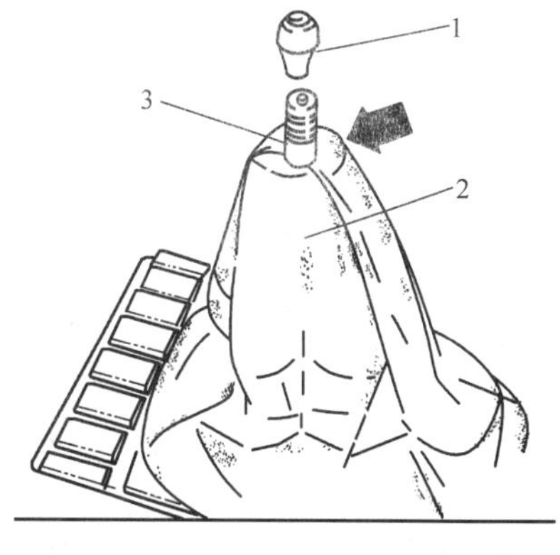

图 12-24　变速手柄及防护罩的拆卸

1—变速手柄　2—防护罩　3—变速操纵杆

四、实践操作

1. 变速器的拆卸

(1) 外变速操纵机构的拆卸

1) 变速手柄及防护罩的拆卸。如图 12-24 所示，从变速操纵杆 3 上旋下变速手柄 1，

拆下防护罩 2。

2）继动轴及换挡拉杆轴承支架的拆卸。如图 12-25 所示，先拆下导向板 12，然后旋下螺栓 14，拆下换挡拉杆 10 前端的卡箍 15，旋下螺栓 21（3 个），从选挡换挡轴拉杆 20 上取下继动轴及换挡拉杆轴承支架 8。从继动轴 16 上拆下中间轴 17，旋下螺母 23，从变速杆 11 上拆下选挡拉杆（长）18，最后从继动轴及换挡拉杆轴承支架 8 上取下继动轴 16、变速杆 11 和衬套 9。

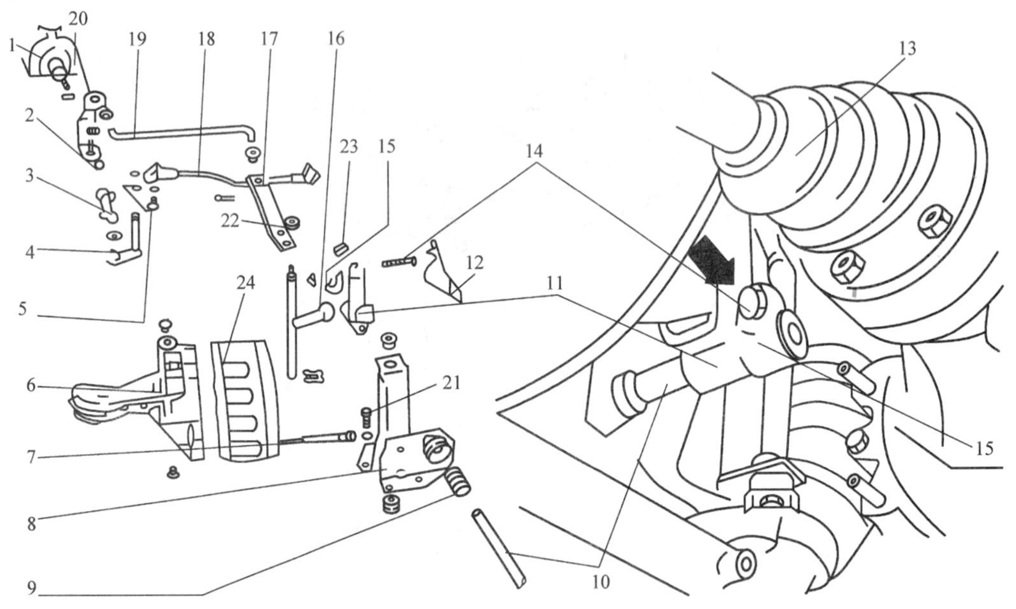

图 12-25　继动轴及换挡拉杆轴承支架的拆卸

1—选挡换挡轴　2—自锁螺母　3—选挡拉杆（短）4—直角杠杆　5—选挡继动杆　6—变速器支架　7—螺栓　8—支架　9—衬套　10—换挡拉杆　11—变速杆　12—导向板　13—驱动轴　14—螺栓　15—卡箍　16—继动轴　17—中间轴　18—选挡拉杆（长）　19—换挡连杆　20—选挡换挡轴拉杆　21—螺栓　22、23—螺母　24—变速器

3）选挡换挡轴拉杆的拆卸。如图 12-26 所示，摘下开口销 11，从换挡连杆 3 上拆下换挡中间杆 10，摘下开口销 13，从选挡换挡轴拉杆 4 上拆下换挡连杆 3，然后从选挡继动杆 12 上旋下螺母 8，从选挡拉杆（短）7 上拆下直角杠杆 9，再从选挡换挡轴拉杆 4 上拆下选挡拉杆 7，最后旋下螺母 6，从选挡换挡轴上拆下选挡换挡轴拉杆 4。

4）选挡操纵杆及壳体的拆卸。如图 12-27 所示，拧下副仪表板螺钉 8，拆下变速操纵杆壳体 11 的联接螺栓 10，向前并下压变速操纵杆壳体 11。取出壳体 11，拆下支撑板 17 的联接螺母 4，向内压换挡拉杆轴承 2，旋下螺栓 20，取下偏心环 21，从变速操纵杆壳体 11 中拉出换挡拉杆 3，拆下弹性销 16、取出弹簧 15、球 5、隔套 6、球壳 14 和密封垫 7。

（2）从车上拆下变速器

1）驱动轴及起动机的拆卸。如图 12-28 所示，先旋下驱动轴螺栓 7，让驱动轴 8 与变速器分开，然后吊起驱动轴 7。再从离合器壳体 3 的起动机安装孔处拆下起动机。

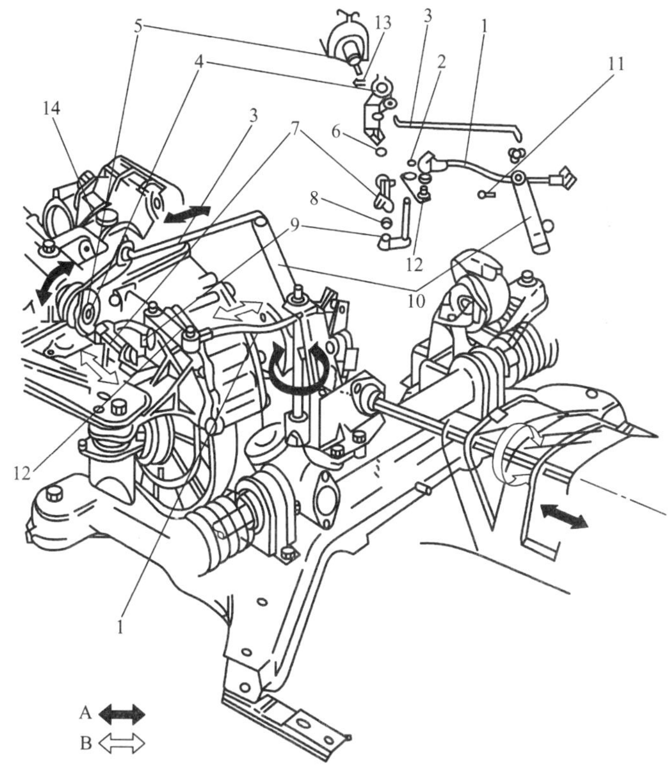

图 12-26　选挡换挡轴拉杆的拆卸

1—选挡拉杆（长）　2—螺母　3—换挡连杆　4—选挡换挡轴位杆　5—选挡换挡轴　6—螺母　7—选挡拉杆（短）　8—螺母　9—直角杠杆　10—换挡中间杆　11—开口销　12—选挡继动杆　13—开口销　14—变速器　A—换挡动作　B—选挡动作

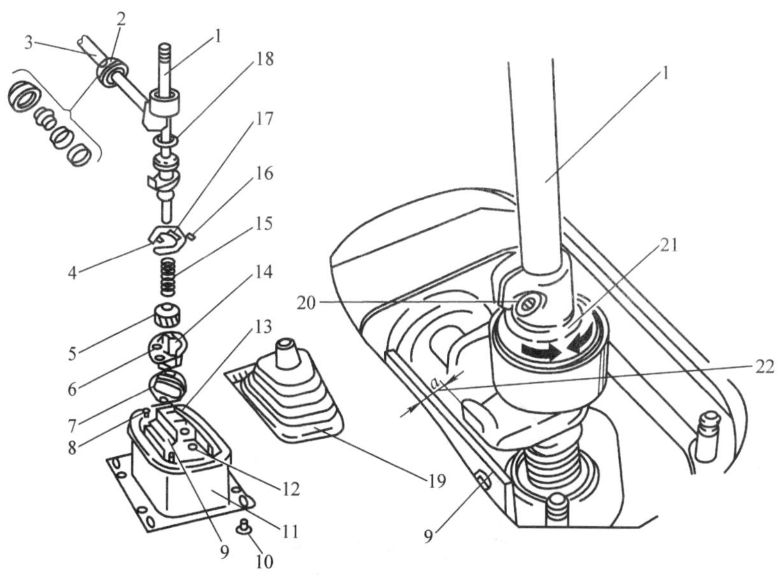

图 12-27　变速操纵杆及壳体的拆卸

1—变速操纵杆　2—换挡拉杆轴承　3—换挡拉杆　4—自锁螺母　5—球　6—隔套　7、13—密封垫　8—螺钉　9—限位块　10—螺栓　11—变速操纵杆壳体　12—螺钉　14—球壳　15—弹簧　16—弹性销　17—支撑板　18—塑料杯　19—防尘罩　20—螺栓　21—偏心环　22—偏心环与限位块间隙

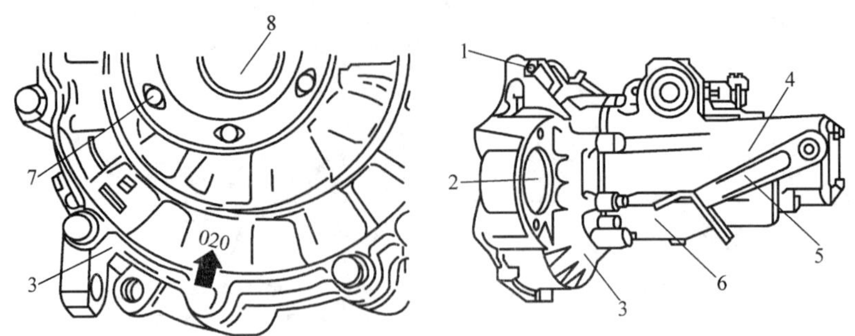

图 12-28 驱动轴与起动机的拆卸

1—螺栓 2—起动机安装孔 3—离合器壳体 4—变速器壳体 5—离合器杠杆 6—放油螺塞 7—螺栓 8—驱动轴

2）吊起变速器与起动机。如图 12-29 所示，从车上吊起发动机及变速器。

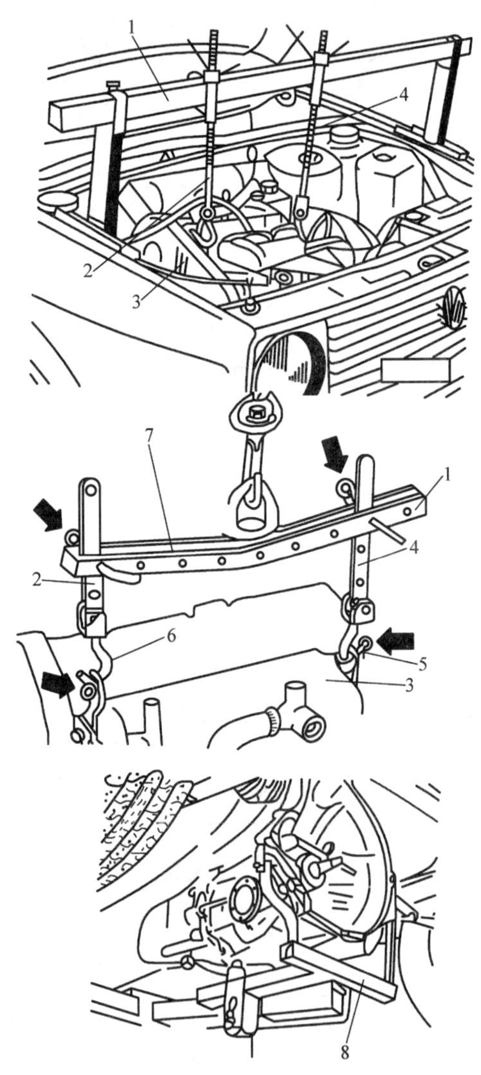

图 12-29 变速器与起动机的吊起

1—吊架 2、4—吊架杆 3—发动机 5—锁止销 6—吊钩 7—吊架梁 8—变速器调整垫块

3）从发动机上拆下变速器。如图 12-30 所示，取下前支撑旋置的螺栓 4，分开发动机前支架 5 与橡胶套支座 6 的连接，从车架 7 上旋下螺栓 2、3，取下橡胶套支座 6，再从变速器座后支架 12 上旋下螺栓 8、11 和 14，取下变速器座后支架 12 和副车架 15；放低变速器 13，并从发动机右后支架 17 上旋下螺栓 16 和 21，取下发动机右后支架 17；然后尽可能向右推发动机-变速器总成，用变速器千斤顶和支架支起变速器 13，旋下变速器与发动机的联接螺栓，并取下里程表软轴，然后拆下变速器 13。

图 12-30　从发动机上拆下变速器

1、8、18—橡胶套中心螺栓　2、3—橡胶套支撑螺栓　4、10、11、14、16、21—螺栓　5—发动机前支架　6—橡胶套支座　7—车架　9—连接橡胶套　12—变速器座后支架　13—变速器　15—副车架　17—发动机右后支架　19—支架座螺栓　20—发动机　22—橡胶套支架座

2. 变速器的分解

（1）变速器壳体与离合器壳体固定螺栓的拆卸　如图 12-31 所示，先旋下变速器放油螺塞，放出变速器油，然后向下拉出离合器压杆，旋下倒挡齿轮轴的固定螺栓 8、离合器壳体 7 与变速器壳体 6 的联接螺栓 1。

（2）变速器后壳和五挡齿轮的拆卸　如图 12-32 所示，用螺钉旋具先撬下后盖 28，再撬下分离轴的弹性挡圈 26，取出离合器分离轴及杠杆 22，再取出离合器分离杠杆 9、回位弹簧 27 和分离轴承 10 及导向轴套 20 和离合器压杆 11；旋下固定螺栓 24、29，从变速器壳体 16 上拆下变速器后壳 13，从输入轴 1 左端旋下空心螺栓 15，取下垫圈 14。在取下五挡同步器接合套 4、滑块及弹簧圈后，用专用工具拉出五挡同步器毂 17，再从五挡同步器毂上拆下垫圈 19、输入轴五挡齿轮 3 和五挡同步环 18，从输出轴 5 左端拆下输出轴五挡齿轮保险卡环 7，再取下输出轴五挡齿轮保险盘 8，然后取下输出轴五挡齿轮 6。

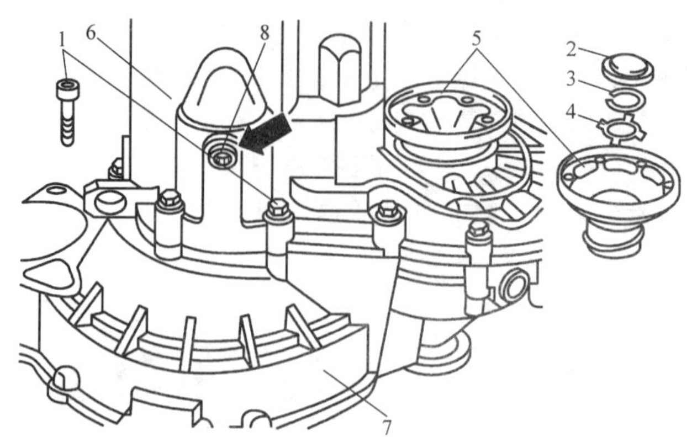

图 12-31　变速器壳体与离合器壳体固定螺栓的拆卸

1—螺栓　2—端盖　3—挡圈　4—碟形弹簧　5—驱动法兰　6—变速器壳体　7—离合器壳体　8—倒挡固定螺栓

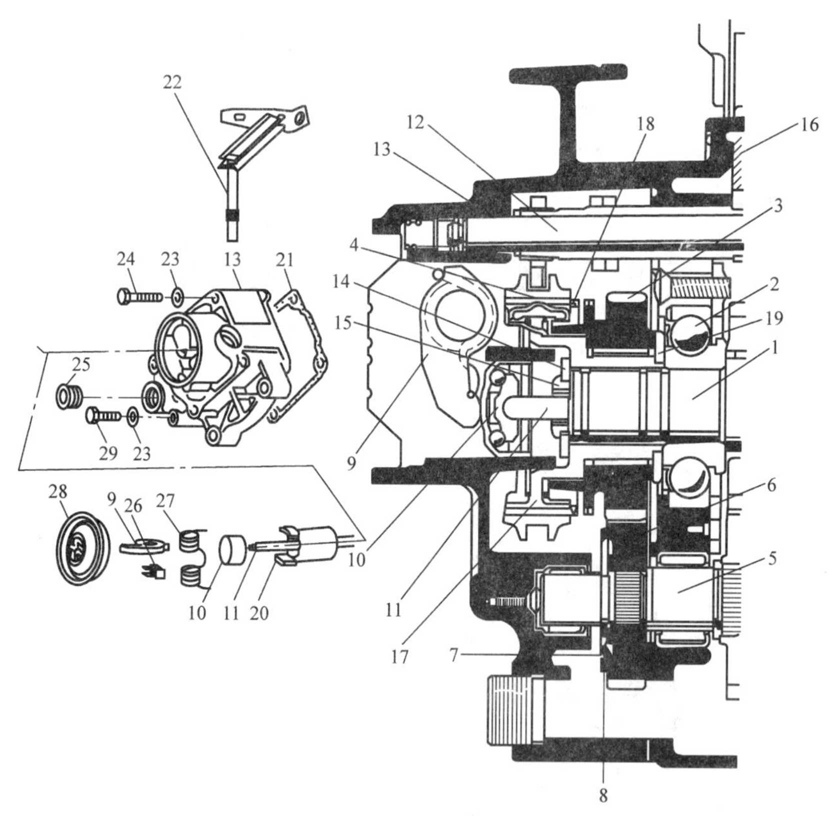

图 12-32　变速器后壳和五挡齿轮的拆卸

1—输入轴　2—轴承　3—输入轴五挡齿轮　4—五挡同步器接合套　5—输出轴　6—输出轴五挡齿轮　7—五挡齿轮保险卡环　8—五挡齿轮保险盘　9—分离杠杆　10—分离轴承　11—离合器压杆　12—拨叉导杆　13—变速器后壳　14—垫圈　15—空心螺栓　16—变速器壳体　17—五挡同步器毂　18—五挡同步环　19、23—垫圈　20—导向轴套　21—衬垫　22—离合器分离轴及杠杆　24—螺栓　25—螺塞　26—挡圈　27—回位弹簧　28—后盖　29—螺栓

（3）内换挡机构的拆卸

1）选挡换挡轴封盖及选挡换挡轴的拆卸。如图 12-33 所示，首先拆卸选挡换挡轴封盖及锁紧螺栓，即将拨叉放在空挡位置，从变速器壳体 2 上用火花塞扳手旋下选挡换挡轴封盖 1，再从另一端旋下选挡换挡轴锁紧螺栓 3，最后从变速器壳体 2 上取下挡油板 7 和弹簧 6，并用工具 8 取出球套5；再将三个换挡拨叉置于空挡位置，然后从变速器壳体上拆下带有止动元件的选挡换挡轴 4。

2）输入轴圆锥滚柱轴承夹紧螺栓的螺母的拆卸。如图 12-34 所示，从变速器壳体 4 上拆下两个堵塞 1，旋下三个输入轴圆锥滚柱轴承夹紧螺栓的螺母 2，并取下垫圈 3。

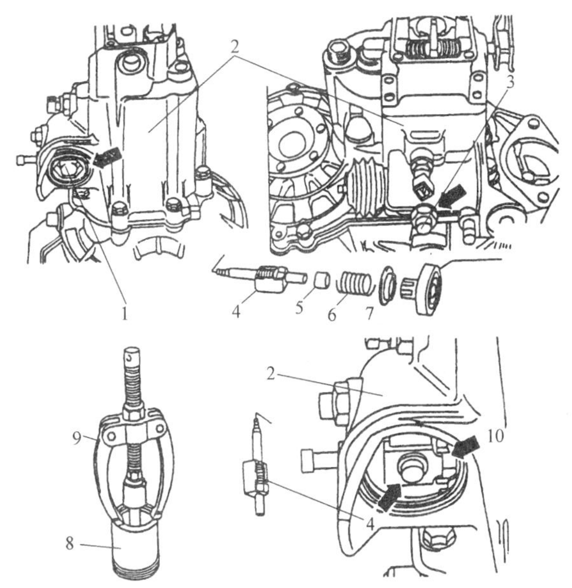

图 12-33　选挡换挡轴封盖及选挡换挡轴的拆卸

1—选挡换挡轴封盖　2—变速器壳体　3—选挡换挡轴锁紧螺栓　4—选挡换挡轴　5—球套　6—弹簧　7—挡油板　8、9—拉拔器　10—换挡拨叉

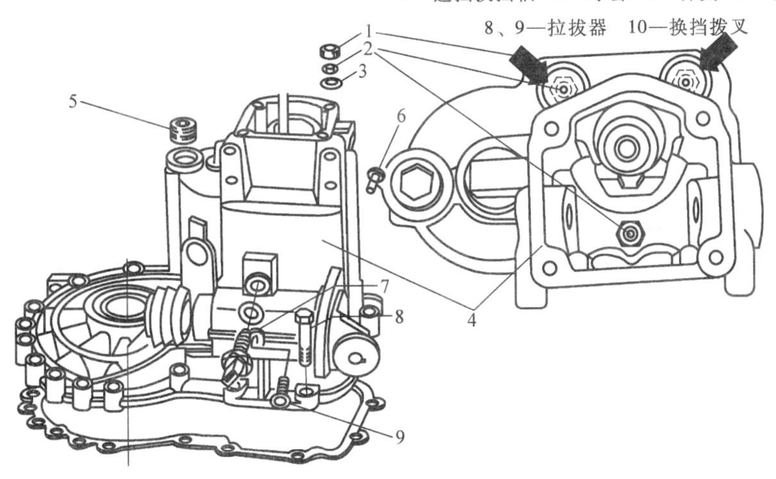

图 12-34　输入轴圆锥滚柱轴承夹紧螺栓的螺母的拆卸

1—堵塞　2—夹紧螺母　3—垫圈　4—变速器壳体　5—注油塞　6—倒挡齿轮固定螺钉　7—空挡开关　8—螺栓　9—选挡换挡轴锁紧螺栓

3）驱动法兰盘的拆卸。如图 12-35 所示，先从驱动法兰盘 5 上取下端盖 4、弹性挡圈 3、碟形弹簧 2 及压簧 9，然后用两个 M8 螺栓把拆卸工具固定在驱动法兰盘上，并用扳手 7 旋动工具 1 的中心螺杆 8，从变速器壳体和离合器壳体两侧拉下驱动法兰盘 5。

4）变速器壳体的拆卸。如图 12-36 所示，用两个 M7 螺栓 1 将工具 3 固定在变速器壳体 4 上，旋动工具 3 上的螺杆，将变速器壳体 4 从离合器壳体上拆下。

5）换挡拨叉的拆卸。如图 12-37 所示，沿箭头 *A* 方向从离合器壳体 7 内的孔中拉出拨叉导杆 8 及弹簧 3，同时沿箭头 *B* 方向转出换挡拨叉组件 4。

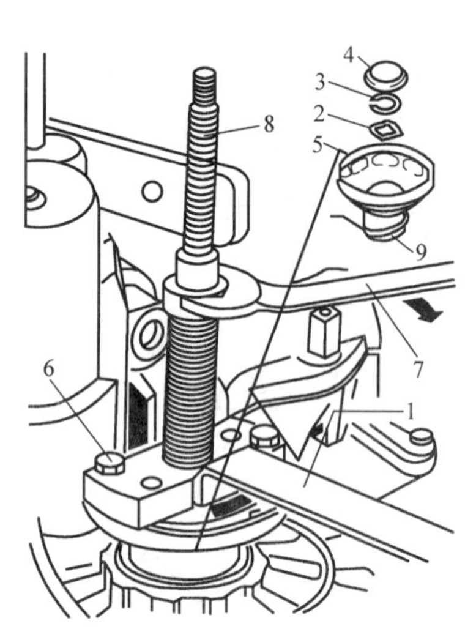

图 12-35　驱动法兰盘的拆卸

1—拆卸工具　2—碟形弹簧　3—弹性挡圈　4—端盖　5—驱动法兰盘　6—螺栓　7—扳手　8—拆卸工具中心螺杆　9—压簧

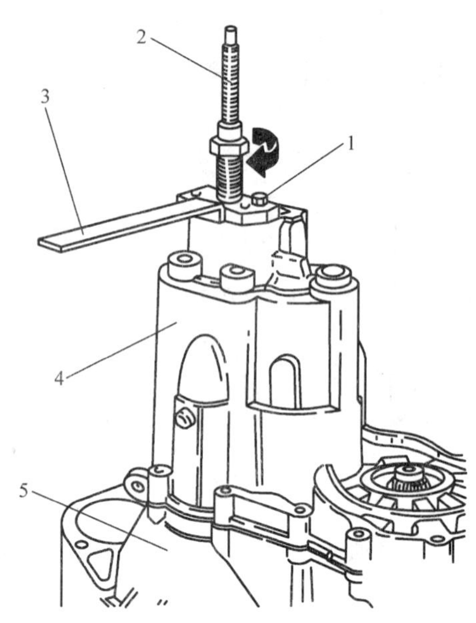

图 12-36　变速器壳体的拆卸

1—螺栓　2、3—工具　4—变速器壳体　5—离合器壳体

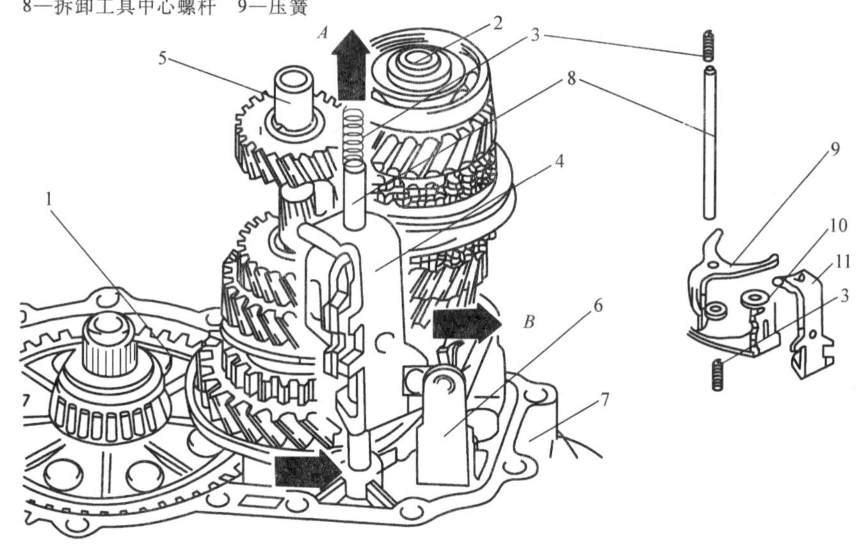

图 12-37　换挡拨叉的拆卸

1—主传动大齿轮　2—输入轴　3—弹簧　4—换挡拨叉组件　5—输出轴　6—倒挡换挡联动装置　7—离合器壳体　8—拨叉导杆　9—三/四挡换挡拨叉　10——/二挡换挡拨叉　11—倒挡换挡拨叉

(4) 变速器齿轮的拆卸

1) 变速器齿轮的拆卸。如图 12-38 所示，拆下变速器壳体后，输入轴 1、输出轴 2 以及主传动大齿轮和差速器总成 26 仍坐落在离合器壳体 27 上。在拆下换挡拨叉组件 34 以后，必须先拆下输出轴四挡齿轮 12，才能取下输入轴 1；拆下输出轴三挡齿轮 14 和二挡齿轮 15 以后，才能拆下倒挡齿轮轴 4 和倒挡齿轮 3；只有拆下输出轴 2 以后，才能拆下主传动大齿轮和差速器总成 26。

2）输出轴四挡齿轮及输入轴的拆卸。如图 12-39 所示，用尖嘴钳拆下输出轴四挡齿轮的挡圈 1，再用拆卸工具 3 从输出轴 4 上拆下四挡齿轮 2，最后从离合器壳体 6 上取下输入轴总成 5。

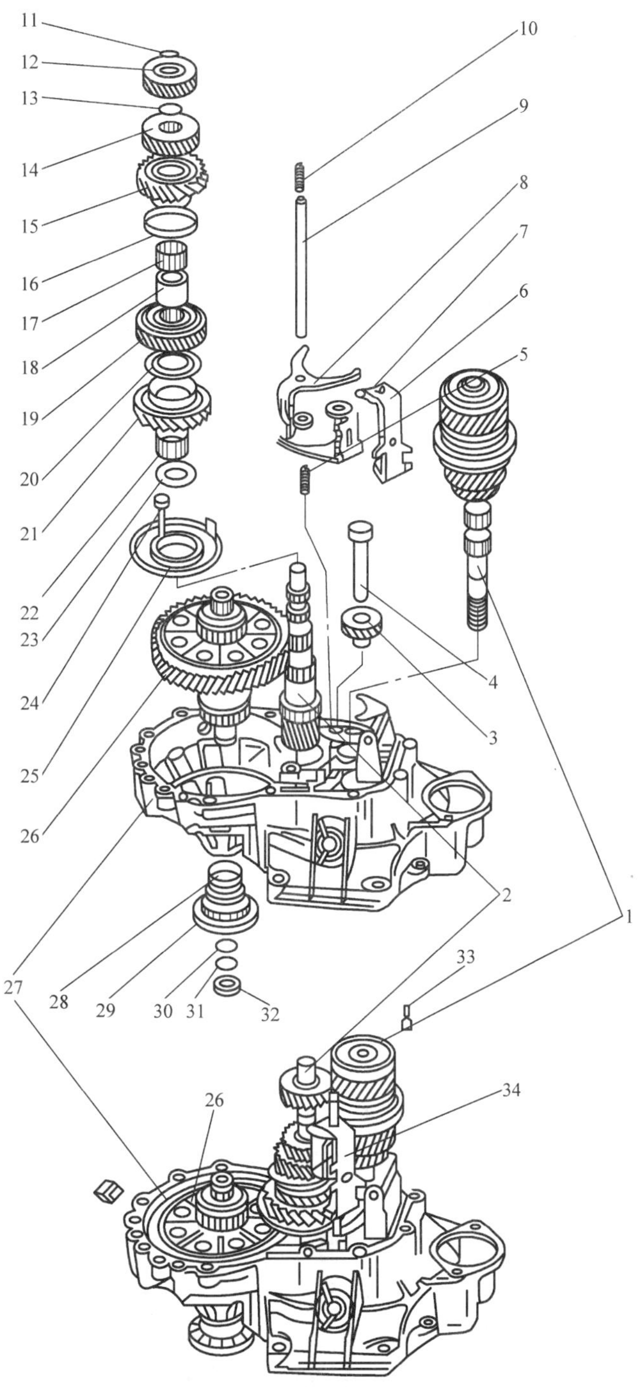

图 12-38　变速器齿轮的拆卸

1—输入轴　2—输出轴　3—倒挡齿轮　4—倒挡齿轮轴　5、10—弹簧　6—倒挡换挡拨叉　7—一/二挡换挡拨叉　8—三/四挡换挡拨叉　9—拨叉导杆　11、13—挡圈　12—输出轴四挡齿轮　14—输出轴三挡齿轮　15—输出轴二挡齿轮　16—二挡同步环　17—输出轴二挡齿轮滚针轴承　18—输出轴二挡齿轮滚针轴承内圈　19—一/二挡同步器毂及接合套　20—一挡同步环　21—输出轴一挡齿轮　22—一挡滚针轴承　23—调整垫片　24、33—螺栓　25—轴承盖　26—差速器总成　27—离合器壳体　28—法兰连接部　29—驱动法兰盘　30—碟形弹簧　31—挡圈　32—端盖　34—换挡拨叉组件

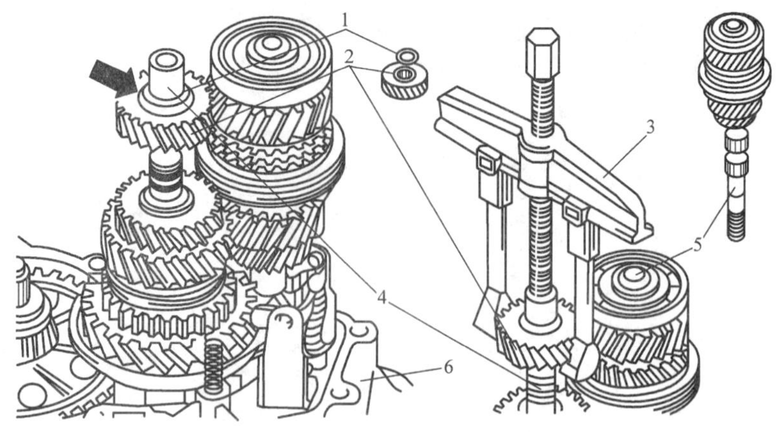

图 12-39　输出轴四挡齿轮及输入轴的拆卸

1—挡圈　2—输出轴四挡齿轮　3—拆卸工具　4—输出轴　5—输入轴总成　6—离合器壳体

3）输出轴二挡、三挡及倒挡齿轮的拆卸。如图 12-40 所示，用尖嘴钳拆下输出轴三挡齿轮的挡圈 1，再用拆卸工具 3 从输出轴上拆下三挡齿轮 2，再从输出轴 6 上取下输出轴二挡齿轮 3、二挡同步环 4 和二挡滚针轴承 5。旋上倒挡齿轮轴 8 的内六角螺栓 10，沿箭头方向从离合器壳体 7 上拉出倒挡齿轮轴 8，取下倒挡齿轮 9。

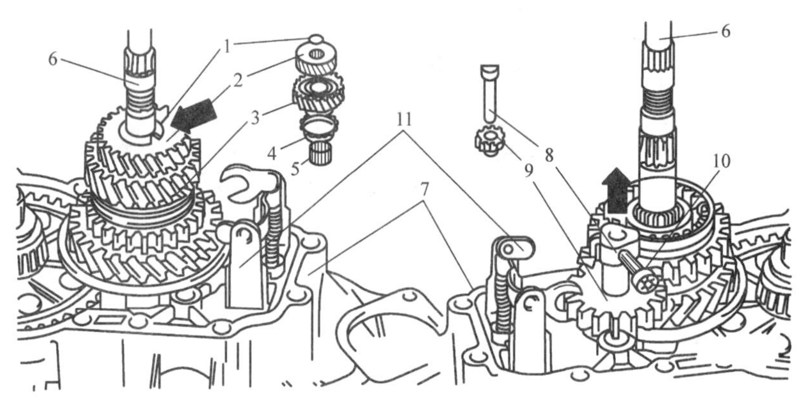

图 12-40　输出轴二挡、三挡及倒挡齿轮的拆卸

1—挡圈　2—输出轴三挡齿轮　3—输出轴二挡齿轮　4—输出轴二挡同步环　5—输出轴二挡滚针轴承　6—输出轴　7—离合器壳体　8—倒挡齿轮轴　9—倒挡齿轮　10—螺栓　11—倒挡换挡联动装置

4）输出轴一/二挡同步器及主传动大齿轮差速器总成的拆卸。如图 12-41 所示，用拉拔器 4 从输出轴 10 上拉出输出轴一/二挡同步器毂及接合套 1，连同输出轴二挡齿轮滚针轴承内圈 12、输出轴一挡同步环 2 和一挡齿轮 3 一起拉下。拧下轴承壳螺栓 6，拆下止推垫片 8 以后，从离合器壳体 9 上取下输出轴 10 和主传动大齿轮差速器总成 11。

5）输入轴的分解。

① 输入轴球轴承的压出。如图 12-42 所示，摘下挡圈 6，用专用工具将输入轴 8 从球轴承 5 中冲出来，从而拆下球轴承 5。

② 输入轴四挡齿轮及三/四挡同步器的拆卸。如图 12-43 所示，先取下四挡齿轮 18、滚针轴承 6、同步环 8，再取下挡圈 9，然后用专用工具冲下输入轴 12，从而取下同步器 5、输

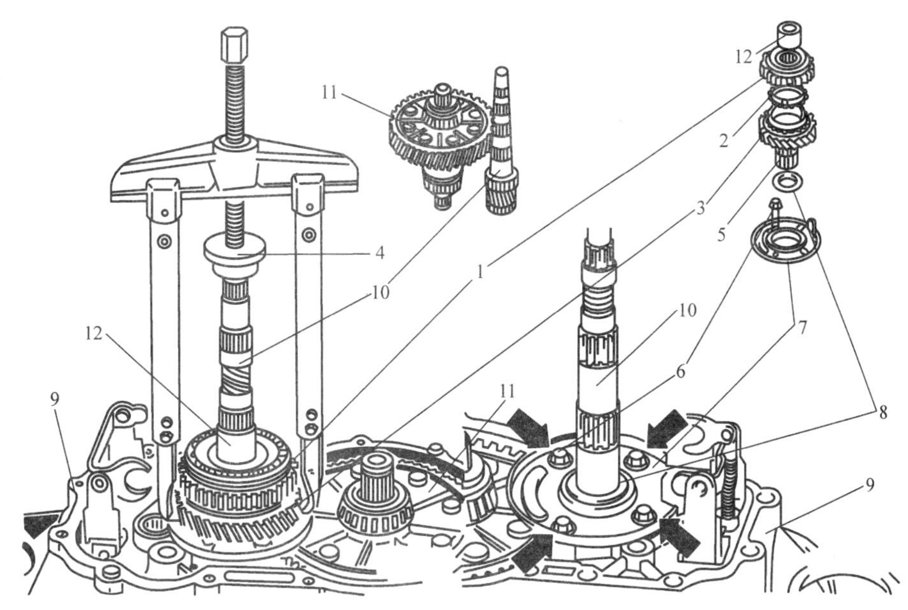

图 12-41　输出轴一/二挡同步器及主传动大齿轮差速器总成的拆卸
1—一/二挡同步器毂及接合套　2—一挡同步环　3—输出轴一挡齿轮　4—拉拔器　5—滚针轴承　6—螺栓
7—轴承盖　8—止推垫片　9—离合器壳体　10—输出轴　11—差速器总成　12—滚针轴承内圈

入轴三挡同步环 13、三挡齿轮 14 和三挡齿轮滚针轴承 17。

③ 离合器压杆油封及套筒的拆卸。如图 12-44 所示，用拉拔器从输入轴 6 的内孔中拉出离合器压杆油封 5 和离合器压杆套筒 4。

6）输出轴的分解。

① 为了拆卸输入轴、倒挡齿轮和差速器总成，输出轴必须先拆卸一些零件，如图 12-45 所示。

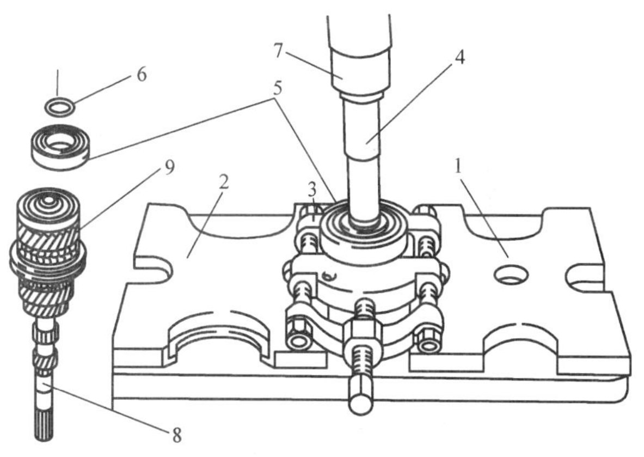

图 12-42　输入轴球轴承的压出
1、2、3、4—工具　5—球轴承　6—挡圈　7—工具
8—输入轴　9—输入轴四挡齿轮

② 输出轴大、小圆锥滚柱轴承内圈的拆卸。如图 12-46 所示，将输出轴 1 带主传动小齿轮 2 的一端向下，用工具 3 放在输出轴大圆锥滚柱轴承内圈 5 的下方，将大圆锥滚柱轴承内圈 5 架起来，用工具 4 压下输出轴 1，从而将大圆锥滚柱轴承从输出轴 1 上拆下。为拆卸输出轴小圆锥滚柱轴承内圈 8，再将输出轴 1 带有主传动小齿轮 2 的一端向上，用工具 3 放在输出轴小圆锥滚柱轴承内圈 8 的下方，将小圆锥滚柱轴承内圈 8 架起来，用工具将输出轴 1 压出，从而将小圆锥滚柱轴承从输出轴 1 上拆下。

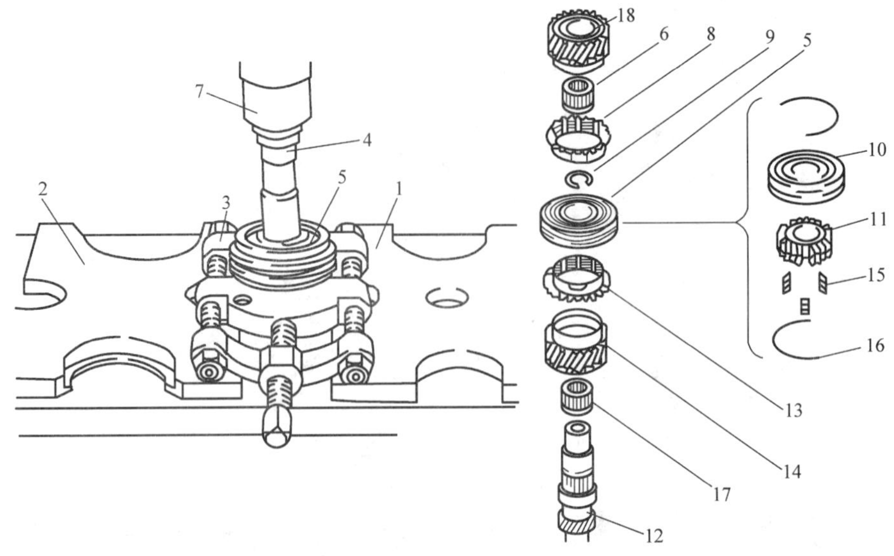

图 12-43　输入轴四挡齿轮及三/四挡同步器的拆卸

1、2、3、4、7—工具　5—同步器　6—四挡齿轮滚针轴承　8—四挡同步环　9—挡圈　10—三/四挡同步器接合套　11—三/四挡同步器毂　12—输入轴　13—三挡同步环　14—三挡齿轮　15—同步器滑块　16—同步器弹簧圈　17—三挡齿轮滚针轴承　18—四挡齿轮

7）变速器壳体的分解。

① 离合器分离轴油封和衬套的拆卸。如图 12-47 所示，在变速器壳体 3 上先用螺钉旋具撬出分离轴油封 1，再用拉拔器 4 拉出分离轴衬套 2。

② 选挡换挡轴油封、衬套的拆卸。如图 12-48 所示，先旋下螺钉 1，取下输出轴滚针轴承 2，旋下变速器通风塞 5 和空挡开关 6，用螺钉旋具撬出选挡换挡轴油封 3，再用拉拔器取出选挡换挡轴衬套 4。

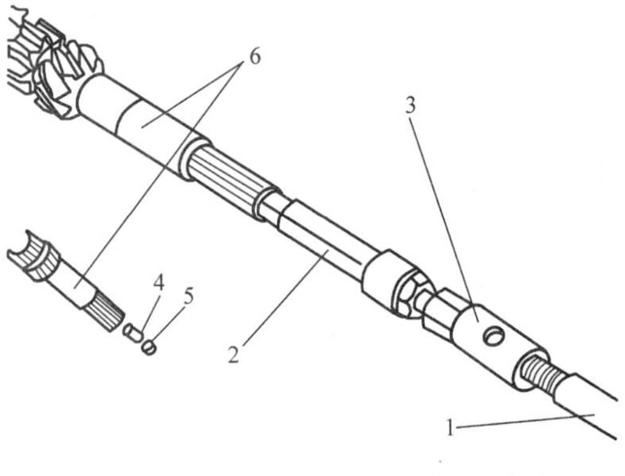

图 12-44　离合器压杆油封及套筒的拆卸

1、2、3—拉拔器　4—离合器压杆套筒　5—油封　6—输入轴

3. 变速器的组装

变速器的组装应按与拆卸相反的顺序进行，装配前要将零件清洗干净，并在有相对运动的零件表面涂上变速器油。

（1）变速器壳体的组装

1）离合器分离轴承油封和衬套、输出轴滚针轴承的安装。如图 12-49 所示，先用工具将分离衬套压入壳体中，然后在油封 2 的外圈上涂上润滑油，唇口涂上润滑脂，垂直将其压入变速器壳体中，再将滚针轴承 6 上有字母标记的一面远离变速器壳体 4，用工具将其压入壳体中，然后旋上自攻螺栓 5。

2）选挡换挡轴油封、衬套的安装。如图 12-50 所示，先用工具将选挡换挡轴衬套 3 压入变速器壳体 5 中，要压至挡块位置（箭头 7），使衬套 3 的外端面高于油封安装孔底面（箭头 8），然后在油封 4 的外圈涂上润滑油，唇口涂上润滑脂，垂直将其压至与衬套相接触为止。

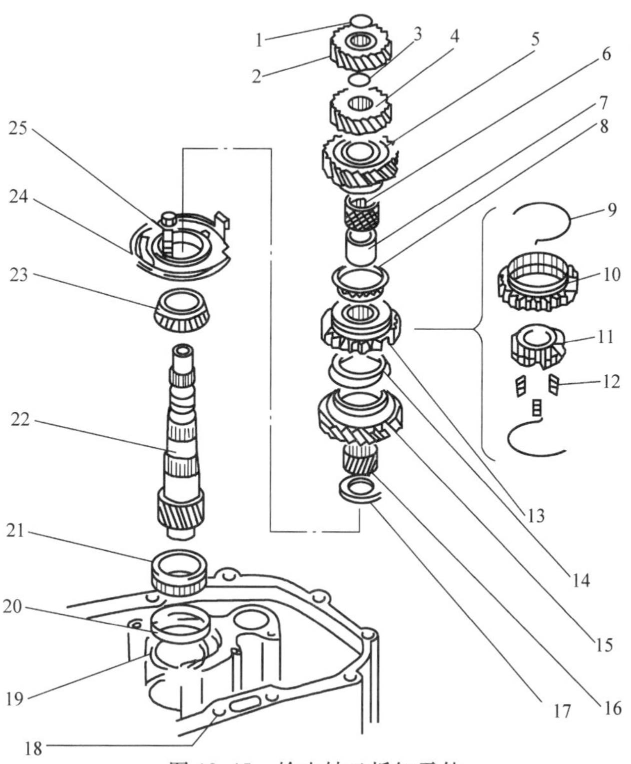

图 12-45　输出轴已拆卸零件

1—挡圈　2—输出轴四挡齿轮　3—挡圈　4—输出轴三挡齿轮　5—输出轴二挡齿轮　6—二挡齿轮滚针轴承　7—轴承内圈　8—二挡同步环　9—同步器弹簧圈　10—一/二挡同步器接合套　11—一/二挡同步器毂　12—滑块　13—一/二挡同步器组件　14—一挡同步环　15—输出轴一挡齿轮　16—一挡齿轮滚针轴承　17—止推垫片　18—离合器壳体　19—调整垫片　20、21—小圆锥滚柱轴承外圈及内圈　22—输出轴　23—大圆锥滚柱轴承内圈　24—轴承盖　25—螺栓

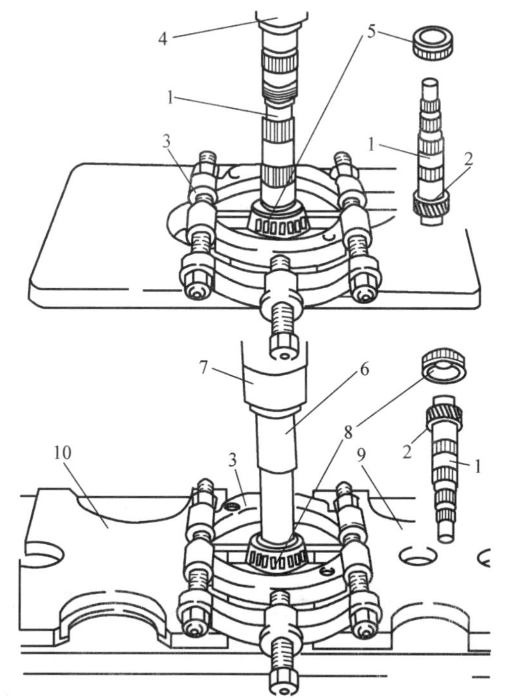

图 12-46　输出轴大、小圆锥滚柱轴承内圈的拆卸

1—输出轴　2—主传动小齿轮　3、4、6、7、9、10—工具　5—大圆锥滚柱轴承内圈　8—小圆锥滚柱轴承内圈

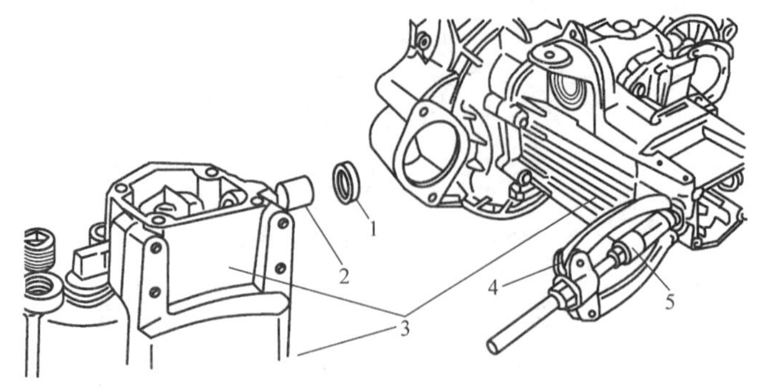

图 12-47　离合器分离轴承油封和衬套的拆卸

1—分离轴油封　2—分离轴衬套　3—变速器壳体　4—拉拔器　5—丝杠

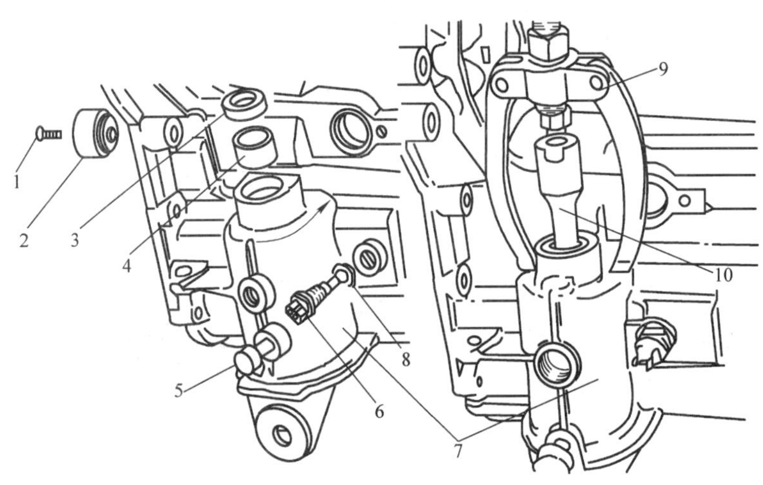

图 12-48　选挡换挡轴油封、衬套的拆卸

1—螺钉　2—输出轴滚针轴承　3—选挡换挡轴油封　4—衬套　5—变速器通风塞
6—空挡开关　7—变速器壳体　8—垫圈　9—拉拔器　10—丝杠

3）输入轴球轴承的安装。如图 12-51 所示，先将输入轴球轴承用工具从变速器壳体 4 的内部压入，然后安装卡紧箍螺栓 5，从变速器壳体 4 的外侧装上垫圈 7，拧紧螺母 6，压上堵塞 8。

（2）输出轴圆锥滚柱轴承内圈及外圈的安装与调整

1）输出轴圆锥滚柱轴承内圈的安装。如图 12-52 所示，先将输出轴圆锥滚柱轴承内圈加热到 100℃，然后用工具将其压入到输出轴 2 上。

2）输出轴小圆锥滚柱轴承外圈的安装。如图 12-53 所示，当更换输出轴、轴承或离合器壳体时，必须选择调整垫片 4 的厚度（可选用 0.65mm），再用工具 1 和 2 将小圆锥滚柱轴承外圈 5 压入离合器壳体 6 中，然后装好小圆锥滚柱轴承的内圈、带轴承外圈的轴承盖 11，并用 40N · m 的力矩拧紧螺栓 12，装上测量工具 7 和 8，上下移动输出轴 10，用百分表 13 记录输出轴 10 的移动量。为达到轴承的规定预紧度，调整垫片 4 的选取厚度应为已加入垫片的厚度加上输出轴移动量，再加 0.2mm。重新拆下输出轴 10，装入新选的调整垫片 4 和小圆锥滚柱轴承外圈 5、输出轴 10、轴承盖 11，并拧紧螺栓 12。

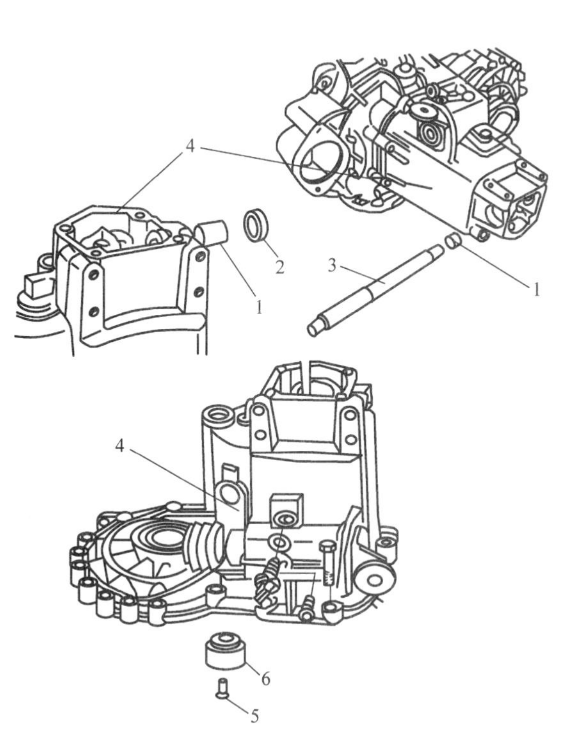

图 12-49　离合器分离轴油封和衬套、输出轴滚针轴承安装

1—离合器分离轴衬套　2—离合器分离轴油封　3—工具　4—变速器壳体　5—螺栓　6—滚针轴承

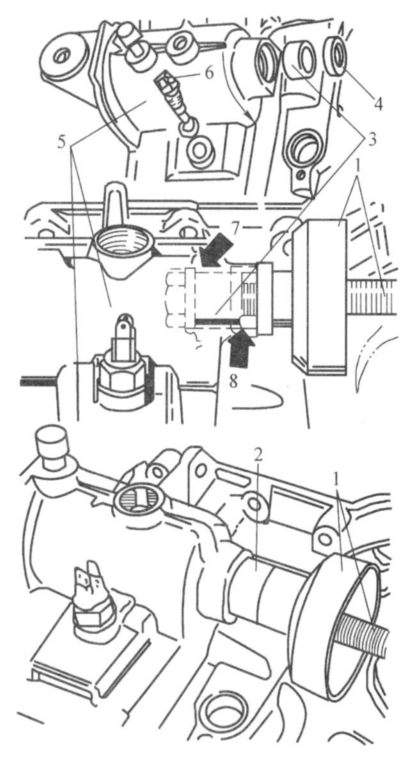

图 12-50　选挡换挡轴油封、衬套的安装

1、2—工具　3—衬套　4—油封　5—变速器壳体　6—空挡开关　7—挡块位置　8—油封安装孔底面

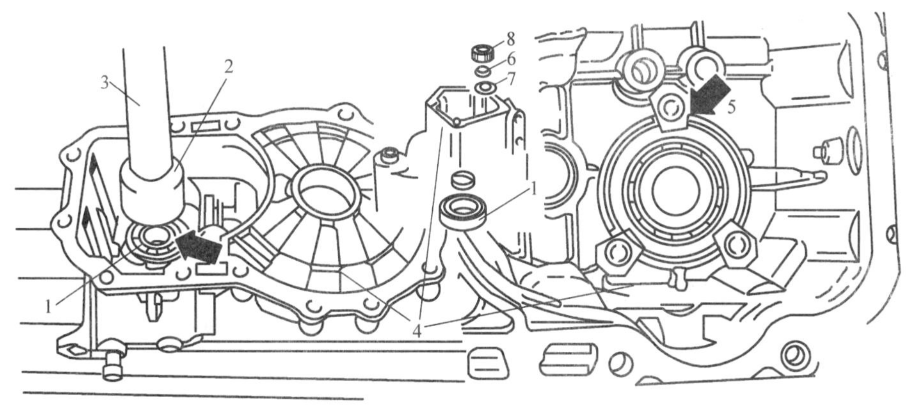

图 12-51　输入轴球轴承的安装

1—输入轴球轴承　2、3—工具　4—变速器壳体　5—螺栓　6—螺母　7—垫圈　8—堵塞

（3）输入轴的组装

1）离合器压杆衬套和油封的安装。如图 12-54 所示，将离合器压杆衬套 1 和油封 2 用专用工具 3 压入输入轴 4，压入油封 2 前要在油封外缘涂润滑油，在油封唇口涂润滑脂，油封压入后应低于输入轴 4 的端面 0.8～1.3mm。

2）输入轴三挡齿轮与同步环的安装。如图12-55所示，在输入轴1上依次装入滚针轴承2、三挡齿轮3和三挡同步环4。

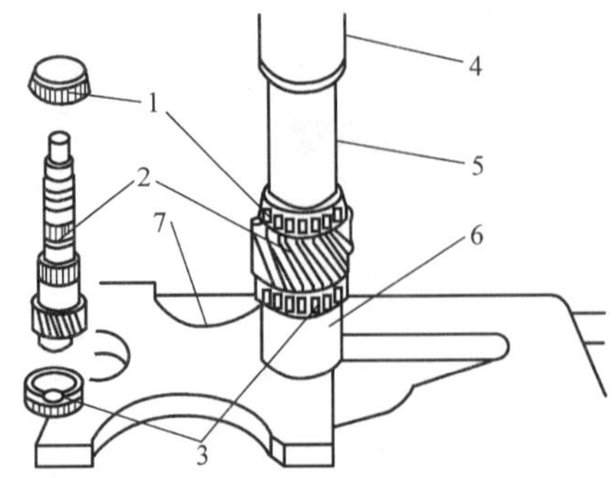

图12-52　输出轴圆锥滚柱轴承内圈的安装

1—大圆锥滚柱轴承内圈　2—输出轴　3—小圆锥滚柱轴承内圈　4、5、6、7—工具

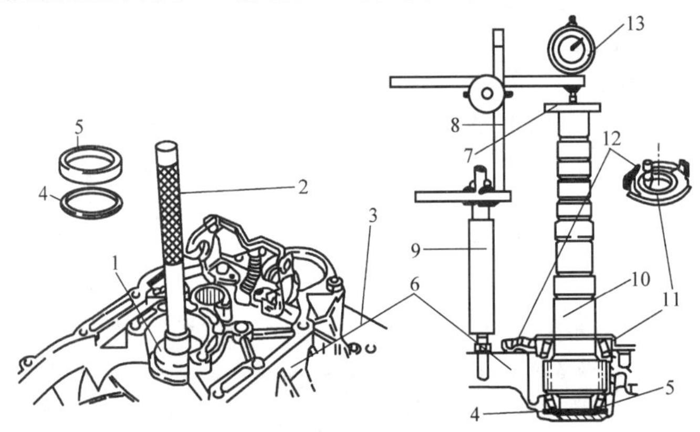

图12-53　输出轴小圆锥滚柱轴承外圈安装

1、2、3—工具　4—调整垫片　5—小圆锥滚柱轴承外圈　6—离合器壳体　7、8、9—测量工具　10—输出轴　11—轴承盖　12—螺栓　13—百分表

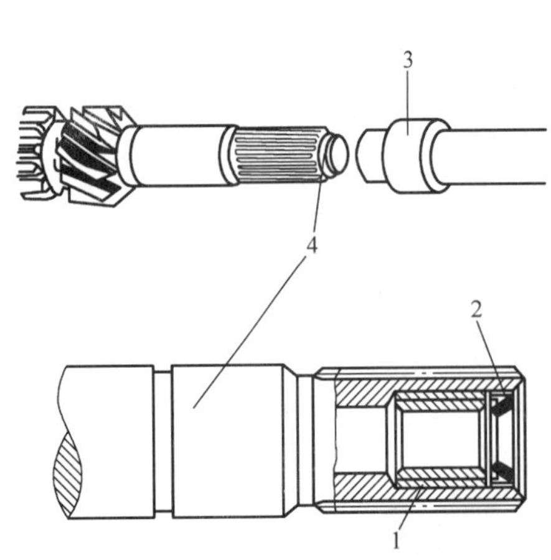

图12-54　离合器压杆衬套和油封的安装

1—衬套　2—油封　3—工具　4—输入轴

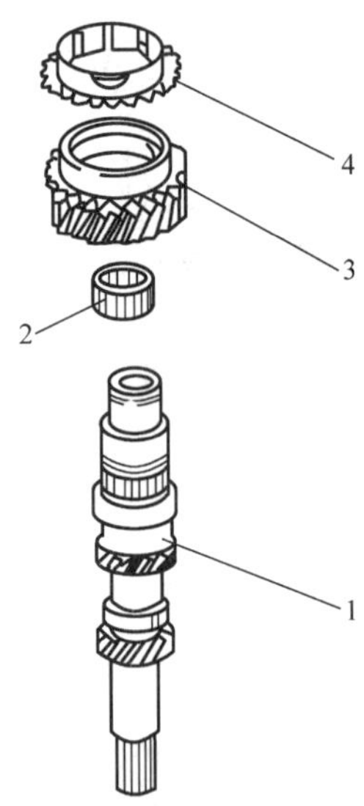

图12-55　输入轴三挡齿轮与同步环的安装

1—输入轴　2—滚针轴承　3—三挡齿轮　4—三挡同步环

注意： 同步环是不可以互换的，必须用变速器油润滑同步环和轴承，而且滚针轴承有标记的一面应朝上。

3）输入轴三/四挡同步器的安装。如图 12-56 所示，先鉴别输入轴三/四挡同步器毂 2，即在输入轴三/四挡同步器毂 2 的朝向四挡齿轮的一侧（箭头 *A*）带有一个环槽，在外花键的齿形顶上带有轴向凹槽（箭头 *B*），在朝向三挡齿轮的一侧（箭头 *C*）应有内孔倒角。将装有接合套 3 的输入轴三/四挡同步器毂 2 压入输入轴 5 后，装入挡圈 1。挡圈的厚度要适当，使输入轴三/四挡同步器毂 2 的轴向间隙为 0，并检查输入轴三挡齿轮 4 的轴向间隙。此间隙应为 0.1 ~ 0.2mm。在三/四挡同步器毂 2 上装上同步器滑块 6 和接合套 3，再将弹簧圈 7 装上，两弹簧圈的开口应错开，并钩入滑块 6 内。

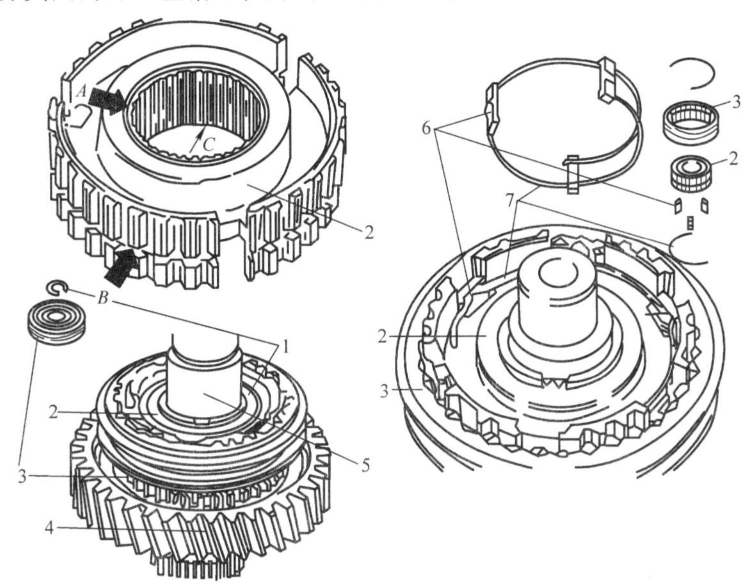

图 12-56　输入轴三/四挡同步器的安装

1—挡圈　2—三/四挡同步器毂　3—三/四挡同步器接合套　4—三挡齿轮　5—输入轴　6—同步器滑块　7—弹簧圈　*A*—朝向四挡齿轮的环槽　*B*—轴向凹槽　*C*—朝向三挡齿轮的内孔倒角

4）输入轴四挡齿轮与同步环的安装。如图 12-57 所示，先将四挡齿轮同步环 1、滚针轴承 2 涂上润滑油并装在输入轴 4 上（注意：滚针轴承 2 上有标记的一面朝上），然后装上输入轴四挡齿轮 5，检查输入轴四挡齿轮的上端面应低于输入轴的轴端面 0.1 ~ 0.2mm，以保证输入轴四挡齿轮 5 的轴向间隙在 0.1 ~ 0.2mm 范围内。

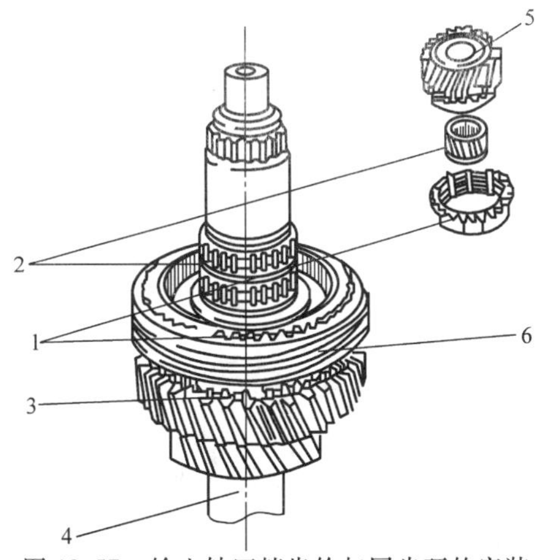

图 12-57　输入轴四挡齿轮与同步环的安装

1—四挡同步环　2—滚针轴承　3—三挡齿轮　4—输入轴　5—四挡齿轮　6—三/四挡同步器

（4）输出轴的组装及差速器、输入轴和内换挡机构在离合器壳体上的安装

1）输出轴与差速器及倒挡换挡联动装置在离合器壳体上的安装。如图 12-58 所示，在离合器壳体 6 上装上倒挡换挡联动装置的滑块

11、继动杆支架10和旋紧螺栓7，装上压簧8和继动杆9，并检查继动杆转动的灵活性；然后在离合器壳体6上装上差速器总成2和带有大、小圆锥滚柱轴承的输出轴5，再装上带轴承外圈的轴承盖3，旋紧螺栓4，装上止推垫片1。装配后转动输出轴5时，应能轻便地带动差速器总成2旋转。

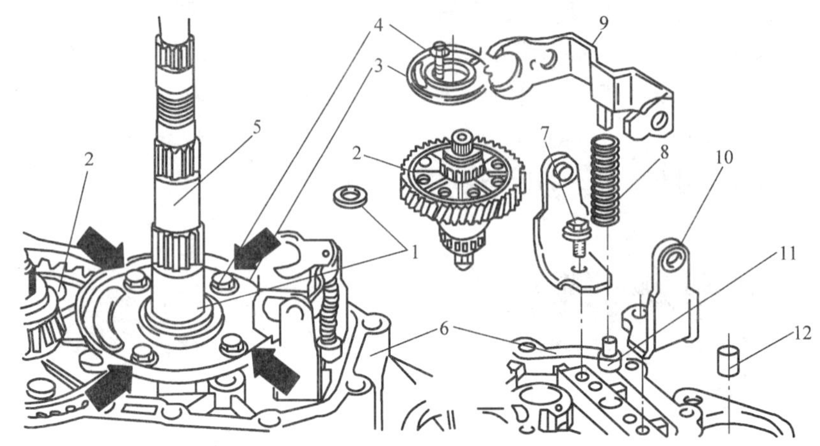

图 12-58　输出轴与差速器及倒挡换挡联动装置在离合器壳体上安装

1—止推垫片　2—差速器总成　3—轴承盖　4—螺栓　5—输出轴　6—离合器壳体　7—螺栓　8—压簧　9—继动杆　10—继动杆支架　11—滑块　12—起动机衬套

2）输出轴一挡齿轮及同步环的安装。如图12-59所示，在滚针轴承3和输出轴一挡齿轮同步环1上涂上润滑油（注意：输出轴一挡齿轮同步环1上有三个缺齿的地方，如箭头所示），该同步环只能装在输出轴一挡齿轮2上；在输出轴6上装上滚针轴承3（有标记的一面朝上）、输出轴一挡齿轮2和同步环1（注意：在滚针轴承3的下方应装有止推垫片4）。

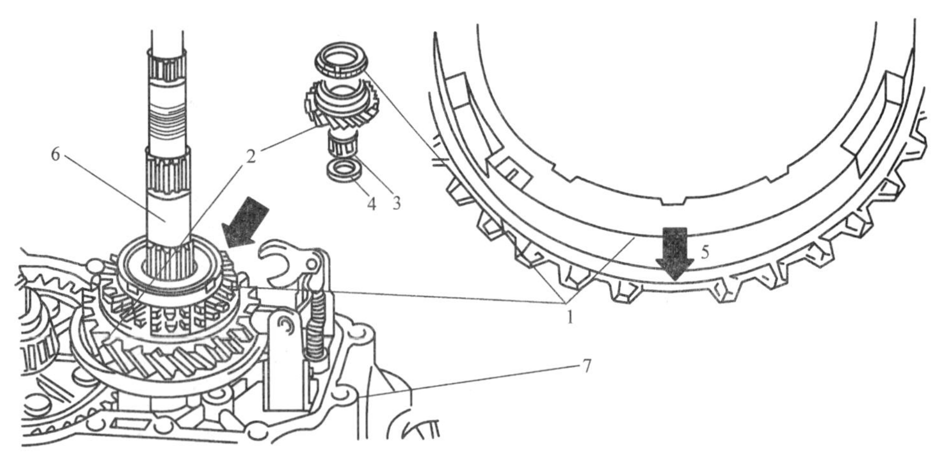

图 12-59　输出轴一挡齿轮及同步环的安装

1—一挡同步环　2—一挡齿轮　3—滚针轴承　4—止推垫片　5—同步环缺齿处　6—输出轴　7—离合器壳体

3）输出轴一/二挡同步器的安装。如图12-60所示，输出轴一/二挡同步器毂4端面上的标记应朝向输出轴一挡齿轮8。安装之前，将输出轴一/二挡同步器毂4加热至100℃，按图所示的方法装上滑块5、弹簧圈2和输出轴一/二挡同步器接合套3，再将组装好的输出轴一/二挡同步器组件 1 用工具压入至输出轴一挡齿轮的上方。检查输出轴一挡齿轮 8 的轴向间隙，应为 0.1～0.2mm。

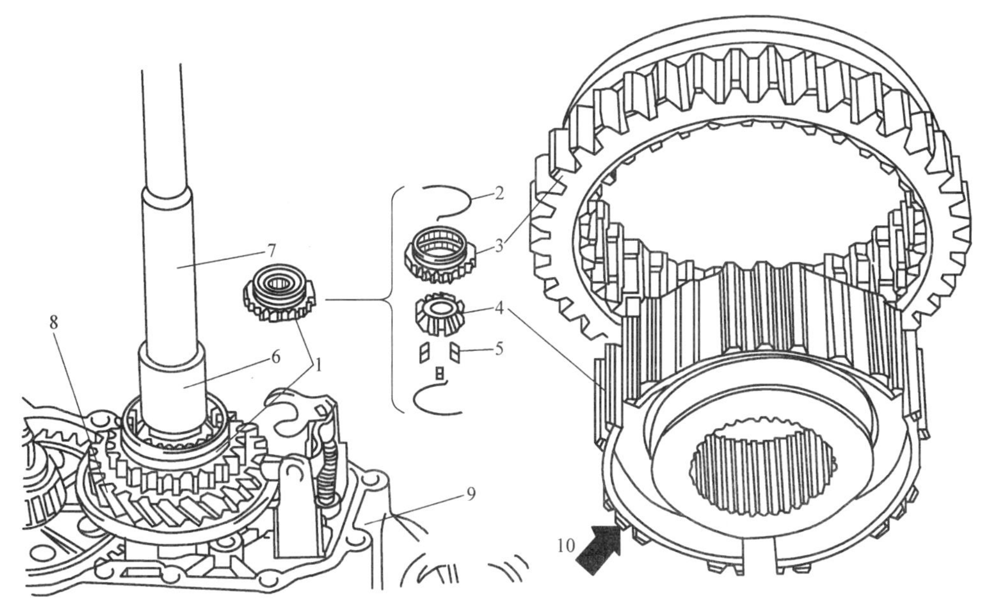

图 12-60　输出轴一/二挡同步器安装

1—输入轴一/二挡同步器组件　2—弹簧圈　3—一/二挡同步器接合套　4—同步器毂　5—滑块　6、7—工具　8—输出轴一挡齿轮　9—离合器壳体　10—朝向输出轴一挡齿轮的标记槽

4）输出轴二挡齿轮滚针轴承内圈及倒挡齿轮的安装。如图 12-61 所示，将倒挡齿轮 1 和倒挡齿轮轴 2 装在离合器壳体 3 上，使倒挡齿轮 1 与输出轴一/二挡同步器接合套 6 上的齿轮能正确啮合，再用工具 4 和 5 将输出轴二挡齿轮滚针轴承内圈 7 压到输出轴 8 上。

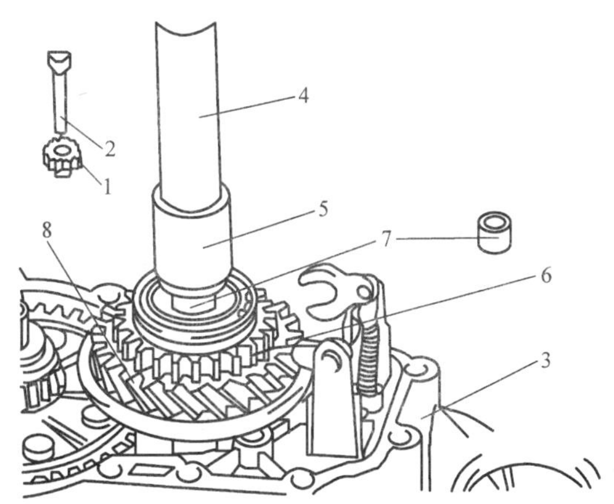

图 12-61　输出轴二挡齿轮滚针轴承内圈及倒挡齿轮的安装

1—倒挡齿轮　2—倒挡齿轮轴　3—离合器壳体　4、5—工具　6—一/二挡同步器接合套　7—滚针轴承内圈　8—输出轴

5）输出轴二挡及三挡齿轮的安装。如图 12-62 所示，将输出轴二挡齿轮同步环 1、滚针轴承 2 涂上润滑油，装到输出轴 3 上，然后再装上输出轴二挡齿轮 4 和三挡齿轮 5，并选择适当厚度的挡圈 6，使输出轴三挡齿轮 5 的轴向间隙为 0，再检查输出轴二挡齿轮 4 的轴向间隙应为 0.1～0.2mm。

6）输入轴及输出轴四挡齿轮的安装。如图 12-63 所示，将不带球轴承的输入轴总成装到离合器壳体上，并使对应的齿轮与输出轴上的齿轮啮合。为此，可在离合器壳体与发动机接触的一面装上工具和自锁螺母，拉住输入轴总成，在输出轴上装上四挡齿轮和挡圈，选择适当厚度的挡圈，使输出轴四挡齿轮轴向间隙为，并与输入轴总成相应的齿轮正确啮合。

7）内换挡机构的安装。如图 12-64 所示，把换挡拨叉导杆 1 的下弹簧 2 装入离合器壳体 3，在输出轴一/二挡同步器接合套 8 上装上一/二挡换挡拨叉 4，在输入轴三/四挡同步器接合套 9 上装上三/四挡换挡拨叉 5，在倒挡齿轮上装上倒挡拨叉 6，在各拨叉上穿入拨叉导杆 1，并在拨叉与拨叉导杆 1 的孔中穿上弹簧销 10，最后定位各换挡拨叉槽口在空挡位置。

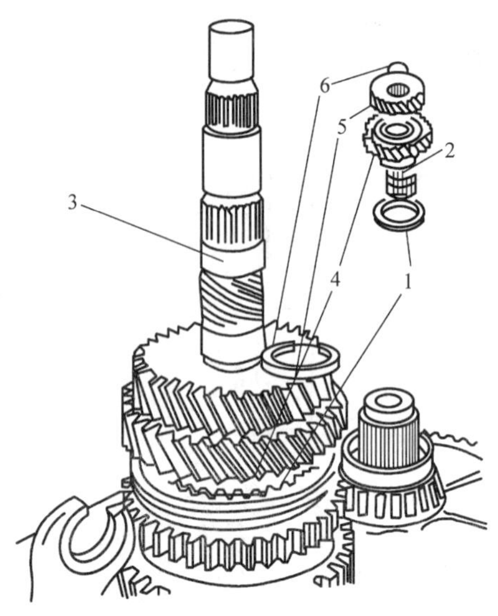

图 12-62　输出轴二挡及三挡齿轮的安装

1—二挡齿轮同步环　2—滚针轴承　3—输出轴　4—二挡齿轮　5—三挡齿轮　6—挡圈

（5）变速器的组装

1）变速器壳体与离合器壳体的组装。如图 12-65 所示，在倒挡齿轮轴上旋上内六角螺栓 2，使螺栓 2 距离离合器壳体 3 上两个螺孔的距离 4 相等后再旋下螺栓 2。用专用工具拉住输入轴 5，在离合器壳体上装上定位销 6 和密封垫 7，最后压装上变速器壳体 8，使输入轴 5、输出轴 11、倒挡齿轮轴 1 均进入相应的孔中，并在输入轴 5 的球轴承上装上挡圈 12，然后拆去输入轴 5 上的专用工具，最后用交叉方式旋紧螺栓 9。

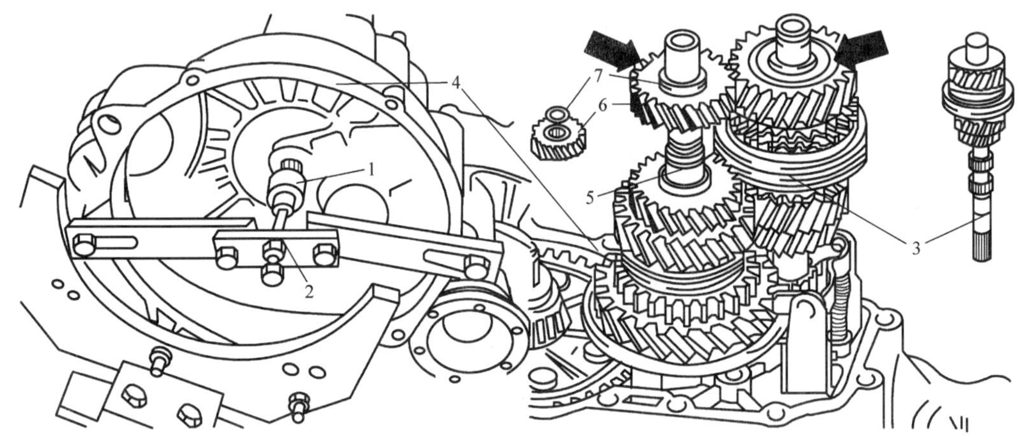

图 12-63　输入轴及输出轴四挡齿轮的安装

1—安装工具　2—自锁螺母　3—输入轴总成　4—离合器壳体　5—输出轴　6—输出轴四挡齿轮　7—挡圈

2）倒挡齿轮轴的固定和驱动法兰的安装。如图 12-66 所示，在变速器壳体 3 上旋上倒挡齿轮轴螺栓 4，再在差速器的两端装上圆锥环 5、止推垫片 6、压簧 7 和驱动法兰 8。

3）选挡换挡轴的安装。如图 12-67 所示，先用工具 4 把球套 5 压入端盖 7 中，将换挡拨叉置于空挡位置，在变速器壳体 10 上插入选挡换挡轴 6，使选挡换挡轴的卡槽元件与换挡拨叉相配合，然后装上弹簧 8 和挡油板 3，并旋上端盖 7。安装完后，要反复选择所有挡位，检查限位是否恰当。

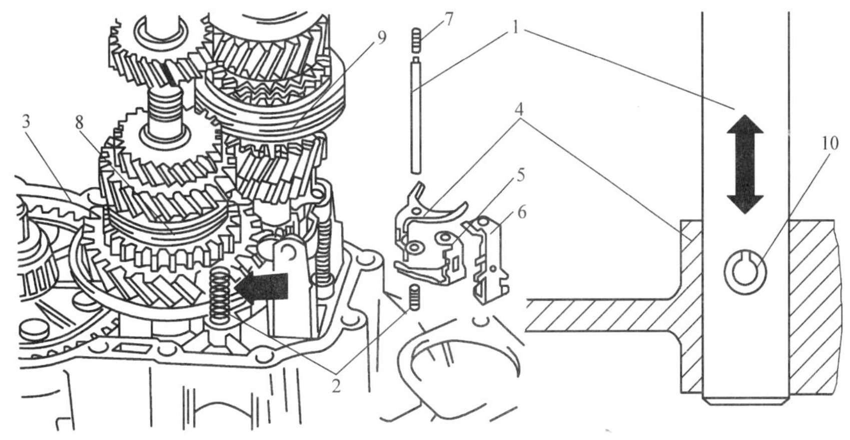

图 12-64　内换挡机构的安装

1—换挡拨叉导杆　2—下弹簧　3—离合器壳体　4—一/二挡换挡拨叉　5—三/四挡换挡拨叉　6—倒挡拨叉　7—上弹簧　8—一/二挡同步器接合套　9—三/四挡同步器接合套　10—弹簧销

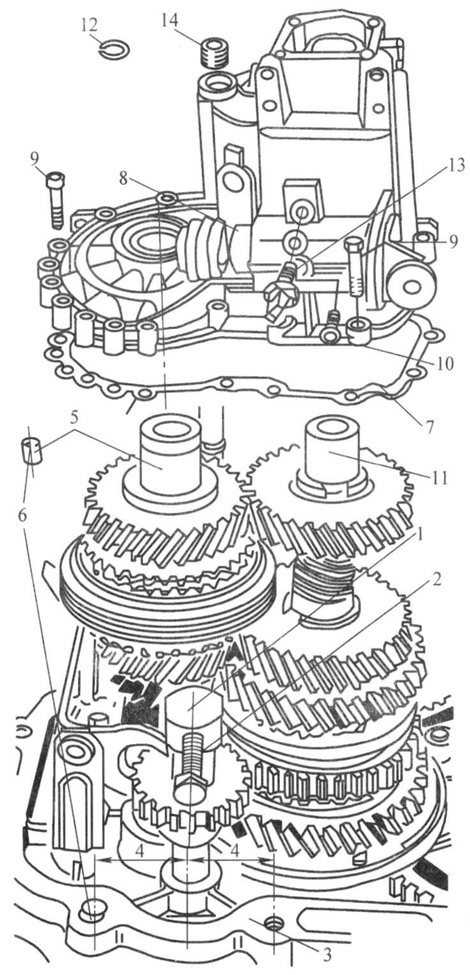

图 12-65　变速器壳体与离合器壳体的组装

1—倒挡齿轮轴　2—螺栓　3—离合器壳体　4—螺栓 2 与离合器壳体螺孔的距离　5—输入轴　6—定位销　7—密封垫　8—变速器壳体　9—螺栓　10—选挡换挡轴销钉螺栓　11—输出轴　12—挡圈　13—变速器开关　14—放油螺塞

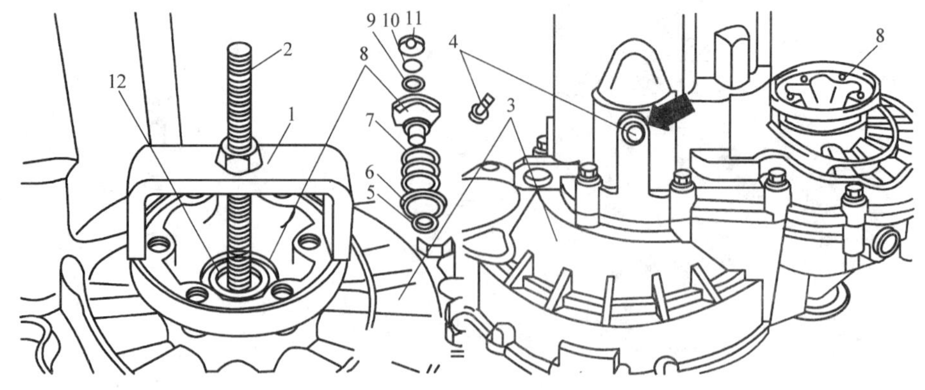

图 12-66　倒挡齿轮轴的固定和驱动法兰的安装

1、2—工具　3—变速器壳体　4—倒挡齿轮轴螺栓　5—圆锥环　6—止推垫片　7—压簧　8—驱动法兰　9—碟形弹簧　10—弹性挡圈　11—端盖　12—驱动法兰轴

4）离合器操纵机构的安装。如图 12-68 所示，首先在变速器壳体 2 上装上分离器推杆 3，装入带导向轴套 1 的分离轴承 4，然后安装分离轴 11、离合器杠杆 6 及回位弹簧 5，弹簧的弯曲末端接触到变速器壳体 2 的壁，回位弹簧 5 的定心件挂在离合器杠杆 6 上，在离合器杠杆末端及导向轴套 1 区域涂少量润滑脂，压入分离轴 11 的弹性挡圈 7，装上新的密封垫 8 及端盖 9，并拧上端盖 9 的固定螺栓 10。

（6）变速器的安装　将变速器与发动机吊起，旋上发动机前悬架的螺栓，然后旋上变速器副车架与变速器的联接螺栓，再旋上变速器左后侧支架与副车架的联接螺栓，装上发动机与发动机右后侧支架的联接螺栓。

（7）外换挡机构的安装

1）安装前，应用二硫化钼润滑脂润滑各铰接点及接触面。如图 12-27 所示，在变速操纵杆上装上支撑板 17、弹簧 15 和球 5，并用弹性销 16 固定在一起，然后与隔套 6、球壳 14、密封垫 7 一起装到变速操纵杆壳体 11 上，旋上自锁螺母 4，再将变速操纵杆壳体转至车身上，最后连接各换挡和选挡杆系。

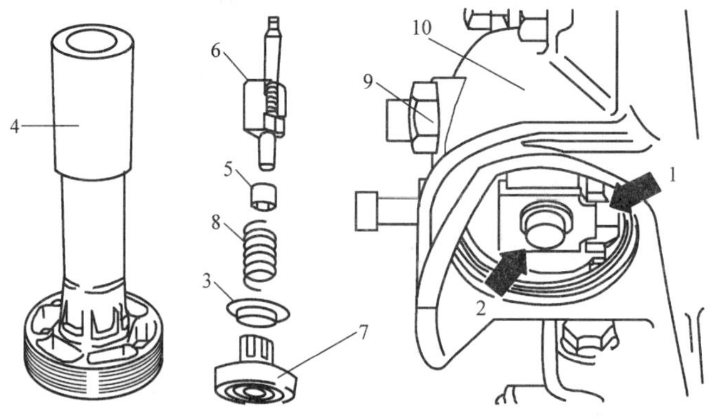

图 12-67　选挡换挡轴的安装

1—换挡拨叉置于空挡　2—卡槽元件的位置　3—挡油板　4—工具　5—球套　6—选挡换挡轴　7—端盖　8—弹簧　9—锁止螺栓　10—变速器壳体

2）外换挡机构的调整。如图 12-27 所示，使变速器置于空挡，松开选挡杆与换挡拉杆连接夹箍的螺栓，同时使变速操纵杆也置于空挡，再次旋紧卡箍螺栓，然后试挂所有挡位，换挡必须灵活、轻便，并且保证倒挡锁止有效。检查一挡时，变速操纵杆 1 上的偏心块与限位块 9 之间的间隙 a。此间隙应为 1.5mm，否则可松开螺栓 20，转动偏心环 21 进行调节。为了便于检查或微调变速操纵机构的间隙，在变速手柄的螺纹处可轻轻向左压变速操纵杆 1。

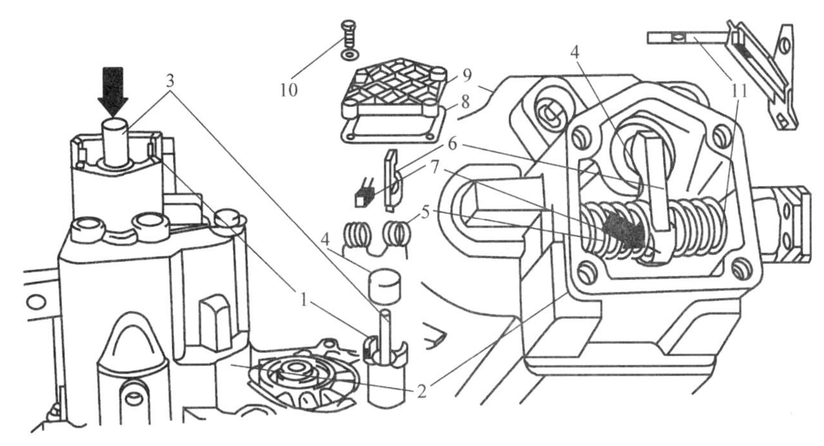

图 12-68　离合器操纵机构的安装

1—导向轴套　2—变速器壳体　3—分离器推杆　4—分离轴承　5—回位弹簧　6—离合器杠杆　7—弹簧挡圈　8—密封垫　9—端盖　10—螺栓　11—分离轴

五、任务评价

以小组为单位进行评价，根据分值的情况评出优秀、良好、一般等品质，任务评价标准见表 12-1。

表 12-1　任务评价标准

项次	项目任务	评价标准	分值	项目得分
1	认识变速器	要准确指认变速器各零部件，画出传动路线	5	
2	从车上拆卸变速器	正确拆下变速器操纵机构，完整从车上拆下变速器	4	
3	分解变速器总成	按照正确步骤分解变速器，不能损害零部件	6	
4	组装变速器总成	按分解逆序组装变速器，完成后应能换挡自如	4	
5	变速器装车	正确将变速器安装在车上，恢复原状，并能正确换挡	6	
6	5S 现场管理	常组织、常整顿、常清洁、常规范、常自律	5	

项目十三　自动变速器的认知

【学习目标】

1. 知识目标

1）知道现代汽车自动变速器的结构特点。

2）会分析现代汽车自动变速器的工作原理。

2. 能力目标

1）具有识读自动变速器机械动力传递图的能力。

2）能够理解汽车变速器阀体油路传递路线及自动变速器电路控制的特点。

【学时安排】

4 学时。

【理论知识】

一、行星齿轮式自动变速器

图 13-1 所示为自动变速器的结构图。每种自动变速器都包含壳体、液力变矩器、齿轮变速器、液压控制装置和电子控制装置等部分。液力变矩器可以理解为提供软连接的液力离合器。齿轮变速器部分常见的有拉威娜结构和串联结构（又名变种辛普森，是在辛普森结构的基础上研发出来的，普通辛普森结构的自动变速器已经不用），此两种结构全部利用行星齿轮作为齿轮变速部分的机构，所以称为行星齿轮式自动变速器。目前行星齿轮式自动变速器占据着重要地位。

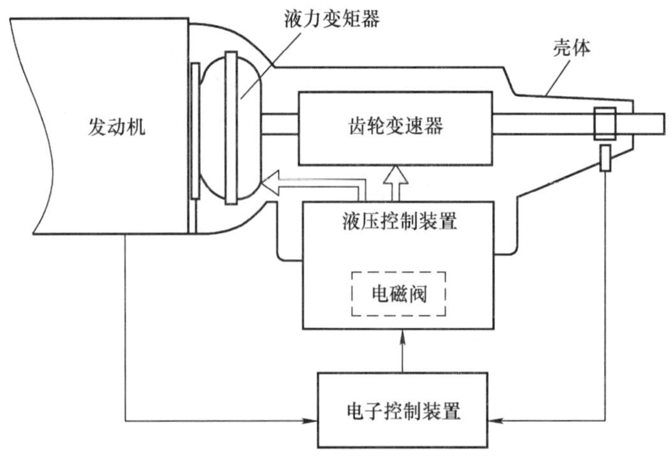

图 13-1 自动变速器的结构图

1. 液力变矩器的结构及工作原理

图 13-2 所示为液力变矩器。在液力变矩器中，变速器油是用作传递能量的介质。当发动机带动泵轮运转时，液体随泵轮叶片作圆周运动，在离心力的作用下，液体运动到泵轮外边缘时同时具有动能和压力能。具有能量的液体作用于相对的涡轮叶片上，产生作用力推动涡轮转动，此种油液运动称为环流；由于液体被甩向边缘，中间形成低压区，进入涡轮的液体冲出叶片后又流到低压区回到泵轮，这种油液运动称为涡流。当变速器挂着挡而发动机怠速时，汽车通过制动可保持静止，这是由于发动机怠速转速较低，泵轮由发动机驱动也转得很慢，在变矩器中产生的离心力很小，因此，有很少或根本没有动力传递到变速器。当加大节气门开度时，发动机转速增加，泵轮转速及变矩器中油液产生的离心力猛然增加，油液冲向涡轮叶片，将动力传递到涡轮轴和变速器。位于泵轮和涡轮之间的导轮的作用是改变从涡轮流出回到泵轮的油液的方向，以帮助泵轮更有效地转动，如图 13-3 所示。只有当泵轮比涡轮转速快时，导轮才起增矩作用。

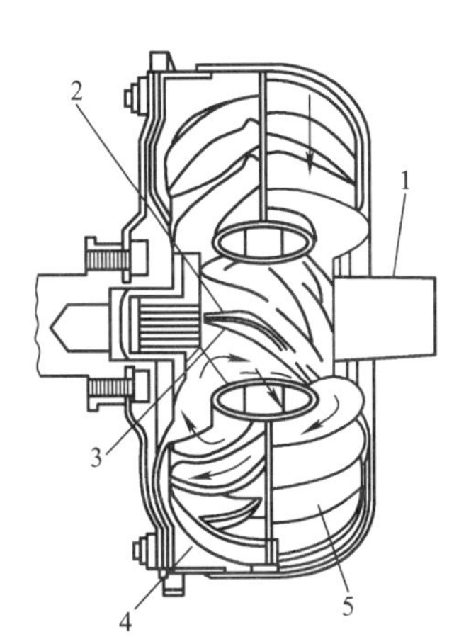

图 13-2　液力变矩器

1—液压泵　2—导轮叶片凸面　3—导轮叶片凹面　4—涡轮　5—泵轮

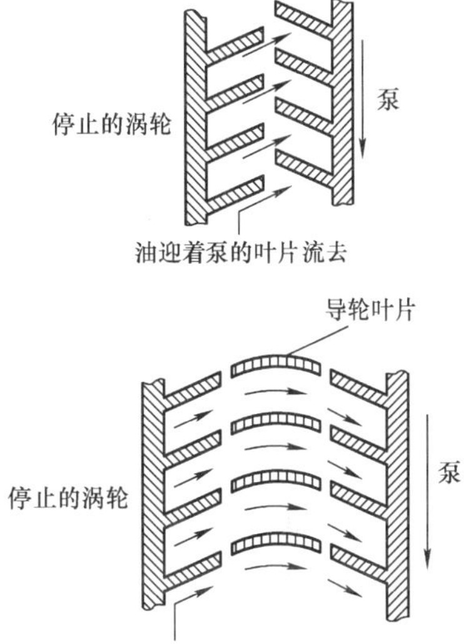

图 13-3　沿导轮叶片改变油流方向

当涡轮转速逐渐加快到与泵轮转速接近时，涡流运动几乎停止，从涡轮流出的油液方向发生改变，冲击导轮的反面。在单向离合器的作用下，导轮在轴上空转，其空转点称为耦合点。导轮空转后，变矩器丧失了变矩功能而只有液力耦合器的离合动力功能。耦合点实际是转变变矩器功能的转折点。此时，涡轮和泵轮实质上应以同一转速工作，但由于它们之间存在滑动，转速不可能完全相同。为提高传动效率，采用锁止离合器使涡轮与泵轮机械地连在一起。

如图 13-4 所示，在变矩器内采用单片湿式锁止离合器，通过离合器盘的摩擦片与变矩器壳前平面接触，离合器盘通过扭转减振器连接在离合器毂上，离合器毂可通过花键在变速器输入轴上轴向移动。锁止离合器片的作用与普通离合器片相似。

锁止离合器盘相当于液压活塞，在液压系统压力的控制下，推动锁止离合器毂在变速器输入轴上沿轴向左右移动，使得离合器摩擦片与变矩器壳接合或分离，从而实现离合器的功能，使发动机的输出转矩不经变矩器直接传至变速器。

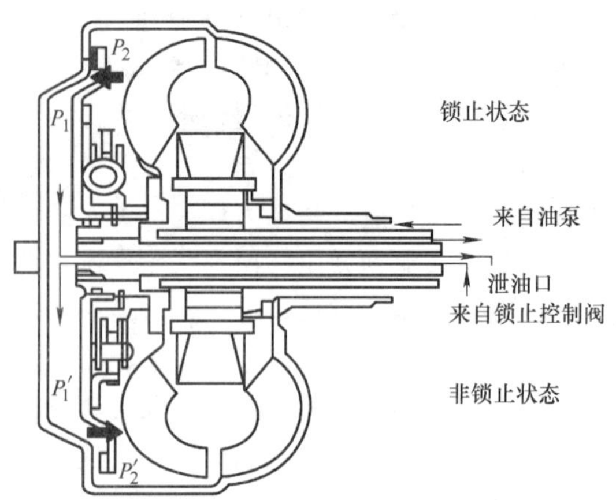

图 13-4　锁止离合器

目前的变矩器锁止离合器采用电子控制，在变速器的各挡位均可实现离合动作，使变矩器的传递效率进一步得到提高。

导轮单向离合器与其他离合器的区别是，只能单方向接合旋转传递动力，反向时分离空转不传递动力。自动变速器中常采用滚柱型和楔块型单向离合器。

图 13-5 所示为楔块型单向离合器，楔块借助于保持架和片状弹簧等布置于内、外轮之间，如外轮沿顺时针转动，借助弹簧力和摩擦力使楔块成对角圆弧立起，从而产生斜楔作用，驱动内轮传递力矩；如外轮逆时针转动，楔块倾倒，斜楔作用消除，外轮空转。

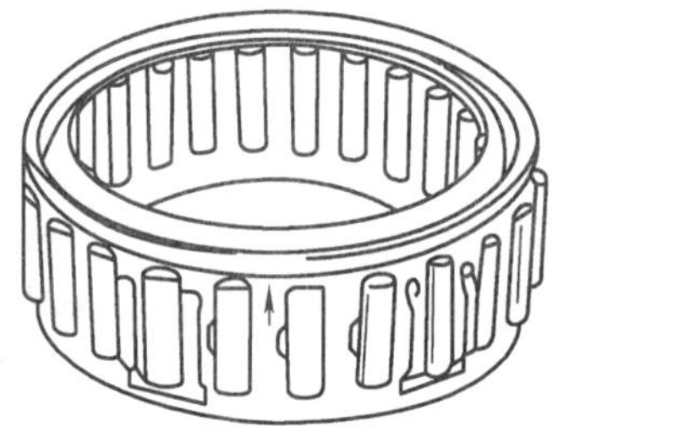

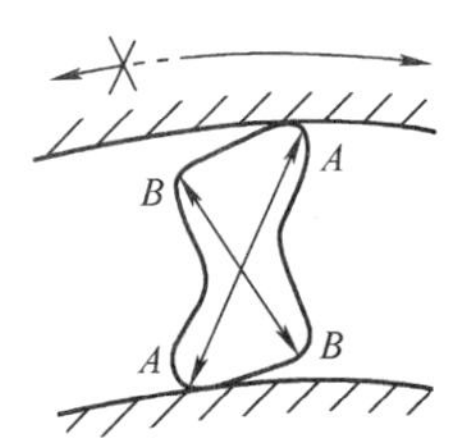

图 13-5　楔块型单向离合器

2. 行星齿轮机构

（1）行星齿轮机构基本结构

1）行星齿轮机构传动元件。

行星齿轮传动由三个元件组成，即太阳轮、装有行星齿轮的行星轮架以及内部带齿的齿圈。太阳轮位于行星齿轮传动的中心，可以是直齿轮，也可以是斜齿轮，太阳轮与行星齿轮啮合，行星齿轮装在行星架上，如图 13-6 所示。

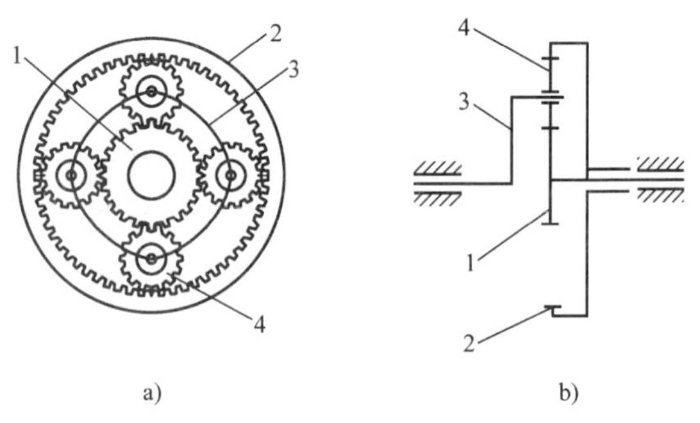

图 13-6　标准行星齿轮机构

1—太阳轮　2—齿圈　3—行星轮架　4—行星齿轮

2）行星齿轮传递动力组合。

行星齿轮机构传动的每个元件都可以转动或静止，只有当某一个元件保持静止或与另一个元件锁在一起时，行星齿轮传动才能传递动力。行星齿轮传动的三个元件中任何一个都可以是输入元件，同时另一个是保持固定元件，第三个元件就是输出元件了。当任意两个元件锁定在一起时，输出轴转速与输入轴相同，即变速器处于直接挡位置。

第一种：动力从太阳轮输入，从外齿圈输出，行星架固定，此时输入轴与输出轴的转速比等于齿圈齿数与太阳轮齿数之比。

第二种：动力从太阳轮输入，从行星架输出，外齿圈固定。

第三种：动力从行星架输入，从太阳轮输出，外齿圈固定。

第四种：动力从行星架输入，从外齿圈输出，太阳轮固定。

第五种：动力从外齿圈输入，从行星架输出，太阳轮固定。

第六种：动力从外齿圈输入，从太阳轮输出，行星架固定。

第七种：两股动力分别从太阳轮和外齿圈输入，合成后从行星架输出。

第八种：两股动力分别从行星架和太阳轮输入，合成后从外齿圈输出。

第九种：两股动力分别从行星架和外齿圈输入，合成后从太阳轮输出。

上述由一组行星齿轮机构产生的九种组合可以提供七种不同转速比的前进挡和两种不同转速比的倒挡，但由于单一的一组行星齿轮机构（单级单排）能提供的传动比范围过窄，不能满足车辆行驶时的要求，所以目前全部采用两组（见图 13-7）或两组以上的行星齿轮串联而成的行星齿轮机构作为自动变速器的机械部分，其中最为典型的就是拉威娜式和串联式（又名变种辛普森）。

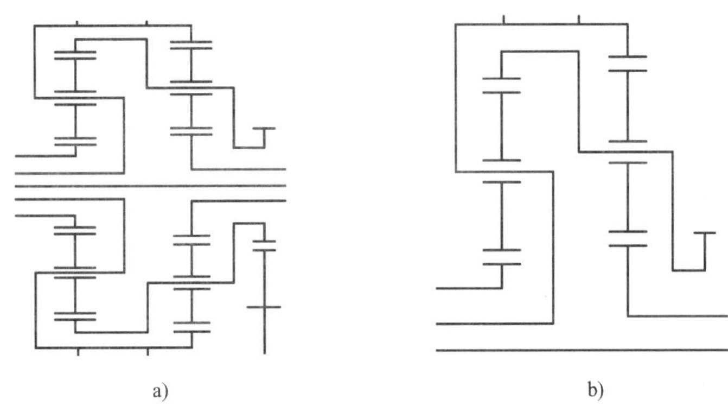

图 13-7　两组行星齿轮机构串联简图

在应用行星齿轮机构作动力传递图时，常用行星齿轮机构的上半部分代替整个行星排，以得到简单明了的效果，如图 13-7a 经简化后可用 13-7b 表示。

3）行星齿轮机构执行元件。

自动变速器里包含的最广的三种执行元件就是离合器、制动器和单向离合器。自动变速器里的离合器运用变速器内部的高压油推动离合器内部的活塞作轴向运动，使原本相互独立旋转的两个部件通过钢片和摩擦片间的相互摩擦形成了刚性连接。制动器与离合器的工作原理相同，只不过制动器的钢片是卡在箱壳上，当活塞动作时，由于钢片和摩擦片之间的巨大摩擦力迫使摩擦片连接的内部旋转件停止转动，从而达到制动的作用。制动带和制动器的作用相同，只不过不是用钢片来连接壳体而是通过钢带固定在壳体上，然后用活塞顶紧钢带，利用钢带和旋转元件表面的摩擦力进行制动的。制动带在德国车的变速器上比较少见，美国车的变速器上经常用到，例如较为常见的 4T65E 型自动变速器就使用了三个制动带一个制动器，如图 13-8 所示，B2、B3、B4 为制动带，B1 为制动器。

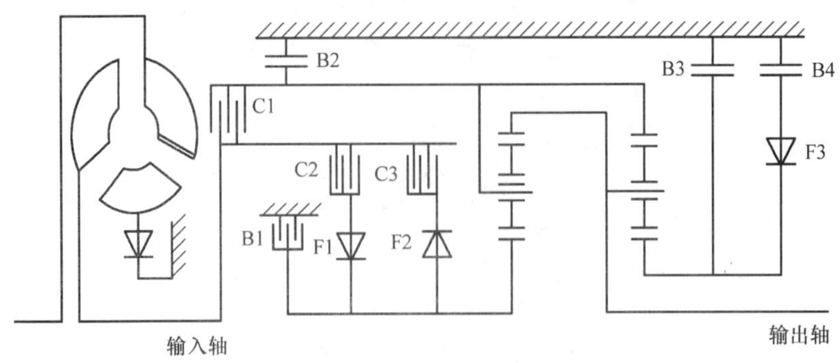

图 13-8　4T65E 型自动变速器的动力传递图

（2）串联式行星齿轮机构

串联式行星齿轮机构采用简单的两组行星齿轮进行串联而成，又名变种辛普森结构，是在辛普森结构的基础上改进而来的。辛普森机构只能提供三个前进挡，已不能满足车辆的使用要求，因此已经被串联式行星齿轮机构所替代。组成机构中的两组行星排没有共用元件，是通过固定装置把行星齿轮机构不同的元件固定在一起的。前行星架与后齿圈锁在一起，前齿圈与后行星架锁在一起并输出动力，简称“前架后圈连，前圈后架串联输出”。如图 13-8 所示，动力由 C1、C2、C3 三个离合器分别输入，由输出轴输出，B1 为制动器，B2、B3、B4 为三组制动带，F1、F2、F3 为单向离合器。4T65E 中的“4”表示变速器有 4 个前进挡，“T”表示变速器是横置式（一般说来是前轮驱动变速器，差速器和最终驱动总成都装在变速器壳体内），“65”表示变速器的额定驱动转矩，“E”表示变速器采用电控。

4T64E 型自动变速器为串联式行星齿轮机构中的经典结构，其实物结构图如图 13-9 所示。它有前后两个行星组，由十个换挡执行元件操纵（三个多片离合器、三个制动带、一个制动器、三个单向离合器），构成具有四个前进挡和一个倒挡的行星齿轮变速器，将转矩提供给驱动轴。4 个主要零部件是前太阳轮、前排行星架和后排齿圈、后太阳轮和毂。行星齿轮机构输入轴与发动机曲轴平行布置，发动机动力通过链轮传递到变速器的输入轴。

由图 13-9 可知，其前后行星排的太阳轮独立运动，前行星排的行星架与后行星排的齿圈为一体，前行星排的齿圈与后行星排的行星架为一体，是动力输出端。这样行星齿轮机构共有 4 个部件，分别为：前排太阳轮也称输入太阳轮；前排行星架/后排内齿圈，也称输入行星架；后排太阳轮也称被动太阳轮；后排行星架/前排内齿圈，也称被动行星架，是动力输出端。

各机械执行元件的功能如下：

多片式离合器 C3 结合时，连接输入轴和单向离合器 F2 外圈；

多片式离合器 C1 结合时，连接输入轴和前行星架和后齿圈；

多片式离合器 C2 结合时，连接输入轴和单向离合器 F3 外圈；

多片式制动器 B1 结合时，把前太阳轮固定，同时固定单向离合器 F1 和 F3 内圈；

当制动带 B3 工作时，制动后太阳轮；

当制动带 B2 工作时，制动前行星架和后齿圈；

当单向离合器 F2 锁止时，连接输入轴和前太阳轮；

当单向离合器 F1 锁止时，连接输入轴和前输入太阳轮（但不传递力）；

当制动带 B4 工作时，把来自后太阳轮的输入动力和单向离合器 F3 外圈接通；

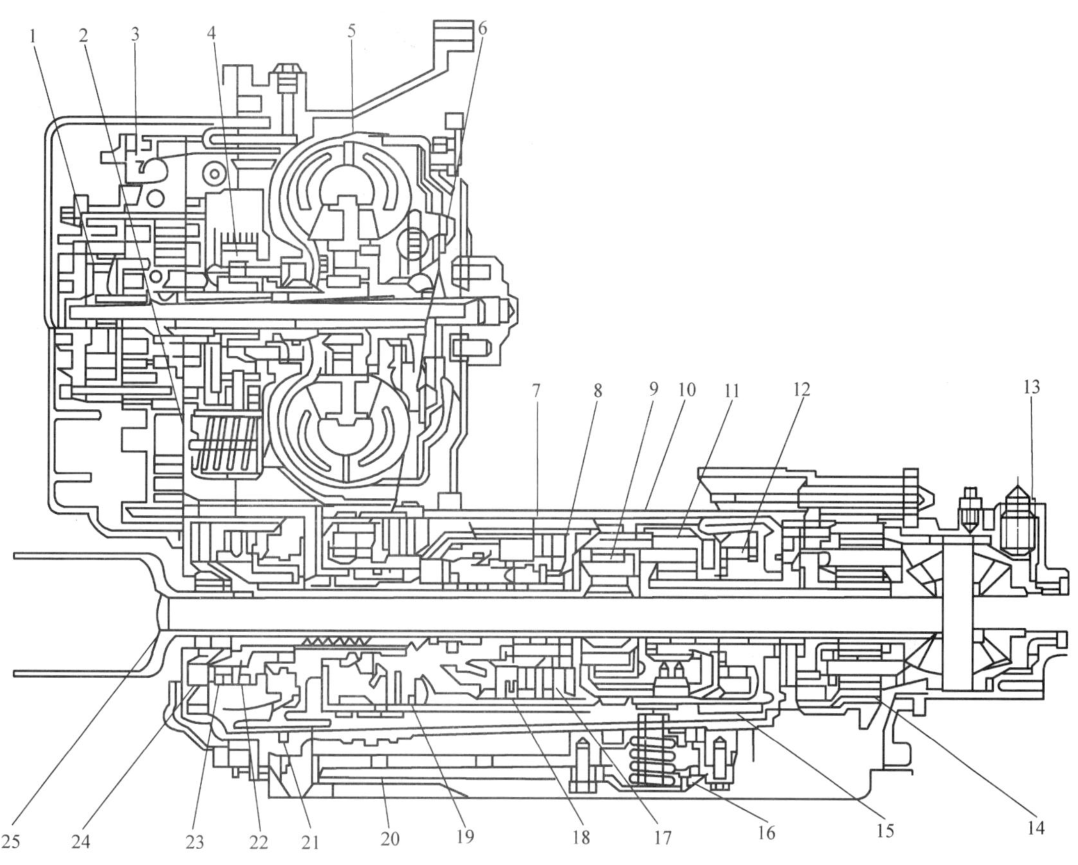

图 13-9　4T65E 型自动变速器的实物结构图

1—油泵总成　2—壳体盖总成　3—控制阀体总成　4—主动链轮　5—液力变矩器离合器总成　6—倒挡制动带总成　7—第三楔块式单向离合器总成　8—输入楔块式单向离合器总成　9—输入托架总成　10—手动制动带总成　11—反作用托架总成　12—1/2 支承滚柱式单向离合器总成　13—车速传感器总成　14—主减速器/差速器壳总成　15—前进挡制动带总成　16—手动带式伺服机构总成　17—输入离合器　18—第三离合器总成　19—第二离合器总成　20—自动变速器油滤清器总成　21—从动链轮支承总成　22—从动链轮　23—驱动连接装置总成　24—第四离合器总成　25—输出轴

当制动带 B4 和单向离合器 F3 同时工作时，防止太阳轮逆时针方向转动。

各执行元件在各挡位的工作规律见表 13-1。

表 13-1　各执行元件在各挡位的工作规律

执行元件 工作规律 挡位	C1	C2	C3	B1	B2	B3	B4	F1	F2	F3
D1			工作				工作		工作	工作
D2	工作						工作			工作
D3	工作	工作					工作	工作		
D4	工作			工作			工作			
R			工作		工作				工作	

由上述的元件工作表和动力传递图可以看出，变速器在各挡时的工作状况如下：

一挡：动力由前太阳轮输入，车轮摩擦力制动前排齿圈；动力由前排行星架传递至后排齿圈，后排太阳轮固定；动力由齿圈传递给行星架输出，形成减速一挡。此挡位动力流比较复杂，包括以车轮摩擦力为制动力的前齿圈。此时随着车速的提高，一挡的传动比也在改变。

二挡：动力由后排齿圈输入，固定后排太阳轮，由后排行星架输出，形成减速二挡。

三挡：动力由前排行星架、太阳轮和后排齿圈同时输入，前排行星排和后排行星排同时形成直接挡，从而形成直接挡三挡。

四挡：动力由前排行星架输入，制动前排太阳轮，由前排齿圈输出，形成超速四挡。

倒挡：动力由前排太阳轮输入，制动前排行星架，由前排齿圈输出，形成减速倒挡。

（3）拉威娜式行星齿轮机构

与串联式齿轮机构相同，拉威娜齿轮机构也可以提供降速前进挡、直接挡、超速挡、空挡和倒挡。拉威娜齿轮机构比串联式齿轮机构更有优越性，其齿轮机构更紧凑，由于相互啮合的齿数较多，故可以传递较大的转矩。如图 13-10 所示，拉威娜式齿轮机构采用一前一后两个太阳轮，短行星轮与后太阳轮啮合，长行星轮与前太阳轮和齿圈啮合。其结构特点是：长、短行星轮共用齿圈和行星架，前太阳轮、长行星齿轮、行星架及齿圈组成一个单级行星齿轮排，后太阳轮、短行星齿轮、行星齿轮架及齿圈组成一个双级行星齿轮排。因此它具有四个独立元件：前太阳轮、后太阳轮、公共行星架和公共齿圈，有些维修者将其结构形象地称为一排半，这种说法也充分体现了拉威娜结构更轻更紧凑的特点。

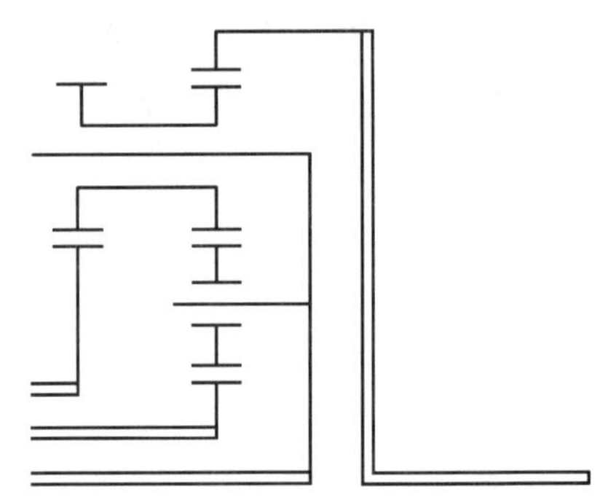

图 13-10　拉威娜式行星齿轮机构的结构图

1）机械部分。以拉威娜式行星齿轮机构中的大众 01M 款变速器为例，其动力传递路线图如图 13-11 所示，各挡位执行元件工作表见表 13-2。

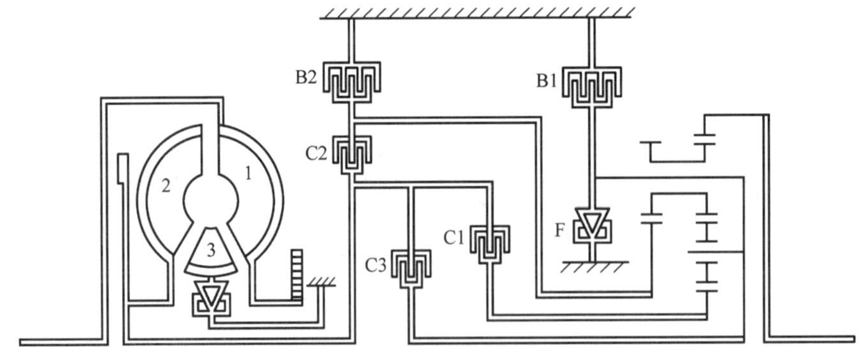

图 13-11　拉威娜动力传递路线图

由上述的元件工作表可以看出，变速器在各挡时的工作状况如下：

一挡：动力由后排太阳轮输入，单向离合器制动后排双级单排行星齿轮的行星架反转。动力由齿圈输出，形成减速一挡。

表 13-2　各挡位执行元件工作表

工作规律 / 执行元件 / 挡位	C1	C2	C3	B1	B2	F
D1	工作					工作
D2	工作				工作	
D3	工作		工作			
D4			工作		工作	
R		工作		工作		

二挡：动力由后排太阳轮输入，B2 制动器制动前排太阳轮，在一挡的基础上由于前排太阳轮的制动从而使后排行星架也正转起来，相对于一挡有显著增速，形成了减速二挡。

三挡：动力由行星架和后排太阳轮同时输入，形成太阳轮，行星架和齿圈同角速度旋转的直接挡位。此时变速器的输入与输出转速相同，称为直接挡三挡。

四挡：动力由前排行星架输入，制动前排太阳轮，此时动力输出轴（齿圈）的转速要高于输入轴（行星架），所以此挡位为超速挡四挡。

倒挡：动力由前排太阳轮输入，制动前排行星架，由单级单排特性可知，当太阳轮旋转制动行星架时，齿圈反转，从而提供减速倒挡。

2）换挡执行器。行星齿轮变速器中所有的齿轮都是常啮合齿轮，而挡位的变换必须通过以不同方式对行星齿轮机构的元件进行锁止或连接某两个元件来实现。能对这些基本元件进行锁止或连接的机构称为换挡执行机构。行星齿轮变速器的换挡执行机构包括换挡离合器、换挡制动器和单向离合器。

① 换挡离合器。换挡离合器的作用是将变速器的输入轴和行星齿轮系的某个元件连接，或将某两个基本元件连接在一起，使之成为一个整体。换挡离合器多为湿式多片离合器，通常由若干交错排列的主从动离合器片组成，如图 13-12 所示，由液压来控制其结合与分离。

② 换挡制动器。换挡制动器的作用是将行星齿轮变速器中某一元件（太阳轮、行星轮架或齿圈）固定，使其不能转动，构成新的动力传递路线，换上新的挡位，得到新的传动比。它与换挡离合器相同，由液压操纵。换挡制动器通常有两种形式，一种是湿式多片制动器，其结构与上述湿式多片离合器相同，不同点是离合器连接两个转动构件并传递动力，而制动器连接的一个是转动机件，另一个是固定不动的变速器壳体，作用是使转动机件制动，使其不能传动；另一形式是带式制动器，由制动带和伺服装置（控制油缸）组成，如图 13-13所示。制动带是内表面有镀层的开口式环形钢带，开口的一端支承在与变速器壳体连接的支座上，另一端与控制油缸相连，需要制动时，液压油进入控制油缸，制动带以固定支座为支点收紧，行星齿轮机构的某个元件将被锁止；油压撤除时，制动解除。

③ 单向离合器。单向离合器的作用是使行星齿轮变速器中的某个基本元件只能向一个方向旋转，另一个方向锁止，提高换挡时机的准确性，能确保平顺、无冲击地换挡。单向离合器有两种滚柱式和楔块式类型，其原理与液力变矩器中的单向离合器相同，这里不再赘述。

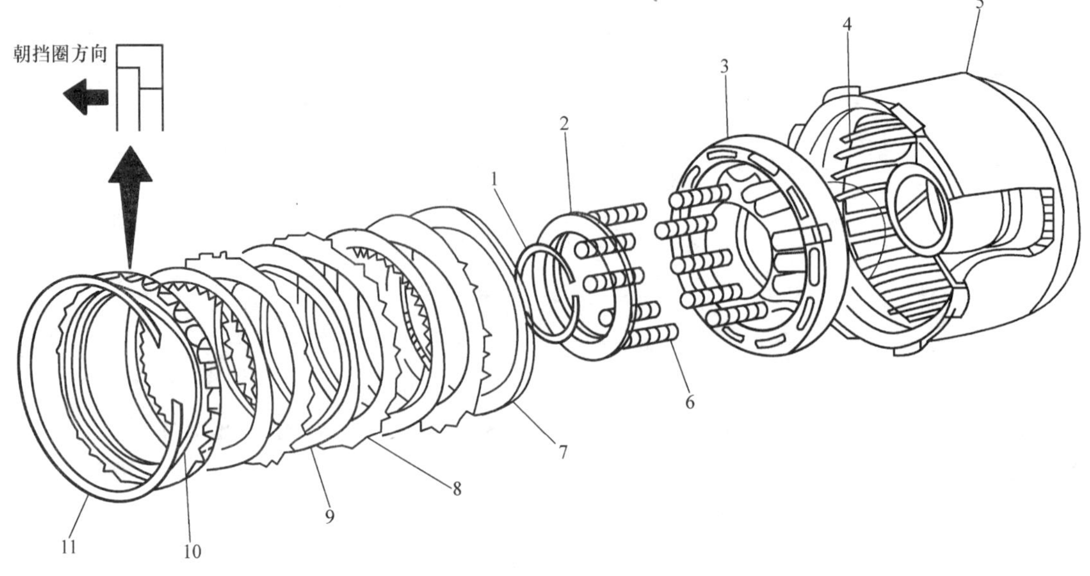

图 13-12　换挡离合器组件

1—挡圈　2—弹簧座　3—活塞　4—O 形圈　5—离合器毂组件　6—回位弹簧　7—碟形弹簧　8—从动片　9—主动片　10—压盘　11—反作用托架总成

3. 阀体及电磁阀部分

阀体是自动变速器的油路中心，里面的油路错综复杂，很难分清油路的起点及作用。油路又绝大多数集中在阀体上，所以对阀体的学习是极其重要的。以 01M 阀体为例，其上有 7 个电磁阀，编号为 N88 ~ N94 或 EV1 ~ EV7。其中 EV1、EV2、EV3 三个电磁阀分别控制 K1、B2、K3 三个执行元件油路的开闭，也就是这三个执行元件工作与否；EV4 控制自动变速器锁止；EV5、EV7 控制换挡的平顺性；EV6 控制变速器的主油压。每个电磁阀下面都有相应的滑阀，电磁阀控制滑阀的移动，滑阀的移动控制阀体中复杂油路的开闭，从而完成复杂油路的控制。电磁阀受控于自动变速器 ECU J217，自动变速器 ECU J217 参考发动机转速、节气门开度和输入、输出轴转速等信号正确控制自动变速器的升、降挡。市场上常见的手自一体变速器就是普通的自动变速器，手动升降挡就是用变速杆给 ECU 升降挡信号，ECU 再控制电磁阀换挡，从而实现手动换挡。

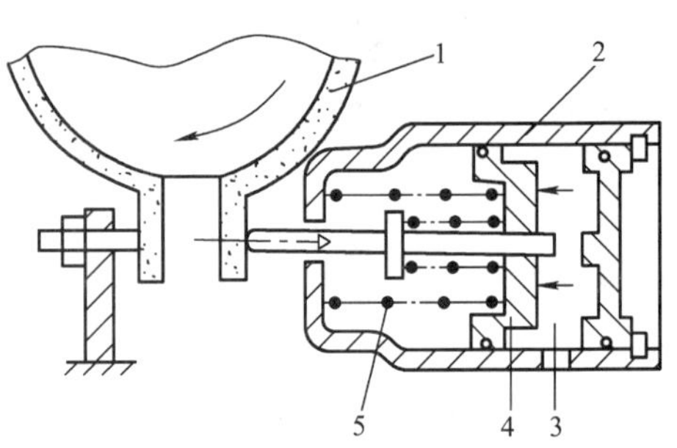

图 13-13　带式制动器

1—制动带　2—控制油缸　3—液压油　4—活塞　5—回位弹簧

01M 阀体上共有 7 个电磁阀和十七、八个滑阀（见图 13-14），电磁阀通过开闭直接控制着与其相对应的 7 个滑阀，其余的滑阀有的受变速杆控制（手动阀），有的其协调作用间接地受电磁阀控制。每一个阀都有着至关重要的作用，任何一个阀出现问题都会影响到变速器的使用。

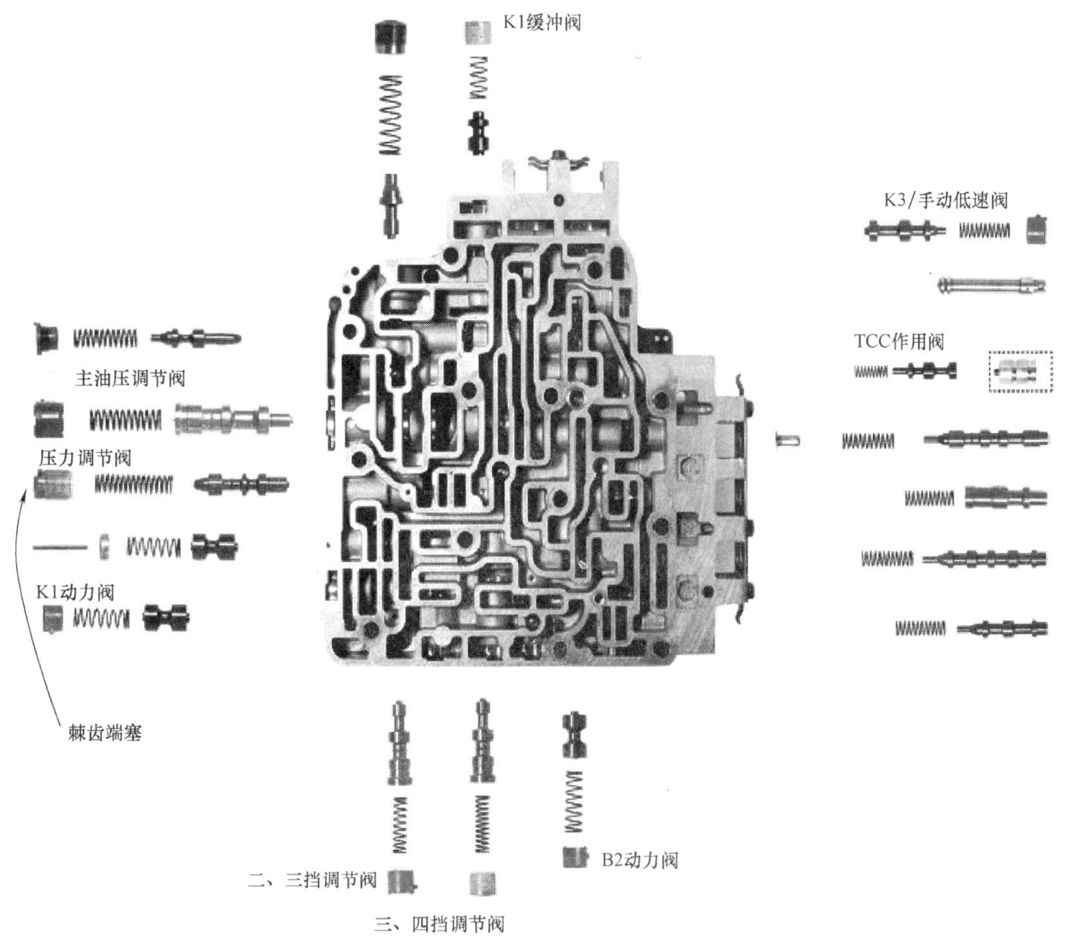

图 13-14　01M 阀体滑阀位置图

图 13-15 所示为阀体油路油压分布图。根据油路走向可以知道各挡位时高压油的走向。

一挡：随着 D 位的挂入和手动阀的移动，高压油由手动阀流经 K1 换挡阀（EV1 电磁阀控制，此时不工作）、K1 供油泄油转换阀、K1 协调阀后推动 K1 离合器活塞运动，使得执行元件 K1 开始工作，单向离合器工作，动力由后排太阳轮输入，制动后排双级单排行星齿轮的行星架反转，动力由齿圈输出，形成减速一挡，同时高压油还流到了 B2 换挡阀和 K3 换挡阀，为进一步升挡做准备油压。

二挡：升入二挡时 B2 换挡阀动作（N89 控制，此时工作），高压油经 B2 换挡阀、2-3 定时阀、B2 协调阀，最后推动 B2 制动器动作，完成对前排太阳轮的制动，K1 的油路与一挡时完全相同，动力由后排太阳轮输入，制动器制动前排太阳轮，在一挡的基础上由于前排太阳轮的制动从而使后排行星架也正转动起来，相对于一挡有显著增速，形成了减速二挡。

三挡：三挡时 N89 电磁阀停止工作，B2 油路切断，K3 换挡阀工作（N90 控制，此时不工作），高压油经 K3 换挡阀、K3 协调阀，最后推动 K3 离合器工作，动力由行星架和后排太阳轮同时输入，形成太阳轮、行星架和齿圈同角速度旋转的直接挡位。此时变速器的输入与输出转速相同，形成直接挡三挡。

四挡：此时的油路为，K3、B2 换挡阀工作，油路走向各取二挡、三挡的一部分，动力

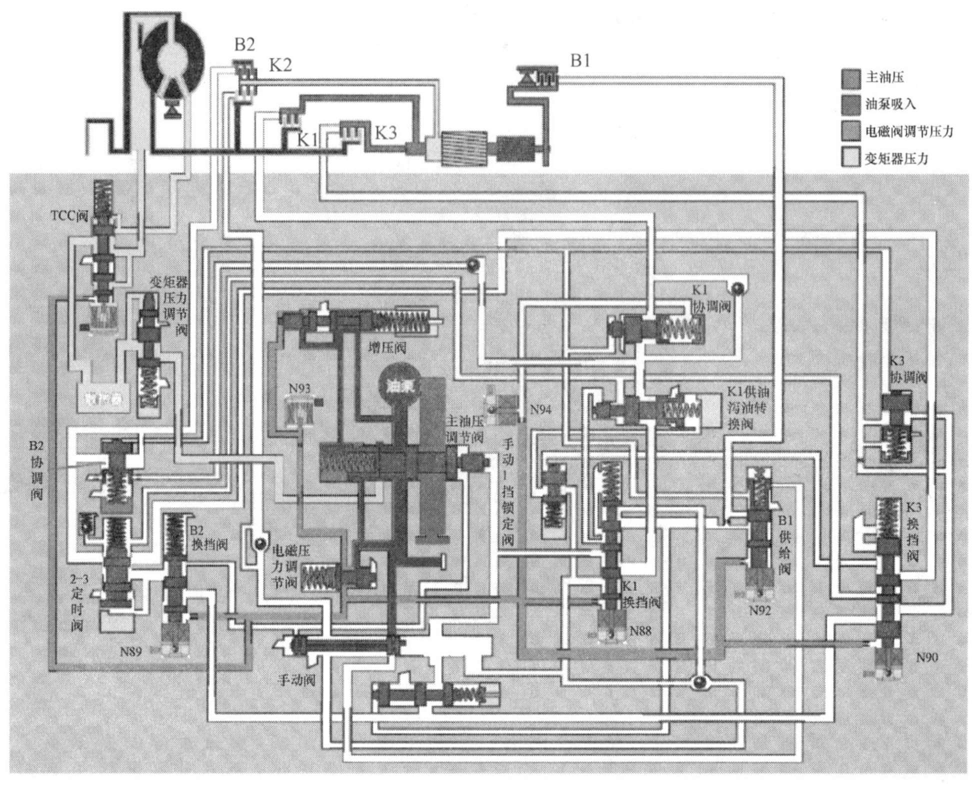

图 13-15 01M 油路油压图

由前排行星架输入，制动前排太阳轮，此时动力输出轴（齿圈）的转速要高于输入轴（行星架），形成超速挡四挡。

变速器在每次换挡时，只在换挡的瞬间（不到 1s），5 个节流球和多个调压阀进行工作，从而保证了换挡的平顺与舒适。

4. 电控部分

自动变速器阀体上的油路是由电磁阀的开闭或开度控制的，因此电磁阀可分为两类，一类是开关阀，一类是占空比阀。开关阀通过自身的通断电直接阻断或开启油路，占空比阀通过调节开度（实际为开/关所占的时间类似于发动机喷油器的喷油脉宽）对油路进行线性调节，所以占空比电磁阀多用于压力调节阀，用来调节换挡的舒适性。图 13-16 所示为电磁阀的工作原理。

表 13-3 是从一辆捷达轿车上读取下来的数据流，这个数据流很好地表现了变速器在换挡前后的电磁阀工作状态。数字中第一位表示 N88 电磁阀的工作状态，1 为通电 0 为不通电；第二位表示 N89 电磁阀；第三位表示 N90 电磁阀；第四位不参考；第五位表示 N92 电磁阀；第六位表示 N94 电磁阀。根据表 13-3 可以分析出，N88、N90 为常开电磁阀，其余为常闭电磁阀，N88、N89、N90 分别控制 K1、B2、K3 工作，N92、N94 电磁阀控制换挡的品质或者说换挡的感觉。由于 N88、N90 控制的 K1、K3 需要长时间工作，所以设计为常开电磁阀，此种设计可以大大提高电磁阀的使用寿命。N92、N94 只是在车辆升挡与降挡的瞬间工作，目的是使车辆换挡时更加平顺。

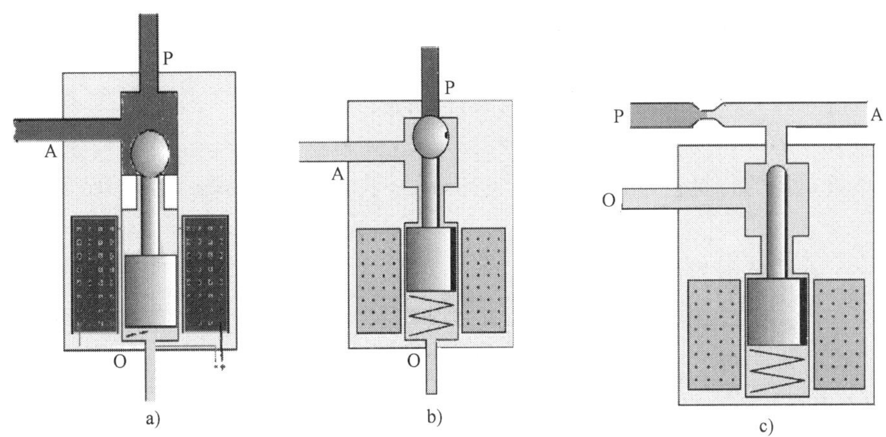

图 13-16　电磁阀的工作原理

a）开关阀打开状态　b）开关阀关闭状态

c）占空比阀未调节状态

表 13-3　01M 换挡时电磁阀工作数据流

挡位	工作状态	
P	不制动时 101010	制动时 001010
R	001000	
N	001000	
D-1	停车时 001010	起步后 001000
D-2	1-2 转换时 011011	转换后 011000
D-3	2-3 转换时 000011	转换后 000000（变速器锁三挡原因）
D-4	3-4 转换时 110011	转换后 110001
D-3	4-3 转换时 000010	转换后 000000
D-2	3-2 转换时 011011	转换后 011000

二、CVT 式自动变速器

CVT 是无级自动变速器的英文缩写，有着燃油经济性好，动力性好及乘坐舒适等诸多优点，但也存在着许多问题需要攻克，例如动力传递能力有限，不适合大排量汽车等。我们所使用的踏板摩托车（如潇洒木兰、吉利大绵羊、本田 DIO）都是采用 CVT 结构的变速器进行转矩及转速的改变的，只不过与汽车相比，踏板摩托车的无级变速技术过于简单。目前汽车上所使用的无级变速器从国内市场的占有率来看，本田、日产和奥迪的占有率最高；从技术的先进性来讲，奥迪的技术最为先进。值得一提的是，菲亚特的小排量汽车采用了大批的 CVT 变速器，在世界变速器史上都有一定影响。CVT 式自动变速器结构简单、体积小、零件少，大批量生产后的成本要低于当前普通自动变速器的成本；工作速比范围宽，容易与发动机形成理想的匹配，从而改善燃烧过程，降低油耗和排放；具有较高的传送效率，功率损失少，经济性好。当然，CVT 技术也有它的弱点，比如传动带容易损坏，无法承受较大的载荷等。目前 CVT 技术发展得相当迅速，各大汽车厂家都在加强这一领域的研发。

1. CVT 的原理

图 13-17 所示为奥迪 01J 款自动变速器的原理图，图 13-18 所示为其实物图。所谓的无

级变速就是通过两个链轮装置直径的改变实现的，链轮装置一的定轮与动轮之间的距离减小，从而使钢带在链轮装置一上的旋转直径增大，从而在不增加链轮装置一角速度的前提下增大钢带在链轮装置一上的线速度；链轮装置二的运动状况刚好与链轮装置一相反，进而提高了链轮装置二的角速度，提高了输出轴的转速。在无级变速装置应用之前，此变速器还串联着一个单级单排的行星齿轮机构装置，主要是为了提供更宽的转速比变化和提供倒挡。

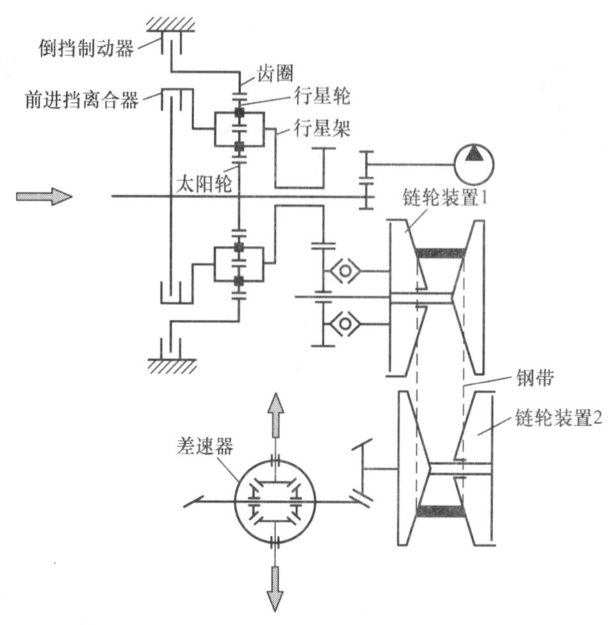

图 13-17　奥迪 01J 款自动变速器的原理图

图 13-18　奥迪 01J 款自动变速器实物图

2. CVT 变速器的优点

（1）经济性　CVT 可以在相当宽的范围内实现无级变速，从而获得传动系统与发动机工况的最佳匹配，提高整车的燃油经济性。德国的大众公司在自己的 Golf VR6 轿车上分别安装了 4-AT 和 CVT 进行 ECE 市区循环和 ECE 郊区循环测试，见表 13-4。

表 13-4　同等排量不同变速器油耗对比

行车工况	油耗类型	AT 油耗	CVT 油耗
市区循环	L/100km	14.4	13.2
郊区/远程循环	L/100km	10.8	9.8
匀速 90km/h	L/100km	8.3	7.0
匀速 120km/h	L/100km	10.3	9.2

从油耗的比较上不难看出，装用 CVT 的汽车要比装用普通 AT 的汽车节油 8%左右。

（2）动力性　汽车的后备功率决定了汽车的爬坡能力和加速能力。汽车的后备功率越大，汽车的动力性越好。由于 CVT 的无级变速特性，能够获得后备功率最大的传动比，所以 CVT 的动力性能明显优于机械变速器（MT）和自动变速器（AT）。

（3）排放　CVT 的速比工作范围宽，能够使发动机以最佳工况工作，从而改善了燃烧过程，降低了废气的排放量。ZF 公司将自己生产的 CVT 装车进行测试，其废气排放量比安装 4-AT 的汽车减少了大约 10%。

（4）成本　CVT 系统结构简单，零部件数目比 AT 少，一旦汽车制造商开始大规模生产，CVT 的成本将会比 AT 小。由于采用该系统可以节约燃油，随着大规模生产以及系统、材料的革新，CVT 零部件（如传动带或传动链、主动轮、从动轮和液压泵）的生产成本将降低 20% ~30%。毋庸置疑，CVT 变速器的技术含量和制造难度都要比 MT 变速器高，与 AT 变速器相仿，由于金属带式 CVT 结构简单，所含的零件数量比 AT 变速器少 40%左右，因而整车的质量也有所减轻。

（5）驾驶的平顺性　由于 CVT 的速比变化是连续不断的，所以汽车的加速或减速过程非常平缓，而且驾驶非常简单、安全，所以驾驶起来会非常舒适。

3. 常见的 CVT 变速器

（1）奥迪 Multitronic 无级/手动一体变速器　奥迪的 Multitronic 变速器（01J）是在原有无级变速器的基础上安装了一种称为多片式链带的传动组件。这种组件大大拓展了无级变速器的使用范围，能够传递和控制峰值高达 280N·m 的动力输出，其传动比超过了以前各种自动变速器的极限值。该变速器的明显优势是耗能少、反应快。从车辆的整体性能来看，装有 Multitronic 变速器的奥迪 A6 2.8 轿车的 0 ~100km/h 加速时间比同级普通自动变速器车型快了 1.3s，百公里油耗降低了 0.9L。Multitronic 变速器还采用了全新的电子控制系统，以克服原有无级变速器的不足。比如在上、下坡时，系统能自动探测坡度，并通过调整速比增加动力输出或加大发动机的制动转矩来协助车辆行驶。相对于传统的自动变速器，Multitronic 变速器有更高的灵活性，在增加或删除变速模式的时候，只需要更改电脑程序即可改变齿轮的比数和半径，因此可以和多台不同类型、不同输出特性的发动机配合使用。01J 刚上市的时候是当时最先进的 CVT 变速器，因为链轮装置采用了更高的制造工艺，提高了转矩传送范围，从而使大排量汽车用上了舒适经济的 CVT 变速器。01J 先装在奥迪 A6 轿车上，05 年以后生产的 A6L 轿车选装了 01J 的升级产品 0AT。0AT 比 01J 传动范围更宽，各方面技术更成熟。

（2）旗云 CVT　旗云 CVT 采用了德国 ZF 公司生产的 VT1F 无级变速器。该无级变速器有无级变速、自动巡航、运动模式和 6 挡手动 4 种驾驶模式，与电子节气门配合以后更接近智能化控制，是我国自主品牌中首先选择使用 CVT 变速器的汽车。

（3）派力奥 Speedgear　派力奥 Speedgear 是一种手自一体式电控无级变速器（ECVT），菲亚特率先把它应用在小型车上。它提供两种换挡模式：电控无级自动变速模式和 6 挡顺序手动变速模式，驾驶人可以根据喜好选择不同的换挡方法。Speedgear 由液力转矩转换器、两个可变直径钢带轮和一根传动金属带（一定数量的钢片和两根 9 层钢带）组成，具有更宽的传动比，同时具有无级变速器结构简单、体积紧凑的特点。但此款变速器市场占有率不高。

（4）飞度 CVT　飞度的 CVT 无级变速器是专门为小型车设计的，属于新一代钢带无级自动变速器，可允许两个带轮之间进行高转矩传递，运转平稳、传动效率高。飞度的 CVT 变速器还带有 S 挡（运动模式），既追求流畅感、低油耗，又不乏驾驶乐趣，是一款相当优秀的 CVT 变速器。

【拓展与提高】

DSG 双离合变速器

DSG（Direct Shift Gearbox）中文表面意思为“直接换挡变速器”，其设计来自赛车运动，最先应用在 20 世纪 80 年代初的保时捷 Porsche 962C 和 1985 年的奥迪 Audi sport quattro S1 RC 赛车上。DSG 变速器可以满足车辆运动方面和节油方面的双重要求，带来低油耗的同时，性能方面没有任何损失，同样具有出色的加速性和最高时速，并且与传统自动变速器一样可以实现顺畅换挡，不影响牵引力。配备了 DSG 的发动机由于快速的齿轮转换功能，能够马上产生牵引力，并具有更大的灵活性，加速时间比手动变速器更短。

如图 13-19 所示，离合器 1（中间部分）负责一挡、三挡、五挡和倒挡，离合器 2（外圈部分）负责二挡、四挡和六挡。挂上奇数挡时，离合器 1 结合，输入轴 1 工作，离合器 2 分离，输入轴 2 不工作，即在 DSG 双离合器的工作过程中总是有两个挡位是结合的，一个正在工作，另一个则为下一步工作做好准备。手动模式下可以进行跳跃降挡，如果起始挡位和最终挡位是由同一个离合器控制的，则会通过另一离合器控制的挡位转换一下；如果起始挡位和最终挡位不是由同一个离合器控制的，则可以直接跳跃降至所定挡位。

DSG 基本由两个 3 轴式 6 速变速传动装置、一个内含两套多瓣式离合片的电子液压离合器机构和一套波箱 ECU 组成。不同于普通的双轴或者单输入轴系统，DSG 变速器除了具有双离合器外，更具备同轴的双输入轴系统，而且将 6 个前进挡分别置于两边各自的从动轴上。传统的手动变速器使用一台离合器，换挡时驾驶人须踩下离合器脚踏板，使不同挡位的齿轮作出啮合动作，动力会在换挡其间出现间断，输出表现有所断续。DSG 则可以想象为将两台手动变速器的功能合二为一，并建立在单一的系统内。DSG 内含两台自动控制的离合器，由电子控制及液压推动，能同时控制两组离合器的动作。当变速器工作时，一组齿轮被啮合，而接近换挡之时，下一组挂挡的齿轮已被预选，但离合器仍处于分离状态；当换挡时，一组离合器将使用中的齿轮分离，同时另一组离合器使已被预选的齿轮啮合，在整个换挡期间能确保最少有一组齿轮在输出动力，不会出现动力间断的状况。

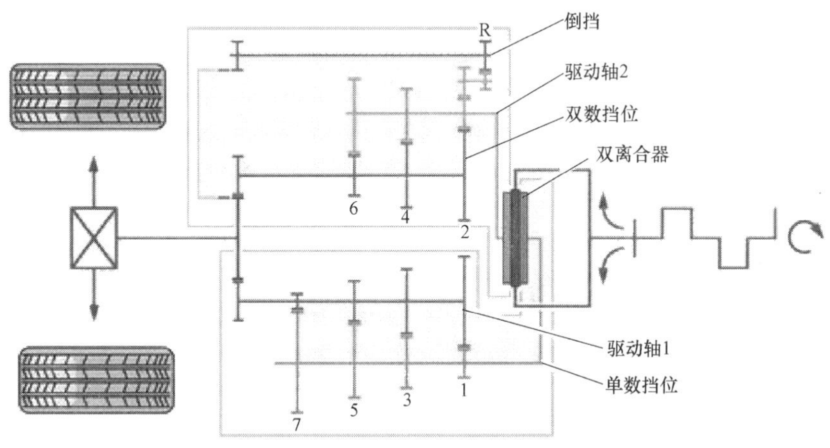

图 13-19　DSG 双离合器的结构图

如图 13-19 所示，DSG 的传动轴被分为两根，一根是放于内部的实心传动轴，另一根是套着实心轴的空心传动轴。内部的实心传动轴连接了一、三、五挡及倒挡，而外面的空心传动轴则连接二、四、六挡，两组离合器各自负责一根传动轴的啮合动作，发动机动力便会由其中一根传动轴无间断地传送。考虑到零件使用寿命，设计人员选择了油槽膜片式离合器，离合器动作由液压系统来控制。由于使用两套离合器并且在换挡之前下一挡位已被预选啮合，因此 DSG 的换挡速度非常快，只需不到 0.2s 的时间，下一挡已经换好了，比技术最好的专业车手的手动变速还快，因此使用 DSG 变速器比使用手动变速器的加速成绩来得要快。

在实际驾驶中，DSG 给人的感觉是在整个换挡过程中几乎感觉不到顿挫或推拉，只有从转速表上才可以反映出挡位在变动，并且加速踏板踩到底时，DSG 变速器不进行换挡操作，一直到发动机转速达到 6000r/min 时才进行换挡，提供了更高的驾驶安全性和乐趣。此外，DSG 还有多种驾驶模式，比如运动模式，在电子程序的帮助下该模式的加挡明显迟缓而减挡则有了很大的改进，换挡时间也调得更短。有些车型，驾驶人还可以通过拨动变速杆或利用转向盘上的拨片随时切换自动模式或者手动模式，提供富有动感激情的驾驶方式。转向盘两边的换挡拨片能使驾驶人在不触动变速杆的情况下随意进行加挡或减挡的操作，技术来源于 F1 赛车。在复杂的驾驶环境下，如高速弯道时，手动换挡往往显得非常有必要，在 DSG 的帮助下，驾驶人在换挡的过程中还能体验到供油量自动增加的特殊乐趣。因此可以说，DSG 变速器是未来市场的发展趋势。

【项目实施】

任务一　认识行星齿轮式自动变速器的结构

一、任务目标

能够正确区分出不同行星齿轮式自动变速器的类型及结构特点。

二、任务准备

物品准备：01M、4T65E 两款自动变速器拆装台架各 4 台。

场地准备：汽车底盘实训车间，工作台 4 个。

分组：每个小组 4 ~7 人。

三、实践练习

1）通过 01M 自动变速器实物，找出各部分的构成，说明各部分的工作原理。

2）分别找出 01M 阀体上的 7 个电磁阀和十七、八个滑阀，结合油路及电路控制说出各个元件的作用。

任务二　认识 CVT 式自动变速器的结构

一、任务目标

能够正确区分出常见 CVT 自动变速器的类型及结构。

二、任务准备

物品准备：大众 01J 自动变速器拆装实验台 4 台。

场地准备：汽车底盘实训车间，工作台 4 个。

分组：每个小组 4 ~6 人。

三、实践练习

1）通过 01J 自动变速器的换挡原理，进一步掌握行星齿轮机构在 01J 换挡过程中是如何与 CVT 结构相结合的。

2）通过 01J 自动变速器实物，找出各部分的构成，说明各部分的工作原理。

项目十四　万向传动装置的认知

【学习目标】

1. 知识目标

1）知道万向传动装置的功用及组成。

2）能分析出“十字轴”刚性万向节的工作原理。

3）能掌握球笼式万向节和球叉式万向节的构造、原理及拆装方法。

2. 能力目标

1）具有识读万向传动装置零件结构图的能力。

2）能够正确分析万向传动装置的工作原理。

3）能够正确使用专用工具对万向传动装置进行拆装操作。

【学时安排】

2 学时。

【理论知识】

一、万向传动装置概述

1. 万向传动装置的功用、组成

（1）功用　万向传动装置在汽车上有很多应用，结构也稍有不同，但其功用都是相同的，即在轴线相交且相互位置经常发生变化的两转轴之间传递动力。

图 14-1 所示为万向传动装置在汽车中最常见的应用，位于变速器与驱动桥之间的万向传动装置。由于汽车布置、设计等原因，变速器输出轴和驱动桥输入轴不可能在同一轴线上，并且变速器虽然是安装在车架（车身）上，可以认为位置是不动的，但驱动桥会由于悬架的变形而引起其位置经常发生变化，所以在变速器和驱动桥之间装有万向传动装置正好可以满足这些使用、设计的要求。

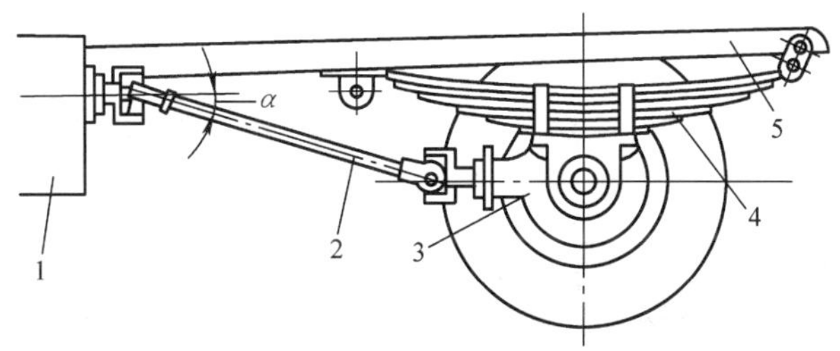

图 14-1　变速器与驱动桥之间的万向传动装置

1—变速器　2—万向传动装置　3—驱动桥　4—后悬架　5—车架

（2）组成　万向传动装置主要包括万向节和传动轴，对于传动距离较远的分段式传动

轴，为了提高传动轴的刚度，还设置有中间支承，如图 14-2 所示。

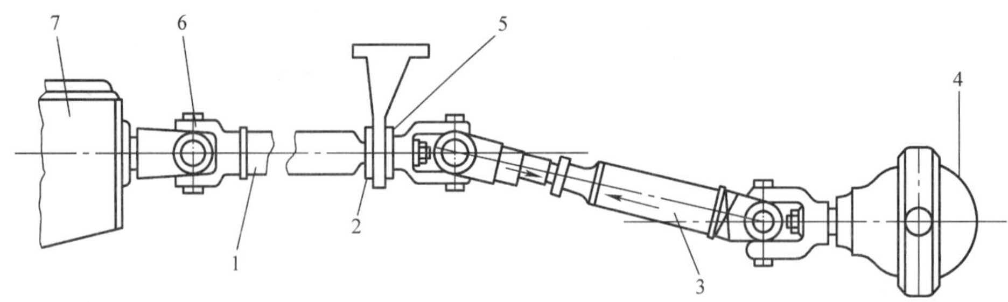

图 14-2　万向传动装置的组成

1、3—传动轴　2—球轴承　4—驱动桥　5—中间支承　6—万向节　7—变速器

2. 万向传动装置的应用

万向传动装置在汽车上的应用主要有以下几个方面：

（1）变速器与驱动桥之间（4×2 汽车）　如图 14-3 所示，一般汽车的变速器、离合器与发动机三者装合为一体装在车架上，驱动桥通过悬架与车架相连。在负荷变化及汽车在不平路面行驶时引起的跳动会使驱动桥输入轴与变速器输出轴之间的夹角和距离发生变化。

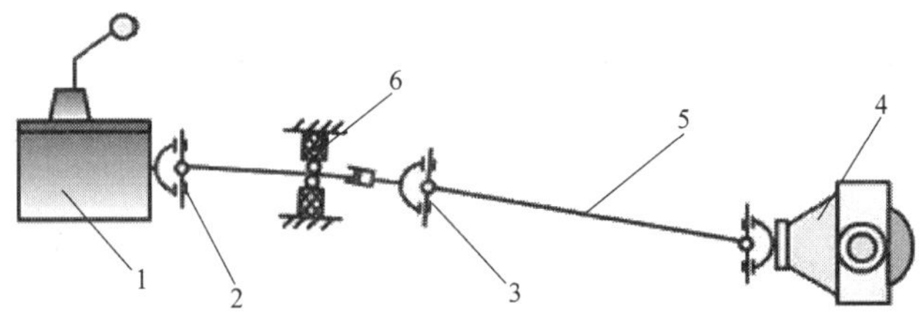

图 14-3　变速器与驱动桥之间的万向传动装置

1—变速器　2、3—万向节　4—驱动桥　5—传动轴　6—中间支承

（2）变速器与分动器、分动器与驱动桥之间（越野汽车）　如图 14-4 所示，为消除车架变形及制造、装配误差等引起的其轴线同轴度误差对动力传递的影响，需装有万向传动装置。

（3）转向驱动桥的内、外半轴之间　如图 14-5 所示，转向时两段半轴轴线相交且交角变化，因此要使用万向传动装置。

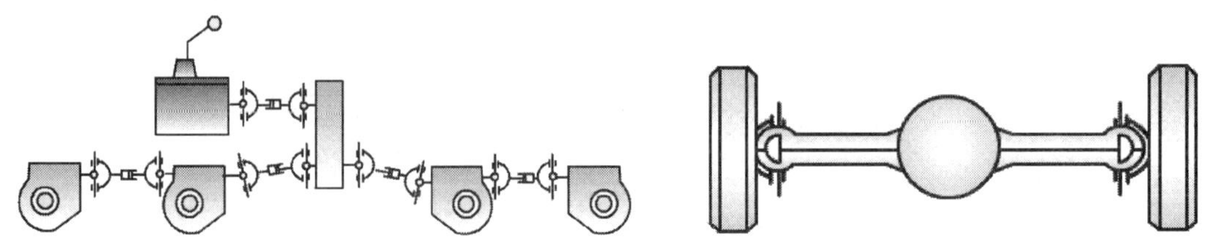

图 14-4　变速器与分动器、分动器与驱动桥之间的万向传动装置

图 14-5　转向驱动桥的内、外半轴之间的万向传动装置

（4）断开式驱动桥的半轴之间　如图 14-6 所示，主减速器壳在车架上是固定的，桥壳上下摆动，半轴是分段的，需用万向传动装置。

（5）转向机构的转向轴和转向器之间　如图 14-7 所示，转向机构的转向轴和转向器之间的万向传动装置有利于转向机构的总体布置。

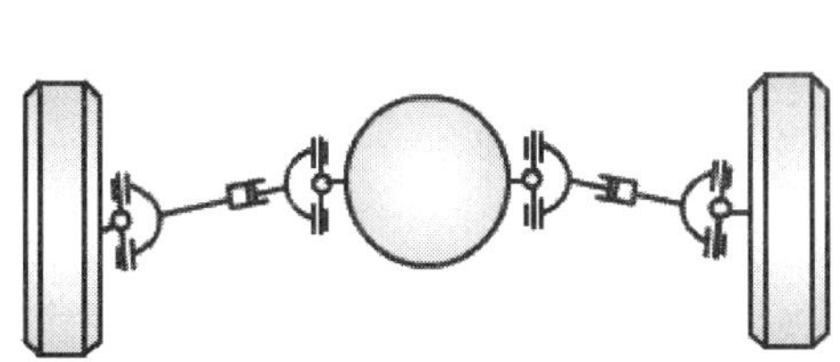
图 14-6　断开式驱动桥半轴之间的万向传动装置

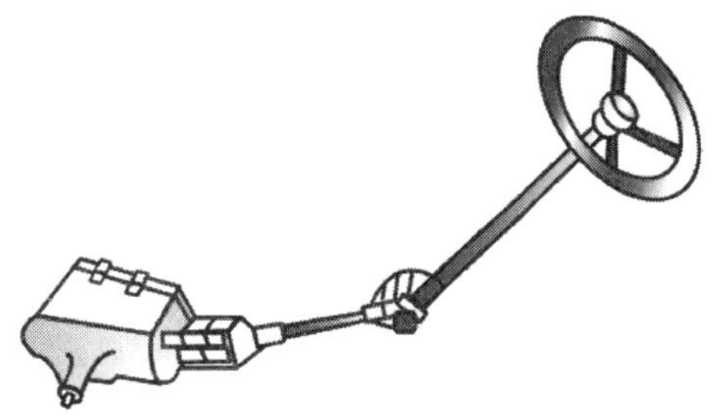
图 14-7　转向机构的转向轴和转向器之间的万向传动装置

二、万向节

汽车上使用的万向节可以从不同的角度分类。按其刚度大小，可分为刚性万向节和柔性万向节。刚性万向节按其速度特性分为不等速万向节（常用的为十字轴式）、准等速万向节（双联式和三销轴式）和等速万向节（包括球叉式和球笼式）。目前在汽车上应用较多的是十字轴式刚性万向节和等速万向节。十字轴式刚性万向节主要用于发动机前置后轮驱动的变速器与驱动桥之间，等速万向节主要用于发动机前置前轮驱动的内、外半轴之间。

1. 十字轴式刚性万向节的构造

图 14-8 所示为十字轴式刚性万向节的构造，两万向节叉 2 和 6 上的孔分别套在十字轴 4 的两对轴颈上。这样，当主动轴转动时，从动轴既可以随之转动，又可绕十字轴中心在任意方向摆动。为了减少磨损，提高传动效率，在十字轴轴颈和万向节叉的空间装有滚针 8 和套筒 9 组成的滚针轴承，然后用螺钉和轴承盖 1 将套筒 9 固定在万向节叉上，并用锁片将螺钉锁紧，以防止轴承在离心力作用下从万向节叉内脱出。为了润滑轴承，十字轴做成空的，并有油路通向轴颈。润滑油从油嘴 3 注入十字轴内腔。为了避免润滑油流出及尘垢进入轴承，在十字轴的轴颈上套有装在金属座圈内的毛毡油封 7。在十字轴的中部还装有带弹簧的安全阀 5。如果十字轴内腔的润滑油压力大于允许值，安全阀就会打开，润滑油外溢，使油封不致因油压过高而损坏。

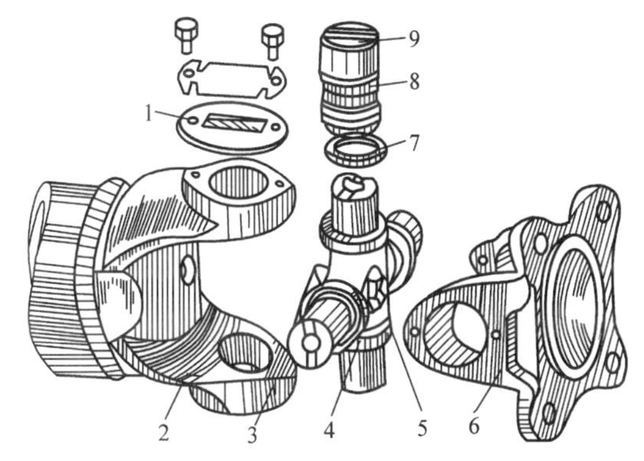

图 14-8　十字轴式刚性万向节的构造
1—轴承盖　2、6—万向节叉　3—油嘴　4—十字轴　5—安全阀　7—毛毡油封　8—滚针　9—套筒

2. 球叉式万向节和球笼式万向节

图 14-9 所示为球叉式万向节的构造，主动叉 5 与从动叉 1 分别与内、外半轴制成一体。在主、从动叉上，各有四个曲面凹槽，装合后形成两个相交的环形槽，作为钢球滚道。四个传动钢球 4 放在槽中，中心钢球 6 放在两叉中心的凹槽内，以定中心。

为顺利地将钢球装入槽内，在中心钢球 6 上铣出一个凹面，凹面中央有一深孔。装合时，先将定位销3装入从动叉内，放入中心钢球，然后在两球叉槽中陆续装入三个传动钢球，再将中心钢球的凹面对向未放钢球的凹槽，以便装入第四个传动钢球，而后再将中心钢球6的孔对准从动叉孔，提起从动叉轴使定位销3插入球孔中，最后将锁止销2插入从动叉上与定位销垂直的孔中，以限制定位销轴向移动，保证中心钢球的正确位置。

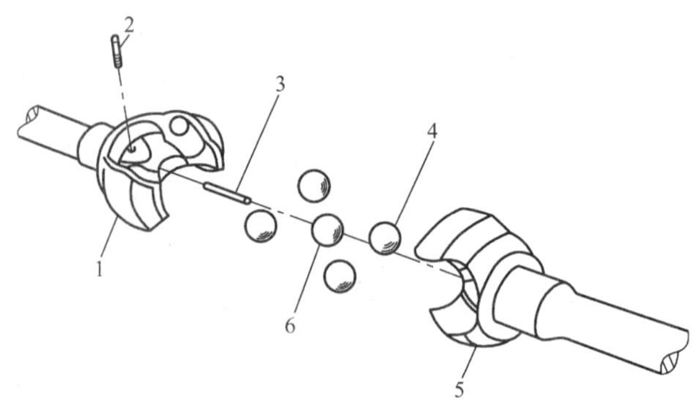

图 14-9　球叉式万向节
1—从动叉　2—锁止销　3—定位销　4—传动钢球　5—主动叉　6—中心钢球

球叉式万向节的等速传动原理如图14-10所示。主、从动叉曲面凹槽的中心线分别是以 O_1、O_2 为圆心的两个半径相等的圆，且圆心 O_1、O_2 到万向节中心 O 的距离相等，这样无论主、从动轴以何种角度相交，传动钢球中心都位于两圆的交点上，从而保证传动钢球始终位于两轴交角 α 的平分面上，因而保证了等速传动。

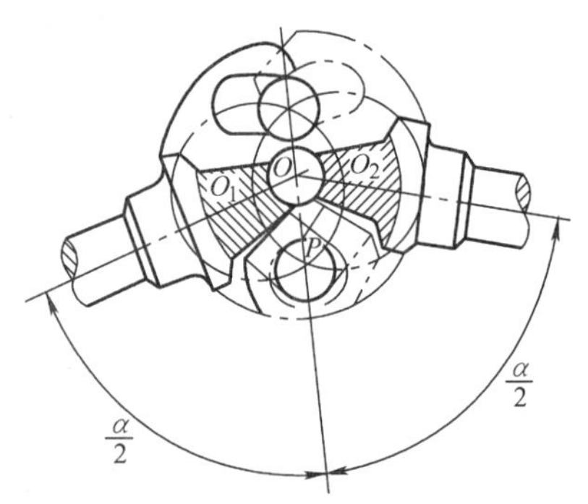

图 14-10　球叉式万向节的等速传动原理

球叉式万向节结构简单，能等角速传动，但拆装不便，正、反转只有两个钢球受力，磨损快；其传动轴最大夹角为32°～38°，多用于中、小型（越野）汽车的转向驱动桥。

如图14-11所示为球笼式万向节的结构。

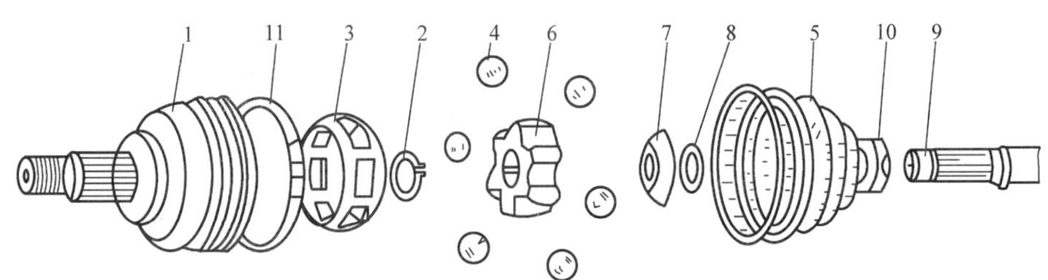

图 14-11　球笼式万向节的结构
1—外球座　2—卡环　3—保持架　4—钢球　5—防尘罩　6—内球座　7—隔套
8—碟形垫圈　9—中断半轴　10、11—箍带

【项目实施】

任务　万向节的拆装

一、任务目标

能够正确使用专用工具对万向节总成进行拆装。

二、任务准备

工具准备：120 件套筒组合汽车维修工具 4 套，锤子、铜棒各 4 支。

物品准备：汽车底盘转向系统教具 4 台，维修手册两本。

场地准备：汽车底盘实训车间，工作台 4 个，工具车 4 辆。

分组：每个小组 4 ~6 人。

三、实践操作

1. 等速万向传动装置的拆卸

1）在车轮着地时旋转半轴与轮毂的紧固螺母。

2）拧下传动轴与结合盘的螺栓，将传动轴与结合盘分开。

3）从球毂中压出驱动半轴。

4）摘下防尘罩卡簧，拆下防尘罩。

5）用锤子用力从传动轴上敲下外等速万向节。

6）拆下传动轴端头的卡簧。

7）用专用工具压出内万向节。

8）分解外等速万向节。

① 做好球笼、球毂和球壳上的位置标记。

② 转动球笼、球毂，依次取出钢球。

③ 用力转动球笼，直至两个方孔与球壳对齐，拆下球笼。

④ 将球毂上的扇形齿旋入球笼的方孔，从球笼中取下球毂。

9）分解内等速万向节。

① 转动球毂和球笼，按垂直方向取出球笼内的钢球。

② 从球笼上取出球毂。

注意：球笼与球壳是一对偶件，应成对放置，不能互换。

2. 等速万向节传动装置的装复

1）内等速万向节的组装。

① 对准凹槽将球毂装入球笼。

② 将钢球压入球笼，注入适量的润滑脂。

③ 将带钢球的球笼垂直装入球壳。

用力压入球笼，使装有钢球的球毂完全装入球壳内。

2）外等速万向节的组装。

① 将球笼与球毂一起装入球壳中。

② 对角交替压入钢球。

注意：应使球毂在球笼和球壳内保持分解前的位置。

③ 将卡簧装入球毂。

④ 将润滑脂注入万向节内。

3）在传动轴上装上防尘罩。

4）装上碟形座圈。

5）用专用工具将内万向节压入传动轴，使碟形座圈贴合，球毂花键上的倒角必须朝向转动轴台阶。

6）装上卡簧。

7）装上外侧万向节。

8）在外侧万向节上装上防尘罩。

9）装上防尘罩卡簧。

10）将半轴插入球毂中，装上半轴与球毂紧固螺母。

11）连接传动轴与结合盘，拧紧传动轴与结合盘的联接螺栓。

12）车轮着地，拧紧半轴与球毂的联接螺母。

四、操作注意事项

1）衣装穿着：工装齐备、衣扣到位。

2）言行举止：进、出场规范。

3）操作过程：要求油、水、液、工具零件四不落地，操作台整洁、有条理。操作中及时沟通，有安全防范措施。

4）作 业 后：清洁整理场地、工具设备。

五、任务评价

以小组为单位进行评价，根据分值的情况评出优秀、良好、一般等品质，评价标准见表14-1。

表 14-1　任务评价标准

项次	项目任务	评价标准	分值	项目得分
1	认识万向传动装置	要准确说出万向节特点	5	
2	拆下外等速万向节	能正确使用专用工具，压出驱动半轴，拆下内、外万向节	4	
3	分解外等速万向节	做标记，按正确步骤分解万向节	6	
4	分解内等速万向节	按正确步骤分解内等速万向节	4	
5	装复万向传动装置	按分解逆序组装内、外万向节，用专用工具将内万向节压入传动轴	6	
6	5S 现场管理	常组织、常整顿、常清洁、常规范、常自律	5	

项目十五　驱动桥的认知

【学习目标】

1. 知识目标

1）能够说出驱动桥的功用。

2）能够说出驱动桥的分类。

3）知道驱动桥的结构及主要部件的连接关系。

2. 能力目标

1）具有识读驱动桥零件结构图的能力。

2）能够识别汽车驱动桥总成各个零件的结构特点。

3）正确使用专用工具完成对驱动桥总成的拆装。

【学时安排】

2 学时。

【理论知识】

一、驱动桥

1. 驱动桥的组成与作用

驱动桥一般由主减速器、差速器、车轮传动装置和驱动桥壳等组成，如图 15-1、图 15-2所示。其作用是增大由传动轴或变速器传来的转矩，并将动力合理地分配给左、右驱动轮，承受作用于路面和车架或车身之间的垂直力、纵向力和横向力。

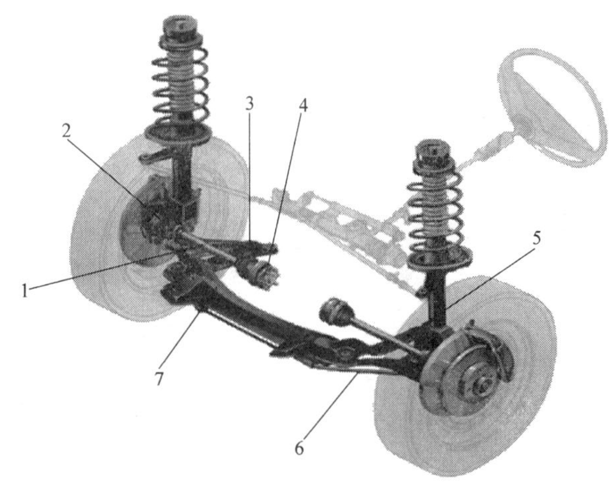

图 15-1　桑塔纳汽车前驱动桥

1—传动轴　2—外等速万向节　3—发动机悬置　4—内等速万向节　5—悬架摆臂　6—横向稳定杆　7—副车架

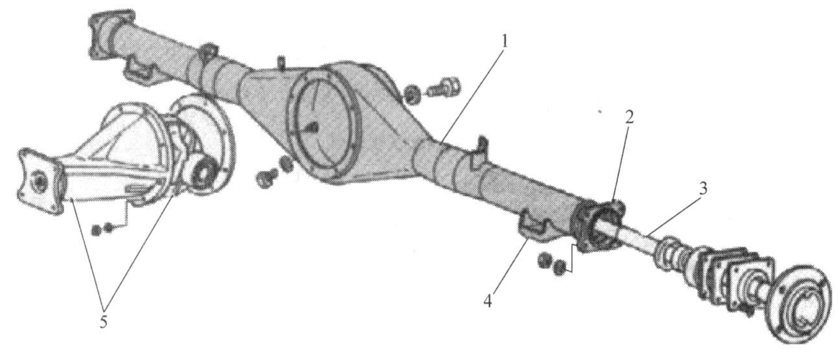

图 15-2　货车的驱动桥

1—驱动桥壳　2—凸缘盘　3—半轴　4—弹簧座　5—主减速器差速器

2. 驱动桥的分类

驱动桥分为非断开式与断开式两大类。

(1) 非断开式驱动桥　非断开式驱动桥也称为整体式驱动桥，其半轴套管与主减速器壳均与轴壳刚性地相连成一个整体梁，两侧的半轴和驱动轮相关地摆动，通过弹性元件与车架相连。非断开式驱动桥由驱动桥壳、主减速器、差速器和半轴组成，如图 15-3 所示。

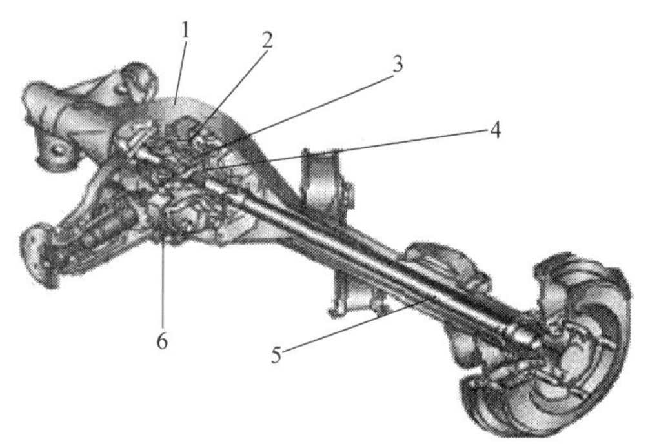

图 15-3　非断开式驱动桥

1—驱动桥壳　2—差速器壳　3—差速器行星齿轮　4—差速器半轴齿轮　5—半轴　6—主减速器

(2) 断开式驱动桥　断开式驱动桥采用独立悬架，即主减速器壳固定在车架上，两侧的半轴和驱动轮能在横向平面相对于车体有相对运动。为了与独立悬架相配合，将主减速器壳固定在车架或车身上，驱动桥壳分段并通过铰链连接，或除主减速器壳外不再有驱动桥壳的其他部分。为了适应驱动轮独立上、下跳动的需要，断开式驱动桥差速器与车轮之间的半轴各段之间用万向节连接，如图 15-4 所示。

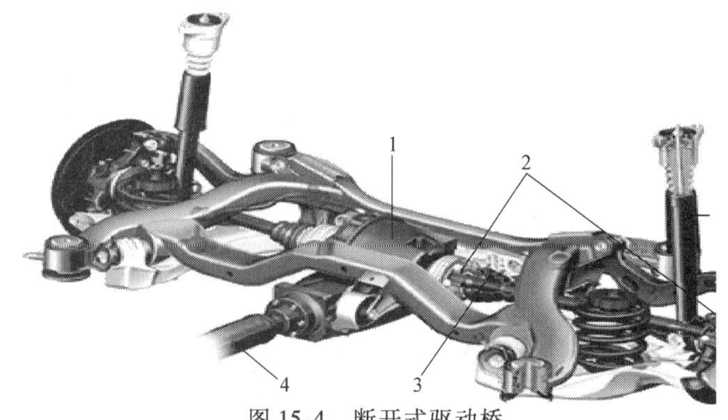

图 15-4　断开式驱动桥

1—驱动桥　2—万向节　3、4—传动轴

二、主减速器

1. 作用

主减速器一般用来改变传动方向，降低转速，增大转矩，保证汽车有足够的驱动力和适当的速度。

2. 分类

按参加传动的齿轮副数目，主减速器可分为单级式主减速器和双级式主减速器。

按主减速器的传动速比个数，可分为单速式主减速器和双速式主减速器。

按齿轮副的结构形式，可分为直齿圆柱齿轮式主减速器和锥齿轮式主减速器。

（1）单级主减速器　由一对减速齿轮实现减速的装置，称为单级减速器。其结构简单、重量轻，在东风 BQ1090 型等轻、中型载货汽车上应用广泛，如图 15-5、图 15-6 所示。

图 15-5　单级主减速器总成分解图

万向传动装置传来的动力由叉形凸缘经花键传给主动齿轮、从动齿轮，减速变向后，通过螺栓传给差速器壳，由差速器传给两侧的半轴驱动齿轮。

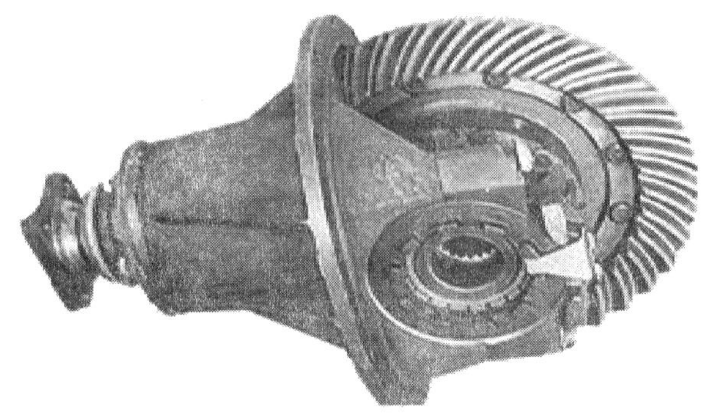

图 15-6　单级主减速器总面图

（2）双级主减速器　一些重型载货汽车要求较大的减速比，如用单级主减速器传动，则从动齿轮的直径就必须增大，会影响驱动桥的离地间隙，所以采用双级主减速器，通常称为双级减速器。双级减速器有两组减速齿轮，可实现两次减速增矩。为提高锥形齿轮副的啮合平稳性和强度，第一级减速齿轮副是弧齿锥齿轮，第二级齿轮副是斜齿圆柱齿轮。

工作时，主动锥齿轮旋转，带动从动锥齿轮旋转，从而完成一级减速。第二级减速的主动圆柱齿轮与从动锥齿轮同轴而一起旋转，并带动从动圆柱齿轮旋转，进行第二级减速。因从动圆柱齿轮安装于差速器外壳上，所以当从动圆柱齿轮转动时，通过差速器和半轴即驱动车轮转动，如图 15-7 所示。

三、差速器

1. 差速器的作用

差速器用以连接左、右半轴，可使两侧车轮以不同角速度旋转，同时传递转矩，保证车轮的正常滚动。

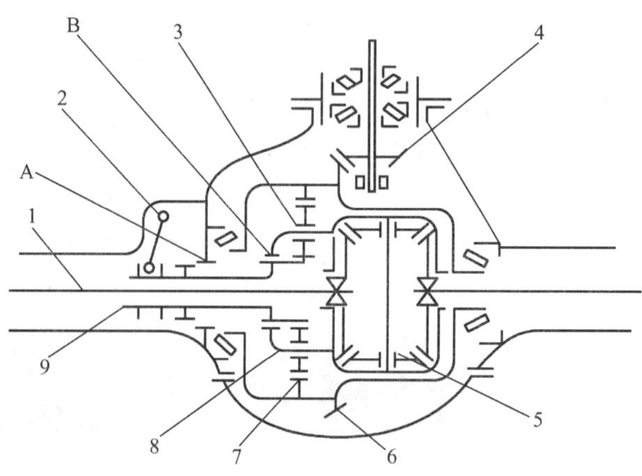

图 15-7　双级主减速器

1—半轴　2—拨叉　3—行星齿轮　4—主动锥齿轮　5—差速器　6—从动锥齿轮　7—齿圈　8—行星架　9—接合套　A—固定齿圈　B—行星架内齿圈

2. 差速器的分类

（1）对称式锥齿轮差速器　对称式锥齿轮差速器由行星齿轮、半轴齿轮、行星齿轮轴和差速器壳等组成，如图 15-8 所示。

（2）行星齿轮式差速器　行星齿轮式差速器由两个或四个圆锥行星齿轮、行星齿轮轴、两个圆锥半轴齿轮和左、右差速器壳等组成，如图 15-9 所示。

图 15-8　轿车使用的对称式锥齿轮差速器

3. 差速器的工作原理

差速器就是用来让车轮转速产生差别的，在汽车转弯的时候可以使左、右车轮实施合理的转矩分配，从而达到合理的转弯效果。当汽车发动机的动力经离合器、变速器、传动轴，通过驱动桥上的主减速器降速增矩后，就要面对左、右车轮的转矩分配。成功实现左、右车轮的不同速度，使两侧车轮尽可能以纯滚动的方式不等距行走，减少轮胎与地面的摩擦，这就是所说的“差速”过程。

差速器工作时，四个行星齿轮的左、右双侧各与 1 个直齿圆锥半轴齿轮相啮合，半轴齿轮的轴颈支承在差速器壳左、右相应的孔中，其内花键与半轴相连，与差速器壳一起转动（公转）的行星齿轮拨动双侧的半轴齿轮转动。当双侧车轮所受阻力有差别时，行星齿轮还要绕自身轴线转动，即自转。

四、半轴

半轴是将差速器传来的转矩传给车轮，驱动车轮旋转，推动汽车行驶的实心轴。由于轮毂的安装结构不同，而半轴的受力情况也不同，所以半轴分为全浮式和半浮式两种。

1. 全浮式半轴

一般大、中型汽车均采用全浮式半轴结构。全浮式半轴的内端用花键与差速器的半轴齿轮相联接，半轴的外端锻出凸缘，用螺栓和轮毂相联接；轮毂通过两个相距较远的圆锥滚子轴承支承在半轴套管上；半轴套管与后桥壳压配成一体，组成驱动桥壳。用这样的支承形式，半轴与桥壳没有直接联系，使半轴只承受驱动转矩而不承受任何弯矩，故这种半轴称为“全浮式”半轴。所谓“浮”意即半轴不受弯曲载荷。

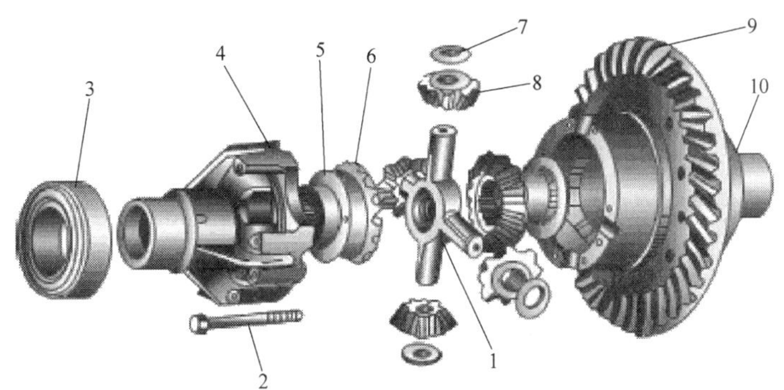

图 15-9　行星齿轮式差速器分解图

1—十字轴　2—螺栓　3—轴承　4—左外壳　5—垫片　6—半轴齿轮　7—垫圈　8—行星齿轮　9—从动齿轮　10—右外壳

全浮式半轴的外端为凸缘盘，与轴制成一体，但也有一些载货汽车把凸缘盘制成单独的零件，并借花键套合在半轴外端。因而，半轴的两端都是花键，可以互换使用。

2. 半浮式半轴

半浮式半轴的内端与全浮式半轴相同，不承受弯矩，其外端通过轴承直接支承在半轴外壳的内侧。这种支承方式将使半轴外端承受弯矩，因此这种半轴除传递转矩外，还局部地承受弯矩，故称为半浮式半轴。

这种结构形式主要用于小客车，如红旗 CA7560 型高级轿车的驱动桥。其半轴内端不承受弯矩，而外端却要承受全部弯矩，所以称为半浮式支承。

五、桥壳

1. 整体式桥壳

整体式桥壳因强度和刚度性能好，便于主减速器的安装、调整和维修而得到广泛应用。整体式桥壳因制造方法不同，可分为整体铸造式、中段铸造压入钢管式和钢板冲压焊接式等。

2. 分段式桥壳

分段式桥壳一般分为两段，由螺栓将两段连成一体，如图 15-10 所示。分段式桥壳比较易于铸造和加工。

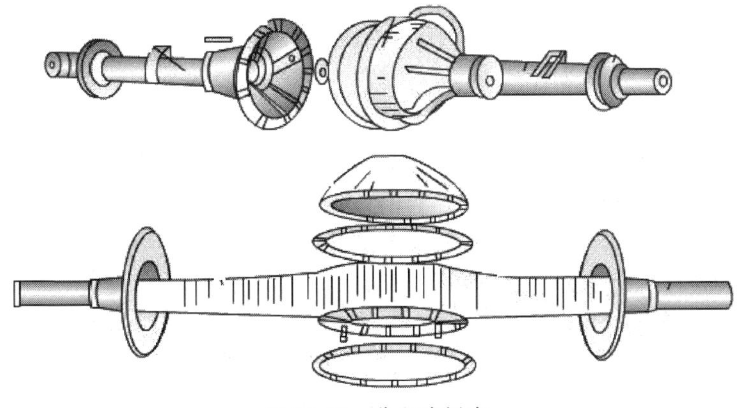

图 15-10　分段式桥壳

【项目实施】

任务一　驱动桥的拆装

一、任务目标

能够正确使用专用工具，熟练拆装驱动桥。

二、任务准备

工具准备：驱动桥维修常用工量具4套，驱动桥专用工具及设备4套，百分表以及表座各4套，塞尺4个，扭力扳手4个。

物品准备：EQ1092系列货车或桑塔纳2000轿车数辆（驱动桥总成4个）。

场地准备：汽车底盘实训车间。

分组：每个小组4~6人。

三、实践操作

1. 拆取减速器、差速器总成

拆卸驱动桥联接螺栓，取出半轴，取出减速器、差速器总成（见图15-11）。

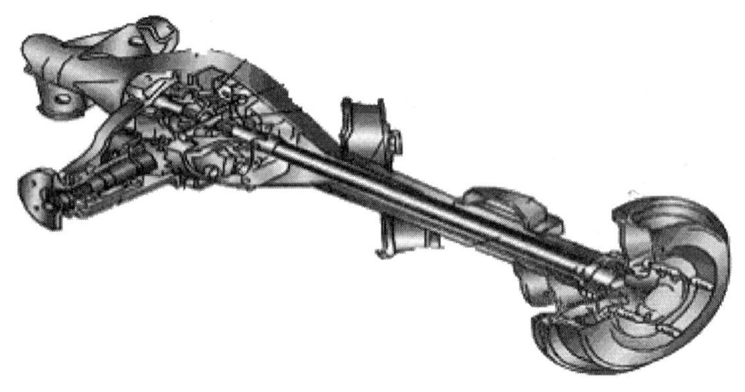

图15-11　驱动桥示意图

2. 主减速器主动锥齿轮的拆检

（1）解体

1）拆下主减速器前端油封座的固定螺栓，并将油封座逆时针转动15°，使上面的两个对称孔对准轴承座上的螺纹孔，重新拧入螺栓，顶出主动锥齿轮与轴承座，取下轴承座上的调整垫片。

2）拆下主动锥齿轮上的开口销，拧下槽形螺母，取下垫圈，取出凸缘和油封座。

3）从主动锥齿轮上取下轴承座和前轴承、调整垫片、隔套等零件。

4）对零件进行清洗。

轴承的检查：转动灵活、无卡滞，轴承的滚子和滚道不得有伤痕、剥落、黑斑等缺陷，否则应更换。

5）主减速器零件的检查。检查齿轮时，不应有裂纹，工件表面不应有明显的斑点、齿面剥落、缺损，否则应更换。检查主减速器壳体时，不应有裂纹，各部位的螺纹损伤不得多于两牙。

（2）从动齿轮的拆装与调整

1）拆装：先拆下左、右锁片，再松开两端轴承座的固定螺栓，取下轴承座和从动齿轮（注意左、右不能互换）。

2）装复：按照先拆后装的顺序装复，注意对准螺纹，调整螺母应能灵活转动，调整轴承预紧度，用手转动齿轮，应能灵活转动无卡滞，用撬棒左、右撬动从动齿轮，无明显的轴向移动。

3）齿隙的检调。如图 15-12 所示，用百分表测量，齿隙应为 0.15～0.40mm，不合格时应调整主动锥齿轮前的调整垫片或移动从动齿轮左、右的位置。

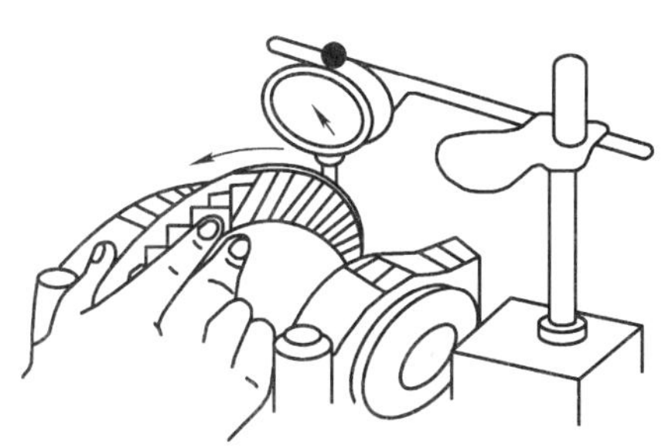

图 15-12　齿隙的检调

注意：左、右转动进退量应相等。

4）印痕的检调。在从动齿轮上涂上红丹粉（3 等分点或 4 等分点上的二、三个齿），转动主动锥齿轮，查看印痕情况，不合格则按“大进主，小出主，顶进从，根出从”的原则进行调整。

5）支承螺栓背隙的调整（0.3～0.5mm）：拧到底，再退回约 1/4 圈。

（3）主动锥齿轮的装配与调整　如图 15-13 所示。

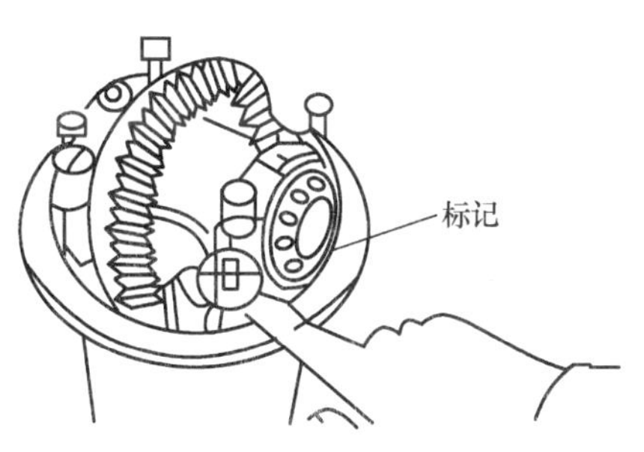

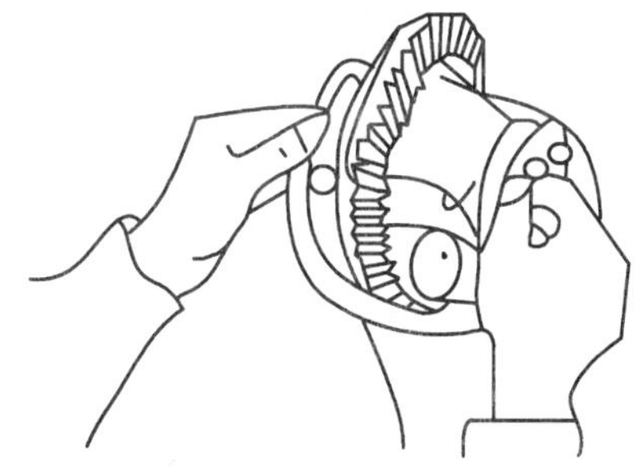

图 15-13　主动锥齿轮装配与调整示意图

1）按相反顺序装上主动锥齿轮上的所有零件（除油封、油封座），按规定力矩拧紧（196～294N · m）槽形螺母。

2）用弹簧秤拉住凸缘的螺纹孔，使主动锥齿轮转动，读数应为 16.7～29.4N · m，过紧则加垫片，过松则减垫片。

3）完成后装上油封与油封座。

四、任务评价

以小组为单位进行评价，根据分值的情况评出优秀、良好、一般等品质，评价标准见表 15-1。

表 15-1　任务评价标准

项次	项目任务	评价标准	分值	项目得分
1	认识驱动桥	要准确认知驱动桥总成各部件,能说出其名称与作用	5	
2	分解驱动桥	能按照正确步骤分解驱动桥,取出半轴	4	
3	检查主减速器	清洗,检查轴承及主动齿轮工作状况	6	
4	从动齿轮的拆装与调整	正确拆装从动齿轮,会调整啮合间隙、啮合印痕,轴承预紧度调整	4	
5	主动锥齿轮的装配与调整	安装分解的逆序装配,并进行调整使主动锥齿轮传动自如	6	
6	5S 现场管理	常组织、常整顿、常清洁、常规范、常自律	5	

任务二　轿车传动轴的拆装

一、任务目标

能够正确使用专用工具，熟练拆装轿车传动轴。

二、任务准备

工具准备：扭力扳手 4 个，卡簧钳 4 个，大众专用润滑脂若干。

物品准备：桑塔纳 2000 汽车 4 辆。

场地准备：汽车底盘实训车间。

分组：每个小组 4 ~ 6 人。

三、实践操作

以上海桑塔纳 2000 轿车传动轴的拆装为例，其驱动轴总成如图 15-14 所示。

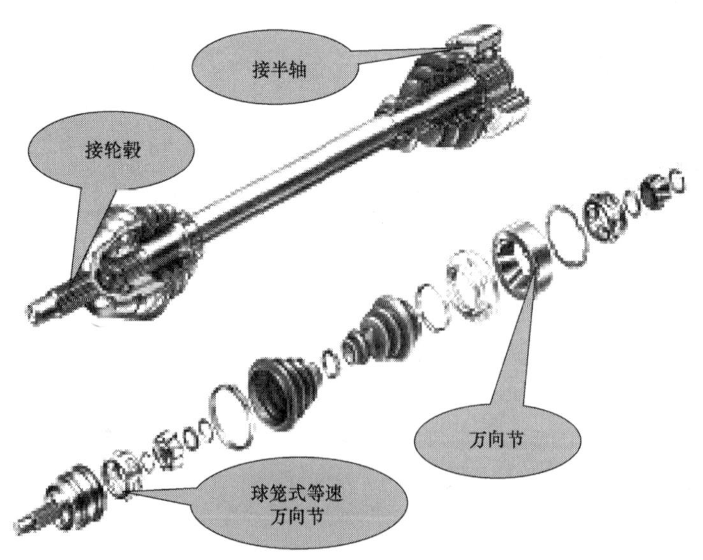

图 15-14　轿车驱动轴总成

1. 拆卸桑塔纳2000轿车传动轴

1）在工作台上准备好传动轴。拆卸传动轴上的外等角速万向节，使用轻金属锤敲下万向节。

2）使用专用工具拆卸内万向节。

3）使用专用的卡箍拆卸工具拆卸防尘罩上的卡箍，拆下防尘罩，如图15-15所示。

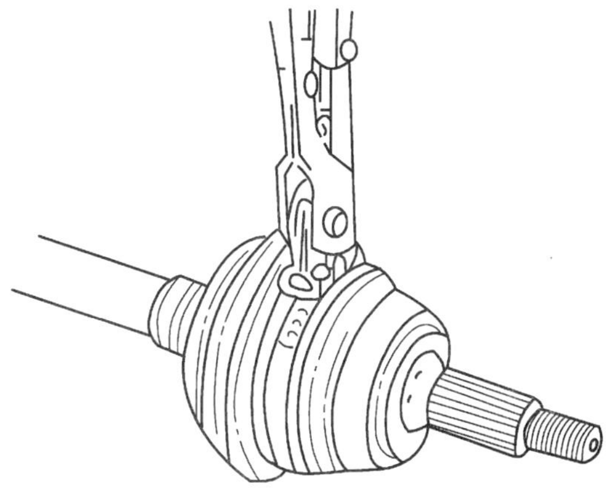

图15-15　拆卸防尘罩的卡箍

4）解体球笼万向节总成（见图15-16），检查球笼的状况。

分解前，使用记号笔标记出球壳、球笼、球道之间的位置。逐个取出钢球，转动钢球的内球道和保持架，取出保持架和球毂。

2. 检查

所有的钢球应同属于一个公差级别。检查钢球、球轨、保持架有无凹痕，有无麻点、腐蚀痕迹，磨损严重的应予以更换。

3. 安装球笼

将适量润滑脂挤压入万向节体中，将球笼、球箍按照标记装入球壳中，以对角方式压入全部6个钢球，将防松环安装入球道中，球笼中补充润滑脂，如图15-17所示。

图15-16　球笼万向节总成

图15-17　球壳、钢球、球笼、球箍的装配关系

检查球笼是否能够在球壳中沿着球道转动自如，如果可以在纵向方向上能够用手来回移动，就说明装配正确。

四、任务评价

以小组为单位进行评价，根据分值的情况评出优秀、良好、一般等品质，评价标准见表15-2。

表 15-2 任务评价标准

项次	项目任务	评价标准	分值	项目得分
1	认识轿车传动轴	准确认知轿车传动轴总成，能说出主要部件名称及作用	5	
2	拆卸传动轴	能使用专用工具拆卸内、外万向节	4	
3	解体万向节球笼	记号笔做标记，标记出球壳、球笼、球道之间的位置。按照正确步骤解体万向节球笼	6	
4	检查钢球、球轨、保持架	有无凹痕，有无麻点、腐蚀痕迹，磨损严重，做出判断	4	
5	安装球笼	将球笼、球箍按照标记装入球壳中，检查球笼是否能够在球壳中沿着球道转动自如	6	
6	5S 现场管理	常组织、常整顿、常清洁、常规范、常自律	5	

项目十六　车桥和车轮的认知

【学习目标】

1. 知识目标

1）知道汽车车桥和车轮的结构特点。

2）会分析汽车车桥和车轮的作用。

2. 能力目标

1）能够识别汽车车桥和车轮总成的各个零件的结构特点。

2）正确使用离合器专用工具完成对车桥总成的拆装。

3）利用工具正确进行车轮的拆装。

4）掌握车轮的动平衡技术及扒胎技术。

【学时安排】

4 学时。

【理论知识】

一、车桥

汽车车桥通过悬架与车架相连接，两端安装车轮，其作用是传递车架与车轮之间的各种作用力及其力矩。根据悬架的结构形式，车桥可分为断开式和整体式两种；按车轮的不同运动方式，车桥又可分为转向桥、驱动桥、转向驱动桥和支持桥四种类型。其中，转向桥和支持桥都属于从动桥。一般，汽车前桥多为转向桥，后桥多为驱动桥，如图 16-1 所示，奥迪汽车后桥为驱动桥。

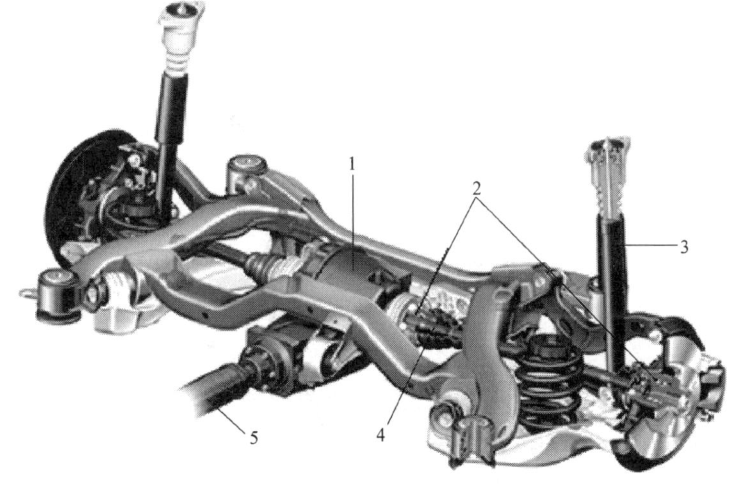

图 16-1　奥迪汽车后桥

1—驱动桥　2—万向节　3—减振器　4、5—传动轴驱动桥已在项目十五中讲述，支持桥除不能转向外，其他功能都与转向桥相同。所以，这里简要介绍转向驱动桥和转向桥的结构。

1. 转向驱动桥

图 16-2 所示为桑塔纳轿车的转向驱动桥，结构如图所示。

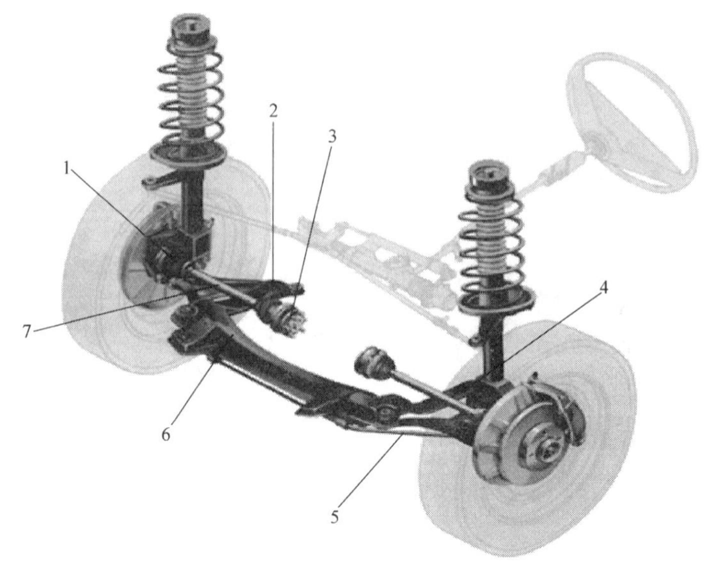

图 16-2　桑塔纳轿车的转向驱动桥

1—外等速万向节　2—发动机悬置　3—内等速万向节　4—悬架摆臂
5—横向稳定杆　6—副车架　7—传动轴

2. 转向桥

转向桥是利用转向节的摆动使车轮偏转一定的角度以实现汽车的转向，承受车轮与车架之间的垂直载荷、纵向的道路阻力、制动力和侧向力以及这些力所形成的力矩，如图 16-3 所示。

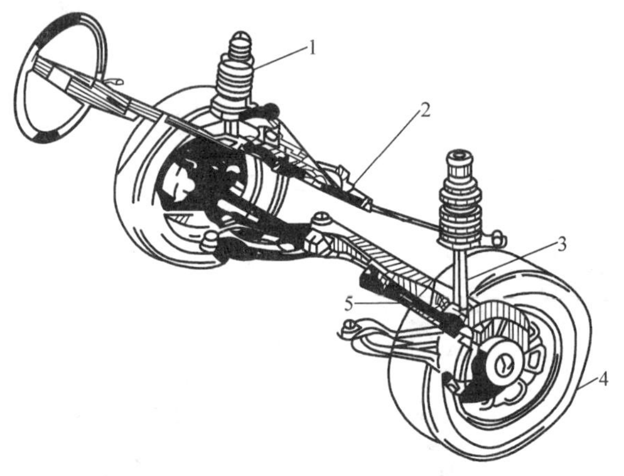

图 16-3　转向桥

1—减振弹簧　2—齿轮齿条式转向装置　3—减振支柱　4—驱动车轮　5—传动轴

转向桥由前轴、转向节、主销和轮毂组成，如图 16-4 所示。

（1）前轴　其断面一般是工字形，为提高抗扭强度，在接近两端处各有一个加粗部分

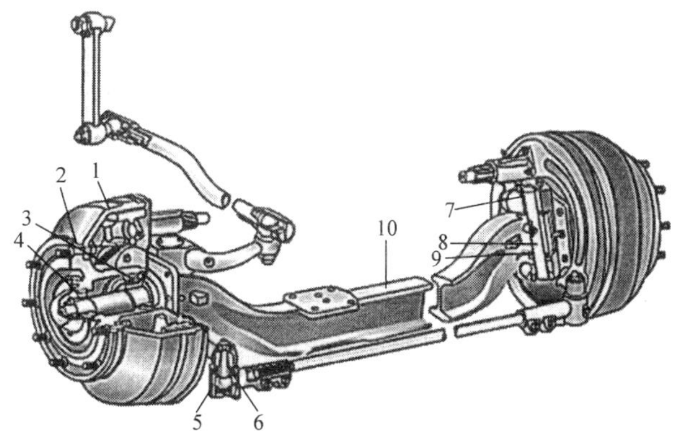

图 16-4　转向桥的构成

1—制动鼓　2—轮毂　3、4—轮毂轴承　5—转向节臂　6—油封
7—衬套　8—主销　9—止推轴承　10—前轴

成拳形，其中有通孔，主销即插入此孔内。

（2）转向节　是车轮转向的铰链，为叉形件，上、下两叉有安装主销的两个同轴孔，转向节轴颈用来安装车轮。转向节上销孔的两耳通过主销与前轴两端的拳形部分相连，使前轮可绕主销偏转一定角度而使汽车转向。

（3）主销　作用是铰接前轴及转向节，使转向节绕着主销摆动以实现车轮的转向。主销的中部切有凹槽，安装时用主销固定螺栓与它上面的凹槽配合，将主销固定在前轴的拳形孔中。主销与转向节上的销孔是动配合，以便实现转向。

（4）轮毂　车轮轮毂通过两个圆锥滚子轴承支承在转向节外端的轴颈上。轴承的松紧度可用调整螺母（装于轴承外端）加以调整。

3. 转向轮定位

汽车的转向车轮、转向节和前轴三者之间的安装具有一定的相对位置，这种具有一定相对位置的安装叫做转向车轮定位，也称前轮定位。前轮定位包括前轮前束、前轮外倾、主销后倾和主销内倾。

（1）前轮前束

1）定义。前轮前束是从车辆的前方看，于两轮轴高度相同处测量左、右轮胎中心线之间的距离，其前端与后端距离之差值称为总前束。

2）前束的三种形态

① 零前束：前端距离等于后端距离，如图 16-5 所示。

② 正前束：前端距离小于后端距离，如图 16-6 所示。

③ 负前束：前端距离大于后端距离，如图 16-7 所示。

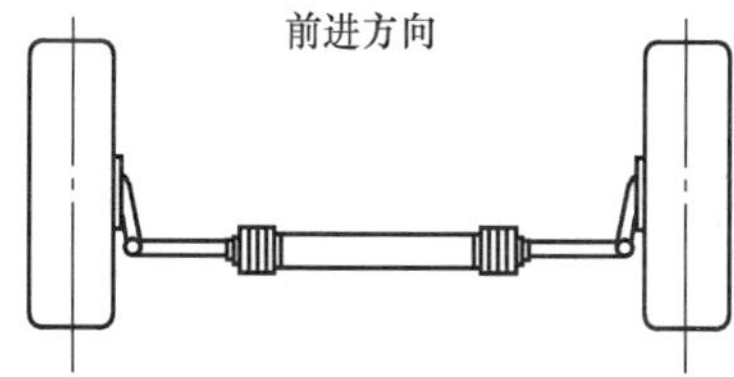

图 16-5　车轮零前束

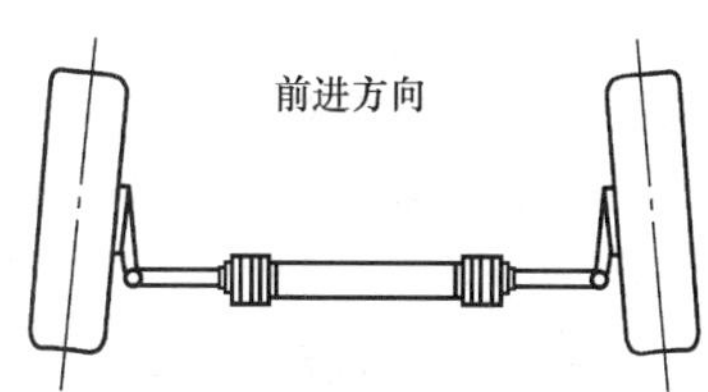

图 16-6　车轮正前束

3）前束值对轮胎的影响

① 正前束太大的影响：轮胎外侧磨损比较严重，胎纹磨损形式为羽毛状，当用手从内侧向外侧抚摸时，胎纹外缘有锐利的刺手感觉。

② 负前束太大的影响：轮胎内侧磨损比较严重，胎纹磨损形式为羽毛状，当用手从外侧向内侧抚摸时，胎纹外缘有锐利的刺手感觉。

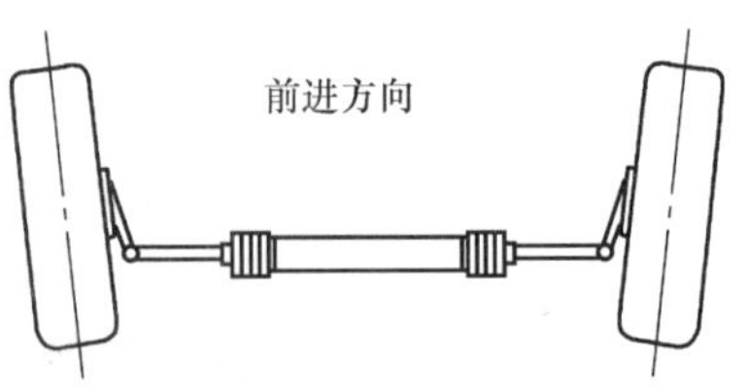

图 16-7　车轮负前束

前轮前束的调整方法：调整可调式拉杆，在调整前先将左、右两边的球头锁止螺钉松开，转向盘固定在中间位置，再根据微机提供的资料进行同时调整。如果原来的转向盘是在正中位置，同时调整前束时转向盘可能不会变动。直至调整到标准数值，然后路试看其是否有变动，如有变动应将其调正为止。前轮前束调整好后，转向盘在直行时是正的。

（2）车轮外倾　从前方看前轴时，轮胎中心平面是不垂直于地面的，上面向外倾斜了一个角度，这个角度称为车轮外倾角，满载时车轮正好垂直于地面，这就防止了车轮内倾，避免了轮胎的早期磨损，如图 16-8 所示。

1）若正外倾角太大，则轮胎外侧单边磨损，悬架系统零件磨损加速，车辆会朝着正外倾角较大的一侧跑偏。

2）若负外倾角太大，则轮胎里侧单边磨损，悬架系统零件磨损加速，车辆会朝着负外倾角较小的一侧跑偏。

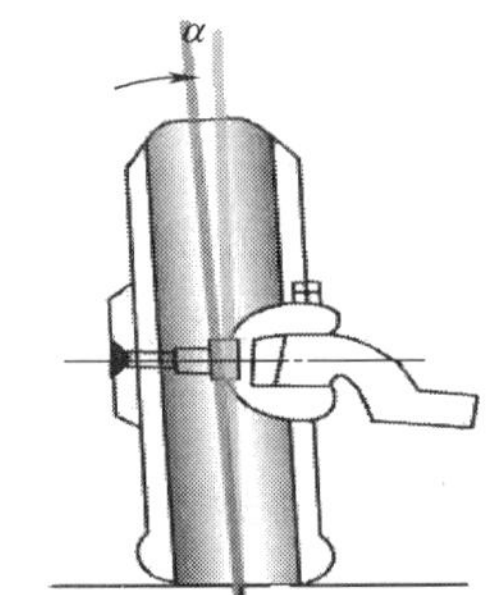

图 16-8　车轮外倾角示意图

（3）主销后倾　从侧面看车轮，转向主销（车轮转向时的旋转中心）向后倾倒，称为主销后倾角。设置主销后倾角后，主销中心线的接地点与车轮中心的地面投影点之间产生了距离（称为主销纵倾移距，与自行车的前轮叉梁向后倾斜的原理相同），使车轮的接地点位于转向主销延长线的后端，车轮就靠行驶中的滚动阻力被向后拉，使车轮的方向自然朝向行驶方向。设定很大的主销后倾角可提高直线行驶性能，保证转向后转向盘有自动回正能力，如图 16-9 所示。

1）主销后倾角太小，则造成不稳定，转向后缺乏转向盘自动回正能力，车速高时发飘。

2）主销后倾角不对称，则造成跑偏。左、右两轮的主销后倾角相差超过 30′时，车辆出现跑偏，跑偏方向朝向主销后倾角较小的一侧。

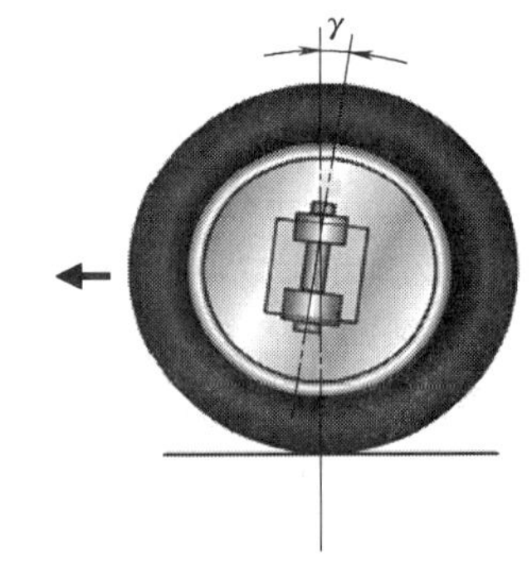

图 16-9　主销后倾示意图

（4）主销内倾　从车前、后方向看轮胎时，主销轴向车身内侧倾斜，倾斜角度称为主销内倾角。当车轮以主销为中心回转时，车轮的最低点将陷入路面以下，但实际上车轮下边缘不可能陷入路面以下，而是将转向车轮连同整个汽车前部向上抬起一个相应的高度，这样汽车本身的重力有使转向车轮回复到原来中间位置的效应，因而转向盘复位容易，如图 16-10 所示。

4. 四轮定位

（1）汽车四轮定位前的检查项目

1）检查轮胎是否磨损，胎压是否正常及轮胎冷时的压力。

2）检查车轮轴承是否松动。

3）检查车轮是否偏摆。

4）检查悬架系统是否松动。

5）检查转向连杆是否松动。

6）用标准的跳振测试检查减振器是否正常。

（2）汽车四轮定位的调整项目

1）外倾角的调整：主要调整方法有调整垫片、大梁角的槽孔、凸轮、偏心球头、上控制臂的调整、下控制臂的调整等。

2）前束的调整：调整前轮前束时，应先将后轮前束调整好。图 16-11 所示为轿车前轮前束的调节位置。

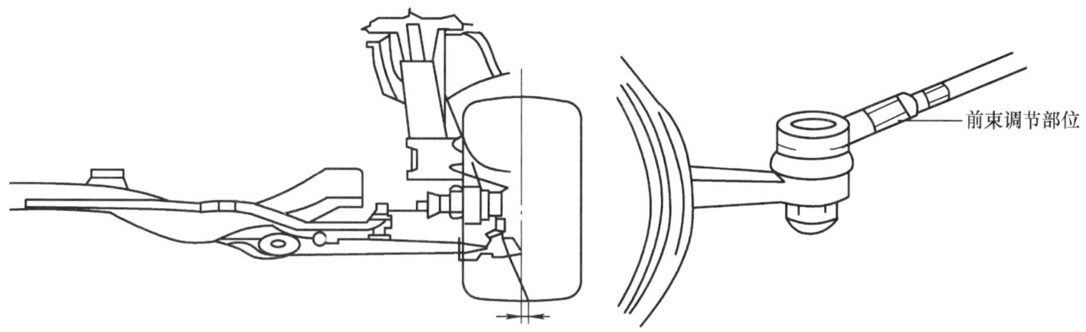

图 16-10　轿车主销内倾角示意图　　图 16-11　轿车前轮前束调节位置

3）后倾角的调整：首先进行分析判断，然后进行调整。其调整方法有垫片、不同心凸轮轴、偏心球头、大梁槽孔和平衡杆等。

4）后倾角和外倾角的调整：如果外倾角和后倾角同时需要调整，要先调整后倾角再调整外倾角。

5）后轮前束和外倾角的调整。

二、车轮总成

车轮总成包括车轮和轮胎等，如图 16-12 所示。

图 16-12　桑塔纳轿车车轮总成分解图

1—平衡块及夹子　2—车轮　3—铝合金轮辋　4—铝合金铸造辐条

5—车轮螺栓　6—车轮饰板　7—子午线轮胎

1. 车轮

（1） 车轮的作用

1） 支承整车质量。

2） 缓和由路面传递到车身的冲击载荷。

3） 通过轮胎和路面之间的附着作用为汽车提供驱动力和制动力。

4） 保持汽车直线行驶的能力。

（2） 车轮的组成　车轮由轮毂、轮辋和轮辐组成，如图 16-13 所示。

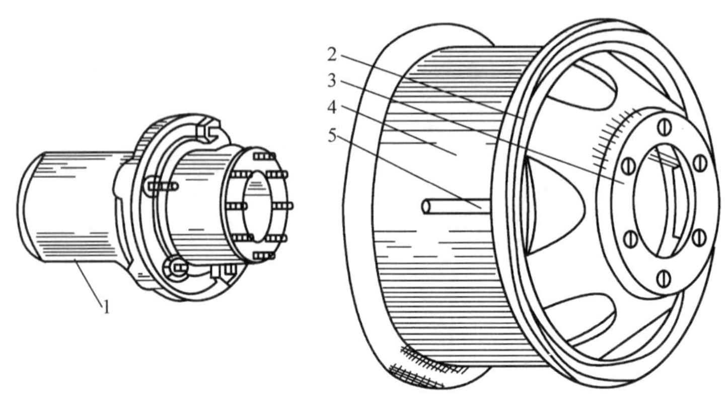

图 16-13　车轮

1—轮毂　2—挡圈　3—轮辐　4—轮辋　5—气门嘴伸出孔

1） 轮毂：连接车轮和车轴。

2） 轮辋：用于安装和固定轮胎。轮辋的类型主要有：深槽式轮辋（用于尺寸较小的小型车辆）、平底式轮辋（用于尺寸较大的中型车辆）和对开式轮辋（用于大、中型车辆）三种。结构如图 16-14 所示。

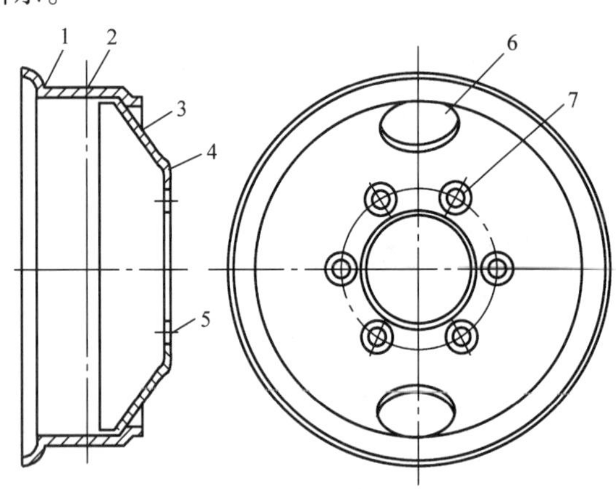

图 16-14　汽车轮辋构成

1—轮辋　2—气门嘴伸出口　3、6—辐板孔　4—辐板　5、7—螺栓孔

3） 轮辐：连接轮毂和轮辋。

（3） 车轮的分类　主要有辐板式（见图 16-15）和辐条式（见图 16-16）两种类型。

2. 轮胎

（1） 轮胎的功用

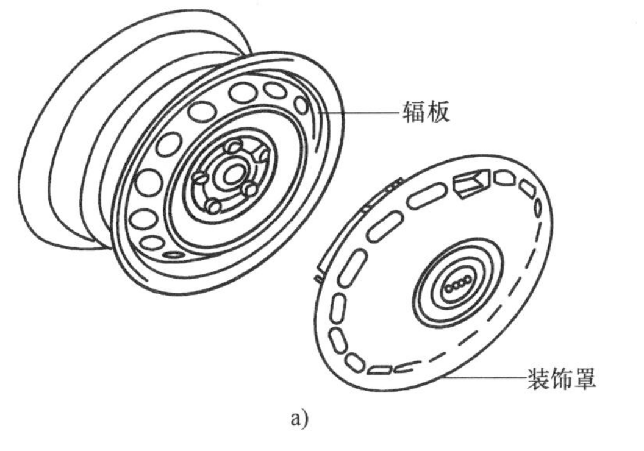

a)

b)

图 16-15　辐板式车轮

1）支承汽车的质量，承受路面传来的各种载荷。

2）和汽车悬架共同来缓和汽车行驶中所受到的冲击，并衰减由此产生的振动，以保证汽车有良好的乘坐舒适性和行驶平顺性。

3）保证车轮和路面有良好的附着性，以提高汽车的动力性、制动性和通过性。

图 16-16　辐条式车轮

（2）轮胎的类型

1）按轮胎内空气压力的大小划分如下：

高压胎（0.5～0.7MPa）；

低压胎（0.2～0.5MPa）；

超低压胎（0.2MPa 以下）。

2）按轮胎有无内胎划分为　有内胎轮胎和无内胎轮胎（俗称真空胎）。

3）按胎体帘布层结构的不同划分为斜交轮胎和子午线轮胎。

（3）轮胎规格的表示方法　轮胎规格的表示方法如图 16-17。目前，充气轮胎一般习惯用英制计量单位表示，但欧洲国家则常用米制表示法，也有个别国家用字母作代号来表示轮胎的规格尺寸。我国轮胎规格标记采用英制计量单位。

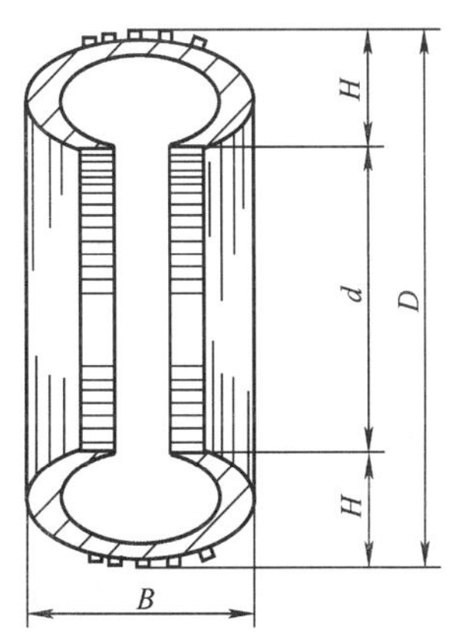

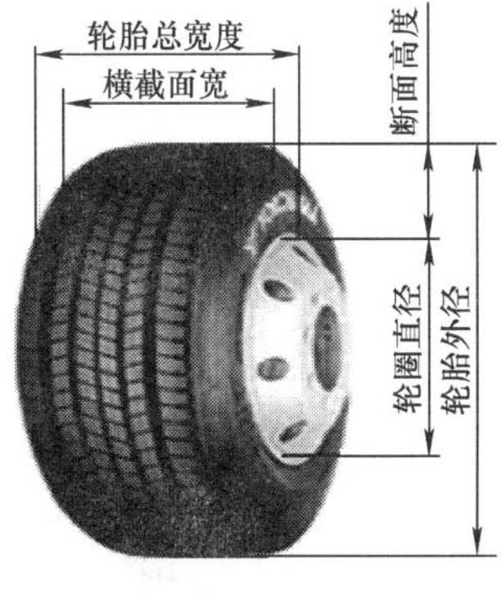

图 16-17　轮胎的规格和参数

D—轮胎外径　*d*—轮胎内径　*H*—轮胎断面高度　*B*—轮胎断面宽度

1）轮胎的参数　轮胎的参数如图 16-18 所示，具体含义如下：

① 轮胎断面宽度：195mm。货车子午线轮胎的宽度一般用英寸作单位。

② 扁平比：为 55%。扁平比为轮胎断面高度 H 与断面宽度 B 之比。扁平比有 50、55、60、65、70 五个级别。

③ R：子午线轮胎，即“Radial”的第一个字母。

④ 15：轮辋直径为 15in（英寸）[⊖]。

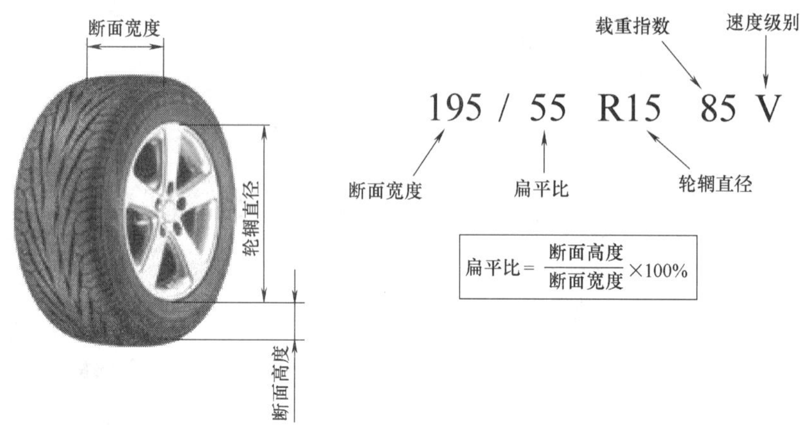

图 16-18　轮胎的参数

2）充气轮胎的分类　充气轮胎分为斜交胎和子午线胎。

① 斜交胎：帘布层的帘线按一定角度交叉排列，帘线与轮胎横断面的交角通常为 50°。

② 子午线胎：帘布层帘线排列方向与轮胎横断面一致。

低压胎的尺寸标记用 B—d 表示，B 为轮胎断面宽度，d 为轮辋直径，单位均为 in，“—”表示低压胎，例如，标记为 9.00—20 表示轮胎断面宽度 9in，轮辋直径 20in 的低压胎。如果是子午线轮胎，则用 9.00R20 标记，中间的字母 R 代表子午线胎。

3）充气轮胎的构成　①有内胎轮胎：如图 16-19 所示。②无内胎轮胎：无内胎轮胎俗称真空胎，如图 16-20 所示。

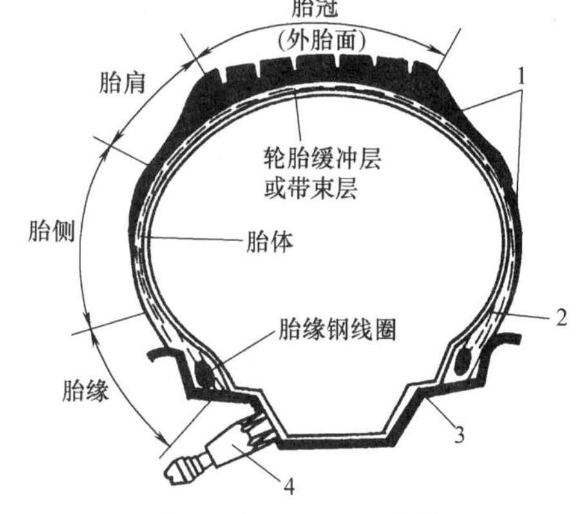

图 16-19　有内胎轮胎

1—橡胶层　2—内胎　3—轮辋　4—轮胎气门嘴

4）外胎　基本结构如图 16-21 和图 16-22 所示。

轮胎花纹主要有 3 种，普通花纹、越野花纹和混合花纹，如图 16-23 所示。

① 普通花纹。普通花纹适合于在硬路面上使用，又分为纵向花纹、横向花纹和纵横兼有花纹。

② 越野花纹。越野花纹的共同特点是花纹沟槽宽而深，花纹块接地面积比较小。

⊖ 1in＝25.4mm。

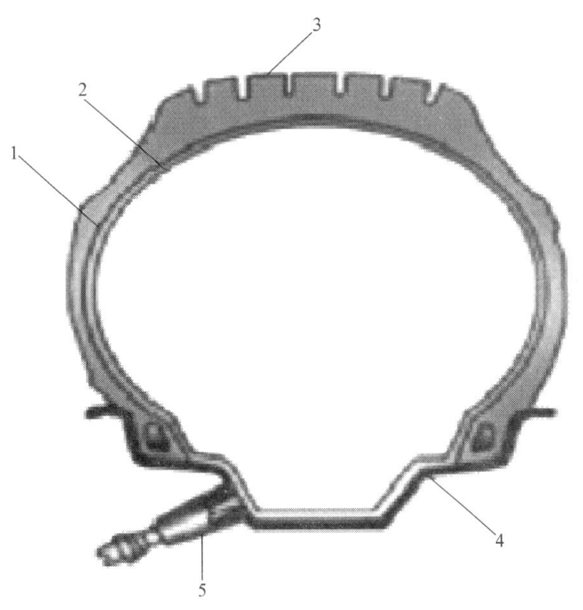

图 16-20　无内胎轮胎

1—橡胶密封层　2—自粘层　3—槽纹　4—轮辋　5—气门嘴

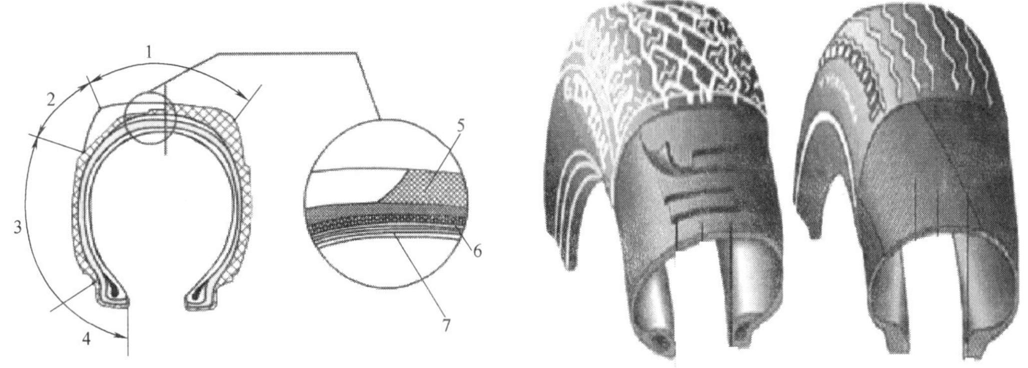

图 16-21　外胎的结构

1—胎冠　2—胎肩　3—胎侧　4—胎圈　5—胎面
6—缓冲层　7—帘布层

图 16-22　轮胎切面图

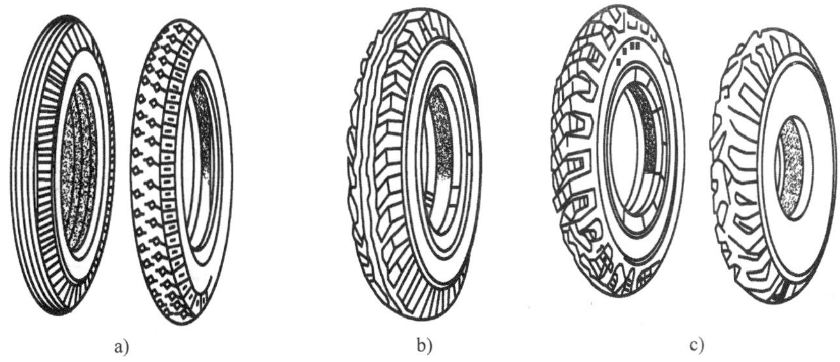

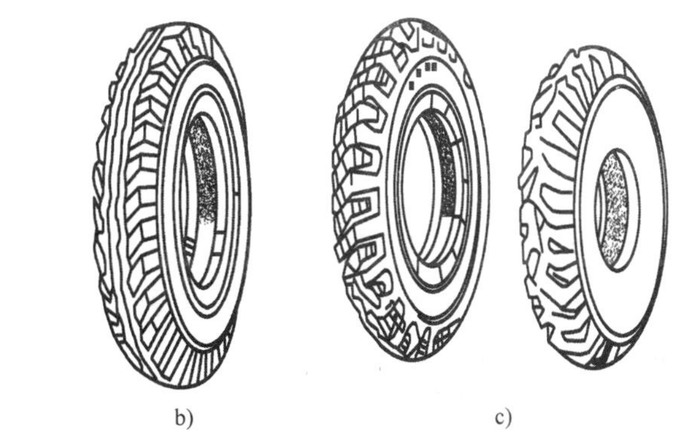

图 16-23　轮胎花纹的种类

a）普通花纹　b）混合花纹　c）越野花纹

③ 混合花纹。混合花纹的特点是胎面中部具有方向各异或以纵向为主的窄花纹沟槽，而两侧则是以方向各异或以横向为主的宽花纹沟槽。

5）轮胎状况的检查

① 轮胎气压检查。轮胎气压可用气压表进行检查，一般前轮是1.8个大气压，后轮是2.2个大气压。检查方法为：紧固轮胎螺母，检查气门嘴是否漏气、气门帽是否齐全，如发现损坏或缺少应立即修理或补齐；检查轮胎（包括备胎）气压，并按标准补足（注意：备胎气压应高于使用中轮胎的气压）。

提示：厂家一般推荐至少每月或每次长途旅行前检查一次胎压，包括备胎。

② 轮胎外观检查。挖出轮胎夹石和花纹中的石子、杂物，如有较深伤洞应用生胶填塞，特别是子午线胎，刺伤后若不及时修补，水气进入胎体锈蚀钢丝帘线，会造成早期损坏；检查轮胎磨损情况（见图16-24），如有不正常磨损或起鼓、变形等现象，应查找原因，予以排除，如需检查外胎内部，应拆卸解体，如有损伤应及时修补；检查轮胎搭配和轮辋、挡圈、锁圈是否正常；检查轮胎有无与其他机件刮碰现象，备胎架是否完好、紧固，如不符合要求，应予排除；必要时（如单边偏磨严重）应进行一次轮胎换位，以保持胎面花纹磨损均匀。完成上述作业后应填写维护记录。

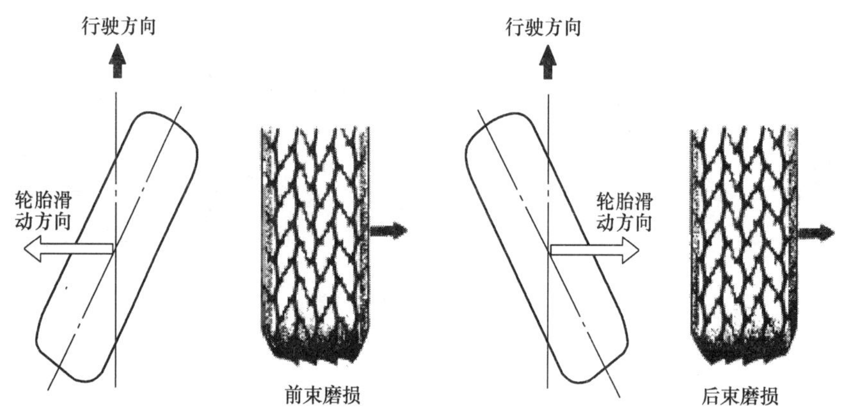

图 16-24 轮胎磨损状况的检查

③ 轮胎的换位。一般厂家推荐行驶8000～10000km应将轮胎换位一次。轮胎换位常用的方法有交叉换位法、循环换位法和单边换位法。交叉换位方法如图16-25和图16-26所示。

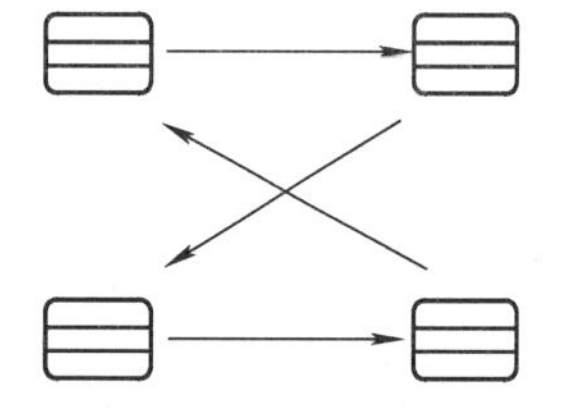
图 16-25 无备胎参与的换拉方法

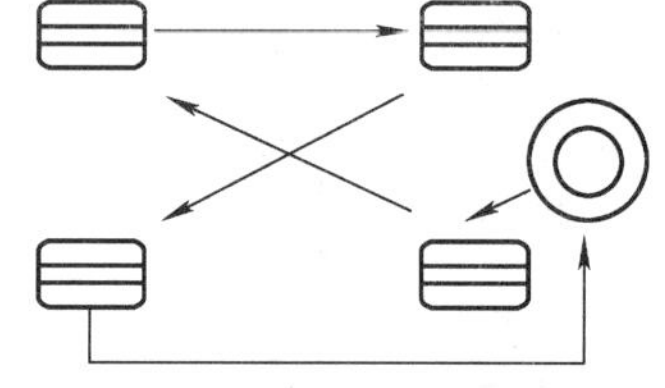
图 16-26 有备胎参与的换位方法

6）常见轮胎品牌

Bridgestone——普利斯通（日本）；

Dunlop——邓禄普（英国）；

Goodyear——固特异（美国）；

Hankook——韩泰（韩国）；

Kumho——锦湖（韩国）；

Michelin——米其林（法国）；

Pirelli——倍耐力（意大利）。

7）轮毂轴承预紧度的检查和调整　轮毂轴承过松或过紧必须立即修理，即调整轮毂轴承的预紧度。上海桑塔纳 2000GSi 轿车后轮毂轴承预紧度的调整方法如下：

① 用千斤顶支起车轮，拆下后轮毂盖，取下开口销及开槽垫圈，如图 16-27 所示。

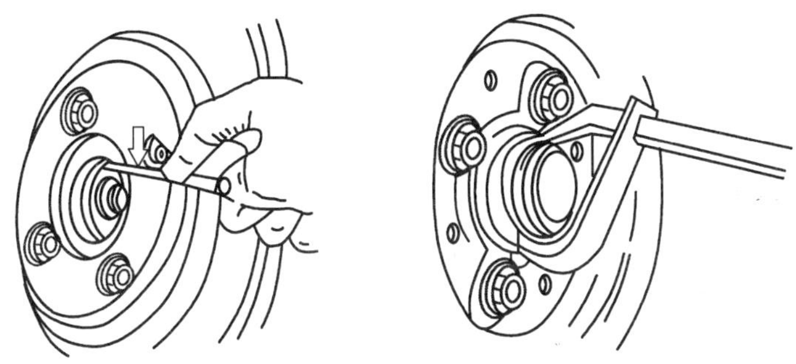

图 16-27　用专用工具拆卸车轮轮毂盖

② 旋转螺母，同时转动轮毂，用一字螺钉旋具在手指的压力下刚好能够拨动止推垫圈即可。

③ 装回开槽垫圈，换上新的开口销，装上轮毂盖。

④ 放下车轮。

【项目实施】

任务　轿车车轮的拆装与动平衡

一、任务目标

1. 能够正确进行车轮的拆装。
2. 能够正确进行轮胎动平衡的操作。

二、任务准备

工具准备：扭力扳手两把、举升机两台、胎压表两只、气动工具两套、气门钥匙两套、轮胎花纹深度尺两把、动平衡机两台、扒胎机两台。

物品准备：桑塔纳 2000 汽车两辆，平衡机及扒胎机附属设备两套。

场地准备：汽车底盘实训车间，工具车两辆。

分组：每个小组 4 ~6 人。

三、实践操作

1. 车轮的拆卸

1）停稳车辆，用三角木掩住各车轮。

2）取下车轮上的装饰罩，弄清汽车左、右侧车轮与轮毂联接螺栓的螺旋方向，使用扭力扳手初步拧松车轮各联接螺母，如图16-28所示。

3）用千斤顶顶在指定的位置，使被拆车轮稍离地面。也可将车辆停在举升架上，升起车辆，使车轮稍离地面。

4）拧下车轮与轮毂的全部联接螺母，并摆放整齐。

5）边向外拉边左右晃动车轮，从车轴上取下车轮总成。

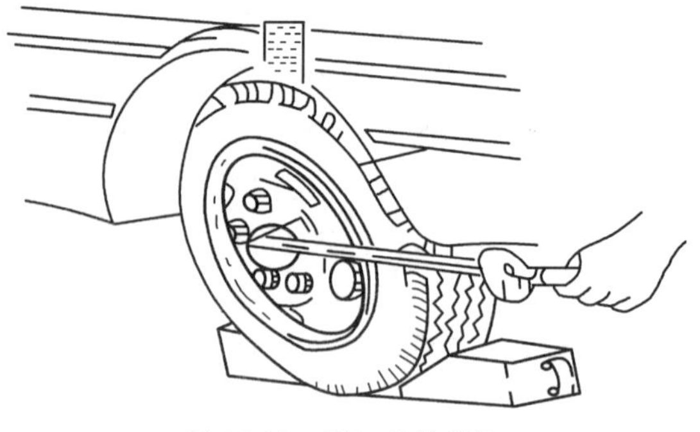

图16-28　拆卸车轮螺栓

螺栓的拧紧方法：四个螺栓的车轮采用十字交叉的方法拧下；五个螺栓按1—2—3—4—5—1的次序逐一拧下来，如图16-29所示。

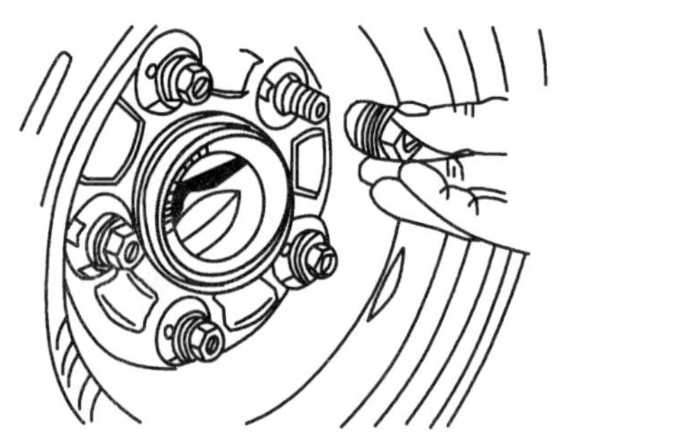

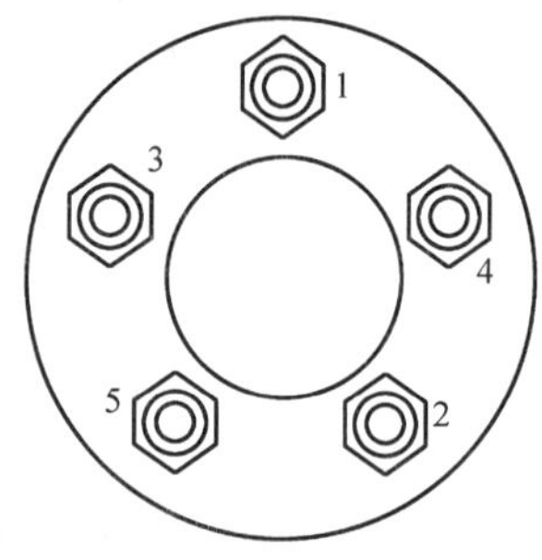

图16-29　五个螺栓的拆卸次序

2. 使用离车式动平衡机为新轮胎作动平衡

图16-30所示为动平衡机，动平衡的操作步骤如下：

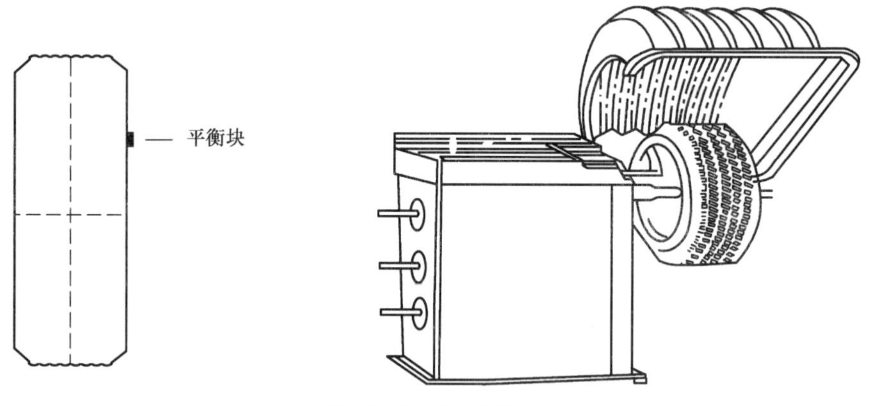

图16-30　动平衡机

1）首先使用胎纹深度尺检测轮胎花纹深度，如图16-31所示。要求：轮胎花纹深度最低极限值为大于等于1.60mm。

2）清除被测车轮上的泥土、石子和旧平衡块。

3）检测轮胎气压（包括备胎）。

步骤为：拧下轮胎上的气压帽→将胎压表用力压到气压帽上→读出轮胎现在的气压值→与汽车车身上的气压标准值对比→调整轮胎气压值→拧好气压帽，如图16-32所示。

轮胎气压要符合汽车车身的数据要求，如捷达汽车的胎压数据在油箱盖上，前轮要求 1.90bar（1bar = 100kPa），后轮要求2.10bar。

4）动平衡的检测与调整。

图 16-31　检测轮胎花纹深度

① 根据轮辋中心孔的大小选择锥体，仔细地将其装上车轮，用大螺距螺母上紧。

② 打开电源开关，检查指示与控制装置的面板是否指示正确。

图 16-32　使用胎压表检测轮胎气压

③ 用卡尺测量轮辋宽度 b 和轮辋直径 d（也可由胎侧读出），用平衡机上的标尺测量轮辋边缘至机箱的距离 a，再用键入或选择器旋钮对准测量值的方法，将 a、b、d 的值输入指示与控制装置中。为适应不同计量制式，平衡机上的所有标尺一般都同时标有英制和公制刻度。

④ 放下车轮防护罩，按下起动键，车轮旋转，平衡测试开始，微机自动采集数据。

⑤ 车轮自动停转或听到“笛”声后按下停止键，并操纵制动装置使车轮停转后，从指示装置读取车轮内、外不平衡量和不平衡位置。

⑥ 抬起车轮防护罩，用手按箭头方向慢慢转动车轮。当指示装置出现两相对箭头时停止转动。在轮辋的内侧或外侧的上部加装指示装置显示的该侧平衡块质量。内、外侧要分别进行，平衡块装夹要牢固。

⑦ 安装平衡块后，有可能产生新的不平衡，应重新进行平衡试验，直至不平衡量 <5g（0.3oz），指示装置显示“00”或“OK”时才能满意。

⑧ 测试结束，关闭电源开关。

3. 车轮总成的安装

1）顶起车桥，套上车轮，将螺母初步拧在螺柱上。

2）放下车轮并在车轮前、后用三角木掩住，用扭力扳手或车轮螺母拆装机按对角线顺序分 2 ~3 次拧紧车轮螺母，最后一次要按规定力矩拧紧。

3）整理现场。

四、任务评价

以小组为单位进行评价，根据分值的情况评出优秀、良好、一般等品质，任务评价标准见表 16-1。

表 16-1 任务评价标准

项次	项目任务	评价标准	分值	项目得分
1	操作车轮平衡机	能读懂车轮平衡机使用说明书，熟练操作车轮平衡机	5	
2	车轮拆卸	能正确使用千斤顶，将车轮拆下	4	
3	车轮平衡准备工作	能检查车轮状况，测量胎压	6	
4	车轮平衡	能正确使用车轮平衡机，为车轮做平衡	4	
5	进行价格调整	按照正确的步骤，将车轮装车	6	
6	5S 现场管理	常组织、常整顿、常清洁、常规范、常自律	5	

项目十七　悬架的认知

【学习目标】

1. 知识目标

1）能够正确说出悬架的功用、基本组成和类型。

2）能够正确说出非独立悬架的结构和特点。

3）知道减振器的原理和典型特点。

4）能够正确分析出独立悬架主要部件的工作原理、连接关系。

2. 能力目标

1）具有识读汽车悬架装配图和零件结构图的能力。

2）能够识别悬架各个零件的结构。

3）正确使用相关专用工具完成减振器及汽车悬架的拆装任务。

【学时安排】

4 学时。

【理论知识】

一、汽车悬架的功用与类型

1. 汽车悬架的功用

汽车悬架是车架（或承载式车身）与车桥（或车轮）之间一切传力连接装置的总称。它的功用是把路面作用于车轮上的各种力及其力矩传递到车架（或承载式车身）上，以保证汽车正常行驶。现代汽车的悬架主要由弹性元件、导向装置和减振器三部分组成。图17-1所示为一般汽车悬架组成示意图。

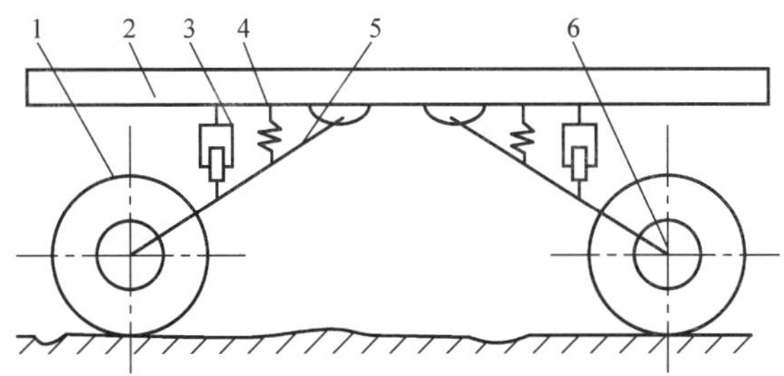

图 17-1　汽车悬架组成示意图

1—车轮　2—车架　3—减振器　4—弹性元件　5—导向杆　6—车桥

弹性元件的作用是承受并传递垂直载荷，缓和不平路面引起的冲击，使车架（或车身）与车桥（或车轮）之间保持弹性连接；减振器的作用是使弹性系统因受冲击而产生的振动迅速衰减；导向装置则用来传递除垂直力以外的各种力和力矩，并确定车轮相对于车架

（或车身）的运动轨迹。

上述三部分装置所起作用的侧重点不同，分别是缓冲、减振和导向，但三者共同的任务是传递车轮与车架之间的各种力和力矩。

2. 汽车悬架的类型

汽车悬架可分为非独立悬架和独立悬架两大类。

非独立悬架（见图 17-2a）的结构特点是两侧车轮安装在一根整体式车桥上，车轮连同车桥一起通过弹性元件悬挂在车架（或车身）下面。当一侧车轮因路面不平等原因相对于车架（或车身）的位置发生变化时（如图右侧车轮跳动），另一侧车轮的位置也随之发生变化（图中左侧车轮摆动）。

独立悬架（见图 17-2b）则是两侧车轮各自独立地通过弹性元件悬挂在车架（或车身）下面，其车桥都是断开式的。这样，当一侧车轮相对于车架（或车身）的位置发生变化时，对另一侧车轮几乎不产生影响。

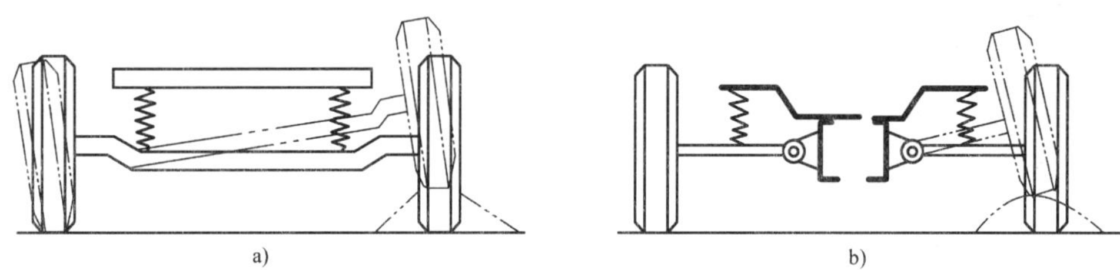

图 17-2　非独立悬架与独立悬架示意图

a）非独立悬架　b）独立悬架

二、非独立悬架结构

非独立悬架广泛用于货车的前桥和后桥。而在轿车中，非独立悬架一般用于后桥。非独立悬架的结构，尤其是其中导向装置的结构，因所采用的弹性元件不同而有较大差异。非独立悬架中大多采用钢板弹簧作为弹性元件。

1. 钢板弹簧式非独立悬架

在采用钢板弹簧作为弹性元件的非独立悬架中，通常是将钢板弹簧纵向布置，故也称之为纵置板簧式非独立悬架。

图 17-3 所示为解放 CA1092 型汽车的前悬架。钢板弹簧 2 中部用两个 U 形螺栓 3 固定在前桥上。钢板弹簧的前端卷耳用钢板弹簧销 15 与前支架 1 相连，形成固定式铰链支点，起传力和导向作用；而后端卷耳则用吊耳销 14 与可在车架上摆动的吊耳 9 相连，形成摆动式的铰链支点。这种连接方式能使钢板弹簧变形时，两端卷耳中心线间的距离作相应改变。

为了延长弹簧的使用寿命，在两端卷耳内压入衬套，使其与钢板弹簧销滑动配合，销上钻有径向和轴向油道，通过油嘴将润滑脂注入至衬套处进行润滑。

减振器 8 的上、下两个吊环通过橡胶衬套和联接销 13 分别与车架上的上支架 7 和车桥上的下支架 12 相连接。在盖板 4 上装有橡胶缓冲块 5，以限制弹簧的最大变形并防止弹簧直接碰撞车架。

2. 螺旋弹簧非独立悬架

螺旋弹簧非独立悬架多用作轿车的后悬架。图 17-4 所示为典型的螺旋弹簧非独立后悬

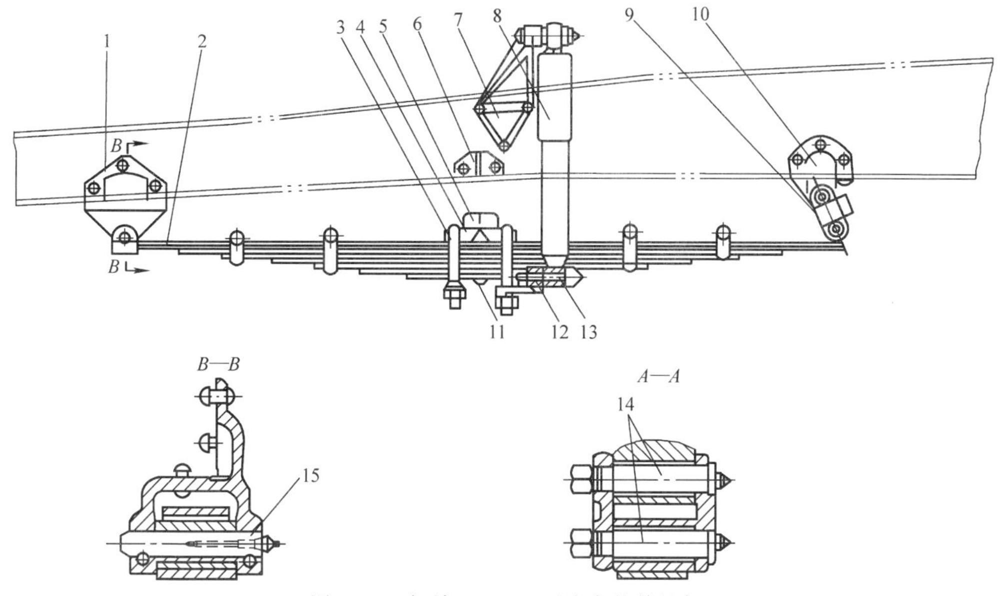

图 17-3　解放 CA1092 型汽车的前悬架

1—钢板弹簧前支架　2—钢板弹簧　3—U 形螺栓　4—盖板　5—缓冲块　6—限位块　7—减振器上支架　8—减振器　9—吊耳　10—吊耳支架　11—中心螺栓　12—减振器下支架　13—减振器联接销　14—吊耳销　15—钢板弹簧销

架。螺旋弹簧 3 上端装在车身上的支座中，下端装在纵向下推力杆 1 上。由于螺旋弹簧只能承受垂直载荷，所以必须设置导向装置来承受并传递纵向力和横向力。导向装置包括纵向推力杆和横向导杆。两根纵向下推力杆 1 和两根纵向上推力杆 4 的一端均与车身相铰接，另一端则均与后桥 2 相铰接。杆 1 和杆 4 用以传递牵引力、制动力等纵向力及其力矩。当车轮因路面不平而上下跳动，致使后桥与车身之间的距离发生变化时，杆 1 和杆 4 可绕其与车身铰支点做上下纵向摆动，以控制后桥的运动规律。横向导杆 5 的一端与车身铰接，另一端与后桥铰接。杆 5 用以传递悬架系统的横向力（如汽车转向时的离心力等）。当后桥与车身之间的距离发生变化时，杆 5 也可绕其铰支点作上下横向摆动。在此过程中，为不致使车身与后桥在横向产生过大的相对位移，要求横向导杆与后桥之间的空间夹角尽可能小，使杆 5 与后桥 2 尽可能保持平行。两个减振器 6 的上端铰接在车身支架上，下端铰接在车桥的支架上。

图 17-5 所示为上海桑塔纳轿车后悬架。两根纵向推力杆 2（其形状为变截面管轴）的中部与后桥 1 焊接为一体，其前端通过带橡胶的支承座 7 与车身作铰链连接，后端与轮毂相连接。杆 2 用以传递纵向力及其力矩。整个后桥、纵向推力杆及车轮可以绕支承座 7 的铰支点连线相对于车身作上下摆动。螺旋弹簧 5 的上端装在弹簧上座 6 中，下端则支承在减振器 3 外壳上的弹簧下座 4 上，它只承受垂直力。减振器 3 的上端与弹簧上座 6 一起装在车身底部的悬架支座中，下端则与纵向推力杆 2 相连接。采用这种结构，当两侧车轮上的螺旋弹簧因路面不平而产生不同的变形量时，后桥 1 会发生相应的扭转变形，从而起到横向稳定器的作用。

三、独立悬架结构

现代汽车，特别是轿车上广泛采用独立悬架，有的轿车全部车轮都采用独立悬架。独立

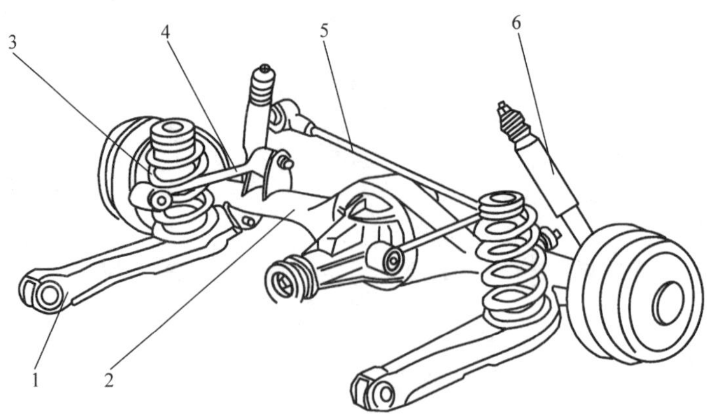

图 17-4　螺旋弹簧非独立后悬架

1—纵向下推力杆　2—后桥　3—螺旋弹簧　4—纵向上推力杆
5—横向导杆　6—减振器

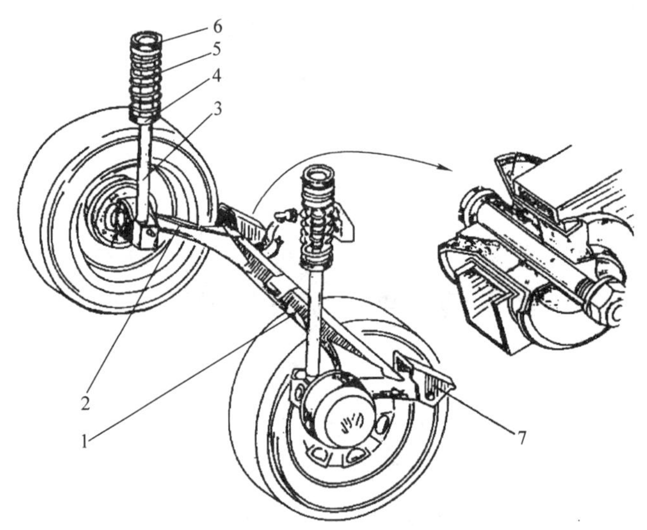

图 17-5　上海桑塔纳轿车后悬架

1—后桥　2—纵向推力杆　3—减振器　4—弹簧下座　5—螺旋弹簧
6—弹簧上座　7—支承座

悬架能使两侧车轮各自独立地与车架或车身弹性连接。在独立悬架中，多采用螺旋弹簧和扭杆弹簧作为弹性元件，其他形式的弹性元件用得很少。独立悬架一般可按车轮的运动形式分为三大类，如图 17-6 所示。

1）车轮在汽车横向平面内摆动的悬架，称为横臂式独立悬架（见图 17-6a）。

2）车轮在汽车纵向平面内摆动的悬架，称为纵臂式独立悬架（见图 17-6b）。

3）车轮沿主销轴线移动的悬架，包括烛式悬架和麦弗逊式悬架（见图 17-6c、d）。

1. 横臂式独立悬架

横臂式独立悬架分为单横臂式和双横臂式两种形式。采用单横臂式悬架时，当弹性元件变形、车轮横向摆动时，车轮平面将产生倾斜而改变两侧车轮与路面接触点间的距离（轮距），从而使轮胎相对于路面侧向滑移，破坏了轮胎与路面的附着，并增加轮胎磨损，此

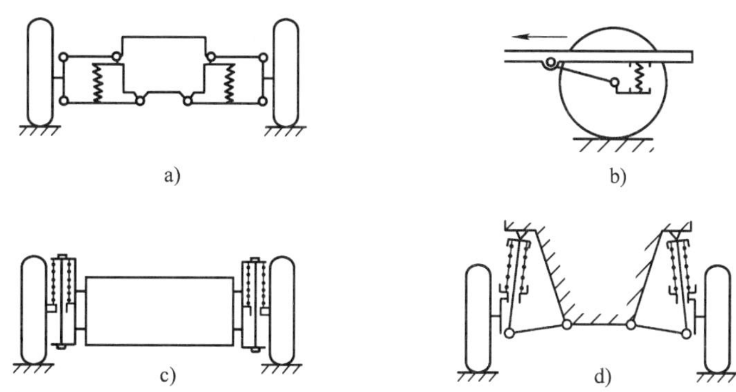

图 17-6　独立悬架基本类型示意图

a）横臂式独立悬架　b）纵臂式独立悬架　c）烛式悬架　d）麦弗逊式悬架

外，若这种悬架用于转向轮，车轮横向摆动时还会引起主销内倾角和车轮外倾角的较大变化，影响汽车的操纵稳定性，故目前这种结构应用较少。

双横臂式独立悬架是轿车中采用较广的一种悬架，其结构示意图如图 17-7a 所示，悬架中两个横摆臂 3、4 的长度可以相等，也可以不相等，图 17-7b 所示为两横摆臂等长的悬架，当车轮上下跳动时，车轮平面、主销平面不倾斜，主销轴线的方向也保持不变，但轮距却发生了较大的变化，将引起车轮的侧向滑移，加速轮胎的磨损。两横摆臂不等长的独立悬架（见图 17-7c）虽然在车轮上下跳动时车轮的平面、主销轴线方面和轮距都会有所变化，但只要两摆臂长度选择适当，就可以将上述变化控制在允许的范围内。这种悬架结构简单、工作可靠，红旗 CA7560、拉达 2105、丰田皇冠 2800 型轿车以及上海 PASSAT 轿车的前轮均采用这种不等长双横臂式螺旋弹簧独立悬架。

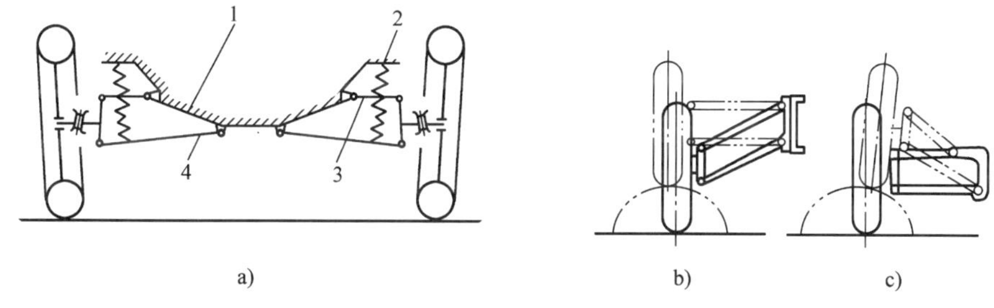

图 17-7　双横臂式独立悬架示意图

1—车身　2—弹性元件　3、4—横摆臂

2. 纵臂式独立悬架

纵臂式独立悬架分为单纵臂式和双纵臂式两种类型。

单纵臂式若用于汽车的转向轮，当汽车上下跳动时，前轮外倾角和轮距不变，但主销后倾角会有很大的变化。所以单纵臂式独立悬架一般不用于转向轮，而是用于汽车的后轮。

双纵臂式独立悬架的两个纵摆臂一般长度相等，形成平行四连杆机构。这样，当车轮上下跳动时，除车轮的外倾角和轮距不变以外，主销后倾角也保持不变，故这种形式的悬架适用于转向轮。

3. 烛式悬架

烛式悬架是车轮沿固定不动的主销轴线移动的悬架。这种悬架相对于转向轮来说，当悬架变形时，仅轮距、轴距稍有改变，而主销和车轮的倾角都不会发生变化，因此有利于汽车的转向操纵和行驶稳定性。如图 17-8 所示为烛式悬架的结构示意图。

4. 麦弗逊式悬架

麦弗逊式悬架是近年来中级以下轿车使用很广泛的一种悬架。这种悬架主要由减振器、螺旋弹簧、横摆臂和横向稳定杆等组成。如图 17-9 所示为麦弗逊式悬架的结构示意图。

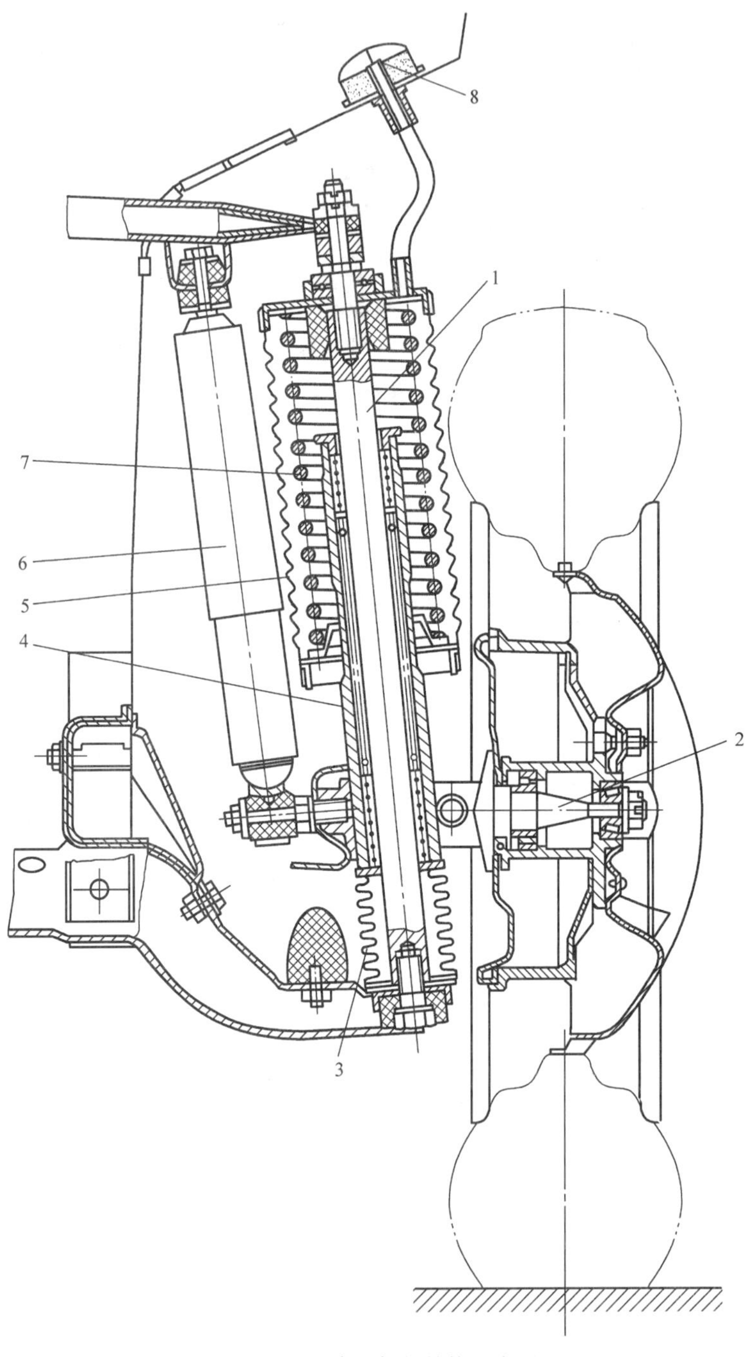

图 17-8　烛式悬架的结构示意图

1—主销　2—转向节　3、5—防尘罩　4—套筒　6—减振器　7—螺旋弹簧　8—通气管

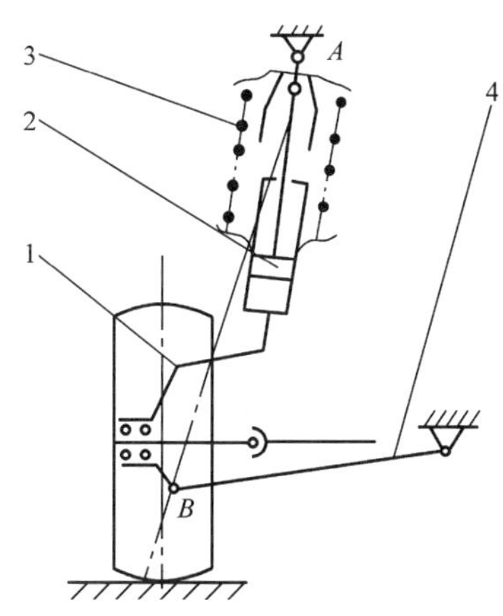

图 17-9　麦弗逊式悬架的结构示意图

1—转向节　2—减振器　3—螺旋弹簧　4—横摆臂

【项目实施】

任务一　减振器的拆装

一、任务目标

能够正确选用减振器拆装工具，并能够用工具按照正确的顺序拆装减振器。

二、任务准备

工具准备：减振器拆装专用工具 4 套，120 件套筒组合汽车维修工具 4 套。

物品准备：桑塔纳 2000 轿车 4 台，桑塔纳 2000 维修手册两本，减振器总成 4 套，减振弹簧 4 套，防尘套 4 个。

场地准备：汽车底盘实训车间，工作台 4 个。

分组：每个小组 4 ~ 6 人。

三、实践操作

以上海桑塔纳 2000 轿车前、后悬架的双向筒式减振器为例，进行拆装训练。

1. 减振器的拆卸

1）顶起车辆，使前悬架悬空。

2）拆下车轮。

3）拆下固定制动软管和 E 形环，并从托架拆下制动软管，如图 17-10 所示。

4）拆下托架螺栓，如图 17-11 所示。

5）拆下外支座螺母，用手托住支柱总成使其不落下，如图 17-12 所示。

6）拆下支柱总成。

2. 减振器的分解

1）将专用工具 A 装在弹簧上，如图 17-13 所示，并交替转动专用工具螺杆，直到解除弹簧弹力作用为止。当弹簧固定不动时，检查支柱转动是否灵活，以判定弹簧弹力的作用是否解除。

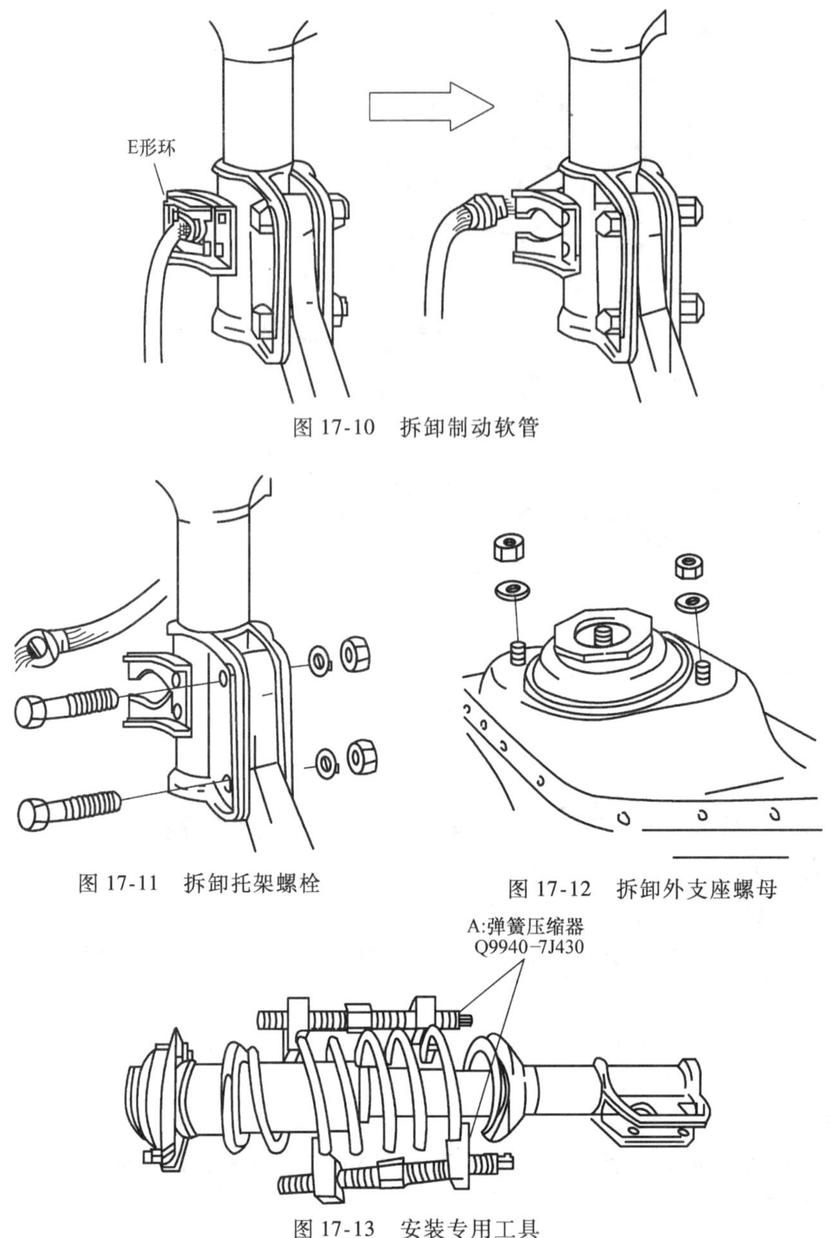

图 17-10　拆卸制动软管

图 17-11　拆卸托架螺栓

图 17-12　拆卸外支座螺母

图 17-13　安装专用工具

2）在用专用工具压紧弹簧的状态下，先拆下螺母，再分解零件。零件的分解如图 17-14 所示。

3. 减振器的检修

1）检查减振器限位垫和缓冲垫，如橡胶处损坏或老化失效，应更换其损坏失效件。

2）检查内、外支座是否变形或损坏，如有缺陷，应更换。

3）检查压缩行程限位挡块是否损坏或老化失效，如有变形或损伤等缺陷，应更换。

4）检查防尘罩、弹簧垫、减振垫、密封圈是否损坏，如有缺陷，应更换。

5）检查减振器螺旋弹簧。若弹簧表面锈蚀，应除锈喷漆。若弹簧有塑性变形或裂纹，应更换螺旋弹簧。

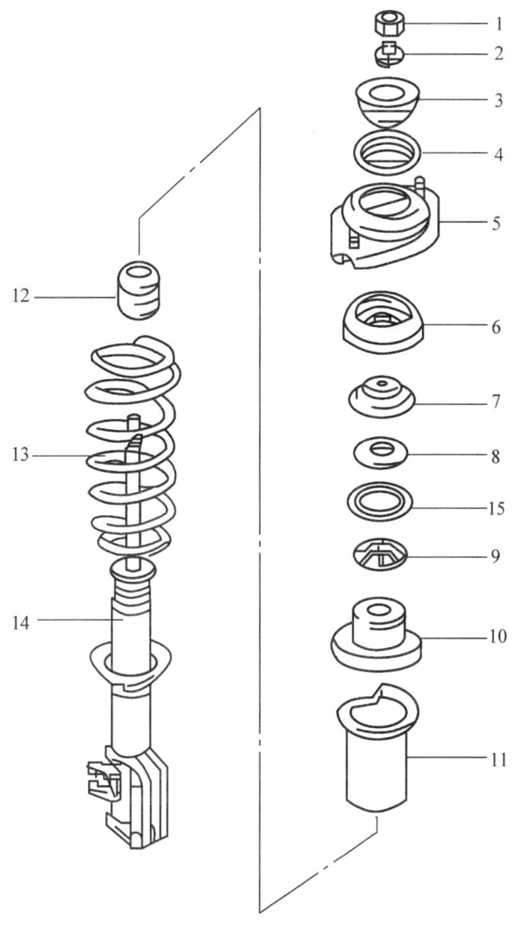

图 17-14　前悬架支柱总成的分解

1—螺母　2—锁紧垫圈　3—内支座　4—悬架回位弹簧垫　5—外支座　6—支座缓冲胶垫　7—支座缓冲胶垫座　8—止推轴承座　9—止推轴承　10—弹簧上座　11—弹簧下座　12—悬架压缩行程限位挡块　13—螺旋弹簧　14—前减振总成　15—轴承防尘密封圈

6）清洗止推轴承，并涂润滑脂，然后将它装在弹簧上座上，如图 17-15 所示。注意安装方向。

7）清洗止推轴承座，并按图 17-16 所示位置进行安装。

8）在轴承座和防尘密封圈上，按缓冲胶垫座、缓冲胶垫、支座及回位弹簧限位垫以及内支座的顺序进行安装，但要注意安装方向。按规定的拧紧力矩拧紧螺母，然后在螺母和支柱螺纹部位的周围涂防锈漆。

9）松开并拆下压缩螺旋弹簧的专用工具 A。在松开专用工具时，再次按前述步骤 2）和 5）中的说明，检查弹簧下座的台阶部分和弹簧端是否配合好。

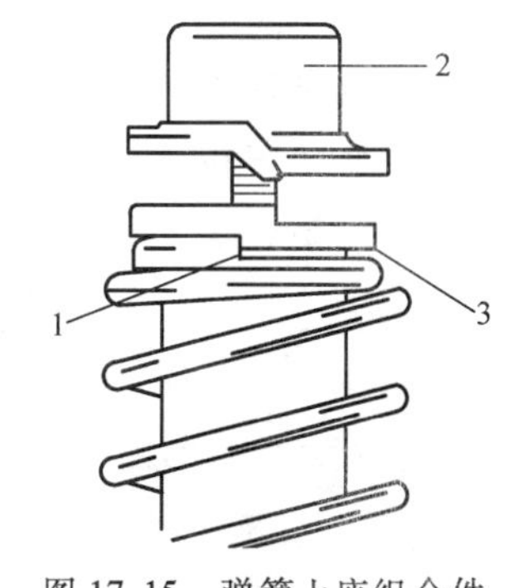

图 17-15　弹簧上座组合件

1—弹簧上端　2—弹簧上座　3—弹簧座

4. 减振器的安装

按与拆卸相反的顺序安装支柱，同时注意以下几点。

1）按图 17-17 所示方向插入螺栓，并按规定的拧紧力矩拧紧螺母和螺栓。

2）在安装制动软管时，不得扭曲。E 形环应装到托架端面为止，如图 17-18 所示。

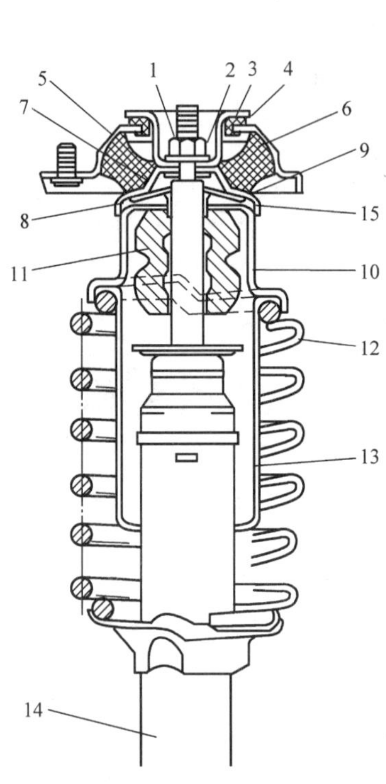

图 17-16 前悬架及支柱装配图

1—螺母 2—锁紧垫圈 3—内支座 4—悬架回位弹簧垫 5—外支座 6—支座缓冲胶垫 7—支座缓冲胶垫座 8—止推轴承座 9—止推轴承 10—弹簧上座 11—悬架压缩行程 限位挡块 12—螺旋弹簧 13—弹簧下座 14—减振器 15—轴承防尘密封圈

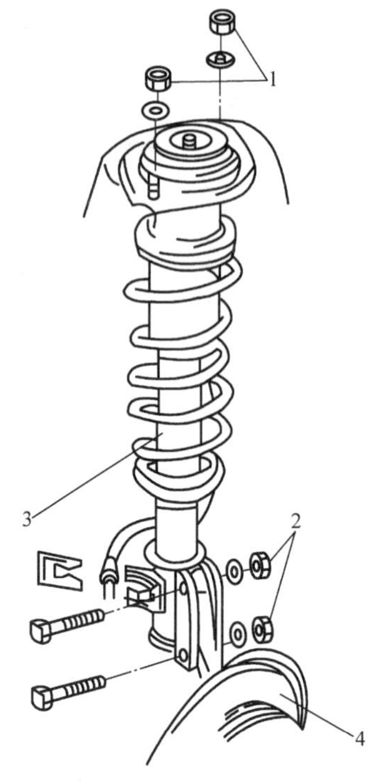

图 17-17 减振器的安装

1—减振器上端装配螺母 2—转向节紧固螺母 3—减振器 4—转向节

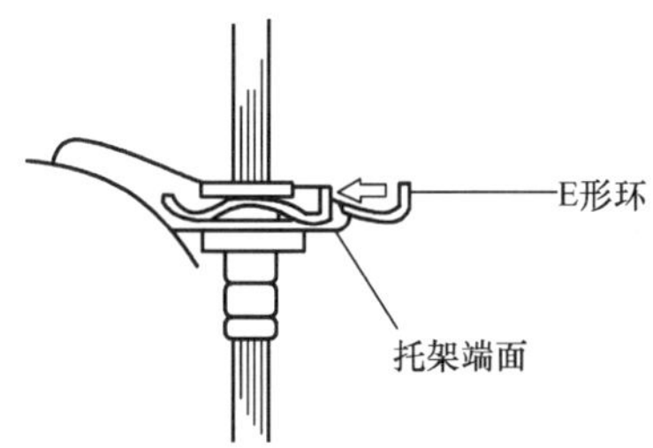

图 17-18 E 形环的安装

四、任务评价

以小组为单位进行评价，根据分值的情况评出优秀、良好、一般等品质，任务评价标准见表 17-1。

表 17-1 任务评价标准

项次	项目任务	评价标准	分值	项目得分
1	认识减振器	要准确说出减振器的各部件及作用	5	
2	减振器的拆卸	能按照正确步骤,拆卸减振器,不损害其他部件	4	
3	分解减振器	能正确使用专用工具,分解减振器	6	
4	减振器的检修	能对减振器进行检查,并做出判断	4	
5	减振器的安装	按照拆卸的逆顺序安装减振器	6	
6	5S 现场管理	常组织、常整顿、常清洁、常规范、常自律	5	

任务二　前悬架的拆装

一、任务目标

能够正确使用专用工具对前悬架总成进行拆装。

二、任务准备

工具准备：120 件套筒组合汽车维修工具 4 套。

物品准备：桑塔纳 2000 汽车悬架教具 4 台，桑塔纳 2000 维修手册两本。

场地准备：汽车底盘实训车间，工具车 4 辆。

分组：每个小组 4 ~6 人。

三、实践操作

以桑塔纳 2000GLi 型轿车前悬架的拆装为例进行实践操作。

桑塔纳 2000GSi-AT 型轿车前悬架总成的分解图如图 17-19 所示。

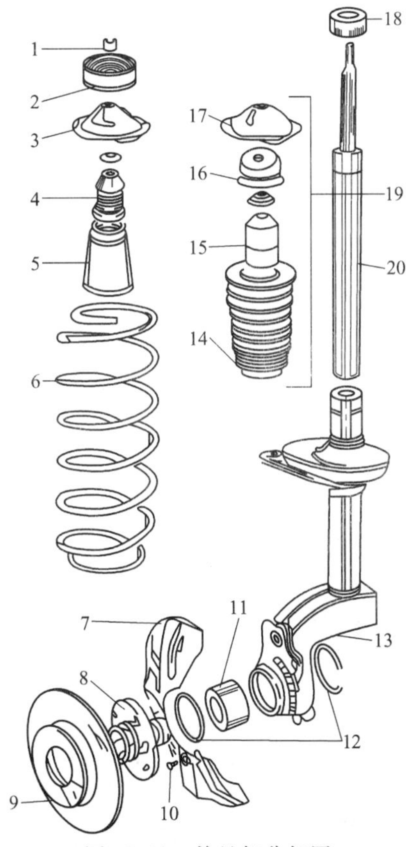

图 17-19　前悬架分解图

1—开槽螺母　2—悬架支承轴轴承（只能整件更换）　3—弹簧护圈　4—限位缓冲器　5—护套　6—螺旋弹簧　7—挡泥板　8—轮毂　9—制动盘　10—紧固螺栓　11—车轮轴承　12—卡簧　13—车轮轴承壳　14— 辅助橡胶弹簧　15—限位缓冲器　16—波纹管盖　17—弹簧护圈带通气孔　18—螺母盖（拧紧力矩 150N · m）　19—崎岖路面选装件（M103）　20—减振器

1. 汽车前悬架的拆卸。

1）取下车轮装饰罩。

2）旋下轮毂与传动轴的紧固螺母（拧紧力矩 230N · m），如图 17-20 所示。

注意： 车轮必须着地。

3）卸下垫圈，拧松车轮紧固螺母（拧紧力矩 110N · m），拆下车轮。

4）旋下制动钳紧固螺栓（拧紧力矩 70N · m），如图 17-21 所示，取下制动盘。

图 17-20　旋下轮毂与传动轴的紧固螺母

图 17-21　旋下制动钳紧固螺栓

5）取下制动软管支架，并用铁丝将制动钳固定在车身上（见图 17-21 中上部箭头所指）。

注意： 不要损坏制动软管。

6）拆下球头销紧固螺栓（见图 17-21 中下部箭头所指）。

7）压出转向横拉杆接头（拧紧力矩 30N · m），如图 17-22 所示。

8）旋下横向稳定杆的紧固螺栓（拧紧力矩 25N · m），如图 17-23 所示。

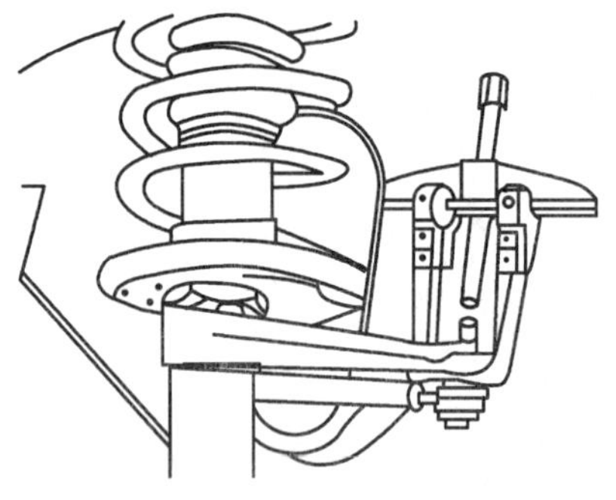

图 17-22　压出转向横拉杆接头

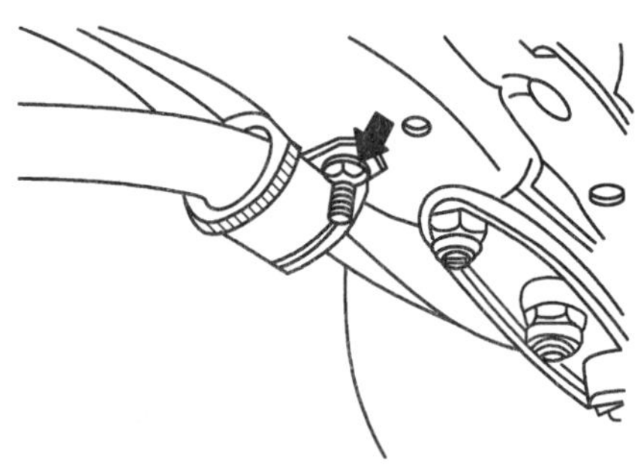

图 17-23　旋下横向稳定杆的紧固螺栓

9）拆下传动轴（VF 节）与轮毂的固定螺母。

10）下压前悬架下摇臂，从车轮轴承壳内拉出传动轴；或利用两个固定车轮凸缘上的螺孔，将压力装置 V. A. G1389 固定在轮毂上，用液压装置从轮毂中拉出传动轴，如图17-24 所示。拆下转动轴后，卸下压力装置。

11）取下盖子，支承减振器支柱下部后，沿反方向固定。旋下活塞杆的螺母，用六角扳手阻止活塞杆的转动，如图 17-25 所示。

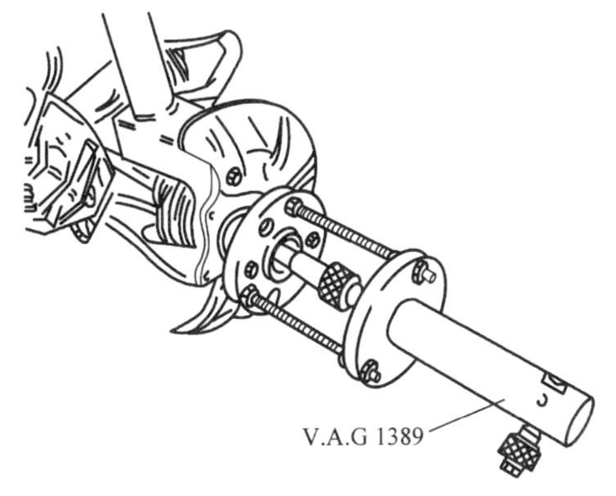

图 17-24　拉出传动轴

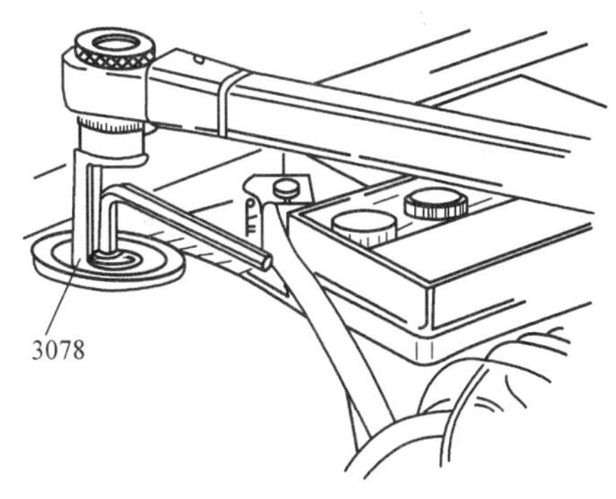

图 17-25　旋下活塞杆螺母

2. 汽车前悬架的安装

前悬架总成安装的顺序与拆卸时相反，但在安装时应注意以下事项。

1）不许对前悬架总成进行焊接后整形处理，不合格的零部件总成应进行更换。

2）安装传动轴时，应擦净传动轴与花键齿面上的油污，去除防护剂的残留物。在万向节（RF 节）花键齿面上涂上一圈 5mm 宽的防护剂 D6，然后再进行传动轴的装配，如图 17-26 所示。涂防护剂 D6 的传动轴安装后应停车 60min，然后才可使用。

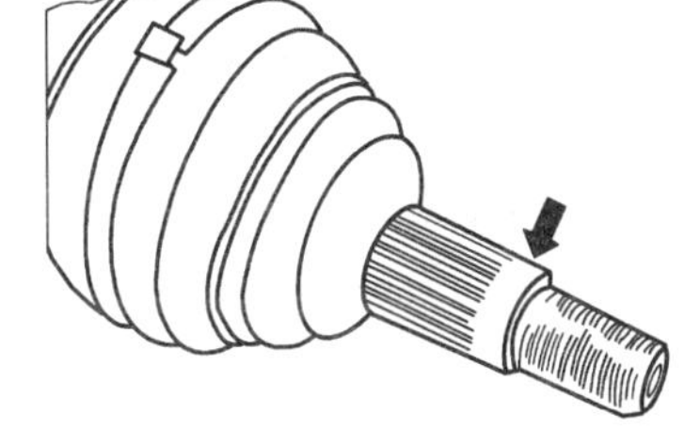

图 17-26　外万向节花键轴安装前涂防护剂

3）所有螺栓和螺母应按规定力矩拧紧。

4）所有自锁螺母必须更换新件。

四、操作注意事项

1）衣装穿着：工装齐备、衣扣到位。

2）言行举止：进、出场规范。

3）操作过程：要求油、水、液、工具零件四不落地，操作台整洁、有条理。操作中及时沟通，有安全防范措施。

4）作业后：清洁整理场地和工具设备。

五、任务评价

以小组为单位进行评价，根据分值的情况评出优秀、良好、一般等品质，任务评价标准见表 17-2。

表 17-2　任务评价标准

项次	项目任务	评价标准	分值	项目得分
1	认识汽车悬架	要准确认知悬架各部件的名称及作用	5	
2	拆卸车轮	能正确使用千斤顶，按照正确步骤拆卸车轮	4	
3	拆下传动轴	能正确使用专用工具，拉出传动轴	6	
4	汽车前悬架的拆卸	能正确使用专用工具，拆卸悬架，不损害其他部件	4	
5	安装悬架	按照拆卸逆序安装悬架	6	
6	5S 现场管理	常组织、常整顿、常清洁、常规范、常自律	5	

【拓展知识】

汽车电控悬架

1. 电控悬架的性能优势

相对于传统悬架，通过采用电子技术实现汽车悬架控制的电控悬架依据道路、车速的不同而改变悬架参数（弹簧的强度和减振器的阻尼），既能使汽车乘坐的舒适性达到令人满意的程度，又能使汽车的操纵稳定性达到最佳状态。近年来，人们不断开发适应各种行驶工况的最优悬架控制系统。在轿车尤其是豪华高档轿车中，相继出现了性能更加优越的各种电子控制悬架系统。

丰田电子控制悬架系统（TEMS）就是其中的一种，这一系统最早用于1984年的克里斯达（CRESSIDA）车型上，但只对减振器的减振阻尼进行控制。20世纪80年代末，发展为电子控制空气悬架系统，应用在豪华轿车凌志LS400上，这一系统除控制减振器的减振阻尼外，还可控制空气弹簧的刚度及车身（底盘）的高度。

2. 电控空气悬架的控制功能及作用

（1）悬架弹簧刚度和减振阻尼控制　弹簧刚度和减振器减振阻尼力均由电子装置控制。弹簧刚度有“软”和“硬”两种模式，减振器减振阻尼则有“软”、“中”和“硬”三种模式。电子装置根据车速和路面的变化自动地调节悬架刚度和减振阻尼，其控制方式共有四种：高车速控制、不平道路控制、颠动控制和跳振控制。此外，在车速或转向急剧变化时，会造成车身姿态的急剧变化，既破坏汽车乘坐的舒适性，又容易使汽车失去方向稳定性。所以，必须对车身姿态实施控制。这种控制方式共有三种：转向时的车身侧倾控制、制动时的车身“点”头控制和起步或突然加速时的车身后仰控制。其具体控制功能如下：

1）防侧倾控制。使弹簧刚度和减振阻尼变成“硬”状态。该项控制能抑制汽车高速转弯时产生的侧倾，使汽车的姿态变化减至最小，以改善操纵性。

2）防“点”头控制。使弹簧刚度和减振阻尼变成“硬”状态。该项控制能抑制汽车制动“点”头，使汽车的姿态变化减至最小。

3）防后仰控制。使弹簧刚度和减振阻尼变成“硬”状态。该项控制能抑制汽车加速时后仰，使汽车的姿态变化减至最小。

4）高车速控制。使弹簧刚度变成“硬”状态，使减振阻尼变成“中”状态。该项控制能改善汽车高速行驶时的稳定性和操纵性。

5）不平道路控制。使弹簧刚度和减振阻尼视需要变成“中”或“软”状态，以抑制汽车车身在悬架上上下跳动，改善汽车在不平道路上行驶时的乘坐舒适性。

6）颠动控制和跳振控制。使弹簧刚度和减振阻尼变成“中”或“软”状态。它能抑制汽车在不平道路上行驶时的颠动和上、下跳振。

7）路面感应半主动控制。对应于不同的道路，提供四轮独立的减振阻尼最佳控制。相应地，汽车可在各种不同的道路和行驶状况下保持恒定姿态。

（2）车身（底盘）高度控制　根据高度控制开关所选取的模式以及汽车所处的状态，控制装置自动调整汽车的车身高度，使汽车经常处于稳定的状态。这种控制方式有三种：自动高度控制、高车速控制和点火开关关、断控制。

1）自动高度控制。不管乘员和行李重量情况如何，使汽车高度保持在某一个恒定的高度位置。操作高度控制开关能使汽车的目标高度变为“正常”或“高”的状态。

2）高车速控制。当高度控制开关在“high”（高）位置时，汽车高度会降低到“正常”状态。这就改善了高速行驶时的空气动力学和稳定性。

3）点火开关关、断控制。当点火开关关断后，因乘员重量和行李重量变化而使汽车高度变为高于目标高度时，能使汽车高度降低到目标高度。这就能改善汽车驻车时的姿态。

3. 电控空气悬架系统的组成

凌志 LS400 的电子控制空气悬架系统主要由空气弹簧和减振器总成、空气压缩机、干燥器、排气电磁阀、高度控制阀、悬架 ECU、高度传感器、转向传感器、悬架控制执行器和节气门位置传感器组成。凌志 LS400 ucF10 型采用的 LRC 开关和高度控制通断开关在 ucF20 型中已取消，ucF20 型则增设了加速度传感器、悬架控制执行器和高度传感器，并对空气弹簧做了改进，相应地，悬架 ECU 的控制方法也进行了改进。

项目十八　机械转向系统的认知

【学习目标】

1. 知识目标

1）知道转向器的结构。

2）能说出转向操纵机构的结构及工作原理。

3）掌握转向传动机构的结构和功用。

2. 能力目标

1）具有识读机械转向系统结构图的能力。

2）能够识别汽车转向器的种类及特点。

3）正确使用专用工具对转向系统的各个部分进行拆装。

【学时安排】

2 学时。

【理论知识】

机械转向系统是指由驾驶人操纵，能实现转向轮偏转和回位的一套机构。当汽车需要改变行驶方向时，必须使转向轮绕主销轴线偏转一定角度，直到新的行驶方向符合驾驶人的要求时，再将转向轮恢复到直线行驶的位置。

汽车转向系统按转向动力源的不同分为机械转向系统和动力转向系统两大类。机械转向系统以驾驶人的体力作为转向动力源。动力转向系统除了驾驶人的体力外，还以汽车的动力作为辅助转向能源，又可以分为液压式、气压式和电动式的动力转向系统。

一、机械转向系统的基本组成和工作原理

1. 基本组成

汽车机械转向系统由转向操纵机构、机械转向器和转向传动机构三大部分组成，其具体组成如图 18-1 所示。转向操纵机构包括转向盘、转向轴、转向万向节和转向传动轴；机械转向器有多种类型，轿车上常采用齿轮齿条转向器；转向传动机构包括转向摇（垂）臂、转向直（纵）拉杆、转向节臂、转向梯形臂和转向横拉杆等。

2. 工作原理

如图 18-1 所示，汽车转向时，驾驶人转动转向盘，通过转向轴、转向节和转向传动轴将转向力矩输入转向器。转向器中有 1 ~2 级啮合传动副，具有降速增矩的作用。转向器输出的转矩经转向摇臂，再通过转向直拉杆传给固定在左转向节上的转向节臂，使左转向节及装于其上的左转向轮绕主销偏转。左、右转向梯形臂的一端分别固定在左、右转向节上，另一端则与转向横拉杆作球铰链连接。当左转向节偏转时，经左转向梯形臂、转向横拉杆和右转向梯形臂的传递，右转向节及装于其上的右转向轮随之绕主销同向偏转一定的角度。

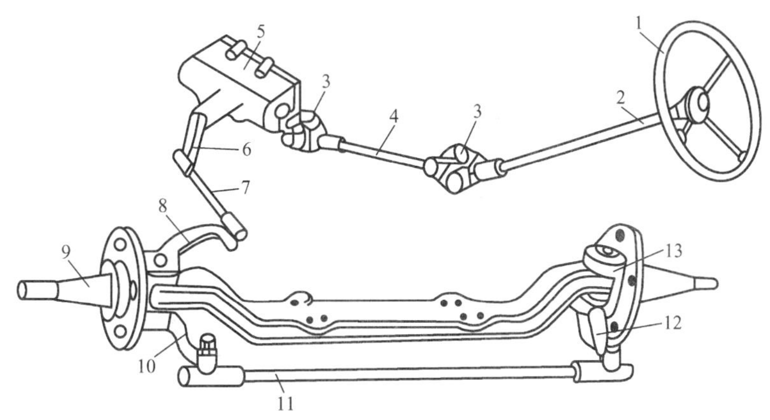

图 18-1 机械转向系统的组成

1—转向盘 2—转向轴 3—转向万向节 4—转向传动轴 5—转向器 6—转向摇臂 7—转向直拉杆 8—转向节臂 9—左转向节 10—左转向梯形臂 11—转向横拉杆 12—右转向梯形臂 13—右转向节

左、右转向梯形臂和转向横拉杆构成转向梯形，其作用是在汽车转向时，使左、右转向轮按一定的规律进行偏转。

二、机械转向器

1. 齿轮齿条式转向器

图 18-2a 所示为齿轮齿条式转向器，主要由转向器壳体 8、转向齿轮 9 和转向齿条 5 等组成。转向器通过转向器壳体 8 的两端用螺栓固定在车身（车架）上。齿轮轴 6 通过球轴承 7、滚柱轴承 10 垂直安装在壳体中，其上端通过花键与转向轴上的万向节（图中未画出）相连，下部是与轴制成一体的转向齿轮 9。转向齿轮 9 是转向器的主动件，它与相啮合的从动件转向齿条 5 水平布置，齿条背面装有压簧垫块 4。在压簧 3 的作用下，压簧垫块 4 将转向齿条 5 压靠在转向齿轮 9 上，保证两者无间隙啮合。调整螺塞 1 可用来调整压簧的预紧力。压簧 3 不仅起消除啮合间隙的作用，而且还是一个弹性支承，可以吸收部分振动能量，缓和冲击。

转向齿条 5 的中部（有的是齿条两端，见图 18-2b）通过拉杆支架 12 与左、右转向横拉杆 11 连接。转动转向盘时，转向齿轮 9 转动，与之相啮合的转向齿条 5 沿轴向移动，从而使左、右转向横拉杆带动转向节 13 转动，使转向轮偏转，实现汽车转向。

齿轮齿条式转向器结构简单，可靠性好，也便于独立悬架的布置；同时，由于齿轮齿条直接啮合，转向灵敏、轻便，所以在各类型汽车上的应用越来越多。

2. 循环球式转向器

解放 CA1092 型汽车的循环球—齿条齿扇式转向器如图 18-3 所示。它有两级传动副，第一级传动副是转向螺杆 12—转向螺母 3；螺母 3 的下平面加工成齿条，与齿扇轴 21 内的齿扇相啮合，构成第二级传动副齿条—齿扇。显然，转向螺母 3 既是第一级传动副的从动件，也是第二级传动副的主动件。通过转向盘转动转向螺杆 12 时，转向螺母 3 不能随之转动，而只能沿螺杆 12 轴向移动，并驱使齿扇轴（即摇臂轴）21 转动。

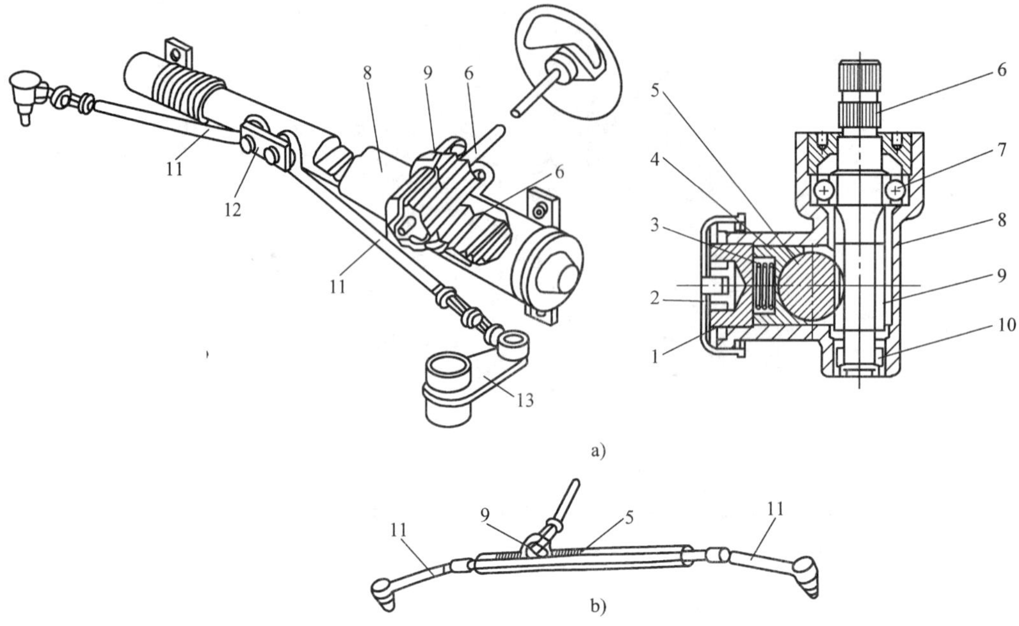

图 18-2 齿轮齿条式转向器

1—调整螺塞 2—罩盖 3—压簧 4—压簧垫块 5—转向齿条 6—齿轮轴 7—球轴承 8—转向器壳体 9—转向齿轮 10—滚柱轴承 11—转向横拉杆 12—拉杆支架 13—转向节

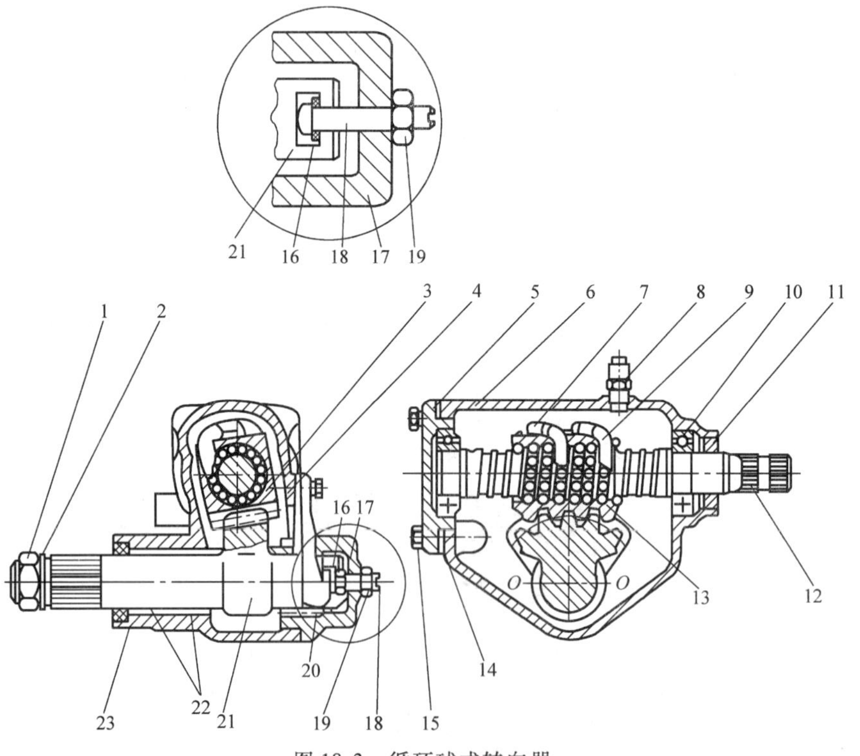

图 18-3 循环球式转向器

1—螺母 2—弹簧垫圈 3—转向螺母 4—转向器壳体密封垫圈 5—转向器壳体底盖 6—转向器壳体 7—导管夹 8—加油（通气）螺塞 9—钢球导管 10—球轴承 11、23—油封 12—转向螺杆 13—钢球 14—调整垫片 15—螺栓 16—调整垫圈 17—侧盖 18—调整螺钉 19—锁紧螺母 20、22—滚针轴承 21—齿扇轴（摇臂轴）

转向螺杆 12 支承在两个推力球轴承 10 上，轴承的预紧度可通过调整垫片 14 调整。在转向螺杆 12 上松套着转向螺母 3。为了减少它们之间的摩擦，两者的螺纹并不直接接触，其间装有许多钢球，以实现滚动摩擦。

当转动转向螺杆时，通过钢球将力传给转向螺母，使螺母沿螺杆 12 轴向移动。随着螺母 3 沿螺杆 12 做轴向移动，齿条便带动齿扇绕着转向摇臂轴 21 作圆弧运动，从而使转向摇臂轴 21 连同摇臂产生摆动，通过转向传动机构使转向轮偏转，实现汽车转向。

转向螺母 3 下平面上加工出的齿条是倾斜的，与之相啮合的是变齿厚齿扇。只要使齿扇轴 21 相对于齿条做轴向移动，便可调整两者的啮合间隙。调整螺钉 18 旋装在侧盖 17 上。齿扇轴 21 靠近齿扇的端部切有 T 形槽，调整螺钉 18 的圆柱形端头嵌入此切槽中，端头与 T 形槽的间隙用调整垫圈 16 来调整。旋入螺钉 18，齿条与齿扇的啮合间隙减小；旋出螺钉，则啮合间隙增大。间隙调整好后，用锁紧螺母 19 锁紧。

3. 蜗杆曲柄指销式转向器

东风 EQ1090E 型汽车的蜗杆曲柄指销式转向器如图 18-4 所示，主要由转向器壳体，转向蜗杆，转向摇臂轴，曲柄和指销，上、下盖，调整螺塞和螺钉以及侧盖等组成。转向器壳体固定在车架的转向器支架上，壳体内装有传动副，其主动件是转向蜗杆，从动件是装在摇臂曲柄端部的指销。具有梯形截面螺纹的转向蜗杆支承在转向器壳体两端的两个向心推力球轴承 1 和 2 上。转向器下盖上装有调整螺塞，用以调整向心推力球轴承 1 和 2 的预紧度，调整后用螺母紧固。

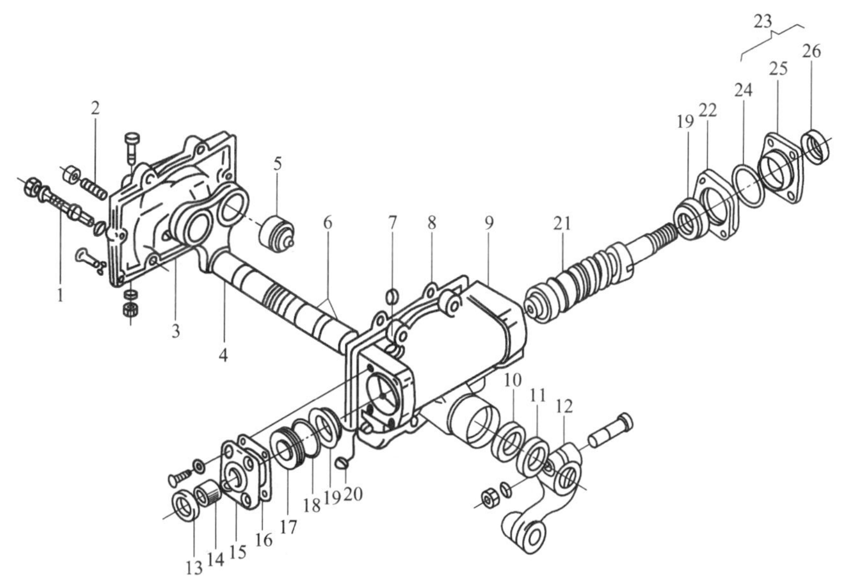

图 18-4　EQ1090E 型汽车的蜗杆曲柄指销式转向器

1—螺栓、螺母　2—摇臂轴调整螺钉及螺母　3—侧盖　4—摇臂轴　5—指销轴承总成　6—摇臂轴衬套　7—加油螺塞　8—侧盖衬垫　9—转向器壳体　10、11—油封　12—转向垂臂　13—螺母　14—蜗杆轴承调整螺塞　15—下盖　16—下盖衬垫　17—蜗杆轴承垫块　18—密封圈　19—蜗杆轴承　20—放油螺塞　21—蜗杆　22—调整垫片　23—上盖总成　24—密封圈　25—上盖　26—蜗杆油封

蜗杆与两个锥形的指销相啮合，构成传动副。两个指销均用双列圆锥滚子轴承支承在曲柄上，并可绕自身轴线转动，以减轻蜗杆与指销啮合传动时的磨损，提高传动效率。销颈上

的螺母用来调整轴承的预紧度，以使指销能自由转动而无明显的轴向间隙为宜，调整后用锁片（图中未示出）将螺母锁住。

安装指销和双列圆锥滚子轴承的曲柄制成叉形，与摇臂轴制成一体。摇臂轴用粉末冶金衬套支承在壳体中。转向器侧盖上装有调整螺钉，旋入（或旋出）调整螺钉可以改变摇臂轴的轴向位置，以调整指销与蜗杆的啮合间隙，从而调整了转向盘自由行程，调整后用螺母锁紧。摇臂轴伸出壳体的一端通过花键与转向摇臂联接 。

汽车转向时，驾驶人通过转向盘转动转向蜗杆（主动件），与其相啮合的指销（从动件）一边自转，一边以曲柄为半径绕摇臂轴轴线在蜗杆的螺纹槽内作圆周运动，从而带动曲柄和转向摇臂摆动，实现汽车转向。

三、转向操纵机构

1. 转向操纵机构的功用

转向操纵机构的功用是产生转动转向器所必需的操纵力，并具有一定的调节和安全性能。转向操纵机构要将驾驶人操纵转向盘的力传给转向器，同时为了使驾驶人舒适驾驶，还要求转向操纵机构可以进行调节，以满足不同驾驶人的需求。为了防止车辆撞击后对驾驶人的损伤，还要求转向操纵机构具有一定的安全保护装置。

2. 转向操纵机构的组成

如图 18-5 所示，转向操纵机构一般由转向盘 1、上转向轴 11、转向管柱 9、转向传动轴 27、转向万向节叉 20 和万向节滑动叉 28 等组成。转向盘 1 由塑料制成，内有钢制骨架，通过花键将转向盘毂与上转向轴 11 相连，用螺母 18 固定，上转向轴上端支承在衬套 12 内，下端支承在球轴承 13 中，由孔用弹性挡圈 14 和轴用钢丝挡圈 16 进行轴向定位。转向管柱 9 下端压配在下固定支架 8 中，并通过两个螺栓将下固定支架紧固在驾驶室地板上；上端通过橡胶套 3 和盖板 2 由两个螺栓固定在驾驶室仪表板上。弹簧 41 可消除转向管柱与上转向轴间的轴向间隙。

下端的转向万向节叉 20 通过花键与转向器的转向螺杆相联接，万向节滑动叉 28 通过内花键与转向传动轴 27 的外花键相联接，转向传动轴可轴向移动，以适应驾驶室与车架的相对位移。滑动叉一端焊有塞片，另一端装油封 29 和防尘套 30，以防止灰砂和泥水进入，并由滑脂嘴 31 对滑动叉与转向传动轴的花键进行润滑。

十字轴 19 有两个，上装滑脂嘴 23，润滑 4 个滚针轴承 21，由孔用弹性挡圈 22 固定在万向节叉上。万向节叉的结构与滑动叉基本相同，只是多一个锁紧螺栓与上端的万向节叉和上转向轴相连。

四、转向传动机构

1. 转向传动机构的功用

转向传动机构的功用是将转向器输出的力和运动传给转向轮，使两侧转向轮偏转，以实现汽车转向，并保证左、右转向轮的偏转角按一定关系变化。

2. 转向传动机构的组成和构造

（1）与非独立悬架配用的转向传动机构　与非独立悬架配用的转向传动机构如图 18-6 所示，一般由转向摇臂 2、转向直拉杆 3、转向节臂 4、两个转向梯形臂 5 和转向横拉杆 6 等组成。各杆件之间都采用球形铰链连接，并设有防止松动、缓冲吸振、自动消除磨损后的间隙等的结构。

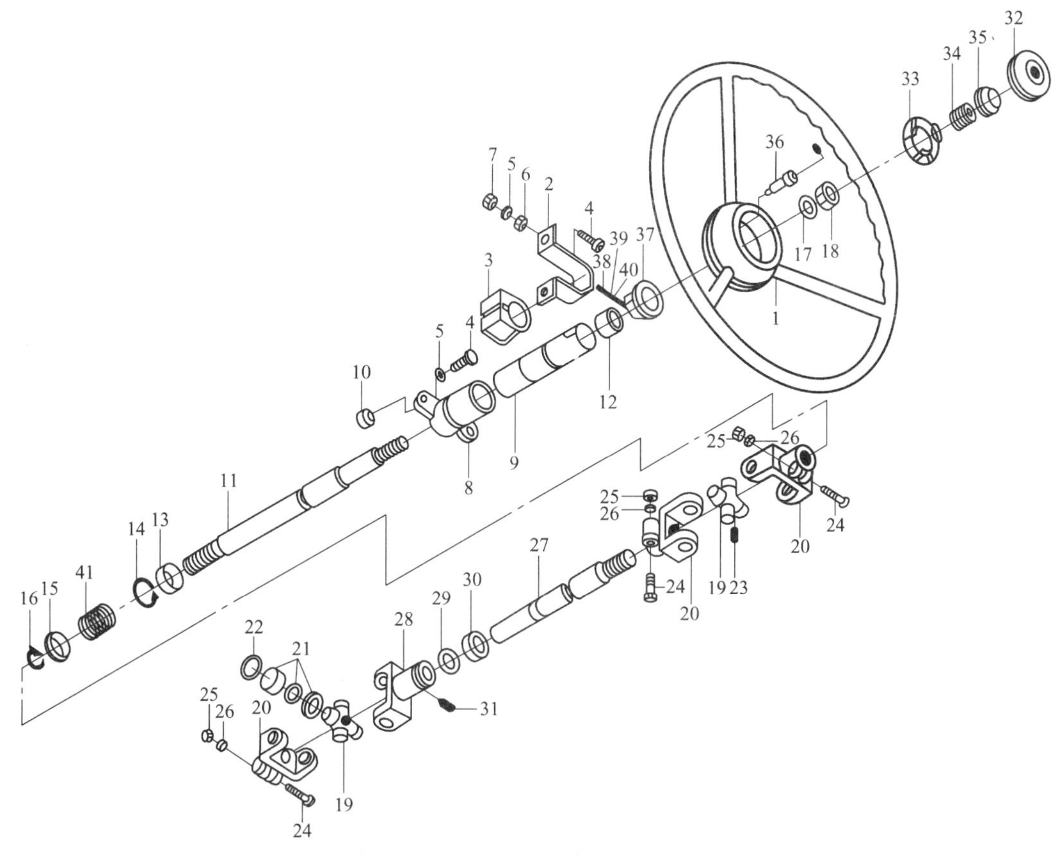

图 18-5　CA1091 型汽车转向操纵机构

1—转向盘　2—盖板　3—橡胶套　4、24—螺栓　5、26、40—弹簧垫圈　6、39—垫圈　7、18、25—螺母　8—下固定支架　9—转向管柱　10—楔形螺母　11—上转向轴　12—衬套　13—球轴承　14、22—孔用弹性挡圈　15—轴承挡圈　16—轴用钢丝挡圈　17—平垫圈　19—十字轴　20—转向万向节叉　21—滚针轴承　23、31—滑脂嘴　27—转向传动轴　28—转向万向节滑动叉　29—油封　30—防尘套　32—喇叭按钮盖　33—搭铁接触板　34—接触弹簧　35—接触罩　36—电刷　37—集电环　38—螺钉　41—弹簧

当前桥仅为转向桥时，由左、右转向梯形臂 5 和转向横拉杆 6 组成的转向梯形一般布置在前桥之后，如图 18-6a 所示，称为后置式；这种布置简单方便，且后置的转向横拉杆 6 有前面的车桥做保护，可避免直接与路面障碍物相碰撞而损坏。当发动机位置较低或前桥为转向驱动桥时，往往将转向梯形布置在前桥之前，如图 18-6b 所示，称为前置式。若转向摇臂 2 不是在汽车纵向平面内前后摆动而是在与路面平行的平面内左右摆动（如北京 BJ2020N 型汽车），则可将转向直拉杆 3 横向布置，并借球头销直接带动转向横拉杆 6，从而推动左、右转向梯形臂 5 转动，如图 18-6c 所示。

（2）与独立悬架配用的转向传动机构　当转向轮采用独立悬架时，由于每个转向轮都需要相对于车架（或车身）作独立运动，所以转向桥必须是断开式的。与此同时，转向传动机构中的转向梯形也必须分成两段或三段。图 18-7 所示为几种独立悬架配用的转向传动机构示意图，其中 18-7a、b 所示的机构与循环球式转向器配用，图 18-7c、d 所示的机构与齿轮齿条式转向器配用。

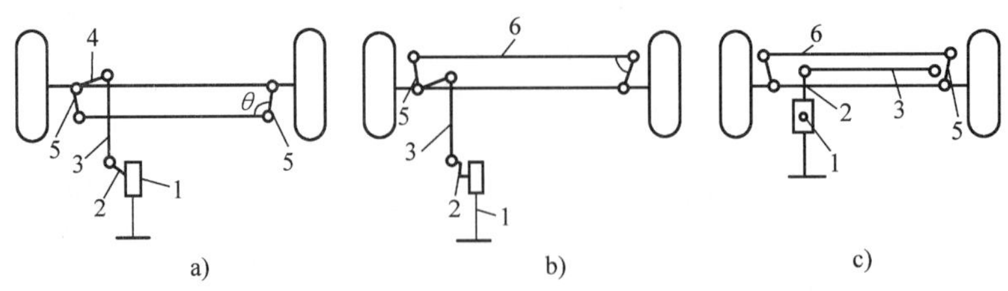

图 18-6　与非独立悬架配用的转向传动机构示意图

1—转向器　2—转向摇臂　3—转向直拉杆　4—转向节臂　5—转向梯形臂　6—转向横拉杆

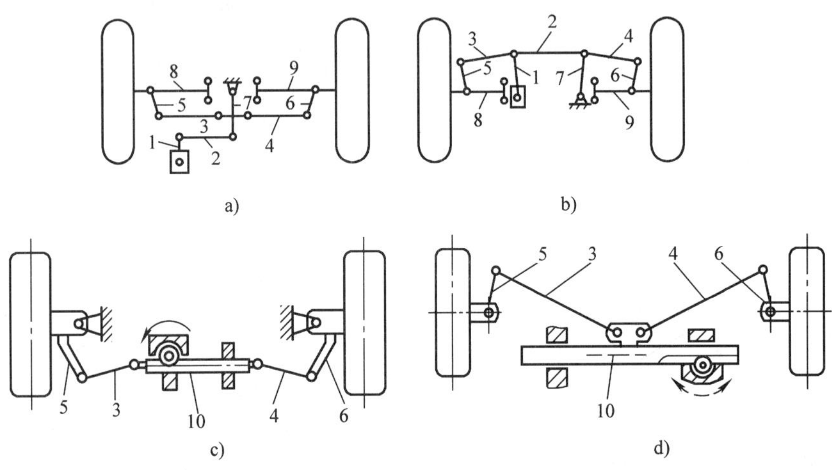

图 18-7　与独立悬架配用的转向传动机构示意图

1—转向摇臂　2—转向直拉杆　3—左转向横拉杆　4—右转向横拉杆　5—左梯形臂　6—右梯形臂　7—摇杆　8—悬架左摆臂　9—悬架右摆臂　10—齿轮齿条式转向器

上海桑塔纳轿车的转向传动机构如图 18-8 所示。转向齿条一端输出动力，齿条输出端 8 铣有平面并钻孔，用两个螺栓与转向支架 17 联接。支架 17 下端的两个孔分别与左、右转向横拉杆总成 15 和 12 的内端相连。横拉杆外端的球头销 16 和 13 分别与左、右转向节臂连接。通过调节杆 *A*、*B* 可以改变两根横拉杆总成的长度，以调整前束。

为了避免转向轮的摆振，减缓传至转向盘上的冲击和振动，转向器上还装有转向减振器 2，其缸筒端 3 固定在转向器壳体 11 上活塞杆端 1 则经转向减振支架 18 与转向齿条连接。

【项目实施】

任务　转向器总成的拆装

一、任务目标

能够正确使用专用工具对转向器总成进行拆装。

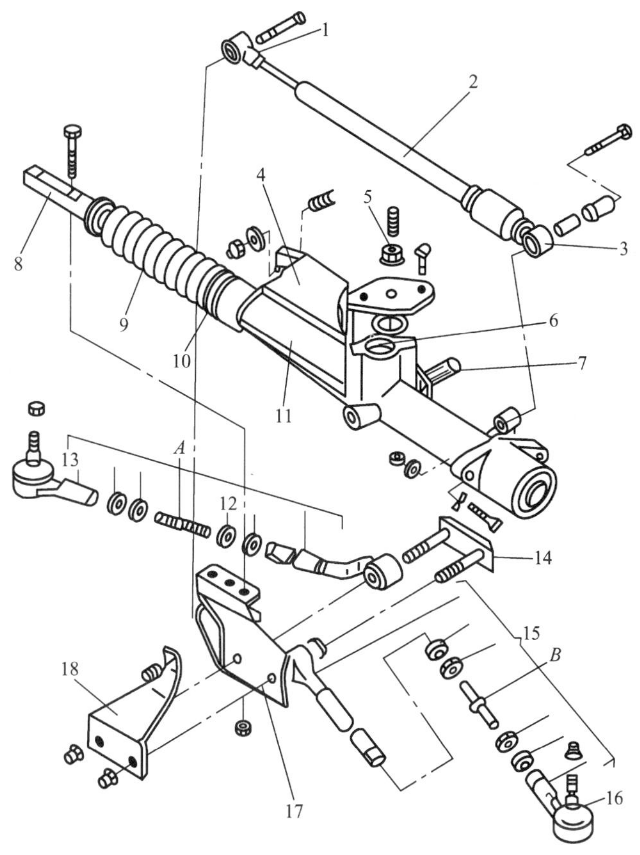

图 18-8　上海桑塔纳轿车的转向传动机构

1—转向减振器活塞杆端　2—转向减振器　3—转向减振器缸筒端　4—转向器壳体凸台　5—锁紧螺母与调整螺栓　6—补偿弹簧　7—转向齿轮轴　8—齿条输出端　9—防尘罩　10—卡箍　11—转向器壳体　12—右横拉杆总成　13—右横拉杆球头销　14—连接件　15—左横拉杆总成　16—左横拉杆球头销　17—转向支架（齿条与横拉杆连接件）　18—转向减振器支架　*A*、*B*—调节杆

二、任务准备

工具准备：120 件套筒组合汽车维修工具 4 套。

物品准备：桑塔纳 2000 汽车机械转向系统教具 4 台，桑塔纳 2000 汽车维修手册两本。

场地准备：汽车底盘实训车间，工具车 4 辆。

分组：每个小组 4 ~6 人。

三、实践操作

1. 转向操纵机构的拆装与检查

操纵机构在转向系统中占有重要地位，在拆卸和检查中一定要细心，在拆卸前必须将蓄电池电源断开，使转向轮处在直线行驶的位置上，转向指示灯开关处于中间位置上。

（1）拆卸

1）向下按转向盘塑胶盖板边缘，撬出转向盘盖板。

2）松开转向盘的固定螺母，拔出喇叭线，用拉拔器拔出转向盘。

3）拆下转向柱组合开关。

4）拆下阻风门控制把手。

5）旋出仪表装饰板固定螺钉，拆下仪表装饰板，并松开卡箍，取出转向柱。

6）拆下弹簧垫圈。

7）拆下转向盘锁套。

8）拆下左边的内六角螺栓，旋出右边的开口螺栓。

（2）检查

1）检查转向柱有无弯曲、变形。

2）检查安全万向节有无磨损、裂纹和损坏。

3）检查压紧弹簧是否失效。

（3）装配

按与拆卸相反的顺序进行安装，并注意以下事项。

1）转向管支柱如有损坏不能焊接使用。

2）自锁螺母和螺栓必须更换。

3）安装凸缘管时应将凸缘管推到主动齿轮上，贴紧转向柱，拧紧螺母，并涂润滑脂。

2. 转向器的拆装与检查

在此介绍应用较多的齿轮齿条式和循环球式转向器的拆装与检查过程。

（1）齿轮齿条式转向器的拆装与检查　以桑塔纳轿车齿轮齿条式转向器为例。

步骤1：拆卸。

1）拆下啮合间隙补偿器。

2）拆下主动齿轮密封环、卡簧和轴承。

3）取出主动齿轮，检查主动齿轮端及轴承的磨损情况。

4）将齿条行程做上记号。

5）松开齿条端盖帽，拆卸齿条杆上的防尘罩、挡圈和密封圈，抽出齿条。

步骤2：检查。

1）检查外壳有无破裂及磨损，如有，应予修复或更换。

2）检查波纹管是否完好，如有破损应更换。

3）更换密封圈和密封环。

4）自锁螺母和螺栓一经拆卸，安装时必须成对更换。

5）不允许对零件进行焊接和整形。

6）检查齿条各部的裂纹及磨损情况，齿条有无缺齿断裂现象等。

步骤3：安装。

转向器的装配顺序与拆卸顺序相反。装配密封衬套时，应先将衬套涂上润滑脂。转向器装配后应调整齿轮齿条间隙。在装配和调整转向器时，应注意以下问题。

1）更换自锁螺母。

2）转向器各零件不允许进行焊接和整形。

3）正确组装转向器后，可用手顺畅转动主动齿轮。

（2）循环球式转向器的拆装与检查

步骤1：拆卸。

1）拆下转向管柱紧固夹板。

2）拆下汽车前围处的转向管柱紧固螺钉。

3）拔下线束插头。

4）松开转向中间轴，拆下转向管柱及中间轴。

5）松开转向器固定螺栓，取下转向器。

步骤2：分解。

1）松开锁紧螺母和侧盖固定螺母。

2）旋出调整螺母，卸下侧盖及转向摇臂。

3）抽出摇臂轴、转向螺杆等。

4）解体转向螺母，注意钢球不要丢失。

步骤3：检查。

1）检查螺杆和球形螺母是否磨损严重或损坏。检查螺母是否能借本身重量顺利地在蜗杆轴上旋转。如发现有任何损伤，应修整或更换。

2）检查转向臂轴、推力垫圈和调整螺钉是否磨损或损伤，检查转向臂轴的止推间隙。

3）检查螺杆轴承和油封的磨损和损伤情况，视情况更换轴承、轴承座和油封。

4）视情况更换螺杆轴承内座圈和壳上的外座圈。

步骤4：装配。

在转向螺杆与转向螺母组成的滚道内装入钢球。在向螺母导管槽中安装钢球时，应在导管两端涂少许润滑脂，防止钢球脱出。

注意：检查时不能让球形螺母碰到蜗杆端头；在转向轮处于直线行驶位置时调整转向器啮合间隙；转向器装配完成之后，还要进行最大转向角和转向盘自由转动量的检查与调整。

3. 转向传动机构的拆装

（1）拆卸

1）从前桥减振器上拆下球接头。

2）松开连接板螺母，取下左、右横拉杆总成。

3）松开调整螺母，卸下球头。

4）检查横拉杆是否弯曲，调整螺栓螺纹有无损坏，球头是否磨损和松旷等。

（2）安装

1）组装时更换自锁螺母及防尘胶套、衬套等。

2）调整车轮转向角。

3）按与拆卸相反的顺序进行安装。

注意：安装转向传动机构时，要按照规定的力矩拧紧紧固螺栓。

四、任务评价

以小组为单位进行评价，根据分值的情况评出优秀、良好、一般等品质、任务评价标准见表18-1。

表18-1　任务评价标准

项次	项目任务	评价标准	分值	项目得分
1	认识机械转向系	要准确认知机械转向系各部件,能说出名称,作用	5	
2	拆装转向操纵机构	按照正确步骤拆装转向操纵机构。不能损坏塑料插件	4	
3	拆装转向传动机构	按照正确步骤拆装转向传动机构	6	
4	拆装齿轮齿条转向器	正确拆装齿轮齿条转向器,能检查工作状况并会调整间隙	4	
5	拆装循环球式转向器	正确拆装循环球式转向器,能检查工作状况并会调整间隙	6	
6	5S现场管理	常组织、常整顿、常清洁、常规范、常自律	5	

项目十九　动力转向系统的认知

【学习目标】

1. 知识目标

1）知道动力转向器的工作原理。

2）知道动力转向系统主要部件的组成。

3）能说出动力转向系统的拆装与调整方法。

2. 能力目标

1）具有识读机械转向系统结构图的能力。

2）能够识别汽车转向器的种类。

3）正确使用专用工具完成对转向系统各个部分的拆装。

【学时安排】

2 学时。

【理论知识】

动力转向系统是利用一定的动力助力方式，对转向器施加作用力，以减少驾驶人转动转向盘的操纵力，减轻驾驶疲劳的转向系统。

动力转向系统按动力介质的不同分为气压式、液压式和电动式三类。气压式动力转向系统主要用于采用气压制动系统的货车和客车。对于装载质量过大的大型货车，因为其气压制动系统的工作压力较低，使得部件结构复杂，尺寸过于庞大，消耗功率多，易产生泄漏，而且转向力也不宜有效控制，所以不宜采用气压式动力转向系统，此种转向系统也不适用于小型轿车。电动动力转向系统通常需要微机控制，目前处于发展阶段，并未普及。液压动力转向系统工作灵敏度高，结构紧凑，外廓尺寸较小，工作时无噪声，工作滞后时间短，而且能吸收来自不平路面的冲击。因此，液压式动力转向系统在各类汽车上得到了广泛的应用。液压式动力转向系统按液流形式可分为常流式和常压式；按转向控制阀的运动方式又可分为滑阀式和转阀式。

一、液压式动力转向系统

1. 液压常流滑阀式动力转向装置

液压常流滑阀式动力转向装置的基本组成如图 19-1 所示，主要包括转向储油罐、转向泵、转向控制阀和转向动力缸等。

汽车直线行驶时，如图 19-1a 所示，滑阀 1 在复位弹簧 3 的作用下保持在中间位置。转向控制阀内各环槽相通，自转向泵 15 输送出来的油液进入阀体环槽 A 之后，经环槽 B 和 C 分别流入转向动力缸 8 的 R 腔和 L 腔，同时又经环槽 D 和 E 进入回油管道流回储油罐 14。这时，滑阀与阀体各环槽槽肩之间的间隙大小相等，油路畅通，转向动力缸 8 因左右腔油压相等而不起加力作用。

当汽车右转向时，驾驶人通过转向盘使转向螺杆 5 向右转动（顺时针），开始时转向螺母暂时不动，具有左旋螺纹的螺杆 5 在螺母 9 的推动下向右轴向移动，带动滑阀 1 压缩弹簧

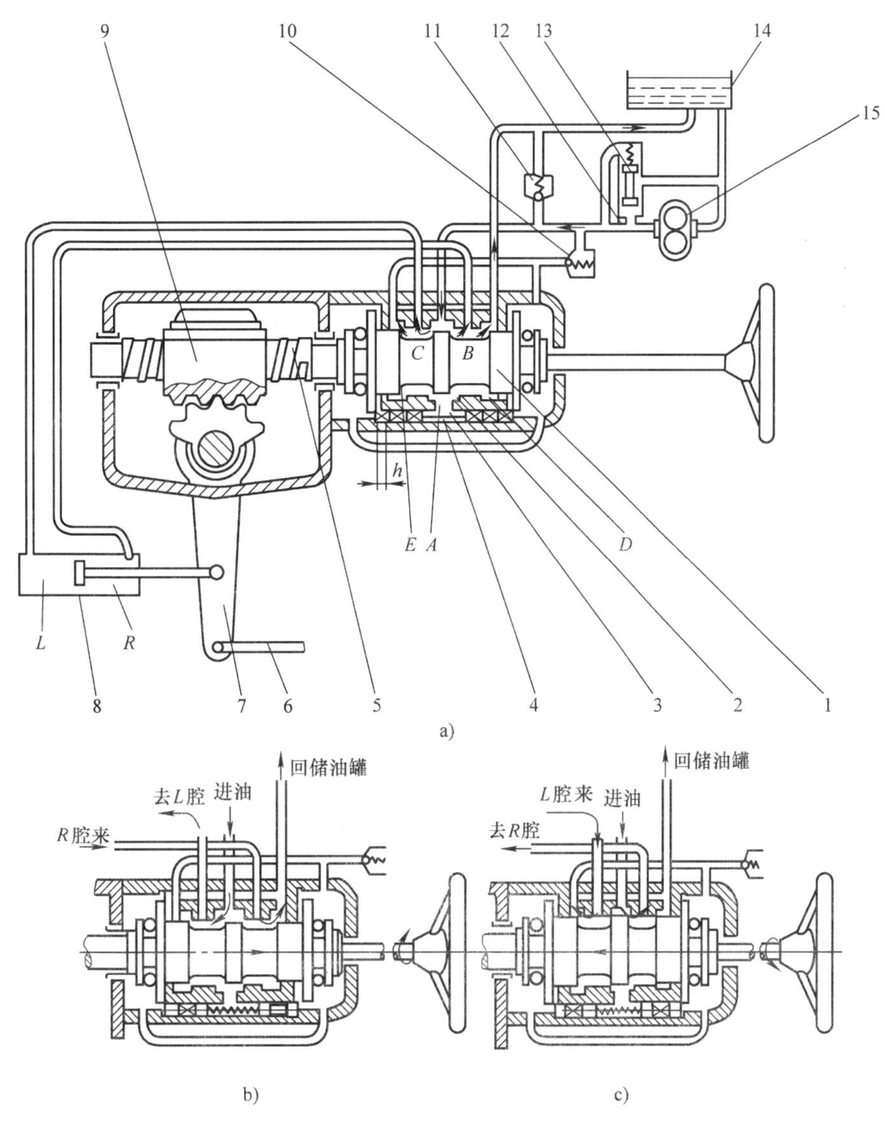

图 19-1　液压常流滑阀式动力转向装置

1—滑阀　2—反作用柱塞　3—滑阀复位弹簧　4—阀体　5—转向螺杆　6—转向直拉杆　7—转向摇臂　8—转向动力缸　9—转向螺母　10—单向阀　11—安全阀　12—节流孔　13—溢流阀　14—转向储油罐　15—转向泵

3 向右移动，消除左端间隙 h，如图 19-1b 所示。此时，环槽 C 与 E 之间、A 与 B 之间的油路通道被滑阀和阀体相应的槽肩封闭，而环槽 A 与 C 之间的油路通道增大，转向泵送来的油液自 A 经 C 流入动力缸的 L 腔，L 腔成为高压油区。R 腔的油液经环槽 B、D 及回油管流回储油罐 14，转向动力缸 8 的活塞右移，使转向摇臂 7 逆时针转动，从而起加力作用。

只要转向盘和转向螺杆 5 继续转动，加力作用就一直存在。当转向盘转过一定角度保持不动时，转向螺杆 5 作用于转向螺母 9 的力消失，但动力缸活塞仍继续右移，转向摇臂 7 继续逆时针方向转动，其上端拨动转向螺母，带动转向螺杆 5 及滑阀一起向左移动，直到滑阀 1 恢复到中间稍偏右的位置。此时，L 腔的油压仍高于 R 腔的油压，其压力差在动力缸活塞上的作用力用来克服转向轮的回正力矩，使转向轮的偏转角维持不动，这就是转向的维持过程。如转向轮进一步偏转，则需继续转动转向盘，重复上述全部过程。

松开转向盘，滑阀在回位弹簧 3 和反作用柱塞 2 上的油压的作用下回到中间位置，动力缸停止工作。转向轮在前轮定位产生的回正力矩的作用下自动回正，通过转向螺母 9 带动转向螺杆 5 反向转动，使转向盘回到直线行驶位置。如果滑阀不能回到中间位置，汽车将在行驶中跑偏。

当汽车左转向时，工作过程如图 19-1c 所示，同右转向。

在对装的反作用柱塞 2 的内端，复位弹簧 3 所在的空间在转向过程中总是与动力缸的高压油腔相通。此油压与转向阻力成正比，作用在柱塞 2 的内端。转向时，要使滑阀移动，驾驶人作用在转向盘上的力不仅要克服转向器内的摩擦阻力和复位弹簧的张力，还要克服作用在柱塞 2 上的油液压力。所以，转向阻力增大，油液压力也增大，驾驶人作用于转向盘上的力也必须增大，能使驾驶人感觉到转向阻力的变化情况，这种作用就是“路感”。

液压常流滑阀式动力转向系统结构复杂、体积大，所以大多应用于大型货车、客车和工程机械上，而小型汽车上主要应用的是液压常流转阀式动力转向装置。

2. 液压常流转阀式动力转向装置的工作原理

液压常流转阀式动力转向装置的基本组成如图 19-2 所示，也由转向泵、转向动力缸和转向控制阀等组成。

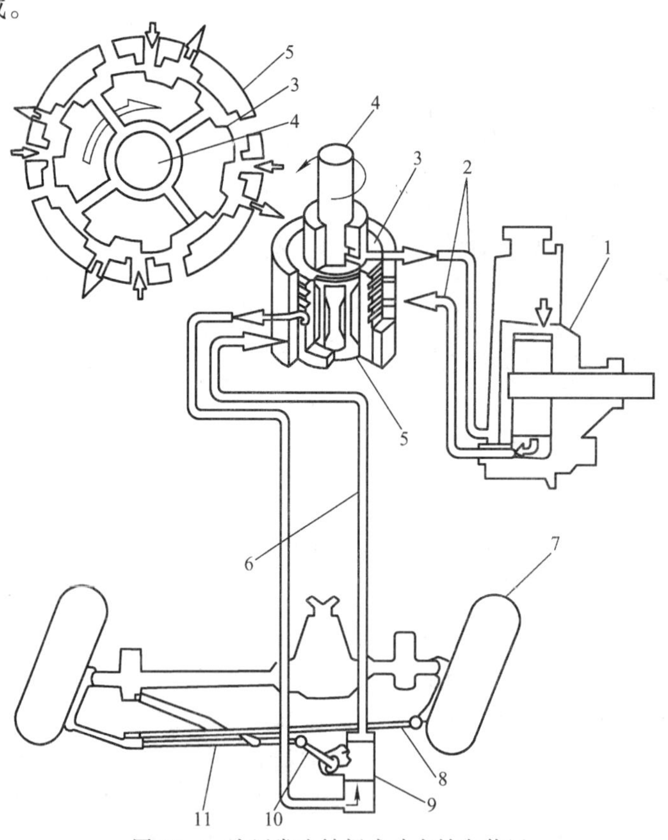

图 19-2　液压常流转阀式动力转向装置

1—转向泵　2—油管　3—阀体　4—阀芯　5—阀套　6—油管　7—车轮　8—转向拉杆
9—转向动力缸　10—转向摇臂　11—转向横拉杆

当汽车直线行驶时，转阀处于中间位置，如图 19-3a 所示。工作油液从转向器壳体的进油孔 *B* 流到阀体 5 的中间油环槽中，经过其槽底的通孔进入阀体 5 和阀芯 4 之间，此时阀芯处于中间位置。进入的油液分别通过阀体和阀芯纵槽和槽肩形成的两边相等的间隙，再通过阀芯的纵槽以及阀体的径向孔流向阀体外圆的上、下油环槽，通过壳体油道流到动力缸的左转向动力腔 *L* 和右转向动力腔 *R*。流入阀体内腔的油液在通过阀芯纵槽流向阀体上油环槽的同时，通过阀芯槽肩上的径向油孔流到转向螺杆和输入轴之间的空隙中，从回油口经油管回到储油罐中去，形成常流式油液循环。此时，上、下腔油压相等且很小，齿条—活塞既没有受到转向螺杆的轴向推力，也没有受到上、下腔因压力差造成的轴向推力，即齿条—活塞处于中间位置，动力转向器不工作。

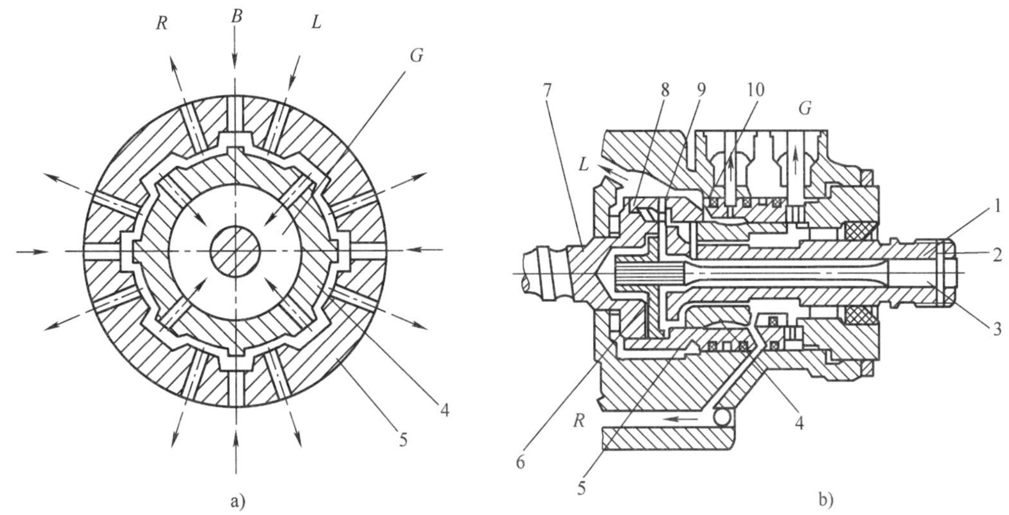

图 19-3　汽车直线行驶时转阀的工作情况

a）阀芯与阀体的相对位置　b）阀芯中的油流情况

R—接右转向动力缸　*L*—接左转向动力缸　*B*—接转向泵　*G*—接转向油罐　1、8、10—锁销

2—短轴　3—扭杆　4—阀芯　5—阀体　6—下端轴盖　7—转向螺杆　9—定位销

当汽车左转向时（右转向与此正相反），转动转向盘，短轴逆时针转动，通过下端轴销带动阀芯同步转动，同时弹性扭杆也通过轴盖、阀体上的销子带动阀体转动，阀体通过缺口和销子带动螺杆旋转，但由于转向阻力的存在，促使扭杆发生弹性扭转，造成阀体转动角度小于阀芯的转动角度，两者产生相对角位移，如图 19-4b 所示，造成通下腔的进油缝隙减小（或关闭），回油缝隙增大，油压降低；而上腔的情况与此正相反，油压升高。因此，上、下动力腔产生油压差，齿条—活塞在油压差的作用下移动，产生助力作用。

当转向盘转动后停在某一位置时，阀体随转向螺杆在液力和扭杆弹力的作用下，沿转向盘转动方向旋转一个角度，使之与滑阀的相对角位移量减小，上、下动力缸油压差减小，但仍有一定的助力作用，使助力转矩与车轮的回正力矩相平衡，车轮维持在某一转角位置上。

在转向过程中，若转向盘转动的速度快，阀体与阀芯的相对角位移量也大，上、下动力腔的油压差也相应加大，前轮偏转的速度也加快；转向盘转动得慢，前轮偏转得也慢；转向盘转到某一位置上不动，前轮也偏转到某一位置上不变。此即“快转快助，大转大助，不

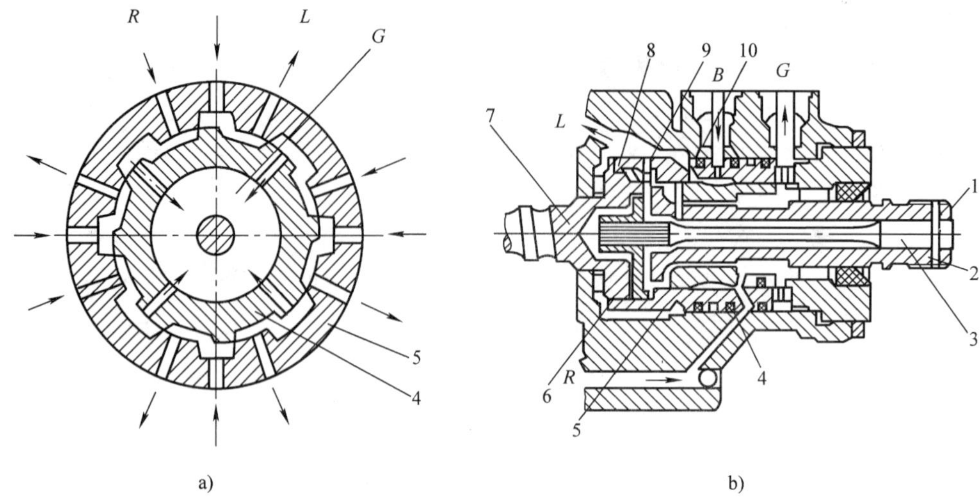

图 19-4　汽车左转向时转阀的工作情况
a）阀芯与阀体的相对位置　b）阀芯中的油流情况
（图注同图 19-3）

转不助”原理。

当转向后需回正时，驾驶人放松转向盘，阀芯在弹性扭杆作用下回到中间位置，失去了助力作用，转向轮在回正力矩的作用下自动回位。若驾驶人同时回转转向盘时，转向助力器助力，帮助车轮回正。

当汽车直线行驶偶遇外界阻力使转向轮发生偏转时，阻力矩通过转向传动机构、转向螺杆、螺杆与阀体的锁定销作用在阀体上，使之与阀芯之间产生相对角位移，动力缸上、下腔油压不等，产生与转向轮转向相反的助力作用，使转向轮迅速回正，保证了汽车直线行驶的稳定性。

当液压动力转向装置失效后，失去方向控制是非常危险的，所以一旦液压动力转向装置失效，该动力转向器将变成机械转向器，其动力传递路线与机械转向系统完全一致。

二、电动式动力转向系统

普通动力转向系统的助力特性是不变的，且与车速无关，这会导致停车及低速时转向盘操纵沉重，中速时较轻快，当车速增高时更加轻快。如果考虑停车及低速时的轻便性，则使高速时操纵力过小，路感下降，易出现转向过度。反之会使停车及低速时操纵力过大，转向沉重，效率下降。为了实现在各种行驶条件下转向盘上所需要的力都是最佳值，必须采用更先进的电子控制动力转向系统。

1. 电动式动力转向系统的组成

如图 19-5 所示，该系统通常由转矩传感器、车速传感器、电动机、电磁离合器、减速机构、电子控制单元等组成，各部件在车上的布置如图 19-6 所示。

2. 电动式动力转向系统的工作原理

当操纵转向盘时，装在转向轴上的转矩传感器不断测出转向轴上的转矩，并由此产生一个电压信号。该信号与车速信号同时输入电子控制单元，电子控制单元根据这些输入信号进

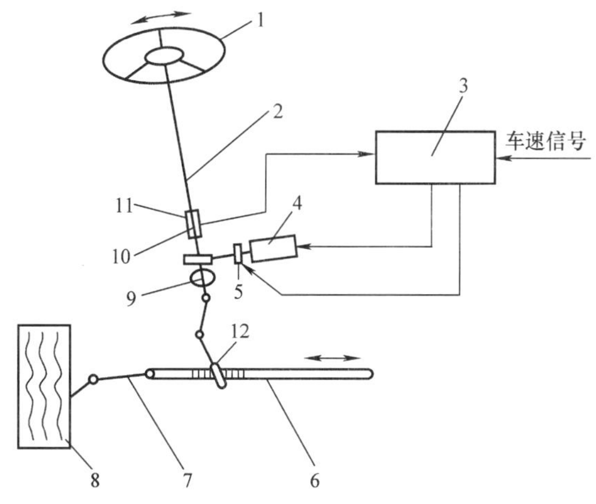

图 19-5　电动转向系统的组成

1—转向盘　2—输入轴（转向轴）　3—电子控制单元　4—电动机　5—电磁离合器　6—转向齿条　7—转向横拉杆　8—轮胎　9—输出轴　10—扭力杆　11—转矩传感器　12—转向齿轮

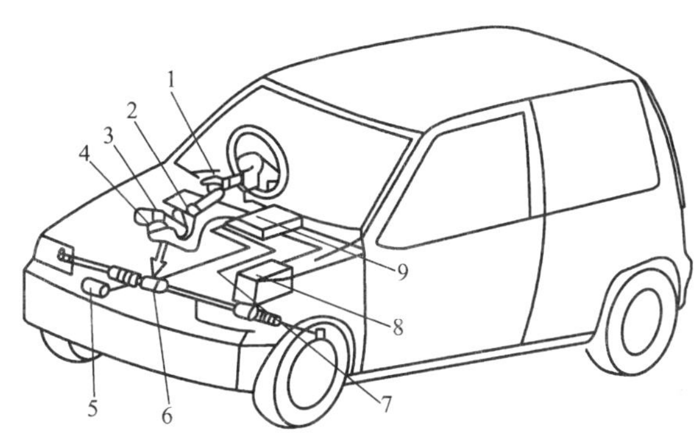

图 19-6　电动动力转向系统在车上的布置

1—车速传感器　2—转矩传感器　3—减速机构　4—电动机与离合器　5—发电机　6—转向机构　7—发动机转速传感器　8—蓄电池　9—电子控制单元

行运算处理，确定助力转矩的大小和转向，即选定电动机的电流和转向，调整转向的助力。电动机的转矩由电磁离合器通过减速机构减速增矩后，加在汽车的转向机构上，使之得到一个与工况相适应的转向作用力。

【项目实施】

任务　动力转向系统的拆装

一、任务目标

能够正确进行动力转向系统机构的拆装。

二、任务准备

工具准备：120 件套筒组合汽车维修工具 4 套。

物品准备：桑塔纳 2000 轿车专用转向器 4 台，桑塔纳 2000 轿车维修手册两本。

场地准备：汽车底盘实训车间，工作台 4 个。

分组：每个小组 4 ~ 6 人。

三、实践操作

1. 转向柱的拆装

（1）转向柱的拆卸　转向柱上装有一套组合开关，包括点火开关、前风窗刮水器及清洗器开关、转向灯开关及远、近光变光开关，因此在拆卸前必须将蓄电池电源线断开，将转向指示灯开关放在中间位置，并将车轮处在直线行驶位置，然后按下列步骤进行拆卸。

1）向下按橡胶边缘，撬出盖板。

2）取下喇叭盖，拆卸喇叭按钮及有关接线。

3）拆下转向盘紧固螺母，用拉拔器将转向盘取下。

4）拆下组合开关上的三个平口螺栓，取下开关。

5）拆下阻风门控制把手手柄上的销子，然后旋下手柄和环形螺母，取下开关。

6）拆下转向柱套管的两个螺钉，拆下套管。

7）将转向柱上段往下压，使上段端部法兰上的两个驱动销脱离转向柱下端，取出转向柱上段。

8）取下转向柱橡胶圈，松开夹紧箍的紧固螺栓，拆下转向柱下端。

9）用水泵钳旋转卸下弹簧垫圈，卸下左边的内六角螺栓，旋出右边的开口螺栓，拆下转向盘锁套。

（2）转向柱的检查　检查转向柱有无弯曲，安全万向节有无磨损或损坏，弹簧弹性是否失效，如有则应修理或更换新件。

（3）转向柱的安装　转向柱的安装应基本按与拆卸相反的顺序进行，但同时应注意以下几点：

1）转向柱与凸缘管应一起安装，并用水泵钳连接起来。

2）应将凸缘管推至转向机构主动齿轮上，夹箍圈口应向外，注意不可用手掰开夹箍。

3）转向柱管的断开螺栓装配时，应将螺栓拧紧至螺栓头断开为止，然后拧紧圆柱螺栓。

4）车轮应处于直线行驶位置，转向灯开关应处在中间位置，才可装转向盘，否则在安装转向盘时，当分离爪通过接触环上的簧片时，有可能造成损坏。

5）应更换所有的自锁螺母和螺栓，转向支柱如有损坏，不能焊接修理。

2. 动力转向器的拆装

（1）动力转向器的拆卸

1）吊起车辆，排放转向液压油（ATF 润滑油）。

2）拆下固定横拉杆的螺母，如图 19-7 所示。

3）拆卸左前轮罩处的转向器固定螺栓，如图 19-8 所示。

4）松开在转向控制阀外壳上的高压油管，如图 19-9 所示。

5）拆卸后横板上固定转向器的左边自锁螺母，如图 19-10 所示。

6）把车辆放下，拆卸紧固齿条与转向横拉杆的螺栓，如图 19-11 所示。

7）拆卸仪表板侧边下盖、通风管和踏板盖。

8）拆卸紧固转向小齿轮与下轴的螺栓（见图 19-12），并使各轴分开。

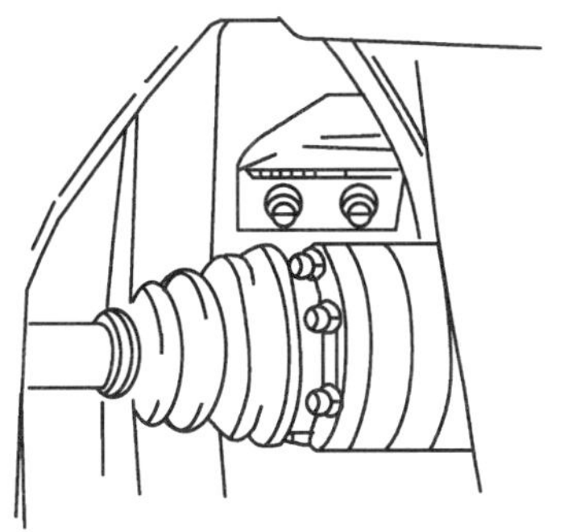

图 19-7　拆下横拉杆固定螺母

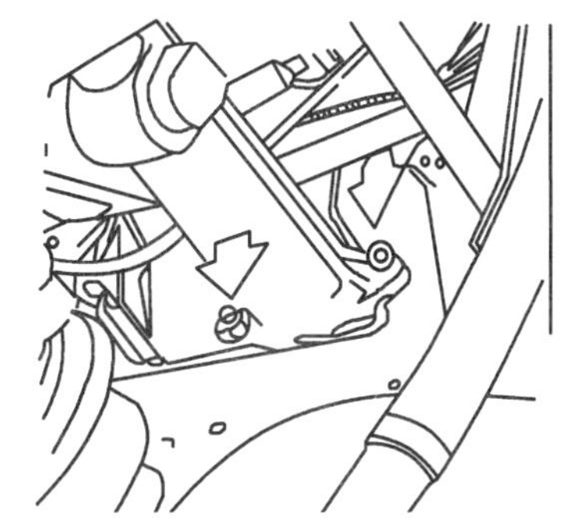

图 19-8　拆卸左前轮罩处的转向器固定螺栓

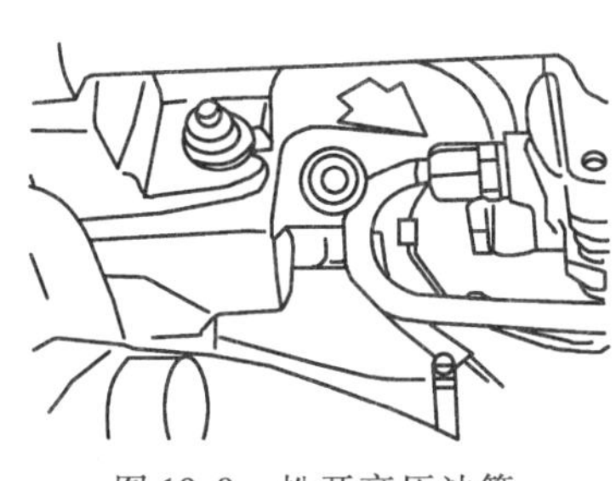

图 19-9　松开高压油管

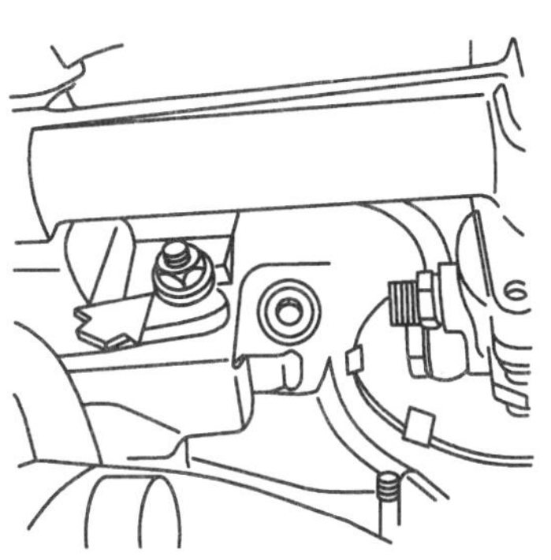

图 19-10　拆卸后横板上固定转向器的左边自锁螺母

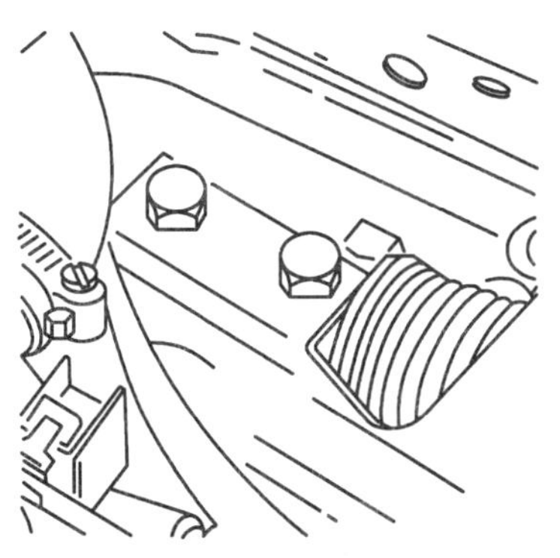

图 19-11　拆卸紧固齿条与转向横拉杆的螺栓

图 19-12　拆卸紧固转向小齿轮与下轴的螺栓

9）拆卸防尘套。从汽车内部拆卸固定转向控制阀外壳上回油软管的泄放螺栓，如图 19-13 所示。

10）拆卸后横板上转向器的固定自锁螺母，如图 19-14 所示。

11）拆下转向器。

（2）动力转向器的安装　安装时应注意，转向泵上和在转向控制阀上固定泄放螺栓的密封环只要被拆卸，就应该更换。

1）安装后横板的转向器，安装自锁螺母但不必完全将其拧紧。

2）吊起车辆。

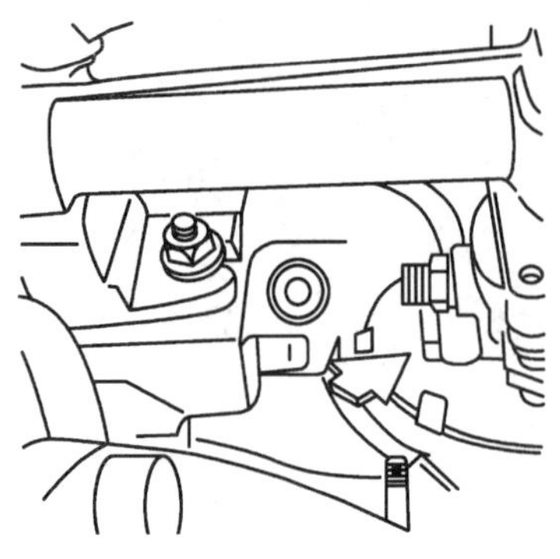

图 19-13　拆卸泄放螺栓

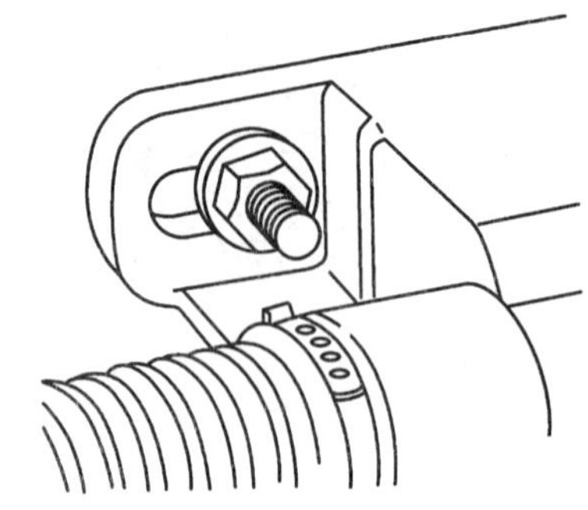

图 19-14　拆卸后横板上转向器的固定自销螺母

3）在转向泵上安装高压和回油软管，用 40N · m 的力矩拧紧螺栓，并使用新的密封圈；安装在左前轮罩上的转向器固定螺栓，用 20N · m 的力矩拧紧螺母；安装后横板上转向器的固定自锁螺母，用 40N · m 的力矩拧紧螺母；把高压管固定在转向控制阀外壳上，把车辆放下。

4）用 40N · m 的力矩拧紧后横板上转向器的固定螺母；安装横拉杆支架固定螺栓，并用 45N · m 的力矩将其拧紧；从车辆内部把回油软管安装在转向控制阀外壳上；安装保护网（防尘套）；连接下轴，安装固定螺栓并用 25N · m 的力矩将其拧紧；安装踏板盖、通风管和仪表板盖。

5）吊起车辆。

6）安装固定横拉杆支架的自锁螺母，并用 45N · m 的力矩将其拧紧。

7）把车辆放下。

8）向储油罐内注入 ATF 油，直到达到标有“Max”处。决不要再使用已排出的 ATF 油。

9）吊起车辆，在发动机停止的情况下转动转向盘数次，以便把系统中存在的空气排出，并补充 ATF 油，使之达到“Max”处。

10）起动发动机，完全向左和右转动转向盘，观察油面高度，一直操作到油面稳定在“Max”处为止。

3. 转向器齿轮密封圈的更换

（1）拆卸

1）拆卸转向器。把转向器固定在台虎钳上，并拆卸弯曲棒的锁销，如图 19-15 所示。

2）拆卸转向控制阀总成，如图 19-16 所示。

3）拆卸转向控制阀外壳的密封圈，如图 19-17 所示。

（2）安装

按与拆卸相反的顺序进行安装，使用专用工具 VW065 和塑料锤子，把新的密封圈安装在转向控制阀外壳上，如图 19-18 所示。

4. 转向泵的更换

转向泵的分解图如图 19-19 所示，拆卸和安装转向泵时均可参照此图进行。

（1）转向泵的拆卸

1）吊起车辆。

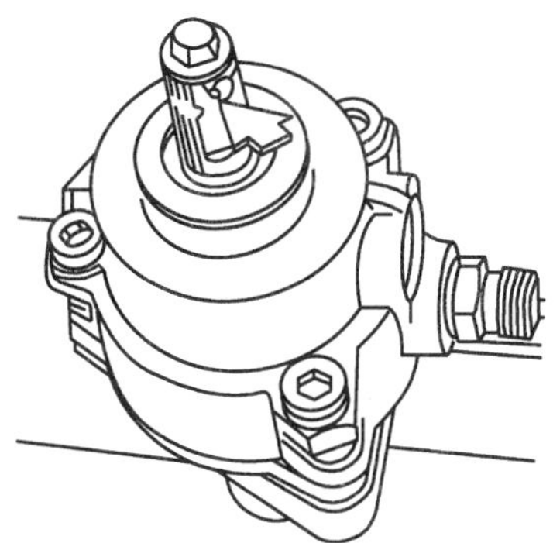

图 19-15　拆卸弯曲棒的锁销

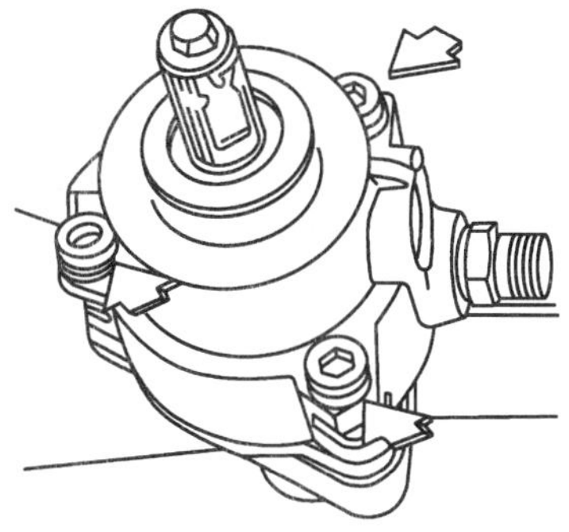

图 19-16　拆卸转向控制阀

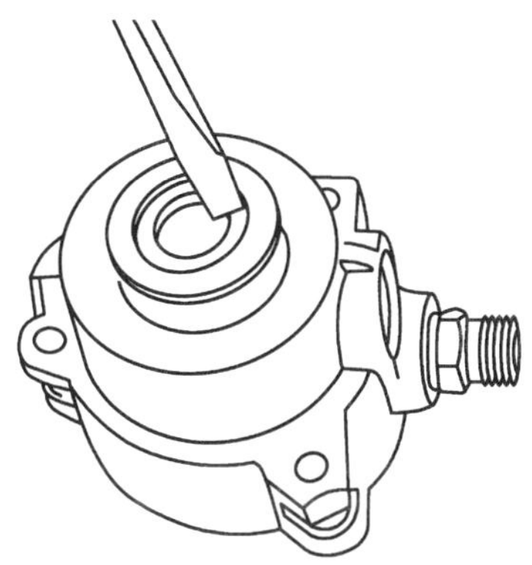

图 19-17　拆卸密封圈

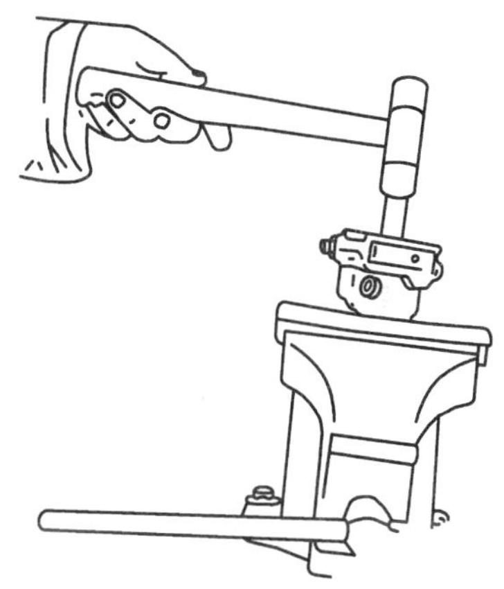

图 19-18　安装密封圈

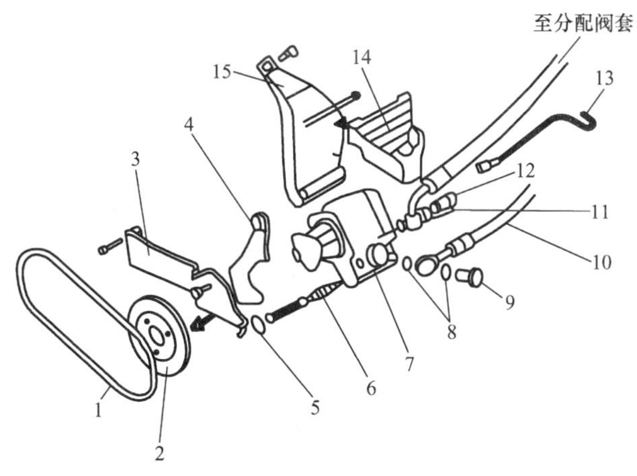

图 19-19　转向泵（叶轮泵）及其附件的分解图

1—V 带　2—带轮　3—夹紧夹板　4—前摆动夹板　5—密封环　6—压力和流量限制阀　7—叶轮泵　8—密封环　9、12—管接头螺栓　10—进油管　11—密封环　13、15—支架　14—后摆动夹板

2）拆卸转向泵上回油软管的高压软管的泄放螺栓（见图 19-20），排放 ATF 润滑油。

3）拆卸转向泵前支架上的张紧螺栓，如图 19-21 所示。

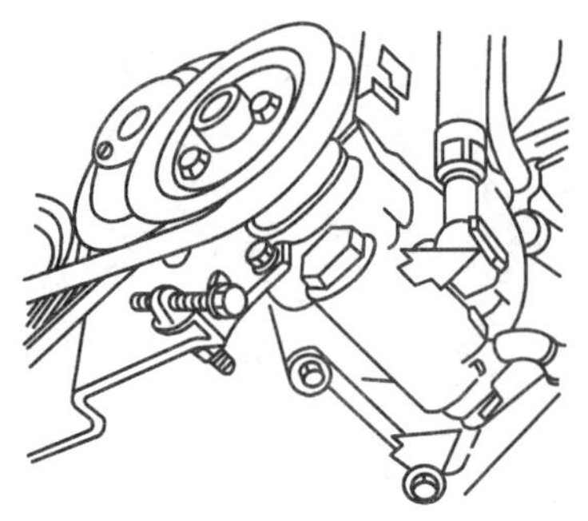
图 19-20　拆卸泄放螺栓

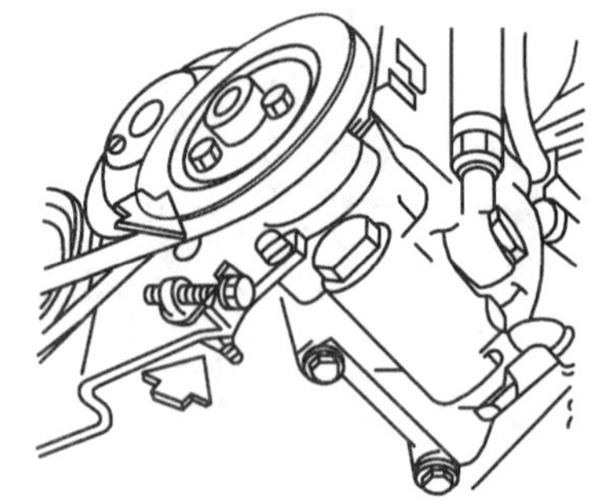
图 19-21　拆卸转向泵前支架上的张紧螺栓

4）拆卸转向泵后支架上的固定螺栓，如图 19-22 所示。

5）松开转向泵中心支架上的固定螺母和螺栓，如图 19-23 所示。

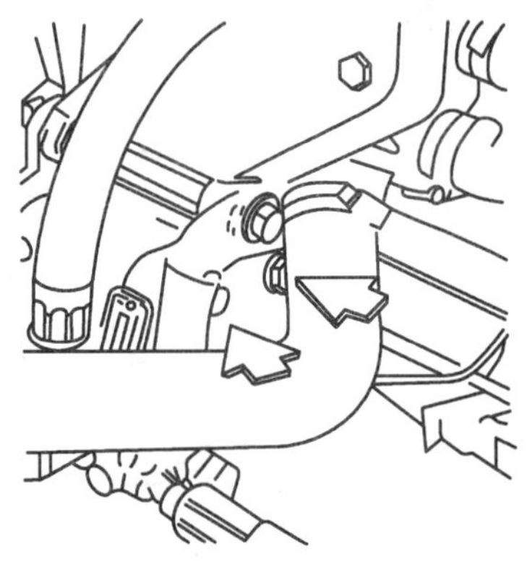
图 19-22　拆卸转向泵后支架上的固定螺栓

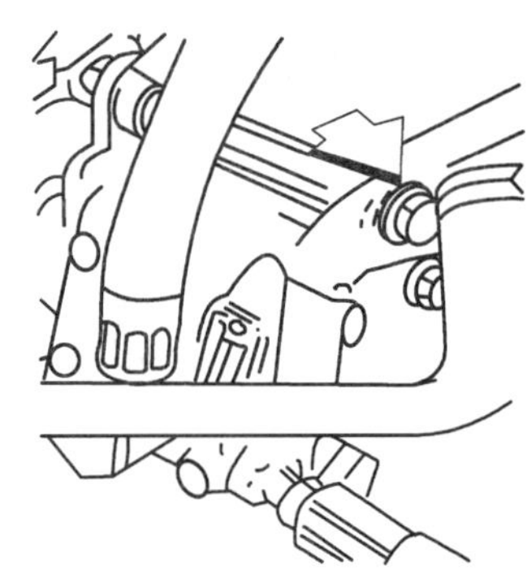
图 19-23　松开转向泵中心支架上的螺母和螺栓

6）把转向泵固定在台虎钳上，拆卸滑轮和中间支架。

（2）转向泵的安装

转向泵的安装顺序与拆卸顺序相反。转向泵安装完毕后应调整转向泵 V 带的张紧度，并加注 ATF 油液。

5. 储油罐的拆卸

松开储油罐的安装支架螺栓和储油罐进油、回油软管夹箍，从车上拆下储油罐，如图 19-24 所示。

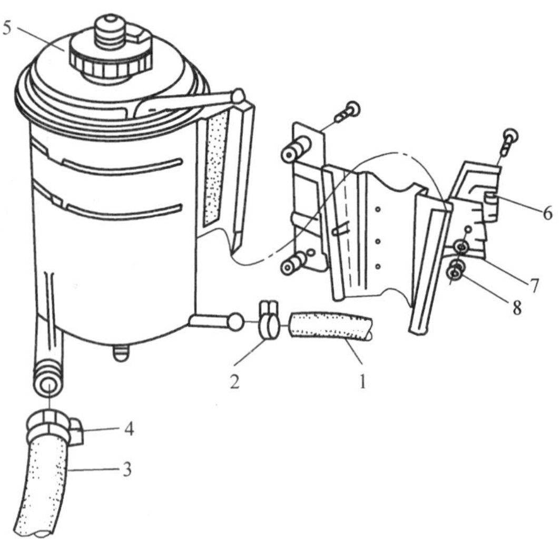

图 19-24　拆卸储油罐

1—回油软管　2、4—软管夹箍（拧紧力矩 1.0～1.5N · m）　3—进油软管　5—储油罐　6—储油罐支架　7—垫片　8—六角螺母 M6（拧紧力矩 6.0N · m ± 3N · m）

6. 转向泵 V 带的调整

1）松开转向泵支架上的后固定螺栓，如图 19-25 所示。

2）松开专用螺栓的螺母，如图 19-26所示。

3）通过张紧螺栓把 V 带绷紧，如图

19-27 所示。当用拇指压在 V 带中间处时，V 带应有 10mm 挠度为合适。

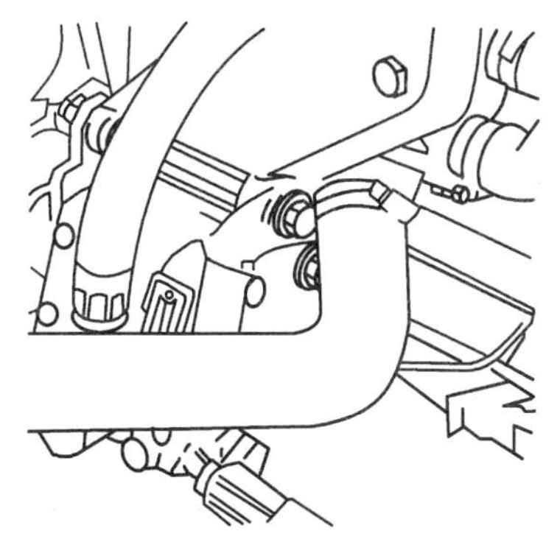

图 19-25　松开转向泵支架上的后固定螺栓

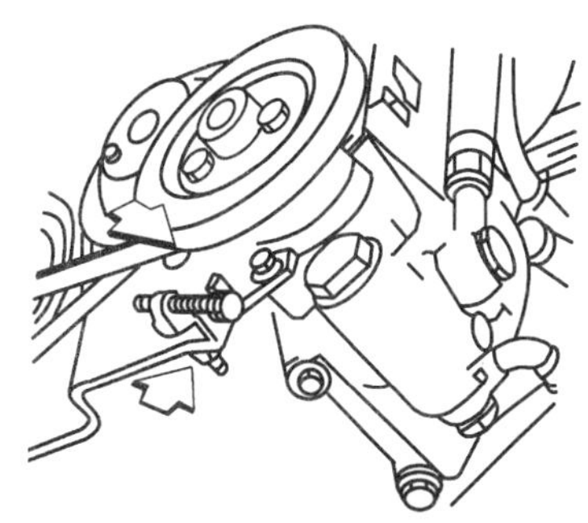

图 19-26　松开专用螺栓的螺母

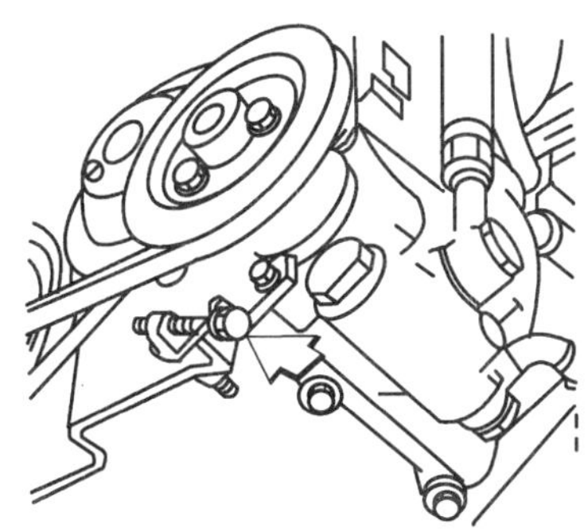

图 19-27　张紧 V 带

4）拧紧专用螺栓的螺母。拧紧转向泵支架上的固定螺栓。

四、任务评价

以小组为单位进行评价，根据分值的情况评出优秀、良好、一般等品质，任务评价标准见表 19-1。

表 19-1　任务评价标准

项次	项目任务	评价标准	分值	项目得分
1	认识汽车动力转向系	能认知动力转向系主要部件，说出名称及作用	5	
2	转向柱拆装	能按照正确步骤拆装转向柱，不损害其他部件	4	
3	动力转向器的拆装	要求掌握工程量的计算规则，并能正确计算工程量	6	
4	转向器齿轮密封圈的更换	能正确拆卸转向器，更换密封圈	4	
5	液压系统元件更换、调整	能进行液压油泵、储油罐的拆卸、转向油泵 V 带的调整	6	
6	5S 现场管理	常组织、常整顿、常清洁、常规范、常自律	5	

项目二十　制动器的认知

【学习目标】

1. 知识目标

1）能够说出汽车制动系统的功用。

2）能够说出盘式制动器的结构和特点。

3）知道制动器的工作原理。

4）能够分析制动系统主要部件的工作原理和连接关系。

2. 能力目标

1）具有识读汽车制动器装配图和零件结构图的能力。

2）能够识别不同类型制动器的零件。

3）正确使用相关专用工具，完成制动器的拆装任务。

【学时安排】

6 学时。

【理论知识】

汽车制动系统是保证汽车动力性能发挥和行车安全的最基本的系统。制动系统通常必须具备如下性能：保证汽车在行车过程中及时减速至安全停车；保证汽车在下长坡时具有稳定的车速，不使汽车速度越来越快；维持已停驶汽车的停驻。所有这些能力统称为汽车的制动性能。

一、制动系统概述

1. 制动系统组成

汽车制动系统一般都由车轮制动器和制动传动装置两部分组成，如图 20-1 所示。制动器是制动系统中用来产生阻碍车轮转动的作用的部件，汽车制动器有两种，分别是鼓式制动器和盘式制动器。传动装置是将驾驶人作用在踏板上的力传递到制动器的一系列部件，有机械式、液压式和气压式三种形式。液压制动系统传动装置包括制动主缸、真空助力装置和液压管路等。

2. 制动系统的类型

按功用不同，制动系统分为行车制动系统、驻车制动系统和辅助制动系统。从汽车制动系统的结构上看，一般至少设有行车制动系统和驻车制动系统两套各自独立的系统。

行车制动系统主要用于汽车行驶时的减速和停车，一般通过液压或气压将踏板力传到制动器，利用制动器内旋转件与固定件之间的机械摩擦作用，使旋转的车轮减速或停止转动。

驻车制动系统主要用于停车后防止汽车滑溜。

辅助制动系统主要用于汽车下长坡时稳定汽车的行驶速度。

3. 制动系统的工作原理

如图 20-2 所示，液压制动系统由液压操纵机构和鼓式车轮制动器两部分组成，操纵机构包括踏板、主缸、推杆、油管等部件；制动器主要由制动轮缸 6、制动鼓 8、制动蹄 10、

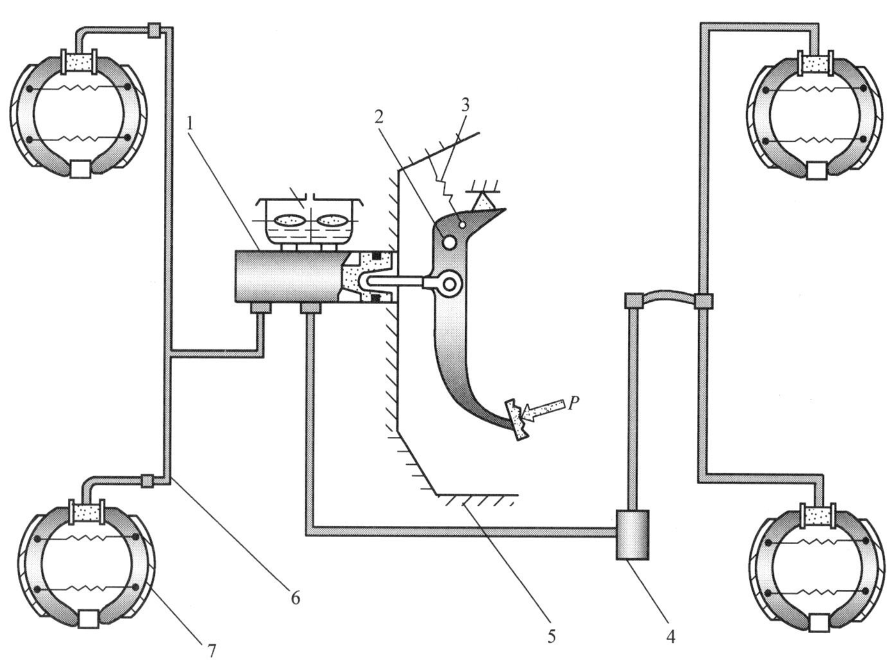

图 20-1 汽车液压制动系统示意图

1—制动主缸 2—制动踏板 3—回位弹簧 4—比例阀 5—地板 6—液压油管 7—车轮制动器

制动底板 11、回位弹簧 13 等部件组成。制动底板 11 是固定不动的，在制动底板上装有铆有摩擦片 9 的制动蹄 10、制动轮缸 6 和回位弹簧 13 等部件。制动蹄 10 的下端通过偏心支承销 12 安装在制动底板上，上端用回位弹簧 13 拉紧靠在轮缸活塞 7 上。制动轮缸 6 通过油管 5 与装在车架上的制动主缸 4 相通。

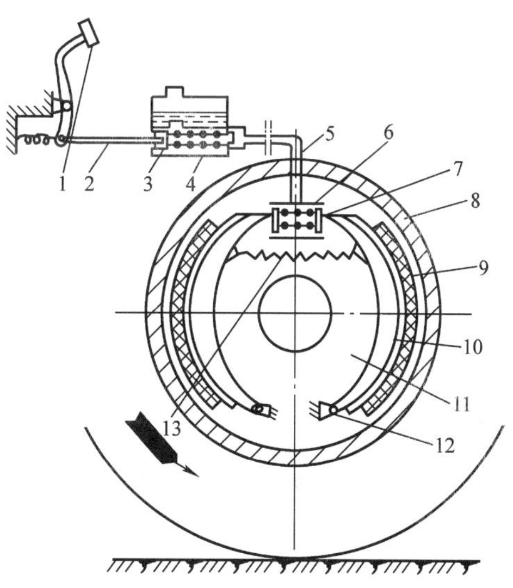

图 20-2 制动系统的工作原理图

1—制动踏板 2—推杆 3—主缸活塞 4—制动主缸 5—油管 6—制动轮缸 7—轮缸活塞 8—制动鼓 9—摩擦片 10—制动蹄 11—制动底板 12—偏心支承销 13—制动蹄回位弹簧

不制动时，制动蹄摩擦片的外圆面与制动鼓的内圆面保持有一定的间隙，使车轮能自由旋转。制动时，踩下制动踏板 1，制动踏板推动推杆 2 和主缸活塞 3 使制动主缸 4 内的油液产生一定压力后进入制动轮缸 6，推动轮缸活塞 7 使两制动蹄 10 的上端张开，消除与制动鼓 8 的间隙后紧压在制动鼓的内圆面上。这样，固定的制动蹄与旋转的制动鼓之间就产生一个与车轮旋转方向相反的摩擦阻力矩，迫使汽车迅速减速甚至停车。放松制动踏板后，在回位弹簧 13 的作用下，制动蹄与制动鼓的间隙又恢复，因而解除了制动。

4. 制动系统的布置

通常，中、低档轿车采用的液压制动系统前轴为盘式制动器，后轴为鼓式制动器，如图20-3所示；高档轿车通常两轴都采用盘式制动器；货车通常两轴都采用鼓式制动器。

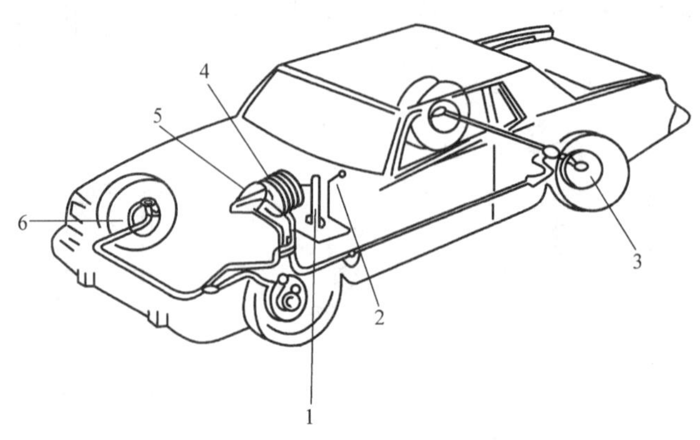

图 20-3　液压制动系统在车中的布置示意图

1—制动踏板　2—驻车制动杆　3—鼓式制动器　4—真空增压器　5—制动主缸　6—盘式制动器

5. 对汽车制动系统的要求

1）具有良好的制动效能。制动效能可以用制动距离、制动时间、制动减速度和地面制动力评价。

2）具有良好的制动效能恒定性。制动效能恒定性主要指制动器的抗热衰退性能。

3）制动稳定性好。制动时不能产生制动跑偏、制动侧滑或制动时失去转向能力的现象。

4）操纵轻便、灵敏，调整与维护便捷。

二、车轮制动器

车轮制动器就是将气压或液压压力转变为摩擦阻力矩，以迫使车轮减速或停转的装置。

车轮制动器主要由旋转元件和固定元件两部分组成，旋转元件与车轮连接，同车轮一起旋转；固定元件与车桥连接，固定不动。制动时，利用旋转元件与固定元件的摩擦，产生摩擦力矩。根据产生摩擦的工作表面不同，车轮制动器分为鼓式制动器和盘式制动器，如图20-4所示。盘式制动器的旋转元件为圆盘状的制动盘，工作表面是端面，如图20-4a所示；鼓式制动器的旋转元件为制动鼓，工作表面是圆柱面，如图20-4b所示。

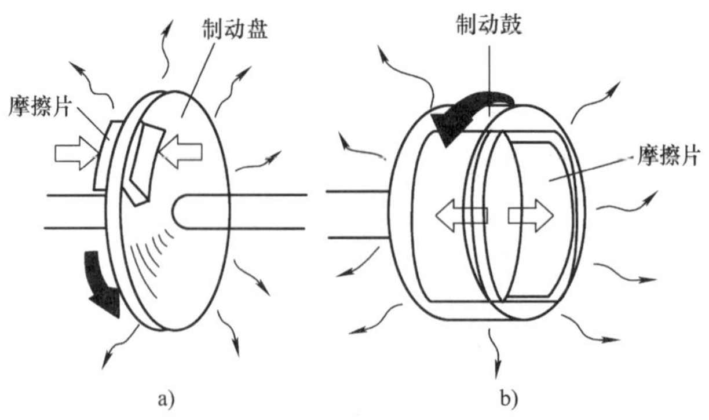

图 20-4　车轮制动器的类型

a）盘式　b）鼓式

1. 鼓式制动器

鼓式车轮制动器多为内张双蹄式，按张开装置不同，可分为液力轮缸张开式和气压凸轮张开式。下面以液力轮缸张开式为例，分析鼓式制动器的结构特点和工作过程及其类型。

（1）鼓式制动器的结构特点与工作原理　如图20-5所示，鼓式制动器主要由制动鼓、制动蹄、制动底板、轮缸和回位弹簧等组成。

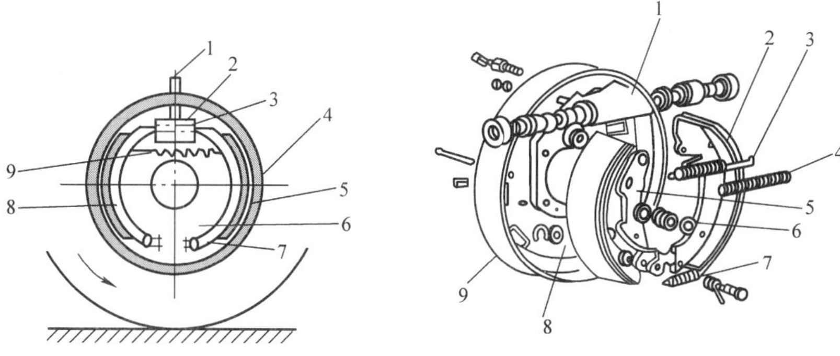

图20-5　鼓式制动器的结构与工作原理示意图

1—轮缸　2—制动蹄　3—回位弹簧　4—调节弹簧　5—调节杠杆　6—调节弹簧　7—下蹄回位弹簧　8—制动底板　9—制动鼓

1）制动鼓通常用铸铁制成。制动时，制动蹄压向制动鼓内表面产生摩擦力。

2）鼓式制动器有两个制动蹄，朝向车轮前进方向的称为第一蹄，与其相对应的称为第二蹄。制动蹄由摩擦衬片、腹板和凸缘组成，凸缘焊接到腹板上为摩擦衬片提供稳定的表面；腹板的厚度根据制动器制动力大小有所不同；摩擦衬片由含有阻热纤维的非金属材料制成，通过铆接或粘接的方式与腹板连接。

3）制动底板为制动蹄和有关部件提供基座，一般用螺栓联接或焊接将底板固定在桥壳上。

4）轮缸把由制动主缸提供的制动液压力转变成车轮制动器的机械力。

制动器不工作时，制动鼓的内圆柱工作面与制动蹄摩擦衬片之间保留一定的间隙，即为制动摩擦副的间隙，通常也称为制动间隙。由于制动间隙的存在，制动鼓可以随车轮自由旋转。制动时，驾驶人踩下制动踏板，通过液压制动传动装置，使制动油液进入制动工作缸，推动工作缸活塞克服回位弹簧的拉力，使制动蹄绕支承销转动而张开，消除制动蹄与制动鼓之间的间隙后压紧在制动鼓上。这样，不旋转的制动蹄摩擦衬片相对旋转着的制动鼓就产生一个摩擦力矩，阻碍了车轮的旋转。摩擦力矩的大小取决于工作缸的张开力、摩擦因数及制动鼓内径的大小。当放松制动踏板时，在回位弹簧的作用下，制动蹄被拉回原位，摩擦力矩和制动力消失，制动蹄与制动鼓的间隙得以恢复，从而解除制动。

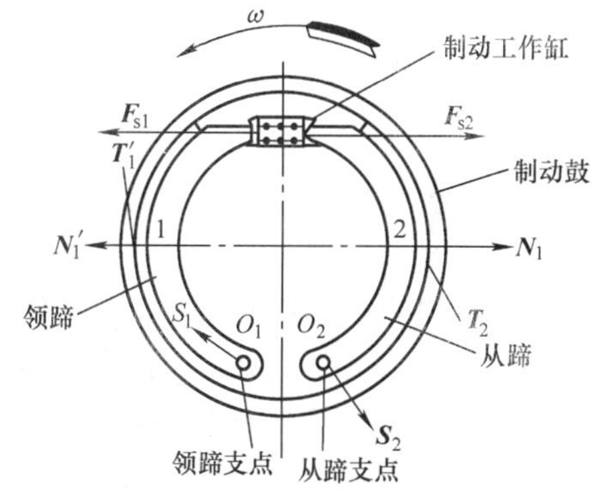

图20-6　鼓式制动器工作受力分析

（2）鼓式制动器的类型　图20-6所示为鼓式车轮制动器制动过程中的作用力分析示意图。汽车前进时，制动鼓的旋转方向如箭头所示（逆时针方向）。在制动过程中，两蹄在相等的促动力 F_S 的作用下，分别绕各自的支承点紧压在制动鼓上。制动蹄 1 张开时的旋转方向（逆时针方向）与制动鼓的旋转方向相同；制动蹄 2 张开时的旋转方向（顺时针方向）与制动鼓的旋转方向相反。旋转着的制动鼓对两制动蹄分别作用着法向压力 N_1 和 N_2 以及相应的切向作用力 T_1 和 T_2，两蹄受到的这些力分别被各自支点的支持力 S_1 和 S_2 所平衡。由图可见，制动蹄 1 上的切向合力 T_1 形成的以 O_1 为支点的力矩使该蹄在制动鼓上压得更紧，即力 N_1 变得更大，从而使 T_1 也更大，这表明制动蹄 1 具有“增势”作用，具有这种属性的制动蹄称为领蹄或增势蹄。与此相反，切向合力 T_2 以 O_2 为支点的力矩则使蹄 2 有放松制动鼓的趋势，即有使 N_2 和 T_2 本身减小的趋势，故该蹄具有“减势”作用，具有这种属性的制动蹄称为从蹄或减势蹄。

鼓式制动器因制动蹄支承点设置不同有多种结构形式，如图 20-7 所示，分别被称作领从蹄式、双领蹄式、双从蹄式、双向双领蹄式、单向自增力式和双向自增力式等，其区别在于制动蹄的设置方式各异，由此导致左右两制动蹄上获得的摩擦效果以及汽车所能得到的制动性能不同。

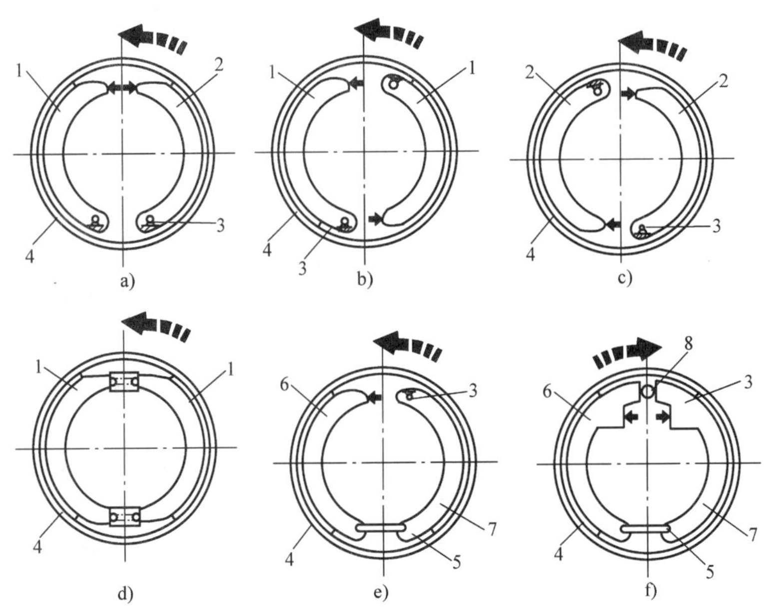

图 20-7 各种鼓式制动器形式示意图

a）领从蹄式 b）双领蹄式 c）双从蹄式 d）双向双领蹄 e）单向自增力式 f）双向自增力式

1—领蹄 2—从蹄 3—固定支承销 4—制动鼓 5—传力杆 6—第一制动蹄 7—第二制动蹄 8—双向支承销

（3）鼓式制动器制动间隙的调整 制动蹄在不工作的原始位置时，其摩擦衬片与制动鼓之间应该保持合适的间隙，其设定值由汽车制造厂规定，一般为 0.25 ~ 0.5mm。制动间隙过小，不易保证彻底解除制动，易造成摩擦片快速磨损；制动间隙过大，又会造成制动延迟，使制动力矩减小。但在制动器工作过程中，由于摩擦片的磨损，制动间隙将逐渐增大。因此，任何形式的制动器在结构上必须保证有检查和调整制动间隙的可能。

制动间隙的调整有手动调整和自动调整两种方法。

1）手动调整。一般采用手动方法调整鼓式制动器的制动间隙，在其腹板外边开有一个检查孔，以便用塞尺检查摩擦片与制动鼓之间的间隙值是否符合规定值，否则要对其进行调整。

① 转动调整凸轮和带偏心轴颈的支撑销。如图 20-8 所示，按图中方向转动调整凸轮，使制动蹄绕支撑销的偏心轴颈向外旋转，以减小制动蹄与制动鼓之间的间隙。

② 转动调整螺母。有些制动器的轮缸两端面制有调整螺母，如图 20-9 所示。调整时，用旋具拨动调整螺母，使制动蹄上端靠近或远离制动鼓，从而调整制动间隙。制动间隙调整好以后，要用锁片插入调整螺母的齿槽中，锁定调整螺母。

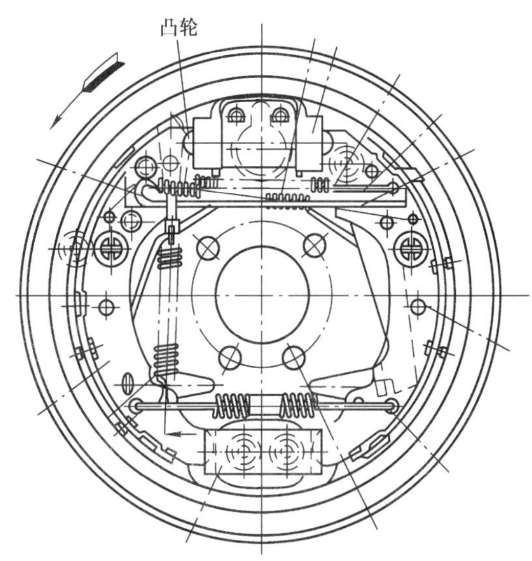

图 20-8 转动调整凸轮和带偏心轴颈的支撑销

③ 调整可调顶杆。在自增力制动器中，两制动蹄下端支撑在可调顶杆上，其结构如图 20-10 所示。可调顶杆由顶杆体、调整螺钉和顶杆套组成。调整制动间隙时，用旋具拨动调整螺钉，以改变顶杆长度，从而改变制动蹄与制动鼓之间的间隙。

2）自动调整。图 20-11 所示为典型的拉索式自动调整制动间隙的制动器示意图，其调节器一般安装在第二蹄上，当制动蹄远离制动鼓且倒车制动时才能起作用。简单地说，拉索式自动调整装置是在手动式调整

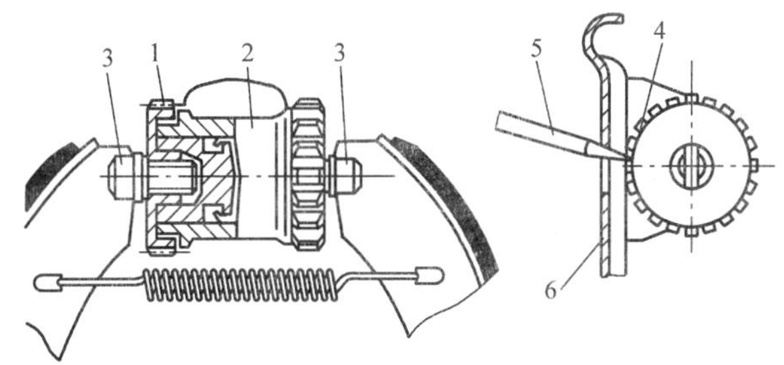

图 20-9 转动调整螺母

1—调整螺母 2—轮缸 3—可调支座 4—齿槽 5—旋具 6—制动底板

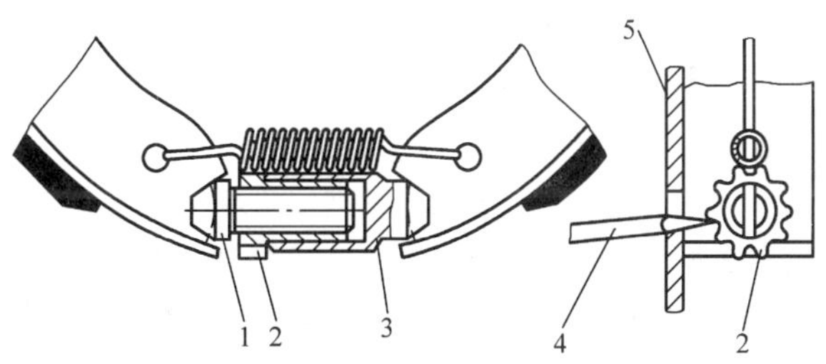

图 20-10 调整可调顶杆

1—调整螺钉 2—顶杆套 3—顶杆体 4—旋具 5—制动底板

顶杆的基础上演变而来的，只不过调整顶杆的调整螺钉不再由人工拨动，而是通过拉索、杠杆、棘轮等一套机构自动完成。如图20-11所示，拉索上端通过连接环固定于制动蹄的支撑销上，由通过拉索导板的拉索操纵调整杠杆，调整杠杆以其中部的弯舌支撑于制动蹄腹板上，其另一个弯舌（棘爪）插入调整螺钉棘轮的齿间。倒车制动时，调整杠杆的支点随制动蹄下移，而其弯舌则沿行星轮齿廓上升。

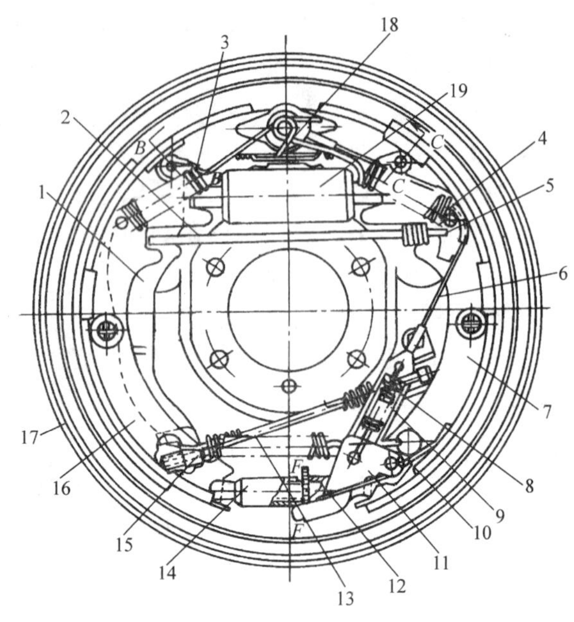

图20-11　拉索式自动调整制动间隙的制动器示意图

1—驻车制动杠杆　2—驻车制动推杆　3—回位弹簧　4—推杆弹簧　5—自调拉索导向板　6—自调拉索　7—后制动蹄　8—弹簧支架　9—自调拉索弹簧　10—自调拨板回位弹簧　11—自调拨板　12—可调顶杆套　13—调整螺钉　14—可调顶杆体　15—拉紧弹簧　16—前制动蹄　17—制动底板　18—自调拉索吊环　19—制动轮缸

2. 盘式制动器

盘式制动器按夹钳形状不同可分为钳盘式制动器和全盘式制动器。全盘式制动器摩擦副的固定元件和旋转元件都是圆盘形的，分别称为固定盘和旋转盘，其结构原理与摩擦离合器相似，只在少数重型汽车上采用。钳盘式制动器的旋转元件为金属盘，以端面为工作面，主要由制动盘、制动钳、轮缸和油管等组成；固定元件是制动钳，利用摩擦衬块从两侧夹紧与车轮共同旋转的制动盘，产生制动作用。

（1）钳盘式制动器的结构与工作原理　由于夹钳的工作方式不同，钳盘式制动器可分为定钳式和浮钳式两种结构类型，如图20-12所示。

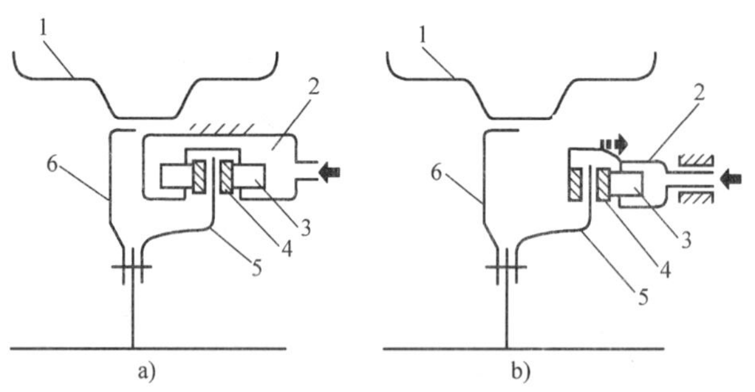

图20-12　钳盘式制动器示意图

a）定钳式　b）浮钳式

1—轮毂　2—制动钳　3—活塞　4—制动衬块　5—制动盘　6—轮辋

1）定钳式制动器的制动夹钳固定安装在底板上，如图20-12a所示，制动盘每侧设有制动衬块和轮缸。制动时，制动液进入卡钳壳体内，推动制动盘两端轮缸内的活塞向制动盘移动，活塞则推动制动衬块压紧制动盘，使车轮停止转动。该结构形式的缺点是：油缸较多，使制动钳结构复杂；油缸分置于制动盘两侧，必须使用跨越制动盘的钳内油道或外部油管来连通，这必然使得制动钳的尺寸过大；热负荷较大时，油缸（特别是外侧油缸）和跨越制动盘的油管或油道的制动液容易受热汽化。

2）浮钳式制动器的制动钳可相对于制动盘移动，如图 20-12b 所示，只在制动盘的内侧设置油缸，外侧的制动衬块装在钳体内，制动卡钳的钳体靠两个销子安装在转向节上，允许卡钳沿销子轴向滑动，制动盘两侧都有摩擦块。制动时，活塞推动内侧摩擦块靠到制动盘上，与活塞运动方向相反的力则推动卡钳体沿销子移动，使外侧摩擦块与制动盘的另一侧接触，完成制动。活塞上有橡胶密封圈，在制动时变形，解除制动时便回复原状。浮钳式制动器是单侧油缸结构，不需要跨越制动盘的油道，故不仅轴向和径向尺寸较小，而且制动液受热汽化的机会较少。

（2）盘式制动器制动间隙的自动调整　盘式制动器制动间隙 δ 的自动调整是利用密封圈的弹性变形来实现的。如图 20-13 所示，密封圈内圈与活塞外圈是较紧配合，制动时，活塞被压向制动盘，密封圈随即发生弹性变形；解除制动时，密封圈恢复原状。制动盘与摩擦衬块因多次制动磨损后，制动间隙将逐渐增大。当制动间隙超过活塞的行程时，活塞在制动液压力的作用下克服密封圈的摩擦阻力，能继续前移直至达到完全制动为止。活塞与密封圈之间这一不可恢复的相对位移，补偿了由于磨损而产生的过量间隙，即对制动间隙进行了自动调整，保证了制动的可靠性。

3. 驻车制动器

鼓式制动器中的驻车制动装置布置在鼓式制动器内，如图 20-14 所示，驻车制动杠杆 3 的上部以铰链与右制动蹄 2 连在一起，驻车制动杠杆的内部支靠在驻车制动推杆 4 的凹槽中，驻车制动推杆通过两端的凹槽支承在左右两制动蹄之间。当驾驶人通过驻车制动手柄和驻车制动传力装置拉动驻车制动杠杆 3 的下端时，杠杆将以其上部铰链点为支点，推动驻车制动推杆左移，进而推动左制动蹄 5 向左靠在制动鼓 1 上。同时，驻车制动杠杆又会以驻车制动推杆的右端为支点，继续顺时针转动，驻车制动杠杆上部铰链点将推动右制动蹄向右张开，并抵靠在制动鼓上，从而实现驻车制动。

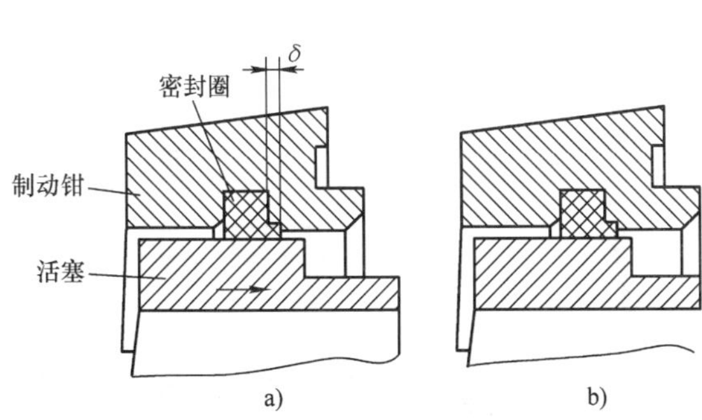

图 20-13　盘式制动器制动间隙自动调整原理示意图
a）制动状态　b）不制动状态

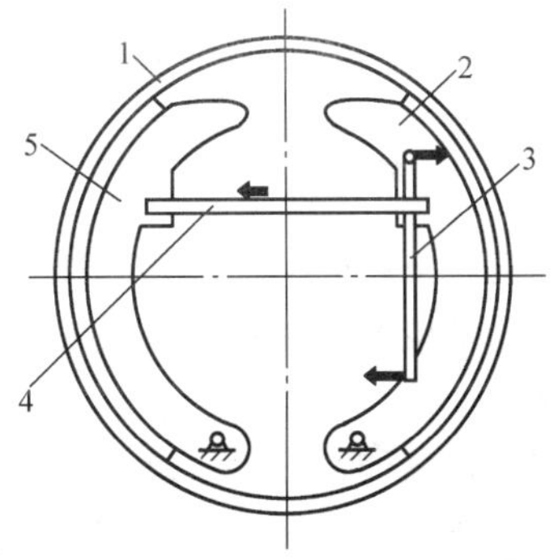

图 20-14　鼓式制动器中的驻车制动装置
1—制动鼓　2—右制动蹄　3—驻车制动杠杆
4—驻车制动推杆　5—左制动蹄

三、液压制动系统

液压制动系统是利用制动油液将制动踏板力转换为油液压力，通过管路传至车轮制动器，再将油液压力作用到制动块或制动蹄上，产生制动作用。

1. 液压制动系统的类型

液压制动系统按制动管路布置的不同可分为单回路液压制动系统和双回路液压制动系统。

1）单回路液压制动系统如图20-15所示，制动主缸只有一个输出口，与轮缸之间通过油管连接，并充满制动液。

2）双回路液压制动系统有两套独立的液压回路。图20-16所示为前/后分立式双回路液压制动系统示意图，由双腔主缸通过两套独立回路分别控制前、后车轮制动器。图20-17所示为对角分立式双回路液压制动系统示意图，利用双腔主缸通过两套独立的液压回路分别控制前、后车轮制动器，一个回路控制左前轮和右后轮，一个回路控制右前轮和左后轮。

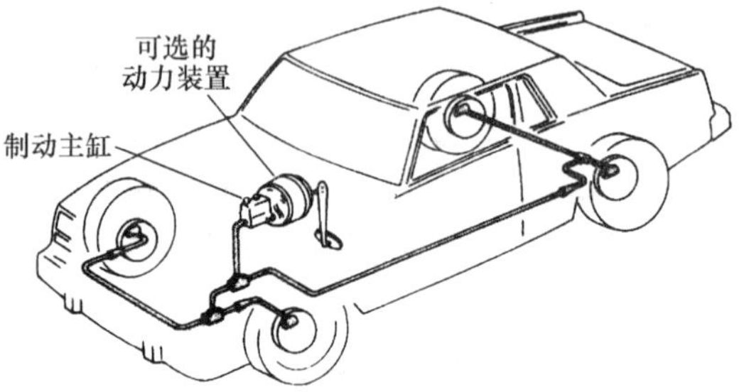

图20-15　单回路液压制动系统示意图

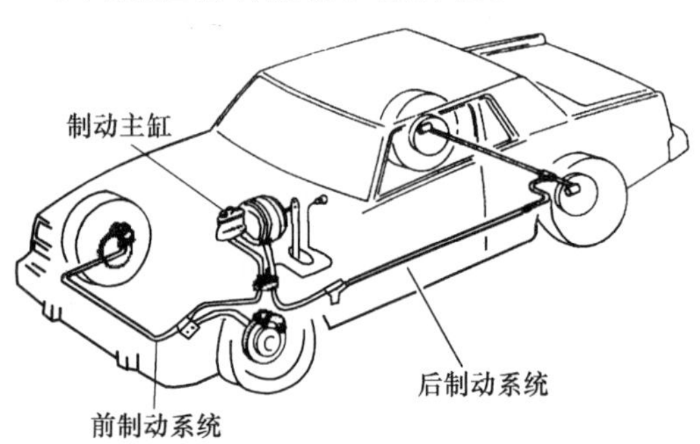

图20-16　前/后分立式双回路液压制动系统

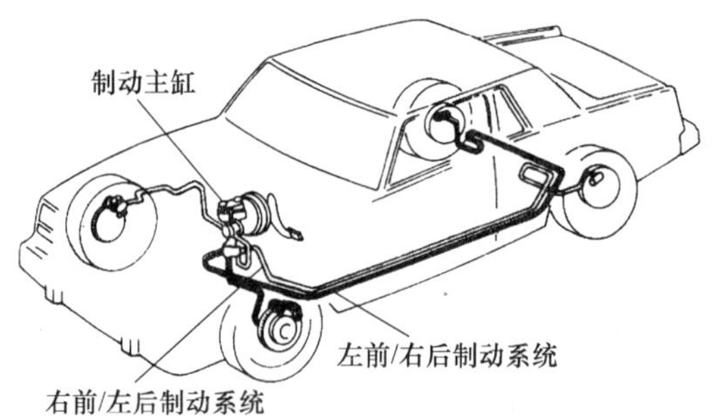

图20-17　对角分立式双回路液压制动系统示意图

2. 液压制动系统的组成与工作原理

液压制动系统的基本组成如图20-18所示，主要包括制动主缸、制动轮缸和液压管路。制动时，驾驶人所施加的控制力通过制动踏板2传到制动主缸1，制动主缸活塞的运动使得制动主缸与制动轮缸之间的油液体积减小，制动油液压力增高，油液的这种压力通过油管4传入前、后制动轮缸3和5，推动轮缸中的工作活塞，液压能转变为机械能，促使制动器进入工作状态。放开制动踏板后，制动主缸活塞在回位弹簧的作用下回到原始位置，油路中液压消失，摩擦衬片和轮缸活塞在回位弹簧的作用下回位，将制动液压回主缸，制动作用消除。

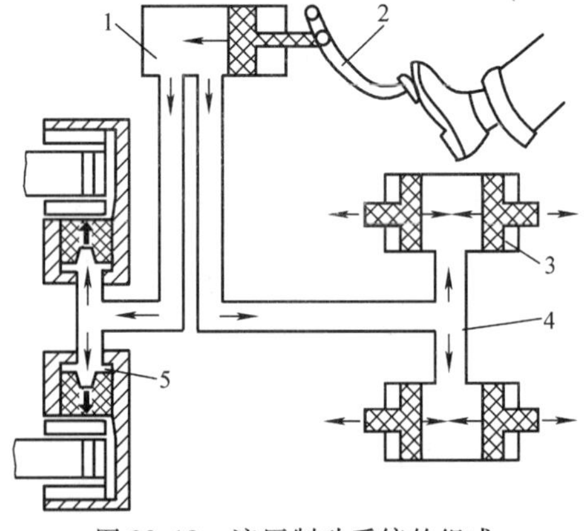

图20-18　液压制动系统的组成

1—制动主缸　2—制动踏板　3—后轮制动轮缸　4—油管　5—前轮制动轮缸

3. 液压制动系统主要部件的结构特点

(1) 制动主缸　制动主缸是液压制动系统中最重要的部件之一，其作用是将驾驶人作用的力转变为制动液的油压。通常制动主缸和储液罐制成一体，如图 20-19 所示，储液罐通过旁通孔 6 和补偿孔 5 与制动主缸相通。

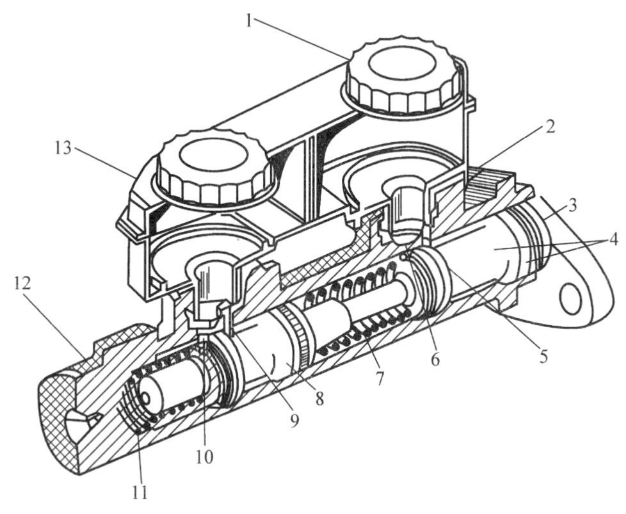

图 20-19　双活塞主缸结构示意图

1—盖　2—补偿孔密封圈　3—推杆座　4—第一活塞　5—补偿孔　6—旁通孔　7—第一活塞回位弹簧　8—第二活塞　9—第二活塞补偿孔　10—旁通孔　11—第二活塞回位弹簧　12—缸体　13—储液罐

主缸内的活塞的形状如图 20-20 所示，中间比较细，一端有密封圈，防止制动液泄漏，另一端是带有皮碗的活塞头，皮碗有柔性唇缘紧贴在主缸壁上，既可以密封活塞前面腔中的制动液，也能弯曲让活塞后腔中的制动液通过周边流向前腔，如图 20-21 所示。

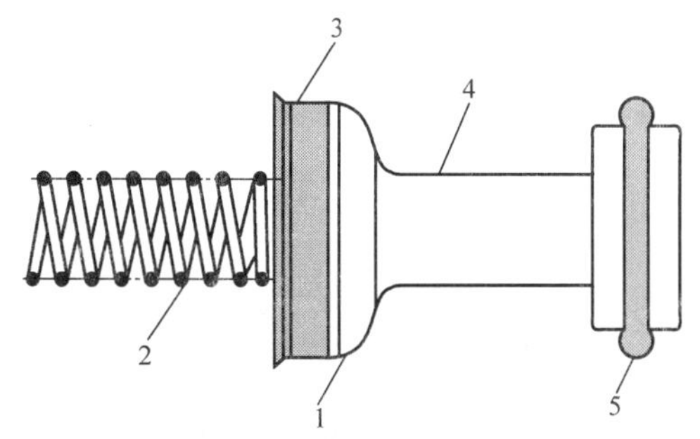

图 20-20　制动主缸活塞示意图

1—活塞头　2—弹簧　3—皮碗
4—线轴区　5—密封圈

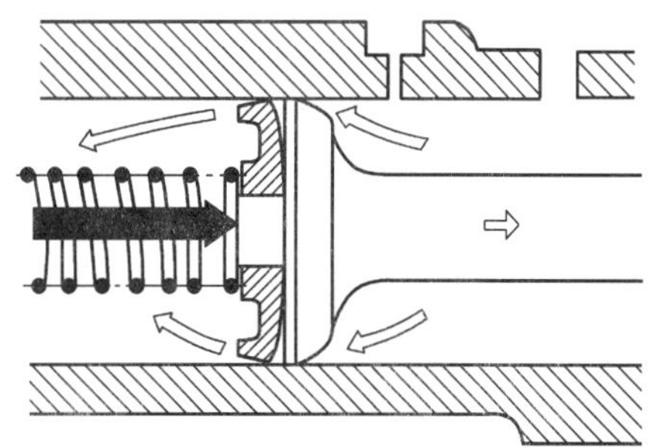

图 20-21　皮碗变形使制动液流过

制动时，驾驶人踩下制动踏板，推杆向前推动主缸活塞，活塞带动皮碗一起向前移动，当补液孔被盖住时，具有一定压力的制动液体将被输送到车轮制动器，使制动器工作。解除制动后，主缸内的回位弹簧迫使活塞迅速移回原位，活塞移动的速度快于制动液流回主缸的速度。为了避免活塞移动时在其前腔产生低压区而影响活塞的回位速度，必须在活塞移动时适时地为活塞前腔补充制动液，图 20-21 所示为向低压区补充制动液的通道，储液罐中的制动液通过排液孔流到活塞后腔，如图 20-22 所示。

活塞回到静止位置后，制动液通过补充孔充满活塞前腔，皮碗再次密封住活塞头部。

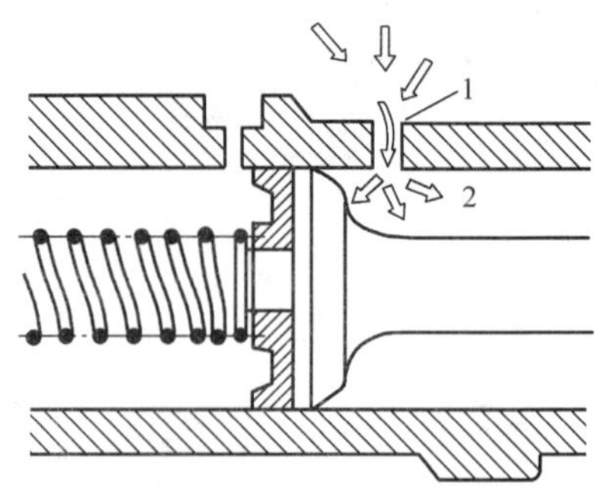

图 20-22　制动液流向活塞后腔
1—排液孔　2—活塞后腔

排液孔还有另一个作用是：当车轮制动器磨损，需要更多的制动液补充时，储液罐中的制动液可从排液孔、活塞头部、皮碗流到活塞前腔，自动补偿需要的制动液量。

双活塞主缸的储液罐有两个独立的储液室，分别为两个液压回路提供制动液。主缸体内有两个串联的活塞，每个活塞上方都有补液孔和排液孔，提供两个独立的液压回路。两个活塞不是刚性连接，而是通过回位弹簧连接，如图 20-19 所示。踩下制动踏板时，推杆向前移动，使第一个活塞向前移动，活塞前端的油液是不可压缩的，因此推动第二个活塞移动。当两个活塞分别关闭各自的补液孔时，具有压力的制动液通过两个系统把力传递到制动器。

（2）制动轮缸　制动轮缸的功用是将主缸传来的液力转变为使制动蹄张开的机械推力。由于车轮制动器的结构不同，轮缸的数目和结构形式也不同，通常分为双活塞式和单活塞式两类。

图 20-23 所示为双活塞式制动轮缸。缸体 3 用螺栓固定在制动底板上，缸内有两个活塞 4，两个刃口相对的密封皮碗 2 利用弹簧 1 压靠在活塞上，以保持两皮碗之间的进油孔畅通。活塞外端凸台孔内压有顶块 5，与制动蹄的上端抵紧。缸体两端的防护罩用以防止尘土和水进入，以免活塞与缸体因腐蚀而卡死。在缸体上方装有放气螺钉，用以排放轮缸中的空气。

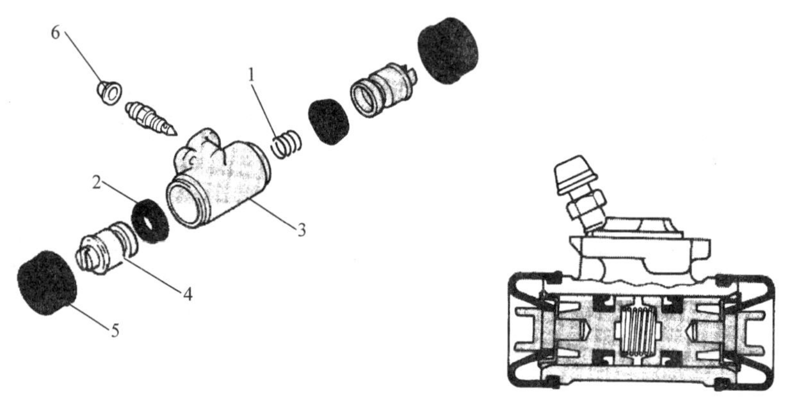

图 20-23　双活塞式制动轮缸
1—回位弹簧　2—密封皮碗　3—缸体　4—活塞　5—顶块　6—放气螺钉

4. 真空助力式液压传动装置

目前，轿车上广泛采用真空助力器作为制动助力器，如图 20-24 所示。真空助力器通过螺栓装在转向盘前发动机盖下的车身上，其前部装有制动主缸，通过推杆与制动踏板连接。真空助力器内有膜片，将左、右壳体分成左气室和右气室。左气室通过单向阀接发动机进气歧管真空室，右气室经其上的制动阀和大气及左气室相通。

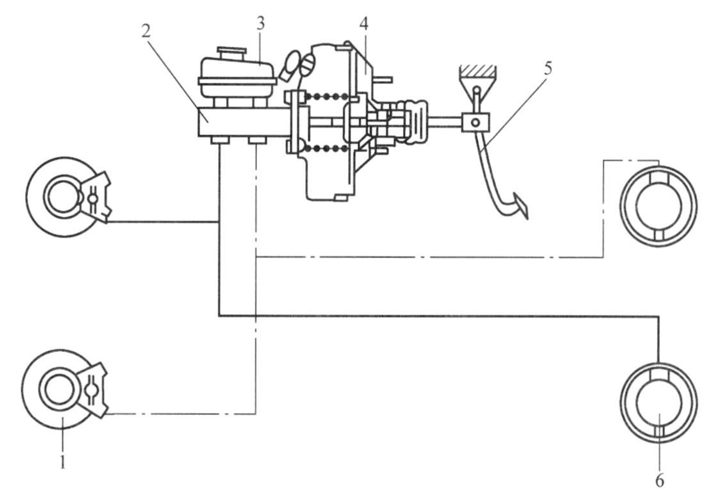

图 20-24　真空助力式液压传动装置

1、6—车轮制动器　2—双腔制动主缸　3—储液罐　4—真空助力器　5—制动踏板

未制动时，右气室和左气室相通，并与发动机进气歧管真空室相通，和外界大气不通，膜片在弹簧作用下靠向右壳体，如图 20-25 所示。制动时，制动推杆克服弹簧力左移，并通过制动阀柱塞推动膜片，使顶杆和后活塞左移，制动主缸产生一定液压。同时，真空阀与阀座接触而封闭左、右气室的通道，空气阀开启，右气室与大气接通，如图 20-26 所示。由于左、右气室的压力差产生了助力作用。放松制动踏板，推杆在回位弹簧作用下回位，空气阀关闭，真空阀打开，左、右气室相通并与真空室相通，膜片回位，制动解除。

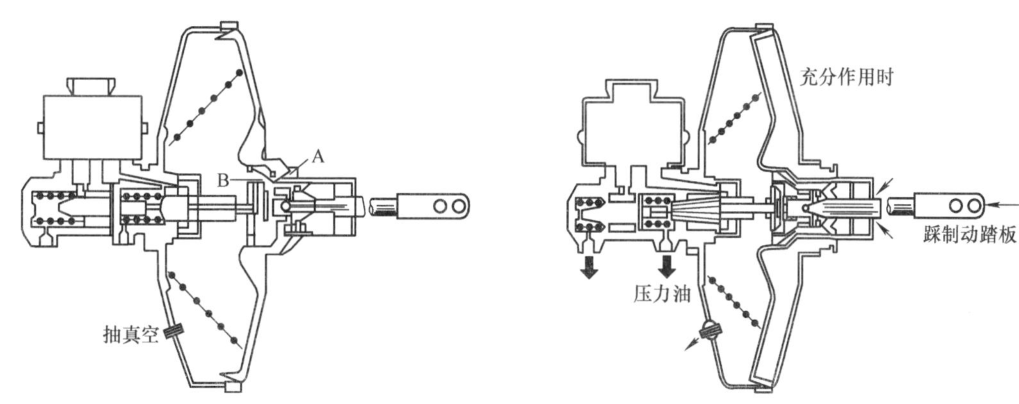

图 20-25　真空助力器没工作时　　图 20-26　真空助力器工作时

【项目实施】

任务一　更换制动液、液压制动系统排气作业

一、任务目标

能够正确使用专用的加注机更换制动液。

二、任务准备

工具准备：呆扳手 4 个、套筒 4 套、棘轮扳手 4 个。

物品准备：桑塔纳 2000 汽车 4 台、桑塔纳 2000 汽车维修手册两本、容器 4 个、制动液 4 瓶、制动液加注机 4 台。

场地准备：汽车底盘实训车间，举升机 4 台。

三、实践操作

目测桑塔纳 2000 轿车制动管路有无损伤。

（1）排气原则及顺序

1）原则：距离制动主缸由远及近。

2）顺序：右后、左后、右前、左前。

（2）排气作业操作流程

1）起动发动机，使其怠速运转。

2）将软管一头接在排气螺塞上，另一头插在一个盛制动液的容器中，如图 20-27 所示。

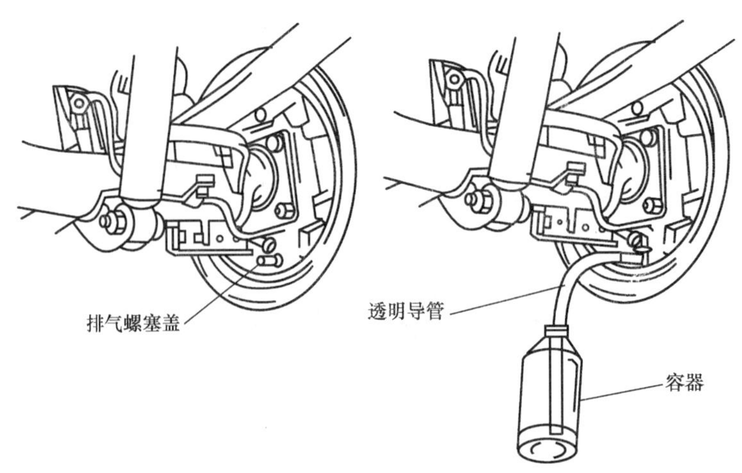

图 20-27　汽车排气作业安装位置图

3）一人坐于驾驶室内，连续踩下制动踏板，直到踩不下去为止，并且保持不动，如图 20-28a 所示。

4）另一人将排气螺塞拧松一下，此时，制动液连同空气一起从胶管喷入瓶中，如图 20-28b 所示。然后，尽快将放气螺塞拧紧。

5）在排出制动液的同时，踏板高度会逐渐降低，在未拧紧放气螺塞之前，切不可将踏板抬起，以免空气再次侵入。

6）每个轮缸应反复放气几次，直至将空气完全放出（制动液中无气泡）为止，按照右后轮—左后轮—右前轮—左前轮的顺序逐个放气完毕。

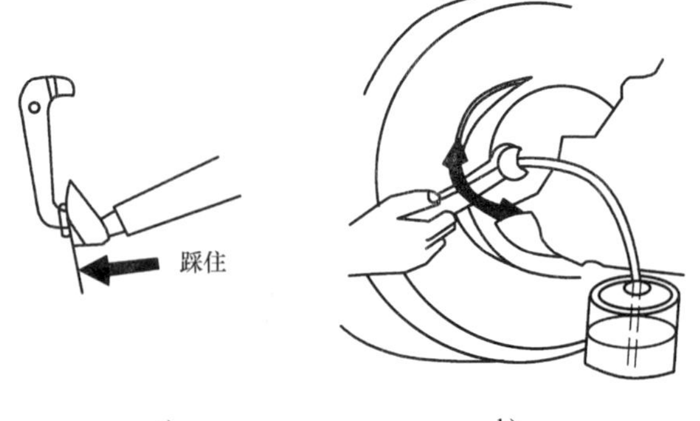

图 20-28　液压制动系统排除空气的方法

7）注意：在放气前将储液罐的制动液加至规定高度，放气后也要酌情补加适量制动液。

8）整理现场。

（3）更换新的制动液 原则：制动液在使用两年或50 000km后就应更换。

1）选择桑塔纳2000车型专用型号的制动液。

2）向加油机加注适量的制动液。

3）拧开制动主缸上的储液罐盖。

4）将加油机拧紧在储液罐上。

5）使用扳手逐一排放各轮的旧制动液，加注新制动液。

四、任务评价

以小组为单位进行评价，根据分值的情况评出优秀、良好、一般等品质，任务评价标准见表20-1。

表20-1 任务评价标准

项次	项目任务	评价标准	分值	项目得分
1	认识液压制动系统	要准确认知液压制动系统的元件，说出其名称及作用	5	
2	认识液压制动系统排气	能说出液压制动系统有空气的危害，口述排气操作流程	4	
3	液压制动系统排气	能按照正确操作规程为制动系统排气	6	
4	选择制动液型号	能选择正确的定额套用方式、套取定额数量	4	
5	更换制动液	能按照正确步骤更换制动液，并排气	6	
6	5S现场管理	常组织、常整顿、常清洁、常规范、常自律	5	

任务二 鼓式制动器的拆装与检测

一、任务目标

正确使用专用工具，熟练拆卸、安装鼓式制动器。

二、任务准备

工具准备：120件套筒组合汽车维修工具4套。

物品准备：桑塔纳2000汽车4辆。

场地准备：汽车底盘实训车间，举升机4台，工具车4辆。

分组：每个小组4~6人。

三、实践操作

1. 训练要求

衣装穿着：工装齐备、衣扣到位。

言行举止：进出场规范。

操作过程：要求油、水、液、工具零件四不落地，操作台整洁、有条理，操作中及时沟通，有安全防范措施。

作业后：清洁整理场地和工具设备。

2. 操作次序

（1）拆卸鼓式制动器　参照图20-29所示鼓式制动器结构分解图拆卸鼓式制动器。

1）使用扭力扳手、套筒、摇把按照规定次序分三次拧下车轮螺栓，取下车轮。

2）使用专用工具拆卸制动鼓，如图20-30所示。

3）解体制动蹄总成。

① 用旋具插入制动鼓上的轮胎螺栓固定孔内，将蹄片间隙调整楔形块向上压，使制动蹄回位，如图20-31所示。

② 拆下制动鼓。

③ 拆下主、副回位弹簧和驻车制动拉索。

④ 拆下蹄片限位弹簧座，取下限位弹簧。

⑤ 拆下楔形调整拉簧，摘下定位弹簧。

⑥ 拆下制动蹄及摩擦衬片总成。

⑦ 更换时，只允许更换整个制动蹄及摩擦片总成。

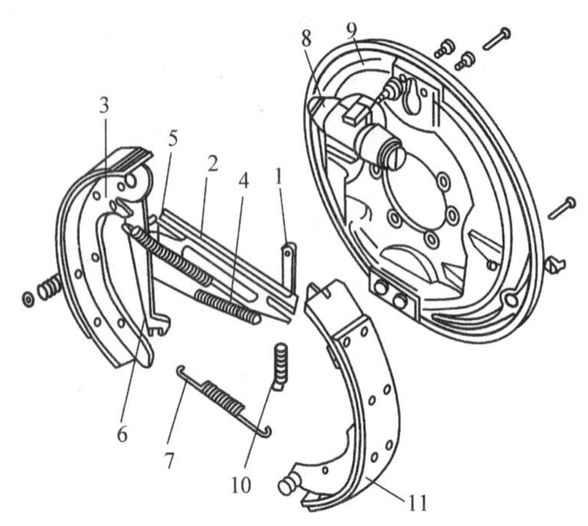

图20-29　鼓式制动器结构分解图

1—吊坠　2—压杆　3—制动蹄　4、5、7、10—弹簧　6—驻车制动拉杆　8—制动分泵　9—制动底板　11—制动蹄片

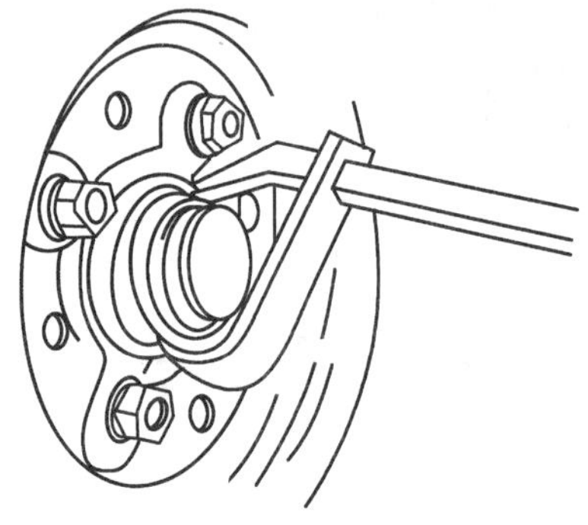

图20-30　使用专用工具拆卸制动鼓

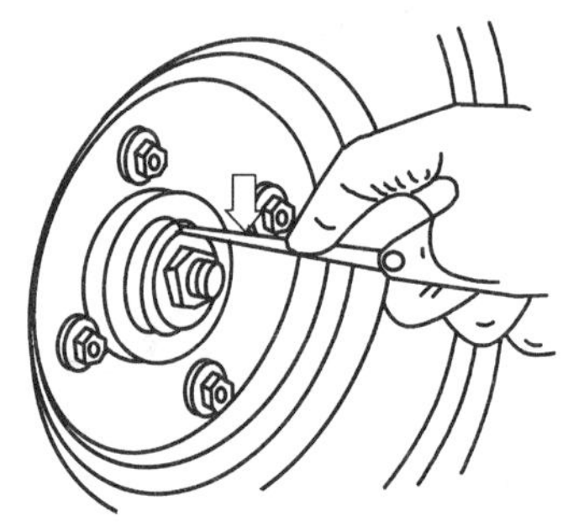

图20-31　使制动蹄回位

说明：拆装过程中不得损伤螺纹；车轮紧固螺栓规定拧紧力矩为110N·m；拆卸弹簧时，不得将其损伤，影响其性能。

（2）制动器的检测

1）检测摩擦衬片的厚度，如图20-32所示。

2）用游标分厘卡检测制动鼓的直径，如图20-33所示。

检测数据标准如下（以捷达汽车为例）：

制动鼓直径：ϕ180mm；

摩擦衬片厚度：5mm；

制动轮缸直径：ϕ14.29mm；

摩擦衬片厚度：30mm。

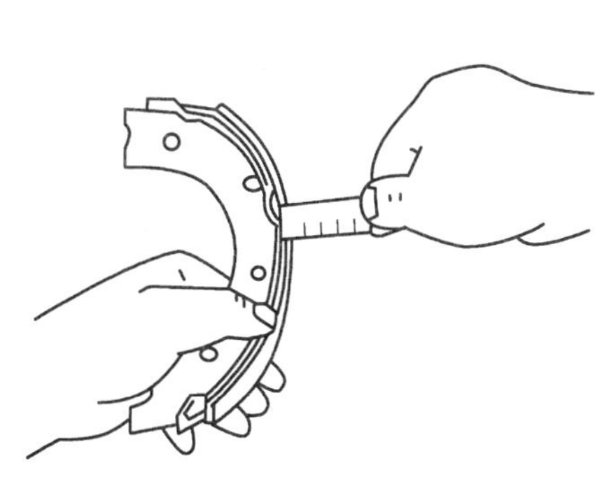

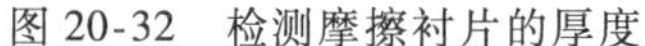

图 20-32　检测摩擦衬片的厚度

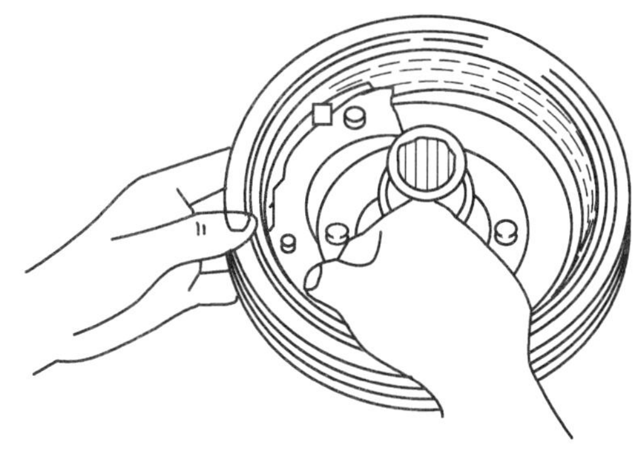

图 20-33　检测制动鼓的直径

制动鼓的最大磨损量不得超过 1mm。根据制动蹄上摩擦衬片厚度值的记录，进行数据处理，并得出磨损状况的合理结论。

（3）制动鼓的安装

1）在制动底板上安装制动蹄总成。

2）检查安装效果。

3）安装制动鼓。

4）装配车轮。

5）检验装配效果。

四、任务评价

以小组为单位进行评价，根据分值的情况评出优秀、良好、一般等品质，评价标准见表 20-2。

表 20-2　任务评价标准

项次	项目任务	评价标准	分值	项目得分
1	认识鼓式制动器	要准确说出鼓式制动器各部件名称及作用	5	
2	拆卸车轮	正确使用千斤顶，拆卸车轮	4	
3	拆卸鼓式制动器	能正确分解鼓式制动器，不损害工作缸	6	
4	制动器检查	能检查制动鼓、蹄片磨损情况，做出判断	4	
5	安装制动器及车轮	按照拆卸的逆序安装制动器和车轮，恢复原状	6	
6	5S 现场管理	常组织、常整顿、常清洁、常规范、常自律	5	

任务三　盘式制动器的拆装与检测

一、任务目标

能够正确使用专用工具，熟练地拆装盘式制动器。

二、任务准备

材料准备：桑塔纳 2000 汽车维修手册。

设备准备：桑塔纳 2000 汽车 4 台、举升机 4 台。

工具准备：120 件套筒组合汽车维修工具，扭力扳手 4 个、套筒 4 套、棘轮扳手 4 个、游标卡尺4个、千分尺4个。

小组划分：每组4～6人。

三、实践操作

1. 实训要求

1）衣装穿着：工装齐备、衣扣到位。

2）言行举止：进、出场规范。

3）操作过程：要求油、水、液、工具零件四不落地，操作台整洁、有条理。操作中及时沟通，有安全防范措施。

4）作业后：清洁整理场地、工具设备。

2. 拆卸盘式制动器

（1）拆卸总成

1）举升汽车并拆下前轮。

2）松开固定制动钳壳体的螺栓，向上摆动制动钳壳体，将制动钳壳体挂好，以防损坏制动软管。

3）取下两个制动块。

4）如果不需要更换制动块，必须在其上用记号笔做出标记，防止安装时混淆。

5）拆下制动钳壳体上部的固定自锁螺钉，取下制动钳壳体。

6）拆下制动钳支架。

7）拆下制动盘。

（2）检测制动块、制动盘　将检测结果填入表20-3中。

1）制动块摩擦片的检测　若制动块已拆下，可直接用直尺或游标卡尺测量。制动块摩擦片的厚度为14mm，磨损极限为7mm。如果制动块未拆下，可通过检视孔目测，检查摩擦片磨损是否均匀。

2）制动盘厚度的检测　用游标卡尺或千分尺测量制动盘的厚度，如图20-34所示。桑塔纳2000轿车前制动盘的标准厚度为10mm，使用极限为8mm，超过极限尺寸时应予更换。

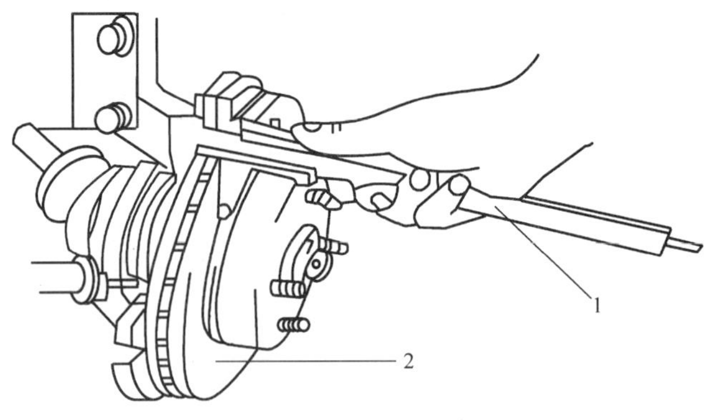

图20-34　检测制动盘的厚度

1—游标卡尺　2—制动盘

3）制动盘端面圆跳动的检测　制动盘端面圆跳动过大会使制动踏板抖动或使制动衬片磨损不均匀。

可用百分表检测制动盘的端面圆跳动（见图20-35），应不大于0.06mm。不符合要求应更换制动盘。

另外，还应检查制动盘有无沟痕。如果沟痕过深，可对其进行加工去除，更换制动盘时，左、右两侧应同时进行；检查制动块的磨损情况，如果制动块小于使用限度或磨损不均匀，则应更换，更换新制动块时，应左、右同时更换同一厂家的新制动块。制动块的磨损极限为7mm，包括背板。

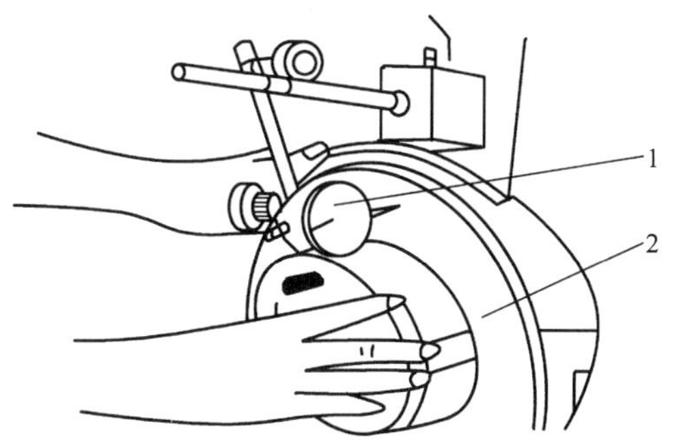

图20-35　检测制动盘的端面跳动量
1—百分表　2—制动盘

表20-3　制动块与制动盘检测结果

制动块厚度检测	第一次检测/mm	第二次检测/mm	桑塔纳2000汽车制动块标准厚度/mm
制动片1			14
制动片2			
制动盘厚度检测	第一次检测/mm	第二次检测/mm	桑塔纳2000汽车制动盘标准厚度/mm
制动盘1			20
制动盘2			

（3）组装盘式制动器　组装盘式制动器的顺序与拆卸的顺序相反，具体如下：

1）安装支架。

2）安装制动盘，拧紧锁紧螺钉，拧紧力矩为10N·m。

3）将两个制动块按照要求放置在浮钳中，注意制动块的内外次序。

4）安装浮钳。

5）安装车轮。

四、任务评价

以小组为单位进行评价，根据分值的情况评出优秀、良好、一般等品质，评价标准见表20-4。

表20-4　任务评价标准

项次	项目任务	评价标准	分值	项目得分
1	认识盘式制动器	要准确说出盘式制动器各部件名称及作用	5	
2	拆卸车轮	正确使用千斤顶，拆卸车轮	4	
3	拆卸盘式制动器	能正确分解盘式制动器，不损害工作缸	6	
4	制动器检查	能检查制动盘、制动钳磨损情况，做出判断	4	
5	安装制动器及车轮	按照拆卸的逆序安装制动器和车轮，恢复原状	6	
6	5S现场管理	常组织、常整顿、常清洁、常规范、常自律	5	

项目二十一　防抱死制动系统的认知

【学习目标】

1. 知识目标

1）知道汽车 ABS、EBD、ASR、ESP 的工作原理。

2）会分析汽车 ABS、EBD、ASR、ESP 的结构特点。

3）能说出 ABS、EBD、ASR、ESP 各个系统的区别。

2. 能力目标

1）具有识读 ABS 零件结构图的能力。

2）能够分析汽车驱动防滑控制系统主要部件的结构原理。

【学时安排】

2 学时。

【理论知识】

汽车 ABS（Auto-Lock Brake System）指防抱死制动系统，它在汽车制动过程中，自动调节车轮的制动力，防止车轮抱死，从而获得最佳制动性能，减少交通事故。以提高汽车行驶性能为目的而开发的各种 ABS 装置，其原理充分利用了轮胎与地面的附着系数，主要采用控制制动液压力的方法，给各车轮施加最合适的制动力。

一、ABS 的类型

1. 按结构分类

汽车 ABS 按结构分为整体式和分离式，整体式 ABS 的制动压力调节器与制动主缸以及制动助力器组合为一个整体，其优点是结构紧凑，节省安装空间，但成本高，高级轿车采用较多；分离式 ABS 制动压力调节器为独立总成，通过制动管路与制动主缸和制动轮缸相连，零件安装方便，桑塔纳轿车、捷达等轿车均采用分离式 ABS。

2. 按控制通道数目不同分类

汽车 ABS 按控制通道数目不同分为单通道、双通道、三通道、四通道和六通道式控制方式。依据不同的生产厂家，每个 ABS 控制通道分别安装一个或两个传感器。

3. 按生产厂家分类

汽车 ABS 按生产厂家不同分为博士（Bosh）ABS、戴维斯（Teves）ABS、德尔科（Delco）ABS 和本迪克斯（Bendix）ABS。

二、ABS 系统的组成及工作原理

汽车 ABS 系统在汽车制动过程中防止车轮发生抱死，使汽车保持最佳的制动效率，使被控制车轮获得尽可能大的附着力，以保证制动的安全性，并实现最短的制动距离。

1. ABS 的基本组成

ABS 由电子控制单元（ECU）、制动压力调节装置、传感器（车速传感器、轮速传感器和减速度传感器）以及常规制动装置组成。在不同的 ABS 系统中，电子控制单元 ECU 的内部结构和控制逻辑可能不尽相同，制动压力调节装置的结构形式和工作原理也往往不同。图

21-1 所示为一种较为典型的汽车 ABS 系统的组成原理图，图 21-2 所示为汽车 ABS 系统组成的实物图。

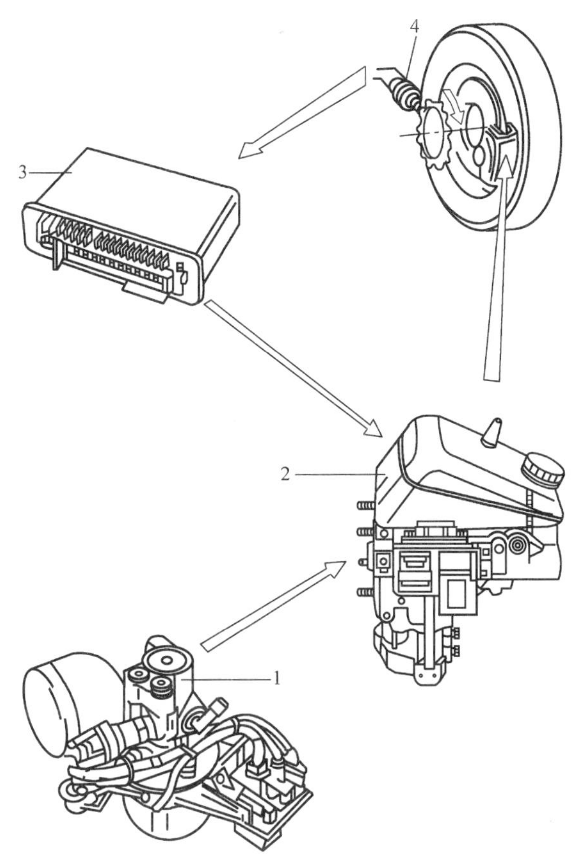

图 21-1 汽车 ABS 系统的基本组成原理图

1—制动压力调节装置 2—制动器总成 3—ECU 4—车轮转速传感器

在 ABS 系统中，汽车的每个车轮上各安装了一个车轮转速传感器，将各个车轮的转速信号输入给电子控制单元。电子控制单元根据各车轮转速传感器输入的信号对各个车轮的运动状况进行分析判断，并形成相应的控制指令，发送给制动压力调节装置。制动压力调节装置主要由调压电磁控制阀总成、电动泵总成和储液器等组成，通过制动管路与制动主缸和各制动轮缸相连。制动压力调节装置受电子控制单元的控制，对各制动轮缸的制动压力进行调节。

在正常工作时，所有 ABS 系统都和传统的助力制动系统相似。在强力制动时，ABS 根据车轮的速度调节通向每个车轮的制动液压力。

2. ABS 的工作原理

图 21-3 所示为一典型的 ABS 系统结构图，它的工作过程可以分为常规制动、制动压力保持、制动压力减小和制动压力增大等阶段。

(1) 常规制动阶段 在常规制动阶段，ABS 并不介入制动压力控制，调压电磁阀总成中的各进液电磁阀均不通电而处于开启状态，各出液电磁阀均不通电而处于关闭状态，电动

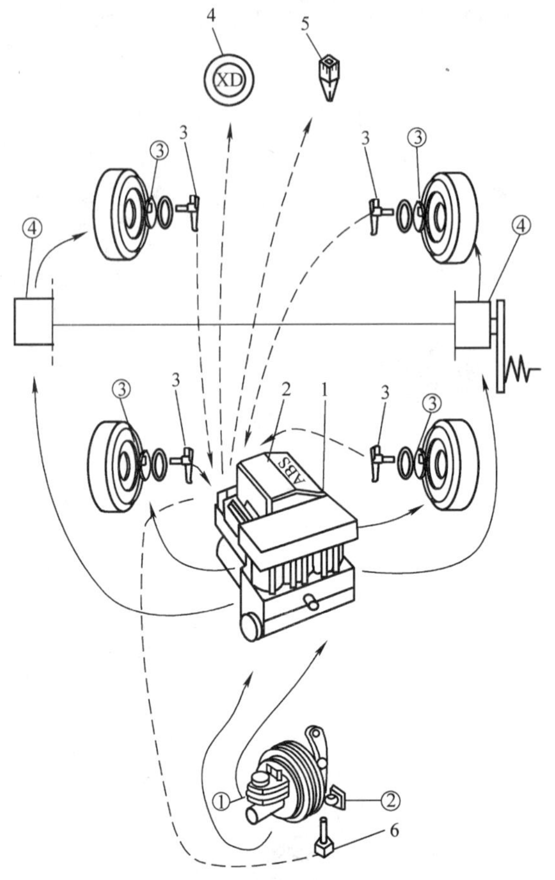

图 21-2　汽车 ABS 系统组成的实物图

1—附加式制动压力调节器　2—ECU　3—车轮转速传感器　4—ABS 故障指示灯　5—ABS 故障测试接头　6—制动灯开关
①—制动主缸　②—真空助力器　③—制动器　④—后制动补偿器（载荷感应器）

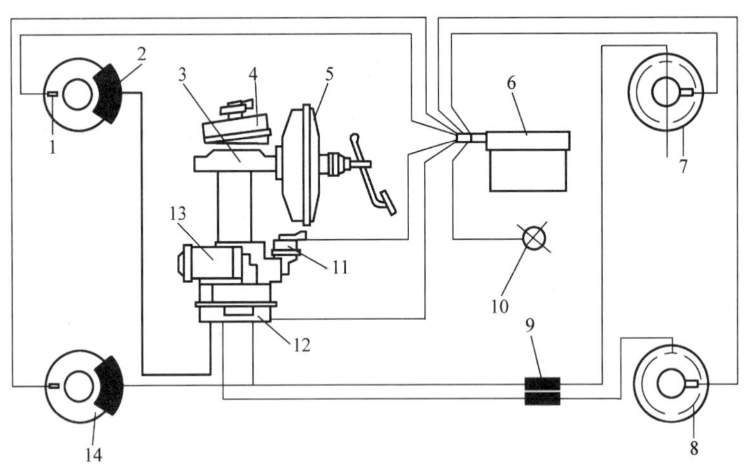

图 21-3　典型的 ABS 系统结构图

1—车轮转速传感器　2—右前制动器　3—制动主缸　4—储液室　5—真空助力器　6—电子控制装置（ECU）　7—右后制动器　8—左后制动器　9—比例阀　10—ABS 警告灯　11—储液器　12—调压电磁阀总成　13—电动泵总成　14—左前制动器

泵也不通电运转，制动主缸至各制动轮缸的制动管路均处于畅通状态，而各制动轮缸至储液器的制动管路均处于封闭状态，各制动轮缸的压力将随制动主缸的输出压力而变化。此时的制动过程与一般制动系统的制动过程完全相同，如图 21-4 所示。

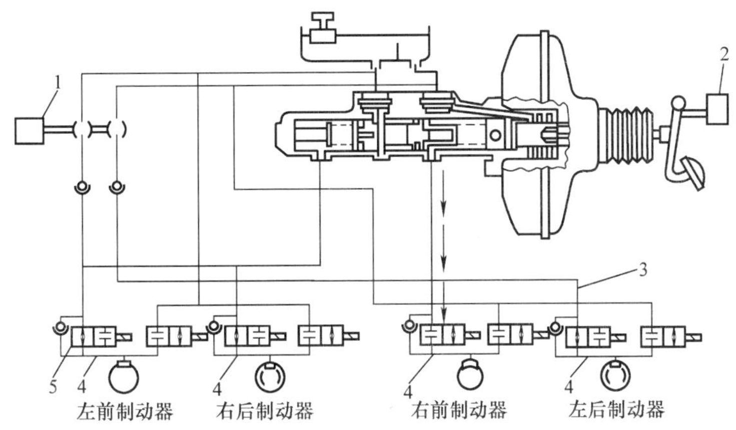

图 21-4　常规制动阶段

1—电动泵　2—制动开关　3—高压管路　4—低压管路　5—电磁阀

（2）制动压力保持阶段　在制动过程中，电子控制单元根据车轮转速传感器输入的车轮转速信号判定有车轮抱死时，ABS 就进入防抱死制动压力调节过程。例如，电子控制单元发现右前轮趋于抱死时，电子控制单元就使控制右前轮制动压力的进液电磁阀通电，使右前进液电磁阀转入关闭状态，制动主缸输出的制动液不再进入右前制动轮缸。此时，右前出液电磁阀仍未通电而处于关闭状态，右前制动轮缸中的制动液也不会流出，右前制动轮缸的制动压力就保持一定，而其他未抱死车轮的制动压力仍会随制动主缸输出压力的增大而增大，如图 21-5 所示。

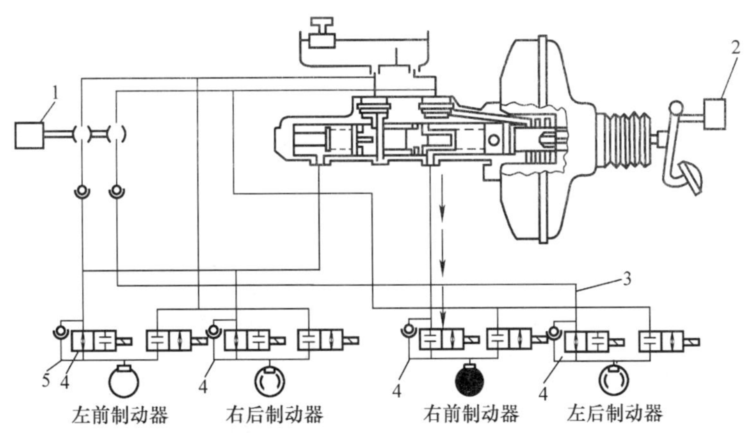

图 21-5　制动压力保持阶段

1—电动泵　2—制动开关　3—高压管路　4—低压管路　5—电磁阀

（3）制动压力减小阶段　如果在右前制动轮缸的制动压力保持一定时，电子控制单元判定右前轮仍趋于抱死，电子控制单元又使右前出液电磁阀也转入开启状态，右前制动轮缸中的部分制动液就会经过处于开启状态的出液电磁阀流回储液器，使右前制动轮缸的制动压力迅速降低，右前轮的抱死趋势将开始消除，如图 21-6 所示。

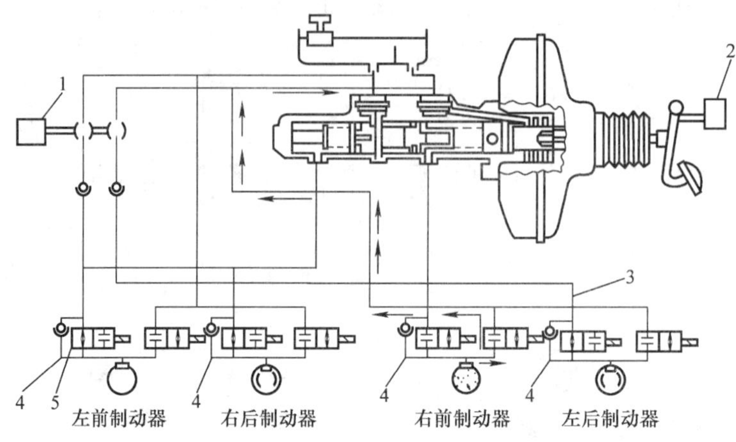

图 21-6　制动压力减小阶段

1—电动泵　2—制动开关　3—高压管路　4—低压管路　5—电磁阀

（4）制动压力增大阶段　随着右前制动轮缸制动压力的减小，右前轮会在汽车惯性力的作用下逐渐加速，当电子控制单元根据车轮转速传感器输入的信号判断右前轮的抱死趋势已经完全消除时，电子控制单元就使右前进液电磁阀和出液电磁阀都断电，使进液电磁阀转入开启状态，出液电磁阀转入关闭状态，同时也使电动泵通电运转，向制动轮缸泵送制动液，由制动主缸输出的制动液和电动泵泵送的制动液都经过处于开启状态的右前进液电磁阀进入右前制动轮缸，使右前制动轮缸的压力迅速增大，右前轮又开始减速转动，如图 21-7 所示。

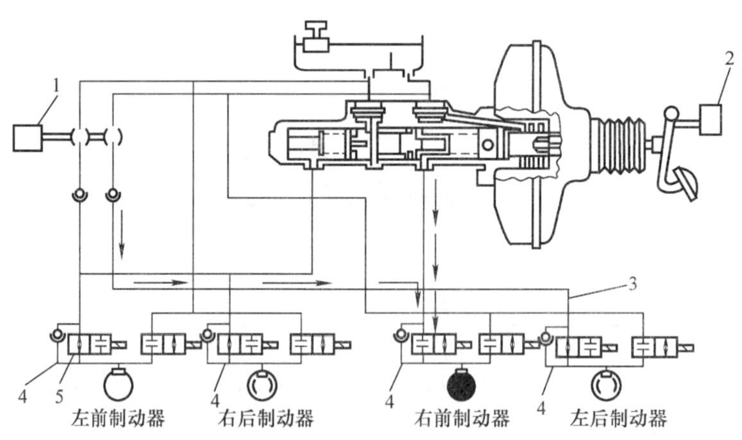

图 21-7　制动压力增大阶段

1—电动泵　2—制动开关　3—高压管路　4—低压管路　5—电磁阀

ABS 通过使趋于抱死车轮的制动压力循环往复地经历保持—减小—增大的过程，而将趋于抱死车轮的滑移率控制在峰值附着系数滑移率的范围内，直至汽车速度减小到很低或者制动主缸的输出压力不再使车轮趋于抱死时为止，一般制动压力调节循环的频率可达 3 ~

20Hz。在四通道 ABS 系统中，对应于每一个制动轮缸各有一对进液和出液电磁阀，可由电子控制单元分别进行控制。因此，各制动轮缸的制动压力能够被独立地调节，从而使四个车轮都不发生制动抱死现象。

虽然各种 ABS 系统的结构形式和工作过程并不完全相同，但都是通过对趋于抱死的车轮的制动压力进行自适应循环调节来防止被控制车轮发生抱死现象的。

【项目实施】

任务一　传感器的拆装

一、任务目标

能够正确选用传感器的拆装工具，并能够用工具按照正确顺序拆下并组装传感器。

二、任务准备

工具准备：解码器 4 台，120 件套筒组合汽车维修工具 4 套。

物品准备：桑塔纳 2000 轿车台架 ABS 实验台 4 台，桑塔纳 2000 轿车维修手册两本。

场地准备：汽车底盘实训车间。

分组：每个小组 4 ~6 人。

三、实践操作

以上海桑塔纳 2000 轿车传感器的拆装为例。

1. 传感器的拆卸

1）拆卸前轮轮速传感器的导线插头，如图 21-8 中箭头方向所示。

2）拧下内六角紧固螺栓。

3）拆下前轮轮速传感器。

4）翻起汽车后坐垫、拔下后轮轮速传感器的连接插头，如图 21-9 所示。

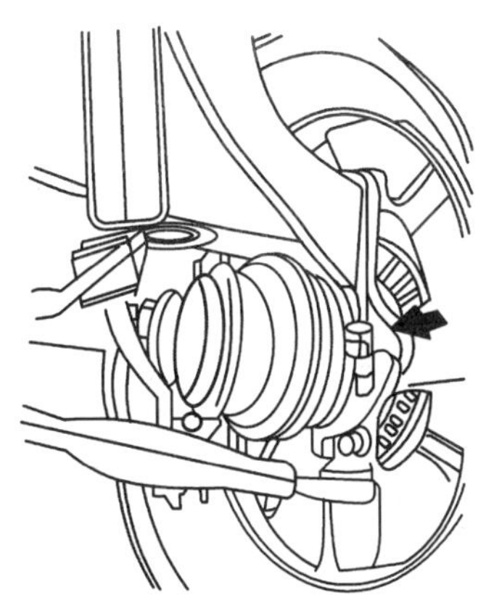

图 21-8　前轮轮速传感器的拆卸

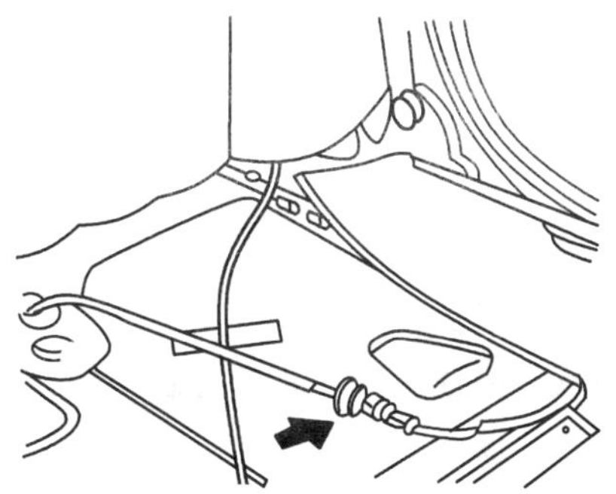

图 21-9　拔下后轮轮速传感器的插头

5）拧下后轮轮速传感器的内六角紧固螺栓，如图 21-10 所示。

6）拆下后轮轮速传感器。

7）按图 21-11 箭头所示方向取下后梁上的轮速传感器导线保护罩，拉出导线和导线插头。

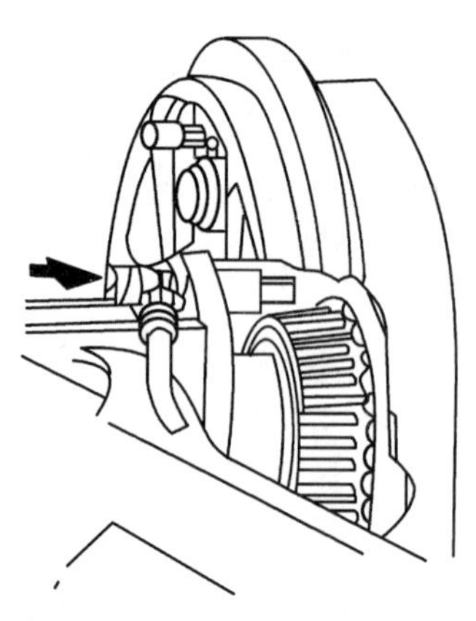

图 21-10　拧下传感器紧固螺栓

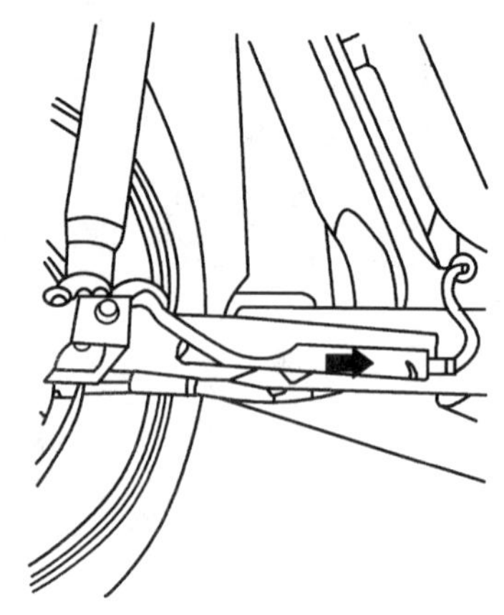

图 21-11　取下传感器导线保护罩

2. 传感器的安装

传感器的安装与拆卸的顺序相反，但应该注意安装传感器前应清洁传感器的安装孔内表面，并涂上固体润滑脂，然后装入传感器，以 10N · m 的力矩拧紧内六角紧固螺栓。

四、任务评价

以小组为单位进行评价，根据分值的情况评出优秀、良好、一般等品质，任务评价标准见表 21-1

表 21-1　任务评价标准

项次	项 目 任 务	评 价 标 准	分值	项目得分
1	认识 ABS	要准确认知 ABS 电子元件及作用	5	
2	传感器位置	能正确找到传感器安装位置，指出传感器类型	4	
3	拆卸传感器	要求能正确拆卸传感器，不损害其插头	6	
4	检查传感器	能检查传感器，做出判断	4	
5	安装传感器	按照拆卸的逆序安装传感器，恢复原状	6	
6	5S 现场管理	常组织、常整顿、常清洁、常规范、常自律	5	

任务二　制动压力调节器的拆装

一、任务目标

能够按正确顺序拆下并组装制动压力调节器。

二、任务准备

工具准备：解码器 4 台，120 件套筒组合汽车维修工具 4 套。

物品准备：桑塔纳 2000 轿车 ABS 实验台 4 台，桑塔纳 2000 轿车维修手册两本。

场地准备：汽车底盘实训车间。

分组：每个小组 4 ~ 6 人。

三、实践操作

以上海桑塔纳 2000 轿车制动压力调节器的拆装为例。

1. 制动压力调节器的拆卸

1）关闭点火开关，拆下蓄电池及支架。

2）从 ABS 电子控制单元上拔下 25 针插脚，如图 21-12 所示。

3）踏下制动踏板，并用踏板架定位，如图 21-13 所示。

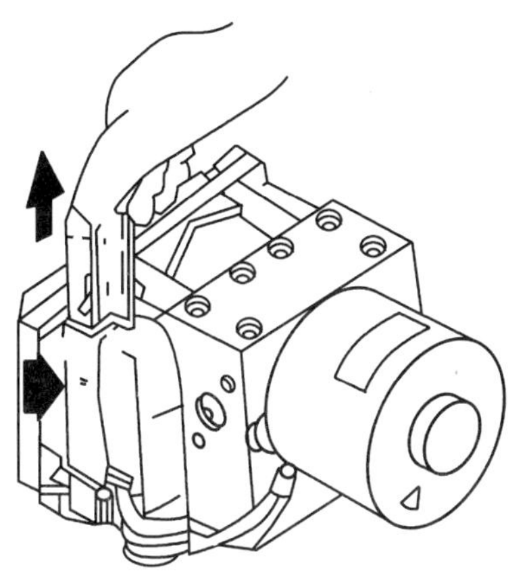

图 21-12　拔下 ABS 电子控制单元 25 针插脚

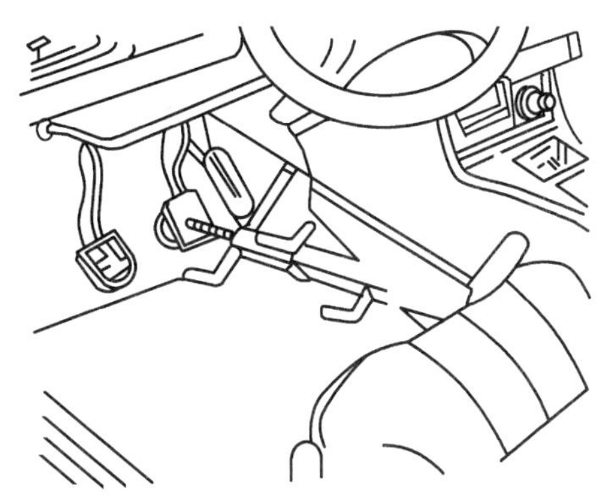

图 21-13　用踏板架固定制动踏板

4）在 ABS 电子控制单元下垫一块抹布，用来吸干从开口处流出来的制动液，如图 21-14所示。

5）拆下制动主缸到液控单元的制动油管 A 和 B，并做上记号，立即用密封塞将开口处塞住，如图 21-15 所示。

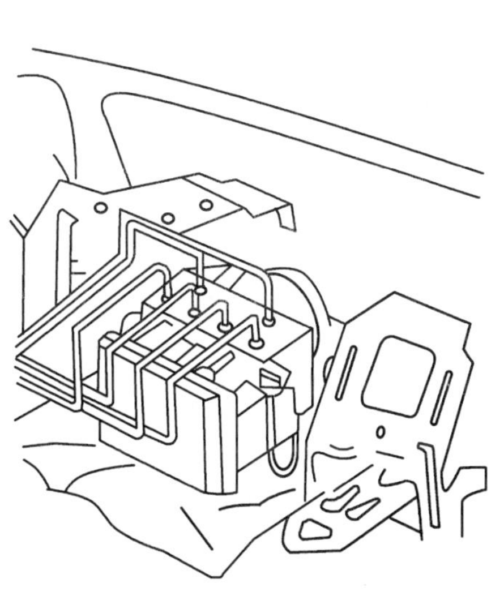

图 21-14　在 ABS 电子控制单元下垫一块抹布

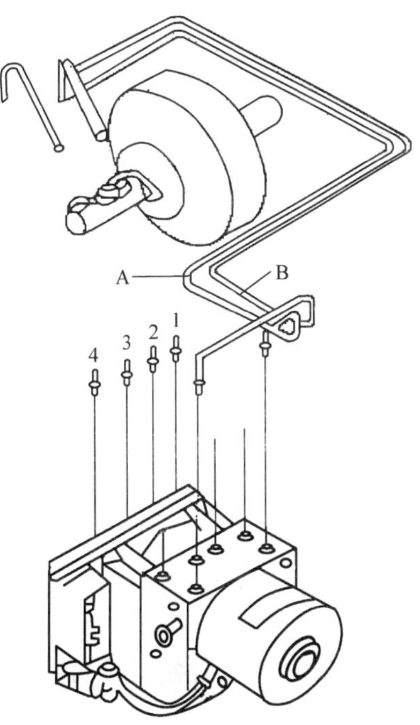

图 21-15　拆下制动油管 A 和 B

1 ~ 4 油管

6）用软铅丝将制动油管 A 和 B 扎在一起，挂到高处，使开口处高于制动储液室的油平面。

7）拆下液控单元通往各制动轮缸的油管，并做好记号，立即用密封塞将开口处塞住，如图 21-16 所示。

8）从支架上拆下 ABS 电子控制单元及制动压力调节器。

2. 分解

1）压下接头侧的锁止装置，拔下 ABS 电子控制单元上液压泵的电线插头。

2）用专用套筒扳手拆下 ABS 电子控制单元与液控单元的 4 个螺栓，如图 21-17 箭头所示。

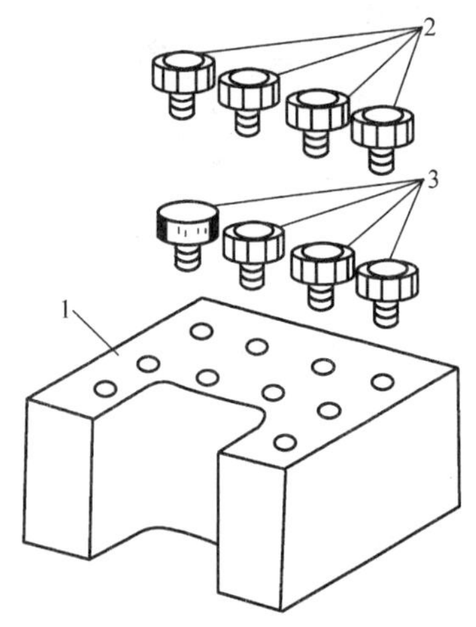

图 21-16　用密封塞塞住制动油管的开口
1—专用支架　2、3—阀体开口孔的密封塞

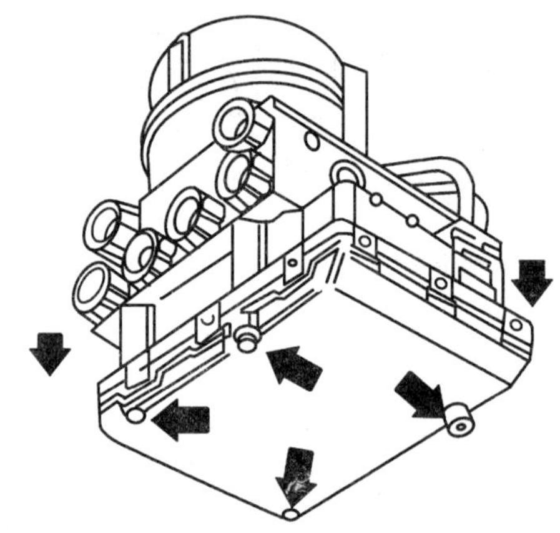

图 21-17　拆下 ABS 电子控制单元与液控单元的联接螺栓

3）将液控单元与 ABS 电子控制单元分离。

4）在 ABS 电子控制单元的电磁阀上盖一块不起毛的布。

5）将液控单元和液压泵安放在专用支架上，以免在搬运时损坏阀体。

3. 装配

1）将液控单元与电子控制单元装成一体，用专用套筒扳手拧紧新的螺栓，力矩不得超过4N · m。

2）插上液压泵电线插头，注意线束锁止装置必须到位。

4. 安装

1）将组装好的 ABS 电子控制单元及液控单元装到支架上，以 10N · m 的力矩拧紧固定螺栓。

2）拆下液压口处的密封塞，装上各轮制动油管，检查油管位置是否正确，以 20N · m 的力矩拧紧管接头。

3）插上 ABS 电子控制单元的线束插头。

4）对 ABS 进行充液和放气。

5）打开点火开关，ABS 故障警告灯应亮 2s 后再熄灭。

6）使用 V · A · G1552 先清除故障码，再查询故障码。

四、任务评价

以小组为单位进行评价，根据分值的情况评出优秀、良好、一般等品质，任务评价标准见表 21-2。

表 21-2　任务评价标准

项次	项 目 任 务	评 价 标 准	分值	项目得分
1	认识制动压力调节器	要求能说出制动压力调节器工作原理，认识电磁阀	5	
2	将 ABS 的 ECU 及制动压力调节器从支架上拆下来	拆卸制动主缸到液控单元的制动油管，做记号。不损害其他部件	4	
3	液控单元与 ABS 电子控制单元分离	正确使用工具，将液控单元与 ABS 电子控制单元分离，不损害插头	6	
4	液控单元与 ABS 电子控制单元组装	按照分解逆序组装，线束锁止到位	4	
5	安装 ABS 控制单元	按照拆卸逆序正确安装，并进行充液和放气，恢复原状	6	
6	5S 现场管理	常组织、常整顿、常清洁、常规范、常自律	5	

【拓展与提高】

EBD 电子制动力分配系统

1. EBD 电子制动力分配系统概述

EBD 的英文全称是“EIectric Brakeforce Distribution”，即电子制动力分配。其德文缩写为 EBV，全称是“Electronic sche Bremsenkraft Verteiler”（欧洲车一般用 EBV 表示）。汽车制动时，如果四只轮胎附着地面的条件不同，比如左侧轮附着在湿滑路面，而右侧轮附着于干燥路面，四个轮子与地面的摩擦力不同，在制动时（四个轮子的制动力相同）就容易产生打滑、倾斜和侧翻等现象。EBD 的功能就是在汽车制动的瞬间，高速计算出四个轮胎由于附着不同而各异的摩擦力数值，然后调整制动装置，使其按照设定的程序在运动中高速调整，达到制动力与摩擦力（牵引力）的匹配，以保证车辆的平稳和安全。

当重踩制动踏板时，EBD 在 ABS 作用之前依据车辆由于汽车制动时产生的轴荷转移的不同和路面条件，自动以前轮为基准去比较后轮轮胎的滑移率，如发觉此差异程度必须被调整时，液压制动系统将会调整传至后轮的油压，有效分配制动力，以使 4 个车轮得到更平衡且更接近理想化的制动力分布。所以 EBD + ABS 就是在 ABS 的基础上，平衡每一个车轮的有效地面附着力，改善制动力的平衡，防止出现甩尾和侧移，并缩短汽车的制动距离，使汽车的安全性能更胜一筹。

2. EBD 电子制动力分配系统的功能

我们知道，在行驶制动过程中，四个车轮的工作环境千变万化，地面附着条件也往往不一样，制动时易发生跑偏、打滑、侧倾甚至车辆侧翻的情况。另外，制动时由于惯性作用，车辆重心前移，车身重量大部分由前轮承受，出现“点头”动作，这时前轮与地面的摩擦力大幅增长，而后轮由于垂直于地面的压力转移至前轮使摩擦力减弱，易出现甩尾，这就太危险了。

ABS 可以在一定程度上避免上述现象的发生，但由于 ABS 对后轮的控制始终以附着力较小的一侧（如行驶在泥水、冰雪路面的车轮）为基准调节点来进行调节，以保证两侧车轮制动力的平衡，追求的是制动稳定性。这样一来，附着情况好的一侧车轮制动力必将不能充分利用，使汽车总制动力减小，从而延长制动距离。虽然制动距离的延长可能只是微不足道的零点几米，但在紧急情况下带来的也许是车毁人亡的结局。

EBD 可以在制动的瞬间高速计算，不断调整 ABS 液压组件，使四个车轮受到的制动力与其附着力匹配，同时也不会出现打滑或甩尾等现象，因此提高了制动稳定性。同样，车辆在弯道制动时，因为弯道离心力使外侧车轮承受较大的车身自重及惯性载荷，这时 EBD 会增大外侧车轮的制动力，防止制动力突破轮胎与地面的附着力而使车辆发生“自旋”。因此在安全指标上，EBD 更胜一筹。

驱动防滑系统（ASR）

1. ASR 的功用

车辆行驶时不仅要求制动时的安全、高效与稳定，而且要求车辆在加（减）速、转向状态下仍然具备行驶时的方向稳定性与可操纵性。当车辆在驱动状况下运行时，一旦车轮滑移率处于非稳定范围时，仍然会使车辆丧失稳定性与操纵性。采用驱动防滑控制（Acceleration Slip Regulation，ASR）技术对驱动轮进行控制，目的就在于防止车辆加（减）速与转向过程中出现车轮滑移率增大，进而丧失纵、横向稳定性与操纵性的现象，保证行驶安全。其功用是防止汽车在起步、加速时和在滑溜路面行驶时的驱动轮滑转。

2. ASR 系统的组成及功用

（1）ASR 的基本组成　ASR 系统的基本组成如图 21-18 所示，由传感器、电子控制模块（ECU）、执行器和驱动车轮制动器组成，各主要件的功能如下：

电子控制模块（ECU）是 ASR 的控制单元，具有运算功能，根据前后轮速传感器传递的信号以及发动机和自动变速器的电子控制单元中节气门开度信号来判断汽车行驶条件，分析判断后，对副节气门执行器、ASR 制动执行器发出指令，完成对发动机供油系统或点火时刻的控制或对制动压力进行调整。

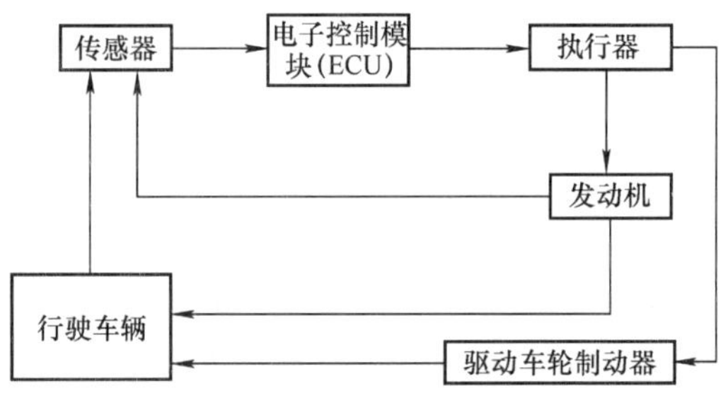

图 21-18　ASR 系统的基本组成

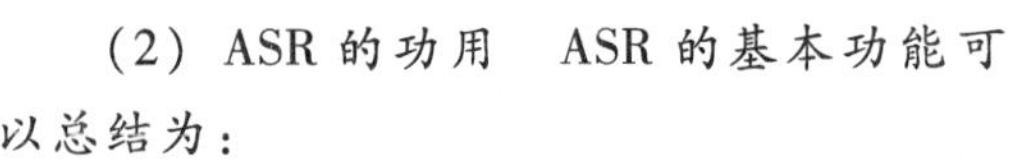
（2）ASR 的功用　ASR 的基本功能可以总结为：

1）改善附着性能，提高牵引力的最佳控制效率，提高运输效率。

2）改善汽车的操纵稳定性，保证行驶安全。

ABS/ASR 综合控制系统

ABS 与 ASR 系统的目的都是控制车轮在制动或驱动工况的滑移率。现代车辆 ASR 系统可以共用或分设 ECU，采用整体性、动态性和开放性的设计与控制原则，ABS 与 ASR 控制实现资源共享、互为补充，综合运用各方式的优点使滑移率控制结果区域分布理想化，加强可靠性与灵敏性。

ABS/ASR 防滑控制系统的基本组成如图 21-19 所示，其运行过程如下所述。

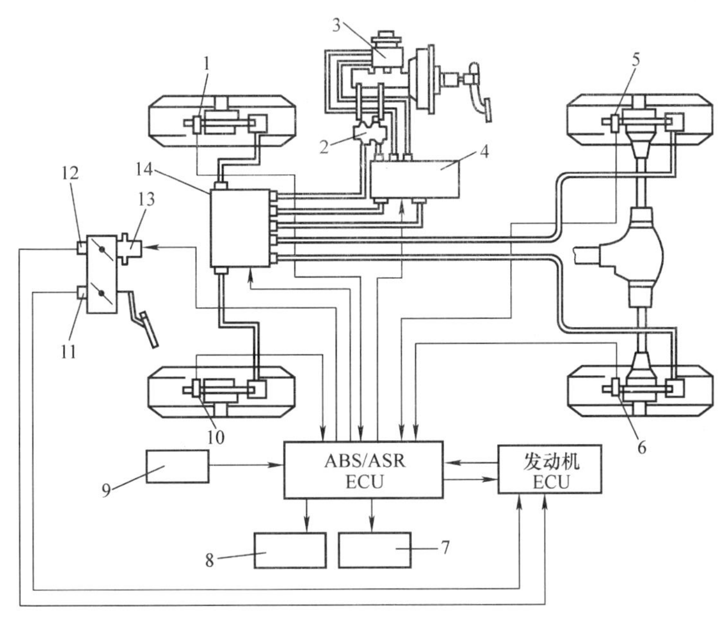

图 21-19　ABS/ASR 防滑控制系统的基本组成

1—右前轮转速传感器　2—比例阀和差压阀　3—制动总泵　4—ASR 制动压力调节器　5—右后轮转速传感器　6—左后轮转速传感器　7—ASR 关闭指示灯　8—ASR 工作指示灯　9—ASR 选择开关　10—左前轮转速传感器　11—主节气门开度传感器　12—副节气门开度传感器　13—副节气门驱动步进电动机　14—ABS 制动压力调节器

1. 确定车轮运行工况

ABS/ASR 防滑控制系统首先对制动压力（或制动踏板力）、变速器传动比等辅助信息进行处理，以确定车辆处于驱动工况，自动关闭 ABS 通道。

2. 驱动轮防滑控制

（1）发动机转矩控制　发动机转矩控制一般运用于 ASR 初始性过渡控制，其目的在于整个控制过程圆滑、平稳。当 ABS/ASR ECU 监测到驱动轮滑移率超过阈值时，首先发出指令使步进电动机运行，通过控制副节气门开度，在主节气门位置不变的状况下减少发动机进气量，进而减小发动机输出转矩和驱动轮转矩。如设置电子控制自动变速器（ECT）则锁定传动比。

（2）独立指令控制　如发动机转矩控制仍不足以将驱动轮滑移率恢复到预定范围，ECU 将进一步发出指令使 ABS 系统工作，在不踩制动踏板的状况下发出独立控制指令，使驱动轮制动压力调节器中的电磁阀工作，打开压力管路产生制动效应。有的车辆在驱动轮制动通道中增设一个并联的独立通道，单独实行 ASR 控制，在 ABS 系统工作时，该独立通道互锁关闭。

采用发动机转矩控制可以使控制过程圆滑过渡，有助于实现稳定性与平顺性，以防止由于突然性的高强度车轮制动所产生的安全隐患。

车身电子稳定系统

车身电子稳定系统（Electronic Stability Program，简称 ESP）是博世（Bosch）公司的专利。十年前，博世是第一家把电子稳定程序（ESP）投入量产的公司。因为 ESP 是博世公司的专利产品，所以只有博世公司的车身电子稳定系统才可称为ESP。在博世公司之后，也有很多公司研发出了类似的系统，如日产研发的车辆行驶动力学调整系统（Vehicle Dynamic Control 简称VDC）、丰田研发的车辆稳定控制系统（Vehicle Stability Control 简称VSC）、本田研发的车辆稳定性控制系统（Vehicle Stability Assist Control 简称VSA）、宝马研发的动态稳定控制系统（Dynamic Stability Control 简称DSC）等。

1. ESP 概述

ESP系统实际是一种牵引力控制系统，与其他牵引力控制系统比较，ESP不但控制驱动轮，而且可控制从动轮。如后轮驱动汽车常出现的转向过多情况时，后轮会因失控而甩尾，ESP便会制动外侧的前轮来稳定车子；在转向过少时，为了校正循迹方向，ESP则会制动内后轮，从而校正行驶方向。ESP系统包含ABS（防抱死制动系统）及ASR（防侧滑系统），是这两种系统功能上的延伸。因此，ESP称得上是当前汽车防滑装置的最高级形式。

ESP系统由控制单元及转向传感器（监测转向盘的转向角度）、车轮传感器（监测各个车轮的转动速度）、侧滑传感器（监测车体绕垂直轴线转动的状态）和横向加速度传感器（监测汽车转弯时的离心力）等组成。控制单元通过这些传感器的信号对车辆的运行状态进行判断，进而发出控制指令。装有ESP的汽车与只装有ABS及ASR的汽车的差别在于ABS及ASR只能被动地作出反应，而ESP则能够探测和分析车况并纠正驾驶错误，防患于未然。ESP对过度转向或不足转向特别敏感，例如汽车在路滑时左过度转向（转弯太急）会产生向右侧甩尾，传感器感觉到滑动就会迅速制动右前轮使其恢复附着力，产生一种相反的转矩而使汽车保持在原来的车道上。

2. ESP 的组成部分

（1）传感器　包括转向传感器、车轮传感器、侧滑传感器、横向加速度传感器等。这些传感器负责采集车身状态的数据。

（2）ESP ECU　ESP ECU将传感器采集到的数据进行计算，算出车身状态，然后将其与存储器里预先设定的数据进行对比。当ECU计算的数据超出存储器预存的数值，即车身临近失控或者已经失控时，ECU命令执行器工作，以保证车身行驶状态能够尽量满足驾驶人的要求。

（3）执行器　ESP的执行器就是4个车轮的制动系统。ESP系统就是在一定程度上帮驾驶人制动，装备有ESP的车的制动系统具有蓄压功能，简单地说，蓄压就是电控单元可以根据需要，在驾驶人没踩制动踏板的时候替驾驶人向某个车轮的制动油管加压，以让这个车轮产生制动力。另外，ESP还能控制发动机的动力输出。总之，ESP能够对相关的设备进行主动实施牵制，确保汽车行驶安全。

（4）与驾驶人的沟通　仪表盘上的ESP灯可以随时与驾驶人进行沟通。

参 考 文 献

[1] 陈家瑞. 汽车构造 [M]. 5版. 北京：人民交通出版社，2010.

[2] 张金柱. 混合动力汽车结构、原理与维修 [M]. 北京：化学工业出版社，2009.

[3] 张吉国. 汽车修理工（中级）[M]. 北京：机械工业出版社，2005.

[4] 杜仕武，简晓春. 现代柴油机喷油泵喷油器维修与调试 [M]. 北京：人民交通出版社，2008.

[5] 张立新，王志超. 桑塔纳世纪新秀轿车维修手册 [M]. 北京：机械工业出版社，2004.

[6] 付百学，郭翼平. 上海帕萨特轿车使用与维修手册 [M]. 北京：机械工业出版社，2002.

[7] 宋森. 汽车底盘维修实例 [M]. 北京：机械工业出版社，2002.

汽车构造习题册

班级 ____________________

姓名 ____________________

学号 ____________________

机 械 工 业 出 版 社

总论　习题检测

1. 判断题

(1) 中级轿车发动机的排量为 1 ~ 1.6L。 (　　)

(2) 乘坐人数 9 人以下的载客汽车称为客车。 (　　)

(3) 最大总质量与整车装备质量之差称为最大装载质量。 (　　)

(4) 最大总质量与整车装备质量之和称为最大装载质量。 (　　)

(5) 汽车底盘用以乘坐驾驶人、旅客或装载货物。 (　　)

(6) 传动系统是汽车构成的基础。 (　　)

(7) 汽车传动系统的功用是将发动机发出的动力传给车轮。 (　　)

(8) 转向系统的作用是保持汽车稳定的行驶路线，即使汽车直线行驶。 (　　)

2. 选择题

(1) 解放 CA1092 型汽车中的“1”表示（　　）。

A. 企业名称　B. 车辆类别代号　C. 载荷　D. 自重

(2) 东风 EQ1092 型汽车中的“2”表示（　　）。

A. 第 2 代载货汽车　B. 第 3 代载货汽车　C. 2t　D. 乘员数

(3) 轿车发动机的排量为（　　）的为微型轿车。

A. 1L 以下　B. 1 ~ 1.6L　C. 1.6 ~ 2.5L　D. 0.5L 以下

(4) 轿车发动机的排量为 1 ~ 1.6L 的轿车为（　　）。

A. 微型轿车　B. 普通级轿车　C. 中级轿车　D. 高级轿车

(5) 汽车满载时的最大爬坡能力称为（　　）。

A. 最大爬坡度　B. 最小爬坡度　C. 爬坡度　D. 功率

(6) 整车装备质量是汽车（　　）的质量。

A. 装备　B. 完全装备　C. 大修　D. 行驶

(7) 汽车满载时的总质量称为（　　）。

A. 最大装载质量　B. 最大总质量　C. 整车装备质量　D. 最大质量

(8)（　　），车辆支承平面与车辆最低点之间的距离，称为最小离地间隙。

A. 满载时　B. 空载时　C. 停车时　D. 行驶时

3. 问答题

(1) 汽车底盘的功用是什么？它由哪几个系统组成？

(2) 汽车电源电压通常采用哪三种？采用什么电流？

(3) 汽车电气设备采用并联还是串联连接？何谓单线制？

(4) 英文缩写 ABS、DOHC、EFI、AT、FR、4WD 分别表示什么含义？

项目一　习题检测

1. 填空题

(1) 上止点是指活塞顶面位于其运动到________时的位置，即活塞的最高位置。

(2) 往复活塞式汽油发动机一般由____、____两大机构和____、____、____、____、____五大系统组成。

（3）四冲程发动机每完成一个工作循环，曲轴转____周，各气门各开启____次，活塞在两止点间移动____次。

（4）在进气行程中，进入汽油机气缸的是______，而进入柴油机气缸的是______；汽油机的着火方式是______，而柴油机的着火方式是______。

（5）二冲程发动机曲轴转____周，活塞在气缸里往复____次，完成一个工作循环。

2. 判断题

（1）多缸发动机各气缸的总容积之和，称为发动机排量。（ ）

（2）活塞行程是曲柄半径的两倍。（ ）

（3）气缸工作容积与燃烧室容积之比称为压缩比。（ ）

（4）柴油机在进气行程中，进入气缸的是柴油和空气的混合气。（ ）

（5）如果没有外力，内燃机本身无法起动。（ ）

（6）在发动机内每次将热能转变为机械能，都必须经过进气、压缩、做功及排气四个连续的过程来实现。（ ）

（7）活塞在气缸内作匀速直线运动。（ ）

3. 选择题

（1）排量为2520ml的六缸发动机，其燃烧室容积为60ml，压缩比等于（ ）。

A. 6　B. 7　C. 8

（2）目前大多数汽车多采用四冲程发动机，其主要原因是（ ）。

A. 四冲程发动机的动力性好　B. 四冲程发动机经济性好　C. 四冲程发动机运转平稳

（3）某发动机活塞行程为80mm，其曲轴的曲柄半径应为（ ）。

A. 20mm　B. 40mm　C. 80mm　D. 160mm

4. 简答题

（1）说出四冲程汽油发动机工作循环包括哪几个过程。

（2）说出汽油发动机与柴油发动机的主要区别。

项目二　习题检测

1. 填空题

（1）________安装于气缸盖和气缸体工作平面间，主要作用是保证气缸体与气缸盖间的密封，防止发生________现象。

（2）活塞连杆组主要包括__________________________。

（3）活塞环分为________和________两种。

（4）机体组的常见损伤有________、________、________、________。

（5）活塞连杆组的常见损伤有________、________、________。

（6）机体的作用是__________，安装________________并承受________。

（7）气缸体的结构形式有__________、__________、__________三种。CA6102汽油机和YC6105QC柴油机均采用__________。

（8）活塞受__________、__________和__________三个力，为了保证其正常工作，活塞的形状是比较特殊的，轴线方向呈__________形；径向方向呈__________形。

(9) 四缸四冲程发动机的做功顺序一般是________或________；六缸四冲程发动机的做功顺序一般是__________或__________。

(10) 曲柄连杆机构的主要零件可分为________、________和________三个组。

(11) 活塞销、销座及连杆小头的配合有________及________两种形式。

(12) 气环的截面形状主要有________、________、________、________几种。

(13) 气缸套有________和________两种。

2. 判断题

(1) 气缸体是发动机安装各附件的基础总成。 ( )

(2) 活塞和气缸盖、气缸壁等共同组成燃烧室。 ( )

(3) 连杆通过小头装配在曲轴连杆轴颈上，其作用是将活塞的力传给曲轴。 ( )

(4) 曲轴飞轮组的主要作用是将活塞的往复直线运动力矩变为旋转转矩。 ( )

(5) 活塞环的检测内容有端隙、侧隙和背隙。 ( )

(6) 飞轮齿圈磨损后可换面使用，必要时更换新齿圈。 ( )

(7) 安装气缸垫时，光滑面应朝向气缸体；若气缸体为铸铁材料，缸盖为铝合金材料，光滑的一面应朝向缸盖。 ( )

(8) 活塞顶是燃烧室的一部分，活塞头部用来安装活塞环，活塞裙部可起导向的作用。 ( )

(9) 活塞径向呈椭圆形，椭圆的长轴与活塞销轴线同向。 ( )

(10) 气环的密封原理除了自身的弹力外，主要还是靠少量高压气体作用在环背产生的背压而起的作用。 ( )

(11) 对于四冲程发动机，无论其是几缸，其做功间隔均为180°曲轴转角。 ( )

(12) 当飞轮上的点火正时记号与飞轮壳上的正时记号刻线对准时，第一缸活塞无疑正好处于压缩行程上止点位置。 ( )

(13) 多缸发动机的曲轴均采用全支承。 ( )

3. 选择题

(1) 下述不属于机体组部件的是（ ）。

A. 气缸盖　　B. 气缸垫　　C. 气缸套　　D. 飞轮

(2) 以下不属于飞轮作用的是（ ）。

A. 起动发动机

B. 安装汽车离合器

C. 将活塞的往复直线运动力矩变为曲轴的旋转转矩

D. 储能和克服发动机短时超载

(3) 缸套磨损的故障现象表征为（ ）。

A. 气缸中的燃气和冷却液互通，冷却液经常减少

B. 发动机动力变差，严重时会漏水、漏气

C. 发动机中有异响，排气管冒蓝烟，动力明显下降

D. 凸轮轴得不到润滑，冷却系统温度过高

(4) 活塞及活塞环磨损的一般表现为（ ）。

A. 发动机动力下降，排气管冒蓝烟，机油易脏污

B. 发动机工作不正常，严重时伴有异响

C. 手径向晃动活塞，有旷动的感觉

(5) 引起曲轴弯曲的主要原因是（　　）。

A. 润滑不良、超载或爆燃

B. 长期使用而磨损导致

C. 由于磨损使活塞、活塞环与气缸配合间隙变大导致

(6) 四冲程六缸发动机的做功间隔角是（　　）。

A. 180°　　B. 360°　　C. 120°

(7) 连杆大头做成剖分式的目的是（　　）。

A. 便于加工　　B. 便于安装　　C. 便于定位

(8) 曲轴上的平衡重一般设在（　　）。

A. 曲轴前端　　B. 曲轴后端　　C. 曲柄上

(9) 为了保护活塞裙部表面，加速磨合，常采用的措施是（　　）。

A. 涂润滑脂　　B. 喷油润滑　　C. 镀锡　　D. 镀铬

(10) 活塞在制造中，其头部有一定的锥度，主要是为（　　）。

A. 节省材料　　B. 减小往复运动的惯性力　　C. 活塞在工作中受热不均匀

项目三　习题检测

1. 填空题

(1) 现代汽车发动机均采用________________气门，即进、排气门置于__________内，倒挂在__________顶上。

(2) 汽车发动机凸轮轴的位置有__________、__________及____________三种形式。

(3) 发动机在冷态下，当气门处于关闭状态时，______________与____________之间的间隙，称为气门间隙。

(4) 气门弹簧的作用是保证气门关闭时能紧密地与__________或__________贴合。

(5) 凸轮轴由________驱动，其传动机构有________、________及________。

2. 判断题

(1) 配气机构在发动机中所起的作用是：按照其工作顺序和工作循环的要求，定时开启和关闭各气缸的进、排气门。（　　）

(2) 下置凸轮轴由曲轴正时齿轮驱动。发动机工作时，曲轴通过正时齿轮驱动凸轮轴旋转。（　　）

(3) 整个进气过程持续的时间或进气持续角为 $90° + \alpha + \beta$ 曲轴转角。（　　）

(4) 下置式凸轮轴每隔 1 ~ 2 个气缸设置一个凸轮轴轴颈。（　　）

(5) 推杆处于挺柱和摇臂之间，其功用是将挺柱传来的热量和作用力传给摇臂。（　　）

3. 简答题

（1）试述配气机构的功用与要求。

（2）说明凸轮轴三个位置的工作特点。

（3）说明发动机工作时，为什么有进气提前角。

（4）为减少发动机在工作时共振现象的发生，一般在弹簧上都采取哪些措施？

（5）说明对配气机构有哪些要求。

项目四　习题检测

1. 填空题

（1）汽油具有良好的蒸发性是指汽油在________内，完全________汽化。

（2）爆燃现象是指在火焰传播过程中末端混合气________燃烧，这时气缸内的压力急剧________，并发生强烈的________，在气缸内产生清脆的________声。

（3）燃油系统的功用是根据发动机运转工况的需要，提供________的、清洁的、________良好的汽油。

（4）汽油喷射系统是在____压力下，利用喷油器将一定数量的汽油________喷入气缸或进气管道内的汽油机燃油供给系统。

（5）按喷射的连续性，汽油喷射系统分为________和________两种方式。

（6）博世 D 型喷射系统是电控多点________喷射系统，其基本特点是以________和发动机的________作为基本控制参数。

（7）在电控汽油喷射系统中，电动汽油泵通常有________和________两种类型。

（8）磁脉冲式曲轴位置传感器由安装在分电器上的________转子和安装在分电器底盘上的三个________组成。

2. 判断题

（1）汽油在发动机气缸内燃烧时，如果氧气充足，则燃烧完全。（　）

（2）汽油性能的好坏，对发动机的动力性、经济性、可靠性和使用寿命都有很大影响。（　）

（3）所谓空燃比是指空气质量与燃油质量的比值。（　）

（4）汽油喷射系统的优点是供入各缸的混合气空燃比相同、数量相等。（　）

（5）L 型汽油喷射系统是以进气压力和发动机转速为基本控制参数。（　）

（6）D 型汽油喷射系统进一步改善了发动机的起动性、怠速稳定性、加速性、经济性、排放性和燃烧性。（　）

（7）单点式喷射系统对喷油的雾化质量要求较高，因此采用较高的压力喷射。（　）

（8）滚柱式电动汽油泵运转时噪声大，油压脉动也大，且泵体内表面与转子容易磨损。（　）

3. 简答题

（1）试述汽油喷射系统的类型及各自的特点。

（2）分析电控汽油喷射系统的基本类型与应用特点。

（3）电控汽油喷射系统主要由哪些部分构成？

（4）说明控制系统主要组件与作用。

（5）说明电控单元的功用和组成。

项目五　习题检测

1. 填空题

（1）由于柴油的蒸发性和流动性比汽油差，因此它不能在气缸____________形成混合气。

（2）和汽油机相比，柴油机混合气形成的时间____________，只占____________的曲轴转角。

（3）柴油机燃油供给系统包括喷油泵、____________和____________等主要部件和一些辅助装置。

（4）直列柱塞式喷油泵一般由曲轴的____________驱动。

（5）闭式喷油器的喷嘴由____________和____________组成一对精密偶件，其配合间隙为____________ mm。

2. 判断题

（1）调速器是一种自动调节装置，它可以自动调节喷油泵的供油量。　（　　）

（2）A 型喷油泵供油量的调节是通过改变柱塞有效行程完成的。　（　　）

（3）柱塞式喷油泵由泵油机构、供油量调节机构、驱动机构和喷油泵体组成。　（　　）

（4）A、B 型柱塞式喷油泵的基本结构很不相同。　（　　）

（5）轴针式喷油器与孔式喷油器只是头部结构不同。　（　　）

3. 简答题

（1）试述柴油机混合气的形成过程。

（2）说明柴油机燃油供给系统的功用。

（3）说明喷油器的功用与基本要求。

（4）分析柱塞式喷油泵应满足的具体要求。

（5）分析喷油提前器对柴油机性能的影响。

项目六　习题检测

1. 判断题

（1）电控发动机冷却液温度传感器可用来检测冷却液温度。　（　　）

（2）负温度系数的热敏电阻随温度升高阻值上升。　（　　）

（3）发动机的冷却方式包括水冷和风冷两种。　（　　）

（4）冷却系统中提高或降低冷却液沸点的装置是散热器。　（　　）

（5）蜡式节温器由支架、阀座、主阀门、副阀门、感应体、中心杆和大、小弹簧

组成。 (　　)

(6) 节温器的作用是改变冷却液的循环路线，实现大循环和小循环两种循环方式。 (　　)

(7) 冷却液小循环是指冷却液温度高于76℃时，节温器主阀门自动开启，副阀门逐渐关闭所进行的循环。 (　　)

2. 选择题

(1) 目前，常用的防冻液多属（　　），其中大多都加有防腐剂和染色剂，可以长期使用，所以称为长效防冻液。

A. 酒精-水型　　B. 甘油-水型　　C. 乙二醇-水型　　D. 矿油型

(2)（　　）的作用是对发动机冷却液加压，使冷却液循环流动。

A. 水泵　　B. 风扇　　C. 散热器　　D. 节温器

(3)（　　）的功用是加速流经发动机散热器的空气流速，以提高散热器的热交换能力。

A. 水泵　　B. 风扇　　C. 散热器　　D. 节温器

(4)（　　）的作用是将发动机冷却液携带的热量散入大气，以保证发动机的正常工作温度。

A. 水泵　　B. 风扇　　C. 散热器　　D. 节温器

(5)（　　）用来改变冷却液的循环路线及流量，自动调节冷却液的温度。

A. 水泵　　B. 风扇　　C. 散热器　　D. 节温器

(6) 保证发动机在正常温度下工作，从而得到良好的动力性和经济性的部件是（　　）。

A. 散热器　　B. 水泵　　C. 冷却系统　　D. 节温器

(7) 将发动机水套内流出热的冷却液的热量传给空气的部件是（　　）。

A. 水泵　　B. 散热器　　C. 节温器　　D. 水套

(8) 强制冷却液循环流动，达到加速冷却发动机目的的部件是（　　）。

A. 水泵　　B. 散热器　　C. 风扇　　D. 节温器

(9) 控制流经散热器的冷却液的流动方向和流量的部件是（　　）。

A. 水泵　　B. 节温器　　C. 风扇　　D. 散热器

(10) 发动机节温器安装在（　　）。

A. 气缸体出水口　　B. 气缸体入水口　　C. 气缸盖出水口　　D. 气缸盖入水口

(11) 东风 EQ1090 型汽车冷却系统采用（　　）节温器。

A. 蜡式双阀式　　B. 折叠式　　C. 单阀式　　D. 乙醚式

(12) 节温器中使阀门自动开启的部件是（　　）。

A. 阀座　　B. 石蜡　　C. 压力阀　　D. 真空阀

(13) 如果节温器阀门打不开，发动机将会出现（　　）的现象。

A. 温升慢　　B. 温度不稳定　　C. 不能起动　　D. 过热

(14) 汽油发动机冷却液的温度应保持在（　　）。

A. 60～70℃　　B. 70～75℃　　C. 80～90℃　　D. 90～95℃

3. 简答题

（1）冷却系统由哪些主要元件组成？

（2）水泵由哪几部分组成？

（3）如何正确更换防冻液？

项目七　习题检测

1. 判断题

（1）在能保证润滑的条件下，要尽量选取黏度小的机油。（　　）

（2）高级别的机油可以用于要求较低的发动机上，反之则不可。（　　）

（3）机油黏度小，内摩擦阻力小，可节约燃料，因此机油的黏度越小越好。（　　）

（4）如果润滑脂过稠，可用机油调稀。（　　）

（5）发动机机油的正常工作温度范围是 70～90℃。（　　）

（6）发动机润滑系统的功用是润滑。（　　）

（7）EQ1090 发动机润滑系统中，旁通阀的作用是：当粗滤器堵塞时，机油推开旁通阀，不经滤芯而直接从进油口到出油口至润滑系统。（　　）

（8）在发动机润滑系统中，活塞采用压力润滑方式。（　　）

（9）发动机机油泵进油腔一侧压力要小于出油腔一侧压力。（　　）

（10）发动机机油的冷却有风冷和水冷两种形式。（　　）

2. 选择题

（1）国外发动机机油的分类法是（　　）。

A. 按汽油机油和柴油机油分类　　B. 按生产工艺分类

C. API 性能分类和 SAE 黏度分类　　D. 单级机油和多级机油

（2）机油的黏度随温度变化而变化的性能称为（　　）。

A. 粘温特性　　B. 清净分散性　　C. 抗氧化性　　D. 耐蚀性

（3）机油牌号中，在数字后面带“W”字母的表示（　　）。

A. 低温系列　　B. 普通系列　　C. 四季通用　　D. 多级油

（4）CC、CD 两种机油（　　）。

A. 都是汽油机油

B. 都是柴油机油

C. 其中使用 CC 机油的发动机工作条件更差一些

D. 其中使用 CD 机油的发动机工作条件更差一些

（5）我国发动机机油的分类法是（　　）。

A. 按汽油机油和柴油机油分类　　B. 按生产工艺分类

C. 按黏度和质量分类　　D. 按单级机油和多级机油分类

（6）发动机机油黏度过大会使（　　）。

A. 发动机冷起动困难　　B. 发动机零件磨损加大

C. 冷却效果好　　D. 洗涤效果好

（7）（　　）有更高的极压抗磨性和更好的高温低温性能。

A. 钙基润滑脂　　B. 钠基润滑脂

C. 通用锂基润滑脂　　D. 极压复合锂基润滑脂

(8)（　　）具有良好的机械安定性、胶体安定性、防锈性、氧化安定性和抗水性，适于在30~120℃范围内使用。

A. 钙基润滑脂　　B. 钠基润滑脂

C. 通用锂基润滑脂　　D. 极压复合锂基润滑脂

(9)（　　）耐水性强，但耐热性差。

A. 钙基润滑脂　　B. 钠基润滑脂

C. 通用锂基润滑脂　　D. 极压复合锂基润滑脂

(10) 在发动机润滑系统中，机油的贮存装置是（　　）。

A. 油底壳　　B. 机油泵　　C. 机油粗滤器　　D. 机油细滤器

(11) 发动机机油泵由（　　），主、从动齿轮，泵壳和泵盖等组成。

A. 传动轴　　B. 叶轮　　C. 半轴　　D. 摇臂轴

(12) 发动机润滑系统的功用是（　　）。

A. 润滑　　B. 冷却

C. 润滑、冷却　　D. 润滑、冷却、清洁和密封

(13)（　　）的功用是将一定数量的机油从发动机油底壳吸入泵腔，加压后送到零件的摩擦表面。

A. 油底壳　　B. 机油集滤器　　C. 机油泵　　D. 机油散热器

(14)（　　）用以滤去机油中直径在0.05~0.10mm以上的杂质。

A. 机油集滤器　　B. 机油粗滤器　　C. 机油细滤器　　D. 机油散热器

项目八　习题检测

1. 判断题

(1) 桑塔纳轿车火花塞的间隙为0.7~0.9mm。（　　）

(2) 汽车点火系统可以将电源供给的12V低压电变为380V的高压电。（　　）

(3) 汽车点火系统可以将电源供给的24V低压电变为15~30kV的高压电。（　　）

(4) 发动机分电器断电触点间隙一般为0.35~0.45mm。（　　）

(5) 发动机怠速时，点火提前角位于最大值。（　　）

(6) 发动机分电器内的断电器周期性地接通和切断低压电路。（　　）

(7) 发动机火花塞的电极间隙一般为0.35~0.45mm。（　　）

(8) 在汽车点火系统中，电容器与断电器触点并联。（　　）

(9) 发动机火花塞的自净温度为500~700℃。（　　）

(10) 发动机转速加快时，点火提前角应增大。（　　）

(11) 发动机负荷减小时，点火提前角应减小。（　　）

(12) 火花塞在使用中经常发生积炭现象，证明火花塞过于“冷”了。（　　）

(13) 火花塞在使用中经常发生积炭现象，证明火花塞过于“热”了。（　　）

(14) 发动机熄火后仍能工作一段时间并伴有敲击声，说明火花塞过“热”了。（　　）

(15) 发动机熄火后仍能工作一段时间并伴有敲击声，应改用冷型火花塞。（　　）

2. 选择题

(1) 汽车(　　)由低压电路和高压电路组成。

A. 起动系统　　B. 充电系统　　C. 点火系统　　D. 灯光系统

(2) 桑塔纳轿车点火系统采用(　　)分电器。

A. 有触点　　B. 霍尔式　　C. 光电式　　D. 电磁式

(3) 环境温度为20℃时，桑塔纳轿车点火线圈一次绕组的电阻为(　　)。

A. 0.26～0.52Ω　　B. 0.26～0.52kΩ　　C. 0.52～0.76Ω　　D. 0.52～0.76kΩ

(4) 桑塔纳轿车火花塞的间隙为(　　)。

A. 0.7～0.9mm　　B. 0.7～0.9cm　　C. 0.9～1.1mm　　D. 0.9～1.1cm

(5) 汽车点火系统可以将电源供给的(　　)低压电变为15～30kV的高压电。

A. 12V　　B. 24V　　C. 6V　　D. 3V

(6) 汽油机(　　)可以将电源供给的12V低压电变为15～30kV的高压电。

A. 起动系统　　B. 点火系统　　C. 充电系统　　D. 灯光系统

(7) 汽油机点火系统可以将(　　)供给的12V低压电变为15～30kV的高压电。

A. 蓄电池　　B. 发电机　　C. 起动机　　D. 电源

(8) 汽油机点火系统可以将电源供给的12V低压电变为(　　)的高压电。

A. 220V　　B. 380V　　C. 15～30kV　　D. 60kV

(9) 在发动机点火系统中，分电器盖内有与发动机气缸数(　　)的旁电极。

A. 相等　　B. 不等　　C. 两倍　　D. 不确定

(10) 发动机怠速时，点火提前角位于(　　)值。

A. 最大　　B. 较大　　C. 较小　　D. 最小

项目九　习题检测

1. 填空题

(1) 为了使静止的发动机进入工作状态，必须先用__________发动机的曲轴，使活塞开始__________运动，气缸内吸入可燃混合气，并将其压缩、点燃，体积迅速膨胀，产生强大的动力。

(2) 汽油发动机在温度为__________℃时，最低起动转速一般为__________r/min。

(3) 发动机常用的起动方式包括：__________、__________和__________起动等形式。

(4) 电力起动机简称起动机，它以__________为电源，机构简单、__________迅速可靠。

(5) 在寒冷地区和严寒季节起动发动机时，由于机油的粘度__________，起动阻力矩增大，燃料__________不良，蓄电池内阻增加，起动性能变坏，使发动机起动__________。

2. 判断题

(1) 目前所有的汽车都采用电力起动。　　(　　)

(2) 起动喷射装置主要用于某些柴油发动机的起动预热。　　(　　)

(3) 直流电动机在直流电压的作用下，产生旋转力。 (　　)

(4) 起动机是通过传动带与曲轴相连接的，以便能够将发动机起动。 (　　)

(5) 起动机的控制机构分为直接操纵式和电磁操纵式两种。 (　　)

3. 简答题

(1) 说明起动系统的基本方式与功用。

(2) 说明起动机构的传动系统的作用与类型。

(3) 说明起动机的控制机构的作用与类型。

项目十　习题检测

1. 填空题

(1) 混合动力汽车可按照____________和____________两种分类方法分类。

(2) 串联型混合动力汽车最简单，________带动发电机发电，发出的电供给________驱动车辆行驶。

(3) 按照内燃机与电动机连接方式的不同，混合动力汽车分为________、________和串-并联型三种。

(4) 按照混合程度的不同，混合动力汽车可分为________、________和可外接充电式混合动力三种形式。

(5) 混合动力汽车采用________作为动力电池组，动力电池组分别布置在________下面。

2. 判断题

(1) 混合动力汽车发动机的控制目标和策略包括电路设计、经济性和环保性。 (　　)

(2) 所谓轻度混合，发动机是主要动力。 (　　)

(3) 由两种以上的储能器、能源或转换器作为驱动能源，其中至少有一种以上能提供电能的车辆称为混合动力电动汽车。 (　　)

(4) 通常用发动机的比油耗 g/(kW · h) 来表达发动机的燃料经济性。 (　　)

(5) 混合动力汽车应根据汽车类型的不同、使用条件的不同以及所设计性能要求的不同来选择不同类型的发动机。 (　　)

3. 简答题

(1) 混合动力汽车发动机的控制目标和策略都包括什么项目?

(2) 比较串联、并联和混联型混合动力汽车的特点与原理。

(3) 混联型混合动力汽车的技术性能都有哪些内容?

(4) 混合动力汽车对发动机的基本要求是什么?

(5) 混合动力的基本概念是什么?

项目十一　习题检测

1. 填空题

(1) 摩擦式离合器的种类较多，现代汽车上最常用的有周向布置多个螺旋弹簧离合器和膜片式弹簧离合器，但其工作原理基本相同，都由__________、__________、

__________和__________四大部分组成。

（2）东风 EQ1090E 型汽车离合器的主动部分包括__________、__________和__________。

（3）桑塔纳 2000GLi 型轿车离合器采用__________、__________、膜片弹簧离合器。它主要由离合器盖、__________、从动盘、膜片弹簧、__________、分离套筒、__________、离合器拉索等零件组成。

（4）填出附图 1 所标注的零件名称。

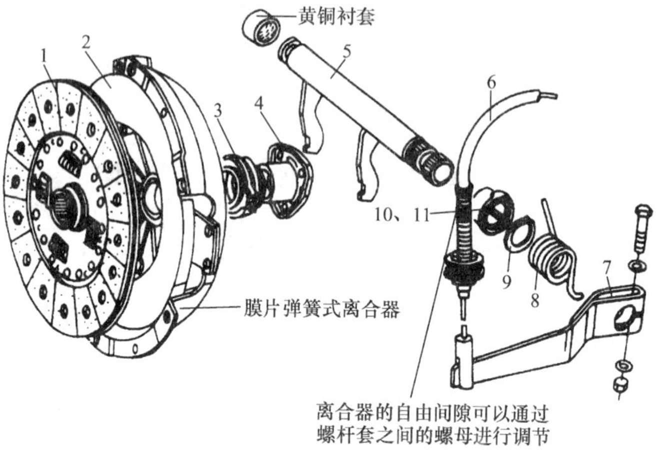

黄铜衬套

膜片弹簧式离合器

离合器的自由间隙可以通过螺杆套之间的螺母进行调节

附图 1　离合器结构图

1—　　2—　　3—　　4—　　5—　　6—　　7—　　8—　　9—　　10、11—

（5）东风 EQ1090E 型汽车离合器操纵机构中的__________、__________、__________和__________装在离合器壳的内部，而分离拨叉臂、分离拉杆、踏板轴、踏板臂和踏板等则装在离合器壳的外部。

（6）桑塔纳 2000GLi 型轿车离合器的操纵机构采用__________式分离装置，而桑塔纳 2000GSi 型轿车离合器则采用___________式操纵机构。

2. 选择题

（1）当发动机与离合器处于完全结合状态时，变速器的输入轴（　　）。

A. 不转动　B. 高于发动机转速　C. 低于发动机转速　D. 等于发动机转速

（2）离合器从动盘钢片破裂，造成（　　）异响。

A. 离合器　B. 变速器　C. 驱动桥　D. 半轴花键

（3）膜片弹簧离合器的压盘（　　），热容量大，不易产生过热。

A. 较大　B. 较小　C. 较薄　D. 较厚

（4）桑塔纳 2000 型轿车离合器压盘固定螺栓应按（　　）顺序分别拧紧。

A. 由里向外　B. 由中间向两边　C. 对角线交叉　D. 由外向内

（5）（　　）离合器操纵机构主要是由主缸、工作缸和管路系统组成的。

A. 机械式　B. 液压式　C. 气压式　D. 气动式

（6）（　　）暂时切断发动机与传动系统的联系，便于变速器顺利换挡。

A. 飞轮　B. 离合器　C. 压盘　D. 分离轴承

(7) 从离合器踏板到分离叉之间的各杆件统称为（　　）。

A. 操纵机构　B. 分离机构　C. 压紧装置　D. 从动部分

(8) 膜片弹簧分离器的膜片弹簧磨损的宽度不得超过（　　）mm。

A. 3　B. 4　C. 5　D. 6

(9) 汽车离合器的主动部分是（　　）。

A. 飞轮　B. 压盘　C. 离合器片　D. 分离杠杆

(10) 膜片弹簧离合器在分离时，膜片弹簧会产生反向锥形变形，使压盘与（　　）分离。

A. 飞轮　B. 分离轴承　C. 从动盘　D. 分离杠杆

3. 问答题

简述捷达轿车离合器操纵机构的特点。

项目十二　习题检测

1. 填空题

(1) 现代汽车传动系统中的变速器有多种类型，按工作原理不同可分为__________和__________；按操纵方式不同可分为__________和__________。

(2) 一对齿轮旋向相反，每经过一个传动副，其轴改变一次__________。

(3) 三轴机械变速器的三轴就是指变速器的输入轴、__________和__________，它们构成了变速器的主体，同时还有一根__________轴。

(4) 同步器有常压式、__________和__________等类型。目前全同步式变速器上多采用的是惯性同步器，它主要由__________、__________等组成，其特点是依靠摩擦作用实现同步。

(5) 惯性同步器按结构又分为__________和__________两种。轿车和轻、中型货车的变速器广泛采用__________惯性同步器。

(6) 互锁装置是为了保证换挡拨叉轴到位并防止其他拨叉轴__________采用的__________装置。互锁装置有多种类型，常见的有__________和__________两种结构。

2. 判断题

(1) 汽车变速器的操纵机构有 3 个锁止装置。（　　）

(2) 东风 EQ1092 型汽车变速器所有啮合齿轮均为直齿轮。（　　）

(3) 传动比 $i>1$ 时，降速传动。（　　）

(4) 汽车变速器自锁装置用于防止自动脱挡。（　　）

(5) 汽车万向传动装置一般由万向节和传动轴组成。（　　）

(6) 在汽车万向传动装置中，十字轴式刚性万向节允许相连两轴的最大交角为 15°~20°。（　　）

(7) 单级主减速器中的小齿轮称为主动轮。（　　）

(8) 采用两对齿轮传动的主减速器称为双级主减速器。（　　）

(9) 变速器齿轮传动机构装好后，须逐挡检查传动情况，各挡运转应自如。（　　）

（10）装配变速器中间轴各挡齿轮时，需注意齿毂的长短面，以中间轴后端为基准。（　　）

3. 问答题

（1）手动变速器操纵机构的功用是什么？

（2）手动变速器自锁装置的作用是什么？

（3）简述两轴四挡变速器的工作过程。

项目十三　习题检测

1. 填空题

（1）常见的自动变速器的主要类型有________和________。

（2）常见的行星齿轮机构有________种，常见的四挡行星齿轮机构是________________、________________、________________。

（3）别克4T65E款变速器名称包含的意义是________________________。

（4）常见的使用CVT变速器的车型有________、________和________。

（5）CVT自动变速器还称为________________________。

（6）奥迪A6轿车使用的CVT变速器叫做________________。

（7）变速器ECU是变速器工作的总控，为ECU输入信号的元件主要有输入/输出轴转速传感器、节气门位置传感器、多功能开关、强制降挡开关等，ECU直接控制的执行元件常见的有四个，分别是________、________、________和________。

2. 选择题

（1）大众01M款变速器的应用车型有（　　）。

A. 帕萨特　　B. 捷达　　C. POLO　　D. 奔驰

（2）目前主流的自动变速器有（　　）个挡位。

A. 三　　B. 四　　C. 五　　D. 六

（3）下面各类车中，（　　）不含CVT车型。

A. 帕萨特　　B. 尼桑天籁　　C. 东南菱悦　　D. 本田飞度

（4）下面特点不属于CVT的是（　　）。

A. 零件数少　　B. 重量轻

C. 驾驶平顺　　D. 全部用于大排量汽车

项目十四　习题检测

1. 填空题

（1）为了实现等速传动，安装万向传动装置必须保证两个条件：第一个万向节的两轴间的夹角与第二个万向节的两轴间的夹角________________，即α_1 ____ α_2；传动轴两端的万向节叉处于同____________内。

（2）与十字轴的轴颈相配合的是____________轴承，轴承的定位方式是加盖式。十字轴内部是空心的，其目的是________________。

（3）球笼式外等速万向节保证了传力的钢球在两根轴处于任何允许的夹角下，始终位于两轴夹角的____________上，使输入轴和输出轴的转速____________。

（4）球毂内有花键与传动轴外端联接，外有相应的六条滚道与球笼内的________连接。

2. 写出附图 2 各零件的名称。

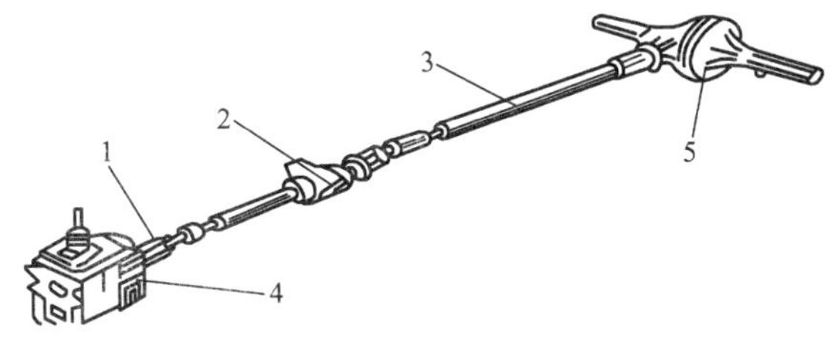

附图 2　题 2 图

1—________；2—________；3—________；4—________；5—________。

图中 1、2、3 零件构成的装置名称是________________，其作用是________________。

3. 选择题

（1）汽车万向传动装置一般由万向节、（　　）和中间支承组成。

A. 传动轴　　B. 半轴　　C. 横拉杆　　D. 纵拉杆

（2）汽车万向传动装置等速万向节主动轴和从动轴的角速度（　　）。

A. 不相等　　B. 相等　　C. 一慢一快　　D. 没有联系

（3）在汽车万向传动装置中，当十字轴内腔油压过大时，会顶开（　　），使多余的润滑油外溢。

A. 滑脂嘴　　B. 油封　　C. 滚针　　D. 安全阀

（4）在汽车万向传动装置中，当主动轴转动时，从动轴既能随之转动，又可绕十字轴中心在（　　）方向摆动。

A. 上下　　B. 左右　　C. 任意　　D. 向左

项目十五　习题检测

选择题

（1）汽车（　　）主减速器多采用一对大小不等的锥齿轮传动机构。

A. 单级　　B. 双级　　C. 三级　　D. 多级

（2）采用两对齿轮传动的称为（　　）主减速器。

A. 单级　　B. 双级　　C. 三级　　D. 多级

（3）汽车单级主减速器多采用一对大小不等的（　　）传动机构。

A. 直齿轮　　B. 斜齿轮　　C. 锥齿轮　　D. 花键

（4）汽车单级主减速器中的小齿轮称为（　　）。

A. 主动轮　　B. 从动轮　　C. 惰轮　　D. 过桥轮

（5）主减速器的功用是（　　）。

A. 降速增矩　　B. 降速降矩　　C. 增速增矩　　D. 增速降矩

（6）汽车（　　）将万向传动装置传来的动力传给驱动车轮。

A. 前桥　　B. 后桥　　C. 支承桥　　D. 驱动桥

(7) 汽车驱动桥将万向传动装置传来的动力传给（　　）。

A. 车轮　　B. 半轴　　C. 轮胎　　D. 驱动车轮

(8) 汽车驱动桥将（　　）传来的动力传给驱动车轮。

A. 万向节　　B. 传动轴　　C. 发动机　　D. 万向传动装置

(9) 汽车在平直路面上行驶时，差速器（　　）。

A. 不起差速作用　　B. 起差速作用　　C. 不起减速作用　　D. 起减速作用

(10) 汽车转弯行驶时，差速器（　　）。

A. 不起差速作用　　B. 起差速作用　　C. 不起减速作用　　D. 起减速作用

(11) 半轴是在汽车（　　）与驱动轮之间传递转矩的轴。

A. 差速器　　B. 主减速器　　C. 传动轴　　D. 变速器

(12) 由于汽车半轴传递的转矩较大，故一般是（　　）轴。

A. 空心　　B. 实心　　C. 一半空心，一半实心　　D. 任意

(13) 汽车转向过程中，两半轴以（　　）转速旋转。

A. 不同　　B. 相同　　C. 较大　　D. 较小

(14)（　　）的功用是在汽车转向时，允许两半轴以不同转速旋转。

A. 变速器　　B. 离合器　　C. 差速器　　D. 主减速器

(15) 差速器的功用是汽车转向时，允许（　　）以不同转速旋转。

A. 前、后传动轴　　B. 前、后轮　　C. 左、右半轴　　D. 变速器一、二轴

(16) 汽车前桥一般是（　　）。

A. 转向桥　　B. 驱动桥　　C. 转向驱动桥　　D. 支持桥

(17) 汽车（　　）和支持桥都属于从动桥。

A. 转向桥　　B. 驱动桥　　C. 转向驱动桥　　D. 中桥

(18) 挂车上的车桥都是（　　）。

A. 转向桥　　B. 驱动桥　　C. 转向驱动桥　　D. 支持桥

(19) 汽车（　　）的作用是传递车架与车轮之间的各方向作用力及其所产生的弯矩和转矩。

A. 车架　　B. 车桥　　C. 悬架　　D. 车轮

(20) 能同时实现车轮转向和驱动的车桥称为（　　）

A. 转向桥　　B. 驱动桥　　C. 转向驱动桥　　D. 支持桥

项目十六　习题检测

1. 判断题

(1) 左右轮胎气压不一致会造成转向盘自由转动量过大。（　　）

(2) 转向轮定位失准会造成自动跑偏。（　　）

(3) 转向轮单边制动或单边制动拖滞会造成自动跑偏。（　　）

(4) 车轮定位参数包括前轮外倾角、前轮前束角、主销内倾角、主销外倾角。（　　）

(5) 行车后检查左右轮毂和制动毂的温度，若温度不一致时，则说明高温一侧的制动器存在单边制动、制动拖滞或轮毂轴承装配过紧、损坏等情况。（　　）

(6) 适当加大主销内倾角可以使转向轻便，但主销内倾角不宜过大，否则会造成轮胎的过度磨损。 ( )

(7) 光学式车轮定位仪是一种动态检测车轮定位的仪器。 ( )

(8) 检测车轮定位时，汽车轮胎及气压应符合规定。 ( )

(9) 测车轮不平衡量时，应清洗车轮，但不用去除旧平衡块。 ( )

(10) 动平衡的车轮肯定是静平衡的。 ( )

(11) 检测出不平衡量配平之后，一定要使不平衡量为 0 为止。 ( )

(12) 轮胎螺栓质量不等、轮辋质量分布不均或径向圆跳动、端面圆跳动太大，会引起车轮静不平衡，但不会引起动不平衡。 ( )

(13) 对车轮进行动平衡检测时，不必将轮胎气压充至规定值。 ( )

(14) 在校正车轮不平衡量的过程中，最好采用就车式车轮动平衡机。 ( )

(15) 使用就车式车轮动平衡机时，将车轮从车上拆下安装到车轮动平衡机的转轴上检测其平衡状况。 ( )

(16) 有的汽车没有车架。 ( )

(17) 一般载货汽车的前桥是转向桥，后桥是驱动桥。 ( )

(18) 汽车在使用中，一般只调整前轮定位中的前束。 ( )

(19) 转向轮偏转时，主销随之转动。 ( )

(20) 现在一般轿车均采用高压胎。 ( )

2. 选择题

(1) 越野汽车的前桥属于（ ）。

A. 转向桥　B. 驱动桥　C. 转向驱动桥　D. 支承桥

(2) 转向轮绕着（ ）摆动。

A. 转向节　B. 主销　C. 前梁　D. 车架

(3) 前轮定位中，转向操纵轻便主要是靠（ ）。

A. 主销后倾　B. 主销内倾　C. 前轮外倾　D. 前轮前束

(4) 连接轮盘和半轴凸缘的零件是（ ）。

A. 轮毂　B. 轮辋　C. 轮辐　D. 轮胎

(5) 外胎结构中，起承受负荷作用的是（ ）。

A. 胎面　B. 胎圈　C. 帘布层　D. 缓冲层

(6) 在汽车前轮定位中，主销后倾角不宜过大，一般小于（ ）。

A. 5°　B. 6°　C. 4°　D. 3°

(7) 汽车前轮、前轴、转向节与车架的相对安装位置称为（ ）。

A. 转向车轮定位　B. 主销后倾　C. 主销内倾　D. 后轮定位

(8) 主销安装到汽车前轴上后，其上端略向内倾斜，称为（ ）。

A. 主销后倾　B. 主销内倾　C. 主销前倾　D. 主销外倾

(9) 通过改变（ ）的长度可以调整汽车前轮前束的大小。

A. 横拉杆　B. 直拉杆　C. 前轴　D. 后轴

(10)（ ）的作用是使汽车转向轮自动回正，转向操纵轻便。

A. 主销后倾　B. 主销内倾　C. 车轮外倾　D. 前轮前束

(11)（　　）的主要作用是提高汽车前轮行驶的安全性。

A. 主销后倾　B. 主销内倾　C. 车轮外倾　D. 前轮前束

(12)（　　）的作用是保持汽车直线行驶的稳定性，并使转弯后的前轮自动回正。

A. 主销后倾　B. 主销内倾　C. 车轮外倾　D. 前轮前束

(13) 汽车的前轮前束值一般都小于（　　）mm。

A. 5　B. 6　C. 7　D. 10

(14) 两前轮轮胎气压不均匀，是导致汽车（　　）的故障原因之一。

A. 行驶跑偏　B. 制动失效　C. 高速摆振　D. 低速摆振

(15) 后轮超载或后轮胎气压不足，是导致汽车（　　）的故障原因之一。

A. 高速摆振　B. 低速摆振　C. 制动失灵　D. 制动跑偏

(16) 汽车行驶跑偏的故障原因之一是（　　）。

A. 轮辋变形　B. 传动轴弯曲　C. 两侧轴距不等　D. 转向节松旷

(17) 汽车高速行驶发生摆振的故障原因之一是（　　）。

A. 减振器失效　B. 后轮胎气压不足

C. 前束过大　D. 钢板弹簧弹性不足

项目十七　习题检测

1. 填空题

(1) 汽车悬架是__________与__________之间一切传力连接装置的总称。

(2) 现代汽车的悬架主要由__________、__________、__________三部分组成。

(3) 汽车悬架可分为__________和__________两大类。

(4) 麦弗逊式悬架是近年来中级以下轿车使用很广泛的一种悬架。这种悬架主要由__________、__________、__________、__________等组成。

2. 判断题

(1) 独立悬架在轿车上广泛应用。（　　）

(2) 非独立悬架在轿车上广泛应用。（　　）

(3) 减振器的作用是利用液体流动的阻力来加速衰减车身的振动，以改善汽车行驶的平顺性。（　　）

(4) 汽车悬架装置中，弹性元件用来传递力矩。（　　）

3. 选择题

(1) 汽车悬架是（　　）与车桥之间的弹性传力装置。

A. 车架　B. 车轮　C. 减振器　D. 车厢

(2) 独立悬架在（　　）上应用广泛。

A. 中型汽车　B. 重型汽车　C. 轿车　D. 挂车

(3) 非独立悬架在（　　）上应用广泛。

A. 轿车　B. 豪华轿车　C. 中型轿车　D. 中、重型汽车

(4) 汽车上应用的非独立悬架，广泛采用（　　）作为弹性元件。

A. 螺旋弹簧　B. 钢板弹簧　C. 减振器　D. 扭杆弹簧

(5) 汽车（　　）吸收或缓和车轮在不平路面上受到的冲击和振动。

A. 车架　　B. 车桥　　C. 悬架　　D. 车身

(6) 汽车的（　　）用来使振动衰减，减小车身和车轮的振动。

A. 弹性元件　　B. 导向装置　　C. 减振器　　D. 车架

(7) 汽车的（　　）用来承受和传递垂直载荷，缓和不平路面引起的冲击。

A. 弹性元件　　B. 导向装置　　C. 减振器　　D. 车架

(8)（　　）用来传递纵向力、侧向力及力矩，并保证汽车车轮相对于车架或车身有一定的运动规律。

A. 弹性元件　　B. 导向装置　　C. 减振器　　D. 车架

4. 问答题

(1) 简述双向作用筒式减振器的工作原理。

(2) 汽车悬架分为哪几类？各有什么特点？

(3) 螺旋弹簧非独立悬架由哪几部分组成？

(4) 独立悬架的结构类型按车轮的运动形式可分为哪几类？

(5) 写出桑塔纳2000型轿车前悬架的安装方法。

项目十八　习题检测

1. 判断题

(1) 转向盘转动应灵活自如，没有轴向间隙。（　　）

(2) 东风EQ1090型汽车，检查转向器摇臂轴的轴向间隙时，摇臂若有松动现象，说明转向器指销与蜗杆的啮合间隙过小。（　　）

(3) 转向器轴承装配过松会导致汽车转向沉重。（　　）

(4) 转向装置润滑不良是汽车转向沉重的原因之一。（　　）

(5) 当转向系统中转向轴中部的直线度误差大于0.17mm时，应进行冷压校正。（　　）

(6) 转向摇臂轴磨损超过0.05mm应修复或更换。（　　）

(7) 转向器轴承过松会造成汽车行驶时方向不稳定。（　　）

(8) 转向系统啮合传动副（蜗杆与滚轮）间隙过小，会造成汽车行驶时方向不稳定。（　　）

2. 选择题

(1) 机械转向系统由转向操纵机构、转向器和（　　）三部分组成。

A. 转向节　　B. 左右梯形臂　　C. 转向直拉杆　　D. 转向传动机构

(2) 转向系统的作用是实现汽车（　　）的改变和保持汽车稳定的行驶路线。

A. 速度　　B. 动力　　C. 行驶方向　　D. 加速度

(3) 循环球式汽车转向器一般由（　　）套传动副组成。

A. 1　　B. 2　　C. 3　　D. 4

(4)（　　）式汽车转向器传动效率较高，可达90%～95%，且转向操纵轻便，零件使用寿命长。

A. 循环球　　B. 蜗杆指销　　C. 齿轮齿条　　D. 蜗杆蜗轮

（5）蜗杆指销式汽车转向器的传动副是（　　）。

A. 轴承与壳体　B. 调整螺塞与壳体　C. 摇臂轴与壳体　D. 蜗杆和指销

（6）汽车转向器的功用是（　　）转向盘传到转向轮上的转向力矩，并改变力的传递方向。

A. 改变　B. 增大　C. 减小　D. 不变

（7）汽车转向器的功用是增大转向盘传到（　　）上的转向力矩，并改变力的传递方向。

A. 车轮　B. 驱动轮　C. 后轮　D. 转向轮

（8）汽车转向器的功用是增大转向盘传到转向轮上的（　　），并改变力的传递方向。

A. 阻力　B. 力的大小　C. 转向力矩　D. 驱动力

项目十九　习题检测

1. 判断题

（1）转向系统的作用是保持汽车稳定的行驶路线，即使汽车直线行驶。（　　）

（2）汽车循环球式转向器一般由两套传动副组成。（　　）

（3）夏利 TJ7100U 型轿车装备循环球式转向器。（　　）

（4）汽车转向器的功用是增大转向盘传到转向轮上的转向力矩，并改变力的传递方向。（　　）

（5）汽车转向器的功用是改变汽车直线行驶的稳定性。（　　）

（6）汽车转向盘的自由行程一般为 10°～25°。（　　）

（7）汽车转向系统按结构不同，可分为机械转向系统和动力转向系统两类。（　　）

（8）转向系统的作用是实现汽车行驶方向的改变，并保持汽车稳定的行驶路线。（　　）

2. 选择题

（1）按（　　）的不同，汽车转向系统可分为机械转向系统和动力转向系统两类。

A. 使用能源　B. 结构　C. 作用　D. 结构与作用

（2）转向盘的自由行程一般为（　　）。

A. 3°～5°　B. 4°～7°　C. 7°～10°　D. 10°～25°

（3）（　　）是连接汽车左、右梯形臂的杆件，它与左、右梯形臂及前轴构成转向梯形机构。

A. 转向摇臂　B. 转向直拉杆　C. 转向横拉杆　D. 转向盘

（4）汽车转向系统中各连接零件和传动副之间存在着一定间隙，这使转向盘在转向轮发生偏转前能转过一定角度，这段角行程称为（　　）。

A. 转向盘自由行程　B. 转向盘行程　C. 自由行程　D. 有效行程

（5）（　　）的作用是实现汽车行驶方向的改变和保持汽车稳定的行驶路线。

A. 转向系统　B. 转向操纵机构　C. 转向器　D. 转向传动机构

（6）（　　）是连接汽车转向系统转向摇臂和转向节臂的杆件。

A. 转向直拉杆　B. 转向横拉杆　C. 转向节　D. 螺塞

(7) 汽车（　　）的功用是增大转向盘传到转向轮上的转向力矩，并改变力的传递方向。

A. 转向系统　　B. 转向传动机构　　C. 转向器　　D. 转向操纵机构

(8) 汽车转向盘自由行程（　　），以免影响转向灵敏性。

A. 应大一点　　B. 不宜过大　　C. 不宜过小　　D. 应为零

(9)（　　）将汽车转向器输出的动力传给转向轮。

A. 转向操纵机构　　B. 转向传动机构　　C. 横拉杆　　D. 直拉杆

(10) 汽车转向传动机构将（　　）输出的动力传给转向轮。

A. 转向盘　　B. 转向器　　C. 转向轴　　D. 转向传动轴

项目二十　习题检测

1. 判断题

(1) 行车制动装置用于汽车行驶时减速或停车。（　　）

(2) 驻车制动装置用于汽车行驶时减速或停车。（　　）

(3) 制动系统可使汽车在最短的距离内停车。（　　）

(4) 汽车制动系统可在上坡时限制车速。（　　）

(5) 鼓式汽车车轮制动器多为外张双蹄式。（　　）

(6) 作为旋转元件的制动蹄，随同汽车车轮旋转。（　　）

(7) 目前，各种轿车广泛采用全盘式制动器作为车轮制动器。（　　）

(8) 汽车车轮制动器中，固定的摩擦元件是制动盘。（　　）

(9) EQ1092 型汽车的蹄鼓间隙在支承端为 0. 25 ~0. 40mm。（　　）

(10) 汽车驻车制动器又称为手制动器。（　　）

(11) 桑塔纳轿车采用双活塞式制动轮缸。（　　）

(12) 制动轮缸的作用是将主缸传来的液压力转变为使制动蹄张开的机械推力。（　　）

2. 选择题

(1)（　　）装置用于汽车行驶时减速或停车。

A. 行车制动　　B. 驻车制动　　C. 完全制动　　D. 中央制动

(2)（　　）装置用于使停驶的汽车驻留原地不动。

A. 行车制动　　B. 驻车制动　　C. 完全制动　　D. 液压制动

(3) 汽车的制动装置都利用（　　）来产生制动作用。

A. 机械摩擦　　B. 吸引　　C. 固定　　D. 磨合

(4) 当制动力（　　）附着力时，车轮将被抱死而汽车在路面上滑移。

A. 大于　　B. 等于　　C. 小于　　D. 不确定

(5) 汽车制动系统可以按需要使汽车（　　）。

A. 匀速行驶　　B. 加速行驶　　C. 减速或停车　　D. 加速或减速

(6)（　　）可在汽车下坡行驶时限制车速。

A. 传动系统　　B. 行驶系统　　C. 转向系统　　D. 制动系统

(7)（　　）的功用之一是保证汽车停放可靠，不至自动滑溜。

A. 传动系统　B. 行驶系统　C. 转向系统　D. 制动系统

(8) 制动系统可使汽车在（　）的距离内停车。

A. 最短　B. 较短　C. 最长　D. 较长

(9) BJ2020N 型汽车的后轮制动器为（　）式制动器。

A. 简单非平衡　B. 简单平衡　C. 自动增力　D. 凸轮

(10) BJ2022 型汽车前轮制动器为（　）式制动器。

A. 单向助势平衡　B. 双向助势平衡　C. 自动增力　D. 凸轮

(11) EQ1092 型汽车的车轮制动器为（　）式制动器。

A. 单向助势平衡　B. 双向助势平衡　C. 凸轮　D. 自动增力

(12) 固定在汽车车轮上的旋转元件是（　）。

A. 制动盘　B. 制动块总成　C. 活塞　D. 钳形支架

(13) 制动器中固定的摩擦元件是制动块总成，一般由（　）块构成。

A. 1~2　B. 2~4　C. 3~5　D. 5~7

(14) 在汽车液压制动系统中，（　）能兼起活塞回位弹簧和自动调整间隙的作用。

A. 活塞　B. 调整垫片　C. 活塞密封圈　D. 导向支承销

(15) 目前，各种轿车广泛采用（　）式制动器作为车轮制动器。

A. 凸轮　B. 全盘　C. 钳盘　D. 轮缸

(16) 鼓式汽车车轮制动器是（　）挤压随车轮同步旋转的制动鼓的内侧面而获得制动力。

A. 制动蹄片　B. 回位弹簧　C. 支承销　D. 制动气管

(17) 鼓式汽车车轮制动器是制动蹄片挤压随车轮同步旋转的（　）的内侧面而获得制动力。

A. 轮毂　B. 制动鼓　C. 轮辋　D. 轮胎

(18) EQ1092 型汽车的蹄鼓间隙在支承端应为（　）mm。

A. 0.10~0.25　B. 0.25　C. 0.40　D. 0.25~0.40

(19) 多数载货汽车的驻车制动器安装在（　）之后。

A. 传动轴　B. 发动机　C. 变速器或分动器　D. 车轮

(20) 上海桑塔纳轿车采用（　）液压制动传动装置。

A. 单回路　B. 双回路　C. 前后独立式双回路　D. 交叉式双回路

项目二十一　习题检测

1. 填空题

(1) 汽车 ABS 指防抱死制动系统，在汽车制动过程中，自动调节车轮的______，防止车轮______，从而获得最佳制动性能，减少交通事故。

(2) ABS 系统的基本组成是由__________、______________、传感器（车速传感器、轮速传感器和减速度传感器）以及__________组成。

(3) 典型 ABS 系统的工作过程可以分为______________、______________、__________和__________等阶段。

(4) 车轮速度传感器可以测出车轮与______共同旋转的________，然后产生与车轮转速成正比的交流信号。车轮速度传感器主要有两大类型，分别为__________和____________轮速传感器。

(5) 霍尔式车轮转速传感器由__________和________组成。传感头由____________、________和__________组成。

(6) ABS ECU 主要由______、________、__________和安全保护电路等几个基本电路组成。

(7) ABS 执行系统的功能是在 ECU 控制指令驱动下自动调节________，以获得预期的控制效应。根据控制系统工作介质的不同，执行系统压力调节装置分________和________两种基本类型。

2. 判断题

(1) 汽车车速传感器安装在车轮上。 ( )

(2) 汽车车轮速度传感器安装在曲轴前。 ( )

(3) 欲获得较大的制动力以及在制动过程中保持车辆的操纵性和稳定性，必须使附着系数保持在特定的范围内。 ( )

(4) 在制动过程中，只有当被控制车轮趋于抱死时，ABS 系统才起作用，此前保持常规制动状态。 ( )

(5) 所有 ABS 系统都有自诊断功能，以确保系统出现故障时，常规制动仍然能正常工作。 ( )

(6) 汽车减速度传感器的作用是测出汽车制动时的减速度，识别是否是雪路、冰路等易滑路面。 ( )

(7) 各类 ABS 系统对速度控制范围的要求很大，可达 8 ~ 260km/h 甚至更大，而霍尔式车轮转速传感器很难适应这种发展要求，即将被取而代之。 ( )

3. 简答题

(1) ABS 系统的优点有哪些?

(2) 简述 ABS 系统的工作原理。

(3) 简述 ABS 系统 ECU 的组成及工作过程。

(4) 简述真空式制动压力控制系统的组成。